Slow tourisme

52 séjours en France

SOMMAIRE

Lille
Le Nord-Est
PARIS
Strasbourg
e Nord-Ouest
Nantes
Lyon
Bordeaux
Le Sud-Est
Toulouse
Marseille
Le Sud-Ouest

LES 8 CLÉS DU SLOW TOURISME

Le slow tourisme, quèsaco ? Comme son nom l'indique, c'est une façon de voyager plus « lentement », en prenant le temps de la découverte, de la contemplation et du partage. Si le concept ne vous est pas familier, pas d'inquiétude, on vous a préparé un petit mode d'emploi !

Éviter la foule

Parce qu'en vacances on n'a pas vraiment envie de retrouver les embouteillages urbains, d'être serrés sur la plage comme dans les transports en commun, ni de faire la queue pour visiter un site, le slow tourisme fait un pas de côté et prend les chemins de traverse afin d'éviter les lieux les plus fréquentés. On vous a donc déniché des petits coins tranquilles pas si loin de chez vous, à découvrir et à ne pas ébruiter !

Être curieux

Loin du stress quotidien, les slow vacances sont l'occasion de faire une pause à un endroit et de s'en imprégner. Dans ce guide, pas de roadtrip effréné ni de programme de visite ambitieux, mais des suggestions à la carte pour explorer la région à votre rythme, selon vos envies. Des artisans aux fêtes locales, des activités de plein air aux écomusées, prenez votre temps pour mieux en profiter !

Bouger en mode slow

Ralentir la cadence ne signifie pas rester statique, bien au contraire ! Pour prêter davantage attention à ce qui vous entoure, choisissez des moyens de locomotion plus lents : à pied, à vélo, à cheval, en kayak ou même en paddle, tous les modes de déplacement sont permis, tant qu'ils sont doux et aussi moins polluants !

Bien manger

Le grand air et les balades, ça creuse ! Voilà qui tombe bien, nos régions regorgent de spécialités à savourer. On vous a dégoté plein de restaurants, marchés et petits producteurs, fervents défenseurs du patrimoine gastronomique local. Au menu : des produits du terroir et de saison, du bio et de l'agriculture raisonnée. À table !

Déconnecter

Pas question de rentrer fatigué de ses vacances, parce qu'on a couru de site en musée. On lève le pied et on se détend ! Le mot d'ordre : déconnecter pour se retrouver. Observer les oiseaux, suivre une séance de yoga, s'offrir un massage, siroter un verre en terrasse, s'initier à la pêche... Tout est prétexte à prendre soin de soi, à écouter ses aspirations et à recharger les batteries.

Partager

Découvrir une région, c'est aussi vivre un moment privilégié avec ses habitants et échanger. Fêtes locales, visites chez des artisans, nuits en chambres d'hôtes sont autant d'instants de convivialité et de rencontres enrichissantes. Au fil des pages de ce guide, des acteurs locaux et nos ambassadeurs font le premier pas pour vous présenter leur activité ou leurs coups de cœur.

Préserver la nature

Le slow tourisme, c'est le petit frère du tourisme durable. Tous deux ont des principes communs : limiter les déplacements longue distance, utiliser des moyens de transport plus propres, respecter l'environnement, consommer local et de saison... Un dernier geste responsable : éteignez votre portable, lui aussi a bien besoin de se reposer !

Bien dormir

Pour faire de vos nuits une expérience à part entière, nous avons déniché pour vous des adresses qui ont un « truc » en plus. La tête dans les étoiles ou dans les arbres, à la ferme ou au château, qu'ils soient en pleine nature, insolites, de charme ou tenus par des hôtes particulièrement sympas, on vous promet des hébergements qui proposent plus qu'un simple lit.

LES AMBASSADEURS DU SLOW

Ils sont curieux et leur passion, c'est le voyage, qu'ils racontent avec enthousiasme en mots ou en images sur leur blog. Au fil des pages de ce guide, ils partagent avec vous leurs expériences de slow tourisme aux quatre coins de la France. Voici leur portrait.

Bestjobers

Élisa & Max sont des artistes photographes et voyageurs depuis 2013, année où ils ont remporté le grand concours du « meilleur job du monde » lancé par l'Australie. Ils parcourent le monde et la France en recherchant les beautés naturelles et en misant sur l'écotourisme.

bestjobers et www.bestjobersblog.com

Les Coflocs

Férus de voyages et d'aventures, Laurent et Florian créent des films authentiques et émouvants. Afin d'inciter les voyageurs en herbe à franchir le cap et oser l'aventure d'une vie, ils ont créé une série de documentaires, accessibles gratuitement sur YouTube et Facebook.

lescoflocs.com

Hoang Explorer

Aventurier de *Pékin Express* et voyageur passionné, Hoang a exploré une quarantaine de pays à ce jour. Toujours en quête d'aventure, de rencontres et de partage, il aime sortir des sentiers battus à la découverte de nouveaux lieux, cultures et traditions, dans la joie et la bonne humeur.

hoangexplorer et hoangexplorer.com

Mes ptits bouts du monde

Jessica Pommier a posé son sac à dos dans plus de 50 pays. Après un tour du monde en solo, elle vit maintenant dans son Auvergne natale, où elle est présentatrice de webséries voyage et chroniqueuse radio. Sur son compte Instagram, elle partage les coulisses de ses voyages et micro-aventures.

mesptitsboutsdumonde et www.mesptitsboutsdumonde.com

BRETAGNE
Sud !
Belle-île-en-Mer,
la Bien Nommée
Évasion garantie sur la plus grande des îles bretonnes.
85 km de sentiers côtiers enchanteurs en toutes saisons.
© Arnaud de Wildenberg
© OTBI
Respirez,
Ressentez,
Savourez,
Bienvenue en terre insulaire !
www.belle-ile.com
#otbelleile

L'œil d'Eos

L'œil d'Eos est un studio créatif et un blog de voyage créé par Eloïse & Luc, un duo de photographes et vidéastes. Épris de grands espaces et de roadtrips, ils partagent leurs guides et bons plans afin d'inspirer le plus grand nombre à découvrir les merveilles qui nous entourent.

loeildeos.com

Strawberry Blonde

Strawberry Blonde est un blog consacré aux voyages, aux sorties et aux découvertes. L'idée ? Imaginer le tourisme autrement ! Sur son blog comme sur Instagram, Klervi, bretonne « expatriée » à Paris, partage bons plans et city trips. Au programme, billets d'humour et bonnes adresses.

strawberryblonde.fr et www.strawberryblonde.fr

SweetVanlife

Artiste peintre et créateur de contenu pour les réseaux sociaux, amoureux de belles choses et de voyages, Benoît aime parcourir la France à bord de son fidèle Poppy, un Fiat 238 de 1976 qu'il a su transformer en une véritable petite maison sur roues !

sweetvanlife

Travel Motiv

Blandine et Jean-Pierre sont un couple de passionnés de voyage. Que ce soit chez eux en Provence ou au fin fond de l'Amazonie, ils partagent leurs aventures sur leur blog et leur Instagram et prodiguent conseils, meilleures astuces et bons plans, pour que vos voyages deviennent inoubliables.

travelmotiv et travelmotiv.com

Une part du monde

Rédactrice, community manager freelance et blogueuse, Krystel relate ses aventures sac au dos à travers le monde et livre ses conseils petit budget. Militante engagée, amoureuse de la nature, des animaux et de l'Afrique, elle partage ses périples sur son compte Instagram.

unepartdumonde_ et unepartdumonde.fr.

SLOW TOURISME, CÔTÉ PRATIQUE

PRÉPARER SON SÉJOUR

Dans la rubrique « Bons plans » de chaque destination, nous mentionnons les adresses Internet des institutions touristiques (comités départementaux et offices de tourisme, sites de communautés de communes ou de pays) où trouver plein d'infos. Elles mettent souvent à disposition, en consultation ou en téléchargement, des brochures thématiques. Elles promeuvent également de plus en plus le slow tourisme et les activités douces.

DÉPLACEMENTS DOUX

En transports en commun

Dans la rubrique « Venir en train », nous indiquons les principales liaisons ferroviaires (ou en autocar) menant à destination. Cependant, pour circuler dans certaines régions ou pour rejoindre des sites en pleine nature, une voiture reste nécessaire.
Deux sites à mettre dans vos favoris :
– www.oui.sncf pour les trains grandes lignes. La SNCF propose de combiner l'achat des billets de train et la réservation d'un véhicule.
– www.ter.sncf.com pour les trains et autocars régionaux. Il suffit de rechercher votre gare d'arrivée pour consulter les services proposés dans celle-ci et vous informer sur le réseau de transports en commun qui la relie.

À vélo

C'est le mode de locomotion idéal pour se dégourdir les jambes et prendre l'air, tout en profitant des paysages. Au début de chaque chapitre, nous citons des loueurs de vélos dans la région décrite.
Pour préparer vos circuits, aidez-vous du site www.francevelotourisme.com. Les itinéraires balisés y sont décrits avec précision, incluant distances et dénivelés.

En pénichette

Sur le canal du Midi ou du Nivernais, nous vous signalons des loueurs de péniches sans permis et habitables, pour naviguer à votre rythme.
Sachez que les canaux sont généralement fermés quelques mois hors saison, pour se refaire une beauté. Les autres périodes de « chômage » (fermeture des voies navigables pour travaux d'entretien, voire de sécheresse) sont indiquées aux plaisanciers par des « avis à la batellerie », consultables sur le site www.vnf.fr. Tout comme sont indiqués les quelques jours fériés non navigués (notamment le 1er Mai et le 14 Juillet).

À pied

Pour découvrir la diversité des paysages, parcourez les sentiers de Grande Randonnée (GR), jalonnés de traits rouges et blancs horizontaux, et les sentiers de Petite Randonnée (PR), balisés en bleu (jusqu'à 2h), jaune (de 2h15 à 3h45) ou vert (de 4h à 6h).
Infos sur www.ffrandonnee.fr.
Avant une course en montagne, mesurez la difficulté de l'itinéraire, consultez la météo, informez une personne de votre randonnée et partez avec l'équipement approprié.
Par ailleurs, des prestataires proposent des randonnées avec un âne bâté : pratique et amusant pour un périple avec des enfants !
Plus d'infos : www.ane-et-rando.com.

Pays d'Auge.
J.-P. Forget/hemis.fr

Le Nord-Ouest

Monts d'Arrée, chapelle St-Michel de Brasparts.
F. Charton/hemis.fr

Cidre et pommes de Normandie.
philipimage/iStock

Pêche en bord de lac. - Serhii Sobolevskyi/iStock

LA VALLÉE DU LOIR

Entre Vendôme et La Flèche coule, paisible, le Loir. Son cours a dessiné les méandres d'une vallée au charme suranné, où l'on aime prendre le temps de flâner entre vieux moulins, forêts et villages troglodytiques. Un parcours où domine le vert, jalonné par un savant dosage de pauses sportives, gastronomiques ou culturelles.

DEPUIS PARIS : 185 km jusqu'à Vendôme par la N20 jusqu'à la hauteur de Boisseaux, puis en suivant les départementales jusqu'à Châteaudun, pour suivre enfin la N10.

VENIR EN TRAIN

- **TGV direct de Paris-Montparnasse à Vendôme (moins de 50mn). Pour La Flèche, TGV jusqu'au Mans (1h) au départ de Paris-Montparnasse, puis car jusqu'à La Flèche (50mn - www.ter.sncf.com).**

BONS PLANS

- **Pour organiser votre séjour : www.vallee-du-loir.com.**
- **La vallée du Loir est aussi une véloroute : pour préparer votre itinéraire, voir p. 12.**

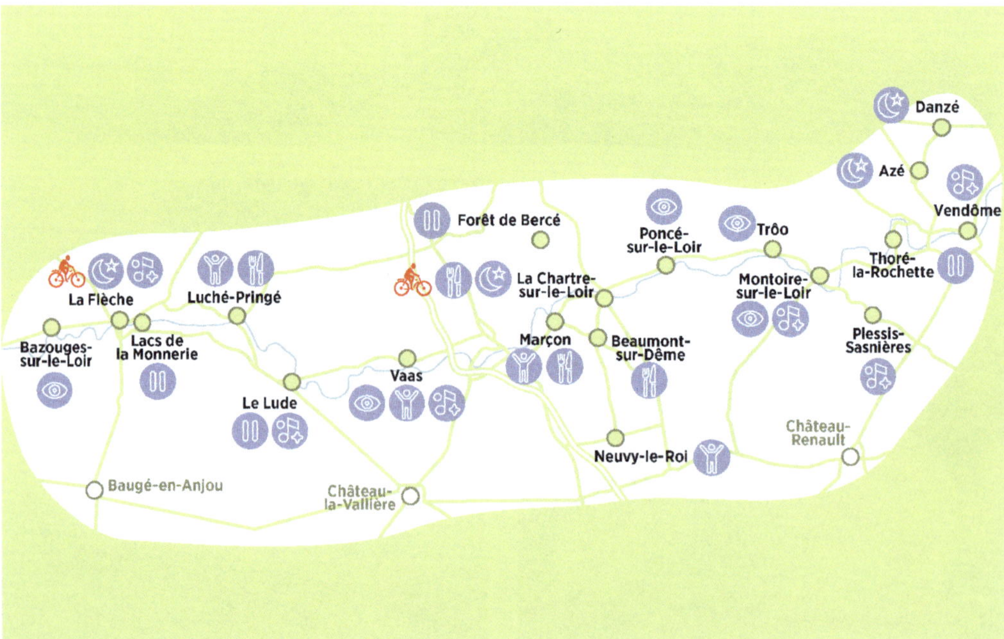

LOUER UN VÉLO

LA CHARTRE-SUR-LE-LOIR

Offices de tourisme de la vallée du Loir
13 pl. de la République à La Chartre-sur-le-Loir et 20 bd de Montréal à La Flèche - ✆ 02 43 38 16 60 - www.vallee-du-loir.com. Les deux offices de tourisme travaillent ensemble et peuvent mettre les vélos à disposition dans l'une ou l'autre localité. Location de vélos classiques et électriques pour la demi-journée (VTT-VTC 11 €, VAE 18 €), la journée (15/30 €), la semaine ou plus si disponibilités. Vélos enfants également disponibles. Location de casques et sacoches, mise à disposition d'un kit de réparation et de cartes présentant les différentes boucles autour de la vallée du Loir.

LA FLÈCHE

Base de loisirs de la Monnerie
Mail des Lacs - ✆ 02 43 48 53 53 - www.ville-lafleche.fr. Location de vélos classiques (4 €/h, 15 € la 1/2 j., 14/j) et électriques (6 €/h, 15 € la 1/2 j., 28 €/j). Forfait famille 2 vélos adultes et 2 vélos enf. (15 €/h, 37 € la 1/2 j., 44 €/j).

David Maher/iStock

VOIR

Poncé-sur-le-Loir : jusqu'au dernier souffle. Habitués à la chaleur de leur fourneau, Nicolas et Lucille Pinquier semblent ne pas ressentir de gêne lors de leurs manipulations alors même que le travail de la pâte qui deviendra du verre nécessite une température dépassant allégrement les 1000 °C. S'ils consacrent leur matinée à des travaux de finition sur les produits fabriqués la veille, c'est l'après-midi qu'il sera intéressant de visiter la verrerie et d'admirer le minutieux travail de souffleur.
Verrerie d'art des Coteaux - 27 r. des Coteaux - ✆ 02 43 79 05 69 - www.verreriedescoteaux.com - mar.-sam. 9h-12h30, 14h-18h ; dim. et j. fériés 14h-18h ; fermé janv.-fév.

Montoire-sur-le-Loir : folklore et traditions du bout du monde. Les passionnés de mélodies lointaines et instruments artisanaux se régaleront lors de la visite de ce petit musée dédié aux musiques du monde. Plusieurs espaces interactifs permettent de découvrir des sonorités inconnues venues d'Afrique, d'Indonésie ou d'Amérique du Sud. Animations musicales en été.
Musikenfête - Espace de l'Europe - ✆ 02 54 85 28 95 - www.musikenfete.fr - mars-sept. : 10h-12h, 14h-18h ; oct.-déc. : 14h-18h - fermé lun., 24-25 déc. et janv.-fév. - 7 € (enf. 5 €).

Trôo : expérience troglo et cité insolite. Découvrez Trôo, cité paisible formée de deux bourgs : le premier s'étend le long du Loir, tandis que le vieux bourg, fortifié, se dresse en haut d'un promontoire. Entre les deux se déploie un enchevêtrement de maisons troglodytiques cachées derrière leurs jardins en terrasses. Terminez par la visite de la grotte pétrifiante, où les écoulements d'eau ont créé stalactites, stalagmites et autres formes étranges auxquelles seule l'imagination saura donner un nom.
Office de tourisme - 39 r. Auguste-Arnaut - ✆ 02 54 72 87 50 - trootourisme.jimdofree.com.

Bazouges-sur-le-Loir : du charme à tous les étages. Déambulez dans ce minuscule bourg figé dans le temps. Depuis le pont sur le Loir, on a une vue charmante sur la rivière, ses lavoirs et le château (15e-18e s.) aux imposantes tours ovales dressées au bord de l'eau. Ses jardins, plantés de cyprès, de séquoias et de cèdres pleureurs montent vers les toits du village pour une vue d'ensemble romantique à souhait. Ne manquez pas de visiter le moulin seigneurial ni l'église et sa tour du pilori, isolée sur la place.

Vaas : une tradition vieille comme le monde. Le moulin à blé du Rotrou est une rareté, un des derniers moulins hydrauliques toujours en fonctionnement en France et produisant encore de la farine. La visite permet de voir tourner la grande roue à aubes entraînée par le Loir, ainsi que la machinerie, et de suivre ainsi tout le processus de fabrication de la farine. Des ateliers pédagogiques pour petits et grands ainsi que des journées thématiques sont proposés tout au long de l'année par une équipe chaleureuse et dynamique.
Moulin du Rotrou - ✆ 02 43 79 38 81 - www.lemoulinderotrou.com - juil.-août : 14h30-17h30 ; avr.-juin et sept. : dim. et j. fériés 14h30-17h30 - 5 € (enf. 2 €).

BOUGER

Marçon : comme un poisson dans l'eau. La descente du Loir en canoë vous tente ? Allez donner quelques coups de pagaies du côté de Marçon, où le centre nautique organise des excursions de 2h à 2h30 jusqu'à la Chartre-sur-le-Loir. Même s'il faut faire l'effort de ramer, c'est un grand moment de détente qui vous attend tant les paysages bucoliques des rives du Loir invitent à la rêverie et à la poésie.
Centre nautique de Marçon - Espace de Loisirs Lac des Varennes - rte du Port Gautier St-Lézin - ✆ 06 31 26 34 32 - cvmarcon.fr - 18 € (-12 ans 15 €).

Au départ de Luché-Pringé : au rythme de la marche. Le Loir se découvre merveilleusement bien à pied. Au pas lent du promeneur, vous irez de vignobles en bord de rivière apprécier les décors figés dans le temps des châteaux, moulins et lavoirs. À l'image de la boucle de 11 km au départ de Luché-Pringé (3h, balisé PR, niveau facile) qui vous mènera au moulin de Mervé, semblant comme posé sur les eaux calmes de la rivière ; une véritable invitation à la poésie et la contemplation.
Fiche et tracé en téléchargement sur le site www.vallee-du-loir.com.

Le Loir à vélo. La vallée du Loir se prête particulièrement bien aux sorties familiales à vélo. Plus de 300 km de piste de niveau facile rendent les sorties agréables et variées. Bords de rivières, vignobles ou pistes forestières : au total ce sont 7 boucles balisées entre 16 et 50 km qui ont été aménagées pour les amateurs de la petite reine. Sans compter, pour les plus motivés, les 240 km de la V47 reliant

Canoë au pied du château du Lude.
david martyn hughes/Alamy/hemis.fr

Prendre l'air en montgolfière...
Paul-A-Fowler/iStock

les sources du Loir à Angers, essentiellement sur route partagée. Les vues paradisiaques se succèdent sur le Loir au rythme de routes ou chemins dégagés et peu passants, ceux-là mêmes où Louis-Désiré Rustin, créateur de la rustine, venait tester sa géniale invention !
Fiches et tracés en téléchargement sur le site www.vallee-du-loir.com.

Vaas : cueillette et cavalerie. Pour retrouver le contact avec la nature, quoi de mieux qu'une balade à cheval ? Nul besoin d'être cavalier émérite pour profiter du programme proposé par la ferme des Bleuets : les parcours sans difficulté particulière s'adressent aux débutants comme aux cavaliers confirmés. Ils se situent en zone Natura 2000, en lisière de la jolie forêt de Vaas. Et si la chevauchée ne vous intéresse guère, vous pourrez toujours partir cueillir des fruits rouges, essentiellement des myrtilles, en culture bio à la ferme, ou même suivre un atelier gourmand (confection de confitures, biscuits, sorbets...). La boutique propose un large éventail de produits maison : confitures, sirops...
La ferme des Bleuets - La Brunetière - ✆ 06 70 41 04 59 (pour les balades), ✆ 06 13 77 47 84 (pour les fruits et les ateliers gourmands) - fermedesbleuets72.fr - balades à cheval : 20 €/1h, 30 €/2h, 45 € la 1/2 j. et 80 €/j avec pique-nique.

Neuvy-le-Roi : partir au gré du vent. Le vol en montgolfière a plusieurs atouts : porté par le vent, lentement, silencieusement, on prend le temps d'embrasser du regard l'ensemble des méandres du Loir et de la dense végétation de ses rives, d'où émergent çà et là moulins et châteaux. Les vols (env. 1h) ont toujours lieu au lever ou au coucher du soleil, ce qui garantit de très belles couleurs, mais aussi une fraîcheur certaine : pensez à vous couvrir !
Air Touraine - héliport de Belleville - ✆ 02 47 24 81 44 - www.airtouraine.fr - 169 €/pers.

FAIRE UNE PAUSE

Lacs de la Monnerie : sports nautiques ou farniente. Aux portes de La Flèche, les eaux des lacs de la Monnerie s'agitent dès les beaux jours le long de la plage de sable fin où sont proposées de nombreuses activités : voile, paddle, kayak ou encore beach-volley. Lors de la Fête des lacs, en juin, des installations spéciales sont mises en place : parcours

de billes sur sable, stands de sandball ou encore radiomodélisme... L'un des lacs pourtant demeure interdit à toute cette agitation. Il est réservé aux uniques promeneurs, pour protéger une riche biodiversité qui séduira les contemplatifs. 135 espèces d'oiseaux se disputent effectivement l'espace, dont 85 migratrices, sans compter les différents papillons, libellules, etc.
Base de loisirs de la Monnerie - ☏ 02 43 48 53 53 - www.ville-lafleche.fr.

Le Lude : prendre soin de soi au spa du Domaine de La Courbe. Nichée au cœur de la vallée du Loir, dans un cadre aussi verdoyant que reposant, cette ancienne papeterie a été aménagée en domaine hôtelier de charme au sein duquel a ouvert un somptueux spa de 300 m² comprenant piscine, hammam, salle d'hydromassage et salons de massage individuels. Luxe, calme et volupté...
☏ 02 43 94 88 75 - www.domainedelacourbe.com/spa - forfait 15 €/2h accès à la piscine et au hammam, soins et massages à la carte.

Thoré-la-Rochette : la vallée du Loir en petit train. Faites une pause et rejoignez l'ancienne gare de Thoré-la-Rochette, pour embarquer à bord d'un authentique autorail des années 1950. Parfaitement restauré, son look vintage convient à la découverte des méandres de la rivière et permet de prendre la mesure des progrès effectués en matière de train : sur une ligne voisine court le TGV Atlantique, que vous aurez peut-être la chance de croiser là où, voici 30 ans, il a inscrit un record de vitesse sur rail à 515 km/h ! Bien loin du slow tourisme... L'autorail fait demi-tour à Trôo pour revenir à son point de départ.
Train touristique de la vallée du Loir - ☏ 02 54 72 95 03 - www.ttvl.fr - de mi-mai à fin sept. - 14 € (enf. 8,50 €).

Forêt de Bercé : une balade fantastique. Des magnifiques arbres multicentenaires de la futaie des Clos jusqu'aux sources de l'Hermitière, au creux d'un vallon enchanteur, Sophie Kluzek mène ses compagnons de route dans les mystérieux sous-bois et sur les sentiers de la forêt de Bercé, peuplés de créatures légendaires qu'elle fait revivre avec talent au rythme de balades (env. 2h) séduisantes et bucoliques.
Sophie Kluzek - ☏ 02 43 38 10 31 - dates : se rens. - 7 € (réduit 5 €).

DÉGUSTER

La Chartre-sur-le-Loir : vin et rillettes ! Au centre du village, ce petit bar dispose d'une très belle carte des vins mettant en avant les vignerons des environs. En terrasse, on déguste des crus de l'AOC jasnières ou coteaux-du-loir en blanc, rouge ou rosé, accompagnés de succulents toasts de rillettes : une adresse idéale pour l'apéritif et la découverte des crus locaux. Jolie boutique autour du vin à l'intérieur.
Le Jasnières - 8 pl. de la République - ☏ 02 43 44 00 44 - mar.-sam. 8h30-13h, 15h-19h30, dim. 8h30-13h30, 16h30-19h30.

Beaumont-sur-Dême : restaurant et épicerie des Mères Cocottes. On rentre dans ce restaurant comme dans une capsule à remonter le temps, avec les denrées d'autrefois ou façon d'antan qui garnissent les rayons de l'épicerie. On y trouve des produits fermiers,

Rillettes.
photosimysia/iStock

exclusivement régionaux. À l'arrière, le restaurant est à l'avenant, avec une carte travaillant des produits frais issus de fermes ligériennes voisines. Le décor, là aussi, est agrémenté d'objets anciens glanés çà et là. Un cadre chaleureux et une cuisine du terroir qui fait des Mères Cocottes un bien agréable poulailler !

9 r. Alexis-de-Tocqueville - ✆ 02 43 46 80 52 - www.lesmerescocottes.fr - merc.-jeu. 9h-17h, vend.-sam. 9h-21h, dim. 9h-14h - formules déj. 13,50/16,50 €, menus 30/35 €.

Marçon : le fameux jasnières. Ce vin produit à partir d'un vignoble couvrant moins de 100 ha répartis sur les communes de Lhomme et de Ruillé-sur-Loir est réputé pour être l'un des meilleurs vins blancs secs de France. Quelques propriétés, 23 domaines pour être précis, se partagent ce maigre espace pour produire des cuvées – souvent en culture biologique – d'un vin rare et précieux. La plupart des vignerons font vieillir leur production dans des caves troglodytiques qu'ils se feront un plaisir de vous faire visiter autour d'une dégustation. Au domaine de la Roche Bleue *(voir « Rencontre avec... »)*, vous aurez peut-être le privilège de goûter des cuvées servies à l'Élysée...

Domaine de la Roche Bleue - La Roche - ✆ 02 43 46 26 02 - jasnieres.fr - mai-sept. : tlj sf dim. 10h-12h, 15h-18h - sur réserv. visite 10 € (cave et dégustation), 15 € (cave, vignes et dégustation), repas 40 €/pers.

Luché-Pringé : Auberge du Port des Roches. Quoi de plus agréable que de se poser au bord de l'eau ? Le jardin-terrasse de cet établissement est un véritable havre de paix où l'on savoure une cuisine terre et mer délicate, inventive et de saison. L'assiette de fromages locaux est une gourmandise que les amateurs n'hésiteront pas à s'offrir en supplément (sans sacrifier le dessert) !

✆ 02 43 45 44 48 - fermé dim.-mar. midi - menus 34/52 €.

Marçon : pique-nique au domaine de Cézin. Partez à la rencontre des viticulteurs des coteaux du Loir, qui vous accueillent au domaine de Cézin pour une balade dans les vignes. Présentation du terroir, des cépages,

RENCONTRE AVEC...

Sébastien Cornille, viticulteur à Marçon

Sébastien Cornille ne vend son vin qu'après avoir offert à ses visiteurs une lecture claire de son terroir, de son vignoble et de sa région : « Le vignoble de jasnières est exceptionnel : un sol calcaire en profondeur, argileux en surface, un climat frais et humide et un cépage acide, le chenin, qui établit un lien unique entre les deux et fait du jasnières un véritable vin de gastronomie. »
Installé au domaine de La Roche Bleue depuis 2008, Sébastien Cornille produit du vin bio, essentiellement du jasnières, mais également du coteaux-du-loir blanc et du pineau d'Aunis en rouge. Depuis 2020, pour faire découvrir plus largement ses crus, mais aussi les trésors gastronomiques de la région, il invite des chefs à sa cave, pour proposer à ses visiteurs une expérience inédite : « après la dégustation, j'installe mes invités autour des barriques de vin, tandis que le chef termine une recette selon son inspiration et le marché du jour ». Un repas avec accord mets-vins autour de 3 plats et 6 crus qui sublime les produits locaux !
Domaine de la Roche Bleue - voir Marçon (ci-contre).

mais aussi des méthodes et du matériel de vinification. Pour accompagner le pique-nique que vous aurez concocté, l'apéritif est offert, ainsi que les vins de la propriété, d'appellation jasnières et coteaux-du-loir. Barbecue, table, chaises et jeux de plein air sont à disposition. Un moment convivial et chaleureux.
Domaine de Cézin - rte de Cézin - ✆ 02 43 44 13 70 - www.fresneau.fr - tlj sf mar. et dim. 9h-12h, 15h-18h - pique-nique sur réserv. dim. 10h-18h.

DORMIR AU CALME

La Flèche : nuit classique ou insolite. Un camping ouvert à la nouveauté : entre les emplacements classiques réservés aux tentes, mobile-homes et caravanes, vous pourrez dormir sous des bulles transparentes, ou campétoiles, pour profiter pleinement des nuits étoilées d'été. Le plus du camping : un club de canoë-kayak à ses portes, qui permet d'entreprendre des petites sorties sur la Sarthe, coulant paisiblement le long des emplacements.
Camping de la Route d'Or - allée camping - ✆ 00 43 94 55 90 - www.camping-lafleche.com - 180 empl. - forfait empl., véhicule et tente 72,70 €/sem.

La Chartre-sur-le-Loir : meunier, tu dors ? Demeure et chambres de caractère ont pris place dans un ancien moulin à eau du 18e s. au cœur de La Chartre. Les jours cléments, on prend son petit-déjeuner au bord du Loir, à l'abri des regards. Pour une vue bucolique, choisissez les chambres côté rivière !
Chambres d'hôtes Le Grand Moulin - 8 r. de Syke - ✆ 02 43 44 65 78 - www.mdmillet-moulin.fr - P - 5 ch. 100 €.

Danzé : dans un écrin de verdure. Un manoir rebâti à la fin du 19e s. au milieu d'un parc de 10 ha, avec une rivière qui se faufile entre les arbres. Décoration simple et bon confort dans chacune des trois chambres et des deux suites. Ceux qui sont sensibles au bruit léger du train au loin pourront se replier au bord de la piscine chauffée. Les animaux ne sont pas acceptés.
Chambre d'hôtes La Borde - ✆ 02 54 80 68 42 - www.la-borde.com - P - 5 ch. 55/75 €.

Azé : du bon lait tous les matins. Séjourner à la ferme de Crislaine, spécialisée dans l'élevage laitier, est une excellente façon de découvrir l'agriculture biologique. Si vous ne connaissez pas la région, vos hôtes vous dispenseront de judicieux conseils. Étape idéale pour familles et randonneurs (ch. 4 pers.). Coin cuisine, barbecue, vélos et piscine.
La Ferme de Crislaine - ✆ 02 54 72 14 09 - www.crislaine.com - P - 3 ch. 55 € - table d'hôtes sur réserv. 20 €.

FAIRE LA FÊTE

La Flèche : au théâtre ce soir, mais à l'italienne ! La Flèche recèle un somptueux trésor architectural : un théâtre à l'italienne niché à l'étage de l'ancienne halle au blé, depuis 1839. Entièrement restauré à l'identique, il présente une petite salle sous coupole aux teintes bleu pastel qui lui ont valu son surnom de « bonbonnière ». Des spectacles, concerts et expositions sont régulièrement programmés.
Théâtre de la Halle-au-Blé - 72.agendaculturel.fr/theatre-de-la-halle-au-ble - visite guidée (1h) sur demande : www.visithemes.com - 6 € (7-17 ans 4 €).

Vendôme : visite nocturne. Tous les ans de fin juillet à la mi-août, l'office de tourisme de Vendôme organise des visites guidées nocturnes de la ville. Le groupe déambule au cœur du centre historique, entre le château et le parc Ronsard, et découvre les plus beaux monuments de Vendôme à la lueur des torches. Façades, sculptures et fresques se révèlent sous une lumière nouvelle au cours d'une expérience paisible et confidentielle.
www.vendome-tourisme.fr - 5,45 €/pers.

Montoire-sur-le-Loir : un petit air d'ailleurs. À Montoire-sur-le-Loir, chaque année durant la seconde quinzaine d'août, une dizaine de groupes folkloriques se donnent rendez-vous depuis les cinq continents pour faire découvrir leurs costumes, danses, chants et musiques traditionnelles. Un hommage aux cultures du monde à la fois festif et haut en couleur !

Festival de Montoire - www.festival-montoire.com.

Plessis-Sasnières : grand bol d'air ou bol de soupe ? Au cœur d'un superbe jardin anglais, où arbres et arbustes sculptent le paysage par leurs lignes végétales pleines de surprises, s'étend un vaste potager qui séduit autant par l'harmonie de ses couleurs que par l'équilibre des espèces cultivées. Il inspire certainement les concurrents de la Fête de la soupe qui se déroule ici chaque année début novembre. Dans une ambiance chaleureuse et familiale, les équipes inscrites rivalisent d'audace et de créativité pour surprendre un public qui, dans ce cadre de rêve, se régale les papilles autant que les yeux !

Fête de la soupe - www.jardin-plessis-sasnieres.fr - entrée gratuite, kit de dégustation 5 €.

Vaas : Fête du blé au pain. Tous les ans, le premier samedi du mois d'août, la fête bat son plein au moulin de Rotrou. Démonstration des méthodes traditionnelles de battage du blé à l'ancienne, fabrication de farine, cuisson du pain... Le tout complété par un grand marché bio et de nombreuses activités et animations (randonnée, cours de botanique...). Une ambiance festive et bon enfant.

Moulin de Rotrou - www.lemoulinderotrou.com.

Château du Lude : les plantes à l'honneur. Tous les ans lors du premier week-end de juin, les passionnés de jardinage se donnent rendez-vous au château du Lude avec une fête qui réunit plus d'une cinquantaine de collectionneurs de plantes venant exposer le fruit de leur travail dans le magnifique parc du château. Toutes les plantes sont concernées et l'on admire autant les rosiers multicolores que les légumes gorgés de soleil ou des plantes aromatiques rares. De nombreuses animations (conseils de jardiniers, tours en calèche, vannerie...) ont lieu en marge de l'exposition.

Fête des jardiniers - www.lelude.com.

Vaas, village au bord du Loir.
thierry64/istock

LES ALPES MANCELLES

Au sud du Massif armoricain, les Alpes Mancelles s'étirent autour d'Alençon sur les départements de la Sarthe, de la Mayenne et de l'Orne. Quoique d'élévation modeste, avec un point culminant à 217 m, le relief escarpé, creusé par le lit sinueux de la Sarthe, lui a valu cette comparaison flatteuse avec le plus haut massif français. Vous croiserez ici des randonneurs, vététistes et autres kayakistes profitant d'itinéraires secrets et de villages de charme au cœur d'une nature préservée.

DEPUIS PARIS : 190 km pour rejoindre Alençon par la N12.

VENIR EN TRAIN

- **De Paris-Montparnasse, TGV jusqu'au Mans (env. 1h30). De là, des bus ou TER gagnent Alençon en 45mn.**

BONS PLANS

- **Pour organiser votre séjour : www.tourisme-alpesmancelles.fr.**
- **Ceux qui aiment aller sur les chemins à bicyclette devront emporter leur vélo.**

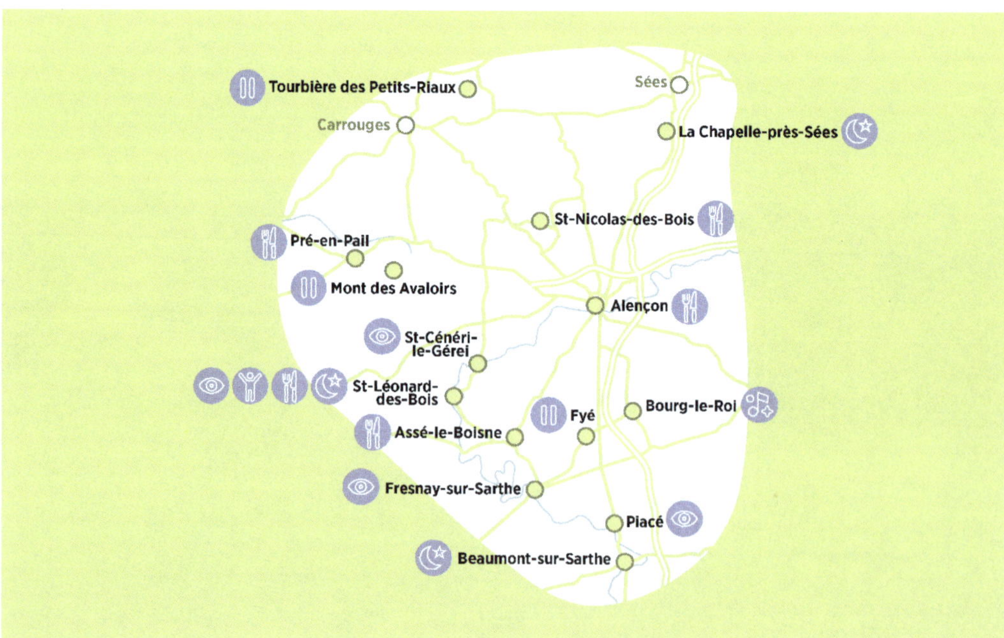

St-Céneri-le-Gérei.
S.Ouzounoff/Photononstop

VOIR

St-Léonard-des-Bois : au cœur des Alpes Mancelles. Ce minuscule village niché au creux d'un méandre encaissé de la Sarthe est flanqué de deux monts : le Haut Fourché (217 m, plus « haut sommet » des Alpes Mancelles) et le Narbonne (203 m) qui forment ainsi deux belvédères naturels. Une situation privilégiée qui a fait de St-Léonard une petite capitale locale du tourisme vert. Au départ du village, de nombreuses randonnées pédestres, équestres, circuits VTT, escalade...
Fiches de randonnées en téléchargement sur www.tourisme-alpesmancelles.fr.

St-Céneri-le-Gérei : source d'inspiration picturale. Juchée sur un éperon rocheux qui domine la Sarthe, cette petite cité de caractère de l'Orne ne manque pas d'atouts : au site naturel chatoyant sous les variations de lumières répond le grès roussard des pierres du village s'égrenant en terrasse jusqu'au Sarthon. Autant de raisons qui ont poussé nombre de peintres à la fréquenter et à immortaliser ses paysages bucoliques, son petit pont de pierre ou la vieille chapelle St-Céneri. Celle qu'on surnomme depuis le « Barbizon des Alpes Mancelles » vit ainsi défiler, entre autres, les chevalets de Boudin, Corot, Courbet, des frères Veillon...
Office de tourisme - rue du Dessous - ✆ 02 33 80 66 33 - www.visitalencon.com.

Piacé : radieuses années 1930. Cette bourgade de moins de 400 habitants connut son heure de gloire dans l'entre-deux-guerres, lorsque l'architecte Le Corbusier et le syndicaliste sarthois Norbert Bézard lancèrent un projet de « ferme radieuse » : une vision de ce que devait être l'aménagement des espaces ruraux dans les années 1930. Si le projet n'aboutit jamais, un espace d'exposition en détaille les grandes lignes et permet d'inscrire Piacé-le-Radieux dans le parcours « Destinations Le Corbusier ». Chaque année, des artistes et architectes viennent exposer des pièces évoquant leur propre vision de la place de la ruralité dans le monde moderne.
Piacé-le-Radieux - Moulin de Blaireau - ✆ 02 43 33 47 97 - piaceleradieux.com - mars-oct. - pdt les expositions : w.-end 14h30-18h30, sur RV en semaine - 3 €.

Fresnay-sur-Sarthe : comme une carte postale. Dominant la Sarthe, ce village a conservé ses ruelles bordées de maisons de tisserands et les vestiges de son château, ancienne forteresse avancée du Maine. Un jardin public a été aménagé dans l'ancienne enceinte. De la terrasse, belle vue sur la Sarthe, le pont à arches et les maisons de tisserands. Munie d'un double pont-levis, la porte du château marquait l'entrée de la haute cour, depuis laquelle on peut suivre un petit parcours de découverte (dépliant à l'office du tourisme).
Office de tourisme - 19 r. du Dr-Riant - ✆ 02 43 33 28 04. Parcours en téléchargement aussi sur www.tourisme-alpesmancelles.fr.

BOUGER

St-Léonard-des-Bois : sur un arbre perché. Si côtoyer les plus hauts sommets des Alpes armoricaines ne vous suffit pas, tâchez de grimper encore plus haut en gagnant la canopée de ce parc accrobranche proposant six parcours

Promenade à cheval. amriphoto/iStock

(dont un réservé aux enfants et un autre aux familles) de niveaux et difficultés différents. Plus d'une centaine d'ateliers ponctuent la ligne de vie : des heures d'acrobatie en perspective, entre branches et cordages !

Parc Aventures du Gasseau - ✆ 07 83 83 93 77 - www.parc-aventures-du-gasseau.com - adultes 20 €, juniors 11/16 € selon la taille.

St-Léonard-des-Bois : au pas du cheval. Profitant des nombreux sentiers autour du village, le centre équestre du Gasseau propose de très belles balades à cheval (1h env.) ou à dos de poney pour les plus petits (baptêmes de 40/45mn). En forêt ou le long de la Sarthe, on se laisse bercer au gré des paysages par le pas lancinant des montures.

Centre équestre du Gasseau - ✆ 06 80 92 45 08 - centre-equestre-gasseau.fr - baptêmes 10 €, balades 22 €.

Les Alpes Mancelles à vélo. Une cinquantaine de kilomètres séparent Alençon de Fresnay-sur-Sarthe via St-Céneri-le-Gérei et St-Léonard-des-Bois. C'est la « vélobuissonnière », plus sobrement appelée la V44, qui se prolonge au sud jusqu'à Saumur, où elle rejoint l'itinéraire « Loire à vélo ». Une belle manière de découvrir à son rythme les plus beaux décors de la vallée de la Sarthe.

Carte de la V44 sur www.francevelotourisme.com/itineraire/la-velobuissonniere. Location de VTT et fiches descriptives en vente au gîte d'étape de Vandœuvre à St-Léonard-des-Bois - www.gite-de-vandoeuvre.fr.

St-Léonard-des-Bois : descente de la Sarthe. Le kayak est un moyen sûr de dénicher des paysages préservés et souvent inaccessibles depuis la terre ferme. Les rives sarthoises, romantiques et champêtres séduisent immanquablement ceux qui s'y aventurent. Si une petite heure suffit à s'en faire une très belle idée, il est aussi possible, au départ de St-Léonard-des-Bois, de descendre en plusieurs jours jusqu'à Fresnay-sur-Sarthe, avec nuits sous la tente sur terrains privés. Pour les aventuriers !

Alpes Mancelles aventure - 6 r. du Gué Plard - ✆ 06 89 05 23 95 - www.tourisme-alpesmancelles.fr - 11 € (1h/1h30), 14 € la 1/2 j., 18 €/j.

FAIRE UNE PAUSE

Tourbière des Petits-Riaux : attention, ça mord ! Un sentier découverte (1,4 km), en partie sur platelage, invite à parcourir la tourbière des Petits-Riaux, véritable trésor écologique fragile. On y retrouve bien sûr un tapis spongieux de sphaignes, toutes sortes de fougères et d'étonnantes plantes carnivores comme les rossolis à feuilles rondes (drosera). Pour mieux décrypter cet environnement, des visites guidées sont organisées par le Parc naturel (dates et horaires variables).
Maison du Parc naturel Normandie-Maine - ✆ 02 33 81 75 75 - www.parc-naturel-normandie-maine.fr.

Mont des Avaloirs : au sommet du Massif armoricain. Le belvédère de béton et de métal marque le « sommet » qui, avec ses 417 m, constitue, ainsi que le signal de la forêt d'Écouves, le point culminant de la France de l'Ouest. Les quatre pieds de la tour métallique sont des vestiges de l'oléoduc que les Américains avaient installé, après le Débarquement, entre Cherbourg et la région parisienne, pour assurer l'approvisionnement des troupes alliées en carburant. Une fois gravies les 108 marches, on accède à la plateforme qui offre un beau panorama malgré la végétation. À l'est, on parvient à distinguer le mont Souprat au sommet rond et dénudé. Au sud-est s'étendent les Alpes Mancelles.
Mont des Avaloirs - accès depuis Alençon par la N12, puis la D536.

Fyé : l'art brut à l'honneur. Que faire lorsque l'on est agriculteur à la retraite pour passer le temps ? Fernand Chatelain et sa femme, à partir des années 1960, ont trouvé la réponse en créant un jardin artistique et « humoristique » où se côtoient des dizaines de créatures géantes, colorées et polymorphes venant de toutes sortes d'univers : pop culture, politique ou cartes postales reçues du bout du monde qui les inspiraient. Les matériaux utilisés ont été essentiellement récupérés dans la ferme et remis en état, longtemps après la disparition du couple, par une association de passionnés. On vient aujourd'hui flâner dans cet univers imaginaire où l'art s'exprime sans fard, dans le seul but d'amuser et faire sourire.
Jardin humoristique d'art brut - à l'entrée du village, sur la D338 - ✆ 06 84 10 93 65 - de fin juin au 20 sept. : dim. et j. fériés 14h-18h ; le reste de l'année sur réserv. - gratuit.

DÉGUSTER

Pré-en-Pail : une épicerie bio, entre autres. Est-ce une épicerie ? Une cantine de quartier ? Un bar ? Un lieu festif ? Le Comptoir est un peu tout cela à la fois. Sur la route principale de Pré-en-Pail, impossible de manquer ce local haut en couleur proposant des fruits et légumes locaux, mais aussi du fromage, de la bière et toute une gamme de produits naturels issue du commerce équitable. On s'y attable également pour des menus, toujours bio, concoctés chaque jour selon les arrivages et au rythme des saisons. Enfin, les soirées thématiques (concerts, dédicaces, conférences...) donnent une raison supplémentaire, s'il en était besoin, de pousser la porte du Comptoir.
Le Comptoir - 111 r. Aristide-Briand - ✆ 09 80 63 92 32 - www.facebook.com/lecomptoirpep - lun. 15h-18h, mar.-sam. 9h-19h (18h sam.) - fermé dim. - 10/13 €.

Alençon : restaurant L'Alezan. Dans le cadre naguère rustique mais joliment rénové d'une ancienne ferme écurie, on s'installe autour de la cheminée, dans la véranda ou sur la terrasse où l'on profite de la jolie vue sur le parc arboré. En cuisine, le chef Adrien Chauvin met ses quinze années d'expérience en établissements étoilés au service d'une cuisine gastronomique créative faisant la part belle aux produits locaux et exclusivement de saison.
183 av. du Général-Leclerc - ✆ 02 33 28 67 67 - www.lalezan-restaurant.com - 12h30-13h30, 19h30-21h30, fermé sam. midi, dim. soir et lun. - formules déj. 19/25 €, menus 27/55 €, carte 47/74 €.

St-Léonard-des-Bois : crêperie Les Ardoisières. Une crêperie située dans les hauteurs du village et offrant une très belle vue

RENCONTRE AVEC...

Stéphane Coullard, éleveur de brebis

En 2011, Stéphane Coullard quitte la région parisienne pour s'installer dans la petite exploitation ovine qu'il vient de racheter à une douzaine de kilomètres d'Alençon. « Le métier ne m'était pas inconnu, mes parents étaient éleveurs de chevaux, mais je voulais découvrir quelque chose d'autre. Surtout je voulais relever le défi de créer, à la ferme comme dans les champs et sur les marchés, une entreprise qui soit en accord avec mes convictions profondes dans les domaines de l'art de vivre, de l'écologie, de l'environnement, de la sociabilisation. » Un rêve que Stéphane Coullard a entrepris de concrétiser avec un troupeau de 200 têtes, des brebis lacaunes et corses essentiellement, qui fournissent été comme hiver yaourts, lait, fromages et viande d'agneau sur les marchés d'Alençon et de Mortagne-au-Perche. « Je privilégie les circuits courts pour toute ma production » rappelle Stéphane, qui vend son fromage également à la ferme, où les visiteurs peuvent assister à la traite et goûter les nouveautés culinaires qu'il crée régulièrement.
Brebis d'Écouves - voir St-Nicolas-des-Bois (ci-contre).

panoramique sur les Alpes Mancelles. À l'honneur bien sûr les crêpes salées et sucrées, avec des garnitures de saison à base de produits élaborés par des producteurs de la région. Frais, gourmand et bon marché !
9 r. des Alpes-Mancelles - ✆ 02 43 31 87 52 - de fin fév. à fin oct. : merc. midi-dim. soir - 12/18 €.

St-Nicolas-des-Bois : une cave à bière, mais pas que ! Avec son intérieur rustique et sa belle terrasse ensoleillée offrant une vue dégagée sur un parc, La Cave à bière de St Léo, affiche des repas de bistrot élaborés à base de produits frais. Et comme son nom l'indique, l'établissement propose également une belle sélection de bières artisanales à la pression ou en bouteille. Concerts et animations en soirée (programmation sur le site Internet).
La Cave à bière de St Léo - Le Bourg - ✆ 02 43 34 65 83 - www.facebook.com/lacaveabiere72 - mar.-dim. 10h-22h - formule 12,90 €, carte 25/35 €.

St-Nicolas-des-Bois : produit à la ferme, tout en bio ! Circuit court, vente directe, produits bio et animations à la ferme sont les ingrédients qui ont fait le succès de cette petite exploitation atypique produisant lait, yaourts et fromages tout au long de l'année. L'équipe, jeune et dynamique *(voir « Rencontre avec... »)*, accueille ses visiteurs avec le sourire et le plaisir de partager sa passion au cours des visites de la ferme ou des quelques événements festifs ponctuant l'agenda de la ferme (consultez le site Internet). La boutique offre l'occasion de goûter aux différents produits et de retrouver des saveurs naturelles et authentiques.
Brebis d'Écouves - Les Noës/La Saussaye - ✆ 06 19 89 41 89 - brebisdecouves.fr - bergerie : merc.-sam. 16h-18h.

Assé-le-Boisne : cidres et jus de pommes de la ferme ! Au détour de chemins champêtres, la ferme de Roland Denos fait pousser dans ses vergers de délicieuses pommes qui régaleront petits et grands amateurs de cidre doux ou brut, et de jus de pomme. La

Jus de pommes fermier.
kontrast-fotodesign/iStock

dégustation peut s'accompagner d'une rapide visite de la ferme.

Cidre fermier des Alpes Mancelles - La Coursure - ✆ 02 43 33 29 15 - juin-sept. : jeu. 17h-19h ; le reste de l'année sur RV.

DORMIR AU CALME

Beaumont-sur-Sarthe : camping les pieds dans l'eau. Situé juste en bordure de la Sarthe, ce camping compte 73 emplacements, ce qui lui garantit une fréquentation à taille humaine, du calme et la possibilité de jouir de nombreuses installations sportives (ping-pong, pétanque, parcours santé...).

Camping du Val de Sarthe - ✆ 02 43 97 01 93 - mai-sept. - forfait empl., 2 pers., tente et véhicule 11 €/nuit.

St-Léonard-des-Bois : dans un ancien moulin au repos. Bien sûr la roue à aubes ne tourne plus, mais la rivière s'écoule toujours au pied du moulin, ouverte à qui souhaiterait taquiner la truite ou le brochet. À moins que vous ne préfériez flâner à l'intérieur, calme et cosy, avec ses chambres confortables alliant charme et caractère.

Moulin de l'Inthe - ✆ 02 43 33 79 22 - chambres-hotes.alpesmancelles.com - fermé oct.-Pâques - 5 ch. 70 € ☕.

St-Léonard-des-Bois : réaliser son rêve. Vous aimez le côté chaleureux du bois d'un chalet perdu sous les arbres ? Ou bien vous préférez la clarté d'une bulle installée dans une clairière sous les étoiles ? Vous êtes plus classique ? Les bungatoiles, wigwams ou tentes lodges vous tendent leurs piquets. Les amateurs de sensations non polluantes pourront pratiquer sur place le swincar, ce buggy tout terrain vert, mû par un moteur électrique.

Les insolites de JSK - Les Buissons - ✆ 06 32 03 73 37 - www.insolites-jsk.fr - 90/180 € ☕.

La Chapelle-près-Sées : une promenade à cheval et au dodo ! Cette ferme est le point de départ de belles balades à cheval dans la forêt d'Écouves, à pied sur les chemins de GR, ou en calèche. Chambres coquettes dotées d'un solide mobilier. La ferme équestre est également une ferme laitière et vous pourrez profiter des ventes directes durant votre séjour.

Ferme équestre des Tertres - Le Tertre - ✆ 06 88 08 94 47 - www.fedestertres.com - 55 € ☕ - table d'hôtes sur réserv. 17 €.

FAIRE LA FÊTE

Bourg-le-Roi : un tournoi à l'ancienne. Ce petit bourg a conservé ses deux portes féodales et ses enceintes fortifiées des 12e et 13e s. Pour célébrer son passé médiéval, chaque année, vers la fin juin, se tient un grand tournoi de chevalerie à l'intérieur des anciennes fortifications : repas médiéval, herboristerie, faucons apprivoisés, exposition d'armes et jeux équestres.

Festival médiéval de Bourg-le-Roi - bourgleroi-animation-patrimoine.fr.

LE PAYS D'AUGE

C'est une verte et opulente région, tout en pâturages quadrillés de haies vives, sillonnée de petites routes. On y rencontre des chevaux, des vaches, des manoirs à colombages, de très beaux villages. On y fait de belles randos, on flâne dans les bourgades, on pédale et on galope. Laissez vos voisins bling-bling descendre à Deauville et filez vers cet arrière-pays plein de promesses !

DEPUIS PARIS : en évitant l'A13 (souvent saturée), 200 km par la D613.

VENIR EN TRAIN

- **De Paris-St-Lazare, train direct jusqu'à Caen (env. 2h15). De la gare SNCF, liaisons en bus jusqu'à Pont-l'Évêque (www.nomadcar14.fr).**

BONS PLANS

- **Pour organiser votre séjour : www.calvados-tourisme.com.**
- **Évitez de partir pendant les vacances scolaires et les ponts : la région attire les Parisiens en grand nombre.**
- **Pour le transport des fromages, prévoyez des boîtes hermétiques si vous ne voulez pas vous fâcher définitivement avec vos compagnons de voyage de retour.**

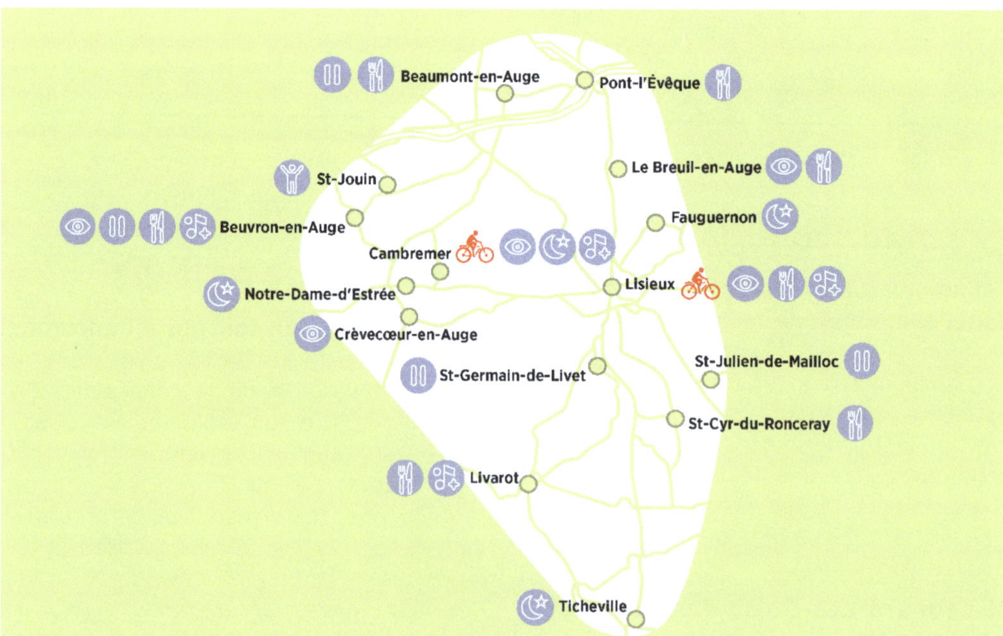

LOUER UN VÉLO

CAMBREMER

Domaine Le Coq enchanté
Imp. du Lavoir - 02 31 31 90 37 - www.le-coq-enchante.com. Location de vélos électriques à la journée (35 €).

LISIEUX

Cycles Billette
20 r. au Char - 02 31 31 45 00 - www.facebook.com/cyclesbillette - mar.-sam. 9h30-12h15, 14h15-19h15. Location de VTT et VTC (12 €/j, 30 €/3 j).

Le marché à l'ancienne de Pont-l'Évêque.
H. Hughes/hemis.fr

VOIR

Beuvron-en-Auge : touristique mais incontournable. Vous flânerez à travers ses venelles, planterez votre nez dans les rosiers encadrant les portes des maisons à colombages, chinerez chez les nombreux antiquaires, prendrez un verre, accompagné d'une teurgoule (sorte de riz au lait) ou de falue (brioche) à la terrasse d'un des bars-restaurants de la place centrale, découvrirez le travail des artisans d'art dans le bourg ou à l'espace des Métiers d'art. Vous n'y serez pas seul, certes, mais vous y passerez un moment très augeron.

Cambremer : tableaux végétaux. Les 30 jardins thématiques du pays d'Auge rivalisent tous de charme et de beauté. Un parcours sinueux permet de les découvrir au détour d'une allée, d'un bosquet et c'est toujours une merveilleuse surprise. Un foisonnement de fleurs, mille senteurs, des arbustes de formes et de couleurs diverses, des fontaines, des bassins où coassent les grenouilles... Après cette orgie de nature, il vous restera sans doute encore un peu de place pour une crêpe maison dans un des bâtiments de l'ancienne ferme.
Jardins du pays d'Auge - av. des Tilleuls - 06 08 92 99 07 - www.lesjardinsdupaysdauge.com - mai-sept. : 10h-18h30 ; de déb. oct. à mi-nov. : tlj sf w.-end 10h-17h - 8,50 € (-12 ans 5 €). Crêperie : tlj sf mar. mai-sept. - à partir de 3 €.

Le Breuil-en-Auge : laisser leur part aux anges. Un grand manoir augeron (16e-17e s.) couvert de tuiles roses et flanqué de pavillons latéraux à colombages se dresse au milieu d'un parc ombragé arrosé par la Touques. On y produit l'un des plus prestigieux calvados de Normandie. Vous visiterez la distillerie et les chais dans l'orangerie, où la « part des anges » embaume les lieux animés par un son et lumière poétique, puis vous finirez par une dégustation.
Château du Breuil - Les Jourdains - 02 31 65 60 00 - www.chateau-breuil.com - - visite guidée (45mn) 9h-11h, 14h-17h - 7 € (-17 ans 2 €). Un conseil : téléphonez la veille pour connaître les horaires des visites.

Jument et poulain dans les pâturages du pays d'Auge.
isatis/iStock

Lisieux : ascenseur pour le paradis. L'imposante basilique de Lisieux a été construite au 20e s. pour honorer sainte Thérèse. Pour admirer de près les mosaïques de la coupole représentant la sainte couronnée au Ciel, prenez l'ascenseur ! Du bas de la tour nord, il dessert 4 niveaux : le parvis, la chapelle St-Martin et la crypte, la basilique supérieure et la coupole.

Crèvecœur-en-Auge : leçon d'histoire. Voici un exemple rare d'une seigneurie médiévale préservée dans sa disposition originelle. Crèvecœur plonge le visiteur dans le quotidien d'un châtelain augeron de l'époque. Entourés d'arbres et de douves, les bâtiments à pans de bois du château, dont la motte date du 11e s., ont été transformés au 15e s. et restaurés en 1972. Ils forment un tableau très pittoresque, avec un plan en deux parties typiquement médiéval : basse cour et motte féodale entourées de douves en eau. Finissez la visite par le verger, qui regroupe plus de 26 variétés locales de pommiers.

Château de Crèvecœur-en-Auge - rte de Caen - 02 31 63 02 45 - www.chateau-de-crevecoeur.com - ♿ - juil.-août : 11h-19h ; avr.-juin et sept. : 11h-18h (avr.-juin fermé mar.) ; oct. (hors vac. scol.) : dim. 14h-18h ; vac. de la Toussaint : 14h-18h - 8 € (-18 ans 5 €), tarif hors animations.

BOUGER

St-Jouin : au pas, au trot, au galop ! Partez sur les chemins de campagne ou à travers les bois sur votre blanc destrier (d'autres couleurs sont disponibles) ! Ce centre équestre propose des promenades et randonnées accompagnées pour adultes et enfants.

Centre équestre Les Six Chemins - chemin des Six-Chemins - 06 68 08 56 76 ou 06 61 23 11 39 - mars-déc. - balade poney 15 €, rando thématique 1/2 j. 35 €.

À cheval, à vélo, à VTT, à pied : choisissez votre rando. Le comité de tourisme du Calvados a sélectionné de beaux circuits pour tous les âges, envies et niveaux. Une excellente manière de se dégourdir les jambes en appréciant les verts paysages du pays d'Auge, tout en montées et en descentes ! Mais il existe aussi des parcours en terrain plat...

www.calvados-tourisme.com

FAIRE UNE PAUSE

St-Germain-de-Livet : un thé au château. Le manoir de Livet donne sur les douves du château. Une bonne idée pour transformer les lieux en salon de thé ! La terrasse et le jardin vous accueillent donc pour une pause gourmande avec thé, crêpes et snacks à base de produits locaux. Profitez-en bien sûr pour visiter le château, bâtisse du 16e s. au bel appareil en damier de pierre de Caen et de briques vernissées.

Aux 3 Gourmands du Château - manoir de Livet - 02 31 62 83 50 - www.aux3gourmandsduchateau.fr - merc.-dim. 11h30-18h30.

Château-musée - 02 31 31 00 03 - www.authenticnormandy.fr - visite guidée (50mn) : tlj sf mar. 11h-13h, 14h-18h - fermé nov.-mars - 7 € (-26 ans gratuit) - parc seul 2 € (enf. 1 €).

Beaumont-en-Auge : repaire de peintres et de brocanteurs. Le petit bourg, perché sur un éperon dominant la vallée de la Touques, ne manque pas de charme avec ses maisons en briques ou à pans de bois. À l'arrière de la place de Verdun, un belvédère offre un beau panorama sur la vallée. Vous aurez plaisir à parcourir ce village où brocantes et galeries d'art se sont installées, en particulier celle d'Antoine Vit, qui expose ses propres œuvres.

Beuvron-en-Auge : déco décontractée. Antoine et Lucil, respectivement architecte et décoratrice d'intérieur, ont aménagé une maison de Beuvron en sympathique café où l'on viendra, à toute heure du jour, boire un petit noir, un jus de fruits frais, grignoter une tartine, bruncher et... acheter des objets de déco. Plats végétariens.

Antoine et Lucil - 28bis pl. Michel-Vermughen - 02 31 86 02 83 - 9h-19h (merc. 17h).

St-Julien-de-Mailloc : sauver les animaux. On rend visite aussi bien aux sangliers, blaireaux, renards, chevreuils, biches, qu'aux ânes, poules et cochons. Bien plus qu'un parc animalier, La Dame Blanche est aussi un refuge pour animaux maltraités et blessés. Ici on a déjà sauvé 4000 animaux qui n'auraient pas survécu dans la nature : dans le centre de sauvetage (qu'on ne visite pas), on les soigne, puis on les rééduque avant de les relâcher dans leur environnement naturel. Une belle leçon.

Parc animalier de la Dame Blanche - Lieu-dit La Quentinière - 02 31 32 09 03 - parcanimalierdeladameblanche.fr - avr.-août : 10h-19h ; sept.-Toussaint : tlj sf lun. et sam. 14h-18h - fermé Toussaint-mars - 9 € (3-12 ans 6 €).

DÉGUSTER

Beaumont-en-Auge : Le P'tit Beaumont. Un vrai bistrot de village qui régale ses convives de produits du terroir. Le buffet d'entrées est abondamment garni ! Simple, bon et pas cher. L'été, la grande terrasse est un bonheur.

20 r. du Paradis - 02 31 64 80 22 - fermé dim. et soirs (sf vend. et sam.) - formules déj. 17/26,90 € - 5 ch. 75/95 € - 9,50 €.

Le Breuil-en-Auge : Le Dauphin. Avenante et pleine de cachet, cette maison à colombages incarne la Normandie. Une authenticité qui se retrouve dans l'assiette avec une belle cuisine classique à base de très bons produits du terroir.

2 r. de l'Église - 02 31 65 08 11 - www.ledauphin-restaurant.com - fermé de mi-nov. à déb. déc., vac. fév., dim., merc. soir et lun. - formule déj. 22 €, carte 29/52 €.

Beuvron-en-Auge : Le Pavé d'Auge. Une atmosphère conviviale et typiquement normande (colombages, cheminée en pierre) imprègne ce restaurant occupant les anciennes halles. Une interprétation savoureuse de la gastronomie régionale et un service soigné. Chambres confortables avec vue sur le jardin.

Le Bourg - 02 31 79 26 71 - www.pavedauge.com - fermé lun., mar. (sf 15 juil.-31 août) - menus 41,50/72,50 € - 4 ch. 90/136 €.

Livarot : à vos ordres, mon colonel ! Ici, point de militaire, mais un des fromages AOP emblématiques du pays d'Auge : le livarot, affectueusement surnommé « le colonel » pour sa puissance et les 3 à 5 lanières qui l'entourent, figurant les galons de ce grade. Vous en découvrirez la fabrication dans cette fromagerie, véritable « village fromager ». Dégustation. Boutique.

Fromagerie Graindorge - 42 r. du Gén.-Leclerc - 02 31 48 20 10 - www.graindorge.fr - juil.-août : 9h30-17h30, dim. 10h30-17h30 ; avr.-juin et sept.-oct. : tlj sf dim. 9h30-13h, 14h-17h30 ; reste de l'année : tlj sf dim. 10h-12h30, 14h30-17h30, sam. 10h-13h - gratuit.

St-Cyr-du-Ronceray : « y'a pas seulement que d'la pomme. » Comme dirait Jean Lefèvre

dans les *Tontons Flingueurs* ! Demandez donc à la famille Groult : elle fabrique du cidre et du calvados depuis cinq générations. Les produits, de grande qualité, sont toujours réalisés de manière traditionnelle. Visite des vergers et des chais proposée.
Calvados Roger Groult - rte des Calvados - Clos de la Hurvanière - ✆ 02 31 63 71 53 - www.calvados-groult.com - boutique : lun.-sam. 9h-12h, 13h-16h ; visites : 10h30 et 14h30 - certains vend. : visite nocturne à la lanterne, sur réserv., 20 € - fermé sam. hors juil.-août, dim. et j. fériés.

Pont-l'Évêque : marché campagnard. Un marché à l'ancienne a lieu le dimanche matin en juillet-août, Pâques et Pentecôte. Vente de produits fermiers.

Lisieux : pour changer du fromage. Ce maître-artisan chocolatier et confiseur propose ses délicieuses spécialités comme le Caluador (chocolat à base de crème de calvados et de confiture de lait), le Pom-Reine (bonbon chocolat fourré ganache pomme) et les traditionnelles pommes au calvados. L'honneur est sauf : on retrouve nos bons produits normands ! L'établissement fait aussi salon de thé.
Pâtisserie Yvanoff - 44 r. Henry-Chéron - ✆ 02 31 62 17 91 - 9h-19h - fermé lun. et dim. apr.-midi.

DORMIR AU CALME

Notre-Dame-d'Estrées : chiner, prendre un thé et dormir. Ce relais de poste du 17ᵉ s. abrite des chambres confortables et joliment décorées, équipées parfois de baignoires à remous. Petit-déjeuner bio servi dans une salle élégante, également salon de thé, où vous pourrez chiner meubles et bibelots.
Chambre d'hôtes Au Repos des Chineurs - chemin de l'Église - ✆ 02 31 63 72 51 - www.au-repos-des-chineurs.fr - 5 ch. 95 € ☕.

Cambremer : comme un coq en pâte. Bulle, roulotte, chambre d'hôtes, à vous de choisir parmi les hébergements insolites et de charme de ce domaine qui propose également des massages (dans la cabane dans les

Livarot.
barmalini/iStock

arbres !), une restauration tendance (buddha bowls, soupes) ou bistronomique, sans oublier la « soirée du vendredi » avec musique et apéro.
Domaine Le Coq enchanté - imp. du Lavoir - ✆ 02 31 31 90 37 - www.le-coq-enchante.com - 2 nuits mini - roulotte : 120/150 € - maisons individuelles : 225/250 €/5 pers. - ☕ 12 €.

Fauguernon : en roulotte Simone ! Cette grande ferme typiquement augeronne (16ᵉ et 18ᵉ s.), aux portes de Lisieux, offre le calme de son parc à deux roulottes (2 et 4 pers.), joliment décorées et tout équipées, où l'on peut passer la nuit, quasi en pleine nature : vous aurez peut-être la chance d'apercevoir des biches, à condition de vous lever dès potron-minet. Chacune possède un petit coin terrasse. Les anciens bâtiments de la ferme abritent deux gîtes (2 et 6 pers.).
Domaine Les Chillards - 1958 rte de Rocques - ✆ 06 82 13 34 26 - leschillards.fr - roulottes 90/100 €, gîtes 85/110 €.

Ticheville : un hôtel-restaurant végétarien. Debbie a choisi cette belle maison près de Vimoutiers pour ouvrir un hôtel-restaurant pas comme les autres : ici on mange végétarien et on dort à la campagne, bercé par l'odeur des fleurs que la maîtresse de maison ne manque pas de disposer dans chacune des chambres. Fleurs, légumes et fruits proviennent du jardin, magnifique (où l'on peut aller se reposer et dîner les soirs d'été), et sont cultivés en bio, cela va de soi. Pour un vrai week-end à la campagne !

La Maison du Vert - 02 33 36 95 84 - maisonduvert.com - - de Pâques à mi-sept. ; restaurant ouv. tous les soirs (sf lun. et mar.) et vend., sam., dim. midi - 3 ch. 70/105 € - 7,50 € - autour de 30 €.

FAIRE LA FÊTE

Cambremer : rencontres gastronomiques. Envie de découvrir les bons produits AOP du pays d'Auge ? Rendez-vous à Cambremer le dernier week-end d'avril ou le premier de mai. Concerts, ateliers de cuisine ou du goût, ateliers enfants, marché, randonnées gourmandes et guidées : des activités qui vous donneront envie de rapporter plein de bons produits.
www.lesrencontresdecambremer.fr

Livarot : entre la pomme et le fromage. Le 1er week-end d'août, deux jours de fête pour célébrer les fromages et autres produits gastronomiques du pays d'Auge, autour de plusieurs réjouissantes animations : repas champêtre, soirée dansante, concours du plus gros mangeur de livarot, et bien sûr, vente de produits du terroir.

Lisieux : préparer sa dinde de Noël. La foire aux picots le 1er dimanche d'août, quèsaco ? C'est une foire à la volaille ! Le « picot » est le nom du jeune dindon acheté à cette occasion, et qui sera élevé et engraissé pour être dégusté à Noël.

Beuvron-en-Auge : à tomber dans les pommes ! Décidément dans le pays d'Auge, on mange et on boit bien. À Beuvron, c'est la fête du cidre qui va vous occuper le dernier dimanche d'octobre. Outre le cidre, on y trouvera les bons produits du terroir.
beuvronenauge.com

Beuvron-en-Auge : boogie-woogie au haras. Le manoir et haras de Sens organise chaque année en mai et octobre, dans ses grandes écuries, des soirées musicales où pianistes et orchestres s'associent pour d'entraînants boogie-woogies.
www.manoirdesens.com/boogie-woogie - concerts payants.

Beuvron-en-Auge.
brytta/iStock

LA POINTE DU COTENTIN

Des falaises parmi les plus hautes d'Europe et des ports parmi les plus petits, de longues plages battues par les vents et des jardins tropicaux profitant d'un doux microclimat, des huîtres au goût inimitable et du cidre AOC : le « bout du monde » du Cotentin manie l'équilibre à merveille ! Que vous soyez branché randonnée, sports de glisse ou dégustation de fruits de mer, vous y trouverez forcément votre bonheur.

DEPUIS CAEN : 118 km sur la N13 jusqu'à Cherbourg-en-Cotentin ; la D901 permet ensuite de relier les localités de la pointe du Cotentin.

VENIR EN TRAIN

- **TER direct de Caen à Cherbourg (1h15). De la gare SNCF, il n'y a des liaisons en bus vers Barfleur/St-Vaast-la-Hougue et La Hague qu'en juillet-août (www.lecotentin.fr). Le reste de l'année, il vous faudra louer une voiture.**

BONS PLANS

- **Pour organiser votre séjour : www.encotentin.fr.**
- **Le site www.cotentincotejardins.com regroupe des jardins privés ouverts au public : avis aux amateurs.**

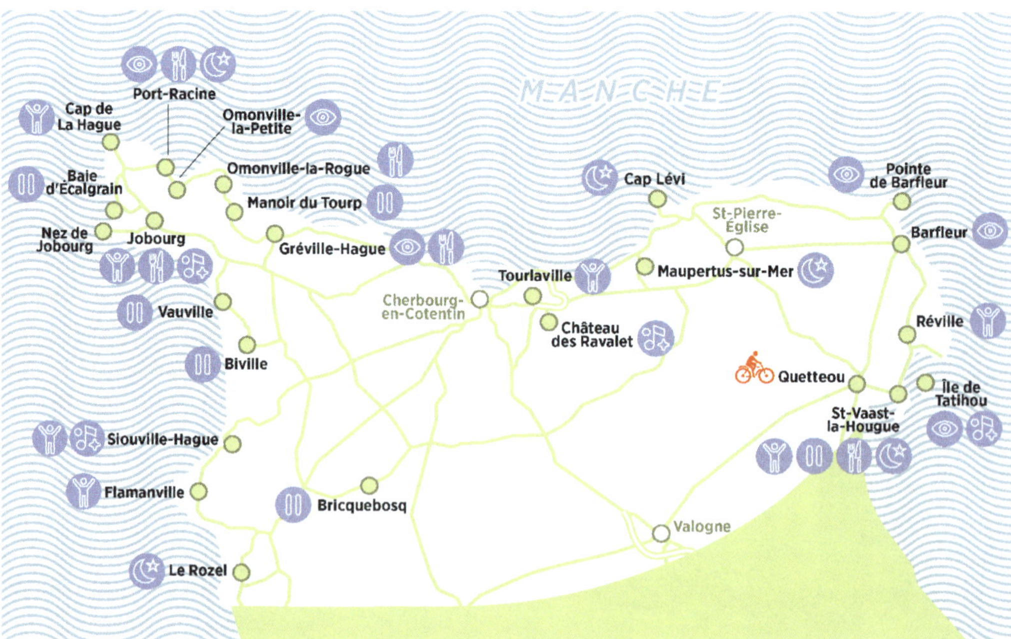

LOUER UN VÉLO

QUETTEHOU

Établissement Sébastien Massieu
12 r. Sainte-Marie - 02 33 54 13 63 - www.location-velo-quettehou.fr - mar.-sam. 9h-12h, 14h-19h. Location de vélos traditionnels et électriques à la journée (9/18 €), et de remorque enfant (12 €/j).

VOIR

Tatihou : petit bout d'île. Derrière son nom dépaysant se cache une île pleine de charme à quelques minutes de la côte, que l'on peut atteindre facilement, à pied ou à l'aide d'un bateau amphibie, selon la marée. Ses jardins luxuriants, installés à l'abri des murs du lazaret – ancien lieu d'isolement des malades contagieux –, se prêtent à l'observation des oiseaux et présentent la flore du littoral. L'île de Tatihou, fortifiée par Vauban, protégeait la rade de St-Vaast, tout comme La Hougue, sa voisine devenue une presqu'île.

Le port de Barfleur.
kateafter/iStock

Île de Tatihou - 02 33 54 33 33 - www.manche.fr/tatihou - juil.-août : 9h-18h ; avr.-juin et sept.-oct. : 9h-12h30, 13h15-17h - bateau et visites 11,50 € (-11 ans 5 €) - traversée ttes les 30mn (marée haute) et ttes les heures (marée basse) - réserv. conseillée en saison.

Barfleur : du port à la pointe. Entourée par la mer et les récifs, Barfleur cultive le charme d'une petite cité de caractère et d'un ravissant port de pêche encore très actif. Passez un moment sur les quais pour y voir décharger les bars de ligne ou les plus rares moules « blondes de Barfleur », avant de partir en balade vers la pointe. Le défi ? Gravir les 365 marches jusqu'au sommet du phare de Gatteville, le 2e plus haut de France ! De là-haut, le panorama est inoubliable. L'autre fierté locale, c'est l'église de Montfarville, dont le décor peint lui vaut le surnom de « chapelle Sixtine du Cotentin ».

Phare de Gatteville - 02 33 23 17 97 - phare-de-gatteville.fr - mai-août : 10h-12h, 14h-19h ; avr. et sept. : 10h-12h, 14h-18h ; mars et oct. : 10h-12h, 14h-17h ; reste de l'année : 10h-12h, 14h-16h - fermé de mi-nov. à fin janv. (sf vac. de Noël) - 3 € (-12 ans 1 €).

Gréville-Hague : le père de l'Angélus. C'est dans le hameau de Gruchy qu'est né Jean-François Millet (1814-1875), le « peintre des réalités paysannes », en qui Van Gogh confiait avoir trouvé un « père », et dont *L'Angélus* (1857-1859) allait connaître un prodigieux succès. Dans sa jolie ferme natale, le visiteur découvre la genèse de son œuvre picturale et la vie d'une famille rurale au début du 19e s. à travers une exposition savamment conçue, agrémentée d'un diaporama et de bornes ludiques.

Maison natale de Jean-François Millet - hameau Gruchy - 02 33 01 81 91 - manche.fr/patrimoine - juil.-août : 11h-18h ; avr.-juin, sept. et vac. scol. (sf vac. de Noël) : 14h-18h - fermé lun. - 4,50 € (-18 ans 2 €).

Omonville-la-Petite : hommage à Prévert. Achetée par Jacques Prévert en 1971, cette maison a été son dernier refuge avant sa mort en 1977. Devenue un musée, elle évoque l'œuvre et la vie du poète, qui a choisi d'être enterré dans le cimetière du village. Et pour que le pèlerinage soit complet, il faut se rendre au « Jardin en hommage à Jacques Prévert », dans le village voisin de St-Germain-des-Vaux : un endroit conçu en souvenir du poète, où les arbres ont été choisis par ses proches. Là, le tilleul de Doisneau, ici, l'hortensia de Barbara, plus loin, le pin d'Yves Montand, et des petits panneaux citant l'œuvre du maître.

Maison de Jacques Prévert - 3 hameau du Val - 02 33 52 72 38 - www.manche.fr/patrimoine - juil.-août : 11h-19h ; juin et sept. : 11h-18h ; avr.-mai, oct. et vac. scol. (sf vac. de Noël) : 14h-18h - fermé nov.-mars - 5 € (-18 ans 2,50 €).

Port-Racine : le plus petit port de France. Le plus pittoresque des ports de La Hague est aussi le plus petit de France en activité. Avec une surface de 800 m et une ouverture entre les deux jetées de 11 m, ce havre lilliputien doit son nom au corsaire François-Médard Racine, qui y avait établi sa base sous Napoléon Ier. Deux siècles plus tard, le petit port n'est le refuge que de modestes barques de pêcheurs plaisanciers et de vacanciers inlassablement séduits par la douceur de vivre des lieux.

BOUGER

St-Vaast-la-Hougue et Réville : au gré du vent. Installé sur le port de plaisance de « Saint-Va », ce centre nautique organise, en juillet-août, des stages de voile et des cours particuliers. En haute saison, est proposée, à la pointe de Jonville (à Réville), la location d'embarcations diverses (planche à voile, paddle, dériveur, catamaran et kayak de mer) pour naviguer sur le plan d'eau sécurisé de la baie de Saire.

Centre nautique Est Cotentin - 4 quai du Cdt-Albert-Paris à St-Vaast-La-Hougue et 5 r. du Gén.-de-Gaulle à Réville - 02 33 43 44 73 - www.centre-nautique-est-cotentin.fr - location à partir de 10 €/h.

Cap de la Hague : un autre Finistère. Le « bout du monde » du Cotentin est le paradis des randonneurs ! Empruntez le GR 223 reprenant l'ancien sentier des Douaniers. Entre les ports du Hâble et de Goury, le sentier suit le littoral sans jamais s'en éloigner et traverse des paysages variés : ports minuscules, bruyères parcourues de murets en pierre sèche, baies et pointes découpées. Après Goury et sa célèbre station de sauvetage en mer, vous parcourez des landes sauvages, longez des bords de mer déchiquetés et de rudes falaises. Le sentier

Canoës sur une plage du Cotentin.
brytta/iStock

grimpe et s'éloigne alors un peu de la côte avant de redescendre vers le nez de Jobourg, spectaculaire promontoire, escarpé et décharné.
GR 223 - Tour du Cotentin - balisage rouge.

Nez de Jobourg : les trésors des contrebandiers. Au pied des impressionnantes falaises du nez de Jobourg se dissimulent des grottes qui servaient autrefois de cachettes à des contrebandiers. Ce site protégé peut être découvert avec des guides agréés, lors de randonnées sportives d'environ 5h. Le parcours, mousqueton à la taille, commence sur le sentier des Douaniers. Il suit la descente des Ratournettes jusqu'aux rochers. Il faut alors passer le Verrou, ou « passage Tarzan », à l'aide d'une corde, avant d'atteindre les grottes. Émotion et spectacle assurés !
Grottes de Jobourg - randonnée guidée 5h avec À la découverte de La Hague (✆ 06 12 42 86 97 - aladecouvertedelahague.fr - 5 €) ou Exspen (✆ 06 31 45 25 80 - www.exspen.com - 4 circuits de difficultés variées - 30/50 €) - sur réserv. - horaires variables selon les marées.

Tourlaville : à vos pagaies ! Parmi ses nombreuses activités, le club de kayak de mer du Nord-Cotentin propose des initiations, des stages de perfectionnement, des randonnées-découvertes en kayak de rivière et kayak de mer, embarcation idéale pour découvrir au plus près le littoral du Cotentin. Il est également possible de pratiquer le stand up paddle, le wave-ski et même la pirogue polynésienne !
Club de kayak de mer du Nord-Cotentin - rte du Becquet - ✆ 02 33 22 59 59 - www.cotentinkayak.fr - séance découverte kayak 25 € à partir de 8 ans, location à partir de 10 €/h.

Flamanville : vingt mille lieues sous les mers. La pointe du Cotentin est aussi belle à la surface qu'en version sous-marine ! Si la plongée vous tente, vous pourrez faire votre baptême avec le club Hague-Sud Plongée. Les plus expérimentés opteront pour une exploration des fonds marins. Au programme : épaves de navires et faune aquatique.
Hague-Sud Plongée - Port-Diélette - ✆ 06 86 27 12 42 - congericou.wixsite.com/haguesudplongee - tte l'année - tarifs se rens.

LA POINTE DU COTENTIN VUE PAR…

Élisa & Max, auteurs du blog BestjobersBlog.com

« Avec Max, nous avons découvert la pointe du Cotentin en 2018, depuis nous ne manquons pas une occasion d'y aller. Cet endroit dégage quelque chose de magique et de très dépaysant, on se sent au bout du monde ! Des sites naturels, sauvages et clairement méconnus ! Pour nous, c'est un bol d'iode vivifiant, loin de la foule. Nos spots favoris ? Tout au nord, le nez de Jobourg nous transporte comme en Irlande. Pouvoir descendre dans ses grottes est une expérience unique qui peut se vivre uniquement de mi-juillet à fin septembre (hors période de nidification des oiseaux) et accompagnés des guides bénévoles de l'association locale (À la découverte de La Hague), c'est à ne pas manquer ! À quelques kilomètres, le jardin botanique de Vauville est enivrant. Une véritable oasis insoupçonnée dans ce coin de France. Des plantes exotiques venues des quatre coins du globe s'épanouissent grâce au microclimat de la côte, sous l'effet du courant marin Gulf Stream. »
Randonnée des grottes - voir nez de Jobourg (ci-contre).
Jardin botanique de Vauville - **voir p. 40.**

Siouville-Hague : spot de glisse. Les vagues qui déferlent sur la longue plage de Siouville s'avèrent idéales pour la pratique du surf, windsurf et kitesurf. Des compétitions de sport de glisse (championnats de France de skimboard, Siouville Surf Open, etc.) s'y déroulent. L'École de surf du Cotentin y propose des séances découverte pour les novices et des stages pour les enfants ou les mordus. Location de planches et combinaisons de Pâques à la Toussaint.
École de surf du Cotentin - 14 bis bd Deveaud - 02 33 41 39 58 - www.cotentinsurfclub.com - juil.-août : 9h-18h30, dim. 10h-13h, 14h-18h30; avr.-juin et sept.-oct. : 10h-12h30, 13h30-18h - fermé nov.-mars - séance découverte surf 35 €/1h30; location planche 6 €/h.

FAIRE UNE PAUSE

Baie d'Écalgrain : seul au monde. Cette grève solitaire, encadrée de landes tapissées de bruyères, occupe un site sauvage d'une grande beauté. Prenez le temps de contempler le paysage. À l'horizon, on peut même voir les îles Anglo-Normandes : à gauche de l'île d'Aurigny, la plus proche, apparaissent Guernesey et Sercq.

St-Vaast-la-Hougue : c'est un fameux trois-mâts. Parmi les plus remarquables bateaux mouillant à St-Vaast, *Fleur de Lampaul* est un ancien caboteur à voiles d'une longueur totale de 27 m, construit en 1948. Depuis sa restauration par les chantiers navals Bernard, il propose diverses formules de croisières et de promenades, de la demi-journée à plusieurs jours.
Croisière sur le Fleur de Lampaul - port de St-Vaast - 06 80 27 31 65 - nordetcroisiere.com - sur réserv. uniquement.

Vauville : à l'ombre des palmiers. À quelques centaines de mètres de la mer, autour d'un manoir, ce jardin extraordinaire de 4 ha bénéficie d'un climat exceptionnel, grâce à l'air chaud du Gulf Stream. En perpétuelle évolution, il est planté de plus de 1000 espèces végétales au feuillage persistant, dont la plupart sont originaires de l'hémisphère Sud. Ici, l'hiver n'a pas de prise ! On croise donc, au fil d'une promenade hautement dépaysante, une bambouseraie, des collections de gunneras et d'echiums, des voûtes d'eucalyptus... et la palmeraie la plus septentrionale de France !
Jardin botanique de Vauville - 02 33 10 00 00 - www.jardin-vauville.fr - juil.-août : 14h-19h; avr.-juin et sept. : 14h-18h; oct. : w.-end 14h-18h - 9,50 € (-18 ans gratuit).

Biville : Sahara cotentinois. Depuis le village de Biville, une courte marche mène à un paysage unique : un ensemble préservé de 700 ha de dunes couvertes d'une végétation herbacée (ou dunes grises), et de dépressions humides, bordant une longue plage de sable. De là, le regard embrasse l'anse de Vauville, du nez de Jobourg aux falaises de Flamanville, et les îles Anglo-Normandes au large.
Calvaire des Dunes - 45mn à pied AR. Dans le prolongement de la rue bordant l'église, près d'une barrière, prenez la chicane et empruntez le chemin qui passe devant une petite chapelle dédiée à la Vierge.

Manoir du Tourp : plongée dans l'Histoire. Dans les murs du manoir de la Tourp, magnifiquement restauré, vous suivrez les aventures d'un gobelin malicieux et de la jeune Mathilde en quête d'« Un trésor au bout du monde ». Ce parcours-spectacle immersif est réparti dans cinq salles aux décors animés, et évoque avec poésie l'histoire de La Hague et de ses habitants du 10e au 21e s.
Manoir du Tourp - 02 33 01 85 89 - www.letourp.com - juil.-août : 11h-18h30 ; reste de l'année : 14h-18h - fermé lun. (sf vac. scolaires) et de déb. janv. à déb. fév. - parcours-spectacle 7 € (- 7 ans gratuit), dép. ttes les 30mn.

Bricquebosq : cidre labellisé. Depuis 2016, le « cidre Cotentin » se distingue par une Appellation d'origine contrôlée, au cahier des charges précis : pommes issues de vergers bocagers, 60 % minimum de variétés locales « amères » et « douces-amères », mousse naturelle sans gazéification ni pasteurisation. Propriétaire de 10 ha de vergers en agriculture bio produisant du cidre cotentin AOC, Alain Pismont prend plaisir à faire visiter son exploitation. Après la découverte passionnante du procédé d'élaboration jusqu'à la mise en bouteille, vous pourrez goûter les différents produits maison (cidre, pommeau, jus de pomme, etc.).

La grève près de St-Vaast-la-Hougue.
Bertl123/iStock

Cidrerie Le Père Mahieu - hameau Les Mesles - ✆ 02 33 93 03 79 - www.leperemahieu.com - juin-sept. et vac. scolaires : tlj sf dim. 10h-12h, 14h-17h30 ; reste de l'année : tlj sf lun., merc., dim. - visite et dégustation gratuites.

DÉGUSTER

St-Vaast-la-Hougue : une gorgée d'iode. Un ancien atelier ostréicole situé en face du port accueille cette vénérable enseigne (1878) où vous pourrez vous approvisionner en huîtres du cru (plates et creuses) ou seulement vous laisser tenter par une petite dégustation.
Lesdos-Allaire - 23 pl. Belle-Isle - ✆ 02 33 54 42 13 - www.huitres-st-vaast.com - juil.-août : 9h-19h ; reste de l'année : 9h-12h30, 15h-19h, dim. 9h-12h30, 15h30-19h - fermé lun. apr. midi et mar. en janv.-mars.

St-Vaast-la-Hougue : caverne d'Ali Baba. Même si vous n'avez besoin de rien, il est indispensable de visiter ce lieu extraordinaire. Tous les produits de la terre semblent y être rassemblés. Vous y trouverez, entre autres, des fruits et légumes fournis par des producteurs du pays, des fromages normands affinés dans les caves de la maison, du pain cuit au feu de bois et 30 sortes de soupes de poisson.
Gosselin - 27 r. de Verrüe - ✆ 02 33 54 40 06 - www.maison-gosselin.fr - mar.-vend. 9h-12h30, 15h-18h, sam. 9h-13h, 15h-18h, dim. 9h-12h30.

Port-Racine : à vous de jouer ! Dans la salle à manger épurée de cette pimpante maison de granit, on savoure les plats gastronomiques d'Antoine Fernandes, réalisée selon les arrivages. Les menus mettent en valeur les produits locaux et les spécialités du Cotentin. Et pour les amateurs, le chef organise des ateliers de cuisine thématiques (homard, coquille St-Jacques, traditions japonaises) suivis d'une dégustation.
Le Moulin à Vent - 10 rte de Port-Racine, St-Germain-des-Vaux - ✆ 02 33 52 75 20 - www.le-moulin-a-vent.fr - fermé vac. scol. de déc. et de fév., sam. midi et vend. - réserv. conseillée - 39/78 €.

Gréville-Hague : pour les gourmands. Certains vont à Gréville juste pour acheter la spécialité du lieu : le Grévillais, une pâte feuilletée caramélisée fourrée aux pommes, pour le traditionnel ou poire-caramel et abricot-pistache pour les variantes. Un délice dont la recette reste secrète, bien sûr.
Boulangerie-pâtisserie La Grévillaise - ✆ 02 33 52 79 01 - mar.-sam. 7h-19h, dim. 7h30-18h.

Jobourg : l'art et la manière de faire des crêpes. La spécialité de La Gravelette ? Les crêpes et galettes, à base de blé noir bio et produits du terroir. Goûtez à la « demoiselle de Jobourg » (crème et glace de marron, amandes grillées et fine Chantilly) ou à la « Hague Dick » (pommes caramélisées flambées au calvados).
Crêperie La Gravelette - hameau Dannery - 1,5 km avant le nez de Jobourg sur la D401 - ✆ 02 33 01 25 77 - www.lagravelette.com - mars.-août : tlj sf jeu. 12h-21h - menus 14,50/30 €.

Omonville-la-Rogue : face au port. Face au petit port du Hâble et sa plage de galets, ce restaurant de poisson cuisine uniquement les produits issus de la pêche locale : filet de thon jaune aux senteurs de mangue et citron vert, homards grillés, huîtres de St-Vaast. Un régal.
Café du Port - port du Hâble - ✆ 02 33 52 74 13 - www.restaurantduport-omonvillelarogue.fr - 12h-14h, 19h-21h - fermé janv., lun., mar. - 27/40 €.

DORMIR AU CALME

Cap Lévi : une nuit bien à l'abri. Une adresse pour les amateurs de lieux pittoresques et de grand air marin ! Construit au début du 19e s. sur ordre de Napoléon pour défendre les côtes face aux Anglais, le fort du cap Lévi domine le large à 20 m au-dessus du niveau de haute mer. Il abrite aujourd'hui des chambres d'hôtes. Le petit-déjeuner est servi dans une véranda avec une vue magnifique sur la mer.
Chambres d'hôtes Le Fort du cap Lévi - 7 Le Cap-Lévi - Fermanville - ✆ 02 33 23 68 68 - www.fortducaplevi.com - fermé de mi-déc. à mi-janv. - 6 ch. 65/85 € - ☕.

Le Rozel : nos ancêtres les Vikings. Dans l'enceinte d'un château (13e -18e s.) appartenant à une descendante en ligne directe d'un compagnon de Rollon, chef viking à l'origine du duché de Normandie, des chambres cosy et des gîtes décorés avec goût sont disséminés dans les communs. Le petit-déjeuner est servi dans la salle à manger du château.
Château du Rozel - ✆ 02 33 52 95 08 - www.chateau-du-rozel.fr - 5 ch. 95/120 € ☕ ; 4 gîtes 520/860 €/sem. en hte sais. - ✕.

Port-Racine : vue imprenable. Cet hôtel magnifiquement situé au-dessus de la mer, avec Port-Racine au bas du jardin, est un endroit idyllique où se poser (ou même simplement prendre le thé). Les chambres aux tons clairs et à la déco épurée ont presque toutes vue sur la Manche. Servi face à la mer, le petit-déjeuner, dont quasi tous les ingrédients viennent du Cotentin, est divin.
L'Erguillière - ✆ 02 33 52 75 31 - www.hotel-lerguillere.com - 9 ch. 120/160 € - ☕ 16,50 €.

St-Vaast-la-Hougue : en toute simplicité. Que ce soit dans les chambres au look personnalisé ou dans le salon cosy, le charme rétro de cette belle demeure ancienne en granit gris de St-Vaast opère. Et on s'y sent comme chez des amis. Location de vélos.
La Granitière - 74 r. du Mar.-Foch - ✆ 02 33 44 89 50 - www.hotel-la-granitiere.com - 9 ch. 74/125 € - ☕ 11 €.

Maupertus-sur-Mer : un camping presque sur la plage. Que vous soyez puristes du camping sous la tente ou plutôt branché « glamping », ce camping tout équipé – piscine, aire de jeux, restaurants, animations, terrains de sport – est fait pour vous ! Vous aurez le choix entre des emplacements de tailles variées et de confortables cottages et chalets. Certains

Les huîtres, incontournables dans le Cotentin !
thesomegirl/iStock

Le cap de la Hague.
Philippe Paternolli/iStock

ont vue sur la mer ou l'anse du Brick. Si les conditions météo s'y prêtent, vous pourrez y observer le ballet des surfeurs, l'anse étant un spot réputé.
Les Castels L'Anse du Brick - 18 anse du Brick - ☎ 02 33 54 33 57 - www.anse-du-brick.com - de déb. avr. à mi-sept. - 230 empl. 28/90 € (2 pers. avec véhicule) ; 65 cottages et lodges 66/249 €/nuit pour 2 pers. (2 ou 3 nuits mini).

FAIRE LA FÊTE

Tatihou : musiques au large. À la mi-août, l'île Tatihou devient pendant 4 jours le lieu de rencontres de toutes les musiques traditionnelles des rivages du monde. Les heures des spectacles sont choisies en fonction des marées, car le public traverse à pied la grève à marée basse pour venir écouter les artistes.
Festival des Traversées Tatihou - www.facebook.com/festivallestraverseestatihou.

Siouville-Hague : à vos planches, prêts, partez ! À Siouville-Hague, le Cotentin Surf Club organise chaque année un week-end festif, début juin, avec compétitions, initiations et concerts. L'occasion pour les promeneurs de profiter de spectacles acrobatiques de glisse en tout genre, et pour les curieux de découvrir la pratique du surf.
Siouville Surf Open - www.cotentinsurfclub.com.

Château des Ravalet : fleurs en fête. Le 2e week-end de mai, les années paires, une cinquantaine de pépiniéristes et d'exposants prennent possession du parc de 14 ha et des jardins thématiques qui entourent le beau château Renaissance des Ravalet pour une grande fête des plantes. Un rendez-vous qui séduira les amateurs de jardinage et de botanique.
Presqu'île en fleurs - www.encotentin.fr/cherbourg.

Jobourg : compter les moutons. Menacée un temps de disparition, la foire de Jobourg, qui remonte à 1937, célèbre le 1er samedi d'août un mouton de race locale : le roussin, à tête noire. Au programme de cette journée : concours ovin, démonstration de tonte et filage de laine, marché de terroir, animations pour les enfants et banquet populaire avec agneau grillé au menu.
Foire aux moutons de Jobourg - www.mairie-jobourg.fr.

LA CÔTE DU GOËLO

De la côte du Goëlo, chacun connaît Paimpol et son port bercé par la légende des pêcheurs d'Islande. Mais la région entre St-Brieuc et l'embouchure du Trieux dévoile aussi une campagne discrète et une rive avec ses coins cachés, à découvrir le long du sentier des douaniers. Avant d'embarquer sur un vieux gréement à l'assaut du joyau de l'Armorique : l'archipel de Bréhat.

DEPUIS RENNES : 142 km jusqu'à Paimpol par la N12, via St-Brieuc.

VENIR EN TRAIN

- TGV direct de Paris (env. 3h) et Rennes (env. 1h15) jusqu'à Guingamp, puis il faut prendre un TER qui longe l'estuaire du Trieux jusqu'à Paimpol (env. 50mn). De là, prenez le Tibus (env. 15mn - www.breizhgo.bzh) pour rejoindre l'embarcadère des vedettes de Bréhat.

BONS PLANS

- Pour organiser votre séjour : www.guingamp-paimpol.com et www.tourismebretagne.com.
- Il est possible de laisser ses bagages quelques heures en dépôt à la gare de Paimpol pour visiter la ville en attendant le Tibus si vous vous rendez à Bréhat.

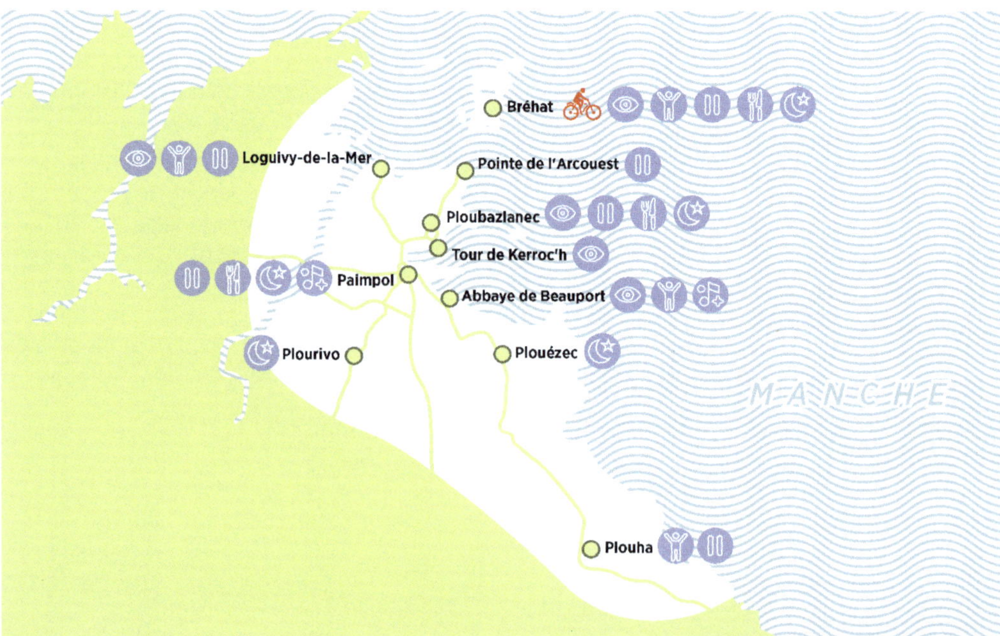

LOUER UN VÉLO

ÎLE DE BRÉHAT

Dalibot

En haut de la rue du débarcadère - ✆ 02 96 20 03 51 - www.locationvelosbrehat.com. Location de vélos adulte (5 €/h, 14 €/j), VTT à assistance électrique (14 €/2h, 29 €/j), baby-van, doggy-van...

Bréhat location

Hôtel Bellevue - au débarcadère - ✆ 06 79 50 65 64 - www.brehat-locations.com. Grand choix de modèles, VTT, VTC (7 €/2h, 14 €/j), enfant, électrique (14 €/2h, 29 €/j) et remorques.

VOIR

Tour de Kerro'ch : contre vents et marées. Cette côte sauvage et découpée se découvre à pied, par le sentier des Douaniers, ou depuis l'un de ses nombreux points de vue panoramiques. Non loin de Ploubazlanec, la tour de Kerro'ch se dresse dans un joli site boisé. De la première plate-forme, la vue embrasse la baie de Paimpol, célèbre pour ses marées d'une amplitude exceptionnelle. En juin 2020, on a même pu y observer une baleine, au large de Port Lazo ! Les pointes de Guilben et de Bilfot offrent d'autres points de vue remarquables. *Tour de Kerro'ch - 2 km au nord de Ploubazlanec, en dir. de la pointe de l'Arcouest.*

Abbaye de Beauport : en toute sérénité. Ces ruines délicates, posées dans un pré glissant vers la rive, valent le détour. Fondée au 13ᵉ s. par des chanoines de l'ordre de Prémontré, l'abbaye a constitué un important foyer spirituel et économique dans le diocèse de St-Brieuc. De l'église originelle subsistent

Île de Bréhat.
MicheleBoiero/iStock

notamment la façade et l'émouvante nef à ciel ouvert. La longue salle capitulaire témoigne de l'art gothique anglo-normand, dans la tradition du Mont-St-Michel. On visite le cloître et le vaste réfectoire qui s'ouvre sur la mer, ainsi que la cour basse, le bâtiment au Duc, le cellier, et l'aumônerie où les moines recevaient l'impôt sur le sel et les grains. Le parloir et la sacristie accueillent des espaces d'interprétations sur l'histoire de l'abbaye et ses décors.

Abbaye de Beauport - rue de Beauport - ✆ 02 96 55 18 55 - abbayebeauport.com - mars : 14h-18h ; avr.-juin (et vac. de la Toussaint) : 10h30-12h30 ; juil.-sept. : 10h30-19h ; 14h-18h ; vac. de Noël : 15h30-20h - 6 € - domaine ouv. tte l'année, entrée gratuite.

Loguivy-de-la-Mer : la vocation de la pêche. « Loguivy-de-la-Mer, tu regardes mourir les derniers vrais marins » : François Budet a immortalisé en 1960 dans son chant de marin, cher aux Bretons, ce port de pêche, dont le cachet d'antan est intact. À marée basse, les barques s'y échouent encore. Montez au promontoire de la Roche aux Oiseaux, pour jouir de la vue sur l'embouchure du Trieux et sur l'île de Bréhat, entre terre et mer.

Ploubazlanec : pêcheurs d'Islande. Haut lieu de la grande pêche, ce village où Pierre Loti s'est installé pour rédiger *Pêcheur d'Islande*, a payé un lourd tribut à la mer : entre 1852 et 1935, près 2 000 de ses marins ont été engloutis par les flots. Dans l'ancien presbytère, le musée Mémoire d'Islande entretient le souvenir de la grande pêche en réunissant des objets, des maquettes, des livres de bord, etc., liés à cette épopée. Dans le cimetière du village, l'alignement de stèles du Mur des Disparus, portant le nom de navires disparus année par année et le nombre de marins à bord, constitue un témoignage poignant des difficiles conditions de vie des pêcheurs.

Espace Milmarin - 16 r. de la Résistance - ✆ 02 96 55 49 34 - juil.-août : 10h-12h30, 14h-18h ; avr.-juin et sept.-oct. : merc.-vend. et dim. 10h-12h30, 14h-18h ; reste de l'année : merc., vend. et dim. 10h-12h30, 14h-17h - 5,80 € (-12 ans 3,20 €).

Bréhat : l'île aux 1000 fleurs. Cet archipel paradisiaque, où la voiture est bannie, se découvre idéalement tôt le matin ou en fin de journée, quand le flux des visiteurs est reparti. Le mieux est donc de dormir sur place. À la pointe extrême de l'île se dresse le phare du Paon (l'origine du mot est *penn*, qui signifie extrémité), détruit en 1944 et rebâti cinq ans plus tard, en porphyre rouge. De la plate-forme dallée, on domine une côte déchiquetée, la plus sauvage de l'île. Le site est chargé de légendes, dont celle du roi Arthur et de la fée Morgane, laquelle jeta des pierres qui formèrent une roche permettant à son amoureux de la rejoindre. Cela donna lieu à une jolie coutume : les jeunes îliennes célibataires venaient y lancer un caillou. Si celui-ci plongeait directement dans la mer, c'était gage pour elles d'un mariage dans l'année. Sinon, le nombre de ricochets du caillou contre les rochers valait pour autant d'années les séparant de leur noce…

Vedettes de Bréhat - ✆ 02 96 55 79 50 - www.vedettesdebrehat.com - traversées régulières de 7h30 à 20h en été.

BOUGER

Bréhat : vue du large. Glissez sur les eaux tout en découvrant l'île de Bréhat depuis la mer, à votre rythme… Le centre nautique Les Albatros propose de multiples activités, de tous niveaux. Amateurs ou initiés, laissez-vous tenter, les options sont nombreuses :

Devant le phare du Paon, sur l'île de Bréhat.
M. Bilbao/age fotostock

Kayak le long des côtes de l'île de Bréhat.
P. Hauser/hemis.fr

optimist, dériveur, planche à voile, plongée ou catamaran... Le kayak est le moyen idéal pour parcourir les petites criques, et, si vous vous sentez d'attaque, pour entreprendre un tour de l'île !

Centre nautique Les Albatros - plage de Guerzido - ✆ 02 96 20 07 24 - www.les-albatros.com.

Entre Plouha et Loguivy-de-la-Mer sur le sentier des Douaniers. Le GR34 serpente sur 2000 km les côtes bretonnes et passe naturellement entre la plage Bonaparte (sur la commune de Plouha) et Loguivy-de-la-Mer, sur une trentaine de kilomètres. La balade ne présente aucune difficulté et permet de découvrir de somptueux points de vue, notamment à la pointe de Guilben.

Consultez le site officiel de la Fédération française de randonnée (www.ffrandonnee.fr) et les topoguides du GR34.

Abbaye de Beauport : entre grève et forêt. En parcourant à pied ou à vélo les bois, prairies et marais du domaine de Beauport, qui s'étendent sur 120 ha, on en oublierait presque la présence de la mer, quand soudain le sentier débouche sur une grève. Le circuit fait 14 km et se parcourt à pied ou à vélo. Il permet notamment de découvrir des « arbres remarquables ». Le domaine est aussi un point de départ du pèlerinage vers St-Jacques-de-Compostelle, et de la Vélomaritime, véloroute qui court de Roscoff à Dunkerque : avis aux amateurs !

Abbaye de Beauport - ✆ 02 96 55 18 58 - abbayebeauport.com.

Bréhat : à bicyclette ! L'île de Bréhat est le paradis des cyclistes. Le vélo est un moyen privilégié pour découvrir ses trésors cachés : la chapelle St-Michel et le moulin à marée de Birlot, la baie de la Corderie et les paysages de lande. Certains dénivelés promettent quelques passages sportifs, et en l'absence de pistes dédiées, la chaussée est partagée avec les piétons. Un comportement respectueux s'impose donc et dans le bourg, pied à terre !

Voir les loueurs de vélos, p. 45.

FAIRE UNE PAUSE

Loguivy-de-la-Mer : hissez haut ! Naviguez d'île en île, de la baie de Paimpol à l'archipel de Bréhat, à bord d'un gréement à voile rouge, plein de charme, au départ de Loguivy-de-la-Mer. À défaut de jeter le filet, on a tout le temps d'apprécier confortablement le paysage. Le bateau a été construit en 1995 sur le modèle d'un sardinier de 1900, puis repris et restauré par un passionné, Dominique Sicher. Long de 10 m, il peut accueillir 10 passagers.

L'Eulalie - 06 87 73 17 99 - www.eulalie-paimpol.com - avr.-sept. 54 €/pers./j (-14 ans 45 €).

Paimpol : l'estuaire du Trieux à petite vapeur. Au départ de la gare de Paimpol, ce train à vapeur, avec wagons à l'ancienne, longe la rivière du Trieux, dont on découvre à travers un rideau d'arbres les étonnants rivages façonnés par les marées. En l'absence de route, le train est le seul moyen d'effectuer ce trajet terrestre. Au programme : la visite de la maison de l'Estuaire et une arrivée à Pontrieux, la petite Venise du Tregor.
La Vapeur du Trieux - 02 96 20 52 06 - www.vapeurdutrieux.com - mai-sept. - aller sans halte 15 €, AR 23 € (4-13 ans 9 €, AR 16 €) - durée 1h20, dont 40mn de pause (retour direct 35mn).

Depuis la pointe de l'Arcouest : le Trieux au fil de l'eau. Rendez-vous sur la pointe de l'Arcouest pour embarquer sur une croisière fluviale sur l'estuaire du Trieux. Le point d'orgue : la visite du château médiéval de la Roche-Jagu et de ses jardins, qui semble monter la garde sur la rive, face à un ennemi invisible.
Vedettes de Bréhat - pointe de l'Arcouest - 02 96 55 79 50 - www.vedettesdebrehat.com - AR 23 € (4-11 ans 14,50 €) - durée 4h, dont 1h30 d'escale au château.

Bréhat et Plouha : coquillages et crustacés. Qui a dit que les plages des Côtes d'Armor ne jouaient pas dans la même catégorie que celles de la côte d'Azur ? Question température de l'eau, la cause est entendue (entre 16° et 19 °C.), mais pour ce qui est du paysage, la petite plage du Guerzido, à Bréhat, fait l'unanimité. Sur la côte du Goëlo, le sable blond de la grève de Bréhec, adossé au village de Plouha, attire les connaisseurs. Un peu plus loin, la plage Bonaparte, tapissée de galets, découvre un ruban de sable à marée basse.

Ploubazlanec : quand la mer prend l'homme. Sur un promontoire à la sortie de Ploublazanec, vers la pointe de la Trinité, prenez quelques minutes pour vous recueillir au calvaire de la Croix des Veuves. De là, la vue sur la mer et les îles est admirable. C'est ici que

LA CÔTE DU GOËLO VUE PAR…

Hoang, auteur du blog HoangExplorer.com

HoangExplorer

« Adepte de randonnée, j'adore longer la côte du Goëlo par le sentier des douaniers et prendre le temps d'admirer la beauté des paysages qu'offre la Bretagne. Des plages désertes de St-Brieuc aux falaises de Plouha, en passant par la crique de Gwin Zégal, le panorama est à couper le souffle. L'évasion continue vers Bréhat, un coin de paradis que j'affectionne particulièrement pour sa tranquillité. Surnommé « l'île aux fleurs », ce site jouit d'un cadre bucolique où se mêlent l'eau turquoise, le rose des rochers de granit et l'éclat d'une végétation luxuriante. Aucune voiture : ici, tout se fait à pied ou à vélo.
Se perdre est un plaisir qui m'a permis de découvrir le petit Guerzido, une plage sauvage cachée derrière des feuillages au bout d'un chemin escarpé au sud de l'île. À l'extrême nord, le phare du Paon posé au milieu d'un chaos de granit procure une sensation de bout du monde. Impossible de partir sans avoir dégusté la tourte aux poireaux et noix de St-Jacques du Crech Kerio, faite maison avec des produits du terroir local.
Une parenthèse hors du temps ! »
Le Crech Kerio - à 250 m de l'embarcadère - 02 96 20 00 95 - fermé lun.

les femmes de pêcheurs hauturiers (au large) assistaient au retour d'Islande des bateaux... et pour certaines, apprenaient leur condition de veuve.
De la chapelle de Perros Hamon, suivez les indications (1 km à pied).

DÉGUSTER

Bréhat : site paradisiaque. Ce petit restaurant a su choisir son emplacement : à deux pas du phare du Paon, il est l'un des rares lieux où se restaurer au nord de l'île. Rien de bien sophistiqué ici, mais les galettes, frites, glaces et boissons fraîches, servies au comptoir et à déguster sans façon, sur des tables en bois dans le jardin, font merveille.
Paradis Rose - juste avant le phare du Paon - 02 96 20 03 89 - tlj en saison 11h30-17h -

Ploubazlanec : huîtres et moules de producteur. Le lieu est sans façon, mais le succès ne trompe pas (la réservation est même conseillée). Dans le port de Pors-Even, ce petit producteur indépendant sert d'excellentes moules de bouchots de St-Brieuc et de non moins délicieuses huîtres de Paimpol, fraîcheur garantie. Il propose également des visites de son parc à huîtres.
Établissements Le Mée - 1 chemin Traou-ar-C'hoat - 02 96 55 82 28 - lun.-sam. 8h30-12h, 13h30-18h (modifié en fonction des marées) - 12 € les moules-frites.

Paimpol : dégustation iodée. Quatre générations d'ostréiculteurs, ça forge une expérience ! Ce bar à huîtres et ses quelques tourets en bois disposés face à la baie de Paimpol, à la pointe Kerarzic, valent le détour rien que pour le cadre. On y sert également des palourdes. Les huîtres, fines ou charnues, proviennent de trois sites d'élevage proches. Sur place, on peut acheter des conserves de la mer.
Bar à huîtres Arin - 10 r. Hent-Don-Kerarzic - 02 96 2060 02 - huitrearin.com - avr.-mai et sept. : lun.-vend. 11h-17h30 ; juin : tlj sf sam. 11h-19h ; juil.-août : tlj sf sam. 11h-20h.

Paimpol : galettes bien faites. Cette excellente adresse située en retrait du port est une valeur sûre. L'endroit ne paye pas de mine mais l'accueil est chaleureux et les galettes sont servies dans les règles de l'art. La simplicité n'empêche pas le bon goût !
Le Penn Ty - 20 r. des 8 Patriotes - 02 96 55 11 41 - 12h-14h, 19h-21h (fermé mar. soir et merc.).

Bréhat : pur bio. Cet étal de fruits et légumes posté devant la ferme, au bord de la route,

Les moules bretonnes.
guy-ozenne/iStock

attire immanquablement le regard. François Tron, l'unique maraîcher bio de Bréhat, propose aussi du pain frais, des confitures et des conserves maison. L'endroit est d'un grand secours pour les habitants du nord de l'île car il évite d'avoir à se rendre au bourg pour se ravitailler. Ici la confiance règne, vraiment : quand il n'y a personne, le client se sert et met directement l'argent dans la boîte !
La Ferme de Kervilon - 80 Crech ar Gall (rte du phare du Paon) - ✆ 02 96 20 02 91.

Bréhat : galettes créatives. Avec sa terrasse-jardin arborée, cette adresse jouit d'un emplacement idéal, à la sortie nord du Bourg. Les galettes et les crêpes ne trahissent pas et l'on apprécie un véritable effort d'originalité : goûtez le tartare d'algues et la glace kouign-amann ou celle au parfum betterave ! Les pâtisseries et les glaces sont faites maison et le restaurant se fournit localement à la ferme de Kervilon.
Crêperie O Jardin - Le Bourg (dans la rue montante vers l'île du Nord) - ✆ 02 96 20 02 19.

Paimpol : fruits de mer sur le port. Voici une bonne adresse, avec terrasse sur le port, qui propose des menus à prix variés. Ici on se fournit en huîtres à la maison Le Guen Chaumard, régulièrement primée au concours général agricole. Avis aux amateurs !
Le Neptune - 23 quai Morand - ✆ 02 96 20 53 03 - tlj sf lun. 12h-14h30,19h-21h30 - menus 13,50 €/40 €.

DORMIR AU CALME

Bréhat : camping insulaire. Le camping sauvage étant interdit à Bréhat, voici la seule possibilité de planter sa tente sur l'île. Le site, ombragé, bénéficie d'un cadre et d'une vue très agréables.
Camping municipal du Goaréva - pointe sud-ouest de l'île, juste au-dessus du Port-Clos - ✆ 02 96 20 02 46 (10h30-12h30 et 17h-19h) - 100 empl. - de déb. juil. à mi-sept. - forfait 1 tente pour 2/3 pers. 11,35 €.

Plouézec : camping sur la baie. Ce camping proche de Paimpol bénéficie d'une vue sur la baie et de bonnes installations (piscine, jeux pour enfants, bar, snack, épicerie...). Mais le

L'abbaye de Beauport.
E. Berthier/hemis.fr

cadre naturel et l'accès direct à la mer sont ses grands atouts. Hébergement possible en tente aménagée, mobile-home ou, plus atypique, dans une cabane perchée dans un arbre.
Camping Cap de Bréhat - port Lazo - ✆ 02 96 20 64 28 - www.cap-de-brehat.com - 140 empl. - 1 tente 2/6 pers. avec électricité et parking 33/42 €.

Ploubazlanec : chambre avec vue. À deux pas de l'embarcadère de la pointe de l'Arcouest, cette demeure en pierres apparentes, avec jardin, a retrouvé une seconde jeunesse après une importante restauration. Murs lambrissés et meubles de famille donnent une touche chaleureuse aux chambres, d'un confort simple, qui jouissent toute d'une vue sur la mer. Planchas sur commande et cuisine à disposition.
La Maison des Îles - 29 rte de la Vieille-Côte (3 km au nord-est de Ploubazlanec par D789) - ✆ 02 96 55 87 01 - la-maison-des-iles.fr - ouv. fév.-oct. et vac. scol. - P - 6 ch. 85/115 € - 2 nuits mini en juil./août.

Paimpol : une chambre en ville. Cette ancienne maison d'armateur paimpolais du 19e s. bénéficie d'un emplacement de choix, sur le port. Certaines chambres ont une décoration contemporaine, mais le vrai coup de cœur ira à celles à la déco plus traditionnelle, avec vue sur le port.
Hotel Le K'Loys - 21 quai Morand - ✆ 02 96 20 40 01 - www.hotel-kloys.com - 25 ch. 106/190 €.

Ploublazlanec : jardin fleuri. Cette adresse campagnarde, dans une maison en granit du 18e s., décline confort et bon accueil. Elle dispose d'une agréable terrasse donnant sur un beau jardin où, comme il se doit, les agapanthes abondent. Certaines chambres ont une vue sur la mer. Le pub-salon de thé sert bières artisanales, jus de fruits, glaces et cakes maison ainsi que des assiettes d'huîtres.
Les Agapanthes - 1 r. Adrien-Lebours - ✆ 02 96 55 89 06 - www.hotel-les-agapanthes.com - P ♿ - 20 ch. - 99/169 €.

Plourivo : séjour à la campagne. À 5 km du port de Paimpol, passez au vert avec cette longère de caractère. Avec son accueil chaleureux et son joli jardin fleuri, ce gîte trois épis invite à un séjour tout ce qu'il y a de bucolique ! L'estuaire du Trieux, tout proche, offre des possibilités de belles balades.
Domaine du Pont Canon - 11 rte de Pont-de-Canon - ✆ 02 96 55 19 69 - www.guingamp-paimpol.com - 5 ch. 63/89 € - 2 nuits mini en juil.-août - table d'hôtes sur réserv. le vend. soir.

Ploublazlanec : face à la mer. Exposé plein sud, ce gîte bénéficie d'une très belle situation, entre Paimpol et la pointe de l'Arcouest, avec une vue imprenable sur la baie, en contrebas. Il possède un jardin et une terrasse. La maison elle-même est en pierre et sa décoration intérieure se veut contemporaine. Table d'hôtes sur réservation.
Min Lédan - 5 chemin de la Tour - ✆ 06 78 87 81 41 - min-ledan.eatbu.com - 3 ch. 78/88 €.

FAIRE LA FÊTE

Paimpol : Gouel kan ar vartoloded ! Le Festival du chant marin est depuis plus de vingt ans un rendez-vous majeur de la culture en Bretagne, avec une programmation plus éclectique que ne le suggère son nom : Gilberto Gil, Youssou N'Dour, Bernard Lavilliers, Toure Kunda, Malicorne, Calypso Rose, Ismael Lo, Kassav'. Il est aussi l'occasion d'admirer de vieux gréements, de découvrir la gastronomie locale et de déguster les produits du terroir.
Festival du chant marin - port de Paimpol - paimpol-festival.bzh - en août, les années impaires - payant.

Abbaye de Beauport : animations estivales. Ce site majestueux sert de cadre à plusieurs événements culturels. Les Escales de nuit sont des déambulations nocturnes dans les jardins illuminés. Le grand Bazar Artistique et Musical (BAM), créé en 2020, mélange quant à lui les genres musicaux.
Abbaye de Beauport - abbayebeauport.com - Escales de nuit, en août trois soirées par sem. Le grand Bazar Artistique et Musical, en mai.

LES MONTS D'ARRÉE

La Bretagne a sa montagne : bienvenue aux monts d'Arrée, frontière naturelle entre le Finistère Sud et le Finistère Nord ! Arides, couverts de landes, souvent perdus dans la brume... ces reliefs donnent parfois une impression de haute montagne. Pourtant le roc Trévezel et le Tuchenn Gador culminent à 385 m. Cette terre de légendes est avant tout un formidable terrain d'exploration, à découvrir à pied, à cheval ou à vélo.

DEPUIS RENNES : 180 km jusqu'à Huelgoat par la N164 puis la D764 à partir de Carhaix.

VENIR EN TRAIN

- **TGV ou TER direct (env. 1h50) jusqu'à Morlaix, gare la plus proche des monts d'Arrée. Ensuite, il vous faudra un véhicule pour circuler dans la région.**

BONS PLANS

- **Pour organiser votre séjour : www.montsdarreetourisme.bzh.**
- **Pour découvrir le Parc : www.pnr-armorique.fr.**

LOUER UN VÉLO

HUELGOAT

Menez Bike
26 r. du Général-de-Gaulle - ✆ 06 89 77 57 72. Location de VTT.

L'enclos paroissial de Pleyben.
guy-ozenne/iStock

VOIR

Pleyben : à la gloire de Dieu. Le spectaculaire enclos paroissial de cette petite cité mérite à lui seul le détour. Sa maîtrise architecturale et artistique est d'autant plus impressionnante que les auteurs ont usé d'un matériau réputé difficile : le granit. Posté devant l'église, le calvaire de 1555, remanié aux 17e et 18e s., est le plus important de Bretagne. L'église quant à elle est dominée par deux clochers, dont une remarquable tour Renaissance coiffée d'un dôme à lanternons. À l'intérieur, la nef présente une voûte lambrissée du 16e s. Un magnifique vitrail de la Passion (16e s.) illumine le chevet.
Enclos paroissial - pl. Charles-de-Gaulle - ✆ 02 98 26 71 05 - www.mairiepleyben.fr.

Huelgoat : entre lac et forêt. Posé en bordure d'un lac, le bourg de Huelgoat (« Uhel-Coat », le bois du haut en breton) est le point de départ de balades féeriques au cœur des forêts de l'Argoat. Mais avant de partir en balade, il faut jeter un coup d'œil à la charmante église du 16e s., au clocher moderne, qui se dresse en bordure de la grande place. À l'intérieur, admirez les poutres sculptées et, à gauche du chœur, le groupe de saint Yves, patron de la paroisse, entre le pauvre et le riche. Autre curiosité, la chapelle Renaissance Notre-Dame-des-Cieux, sur les hauteurs d'Huelgoat. Elle conserve de curieux bas-reliefs peints figurant des scènes de la vie de la Vierge et de la Passion.

St-Rivoal : confort à l'ancienne. À la sortie de St-Rivoal, sur la route du Faou, deux coquettes bâtisses conservées dans leur état d'origine témoignent du style de vie breton d'autrefois. La petite maison Cornec, une fermette de 1702 construite en schiste, est flanquée d'un bel escalier extérieur couvert. Elle comprend une vaste pièce qui abritait d'un côté la famille, autour de la grande cheminée, et de l'autre les animaux domestiques. Juste à côté, la maison Bothorel présente un intérieur des années 1950-60. Les moulins de Kerouat (19e s.), à une douzaine de kilomètres, complètent la visite de l'écomusée des monts d'Arrée.
Écomusée des monts d'Arrée - ✆ 02 98 68 87 76 - www.ecomusee-monts-arree.fr - mai-sept. : lun.-vend. 11h-13h, 14h-18h, dim. 14h-18h ; juil.-août : 11h-13h, 14h-19h - entrée gratuite, visite commentée 4,50 €.

Brennilis : sur les traces du castor. La réserve naturelle du Venec protège une zone essentiellement humide dont le cœur se compose d'une tourbière à sphaignes (mousse des marais qui produit la tourbe). Il est possible de l'arpenter avec un guide, dans l'espoir d'y croiser, avec un peu de chance, le sympathique rongeur. À défaut, visitez la Maison des castors, qui présente et met en valeur le milieu très spécifique de la tourbière, à travers une exposition sur la population de castors, la faune et la flore locales.
Réserve naturelle du Venec - ✆ 02 98 79 71 98 - www.reserves-naturelles.org/venec - de mi-juin à mi-sept. tlj sf lun. 14h-18h - 2 €.

BOUGER

Brasparts : landes et tourbières. Cette balade au départ de Brasparts, de difficulté moyenne, longe l'alignement mégalithique d'an Eured Vein et traverse les marais du Yeun Elez sur une digue et des passerelles en bois, puis passe par le village avant de gravir le sommet du Ménez Kador, puis la montagne St-Michel. Les monts d'Arrée comme on les aime, avec ses paysages typiques et désolés de landes et de tourbières !

Circuit des Landes et Tourbières - 14 km au départ de Brasparts, durée 3h30 - fiche sur www.montsdarreetourisme.bzh.

Huelgoat : attention, rocher tremblant ! Amateurs d'étrange, ne manquez pas la forêt d'Huelgoat et son fascinant chaos de rochers. Du moulin du Chaos (14e s.), le sentier s'enfonce dans un amoncellement de blocs granitiques dominant la rivière d'Argent. De là, on accède à la grotte du Diable par une échelle de fer étroite et glissante. Sous les rochers bruisse la rivière... Sur la rive gauche, en s'adossant en un point très précis de la Roche tremblante, on peut faire osciller cet énorme bloc de 100 t ! Par le sentier des Amoureux, gagnez ensuite la grotte d'Artus et la mare aux Sangliers. De là poussez vers le Camp d'Artus, une forteresse gauloise, ou rendez-vous au Gouffre et à la Mare aux Fées.

Monts d'Arrée : cœur de Roc'heur. Osez les Roc'h ! Cette manifestation nationale est le grand rendez-vous des amoureux du VTT dans les formidables paysages des monts d'Arrée. Un raid de 2 jours à travers forêt domaniale, landes, crêtes et chemins creux. C'est aussi un rendez-vous festif, avec repas et musique le deuxième jour. Pour une virée plus intimiste, vous avez le choix entre 9 parcours VTT dans la région.

À consulter : www.lesroch.org, ainsi que le topoguide des parcours des Monts d'Arrée - Montagnes Noires dans les offices de tourisme.

Monts d'Arrée : le far west breton. Sillonner à cheval les monts d'Arrée, le long des crêtes ou dans les chemins creux du bocage... L'expérience prend tout son sens quand on part pour une randonnée d'un ou plusieurs jours, en faisant étape dans des gîtes en pleine nature. On peut ainsi découvrir les bords du lac de Brennilis et de St-Rivoal, le mont St-Michel de Brasparts, la forêt domaniale du Cranou, les bois du Nivot et le lac du Drennec... Une expérience que l'on n'oublie pas !

Huelgoat, la grotte du Diable. F. Guiziou/hemis.fr

Centre équestre du Cranou (www.facebook.com/centreequestrecranou) ; Centre équestre de l'Arrée (Brasparts - www.centre-equestre-arree.com) ; Ferme équestre Randoloisirs (Sizun - randoloisirs.fr).

Le Drennec : spot de baignade. Voilà un lac parfaitement adapté à la détente en famille. Cette retenue artificielle compte deux plages, un centre nautique, un restaurant, une aire de jeux pour enfants, des tables de pique-nique... Les parents vont apprécier ici un cadre sécurisé, libre de toute circulation automobile. Le lac se prête à la pêche et à la voile, et une piste cyclable de 7 km permet d'en faire le tour.

Centre nautique de l'Arrée - lac du Drennec - ✆ 02 98 78 92 91 - www.cn-arree.org.

FAIRE UNE PAUSE

Forêt du Cranou : le temps d'un pique-nique. Sérénité garantie dans cette forêt domaniale de chênes et de hêtres parsemée de sous-bois d'ifs et de houx ! On peut s'y poser dans une aire de pique-nique aménagée et pimenter la balade en découvrant la ravissante fontaine St-Conva, toute proche.
De Rumengol, prenez la D42 et suivez les indications.

Dinéault : senteurs et couleurs. Camomille, calendula, mauve, mélisse, pavot, millepertuis et plantes de garrigue (hysope, romarin, sarriette)... À coup sûr vous en connaissez certaines, mais probablement pas toutes, et c'est tout l'intérêt de ce jardin de plantes aromatiques et médicinales, qui propose des visites guidées sur réservation, des ateliers et la vente (en ligne) de tisanes et d'aromates séchés.
Le Jardin de Sarah - Ty Provost - 06 95 80 33 98 - lejardindesarah.fr - en été, balade thématique : 12 € (sur réserv.) ; atelier : 18 €.

Roc Trévezel : le Finistère à vos pieds. Voilà un des plus beaux panoramas de Bretagne, où par temps clair la vue est extraordinaire. Cet escarpement rocheux de 384 m de hauteur fait saillie sur la crête, dans un véritable décor de montagnes. Vers le nord, le plateau du Léon apparaît ; par temps clair, on distingue la flèche du Kreisker de St-Pol-de-Léon et, à l'est, la baie de Lannion. À l'ouest, on voit le fond de la rade de Brest ; vers le sud, la montagne St-Michel et, au-delà, la ligne de forêts des Montagnes Noires !
Sur la D765, à 6 km au sud de Plounéour-Ménez. Prenez le sentier (30mn à pied AR) qui s'amorce à côté du panneau indicateur.

Huelgoat : le bal des chauves-souris. Voilà un mammifère objet de beaucoup de fantasmes, voire de répulsion, qui gagne à être connu. Sa réputation est injuste, car il occupe une place indispensable, et souvent méconnue, dans le règne animal. Cette balade, organisée par le Parc naturel régional d'Armorique, à la mine de Locmaria-Berrien, est l'occasion rêvée pour revoir vos préjugés sur les chiroptères.
Bal des Chauves-Souris - 06 19 96 58 28 - www.pnr-armorique.fr - trois sorties dans l'été, durée 1h30/2h - prévoyez une lampe torche.

Sizun : taquiner la truite et le saumon. Il n'y a pas que la mer en Bretagne ! Les monts d'Arrée recèlent des rivières méconnues (la Penzé, l'Aulne, la Douffine...), idéales pour la pêche à la mouche du saumon ou de la truite. La maison de la Rivière à Sizun est une excellente source d'information. Pour la pêche sur plan d'eau, cap sur l'étang de Huelgoat (brochets, carpes, perches), le lac du Drennec (l'un des plus grands sites de France pour la truite) ou le lac St-Michel (brochets), et son cadre magnifique. Et n'oubliez pas d'acquitter votre option !
Maison de la rivière - Moulin Vergraon - 06 89 33 62 84 - www.maison-de-la-riviere.com -

Randonnée sur le mont St-Michel de Brasparts.
E. Berthier/hemis.fr

lun.-vend. 10h-12h, 14h-17h30. Infos : www.peche-en-finistere.fr.

Commana : café artisanal. Cette adresse s'est rapidement imposée comme un pôle d'animation éclectique. On vient à La Route du Lin pour ses concerts, ses conférences, ses sorties botaniques... voire pour boire un café, on ne peut plus convivial. L'endroit fait également restaurant, épicerie bio et chambres d'hôtes.
La Route du Lin - Brezehan - ✆ 02 98 15 64 06 - www.chambres-hotes-brezehant.fr - 4 ch. 73/90 €.

DÉGUSTER

Huelgoat et Châteaulin : se mettre dans l'ambiance. Rien de tel qu'un marché de producteurs locaux pour s'approvisionner et humer l'air du coin. Celui de Huelgoat se tient le jeudi (pl. Aristide Briand et rue du Général-de-Gaulle), tout comme celui de Châteaulin (de la pl. de la Résistance au quai Jean-Moulin), où un autre marché, bio celui-ci, se tient le mercredi (16h-20h à Run Ar Puñs).

La Feuillée : crêpe en altitude. Au cœur du village le plus haut de Bretagne – 275 m d'altitude, ne nous emballons pas quand même ! –, cette solide bâtisse en pierre du 17e s. avec cheminée et mobilier rustique campe le décor intemporel de cette auberge dont l'origine remonte au 18e s. L'ambiance est familiale et les galettes, omelettes et glaces maison sont excellentes.
Auberge de la Crêpe - pl. des Marronniers - ✆ 02 98 99 68 68 - www.auberge-delacrepe.fr - 12h-21h - fermé mar.-merc. hors saison.

Pleyben : tout en douceurs. Ne quittez pas Pleyben sans goûter les florentins, spécialité créée et produite par Michel Chatillon, à base de miel, d'amandes, de chocolat et d'orange. Cet artisan chocolatier-biscuitier fabrique aussi des chocolats et des biscuits bretons. Visite de l'atelier de production, suivie d'une dégustation en juillet et août, tous les jours à 11h (gratuit).
Chatillon chocolatier - 46 pl. Charles-de-Gaulle - ✆ 02 98 26 63 77 - www.chatillon-chocolat.com - 9h-12h30, 14h-19h.

LES MONTS D'ARRÉE VUS PAR...

Cynthia Hégron

Klervi, auteure du blog www.strawberryblonde.fr

« Ma Bretagne est celle de l'Armor... mais aussi celle de l'Argoat, boisée et rocheuse, sauvage et mystérieuse ! Quand je veux prendre le pouls de cette terre de légendes et m'imaginer au cœur des contes bretons qui m'ont bercée petite, je mets le cap vers le mont St-Michel. Pas de méprise avec celui jalousement réclamé par les Normands, je parle de celui de Brasparts, sur les hauteurs des monts d'Arrée ! À son sommet s'élève une chapelle qu'on croirait tout droit sortie d'un film. Chaque fois, je me sens comme happée dans cet endroit mystique. Savez-vous que, autrefois, ce mont comptait parmi les collines sacrées de Bretagne et accueillait un culte druidique, dédié au Dieu du soleil celte, Belenos ? Quand je m'y rends, je passe un moment à admirer le panorama, qui compte pour moi parmi les plus beaux de la région. La vue dévoile le lac de Brennilis, les roches de Huelgoat, la baie de Morlaix et de Brest mais aussi les tourbières dont la fameuse porte de l'Enfer. Et si l'effort (raisonnable) de l'ascension de ce massif de 381 m ne m'a pas suffi, je pars me balader dans la lande... en espérant ne pas croiser la route des Korrigans dont, paraît-il, le lieu serait hanté. »

Pleyben : terrasse sur la grand-place. Plats copieux inspirés par le terroir breton comme la roborative potée des Montagnes Noires, avec andouille et boudin noir, ou la marmitée de St-Jacques relevée d'une pointe de curry. On y déguste un grand choix de bières locales... comme la Blanche Hermine.
Taverne La Blanche Hermine - 1 pl. Charles.-de-Gaulle - ✆ 02 98 26 61 29 - www.la-blanche-hermine.com - fermé lun. (et mar. hors saison), et de mi-déc. à fin janv. - plats 13,30/24,60 €.

St-Rivoal : commerce de bouche à oreille. Si cette épicerie paysanne, gérée directement par les agriculteurs, permet de se ravitailler en produits frais (viande, charcuterie, fromage, boissons, miel, confitures...), elle est aussi l'occasion d'échanges sympathiques avec les producteurs locaux.
Bro an Are - ✆ 02 98 81 49 10 - juil.-août : 10h30-13h, 14h-19h ; hors saison : mar. 16h30-19h et vend. 15h-19h.

DORMIR AU CALME

Châteaulin : au vert. On aime l'atmosphère nature et familiale de ce petit camping situé en bordure de Châteaulin. Ici, pas d'animation nocturne, sauf quelques soirées crêpes en été, mais du calme, et des moments de détente dans la salle commune, où sont mis à disposition livres et jeux de société. Petite épicerie avec produits locaux, le plus souvent bio. Location de vélos.
Camping La Pointe - ✆ 02 98 86 51 53 - lapointecamping.com - 60 empl. - juil.-août : 18 €/empl. voiture et tente pour 2 pers, tente lodge et pod 60 €/nuit (2 nuits mini).

Botmeur : immersion dans les monts d'Arrée. Ce gîte trois épis aménagé dans de vieilles maisons paysannes du 19e s. séduit par son atmosphère paisible et son cadre verdoyant. On aime aussi ses murs et sa vaste cheminée en pierre, d'origine, ainsi que son mobilier ancien chiné dans les brocantes de la région. Les randonneurs apprécieront la proximité de plusieurs sentiers pédestres ou à VTT.
Les hébergements du Kreisker - ✆ 02 98 99 63 02 - ✕ - 1 ch. et 2 gîtes - à partir de 48 €.

Brasparts : troglogîtes. Construits à flanc de colline, avec des toits végétalisés et une jolie façade en pierre, ces gîtes ont le mérite de l'originalité et se fondent parfaitement dans le paysage. À défaut de charme, leur aménagement intérieur est fonctionnel. Le site, en pleine nature, face au mont St-Michel de Brasparts et sur le parcours de plusieurs randonnées, n'a pas été choisi par hasard !
Troglogîtes des monts d'Arrée - ✆ 02 98 81 40 19 - www.troglogites.com - 5 gîtes - 110 € (2 nuits mini).

Brasparts : roulottes tout confort. Certes, vous ne partirez pas sur les routes des monts d'Arrée tractés par des chevaux. Mais pas de regret, le cadre, splendide, offre une vue sur toute la région. Tout le charme du séjour réside dans le décor de bois de la roulotte, assez spacieuse pour accueillir un lit double, un salon, une salle de bains et, pour certaines, une kitchenette et 3 couchages pour enfants. Spa.
Les roulottes des Korrigans - Goarem Edern - ✆ 02 98 81 41 62 - www.roulottes-des-korrigans.com - 79/117 € ☕.

FAIRE LA FÊTE

Pleyben, St-Herbot et Rumengol : fêtes du Pardon. Aujourd'hui encore en Bretagne, les cérémonies du pardon, dédiées dans chaque village à un saint particulier, restent un moment fort de la vie de nombreuses communes, comme à Pleyben (août), à St-Herbot (lundi de Pentecôte) ou Rumengol (6-7 juin et 14-15 août). Outre l'incontournable procession avec bannières et costumes, elles donnent lieu à de nombreuses festivités (fête foraine, brocante...).

St-Herbot : Fête du beurre. Le 3e week-end de septembre, honneur à la fameuse motte jaune, fierté de la Bretagne ! Au menu du Gouel an amann : démonstration de battage du beurre à l'ancienne, recherche de nappe phréatique avec une baguette de coudrier, dégustation de cidre, défilé de tracteur, exposition de costumes et outils agricoles d'époque... et bien sûr, fest-deiz et bagad (entrée payante).

LE VIGNOBLE NANTAIS

Aux portes de Nantes s'étend le terroir par excellence du « melon-de-bourgogne ». Ce cépage blanc, qui fait la typicité du muscadet, accompagne les meilleurs produits de la mer. Un terroir qui recèle bien d'autres trésors à découvrir à pied, à cheval ou à vélo, dans le cadre verdoyant des rives de la Sèvre nantaise et de la Loire.

DEPUIS NANTES : 30 km par la D149 ou la D59 pour rejoindre Clisson.

VENIR EN TRAIN

- **De la gare de Nantes, TER jusqu'à Clisson (15mn).**

BONS PLANS

- **Pour organiser votre séjour : www.levignobledenantes-tourisme.com.**
- **Quand l'automne pointe, le vignoble s'enflamme et offre un spectacle rougeoyant. Les contemplatifs éviteront en revanche l'arrivée de l'été, car les métalleux se pressent durant trois jours en juin devant la scène du Hellfest à Clisson.**

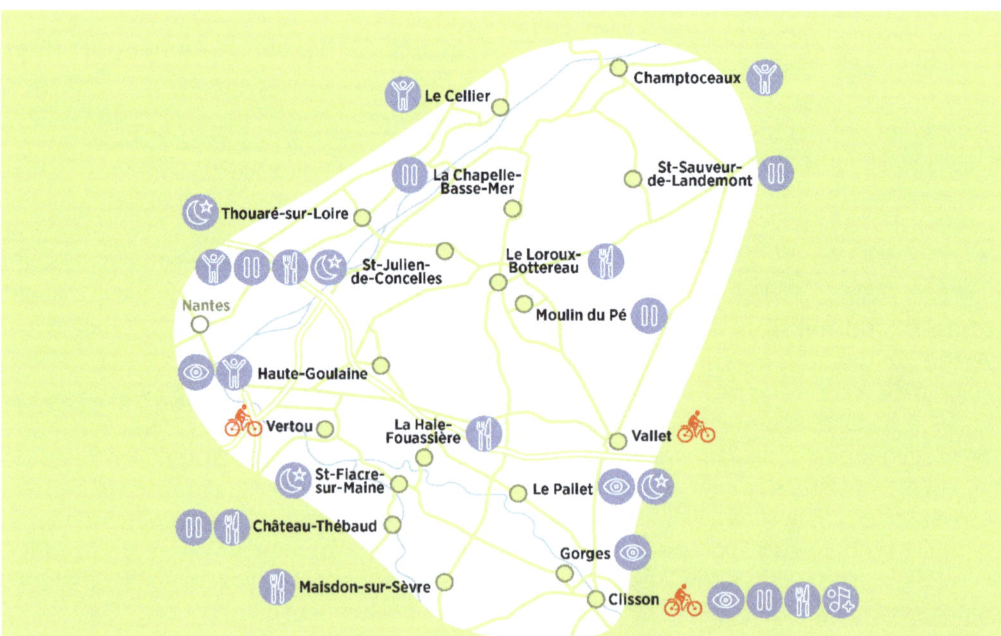

LOUER UN VÉLO

VERTOU

Bel Abord location vélo
17 quai de la Chaussée-des-Moines - ✆ 06 60 02 41 75 - www.bel-abord-location.fr. Location de vélos électriques (18 € la 1/2 j., 28 €/j). Casque, antivol et gilet de sécurité sont inclus. Possibilité de louer des remorques (14 €/j) et sièges bébé (3 €/j).

VALLET

Vallec'bike
6 r. d'Anjou - ✆ 02 40 33 92 28
Location de vélos électriques (à partir de 15 € la 1/2 j. et 25 €/j ; w.-end. 45 €). Option de livraison (30 km max. 20 €).

CLISSON

Talbicyclette
18 venelle de l'Escarpe - ✆ 02 28 21 64 99 - www.talbicyclette.fr. Location de vélos classiques et électriques (10/20 € la 1/2 j., 16/32 €/j). La boutique possède également un bon choix de vélos enfants ainsi que des accessoires toujours utiles : sacoches, supports smartphones, remorques et sièges enfants...

Le château de Clisson.
Ph. Blanchot/hemis.fr

VOIR

Clisson : une « petite Italie » aux portes de la Vendée. Clisson est dominée par sa fière forteresse érigée au 11e s. pour défendre le duché de Bretagne, à laquelle une tour fut accolée au 14e s. Mais ce qui fait le charme de la ville, ce sont les fantaisies italianisantes de son architecture, qui remontent au début du 19e s. Elles se découvrent le long des rues piétonnes, encadrant les anciennes halles du 15e s. où se tient toujours un joli marché le mardi matin. L'engouement pour l'architecture italienne s'exprime en particulier dans le domaine de La Garenne-Lemot, propriété de 13 ha abritant une superbe villa néoclassique dans un parc peuplé de statues et fabriques ornementales à l'antique, et une maison de jardinier inspirée des demeures toscanes.
Château de Clisson - pl. du Minage - ✆ 02 40 54 02 22 - grand-patrimoine.loire-atlantique.fr - mai-sept. : 10h30-18h ; reste de l'année : 14h-17h30 - 3 € (-14 ans gratuit).
Domaine de La Garenne-Lemot - av. Xavier-Rineau - ✆ 02 40 54 75 85 - avr.-sept. : 9h-20h ; reste de l'année : 9h30-18h30 - 3 € (-14 ans gratuit).

Le Pallet : un musée à découvrir sans modération. À travers une belle collection d'objets et outils, dont certains datent du 16e s., le musée retrace l'évolution des techniques de viticulture et de vinification dans le vignoble nantais. On pourra notamment voir de vieux pressoirs, s'intéresser à la particularité du terroir ou encore découvrir les secrets de fabrication du muscadet-sur-lie. L'exposition n'oublie pas les métiers annexes comme la tonnellerie, ou le négoce, et se termine par une initiation aux arômes du vin. Un passage obligé avant d'aller explorer les caves de la région !
Musée du Vignoble nantais - 82 r. Pierre-Abélard - ✆ 02 40 80 90 13 - www.musee-vignoble-nantais.eu - de mi-juin à mi-sept. : 10h-18h ; d'avr. à mi-juin et de mi-sept. à déb. nov. : 14h-18h - fermé sam. (sf juil.-août) et de déb. nov. à déb. avr. - 5 € (12-17 ans 2,50 €, -12 ans gratuit).

Gorges : un moulin comme dans le temps. Sur les rives de la Sèvre nantaise, un site bucolique dissimule le moulin du Liveau. Il s'agissait à l'origine d'un moulin à farine construit au début du 15e s., transformé en moulin à papier en 1826, puis repassé à la meunerie quelques années plus tard et ce jusqu'en 1952. Laissé à l'abandon, il connaît une véritable cure de jouvence au début des années 2010, lorsqu'une association entreprend sa remise en état et celle de la machinerie qui servait à fabriquer le papier. Les animations culturelles et touristiques régalent petits et grands venus découvrir les techniques ancestrales de fabrication de papier. Chaque visite se conclut par une démonstration, et certaines proposent un atelier imprimerie. Une expérience à vivre en famille !

Le Moulin à papier du Liveau - ✆ 06 16 11 89 50 - www.lemoulinapapierduliveau.com - tlj (sf lun. hors vac. scolaires) visite à 14h30, 15h30, 16h30, 17h30 - 3/7 € selon le type de visite (-5 ans gratuit).

Haute-Goulaine : un château dominant les marais. Entouré de vignobles, ce château fut bâti entre 1480 et 1495 par Christophe de Goulaine, gentilhomme de la chambre des rois Louis XII et François Ier. De son passé militaire subsistent une tour à mâchicoulis et un castelet, précédé d'un pont enjambant les douves. Au corps de logis du 15e s., deux ailes furent ajoutées au début du 17e s. À l'intérieur, vous pourrez déambuler dans la cuisine du 15e s., et ses deux grandes cheminées, avant de rejoindre l'étage via un escalier à vis qui s'ouvre sur des salons joliment meublés.

Château de Goulaine - ✆ 02 49 54 91 42 - www.chateaudegoulaine.fr - juil.-août, vac. de Toussaint et j. fériés (voir le détail sur le site Internet) : tlj sf mar. 14h-18h30 ; visites guidées sur réserv. à 14h30 et 16h30 - 9,50 € (5-16 ans 5,50 €).

BOUGER

Haute-Goulaine : on embarque sur le marais ! Au cœur du vignoble, un goulet d'étranglement dans le relief a créé une importante zone marécageuse de 1500 ha, traversée par de nombreux canaux bordés de roseaux. Par la route, près du légendaire pont de l'Ouen, appréciez la belle vue depuis la butte de la Roche. Mieux, embarquez en octobre ou au printemps sur les barques avec guides pour partir à la rencontre de la faune avicole endémique et migratrice fréquentant les marais : fauvettes, hérons, poules d'eau, aigrettes... Le guide décryptera également pour vous la faune et la flore spécifiques des marais tout en vous sensibilisant à la fragilité de cet environnement et aux actions nécessaires à sa protection.

Syndicat mixte Loire et Goulaine - ✆ 06 43 87 28 19 - www.loire-goulaine.fr - sur réserv. - balades (1h30) programmées selon le niveau d'eau au printemps et en hiver - 6 € - interdit -3 ans.

Le Cellier : une rando dans le vignoble. Le domaine des Génaudières jouit d'une situation exceptionnelle, s'étendant sur des coteaux plongeant dans la Loire sur laquelle ils offrent des vues spectaculaires. Un parcours de randonnée (fléché) a été mis en place pour en profiter tout en arpentant les vignes du domaine. Il est également possible de prolonger la promenade sur le GR3, qui suit le cours de la Loire en direction de Nantes.

Domaine des Génaudières - ✆ 02 40 25 40 27 - www.domaine-genaudieres.fr - tlj sf dim. et j. fériés 9h-12h30, 14h-19h.

Champtoceaux : ramer au crépuscule. Pour profiter de la Loire et de ses jolies berges, le canoë-kayak est idéal. Si cette balade au gré du courant ne vous suffit pas, L.A. Kayak propose des descentes sur le fleuve au coucher du soleil pour 3 à 4h d'excursion, en partie nocturne. Et pour les plus téméraires, il sera possible de partir pour des randonnées plus longues avec bivouacs (option d'hébergement possible) entre les Ponts-de-Cé et Champtoceaux. Ramez à votre rythme et passez la nuit à la belle étoile ou sous la tente (attention aux zones de nidification, qui vous seront indiquées lors de votre départ). Expérience immersive garantie !

L.A. Kayak - lieu-dit le Cul du Moulin - ✆ 06 85 39 59 42 - www.locationkayak-loire.com - de mi-avr. à mi-oct. - descente crépusculaire 33 €/pers., bivouac à partir de 26 €/pers.

Champtoceaux, le Moulin pendu.
Ch. Guy/hemis.fr

St-Julien-de-Concelles : tous en selle ! Découvrir le marais de Goulaine au pas tranquille du cheval, c'est l'opportunité qu'offre cette ferme équestre. Au programme : des balades de 1h guidées par une monitrice qui saura vous aider à lire et interpréter les paysages verdoyants. Et pour aller véritablement au cœur du marais, n'hésitez pas à réserver la randonnée d'une journée, avec repas pique-nique en bords de Loire. Si le cadre est romantique à souhait pour une escapade en couple, un parfum d'aventure saura séduire les plus jeunes, qui pourront suivre à dos de poney pour des sorties en famille.
Les roseaux de Goulaine - ✆ 06 60 24 76 95 - www.balade-cheval-nantes.com - 24 €/h par pers. (poney 16 €).

FAIRE UNE PAUSE

Moulin du Pé : un panoramique sur le vignoble. Entre Le Landreau et Le Loroux-Bottereau, sur la D37, gagnez le moulin du Pé, juché sur un promontoire à 64 m au-dessus du niveau de l'eau (accès libre). Ayant perdu son chapeau conique, il est devenu un parfait observatoire depuis lequel on embrasse tout le vignoble nantais. Une table d'orientation permet de se repérer plus facilement entre tous les clochers qui se dressent dans le paysage.

St-Sauveur-de-Landemont : un brin d'Orient en pays de la Loire. Si le safran est une épice que l'on assimile à l'Orient, peu d'entre nous savent que la meilleure qualité se cultive en France, où le climat et le sol argilo-calcaire sont propices à l'épanouissement des *crocus sativus*. Entre Nantes et Ancenis, Sabrina a ouvert sa première serre en 2009. La seconde a suivi en 2011 et toutes deux produisent aujourd'hui moins d'un demi-kilo de safran par an pour près de 3 000 bulbes. La visite guidée de la safranière (1h30), qui a lieu de mi-février à fin novembre, est particulièrement intéressante à l'automne, en pleine floraison. Elle permet de découvrir les applications du safran dans la cuisine et dans la cosmétique. Parmi les produits à base de safran proposés à la ferme, on trouve une belle déclinaison de confitures, sirops, moutardes, nougats, vinaigres de cidre ou de champagne, huiles et pains d'épices...
Cynfael, le prince du safran - La Bouquetière - ✆ 06 24 69 44 92 - safran-pays-de-loire.fr - visite 10 €/pers. (enf. 2 €).

La Chapelle-Basse-Mer : mousses artisanales. Une brasserie artisanale est installée à l'ombre des ruines du moulin de Trompe-Souris, qui a donné son nom à la

première bière rousse produite en 2001 et qui depuis existe en blonde. Le succès a entraîné l'élaboration de plusieurs autres recettes que l'on retrouve à la carte de nombreux bars ligériens. La brasserie est également un endroit festif où se produisent des groupes rock et folk tout au long de l'année. Visite possible sur simple demande.
Brasserie de la Divatte - Lieu-dit Le Norestier - 02 40 33 38 94 - www.brasseriedeladivatte.com - lun. 18h-20h, vend. 18h-21h, sam. 9h-12h, 14h-20h.

Clisson : une cascade bien cachée. Niché derrière l'hôtel-restaurant éponyme, voici un bar qui se prête merveilleusement bien à une pause quelle que soit l'heure de la journée : brunchs en musique, planchas apéritives, soirées concerts, belle carte de vins et bières locales, jus de fruits frais… Le tout dans une ambiance conviviale : un jardin sur les rives de la Sèvre nantaise, façon guinguette, mais finalement… sans cascade !
La Cascade - 26 rte de Gervaux - 02 40 54 02 41 - www.la-cascade.net - 10h30-23h.

St-Julien-de-Concelles : en route pour la cueillette. Aux portes de Nantes, cette grande ferme convertie au bio s'est fait connaître grâce à ses pommes ! On part ici à la cueillette de dizaines de variétés différentes : la classique et croquante granny smith, la gala, très sucrée et régal des enfants, la rubinette, plus acidulée ou encore la patte de loup, idéale à cuire. La cueillette se fait librement, on part avec sa brouette dans les vergers, on revient pour la pesée. Chaque jour des légumes de saison peuvent également être cueillis, ainsi que des kiwis ! La ferme pédagogique amusera les plus petits, surtout pendant le nourrissage, vers 10h.
Ferme de la Chebuettte - 5 rte Maître-Jean - 02 40 92 00 70 - 9h30-12h30, 14h30-18h.

Château-Thébaud : pique-nique dans les vignes. Les sympathiques vignerons du domaine Poiron-Dabin invitent à une immersion originale : on se balade dans le vignoble, verre à la main, avant de faire une pause pique-nique. Et l'on termine par l'incontournable dégustation *(voir « Rencontre avec… »)*.
Rando des Cépages - Domaine Poiron-Dabin - Lieu-dit Chantegrolle - 02 40 06 56 42 - www.poiron-dabin.com - balade proposée de mai à oct., tlj sf dim. - 30 € sur réserv.

DÉGUSTER

La Haie-Fouassière : une ferme bio, familiale et vivante. Il s'agit avant tout d'une chèvrerie, mais les chèvres partagent ici l'espace avec bien d'autres animaux : ânes, moutons, vaches… Dans cette petite arche de Noé, qu'ils ont voulu parfaitement insérée

Randonnée dans les vignes.
Sohadiszno/iStock

RENCONTRE AVEC...

Laurent et Jean-Michel Poiron, vignerons

À Château-Thébaud, Laurent et Jean-Michel Poiron s'investissent pour faire connaître les 15 cépages s'épanouissant sur les 68 ha de leur propriété familiale. « Le domaine est très vallonné : on ne fait pas 50 m sans changer de paysage, explique Jean-Michel. C'est ce qui assure la variété de nos vins et nous a donné l'idée de conjuguer randonnée et visite des vignes. » En fait de randonnée, on parle surtout d'une petite balade de 4 km pendant laquelle Jean-Michel, qui aurait pu être conteur, présente ses terres avec verve et passion. « Au pied des vignes, les participants trouvent des bouteilles issues des cépages correspondants, et on se rassemble tous sur un promontoire, pour le pique-nique. » Au passage, on notera que la vigne du domaine est « vivante ». Convaincu de l'importance de l'écologie, Jean-Michel et Laurent vont installer partout ruchers et nichoirs, et bannissent les produits chimiques. N'aimant rien moins que surprendre, les deux frères créent chaque année de nouveaux assemblages qui font de grands muscadets, à déguster avec modération !

Domaine Poiron-Dabin - voir Château-Thébaud (ci-contre).

dans son environnement, Yoann et Marie produisent un fromage de chèvre bio ainsi que du lait et des yaourts. Et le samedi après-midi, la visite est libre alors que l'activité bat son plein autour du petit marché où sont commercialisés les produits maison, mais également ceux de quelques voisins : miel, confitures, vins... L'occasion de consommer très local et d'échanger directement avec les producteurs.

La ferme du Hallay - 20 r. des Noëlles - ✆ 06 71 64 24 17 - www.fermeduhallay.com - mars-oct. : visite libre sam. 14h-18h.

Maisdon-sur-Sèvre : un salon de thé... ou autre. Pour une pause bucolique au cours de votre découverte du vignoble, visez ce petit salon de thé de plein air où fleure un fort parfum de bohême. Le mobilier est fait de bric et de broc : une chaise en bois exotique ici, de vieilles palettes à côté, quelques coussins et l'ombre des arbres en guise de parasols. Selon l'heure et l'envie, on commandera de délicieux goûters maison avec jus de fruits frais ou tisanes aux plantes du jardin ; ou bien des bières artisanales locales pour l'apéritif.

Aux quatre chats - 1 r. l'Ébaupin - ✆ 02 40 80 96 60 - de mi-fév. à fin oct. : dim. et vend.-sam. avr.-sept. 10h-19h.

La Haie-Fouassière : capitale de la fouace. Ce village vigneron doit son nom à ce délicieux gâteau en forme d'étoile à six branches. Le nom recouvre diverses spécialités de pains ou de pains briochés que l'on retrouve dans le sud de la Loire-Atlantique mais également en Vendée. L'orthographe et les recettes varient, mais à La Haie-Fouassière on vous dira que la véritable fouace, que vous trouverez dans les boulangeries du secteur ou sur les étals des marchés, ne vient que d'ici ! Et sa recette reste secrète.

St-Julien-de-Concelles : la vraie sauce au beurre blanc. En 1890, Clémence Lefeuvre, une restauratrice qui tenait une buvette en bord de Loire, améliore une sauce locale, à base de beurre fondu, en y ajoutant quelques échalotes et du poivre blanc. La sauce au beurre blanc va connaître un succès mondial, au point que sa créatrice a désormais une place à son nom à Nantes ! Le restaurant a depuis changé de main

à plusieurs reprises, mais la recette originale est toujours là. Depuis 10 ans, le chef Jean-Charles Batard privilégie les circuits courts et les produits locaux, affichant au menu des poissons de Loire et des légumes dont la plupart viennent de son potager. Quant à la carte des vins, elle met à l'honneur le vignoble nantais. Ou comment faire rimer gastronomie et écologie.
Clémence - 91 levée de la Divatte - ✆ 02 40 36 03 18 - www.restaurantclemence.com - tlj sf lun.-mar. et dim. soir 12h-13h30, 19h15-21h, merc. soir et jeu. soir sur réserv. uniquement - formules déj. 16,50/19,50 €, menus 34/51 €.

Château-Thébaud : une auberge dans le vignoble. Le très bel espace intérieur en bois et pierres apparentes tout comme la terrasse invitent à la rêverie en contemplant les vignes. On apprécie la rénovation de qualité de cette ancienne longère viticole transformée en auberge et où les produits régionaux sont à rois. Frais et de saison, ils dictent les humeurs du chef et l'orientation terre et mer d'une carte qui puise son inspiration dans les recettes traditionnelles et change tous les 15 jours. Ce qui ne change pas, c'est la qualité des produits et la générosité des assiettes, présentées avec soin, en parfait accord avec une belle sélection de vins de la région.
Auberge de la Gaillotière - ✆ 02 28 21 31 16 - www.auberge-la-gaillotiere.fr - mar.-sam. 12h-21h - formule déj. 15,50 €, menus 16,50/26,50 €.

Clisson : on butine du bio et du bon ! Situé face au château de Clisson, le Pollen, petit établissement familial, propose une cuisine à base de produits frais, locaux et bio. Les plats sont dans le style *tapas* ou *racion*, c'est-à-dire qu'on peut en choisir plusieurs parmi tous ceux inscrits chaque jour sur l'ardoise par le chef, selon son inspiration et le panier du marché. Du côté des boissons, on retrouve le même souci du local et de la qualité. On passe donc un très bon moment au Pollen, surtout si l'on est parvenu à trouver une place en terrasse, pour profiter de la vue sur le château.
Pollen - pl. du Minage - ✆ 06 88 03 06 19 - www.pollen-clisson.com - mar.-sam. 12h-15h - formule déj. 15 €.

Fromages des Pays de la Loire. H. Hughes/hemis.fr

Le Loroux-Bottereau : faites votre marché. Tous les jeudis de 16h à 20h, toute l'année, les producteurs de la région se donnent rendez-vous au marché nocturne du Loroux-Bottereau. Muscadet, gros plant, légumes, fouaces, charcuterie, poissons de la Loire... L'occasion d'acheter en circuit court et de se régaler de produits locaux.

DORMIR AU CALME

Le Pallet : une nuit au château. Le château de la Galissonnière propose cinq chambres de style résolument contemporain, parfaitement aménagées, spacieuses et lumineuses. On profite de l'intérieur prestigieux de l'ancienne demeure de l'amiral lors du petit-déjeuner ainsi que du superbe parc, aux beaux jours. Vous pourrez également visiter les vignobles et chais du domaine, qui produit un délicieux muscadet.
Chambres d'hôtes du domaine de la Galissonnière - ✆ 06 33 44 18 58 - www.chateaugalissonniere.fr - 75/85 €.

Thouaré-sur-Loire : bien au chaud dans un tonneau. Un concept novateur, et vraiment insolite. Les logements en bois, en forme de tonneaux, sont disposés à l'orée du vignoble, pour une immersion totale. L'intérieur est un petit nid douillet où le bois omniprésent et les astuces pour gagner de la place ne sont pas sans évoquer l'univers maritime. Sauf que les « hublots » donnent sur les vignes où s'épanouit le melon-de-bourgogne ! Une belle invitation

à découvrir la production du domaine, et ses méthodes de travail.
Vignoble Marchais - rte de Mauves-sur-Loire - ✆ 02 40 03 79 89 - www.vignoblemarchais.fr - 129/154 €.

St-Julien-de-Concelles : camping nature et fraîcheur. Un camping en pleine nature, au cœur du vignoble nantais et en bordure d'un agréable plan d'eau. Les emplacements, grâce à l'importante place laissée aux espaces verts, bénéficient d'intimité, d'ombrage et de fraîcheur. Aux beaux jours, petits et grands se retrouvent autour de la piscine chauffée ou à proximité du Kiosque, le petit snack-bar avec sa terrasse donnant sur le plan d'eau. Enfin le camping est idéalement situé sur l'itinéraire Loire à Vélo.
Camping du Chêne - 1 rte du Lac - ✆ 02 40 54 12 00 - www.campingduchene.fr - 15,40 € (forfait empl., 2 pers., tente et véhicule).

St-Fiacre-sur-Maine : « small is beautiful ! » Tel pourrait être le concept à l'origine de cette petite maison, ou « tiny house », posée au bord de la Sèvre nantaise, dans le parc du château du Coing, en plein vignoble du muscadet. Petite, mais très confortable, celle-ci jouit d'un cadre bucolique enchanteur. Mobile et écologique, notamment grâce à son autonomie énergétique, elle a été construite en bois avec des matériaux locaux par de jeunes passionnés. Au programme : balade à pied ou à vélo (gracieusement mis à disposition) à travers le vignoble et dégustation de l'un des muscadets du château du Coing.
Avalone house - ✆ 06 77 37 66 74 - 120/150 €.

FAIRE LA FÊTE

Clisson : au temps des chevaliers. Tous les ans, le 3e week-end de juillet, Clisson remonte le temps alors que la ville offre son époustouflant héritage architectural à une fête costumée. L'évocation du Moyen Âge comprend des défilés, joutes et combats de chevaliers, spectacles de fauconnerie, alors que ménestrels et troubadours animent les grandes tablées où l'on ripaille avant de rejoindre le grand bal médiéval !
Les Médiévales de Clisson - www.lesmedievalesdeclisson.fr.

Le chateau de Champtoceaux, au-dessus de la Loire.
P. Avenet/hemis.fr

LA VALLÉE DU THOUET

Apaisante, séduisante et reposante : peu de destinations se prêtent aussi bien au slow tourisme que la vallée du Thouet. Entre Thouars et Airvault, petites cités de caractère, moulins, ponts de pierre, rivages bucoliques et plans d'eau se succèdent. Une pépite à découvrir à son rythme, en suivant les méandres de la rivière...

DEPUIS SAUMUR : 40 km jusqu'à Thouars en suivant la D938.

VENIR EN TRAIN

- **La ligne TER 10 qui relie Saumur à Bressuire s'arrête à Thouars (30mn).**

BONS PLANS

- **Le syndicat mixte de la vallée du Thouet est particulièrement actif et propose de nombreuses activités familiales tout au long de l'année : www.valleeduthouet.fr**

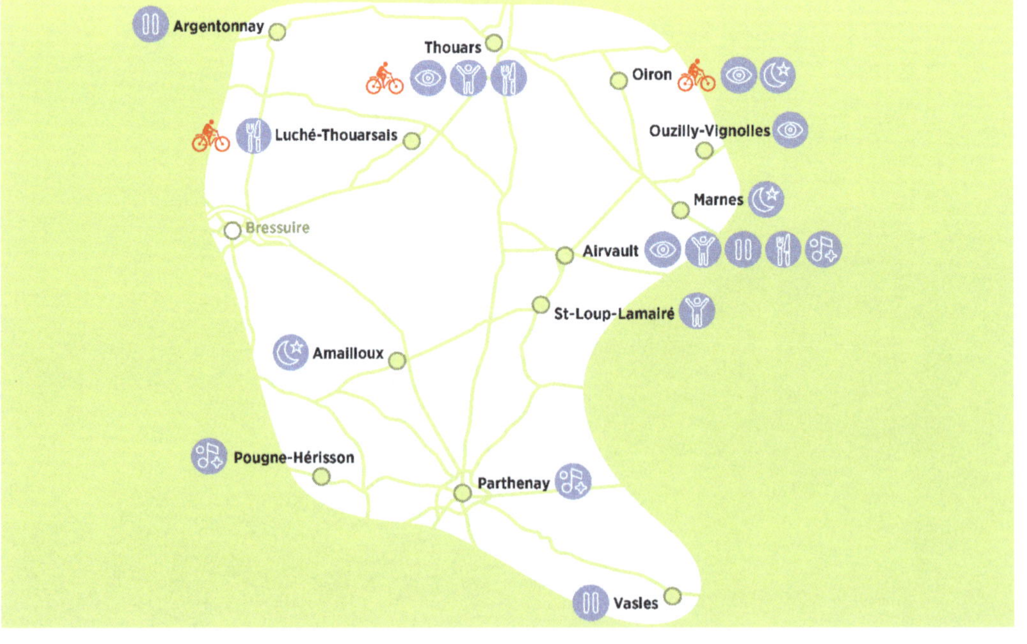

LOUER UN VÉLO

THOUARS

Centre socio-culturel du Thouarsais
21 av. Victor-Hugo - ✆ 05 49 66 76 40 - www.thouars-communaute.fr. Location de vélos classiques et électriques (mai-oct. : 5/8 € la 1/2 j., 8/13 €/j).

LUCHÉ-THOUARSAIS

Camping des Adilons
6 r. d'Anjou - ✆ 05 49 96 74 88. Location de vélos électriques (à partir de 8 € la 1/2 j. et 13 €/j), vélos classiques (5/8 €). Le tarif comprend la fourniture d'un antivol, d'un casque et d'un panier. Pas de vélos enfants.

OIRON

Garage d'Oiron
11 pl. des Marronniers - ✆ 05 49 96 54 15. Location de vélos électriques uniquement, à la demi-journée ou à la journée (8/13 €). Casque, antivol et gilet de sécurité fournis. Également disponibles à la location : des sièges enfants et une charrette.

Le château d'Oiron.
Ph. Body/hemis.fr

VOIR

Ouzilly-Vignolles : un village terracotta. Ce hameau de la commune de Moncontour (Vienne), au cœur du marais de la Dive partiellement asséché, possède un patrimoine ethnologique unique dans le Poitou : son habitat traditionnel en terre crue. Les habitations, granges et remises d'Ouzilly-Vignolles témoignent de l'adaptation aux conditions particulières des marais jadis inhospitaliers. Un ancien corps de ferme du 17ᵉ s. sert aujourd'hui d'espace témoin de ce savoir-faire pratiquement disparu et abrite des expositions sur le thème de la terre.
Logis Terra Villa - ✆ 06 27 43 21 39 - www.maison-en-terre-du-marais.fr - juil.-août : horaires sur le site Internet - 5 € (14-18 ans 2,50 €).

Thouars : flânerie médiévale le long du Thouet. Cette ancienne cité militaire, qui eut en son temps la faveur des grands, a gardé de cette époque un superbe château transformé en collège. En parcourant ses charmantes ruelles médiévales à pied, plongez dans une ville paisible dont les maisons à pans de bois, les églises et autres édifices restaurés composent un cadre plein de cachet. Ne manquez pas notamment la rue du Château, qui a préservé deux maisons de brique à pans de bois, dont l'hostellerie Clocher-St-Médard, accolée à un passage voûté. En contrebas du promontoire où fut bâtie la ville coule, paisible, le Thouet, offrant une prolongation bucolique à cette promenade urbaine.
Maison du Thouarsais-office de tourisme - 32 pl. St-Médard - ✆ 05 49 66 17 65 - www.maisonduthouarsais.com - mar.-sam. 10h-12h30, 14h30-19h.

Oiron : art contemporain au château. Le magnifique château Renaissance d'Oiron, planté au milieu des cèdres, connaît une nouvelle vie depuis qu'il a, dans les années 1990, offert carte blanche à de nombreux artistes pour concevoir et installer leurs œuvres, créant un univers où l'esprit et l'imagination sont sans cesse sollicités. La visite, qui mêle curiosité et émerveillement, change des expositions statiques de châteaux de la même époque *(voir « Rencontre avec... »)*. On peut aussi pique-niquer dans le vaste parc, en allant à la

RENCONTRE AVEC...

Jean-Luc Meslet, administrateur du château d'Oiron

À son apogée, au 16e s., le château d'Oiron compte une importante collection de peintures, dont quelques tableaux sont aujourd'hui conservés au Louvre, et une grande galerie illustrée d'une fresque somptueuse de 55 m de longueur narrant la guerre de Troie et l'Énéide, récemment restaurée. « Malgré ces trésors, il sombre dans l'oubli au 18e s. et il faudra attendre l'entre-deux-guerres pour qu'il soit classé et racheté par l'État » raconte Jean-Luc Meslet, administrateur du château. Mais que faire de cette coquille vide ? « Dans les années 1990, le ministère de la Culture a demandé à une soixantaine d'artistes contemporains de "remeubler" le château en réalisant des œuvres là où avaient disparu les décors ou le mobilier. Non seulement le château est redevenu vivant, mais les œuvres elles-mêmes, aussi hétéroclites que les rayonnages d'un cabinet de curiosités, racontent chacune une histoire et tissent un lien entre le 16e s. et notre présent. » Le château n'étant pas un musée, le public peut déambuler à loisir, approcher les œuvres d'art et se laisser surprendre par un ensemble architectural et artistique en parfaite symbiose.
Château d'Oiron - voir p. 67.

rencontre d'autres œuvres. Visites et ateliers d'arts plastiques pour les enfants complètent cette approche très ludique de l'art.
Château d'Oiron - 10 r. du Château - ✆ 05 49 96 51 25 - www.chateau-oiron.fr - de mi-juin à sept. : 10h30-18h30 ; reste de l'année : 10h30-17h30 - 8 € (-18 ans gratuit).

Airvault : cité de caractère. Dominant la rive droite du Thouet, ce beau village s'est développé autour de l'abbaye des Augustins depuis la fin du 10e s. Le centre est formé par la rue des Halles, la place St-Pierre et la place du Minage. En suivant les « chemins d'Aldéarde » (panneaux et livret disponible à l'office de tourisme), nommés en l'honneur de la fondatrice du monastère, vous découvrirez un patrimoine riche et parfois insoupçonné.
Office de tourisme - 48 r. des Halles - ✆ 05 49 70 84 03 - www.airvault.fr.

BOUGER

St-Loup-Lamairé : un lac pour tous. Le lac du Cébron se découvre comme on aime : tout simplement à pied ou bien à vélo, en kayak, en planche à voile ou encore à l'aube, pour une partie de pêche au calme. Toute une palette d'activités est accessible autour de ce plan d'eau, que vient compléter un programme d'animations estivales orientées vers la nature et la biodiversité locales.
Lac du Cébron - ✆ 05 49 06 79 79 - www.lacducebron.fr.

Entre Thouars et Airvault : pédaler sur les rives du Thouet. Un tronçon de la Vélo Francette, entre Thouars et Airvault, suit les méandres du Thouet (env. 30 km, compter 2h en selle). Un itinéraire poétique à souhait où martins-pêcheurs, hérons et libellules fauves occupent les rives, invitant à la rêverie et à la contemplation. Le parcours est ponctué d'agréables étapes à se ménager sur de vieux ponts de pierre ou dans des petits villages de caractère comme St-Loup-sur-Thouet.
Itinéraire sur www.lavelofrancette.com.

St-Loup-Lamairé : descente du Thouet en canoë. En juillet et en août, le syndicat mixte de la vallée du Thouet organise plusieurs sorties thématiques en canoë pour découvrir au ras de l'eau l'univers bucolique de la rivière. Excursion « loutre et castor » en journée ou bien « chauve-souris » à la tombée de la nuit : dans les deux cas une véritable parenthèse enchantée au son des clapotis.

Syndicat mixte de la vallée du Thouet - ✆ 06 38 77 08 47 ou 06 38 77 08 51 - www.valleeduthouet.fr - excursions guidées (2h env.) 10 €/pers.

FAIRE UNE PAUSE

Airvault : vue panoramique sur le Thouet. Environ 1 km au sud d'Airvault, la route descend à flanc de coteau en direction du Thouet. On atteint alors le vénérable pont de pierre du Vernay, édifié au 12e s. par les moines augustins d'Airvault pour enjamber la rivière. Du centre du pont, vous pourrez apprécier le charmant tableau formé par le Thouet qui coule paisiblement entre les saules et les peupliers.

Vasles : un arboretum des cinq continents. Au cœur de la Gâtine, le Mouton village présente sur plus de 6 ha un vaste espace dédié aux arbres, avec des essences (plus d'une centaine !) venues des quatre coins du monde. L'ensemble est classé refuge LPO, alors n'oubliez pas de prendre des jumelles pour tâcher d'épier la vie dans les branches. Si vous êtes plus terre à terre, c'est sans doute la vingtaine de races de moutons se côtoyant dans le parc qui retiendra votre attention. Des moutons « tête de lapin » fricotent avec des alpagas alors que le rustique et noir Ouessant contraste avec les fragiles Border Leicester à la blancheur immaculée. Une visite pleine d'interactions pour les plus jeunes, qui pourront interroger les bergers et donner la tétée aux agneaux.

Le Mouton village - ✆ 05 49 69 12 12 - www.moutonvillage.fr - juil.-août : 10h-19h ; le reste de l'année se rens. - 8,50 €.

Argentonnay : un lac pour les contemplatifs. Classé en zone Natura 2000, le lac d'Hautibus s'étend sur 7 ha et on en fait le tour en suivant le sentier de « l'oncle Georges ». Un parcours de 4,5 km (2h env.) qui offre de très belles vues sur le plan d'eau et sa plage (baignade interdite). Passés le camping et le restaurant avec sa terrasse sur l'eau, on trouvera quelques aires de pique-nique aménagées çà et là sur les coteaux, alors que les rives sont préemptées par les pêcheurs taquinant la carpe.

DÉGUSTER

Airvault : de l'or dans la vallée. À deux battements d'ailes d'abeille d'Airvault, ne manquez pas de visiter cette ferme apicole produisant d'excellents miels, grâce à l'importante variété de fleurs que les insectes peuvent trouver tout le long de la vallée du Thouet. Quelques

Canoës sur le Thouet.
Ph. Body/hemis.fr

produits dérivés en rayon également (gelée royale, hydromel, pain d'épices, nougats...). Vous pourrez retrouver ces produits sur les marchés d'Airvault ou de Thouars.
L'Abeille de la vallée d'Or - 14 r. Brelucan - ✆ 05 49 64 76 37 - magasin : merc. et sam. 14h-18h, sur RV les autres jours.

Airvault : le meilleur burger du coin. Ici, on assume parfaitement son amour des burgers et des pizzas... mais pas n'importe lesquels, ou en tout cas pas confectionnés avec n'importe quoi. Tous les produits composants ces attirantes recettes sont frais et locaux. Virginie et Christophe privilégient effectivement les circuits courts, depuis la viande jusqu'à la moindre feuille de salade ! De quoi céder sans scrupule à la tentation. Les plus réfractaires pourront toujours se rabattre sur la carte, qui propose de nombreuses spécialités locales plus franchouillardes comme l'assiette du Poitou ou le tartare de bœuf Natura, réalisés avec la même exigence dans le choix des produits.
Le 12 - ✆ 05 49 63 99 50 - www.le12restaurant.fr - 12h-14h, 19h-21h (22h sam.), fermé dim. soir, lun. soir et mar. soir - formules 9,60/15 €, carte 15/24,50 €.

Luché-Thouarsais : éventail de saveurs sur le marché. En été, à partir de 18h30, se tient aux portes de Thouars le pittoresque « marché des saveurs », où se donnent rendez-vous les producteurs locaux pour vendre bien sûr, mais aussi pour exposer, partager et présenter leur savoir-faire. Une belle occasion de consommer local et de remplir son carnet d'adresses, tout en profitant du cadre champêtre et des animations musicales en soirée.
Le marché des saveurs - rue du Village - 30 juil.-20 août : jeu. 18h30-22h30.

Thouars : Duhomard à l'apéro ! La recette a été mise au point à Thouars en 1926, sur une base de vin rouge local et de quinquina. L'apéritif Duhomard était alors un concurrent local de marques comme Dubonnet. Passé de mode et ayant sombré dans l'oubli après-guerre, il est remis au goût du jour en 2013 par un fabricant de... jus de pomme ! Il se décline désormais en trois parfums : rouge, blanc (avec de la gentiane) ou cerise et se trouve dans tous les bistrots de la région.

DORMIR AU CALME

Oiron : aux portes du château. Calme et convivialité vous attendent au Relais du Château, dans le charmant village d'Oiron. Les 5 chambres aménagées en toute simplicité sont confortables et bien équipées. Repas et

Faire le plein de produits du terroir à Thouars.
H. Lenain/hemis.fr

petits-déjeuners sont servis au coin de la cheminée ou dans la cour intérieure aux beaux jours.
Le Relais du Château - 17 pl. des Marronniers - ✆ 05 49 96 54 96 - www.relaischateauoiron.fr - 52/67 € ☕.

Oiron : bed & breakfast à l'anglaise. Au cœur du village, Susan et Peter proposent 3 chambres parfaitement équipées, chacune munie d'une salle de bains privative. Le charme se dégage des poutres et des vieilles pierres, dont on apprécie la fraîcheur lors des chaudes journées d'été. Le joli jardin avec son mobilier en bois est un plus pour apprécier les fins de journée estivales.
Chambres d'hôtes Oiron - 8 r. du Square - www.chambresdhotes79.com - fermé nov.-fév. - 65/75 € ☕.

Marnes : un petit caprice ? Une somptueuse demeure de pays parfaitement restaurée avec goût et charme, dans le respect de son architecture et des matériaux d'origine : pierres, poutres, parquet qui en font toute la chaleur. Les 3 chambres arborent une décoration personnalisée, sobre, apaisante et lumineuse. Aux beaux jours, la terrasse et le jardin vous tendent les bras pour un moment de détente dans ce cadre de rêve.
Aux Caprices des Dieux - 25 Grande-Rue - ✆ 05 49 66 38 24 - www.aux-caprices-des-dieux.fr - 3 ch. 62 € ☕ pour 2 pers.

Amailloux : nuit seigneuriale. Pont-levis, douves, tours crénelées et murs épais : le petit château fort de Tennessus a conservé son allure défensive du 14e s. Rénové par ses propriétaires britanniques, il accueille désormais des hôtes qui jouent aux seigneurs des lieux le temps d'une nuit. Dans les élégantes chambres, les cheminées monumentales, le mobilier sculpté et les tapisseries plantent le décor. Seul anachronisme à ce tableau médiéval : la jolie piscine, mais qui s'en plaindra !
Château de Tennessus - 9 km au nord-ouest d'Amailloux par les N149 et D127 - ✆ 05 49 95 50 60 - www.chateau-medieval.com - 5 ch. 135/170 € - panier-repas.

FAIRE LA FÊTE

Airvault : au son du didgeridoo. Chaque année durant le 3e week-end de juillet, ce festival invite des peuples premiers à présenter leur art musical : instruments, chants et danses traditionnelles sont à l'honneur pour une véritable ouverture sur les cultures du monde.
Le rêve de l'aborigène - www.lerevedelaborigene.org.

Les rives du Thouet : fête printanière. De début avril à fin juin, les rives du Thouet s'animent pour la plus grande joie des petits et des grands. Parcours découverte, chasses au trésor, concerts, théâtre, promenades animées en canoë ou à vélo, ateliers créatifs... Chacun trouvera son bonheur !
Le printemps du Thouet - www.valleeduthouet.fr - programme sur le site Internet.

Pougne-Hérisson : rêver d'un autre monde. Ce festival a fêté ses 30 ans en 2020 et reste fidèle aux règles qui ont motivé sa création : mettre en valeur le hameau de Pougne-Hérisson à travers les contes, les rêves et l'imaginaire en général. Autour du week-end du 15 août se succèdent donc conteurs professionnels et amateurs dans un jardin truffé de recoins où des micro-mondes se créent autour de chaque histoire. Les contes explorent les grands classiques ou se perdent dans le loufoque, le tout dans une ambiance conviviale et bon enfant. Le jardin lui-même, créé pour donner un cadre au festival, est ouvert d'avril à septembre et accueille ponctuellement quelques événements (programmation sur le site Internet).
Festival Le nombril du Monde - www.nombril.com.

Parthenay : faites vos jeux ! Novices et *gamers* professionnels trouveront leur bonheur avec ce festival consacré aux jeux en extérieur. Joueurs, mais aussi éditeurs ou créateurs se retrouvent en juillet autour d'ateliers, d'expositions et bien sûr de jeux selon des thématiques variées (jeux en bois, de société, du cirque...).
Festival ludique international de Parthenay - www.jeux-festival.com.

ENTRE LA VIENNE ET LA GARTEMPE

Encadrée par deux paisibles rivières, la région, déjà connue pour son patrimoine religieux, met en valeur aujourd'hui ses atouts « nature » que vous découvrirez à votre rythme. Hébergements insolites, pistes cyclables et voies vertes, activités nautiques de tout poil sur la Vienne, la Gartempe ou l'Anglin : rien ne manque au tableau pour un séjour slow particulièrement réussi.

DEPUIS POITIERS : 25 km en suivant la D951 jusqu'à Chauvigny ou 38 km par la N147 jusqu'à Lussac-les-Châteaux.

VENIR EN TRAIN

- **La ligne 24 du TER (Poitiers-Limoges) dessert Lussac-les-Châteaux (40mn) et Montmorillon.**

BONS PLANS

- **Pour organiser votre séjour : www.sudviennepoitou.com. Dépliants des circuits touristiques de Montmorillon, St-Savin et Lussac-les-Châteaux en téléchargement, possibilité de réserver certaines activités en ligne.**

LOUER UN VÉLO

CHAUVIGNY

La boutique du vélo
71 r. de Peuron - ✆ 07 69 68 61 28. Location de vélos classiques ou électriques (20/40 €/j) avec casque, antivol et gilet de sécurité. Forfaits week-end ou semaine.

MONTMORILLON

Centre E. Leclerc
2 av. de Provence - ✆ 05 49 48 01 24. Location de vélos électriques exclusivement (13 €/j) avec antivol (prévoir son propre casque).

MJC Claude Nougaro
16 r. des Récollets - ✆ 05 49 91 04 88 - www.mjcmontmorillon.fr. La MJC loue 5 vélos électriques, dont un avec porte-bébé (à partir de 4 €/j). L'antivol est fourni mais il faut prévoir son propre casque et son gilet de sécurité.

Fresques de l'abbaye de St-Savin.
Godong/robertharding/age fotostock

VOIR

Saulgé : une petite histoire de la ruralité. Dans un ancien corps de ferme du 19e s., ce musée raconte le pays de Montmorillon à travers l'évolution de l'agriculture et de l'environnement dans le milieu rural. La visite comprend la découverte d'une « matériauthèque », passant en revue les matériaux et techniques de construction utilisés dans les différents bâtiments. Elle se poursuit en extérieur avec un jardin, un verger, des ruches, un poulailler et même un parcours « pieds nus », véritable initiation à l'éveil des sens pour la plante des pieds ! Enfin, à travers le hameau court un sentier d'interprétation de 3 km axé sur la connaissance et le respect de l'environnement.
Écomusée du Montmorillonnais - lieu-dit « Juillé » - ✆ 05 49 91 71 34 - www.ecomusee-montmorillonnais.org - de déb. juil. au 20 sept. : merc. et dim. 15h-19h ; du 21 sept. à mi.-oct. : merc. et dim. 15h-18h - 4,50 €.

St-Savin : théâtre à l'abbaye. Au cœur d'une des plus belles abbayes de la région, classée au Patrimoine mondial de l'Unesco pour la beauté de ses fresques murales romanes, participez à une étonnante découverte en suivant les visites théâtralisées, proposées en été et destinées aux familles. Loin des conférences et des exposés parfois fastidieux, elles permettent de décrypter tous les secrets de l'abbaye, de la vie quotidienne des moines, mais aussi de certaines énigmes architecturales ou artistiques. Passionnant, ludique et instructif à la fois !
Abbaye de St-Savin - ✆ 05 49 84 30 00 - www.abbaye-saint-savin.fr - visite libre juil.-août : 10h-19h ; avr.-juin et sept.-oct. : lun.-sam. 10h-12h, 14h-18h, dim. 14h-18h ; fév.-mars et nov.-déc. : lun.-sam. 10h-12h, 14h-17h, dim. 14h-17h - fermé en janv. - 10 € (-8 ans gratuit) - visites théâtralisées : se rens. sur le site Internet.

Montmorillon : à livre ouvert. La Cité de l'écrit et des métiers du livre réunit une vingtaine de libraires et bouquinistes, artisans et artistes : lithographe, calligraphe, enlumineur, graveur, typographe, relieur... Tout au long de l'année sont organisées des expositions temporaires, des visites, des rencontres et séances

de dédicace avec les écrivains. On se régalera aussi avec l'exposition permanente l'« Aventure de la Machine à écrire et à calculer », qui présente près de 200 modèles ainsi que des reconstitutions, telle la machine à écrire mise au point par le Français Xavier Progin en 1833.
Cité de l'écrit et des métiers du livre - ✆ 05 49 83 03 03 - www.citedelecrit.fr - tlj sf lun. (tlj en juil.-août) 9h30-12h30, 14h-18h30.

Lussac-les-Châteaux : une grotte à remonter le temps. La falaise qui borde l'étang de Lussac recèle de nombreuses grottes et abris-sous-roche qui étaient occupés à l'époque préhistorique. Commencez votre découverte par la visite du musée de Préhistoire (au sein du pôle culturel La Sabline) où de nombreuses trouvailles issues des différents sites de fouilles sont exposées : outils, silex, os gravés ou sculptés... Empruntez ensuite le court sentier qui mène à la grotte de la Marche, où furent mises au jour, en 1937, de nombreuses plaquettes gravées ou sculptées, dont certaines représentant des figures humaines.
La Sabline - 21 rte de Montmorillon - ✆ 05 49 83 39 80 - www.lasabline.fr - oct.-mai : mar.-vend. 10h-13h, 14h-18h, sam. 10h-12h, 14h-17h ; juin-sept. : mar.-dim. 10h-12h, 14h-18h - 3 € (-18 ans gratuit).

Civaux : le royaume des morts. Spectacle insolite que ces sarcophages perdus parmi les cyprès du cimetière communal et dont les couvercles constituent la clôture. Sépultures de guerriers tombés lors de la bataille de Poitiers (ou Vouillé) en 507 ou tombes de repentis enterrés à l'endroit même de leur conversion ? Le mystère demeure quant à l'origine de ce site qui aurait abrité jusqu'à 15 000 sarcophages. Rectangulaires ou trapézoïdaux, parfois taillés dans des fragments de monuments gallo-romains et portant souvent une croix à trois traverses, ils furent, par la suite, utilisés comme matériau de construction, voire comme abreuvoirs.

Angles-sur-l'Anglin : le Lascaux de la sculpture. En 1950, Suzanne Cassou de Saint-Mathurin, une passionnée de préhistoire, mit au jour à Angles-sur-l'Anglin une frise sculptée de l'époque magdalénienne unique au monde. Ce patrimoine exceptionnel de 14 000 ans est fermé au public pour des raisons de conservation, mais le centre d'interprétation présente une restitution numérique de cette œuvre d'art préhistorique de 20 m de longueur, ainsi qu'un moulage grandeur nature en résine qui permet de toucher à volonté ses volumes.
Centre d'interprétation du Roc-aux-Sorciers - 2 rte des Certeaux - ✆ 05 49 83 37 27 - www.roc-aux-sorciers.com - juil.-août : 10h-19h ; avr.-juin et sept. : tlj sf lun. 10h-12h30, 13h30-18h - 7 € (-6 ans 4,50 €).

BOUGER

Chauvigny : pédaler sur une voie ferrée. L'ancienne voie ferrée desservant les carrières de Chauvigny a été transformée en voie verte et les rails servent désormais à faire circuler en famille une draisine mue par la force des mollets ! Le parcours offre une très belle vue sur Chauvigny après avoir franchi le viaduc sur la Vienne, puis avance dans la vallée sur quelques kilomètres entre champs et sous-bois jusqu'aux anciennes carrières. Comptez 2h minimum pour parcourir les 17,5 km aller-retour (possibilité de ne faire que l'aller). Un parcours réduit est proposé en fin de journée (1h15) pour profiter des belles lumières déclinantes sur la pierre.
Vélorail de Chauvigny - 10 r. de la Folie - ✆ 09 75 41 80 56 - www.velorail-chauvigny.fr - de fin mars à mi.-nov. - fermé lun.-mar. sf vac. et j. fériés - 11,50 €, 6-11 ans 6,50 €.

Lathus-St-Rémy : en route pour l'Enfer ! Embarquez pour une session rafting riche en émotions jusqu'aux Portes d'Enfer. Différentes formules sont possibles, avec des embarcations pour 2 à 7 personnes. Des randonnées sont également proposées pour descendre la rivière à la nage et à pied. Les moins aventureux se contenteront de louer un canoë et de s'offrir une promenade sur les eaux plus calmes de la Gartempe.
Yakanoë - lieu-dit les Bordes - ✆ 06 21 93 25 22 - www.yakanoe.com - 20/30 € selon la formule.

Lathus-St-Rémy, les Portes d'Enfer.
H. Lenain/hemis.fr

Montmorillon : les petites bêtes de la nuit. Munissez-vous d'une lampe torche et de bonnes chaussures, et en avant toute ! On vous invite au cours de cette randonnée guidée à épier les chauves-souris, les hérissons et autres animaux nocturnes peuplant les bois et les champs autour de Montmorillon. Une manière d'être au plus près de la nature et de voir tout ce qui reste sagement caché au regard durant la journée !
La nuit d'ici - ✆ 05 49 91 11 96 - gratuit, sur réserv. - départ 21h de l'office de tourisme (durée 2h), se rens. sur les dates.

St-Pierre-de-Maillé : entre Gartempe et Anglin. Descente accompagnée ou location en autonomie d'un canoë, c'est selon votre goût. Pour le reste, la qualité d'encadrement et le choix de matériel permettent de s'évader sur la Gartempe entre St-Savin et Montmorillon (et aussi sur l'Anglin, pour ceux qui voudraient pousser jusque-là). Au programme : rives enchanteresses, châteaux et villages pittoresques et, bien sûr, baignade !
La Fourmy canoë-kayak - camping de St-Pierre-de-Maillé - ✆ 06 15 77 71 97 - www.lafourmycanoekayak.com - mai : w.-end 9h30-18h ; juin-août : 9h30-18h ; avr. et sept.-oct. sur réserv. - location à la 1/2 j. ou journée, 15/20 €, randonnées accompagnées 5/30 €/pers.

Lussac-les-Châteaux : à vélo sur la Scandibérique. Entre Chauvigny et Lussac-les-Châteaux, suivant les méandres de la Vienne, court un tronçon de la Scandibérique, la portion française de l'EuroVelo 3. Comptez 23 km de parcours (env. 1h20) sur des pistes bien aménagées pour une excursion en famille et en toute sécurité. Attention, si les dénivelés sont modestes, le parcours n'est pas plat pour autant !
www.scandiberique.fr et www.eurovelo3.fr.

Civaux : un pont suspendu au-dessus... des crocodiles ! Sous une serre de 5 000 m², ce parc abrite 260 animaux : des spécimens des neuf espèces de crocodiles existantes (caïmans, alligators de Chine et du Mississippi, crocodiles du Nil...) et plusieurs espèces de

Montmorillon, le vieux pont et l'église Notre-Dame.
Ch. Guy/hemis.fr

tortues. Les bassins reconstituent leurs biotopes d'origine : bayou de Louisiane, rives du Nil… et la végétation luxuriante (1 000 plantes dont 250 orchidées) crée une ambiance tropicale. Un parcours aérien permet de regarder l'évolution des reptiles en toute sérénité. Pour les enfants, frissons en toute sécurité sur les traces des caïmans à lunettes, des tortues hargneuses et de Dundee l'alligator albinos. Points forts d'une visite en famille : le nourrissage de l'après-midi, le passage à la nurserie et l'atelier dessin, histoire de croquer les crocos !

Planète Crocodiles - rte du Fond-d'Orveau - ✆ 05 49 91 80 00 - www.planete-crocodiles.com - oct.-déc. et fév.-mars. : 13h-17h30 ; avr.-juin et sept. : 10h-18h ; juil.-août : 10h-19h - 13 € (5-12 ans 9 €).

Montmorillon : paddle sur la Gartempe. Le paddle a le vent en poupe, et les eaux calmes de la Gartempe se prêtent particulièrement bien à cette activité. Toutefois, il faut être prêt à pagayer : les locations se font à la demi-journée au minimum et vous emmènent sur différents parcours entre Montmorillon et St-Savin.

CPA Lathus - ✆ 05 49 91 83 30 - www.cpa-lathus.asso.fr - sept.-juin - 20 € (-16 ans 15 €).

Dienné : bouger en famille. À côté de l'Adventure game – où l'on sauve la planète en famille à coups d'énigmes et d'épreuves – le parc donne accès à nombre de loisirs sportifs avec, en premier lieu, l'équitation, qui fut la toute première activité proposée lors de la création du parc. Accrobranche, minigolf ou encore tir à l'arc sont venus compléter le tableau : de quoi s'entraîner à fond pour devenir un superhéros ! Fatigué ? Vous pourrez dormir sur place *(voir p. 79)*.

DéfiPlanet' - ✆ 05 49 47 87 63 - www.defiplanet.com - tlj 9h-19h, fermé déb. janv.-déb. fév. - 14 €, 3-13 ans 8 €, gratuit -3 ans.

FAIRE UNE PAUSE

Queaux : les trésors du terroir. De passage à Lussac-les-Châteaux, faites un petit crochet par Queaux, à 15mn de voiture, pour participer à une dégustation, assister à un concert ou admirer une exposition, selon le programme

(disponible sur la page Facebook). Une pause chaleureuse et décontractée au cœur du Poitou rural.
Maison d'Art et du Terroir - 3 ter rte du Stade - ✆ 05 49 91 13 18 - facebook.com/enplcinvirage - tlj sf merc., horaires variables, se rens.

Lathus-St-Rémy : une vue d'enfer. Dans le village, avant le pont sur la Gartempe, laissez votre voiture et empruntez, à droite, le sentier signalé, glissant et accidenté, longeant la rive droite. À mi-parcours, des plates-formes rocheuses dominent les rapides encaissés de la Gartempe qui arrive de la Haute-Vienne, toute proche. Lorsque le sentier se divise, prenez à droite pour aboutir, 100 m au-delà d'un rocher fendu en trois, à un énorme bloc surplombant de façon vertigineuse le lit tumultueux du torrent : joli coup d'œil sur ce dernier et sur les roches, en aval, appelées les « Portes d'Enfer ».

Chauvigny : un spectacle de haut vol. Entre les tours de l'ancien château des Évêques se tient un époustouflant spectacle de voltige aérienne, assuré par une centaine d'oiseaux, essentiellement des rapaces (milan noir, aigle pêcheur, vautours fauves et pape, gymnogène d'Afrique...) mais également quelques oiseaux exotiques (cigogne, marabout, ara bleu...) en vol libre. Les enfants adorent les voir passer au-dessus de leur tête, observer les oisillons dans les volières et écouter les anecdotes de tournage. Car les vedettes du spectacle sont régulièrement utilisées par le cinéma. Deux ou trois fois dans le courant de l'été ont lieu des sessions nocturnes nommées « De feu et de plumes », carrément féeriques (dates sur le site Internet).
Les Géants du Ciel - ✆ 05 49 46 47 48 - www.geantsduciel.com - spectacles avr.-juin : tlj sf lun. 15h (et 17h durant les vac. de Pâques) ; juil.-août : 11h, 15h et 17h ; sept. : merc., jeu. et w.-end 15h - 12,50 € (4-12 ans 9 €).

Montmorillon : un musée pour les gourmands. Grande biscuiterie poitevine, la maison Rannou-Métivier abrite, au-dessus de sa boutique à la devanture colorée, une exposition dédiée au macaron de Montmorillon. Des panneaux thématiques, des bornes d'écoute, plusieurs machines anciennes et un film présentent l'univers de l'amande et l'histoire du petit biscuit rond et moelleux mis au point par la famille Rannou-Métivier au début du 20e s. La visite se conclut par une dégustation des meilleurs produits de la maison, dans le jardin d'hiver.
Musée de l'amande et du macaron - 32 bd de Strasbourg - ✆ 05 49 83 03 38 - www.museedumacaron.com - lun.-sam. 9h30-12h, 14h-18h, dim. et j. fériés 10h-12h, 15h30-18h - 3,50 € (-12 ans 2,30 €).

Angles-sur-l'Anglin : un savoir-faire unique. Angles n'est pas seulement l'un des plus jolis villages de la région : il est aussi l'un des plus connus, grâce à ses fameux « jours d'Angles », travail minutieux qui se rapproche de la broderie et qui consiste à orner des pièces de toile à l'aide de motifs ajourés. Mise au point par hasard vers le milieu du 19e s., cette technique a assuré la prospérité du village jusque dans les années 1950. Aujourd'hui, une association défend ce patrimoine en poursuivant la production (à la main, bien sûr !) de réalisations sur soie, lin ou coton, proposées à la vente.
Atelier-boutique « Les Jours d'Angles » - 2 r. du Four-Banal - ✆ 06 82 00 78 15 - juil.-août : 10h-12h30, 14h30-19h, w.-end 14h30-18h ; juin et sept.-oct. : 10h-12h, 14h30-18h ; reste de l'année : tlj sf mar. matin 10h-12h, 14h30-17h30.

DÉGUSTER

Montmorillon, en direct du potager ! Voilà une adresse où le terme « écoresponsable » a un sens : on y cuisine presque exclusivement des produits bio, venant soit du potager, soit des producteurs fermiers de la région, et la carte des vins est dans le même esprit. Un respect des saisons et du marché qui se retrouve dans l'assiette pour le plus grand plaisir des « locavores ».
Les Orangeries - 21 av. du Dr Dupont - ✆ 05 49 84 07 07 - www.lesorangeries.fr - fermé lun., sam. midi, dim. soir - 37,50/50 € - bistrot (à midi uniquement) : formule 19,50 €, carte 24/50 €.

Montmorillon : un savoureux roman ! Si vous pouvez réserver avant de passer dans ce restaurant, faites-le et demandez une table proche des baies vitrées donnant sur la Gartempe. La vue est splendide depuis les premières loges ! De quoi patienter en rêvassant entre les assiettes concoctées en cuisine par le chef avec passion : gésier, foie gras et autres spécialités traditionnelles sont à l'honneur, agrémentées de sauces selon l'inspiration du jour : champagne, sauge, épices... Pas sûr que tout le monde arrive au bout du menu dégustation avec ses 6 plats successifs !

Le Roman des Saveurs - 2 r. Montebello - 05 49 91 52 06 - fermé dim. soir, lun.-mar.-dim. midi 12h-14h, 19h30-22h - formule déj. 13 €, carte 17,50/29 €.

Lussac-les-Châteaux : le goût des saisons. Une cuisine bio et locale, c'est ce que prône l'équipe de ce petit restaurant qui privilégie les circuits courts et les produits locaux, sans pour autant se limiter aux recettes traditionnelles. On travaille effectivement beaucoup de recettes orientales avec le même souci dans le choix des produits et la même générosité dans les assiettes. Gardez une place pour les desserts : ils sont à tomber !

Le Temps des Cerises - 10 pl. St-Sornin - 09 81 35 94 83 - www.sites.google.com/site/letempsdescerises86 - fermé mar et dim. soir - formules déj. 13/16 €.

DORMIR AU CALME

Chauvigny : au son de la rivière. Cette belle demeure du 17e s., protégée par deux tours, a conservé l'essentiel de son décor d'origine, offrant un savant mélange de confort et de raffinement. Les fenêtres des chambres ouvrent sur la cour d'honneur ou sur un très agréable petit jardin de curé.

La Rivière aux chirets - 06 82 23 58 59 - P - 4 ch. 75/90 € - table d'hôtes sur réserv. 20/30 €.

Gizay : une nuit dans la bastide. Au cœur d'un splendide parc verdoyant, cette bastide a conservé tout ce qui fait son charme : poutres, pierres apparentes, cheminées... Les chambres sont spacieuses, dotées pour certaines d'un petit coin salon avec de confortables fauteuils. Les couloirs qui les desservent ont en partie leur papier d'époque, désuet, mais qui se marie à merveille avec les tons plus contemporains de la déco d'ensemble. Le petit-déjeuner se prend dans l'agréable fraîcheur de la salle à manger ou sur la terrasse baignée de soleil aux beaux jours.

La Bastide de Courcelles - 06 71 18 49 83 - www.labastidedecourcelles.fr - P - 4 ch. (1, 2, 4 et 5 pers.) 49/120 €.

Angles-sur-l'Anglin.
M Russelle/robertharding/age fotostock

RENCONTRE AVEC…

Jean-Michel Brunet, fondateur du parc Défi Planet'

Jean-Michel Brunet, après avoir sillonné la planète d'un pôle à l'autre, prend conscience de l'urgence écologique dans laquelle se trouve notre Terre et décide de se lancer dans une aventure touristique « TDA » ou « totalement différente des autres », selon sa propre expression. Ce sera d'abord de l'hébergement insolite, pour conjuguer contact avec la nature et découverte des habitats du monde. Yourtes, cabanes dans les arbres, tentes berbères ou abri de lutins rencontrent vite un vif succès. « On a aussi fait venir des animaux liés aux régions géographiques concernées : lamas, chevaux, chameaux, etc. qui ont contribué au développement du parc. La dernière étape a été de donner sa thématique à l'ensemble. En partant du mal que nous avons fait à la planète, nous proposons aux visiteurs de la sauver en relevant des défis ludiques et didactiques qui font prendre conscience, aux grands comme aux petits, de l'urgence de la situation mais aussi de l'importance de chacun de nos gestes pour l'air, l'eau et la terre. » D'ailleurs, tout le monde repart avec le bilan carbone de son séjour !
Défi Planet' - voir Dienné (ci-contre).

Dienné : dormir avec les lutins. Sous la yourte ou dans une cabane perchée, dans une poule ou un lapin… les hébergements rivalisent d'originalité à Défi Planet', même si les plus conventionnels peuvent toujours choisir l'hôtel *(voir « Rencontre avec »)*. Les pensionnaires profitent en tout cas des équipements du parc : espace bien-être et piscines couverte ou chauffée *(voir p. 76)*. Pour les logements dans les bois ou perchés, les petits-déjeuners sont livrés le matin en voiturette électrique.
Défi Planet' - Lieu-dit La Bocquerie - ☏ 05 49 45 87 63 - www.defiplanet.com - P - 24 roulottes 99/135 € - 20 yourtes 95/135 € - 6 cabanes dans les arbres 99/129 €, etc. - 8,90 € - 12/41 €.

FAIRE LA FÊTE

Archigny : à la fête avec les Acadiens. Animé par l'association des Cousins acadiens du Poitou, ce festival picaresque du 15 août célèbre la fête nationale des Acadiens, Canadiens francophones qui furent nombreux à s'installer dans le Poitou après le Grand Dérangement, dans la seconde moitié du 18e s. La ferme-musée d'Archigny accueille alors le « petit tintamarre » : l'occasion de s'amuser mais aussi d'en apprendre un peu plus sur cette page méconnue de la Nouvelle-France.
Le petit tintamarre - ☏ 05 49 21 54 39.

Chauvigny : faire la fête… au bio ! Des bières artisanales, des burgers, le tout local et bio. C'est le défi que s'est lancé ce petit établissement sans chichis, chaleureux et convivial. On s'y réunit autour des nombreuses soirées à thèmes (jeux de société le mercredi, concerts le jeudi…). Le choix à la carte n'est pas très étendu, mais tout est réalisé maison, avec soin et des produits de qualité.
La Moustache - 2 r. St-Savin - ☏ 09 54 48 54 24 - www.la-moustache.fr - mar.-sam. 17h-23h - 14/22 €.

LA BRENNE

Surnommé « le pays des 1000 étangs », le Parc naturel régional de la Brenne s'étend à la frontière du Berry. Ici, le temps s'écoule au rythme des saisons et la quiétude qui règne semble seulement troublée par le vol des oiseaux qui y ont trouvé refuge. Au-delà de cette zone protégée, où grues cendrées et randonneurs s'ébattent en liberté, d'anciens châteaux féodaux laissent parfois échapper quelques notes de violon.

DEPUIS PARIS : en évitant l'autoroute, 300 km depuis Paris via la N20 jusqu'à Orléans, puis les D922 et D956 jusqu'à Châteauroux, et la D925 jusqu'à Mézières-en-Brenne.

VENIR EN TRAIN

- **Train Intercités jusqu'à Châteauroux (2h30). Au départ de Châteauroux, des cars desservent Le Blanc et Mézières-en-Brenne (www.remi-centrevaldeloire.fr), mais il est plus aisé de se déplacer en voiture.**

BONS PLANS

- **Pour organiser votre séjour : www.berryprovince.com.**
- **Pour découvrir le Parc : www.parc-naturel-brenne.fr.**

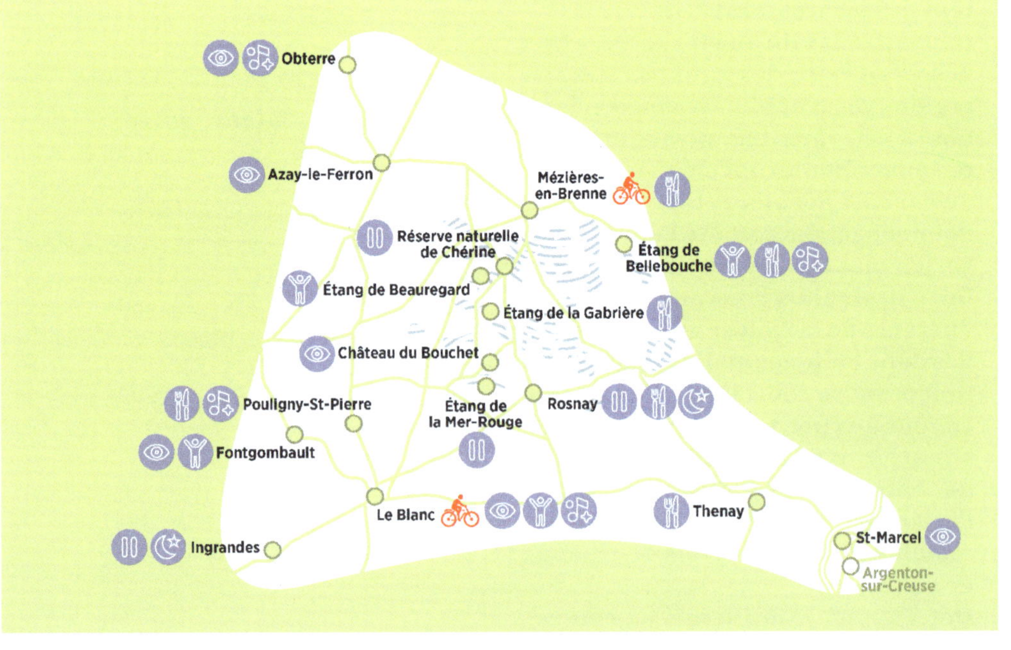

LOUER UN VÉLO

LE BLANC

Office de tourisme du Blanc
22 pl. de la Libération - ✆ 02 54 37 05 13.
Vélo électrique (20 €/j), VTC (12 €/j), vélo enfant (12 €/j).

MÉZIÈRES-EN-BRENNE

Office de tourisme de Mézières-en-Brenne
Le Moulin - 1 r. du Nord - ✆ 02 54 38 12 24. VTC et VTT (15 €/j), vélo enfant (15 €/j).

VOIR

Obterre : Réserve zoologique de la Haute-Touche. Bienvenue dans l'un des plus grands parcs zoologiques de France. Ici, léopards, pandas roux, zèbres, lynx et babouins se côtoient joyeusement. Plus de 1300 animaux sont réunis dans ce domaine forestier de 150 ha. Deux parcours, à pied et à vélo, ont été aménagés pour permettre aux visiteurs de découvrir le parc à leur rythme. En prime, la réserve compte plusieurs observatoires qui offrent de superbes panoramas sur les troupeaux et des espaces aménagés pour assister au nourrissage des lémuriens, des pélicans, et des oiseaux africains.
✆ 02 54 02 20 40 - www.zoodelahautetouche.fr - avr.-juin : lun.-vend. 10h-18h, w.-end 10h-19h ; juil.-août : 9h-19h ; sept. : 10h-18h ; d'oct. à mi-nov. : merc. et w.-end. 10h-17h - 14 € (3-12 ans 11 €).

Château du Bouchet : prendre un peu de hauteur. Posée sur une butte de grès rouge au cœur du Parc naturel régional de la Brenne, l'imposante forteresse médiévale du Bouchet

Le château du Bouchet.
H. Lenain/hemis.fr

a été restaurée. Sa situation dominante lui vaut d'abord le nom de « Bosquet », avant d'être transformé en « Bouchet ». À l'intérieur, on découvre d'immenses pièces où trônent d'authentiques meubles berrichons et plusieurs portraits de famille. Depuis le donjon et la terrasse, on admire un superbe point de vue sur la Brenne et l'étang de la Mer-Rouge.

Château du Bouchet - 5 km au nord-ouest de Rosnay par la D32 - ✆ 02 54 28 12 13 - www.chateau-bouchet.com - du 1er mai au 26 juin : merc.-dim. 14h-18h ; du 27 juin au 20 sept. : mar.-dim. 14h-18h ; reste de l'année se rens. - 7 € (6-18 ans 3,50 €).

Azay-le-Ferron : mystères au château. Le joli château Renaissance d'Azay-le-Ferron est entouré de beaux jardins à la française. Pour pimenter votre visite, optez pour une version théâtralisée, une façon originale d'explorer l'histoire des lieux à travers les innombrables pièces. Plusieurs thèmes sont proposés : « Dans les pas d'une domestique », vous empruntez les couloirs qui servaient autrefois au petit personnel à se déplacer à l'abri des regards, tandis que la visite « Scandales au château » vous plonge dans les secrets inavoués de la demeure.

Château d'Azay-le-Ferron - 31/33 r. Hersent-Luzarche - ✆ 02 54 39 20 06 - www.chateau-azay-le-ferron.com - visite guidée juil.-août : 10h-18h30 ; avr.-juin et sept. : 10h-18h ; d'oct. à mi-nov. : 10h-17h30 - 8 € - visite théâtralisée : réserv. obligatoire, dates sur le site Internet, 9,50 €.

Le Blanc : deux rives, deux ambiances. Traversée par la Creuse, la principale ville du Parc naturel régional de la Brenne offre deux visages. D'un côté la ville haute où s'alignent les terrasses et les maisons dont la maison des Amis du Blanc, un petit musée d'Arts et de traditions populaires, et le château Naillac qui abrite l'écomusée de la Brenne. De l'autre, une ville basse qui s'organise autour de l'église St-Génitour, et qui s'est peu à peu étendue à partir du 19e s. avec l'arrivée du chemin de fer. Ce dernier a laissé au Blanc son monument emblématique : un viaduc qui domine la rivière.

ville-leblanc.fr

St-Marcel : un bond dans le passé. Cette petite ville, enserrée entre les terres froides de la haute vallée de la Creuse et les marécages de la Brenne, abrite un site archéologique exceptionnel. Son église du 12e s. et ses maisons vigneronnes lui confèrent un charme délicieusement médiéval. Le site d'Argentomagus, où subsistent les vestiges d'un grand théâtre, révèle l'ancienneté de son occupation humaine. Les fouilles ont mis au jour des objets datant de l'époque préhistorique et gallo-romaine, visibles dans son Musée archéologique. Le lieu compte une crypte et un pan de mur du 2e s. qui porte encore son enduit rouge d'origine.

Musée et sites archéologiques d'Argentomagus - Les Mersans - ✆ 02 54 24 47 31 - www.argentomagus.fr - sept.-juin : tlj sf mar. 9h30-12h, 14h-18h ; juil.-août : 9h30-12h, 14h-18h - 5 €.

Fontgombault : les pères de la pisciculture. Sur la rive droite de la Creuse, au nord-ouest du village du même nom, l'élégante abbaye de Fontgombault est le seul vestige d'un puissant monastère florissant aux 12e et 13e s., dont les abbés contribuèrent au développement de la pisciculture en Brenne. Seule l'église abbatiale romane se visite. Au bout de sa nef aux vastes proportions, le chœur est majestueux. Une grille clôture l'espace réservé aux moines, qui vendent des poteries et des produits monastiques dans la boutique de l'abbaye.

Église de l'abbaye de Fontgombault - 2 r. de l'Abbaye - visite en dehors des offices - messe 10h ; vêpres tlj sf jeu. 18h, dim. et fêtes 17h.

BOUGER

Le Blanc : à vélo le long d'une ancienne voie ferrée. Construite au 19e s., à l'époque où Le Blanc était encore un important nœud ferroviaire, l'ancienne ligne de chemin de fer a été transformée en voie verte sur plus de 70 km. Ce chemin, réservé aux cyclistes et aux piétons, longe la Creuse et traverse plusieurs petits villages. Une boucle de 26 km (2h30) qui alterne voie verte et chemins de campagne permet de découvrir les environs du Blanc et de pédaler sur son viaduc posé à 38 m de hauteur

Les tortues sont protégées dans le Parc naturel régional de la Brenne.
H. Lenain/hemis.fr

qui domine la rivière et ses environs. À noter : la voie verte conviendra mieux à la pratique du VTT ou du VTC qu'à celle du vélo de route.
www.parc-naturel-brenne.fr - itinéraire de la boucle nº 8, en téléchargement sur le site Internet. Possibilité de louer un vélo à l'office de tourisme du Blanc *(voir p. 81).*

Étang de Bellebouche : kayak au pays des mille étangs. Avec sa plage de sable fin, le vaste étang de 100 ha a été aménagé pour accueillir les amateurs de baignade et de farniente. On peut y louer un kayak pour découvrir le site au fil de l'eau et se dégoter un coin désert où s'accorder une bonne sieste avant un petit plongeon. Hébergement et restauration possibles sur place.
Étang de Bellebouche - 9 km à l'est de Mézières-en-Brenne - ✆ 02 54 38 32 36 - location de kayak à la base de loisirs de Bellebouche - 6,50 €/h.

Fontgombault : chevauchée dans le bois des Fées. Installée dans la vallée de la Creuse, l'écurie des Bouiges propose une promenade à cheval dans « le Bois des fées ». Ce sous-bois aux multiples teintes de vert est entièrement recouvert de mousse et semble peuplé de créatures imaginaires tout droit sorties d'un conte pour enfant.
Les écuries des Bouiges - ✆ 06 79 74 88 77 - www.ecuriedesbouiges.fr - tarif selon la durée.

Étang de Beauregard : à la rencontre de la mouette rieuse. Un sentier de découverte de 4 km, ponctué de panneaux d'interprétations, permet de se familiariser avec le paysage de brandes et d'étangs caractéristique du Parc naturel régional de la Brenne. Près de l'étang de Beauregard et de ses roselières, on peut observer de nombreux spécimens d'oiseaux, dont le grèbe à cou noir, la mouette rieuse, le fuligule morillon ou le busard des roseaux.
Sentier de découverte de Beauregard - www.parc-naturel-brenne.fr - depuis St-Michel-en-Brenne, suivez la D43 en dir. du Blanc, stationnement à 3 km sur la gauche - ouv. tte l'année - gratuit.

Le Blanc : bivouac et canoë au fil de la Creuse. Faites le choix de l'aventure et partez en canoë admirer le coucher de soleil sur la Creuse. Deux choix sont proposés aux amateurs d'eau vive : une descente accompagnée entre Ruffec et Le Blanc pour contempler les lumières de la fin de journée et partager un apéro. Pour les plus courageux, une descente nocturne suivie d'une soirée au coin du feu et d'un bivouac au bord de l'eau est programmée à certaines dates.
Canoë Découverte Val de Creuse - 69 av. Pierre-Mendes - ✆ 02 54 37 77 99 - www.canoe-valdecreuse.fr - descente accompagnée 15 €, bivouac 45 € (matériel de camping non fourni).

FAIRE UNE PAUSE

Rosnay : pêche à la carpe. Les amateurs de pêche en eau douce peuvent s'offrir une session de pêche à la carpe au sein d'un étang de 6 ha. Seule condition : appliquer le principe du « no kill » (« on pêche puis on relâche »). Cinq postes ont été installés pour profiter du charme

de la Brenne tout en surveillant patiemment sa ligne. En prime, à l'issue de sa session, on peut s'offrir un bon repas au restaurant de la ferme sur réservation.
La Ferme des Buttons - Le Rianvert - www.lafermedesbuttons.com - ✆ 06 52 29 05 84 ou 02 54 37 11 76.

St-Michel-en-Brenne : Réserve naturelle de Chérine. Installez-vous dans l'un des sept observatoires de la réserve pour guetter le moindre mouvement dans la roselière. C'est ici que se cachent le héron pourpré, la guifette noire, le butor étoilé, le vanneau huppé ou l'échasse blanche. Pour assurer l'entretien et le maintien de cet écosystème fragile, des moutons solognots, des chevaux camarguais et des vaches ariégeoises paissent en toute liberté dans les pâturages humides.
www.reserve-cherine.fr

Ingrandes : un goût de miel. Bruno et Louis ouvrent les portes de leur exploitation apicole aux visiteurs. Leur programme : exposition pour tout comprendre des abeilles et de leur fonctionnement, dégustation des miels de terroir, découverte de la miellerie et de la ruche vitrée, achat de cosmétiques et de gelée royale à la boutique et animations en saison.
Maison des abeilles - 2bis La Vallée - ✆ 02 54 28 68 63 - www.maisondesabeilles.com - pdt les vac. scolaires lun.-vend. 14h30 - 18h, reste de l'année : se rens.

Étang de la Mer-Rouge : le paradis des ornithologues. Chaque année, autour de la mi-octobre, les grues cendrées en provenance du sud de l'Europe survolent le Parc naturel régional de la Brenne pour rejoindre la Scandinavie ou la Russie. Le Parc se situe sur le couloir de migration prénuptiale de ce grand volatile qui peut atteindre plus d'un mètre de haut. Très nombreuses à cette période, les grues cendrées offrent de beaux moments d'observation aux amoureux de la nature. Certaines choisissent de passer l'hiver sur l'étang de la Mer-Rouge.
Étang de la Mer-Rouge - 6,6 km au nord-ouest de Rosnay par la D32.

DÉGUSTER

Rosnay : Carpe'n'chips. C'est à la maison du Parc que vous pourrez déguster l'une des spécialités de la région : les délicieuses frites de carpes, accompagnées de sauce tartare. Le restaurant propose de découvrir d'autres

Promenade à vélo dans le hameau du Bouchet.
H. Lenain/hemis.fr

spécialités : fromage Pouligny-St-Pierre, tartine de carpe fumée ou rillettes de poule. L'occasion rêvée pour vos papilles de faire connaissance avec les produits du coin !
Maison du Parc naturel régional de la Brenne - Le Bouchet - 4,5 km au nord-ouest de Rosnay par la D32 - ✆ 02 54 28 53 02 - www.parc-naturel-brenne.fr - du 4 juil. au 1er nov. : 9h30-18h ; du 2 nov. au 31 déc. : 10h-17h - 5 €/10,50 €.

Mézières-en-Brenne : que du local ! Que l'on mange bien dans cet ancien relais de poste ! Ici, les produits locaux sont rois. Au menu : boudin blanc de carpe de Brenne au basilic, pièce de bœuf et son aumônière de Pouligny-St-Pierre aux noisettes torréfiées et nougat glacé au miel de Brenne. Un délice !
Au Bœuf Couronné - 9 pl. du Gén.-de-Gaulle - ✆ 02 54 38 04 39 - www.restaurant-boeufcouronne.com - fermé de mi-déc. à fin janv., dim. soir, lun. et mar. midi - menus 22/27 €.

Étang de Bellebouche : pause déjeuner (presque) sur la plage. À l'ombre des chênes centenaires, installé sur la grande terrasse qui offre une vue imprenable sur la plage et le lac de Bellebouche, on savoure ici une cuisine traditionnelle, simple, à prix raisonnables.
Le Bellebouche - base de loisirs de Mézières-en-Brenne - ✆ 02 54 37 74 40 - www.lebellebouche.com - fermé lun. du 15 juin au 31 août, lun.-mar. du 1er au 15 juin et sept. - plats 13/18 €, menu 28 €.

Étang de la Gabrière : une maison de tradition. Confortablement attablé dans la salle à la déco rustique, vous dégusterez une cuisine berrichonne de qualité, face à l'étang de la Gabrière. L'atmosphère surannée séduira les amateurs de cuisine franchouillarde qui se laisseront tenter par l'une des spécialités de la maison : la tête de veau à la moutarde à l'ancienne ou les cuisses de grenouille. Pour les autres, la maison propose du gibier (en saison) et des poissons de rivière.
La Gabrière - 7,5 km à l'est de Lingé - ✆ 02 54 37 80 97 - www.auberge-36-gabriere.com - fermé mar. soir et merc. - carte 15/45 €.

Pouligny-St-Pierre : fromage en sa demeure. Rien de tel qu'un arrêt à la Maison du

RENCONTRE AVEC...

Thibaut Michel, guide au Parc naturel régional de la Brenne

« Je viens dans le Parc naturel régional de la Brenne depuis que je suis petit. Toute ma famille est d'ici. Quand j'étais enfant, je trouvais ça normal de voir tous ces étangs peuplés d'oiseaux. À cet âge-là, on se dit que le monde entier doit être aussi préservé. Et puis on quitte la région et on réalise la chance que l'on a. Aujourd'hui, je suis garde-technicien sur la Réserve terres et étangs de Brenne, Massé, Foucault. J'encadre notamment des balades ornithologiques. J'apprends aux visiteurs à reconnaître un oiseau grâce à son chant, je leur raconte l'histoire de la Brenne. Avec l'ensemble des acteurs touristiques de la zone, je fais partie d'un tissu socio-économique dont l'objectif est la préservation de la nature et la sensibilisation du public. Je suis là pour que les visiteurs s'émerveillent de la beauté et de la richesse de la Brenne et contribuent eux aussi à la faire vivre. C'est tous ensemble que l'on préserve ce Parc. »
Infos et réservations des balades sur le site www.parc-naturel-brenne.fr.

Fromage pour faire le plein de produits locaux. La sélection de fromages est impressionnante avec, en vedettes, le pouligny-st-pierre AOP et le valençay. Vous vous laisserez aussi volontiers tenter par les filets de carpe fumée ou les étonnantes verrines de silure au poivron et au chorizo. Côté boissons, vous serez plutôt bière artisanale ou Berry Cola ?
Maison du Fromage - 5 r. de la Fosse-Bourdeau - ✆ 02 54 28 09 67 - www.maisondufromage.fr - mar.-sam. 9h-12h30, 14h30-18h30, dim. 9h-12h30.

Thenay : le roi du rôti. Après des années de silence, le cœur du village de Thenay bat à nouveau au rythme du tournebroche ancien. Cette auberge rustique a fait de la viande à la broche sa spécialité. Cuites dans la grande cheminée qui orne la salle de restaurant, les viandes sont délicieuses et font le bonheur des habitués comme des visiteurs. Une auberge secrète et désuète, qui vaut le détour.
Auberge du Thenay - 23 r. René-d'Helbingue - ✆ 02 54 47 99 00 - www.auberge-de-thenay.fr - fermé lun. et dim.soir - menus 32-29 € - réserv. recommandée.

DORMIR AU CALME

Rosnay : le refuge des oiseaux. Vous vous sentirez tout de suite chez vous dans cette belle auberge en plein cœur de la Brenne. Max, le propriétaire, est d'une sympathie communicative et connaît la région (et ses bons plans !) comme sa poche. Les chambres, à l'esprit campagnard, sont décorées avec goût. La table d'hôtes, qui fait la part belle aux produits locaux et de saison, est délicieuse et l'ambiance chaleureuse qui règne au moment du repas achève de rendre le séjour unique. Mention spéciale au superbe jardin de l'auberge, peuplé d'oiseaux de toutes sortes et déclaré refuge LPO.
Domaine de la Crapaudine - 13 r. St-André - ✆ 07 86 87 18 50 - 5 ch. 90/110 € ☕ - 1 carré d'étoiles 95 € - table d'hôtes 35 € sur réserv.

Ingrandes : la vie de château. Tenté par l'idée de jouer les châtelains le temps d'un séjour ? Cet ancien château féodal, construit entre le

Le valençay, fromage de chèvre au lait cru.
Funkystock/age fotostock

12e s. et le 15e s sur la voie romaine qui reliait Bourges à Poitiers vous ouvre ses chambres à la décoration inspirée par l'histoire du lieu. Et tant pis pour l'anachronisme, la piscine privée est bien agréable.
Château d'Ingrandes - ✆ 02 42 00 12 36 - 5 ch. 85/120 € ☕.

Rosnay : séjour sous la tente. Posé au bord de l'eau, ce camping séduira les amateurs de séjours sous la tente et les camping-caristes. Les vastes pelouses ombragées sont un havre de fraîcheur. Le lieu est le point de départ de nombreuses randonnées pour découvrir le Parc naturel régional de la Brenne.
Camping municipal les Millots - rte de St-Michel-en-Brenne - ✆ 02 54 37 80 17 - 32 empl. 9 €.

FAIRE LA FÊTE

Parc naturel régional de la Brenne : pêche d'étang. Chaque fin d'année, les pêcheurs de la Brenne se réunissent lors des pêches aux étangs. Le principe est simple : les pêcheurs actionnent une bonde qui vide progressivement l'étang. Les poissons se concentrent alors dans la « pêcherie » et sont attrapés aisément à l'aide d'un grand filet, le « tramail ». Le spectacle aux airs de ballet fait le bonheur des badauds qui assistent ensuite au tri et à la vente des carpes, des tanches, des brochets et des gardons attrapés.

Dates communiquées par la Maison du Parc - ✆ 02 54 28 12 13 - www.parc-naturel-brenne.fr.

Étang de Bellebouche : c'est parti pour la Randonnée de la Brenne. Chaque année, au mois d'août, une grande randonnée de 3 jours est organisée pour découvrir le Parc naturel régional de la Brenne, au départ de la base de loisirs de l'étang de Bellebouche, à Mézières-en-Brenne. L'occasion de découvrir ou redécouvrir la beauté et le charme du lieu. En soirée, animations et jazz-band. Possibilité de participer à la randonnée à pied, à cheval ou à vélo.

www.randonnee-de-la-brenne.fr

Le Blanc : quand nature rime avec littérature. Chaque année, pendant le week-end de l'Ascension, Le Blanc met à l'honneur littérature, science et nature. Au menu : des lectures, des conférences, des expositions, mais aussi des balades en plein air avec un guide naturaliste ou des ateliers – pour fabriquer un nichoir, un four solaire...

Chapitre Nature - www.chapitrenature.com.

Obterre : la musique en partage. À la mi-juillet, durant trois jours, dans la grange (aménagée en salle de concert) et en plein air, le manoir de Jaugette s'anime de musique classique et de créations originales selon le thème de la rencontre.

Rencontres musicales de Jaugette - réserv. ✆ 02 54 28 20 28 - www.jaugette.com.

Pouligny-St-Pierre : fromage en fête. À Pouligny-St-Pierre, on célèbre la chèvre et le fromage début septembre. Brocante, défilé de tracteurs anciens, marché fermier, soirée dansante et bien sûr dégustation de pouligny-st-pierre. Pour les sportifs, une randonnée matinale et un concours de pétanque sont organisés.

Fête de la chèvre et du fromage - www.poulignysaintpierre.fr.

Lever de soleil sur l'étang Rousseau.
Ch. Guy/hemis.fr

LE SANCERROIS

Juché sur son piton rocheux entouré de vignes qui plongent dans la Loire, Sancerre et ses ruelles possèdent un charme fou. Les amateurs de vin se lanceront dans une tournée des caves tandis que les amoureux de la nature partiront en canoë observer les castors à la tombée de la nuit.

DEPUIS PARIS : en évitant l'autoroute, 200 km par la N7 jusqu'à Neuvy-sur-Loire, puis les D751 et D955 jusqu'à Sancerre.

VENIR EN TRAIN

- **De Paris, trajet direct jusqu'à la gare de Tracy-Sancerre (1h50), puis taxi jusqu'à Sancerre (à 4 km). Autre possibilité depuis Paris, TER jusqu'à Cosne-Cours-sur-Loire (3h), puis navette ligne 110 jusqu'à Sancerre.**

BONS PLANS

- **Pour organiser votre séjour : www.tourisme-sancerre.com et www.berryprovince.com.**
- **La Loire à Vélo passe par là. Pour préparer votre itinéraire, voir p. 12.**

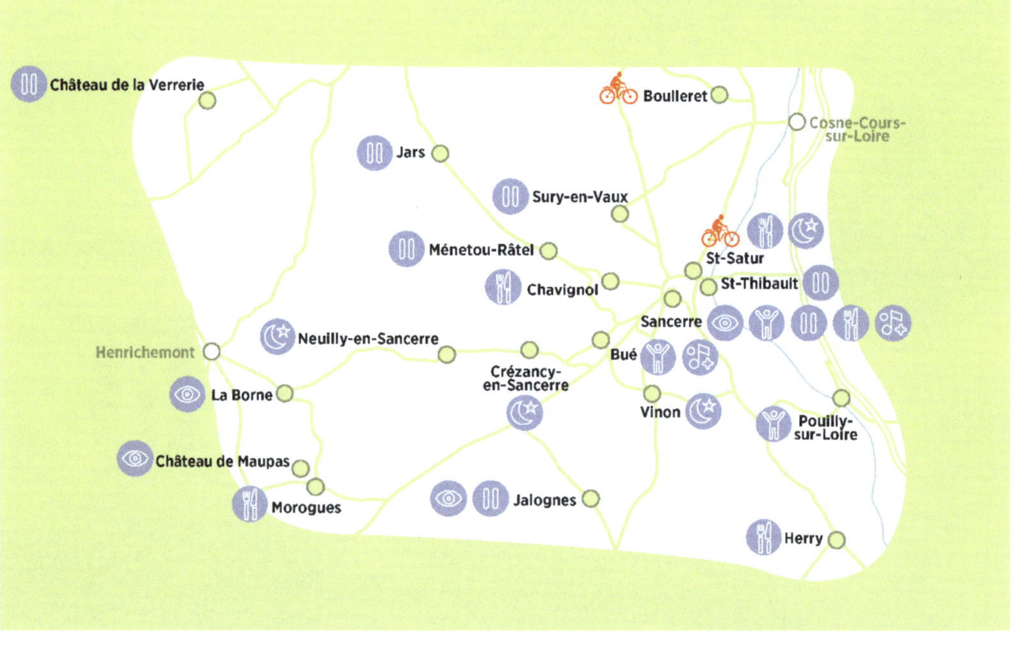

LOUER UN VÉLO

ST-SATUR

Cycles Sancerrois
Rte de Chavignol - ✆ 02 48 54 38 59. VTC (18 €/j, 30 €/2j), VAE (28 €/j, 50 € /2j), vélo enfant (15 €/j).

Loire Nature Découverte
Quai de Loire - ✆ 02 48 78 00 34. VTC et VTT (18 €/j), vélo enfant (16 €/j), remorque (16 €/j).

BOULLERET

Maison des services au public
2 r. de la Poste - ✆ 02 48 72 40 93. VTC (14 €/j, 22 €/2j), siège enfant (3 €/j), remorque (6 €/j).

Vélos dans les vignes au Sancerrois.
Ben185/iStock

VOIR

Sancerre : le souci du détail. Laissez-vous emporter par l'histoire et le charme du village de Sancerre. À chaque pas, le regard tombe sur un pignon, une tourelle, un portail ou un motif sculpté. Les petites boutiques d'artisanat (de poterie notamment) s'alignent dans les ruelles de la vieille ville. En chemin, arrêtez-vous un instant sur l'esplanade Porte-César et admirez la superbe vue sur le vignoble, St-Satur et son viaduc, St-Thibaut et le Val de Loire.
Office du tourisme de Sancerre - Esplanade Porte-César - ✆ 02 48 54 08 21 - www.tourisme-sancerre.com.

Jalognes : virée verte au château de Pesselières. Les jardins de ce château du 12e s. sont enchanteurs. L'édifice, une ancienne demeure des maréchaux du comté de Sancerre, classé monument historique, est entouré d'une rivière, un parc de 7 ha et un sous-bois de 15 ha. Un beau parcours est proposé, permettant d'admirer les prairies, les jardins clos, l'arboretum, le potager et l'allée de buis centenaires. Une façon tout en douceur de se laisser envahir par le charme du lieu.
Jardins du château de Pesselières - 2,5 km au sud de Jalognes - ✆ 02 48 72 90 49 - www.pesselieres.com - de mi-avr. à fin juil. et sept.-oct. : merc.-dim. 10h-12h30, 14h-18h - 8 € (-12 ans gratuit).

La Borne : à la rencontre des potiers. C'est la présence de grès et de bois de chauffage en abondance qui ont contribué à faire du Berry une région de poterie dès le 15e s. Épicentre de cet artisanat local, La Borne est une étape incontournable pour les amateurs de céramique. Lové entre les vignobles de Menetou-Salon et de Sancerre, ce village est situé sur un important filon de grès. Au cours du 19e s, il compta jusqu'à 80 artisans potiers pour 700 habitants. Un âge d'or que relate le musée de la Poterie, installé dans la chapelle du village. Le Centre céramique contemporaine expose, lui, les œuvres des céramistes locaux et invités.
Musée de la Poterie - 17 Grand'Route - ✆ 06 71 25 84 19 - www.museelaborne.com - de Pâques à la Toussaint : le w.-end pdt les vac. scolaires 15h-19h - 4 €.

Centre céramique contemporaine La Borne - 25 Grand' Route - ✆ 02 48 26 96 21 - de mi-mai à fin sept. 11h-19h ; reste de l'année : se rens. - 3 €.

Château de Maupas : les jolies assiettes. Entouré d'un parc aux arbres séculaires, l'élégant château de Maupas est précédé d'un pigeonnier. Du 13e s., le château a conservé deux tours : l'une octogonale, l'autre ronde à mâchicoulis. Le trésor du château se cache à l'intérieur : à l'étage est exposée une collection d'assiettes des 17e, 18e et 19e s. : en tout 880 pièces, provenant de manufactures célèbres !
Château de Maupas - Morogues - ✆ 02 48 64 41 71 - www.chateaudemaupas.fr - juil.-août : 14h-19h - 8,50 €.

BOUGER

Pouilly-sur-Loire : sur les traces des castors. Les amateurs d'observation de la nature seront comblés par cette descente en canoë à la nuit tombée, de Pouilly-sur-Loire à Sancerre, à la rencontre des castors. L'activité est orchestrée par Yvan, un amoureux de la nature qui a fait de la Loire son terrain de jeux. Elle offre l'occasion rare de percer les mystères du castor et de tout connaître sur l'habitat et le mode de vie de ce rongeur qui peuple les eaux de la Loire. Outre la descente en canoë et les sublimes couleurs de fin de journée qui l'accompagnent, la visite comprend plusieurs sessions d'observation et un sympathique repas au feu de bois. De quoi revenir fourbu mais heureux de cette rando castor originale.
Loire Nature Découverte - ✆ 02 48 73 67 06 - www.loirenaturedecouverte.com - durée env. 5h - 50 € (9-14 ans 30 €).

Le long de La Loire à Vélo. 21 communes du Cher, dont Sancerre, sont desservies par la véloroute « La Loire à Vélo », l'un des itinéraires les plus célèbres d'Europe. L'occasion d'enfourcher sa monture pour pédaler le long du fleuve, casser la croûte à proximité d'un placide héron, longer les vignes avant d'affronter la montée jusqu'à Sancerre, redoutable pour les mollets.
www.loireavelo.fr

Bué : survoler les vignes. Cette école de parapente réputée, l'une des premières dans le Cher, propose des baptêmes de l'air biplaces aux novices. L'occasion de goûter à la douce sensation de légèreté que l'on ressent quand on survole les petits villages sancerrois ou la Loire et les collines recouvertes de vignes.
Rêv'd'Ailes - 1 r. de la Cure - ✆ 06 88 15 42 42 - www.revdailes.com - vol d'initiation 60/80 €, selon la durée.

Sancerre : rando panoramique. La boucle « Les Viaducs du Sancerrois » offre de superbes points de vue sur les collines et les vignes. Cette randonnée au départ de Sancerre suit une ancienne voie ferrée et traverse plusieurs viaducs qui surplombent les vignobles. Le sentier de 10,5 km longe ensuite St-Satur et Ménétréol-sous-Sancerre, deux villages au pied des coteaux de Sancerre.
www.tourisme-sancerre.com

FAIRE UNE PAUSE

Sury-en-Vaux : une heure en ballon et un souvenir impérissable. Voler au-dessus des vignes aux premières lueurs de l'aube, à l'heure où le Sancerrois et ses habitants se réveillent doucement, c'est le pari du Domaine

Montgolfière au-dessus des vignes.
Michael Valdez/iStock

Raimbault-Pineau qui propose des vols en montgolfière au lever du soleil. L'occasion de prendre le temps d'admirer la région vue d'en haut et de s'octroyer un moment où le temps semble suspendu. À l'issue du vol, du café et des croissants sont proposés. Pour les lève-tard, possibilité d'effectuer un vol au coucher du soleil. À l'arrivée, c'est un verre de sancerre ou de pouilly fumé qui vous attendra.
Vent d'Anges - Domaine Raimbault-Pineau, rte de Sancerre - ✆ 02 48 79 33 04 - www.raimbault-pineau-sancerre.fr - 160/200 € selon le nb de passagers, réserv. conseillée plusieurs semaines av. le vol.

Menetou-Râtel : en compagnie des chèvres. Pour tout savoir du crottin de Chavignol et de ses secrets de fabrication, une visite dans cette ferme familiale s'impose. Ici, pas moins de 200 chèvres contribuent à la saveur du célèbre fromage. On peut visiter la fromagerie, découvrir la méthode de fabrication à travers une courte vidéo et déguster le célèbre crottin avant de passer par la chèvrerie et d'assister à la traite des bêtes. Une sélection de crottins est proposée à la vente, ainsi que d'autres types de fromages de chèvre.
La Ferme des Chapotons - ✆ 02 48 79 36 38 - www.lafermedeschapotons.com - visite (1h) sur réserv. 48h av. - lun.-merc. et jeu.-sam. - traite des chèvres à 16h - 5 €.

St-Thibaut : en toue cabanée au fil de l'eau. Embarquez sans plus tarder pour une balade (1h) au fil de l'eau à bord du Raboliot. Sylvain, son heureux et passionné propriétaire *(voir « Rencontre avec... »)*, emmène les marins d'eau douce pour une sortie découverte classique ou une balade gourmande lors de laquelle on peut déguster des produits régionaux, dont les délicieuses verrines de poisson pêché par le maître des lieux. Un régal à tous les points de vue.
Le Raboliot - ✆ 06 70 75 67 97 - www.le-raboliot.com - balade classique 15 €, balade gourmande 20 € (-12 ans 10 €).

Sancerre : petit verre avec vue. Si vous aussi, vous pensez que s'octroyer un petit verre de blanc avec un bon bouquin entre les mains est

RENCONTRE AVEC...

Sylvain Trével, propriétaire du Raboliot

« Le projet du Raboliot est né lors d'une discussion entre copains. L'un d'eux m'a dit : "Pourquoi tu ne construirais pas un bateau pour emmener des gens naviguer sur la Loire ?" C'est comme ça que ça a commencé. J'ai construit cette toue sablière de 18,50 m de longueur et 3,70 m de largeur avec l'aide d'un charpentier de marine. Le Raboliot est un bateau traditionnel à fond plat qui servait autrefois à transporter du sable. Aujourd'hui, j'embarque des visiteurs pour des balades au fil de l'eau. Je leur raconte l'histoire du fleuve et je leur fais découvrir la faune locale, dont les nombreux oiseaux.
J'organise aussi des sorties dégustation, où je propose du crottin de Chavignol, de la terrine de poisson de la Loire et des croquets de Sancerre.
Les gens me disent qu'ils sont contents que quelqu'un fasse revivre la Loire et remette au goût du jour les toues traditionnelles. »
Le Raboliot - voir St-Thibaut (ci-contre).

un plaisir coupable délicieux, le café-librairie de Sancerre est fait pour vous. Cette librairie indépendante, installée dans une ancienne boucherie où trône désormais un large comptoir en bois, accueille les amoureux des livres depuis 2008. Certains soirs, des concerts sont organisés dans la petite cour intérieure.
Café-librairie de Sancerre - 4 r. des Trois-Piliers - ✆ 02 48 54 34 80 - www.cafelibrairiedesancerre.com - mar.-sam. 10h-12h, 15h-19h, dim. 11h-12h30, 15h30-18h30.

Jalognes : les huiles de mon moulin. Au moulin de Pesselières, on fabriquait déjà de l'huile de noix et de noisette sous le règne de Louis XIV. C'est dire si la recette a fait ses preuves ! Le mécanisme autrefois mué par un cheval est aujourd'hui actionné par l'électricité. Broyage à la meule de pierre, torréfaction douce et extraction mécanique sont accessibles aux yeux des curieux qui peuvent venir faire un tour au moulin et s'approvisionner en huile artisanale traditionnelle ou bio. La boutique-café, où l'on peut boire un verre en terrasse, propose aussi des produits locaux.
Moulin de Pesselières - 2,5 km au sud de Jalognes - ✆ 02 48 72 90 12 - www.moulin-a-huile-de-pesselieres.com - merc.-sam. 10h-12h30, 14h30-18h30.

Jars : tous à la ferme. S'initier aux joies de la ferme, c'est possible dans cette ferme pédagogique où tout a été aménagé pour conquérir le cœur des enfants. Au programme : séance de traite à 17h, labyrinthe au milieu d'un champ de maïs, découverte des lamas, des moutons d'Ouessant de la miniferme et même aire de jeux pour se défouler. Les adultes ne sont pas en reste puisqu'ils peuvent faire le plein de crottin de Chavignol, de confiture ou de miel dans la petite boutique.
Chèvrerie La Brissauderie - www.chevrerie-la-brissauderie.com - ✆ 02 48 58 70 89 - lun.-dim. 9h-12h, 14h-18h30 - labyrinthe 6,50 €, miniferme et aire de jeux 3 €.

Château de la Verrerie : crime au château. Et si vous deveniez enquêteur le temps d'une soirée ? Le lieu du crime sur lequel vous planchez ? Le château de la Verrerie, une demeure isolée dans un écrin de verdure, au bord d'un

La Loire près de St-Satur.
H. Lenain/hemis.fr

Crottins de Chavignol. asab974/iStock

lac qui inspira l'auteur Alain-Fournier pour son roman *Le Grand Meaulnes*. Pendant deux heures, les visiteurs enquêtent sur un crime commis pendant la soirée. Au programme : humour, suspense et remue-méninges dans un lieu envoûtant.
8 km au sud d'Oizon par la D39 - ✆ 02 48 73 67 06 - www.chateaudelaverrerie.com - plusieurs dates pdt l'été - réserv. sur route-jacques-coeur.com - 20 €.

DÉGUSTER

Sancerre : le tour des caves. 14 communes, réparties sur 2800 ha, produisent des vins AOC sancerre. Le site Internet de l'office de tourisme de Sancerre recense ces domaines et permet de faire son choix avant de se lancer à l'assaut des caves. Parmi eux, la cave d'Éric Louis, à Thauvenay, propose des visites guidées de 2h, dont 1h de dégustation, pour découvrir le pressoir, les cuveries, la chaîne d'embouteillage et la cave des fûts de chêne.
Domaine Éric Louis - 26 r. de la Mairie - ✆ 02 48 79 91 46 - www.sancerre-ericlouis.com - visite sur réserv. - 8 €. Infos sur les différents domaines sur www.tourisme-sancerre.com.

Herry : repas champêtre. On déguste une délicieuse cuisine de terroir, simple et diablement efficace, au milieu des oies et des poules de cette ferme des bords de Loire. L'exploitation qui compte aussi des lamas et des yacks se situe en pleine campagne, à quelques encablures du tracé de La Loire à Vélo. À la carte, du foie gras, des tournedos au crottin de Chavignol et même du pot-au-feu de canard. Le cadre champêtre et reposant se révèle parfait pour reprendre des forces avant de poursuivre son périple et d'attaquer à vélo la montée vers Sancerre.
La Ferme des Barreaux - ✆ 02 48 79 57 80 - www.la-ferme-des-barreaux.com - ouv. tlj pdt l'été, w.-end reste de l'année - menus 28,50 €/35,50 €.

Morogues : déclinaison de crottins de Chavignol. Dans cette ancienne chèvrerie aux murs de pierre et aux poutres apparentes, on déguste le crottin de Chavignol sous toutes ses formes. Les plats sont servis dans des poteries de La Borne sur d'anciennes machines à coudre reconverties en table de restaurant.
Auberge de la ferme des Pellets - chemin des Usages - ✆ 02 48 26 90 68 - www.auberge-des-pellets.fr - nov.-déc. : jeu.-dim. 12h15-20h30 ; janv. : w.-end 12h15-20h30 ; fév.-juin : merc.-lun. 12h15-20h30 ; jui.-oct. : 12h15-20h30.

Chavignol : minute cocotte. Chez Gilles et Jérémy Dubois, on s'attable devant une salade de lentilles du Berry, une assiette de jambon de Sancerre fumé aux sarments de vignes, un plat de friture de Loire, mais on savoure surtout la spécialité de la maison : un œuf cocotte au crottin de Chavignol. Ce bistrot convivial et simple fait la part belle aux recettes de famille.
Au Petit goûter - ✆ 02 48 54 01 66 - mar.-dim. 12h-21h - menus déj. 13,50/29,50 €.

St-Satur : arrêt chez un fromager affineur. Ce fromager affineur, héritier d'une famille de cinq générations d'affineurs, est le grand spécialiste du crottin de Chavignol. Sa méthode d'affinage, transmise de père en fils, n'a quasiment pas changé. Dans sa boutique, il propose six affinages différents : demi-sec, bleuté, bleu, sec, crémeux et repassé.
Romain Dubois affineur - 262 r. Champs - ✆ 02 48 72 96 77 - www.romaindubois-affineur.com - lun.-vend. 8h30-12h, 14h-18h30, w.-end 9h-12h, 15h-18h30.

Sancerre : pause gastronomique. Dans cette maison nichée au pied d'une tour du 14e s., au cœur du Sancerrois historique, le chef concocte une cuisine de caractère, basée sur de bons produits, conjuguant saveurs et simplicité. Le tout se déguste dans une salle élégante et contemporaine, avec quelques touches d'époque : poutres au plafond, moulures... Depuis la salle de l'étage, la vue s'étend sur les vignes. Beau choix de sancerres à la carte... évidemment !
La Tour - 31 Nouvelle-Place - ☏ 02 48 54 00 81 - latoursancerre.fr - fermé dim.-lun. - menus déj. en sem. 26/38 €, soir 48/70 €.

DORMIR AU CALME

Crézancy-en-Sancerre : dans les vignes. Dormir au cœur du vignoble, à une dizaine de kilomètres du village de Sancerre, c'est la promesse des propriétaires de cet ancien corps de ferme transformé en chambre d'hôtes. À l'intérieur, on retrouve quatre jolies chambres au calme. En plus, l'accueil est sympathique. Que demander de plus ?
La Maison de Margot - 26 r. du Lavoir - ☏ 06 80 62 45 60 - www.chambres-margot.com - 4 ch. 60/80 €.

Neuilly-en-Sancerre : au milieu des roses. Nichée au cœur d'un jardin paysager de 2 ha (label LPO Parcs et Jardins de France) composée d'une roseraie de 500 variétés de roses, de plusieurs bassins et d'un potager, les trois chambres de cette ferme berrichonne du 18e s. invitent à la rêverie. Pour la déco, choisissez votre couleur et son ambiance : romantique, vénitienne ou asiatique, et laissez-vous emporter par le charme et la quiétude du lieu.
Le Jardin de Marie - Chemin de l'Avoinerie - ☏ 06 71 62 26 60 - www.lejardindemarie.com - 3 ch. 85/95 €.

Vinon : de bois et d'eau fraîche. Cette agréable maison en bois au confort moderne, construite au bord d'une rivière, est agrémentée d'une piscine chauffée et d'un étang. Pêche, ping-pong, baignade, pétanque ou promenade en barque : les activités ne manquent pas. Le lieu constitue le point de chute idéal pour visiter Sancerre et ses environs. D'autant que Laurence et Thierry, les propriétaires, ne sont pas avares en bons plans.
La Maison des Étangs - 3 bis r. des Étangs - ☏ 06 28 19 09 82 - www.chambre-hote-sancerre.com - 3 ch. 75/95 €.

St-Satur : camping nature. On aime la sensation de nature et de verdure qui se dégage de ce camping trois étoiles situé au bord de la Loire, à cinq kilomètres de Sancerre. Les pelouses et les larges allées ombragées offrent un peu de fraîcheur et d'ombre pour planter sa tente. Rivière et piscine municipale chauffée se situent à 300 m, court de tennis à 100 m.
Flower Camping Les Portes de Sancerre - quai de Loire - ☏ 02 48 72 10 88 - www.camping-cher-sancerre.com - 64 empl. 12/23 €, 25 mobile-homes 41/72 €.

Vinon : le charme des vieilles pierres. En plein pays sancerrois, vous trouverez dans cette ferme restaurée du 17e s., à l'insolite grange pyramidale, trois chambres calmes et cosy. Poutres, pierres apparentes, meubles anciens ajoutent au charme du lieu. Les très sympathiques propriétaires pourront vous donner de bons conseils sur les vins de la région, car ils sont eux-mêmes producteurs.
La Maison des Passerelles - 10 chemin des Passerelles-Récy - ☏ 06 63 32 34 22 - www.lamaisondespasserelles.fr - 3 ch. 75/85 €.

FAIRE LA FÊTE

Sancerre : dans la peau d'un vigneron. Bienvenue au petit domaine de Vincent et Adélaïde Grall. Autour du mois de septembre, ces deux vignerons passionnés organisent sur leur exploitation de 3,5 ha des journées de découverte de leur métier et des techniques de vendanges manuelles. L'occasion de tout comprendre du vin et de la vigne du Sancerrois. À midi, un pique-nique vigneron met à l'honneur les produits des artisans du coin. L'après-midi, visite du chai et incontournable dégustation à l'issue de laquelle chacun repart avec une bouteille.
Domaine Vincent Grall - 149 av. Nationale - ☏ 02 48 78 00 42 - www.grall-vigneron-

J. Elliott/age fotostock

sancerre.com - 79 € (pique-nique vigneron et entrée à La Maison des Sancerre inclus).

Sancerre : le vin à l'honneur. Chaque année, au moment du week-end de la Pentecôte, le village de Sancerre célèbre son vin lors d'une foire. Une trentaine de vignerons locaux sont présents pour faire déguster leur production et participer à cette grand-messe incontournable. L'occasion de se retrouver en famille ou entre amis pour découvrir des domaines et se délecter d'un bon verre de sancerre autour d'un délicieux crottin de Chavignol ou d'une tranche de foie gras.

Foire aux vins de Sancerre - Caves de la Mignonne - maison-des-sancerre.com/foire-aux-vins-de-sancerre - verre à déguster 5 €.

Bué : la Nuit des sorciers. Chaque premier week-end du mois d'août les habitants de la ville de Bué jouent à se faire peur. Le samedi soir, quand la nuit tombe, on aperçoit au loin des dizaines de petites lumières qui s'agitent. C'est l'heure de la descente aux flambeaux des « birettes », ces êtres fantastiques du folklore local. Mais pourquoi une telle envie de célébrer les sorciers s'est-elle emparée de ce petit village ? C'est à quelques pas de Bué, au Creux de Marloup, qu'eut lieu à la fin du 16e s. un procès en sorcellerie qui a marqué la région. Depuis 1946, la Nuit des sorciers est l'occasion pour les habitants de revêtir leurs plus beaux costumes de fantômes et de sorciers pour célébrer cet événement.

Randonnée sur le plateau de l'Aubrac.

Le Sud-Ouest

Vignoble de Gaillac.
C. Boisvieux/hemis.fr

Truffes du Périgord.
brizius/iStock

Porc pie noir de la vallée des Aldudes. - P. Hauser/hemis.fr

LA SAINTONGE DORÉE

Au cœur de la Charente-Maritime, la Saintonge dorée est un secret bien gardé entre la vallée de la Boutonne et celle de la Charente. Avec une large palette d'activités nautiques, des itinéraires bucoliques à suivre à pied ou à vélo et un patrimoine naturel préservé, c'est une véritable déconnexion qui vous attend !

DEPUIS BORDEAUX : en évitant l'autoroute, 149 km via Saintes pour rejoindre St-Jean-d'Angély par la D150.

VENIR EN TRAIN

- **De Bordeaux, TER ou Intercités avec correspondance TER à Saintes jusqu'à St-Jean-d'Angély (de 2h45 à 3h50).**

BONS PLANS

- **Pour organiser votre séjour : www.destinationvalsdesaintonge.com. À l'accueil des bureaux Destination Vals de Saintonge, vous trouverez toutes les fiches rando (pédestres et cyclistes) de la région.**

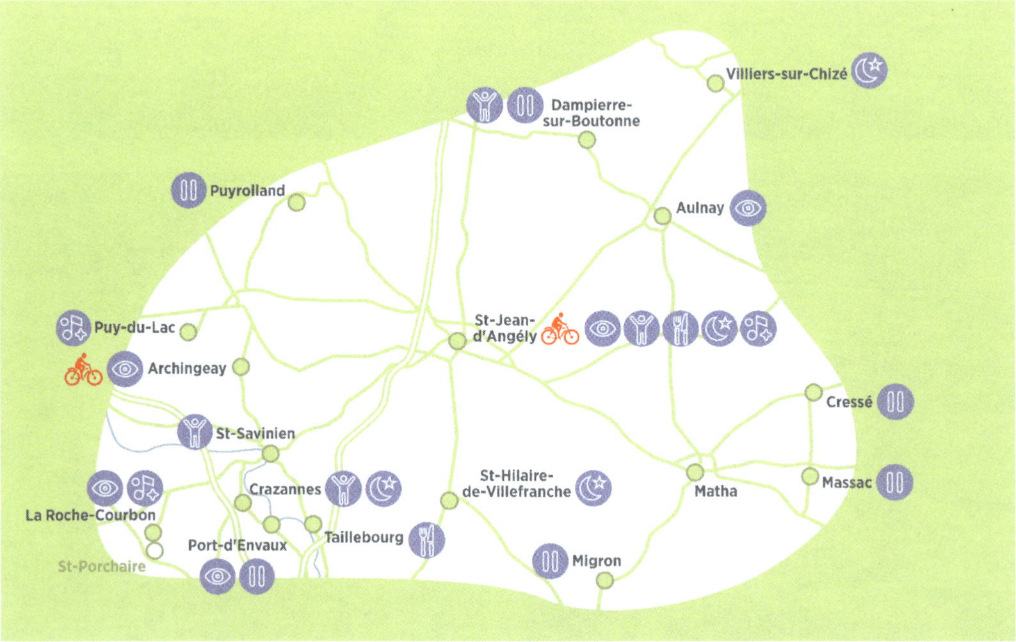

LOUER UN VÉLO

ST-JEAN-D'ANGÉLY

Camping Val de Boutonne
56 quai de Bernouet - ✆ 05 46 32 26 16. Location ouverte à tous. Vélos classiques et électriques (8,50/17 € la 1/2 j.; 12/24 €/j). Tarifs dégressifs en fonction de la durée de location. Comptez un supplément pour le casque (2,50 €/j, gratuit pour les enf.).

ARCHINGEAY

Bruno Verhoeven
20 chemin des Rocailles - ✆ 06 59 99 48 41. Location de VTT et VTC enfants et adultes (5/7,5 € la 1/2 j.; 7,50/11 €/j). Tarif à la semaine (45/55 €). Location également de sièges enfants et remorque, possibilité de livrer les vélos dans les environs.

L'asinerie du baudet du Poitou, à Dampierre-sur-Boutonne.
Ph. Renault/hemis.fr

VOIR

Aulnay : un chef-d'œuvre de l'art roman. L'église St-Pierre apparaît majestueuse et solitaire dans le cadre mélancolique des cyprès de son vieux cimetière. Ce joyau de l'art roman poitevin, dont les façades, le chevet et les portails ont été magnifiquement restaurés, est inscrit depuis 1998 au Patrimoine mondial de l'Unesco. Bâti dans une pierre au ton chaud, l'édifice du 12e s. exhibe son somptueux décor sculpté dans le cadre campagnard et serein du village d'Aulnay.
Office de tourisme des Vals de Saintonge - 290 av. de l'Église - ✆ 05 46 32 60 71 - www.destinationvalsdesaintonge.com.

Archingeay : chez Lisette. Ce petit musée privé retrace la vie d'une famille de la Belle Époque, composée d'un baron veuf, de ses deux enfants et de sa servante Lisette. L'impressionnante collection d'objets 1900 est organisée en 12 vitrines évoquant l'ambiance particulière de chacune des pièces de la maison. Ustensiles, outils, vêtements d'époque, emballages, meubles constituent une collection aussi riche qu'insolite. Tout au long de l'exposition, le sens de l'observation et la sagacité des enfants sont sollicités par de petites énigmes.
Les trésors de Lisette - 11 r. Raymond-Joubert - ✆ 05 46 97 81 46 - lestresorsdelisette.monsite-orange.fr - juil.-août : 15h-19h; reste de l'année se rens. - 7 € (6-17 ans 5 €).

St-Jean-d'Angély : l'épopée des autochenilles. Installé dans un hôtel particulier du 19e s., le musée municipal présente l'unique collection publique de France consacrée aux expéditions en véhicule monté sur chenilles lancées par Citroën en Afrique entre 1922 et 1925. L'objet phare est l'une des deux autochenilles du raid transsaharien, le Croissant d'argent. Classé monument historique, ce véhicule a été légué par Louis Audouin-Dubreuil (1887-1960), natif de la ville, qui codirigea les deux expéditions africaines et, en 1932-1933, la « croisière Jaune » en Asie. Photos, objets ethnographiques et bornes interactives font revivre ces épopées exotiques.

Musée des Cordeliers - 9 r. Regnaud - 05 46 25 09 72 - www.facebook.com/museedescordeliers - de mi-juin à mi-sept. : mar.-dim. 10h30-12h30, 13h30-18h ; de mi-sept. à mi-juin : merc.-vend. 14h-18h - gratuit, visite guidée 5 €/pers.

Port-d'Envaux : une carrière dédiée à l'art. À 500 m du village, sur la D 119^{E2} en direction de Plassay, l'espace des Lapidiales abrite un ensemble de sculptures monumentales taillées sur les fronts de taille d'anciennes carrières, dans un agréable sous-bois : les thèmes sont liés aux quatre éléments, l'eau, la terre, l'air et le feu. Le lieu accueille des sculpteurs en résidence de mai à septembre. Le long du chemin de halage se trouve l'aire de loisirs du Pré-Valade aménagé pour la baignade et le pique-nique.
Les Lapidiales - 06 76 82 11 02 - www.lapidiales.org - accès libre tte l'année.

La Roche-Courbon : les jardins de la Belle au bois dormant. Dressé au sein de chênaies profondes que l'écrivain Pierre Loti aimait tant, le château de La Roche-Courbon semble tout droit sorti d'un conte de fées. On se prend à rêver en découvrant ses somptueux jardins à la française. Les parterres et bassins, jalonnés de statues et d'ifs taillés, composent une magnifique perspective dont l'axe aboutit à un escalier encadrant une allée d'eau. Partiellement établi sur des marais, l'ensemble a la particularité d'avoir été préservé par sa régulière reconstruction sur pilotis. Contournez le miroir d'eau que termine un nymphée, pour atteindre une terrasse-belvédère. De là, la vue sur le château qui se reflète dans les eaux du bassin est spectaculaire !
Château de La Roche-Courbon - St-Porchaire - 05 46 95 60 10 - www.larochecourbon.fr - mai-sept. : 10h-19h (17h sam.) ; oct.-avr. : 10h-12h, 14h-18h - fermé lun.-vend. en janv. - château et jardins 12,50 €, jardins seuls 8,50 € (gratuit -7 ans).

BOUGER

St-Jean-d'Angély : tous à l'eau ! Au départ de la base nautique de St-Jean-d'Angély, on embarque pour quelques heures à la découverte de la Boutonne, jusqu'à Torxé, où l'on peut s'arrêter et pique-niquer sur les berges avant de revenir. Les plus courageux partiront à la journée, jusqu'à Tonnay-Boutonne ou même Dampierre-sur-Boutonne. Un autre parcours, idéal avec les enfants, débute de St-Julien-de-l'Escap et vous fait revenir à St-Jean-d'Angély via le pittoresque canal de la Gargotte, avec sa glissière (2h30). Le club organise des balades nocturnes le vendredi.
Kayak club angérien - 30 quai de Bernouët - 05 46 32 59 61 - www.facebook.com/canoesaintjeandangely - juil.-août : 10h-19h - 7 à 20 €/pers. selon le type de parcours choisi.

Château de La Roche-Courbon.
K. O'Hara/age fotostock

Port miniature de St-Savinien-sur-Charente. P. Hauser/hemis.fr

Dampierre-sur-Boutonne : en route pour la Vélodyssée. Entre Dampierre-sur-Boutonne et St-Jean-d'Angély, l'itinéraire cycliste des Rives de la Boutonne suit les méandres de la rivière sur un peu plus de 25 km (2h30) via Antezant-la-Chapelle, et peut se prolonger, pour les plus courageux, jusqu'à l'Asinerie du Baudet du Poitou *(voir p. 102)*, 35 km au total. Les pistes de rives de la Boutonne sont connectées à la Vélodyssée, qui suit le littoral français.
Itinéraires les Rives de la Boutonne - plus d'infos sur le site Internet www.destinationvalsdesaintonge.fr.

St-Savinien : larguez les amarres ! Les enfants adorent : dans ce minuscule port, les voilà qui embarquent sur d'aussi minuscules navires, parfaites répliques de remorqueurs, ferries ou vapeurs, mus par un petit moteur électrique. Les loups de mer en herbe peuvent accoster sur l'île de la Grenouillette, où les attendent des manèges d'antan et des structures gonflables, plus modernes. Les plus grands y trouveront également des activités plus « de leur âge » : paddle, kayak, bateau sans permis... ou simple farniente sur la plage.
Port miniature de St-Savinien-sur-Charente - 17 r. des Bateliers - ✆ 06 70 95 25 14 - www.portminiature-saintsavinien.fr - avr.-juin et sept. : dim. et j. fériés 14h-18h ; juil.-août : tlj 10h30-18h30.

Crazannes : sur les sentiers de la pierre. Au départ de Crazannes, un sentier pittoresque dessine une boucle reliant tous les sites rattachés à l'histoire de la pierre. Du port de la Touche, où les pierres étaient embarquées, il rejoint le château de Crazannes. Il gagne ensuite l'ancien village de marins du Port-d'Envaux, témoin de l'intense activité fluviale de jadis. Puis vient la traversée des carrières des Lapidiales *(voir ci-contre)*, où l'on peut rencontrer en été des sculpteurs travaillant à une œuvre collective. Le sentier rejoint enfin les anciennes carrières, puis le Pôle-nature avant de retourner à Crazannes.
Le chemin de la pierre - sentier balisé de 12 km, accès libre.

FAIRE UNE PAUSE

Migron : un orgue des saveurs pour tout savoir sur le cognac. Loin des scénographies prestigieuses mises en place par les grandes maisons de Cognac, la Saintonge possède son propre écomusée dédié au produit phare de la région. À travers l'histoire de la famille Tesseron, on découvre ainsi *in situ*, au cœur du chai, les outils, techniques et savoirs qui ont permis de forger l'âme du cognac et du pineau des Charentes. Vieux tonneaux, alambics à travers les âges, technique de greffe des vignes, négoce : l'exposition ne laisse rien de côté ! Une visite à la fois vivante et poétique, qui s'achève sur un orgue aromatique, grâce auquel vous pourrez exercer votre nez à reconnaître la vanille, les fruits secs ou même, pour les plus vieux cognacs, l'indicible rancio !
Écomusée du Cognac - 35 rte des Bessons - ✆ 05 46 94 91 16 - www.domaine-tesseron.com - avr.-oct. : 10h-12h30, 14h30-18h30 ; le reste de l'année sur RV - 8 € (gratuit -16 ans).

Massac : épicez votre séjour ! Ne manquez pas, en passant par Massac, de rendre visite à cette petite safranière. L'époque est loin où les *crocus sativus* occupaient des milliers d'hectares en Charente, mais la visite de cette ferme saura vous convaincre que le savoir-faire n'a pas été perdu ! Toutes les opérations de culture, coupe ou nettoyage sont faites à la main,

et si vous y êtes en octobre, vous pourrez même assister à la récolte du safran. Une opération longue et minutieuse après laquelle le produit devra être séché un certain temps pour révéler ses saveurs. La visite permet d'en apprendre long sur son utilisation, qui ne se limite pas qu'à la cuisine.
Safran Diamant rouge - 4 r. des Mimosas - ✆ 05 46 26 15 98 - visite sur sur réserv. vend.-sam. 15h-19h.

Cressé : le bonheur est dans le pré. Cette ferme bio produit, entre autres, d'excellents fromages de chèvre, mais c'est aussi pour l'ambiance et le cadre que l'on s'y rend, de préférence en famille. Jeux de bois, contact avec les animaux, marché fermier, accueil d'artistes... Ou comment rendre une ferme vivante et dynamique !
La Ferme des marronniers - Châgnolet - 1 km à l'ouest de Cressé - ✆ 06 64 25 03 05 - www.facebook.com/lafermedesmarronniers.

Dampierre-sur-Boutonne : à dos d'âne. Investie d'une importante mission d'élevage conservatoire, l'asinerie du Baudet du Poitou veille à la sauvegarde des races mulassières du Poitou : le baudet du Poitou, le cheval de trait poitevin mulassier et la mule poitevine *(voir « Rencontre avec... »)*. Les enfants vont adorer les activités proposées : la visite libre avec livret-jeux qui permet d'aller à la rencontre des animaux dispersés dans les prés ou visibles dans les box ; la visite guidée durant laquelle on peut caresser certains animaux ; les balades à dos d'âne ou en attelage. Mais, le meilleur, c'est le pique-nique en famille en compagnie d'un âne portant les victuailles !
Asinerie du Baudet du Poitou - ferme de la Tillauderie - ✆ 05 46 24 68 94 - www.asineriedubaudet.fr - avr.-sept. : 10h-12h, 14h-18h (juil.-août 18h30) ; 1re quinz. d'oct. : merc. et w.-end 10h-12h, 14h-18h ; reste de l'année sur réserv. - 3/6 € visite libre/guidée - activités à partir de 5 €.

Puyrolland : grand angle sur la vallée de la Boutonne. À 5 km de Tonnay-Boutonne, l'église St-Pierre de Puyrolland se dresse sur un promontoire offrant un panorama complet sur

RENCONTRE AVEC...

Mélanie Boursier, chargée du développement touristique de l'asinerie

Sarah Bessonnet

L'aventure du Baudet du Poitou, cet âne à poil long endémique de la région, a commencé voici 40 ans. « Le baudet du Poitou est plus grand et plus costaud qu'un âne classique » explique Mélanie Boursier, chargée du développement touristique de l'asinerie. « Pour autant, il n'était pas utilisé aux champs mais préservé pour la reproduction avec les juments, avec lesquelles il donnait de très bonnes mules. » Mais l'industrialisation après-guerre sonne le glas du brave animal. En 1977, il n'en reste plus que 44 ! Il a fallu tout l'acharnement d'une équipe d'agronomes passionnés, pour sauver la race en faisant venir des ânesses d'Espagne et du Portugal — dont les gênes sont les plus proches de ceux du baudet — et effectuer des croisements, génération après génération, pour obtenir aujourd'hui un animal à 99,22 % pur race. « Avec désormais 2 000 individus, la bataille n'est pas gagnée, mais bien engagée » se réjouit Mélanie. Si l'âne est encore loin de succomber à la mode du tourisme, on peut déjà lui rendre visite et partir en balade sur 2 ou 3 km.
Asinerie du Baudet du Poitou - voir Dampierre-sur-Boutonne (ci-contre).

les environs. Le lieu est devenu le rendez-vous des contemplatifs, à l'aube ou au crépuscule, lorsque les lumières rasantes étendent les ombres dans les vallées de la Trézence et de la Boutonne, dévoilant toute leur beauté dans les moindres détails, avec notamment une très jolie vue sur le moulin à vent de St-Marmé, en direction de Troxé.

Port-d'Envaux : qui osera pénétrer dans le château ? Envie de frissonner et de vous faire des frayeurs ? Le château de Panloy organise en août des soirées hantées : un escape game animé par les fantômes et qui se joue bien sûr à la tombée de la nuit ! Hantant les couloirs et les différentes pièces de la vaste demeure, il faudra écouter les uns, craindre les autres et résoudre suffisamment d'énigmes pour reconstituer la généalogie des maîtres du château ! Une expérience à vivre en famille. Le château se visite aussi plus classiquement.
Soirées hantées au château - château de Panloy - 3 domaine de Panloy - ✆ 05 46 91 73 23 - panloy.com - 15 € (-12 ans 12 €).

Massac : fou de bambous. Créée par Joan Brisson, viticulteur-distillateur et passionné de cette graminée géante, cette bambouseraie compte plus de 60 variétés plantées depuis 1999 en bouquets isolés, sur un hectare. S'y ajoutent une collection de plantes exotiques, quelques variétés d'arbres et arbustes originaux. Pendant la visite guidée, vous serez invité à toucher, sentir et même goûter certaines plantes, et à découvrir la distillerie où est produit le cognac de la maison.
Bambouseraie Brisson - 6 r. du Moulin - ✆ 05 46 58 25 07 - www.bambouseraie-brisson.com - de juin à mi-sept. : 10h-12h, 14h-18h ; avr.-mai et de mi-sept. à déb. nov. : sur réserv. - visite guidée en été : 10h, 14h30, 16h30 - 5 € (-12 ans gratuit).

DÉGUSTER

Taillebourg : terrasse sur le lac. Dans le charmant village de Taillebourg, cette maison bourgeoise est stratégiquement située au bord de la Charente. Le jardin clos, caché à l'arrière, est un petit havre de paix idéal pour goûter une savoureuse cuisine du marché mettant en valeur les produits régionaux, aux premières loges pour la vue sur les quais et la rivière.
Auberge des Glycines - 4 quai des Gabarriers - ✆ 05 46 91 81 40 - tlj sf sam. soir 12h-15h, 19h-21h - formule déj. 25 €, menu 33 €.

St-Jean-d'Angély : un marché aux couleurs locales. Les halles de St-Jean-d'Angély valent le détour pour leur magnifique charpente

Le château de Panloy à Port-d'Envaux.
F. Leroy/hemis.fr

du 19e s. autant que pour les superbes alignements de produits du terroir ! Le marché est l'occasion de rencontrer de nombreux producteurs locaux. Cerise sur le gâteau, une belle place est faite aux producteurs bio.
Marché de St-Jean-d'Angély - merc. et sam. 8h-13h.

St-Jean-d'Angély : une adresse végétarienne. Impossible de manquer ce restaurant situé en plein centre-ville, qui détonne avec les vieilles pierres par sa déco aux couleurs modernes et pétillantes. La grande baie vitrée illumine une salle où les tables sagement disposées laissent la place de se sentir à l'aise. Les minots ont même un petit espace dédié pour patienter entre livres et jeux. Côté assiette : du végétarien, du bio et du local exclusivement, mais qui n'hésite pas à chercher son inspiration dans des recettes plus exotiques. C'est copieux, très bien préparé et la carte change toutes les semaines en fonction des arrivages du marché.
Carottes et gingembre - 36 r. des Bancs - ✆ 05 46 33 90 57 - www.carottesgingembre.fr - tlj sf dim. 12h-14h, le soir sur réserv. - 11/20 €.

St-Jean-d'Angély : ... et une autre pour les carnivores ! Un tartare en entrée, un magret de canard ou du pluma à suivre... Le Cabanon mêle les influences et les recettes avec maîtrise tout en privilégiant les produits de saison. La déco intérieure brille par sa sobriété et son élégance, tout en sachant conserver, grâce à la bonne humeur de l'équipe, une atmosphère chaleureuse et conviviale.
Le Cabanon - 2 r. de l'Hôtel-de-Ville - ✆ 05 46 32 12 54 - tlj sf dim. 12h-13h30, 19h-21h30 - 20/30 €.

DORMIR AU CALME

Villiers-sur-Chizé : une nuit dans la canopée. La cabane de Mira (5 pers.) a trouvé sa place au cœur des branches d'un impressionnant chêne tricentenaire, dans lequel elle se fond si bien que ses occupants ont vraiment l'impression de vivre perchés et cachés dans le feuillage. Plus proche de la rivière, le Lov'nid (2 pers.) s'adresse plus aux amoureux : perché à 8 m du sol et doté d'un toit-hublot, il permet de dormir sous le seul regard des étoiles. Dans les deux cas, les hébergements disposent de terrasses, toilettes sèches et salle de bains. Vélos et canoës sont mis à disposition gratuitement.
Cabanes Mira - 4 r. du Moulin-de-l'Isle - ✆ 05 49 79 34 75 - 139/150 €.

St-Jean-d'Angély : chambres au vert. Tout en longueur, en couloirs et en escaliers, la belle maison ancienne s'inscrit dans la fraîcheur d'un grand parc verdoyant. Les propriétaires

Tour de l'Horloge à St-Jean-d'Angély.
Ch. Guy/hemis.fr

ont su au fil des ans conserver l'esprit familial et authentique de la maison : les 5 chambres sont garnies de meubles d'époque soigneusement entretenus et d'objets anciens chinés dans la région. Agréables à vivre, spacieuses, elles offrent de très belles vues sur le jardin, où se cache une jolie piscine à l'abri des regards.
Domaine de Rennebourg - 11 r. du Château - ✆ 05 49 32 16 07 - www.domainederennebourg.fr - 5 ch. 80/120 € ☕.

St-Hilaire-de-Villefranche : au frais dans une charentaise. Ce sublime corps de ferme a conservé tout son cachet : pierres et poutres dominent, dans un décor fait d'un gentil bric-à-brac évoquant le passé paysan de la maisonnée. L'ensemble a été très bien restauré et les chambres, autant que les salles de bains, offrent une atmosphère confortable et apaisante. Tout comme le grand jardin verdoyant ou la petite terrasse autour de la piscine, qui dispense une agréable fraîcheur. Les animaux de la ferme sont à quelques pas de là, et seront ravis de recevoir la visite des enfants !
L'Antan, la ferme d'Octave - 9 r. Presbytère - ✆ 09 74 56 19 05 - www.lafermedoctave.com - 4 ch. 52 € ☕.

Crazannes : dormir comme une pierre. Un peu à l'écart du village de Crazannes, cette ancienne longère ne manque pas de charme, avec ses vieilles pierres et ses poutres à l'intérieur, son puits et son parc arboré à l'extérieur. On apprécie le jardin, l'ombre des sous-bois devant la maison et la vue dégagée sur la plaine depuis la terrasse, autant que l'ancienne grange, transformée en véranda, où il fait bon s'attarder pour bouquiner ou passer le temps. Les chambres sont spacieuses, très confortables et chaleureuses.
Le Moulin Frogez - ✆ 05 46 90 12 94 - www.lemoulinfrogez.fr - 2 ch. 60 € ☕.

FAIRE LA FÊTE

St-Jean-d'Angély : quand l'art envahit les jardins. Conte musical au crépuscule sur la butte de l'église de Puyrolland, jazz manouche dans les ruelles fleuries d'un hameau, poésie au cœur de la forêt... Début août, l'art investit les jardins et espaces verts, urbains ou sauvages, des petites communes autour de St-Jean-d'Angély durant une semaine. Programmation variée et spectacles confidentiels pour des expériences vraiment conviviales.
Scènes de jardin - www.scenes-de-jardins.fr - spectacle 12 €, pass 25/40 €.

St-Jean-d'Angély : un festival au cadre prestigieux. L'Association Angerienne d'action artistique (A4) associe depuis une quinzaine d'années le théâtre à l'un des plus beaux monuments de la ville, la prestigieuse abbaye Royale. Depuis 2018, le festival s'est étendu à l'Eden, une ancienne salle de cinéma de l'entre-deux-guerres, entièrement reconstruite et où sont également programmées certaines performances artistiques. Les représentations ont lieu toute la journée.
Théâtre en l'Abbaye - www.spectaclevivanta4.fr - 5 j. déb. sept. - spectacle 10 €, pass 3 spectacles + repas pour la journée du dim. 30 €.

Puy-du-Lac : spectacle costumé et immersif. Fin août, c'est une importante fresque historique paysanne qui se déploie tous les ans à Puy-du-Lac, à grand renfort de véhicules et machines-outils de toutes les époques, de costumes et d'animaux. Dans cette vaste mise en scène évolue un couple, Emma et Antoni, qui nous amène progressivement, au fil du spectacle en son et lumière, jusqu'au 21e s. Un spectacle féerique et un hommage à la ruralité saintongeaise, que conclut un feu d'artifice.
Le quart d'Écu - ✆ 06 41 31 78 80 - www.spectaclequartdecu.com - spectacle seul ou spectacle et repas 18/35 € (4-10 ans 11/20 €).

La Roche-Courbon : la Saint-Manuel tombe en août ! Tous les ans, la 3e semaine d'août, le château accueille un petit festival du « génie manuel », dédié aux artistes et aux créateurs de tout poil qui viennent exposer leur travail pendant une semaine. Artistes peintres, plasticiens mais aussi orfèvres ou souffleurs de verre partagent ainsi leur savoir-faire et composent chaque jour des pièces uniques.
Semaine du génie manuel - www.larochecourbon.fr.

LE SUD CHARENTE

Des carrières désaffectées métamorphosées en lacs aux eaux couleur turquoise, des coulées vertes, des villages de caractère... et au milieu coule la Dronne ! La vallée de la Charente, véritable pépite touristique vivante et colorée, invite à la flânerie dans un cadre patrimonial naturel et architectural exceptionnel.

DEPUIS ANGOULÊME : 24 km par la D81 pour atteindre Villebois-Lavalette, au nord de la région. 48 km par la D674 et la D10 pour rejoindre Aubeterre-sur-Dronne, au sud.

VENIR EN TRAIN

- **D'Angoulême, un TER dessert la gare de Montmoreau-St-Cybard (17mn), à mi-chemin entre Aubeterre-sur-Dronne et Villebois-Lavalette, puis celle de Chalais, près d'Aubeterre (27mn).**

BONS PLANS

- **Pour organiser votre séjour : www.sudcharentetourisme.fr. Envie de randonner à pied ou à vélo ? Des itinéraires sont proposés en téléchargement.**

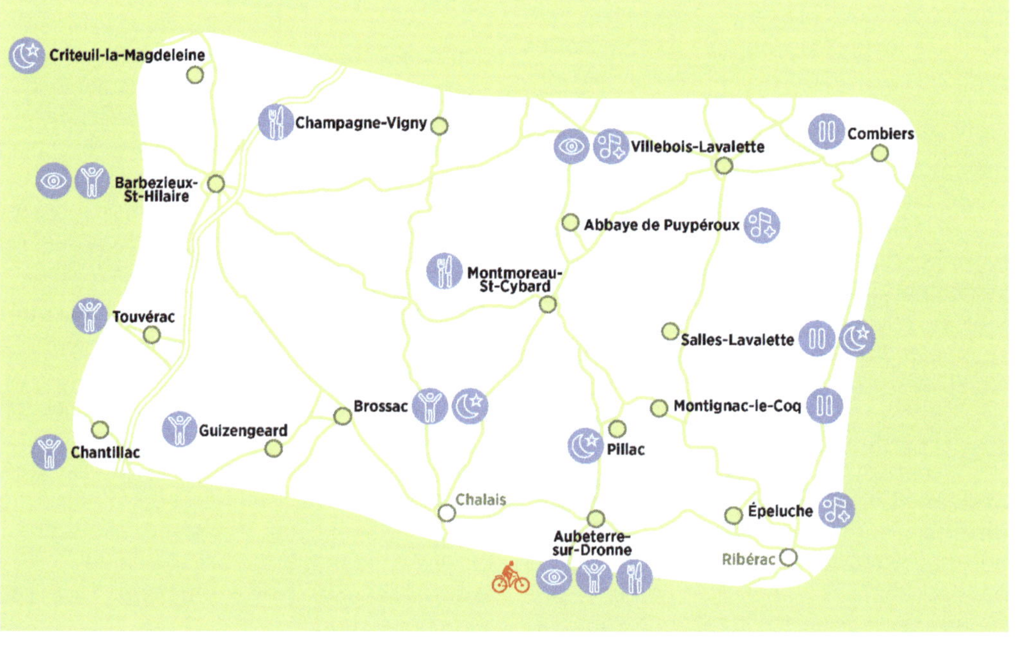

LOUER UN VÉLO

AUBETERRE-SUR-DRONNE

Bikes 4 Gites
07 82 35 59 36 - www.bikes4gites.com - loc. 3 j. mini : 50 €/pers., package 80 € pour 2 adultes ou 100 € pour une famille (2 adultes et 1 enf.). Choisissez sur le site Internet les engins qui vous conviennent : VTC électriques, remorques, barre de traction, sièges enfants... Sélectionnez la période et durée de la location et attendez qu'on vienne vous livrer dans le camping ou gîte où vous vous trouvez, dans un rayon de 10 à 15 km autour d'Aubeterre. Les vélos sont récupérés en fin de location. Casque, antivol et trousse à outils inclus dans le prix.

SUD CHARENTE

Dispo Vélo
05 45 25 24 09 - www.dispovelo.com - forfait 5 j. famille (2 adultes et 2 enf.) 150 €. Cet opérateur livre et récupère des vélos de location aux endroits de votre choix (réservation par téléphone ou sur Internet directement). Différents types de forfaits. Bon choix de vélos classiques ou électriques mais aussi des tandems, remorques et tagalongs...

Aubeterre-sur-Dronne.
gemadrun/iStock

VOIR

Aubeterre-sur-Dronne : vivante et pittoresque. À la limite entre la Charente et la Dordogne, cet ancien village fortifié aux façades de pierre crayeuse est baigné d'une verdure foisonnante. Disposées en amphithéâtre autour d'une petite place centrale, les ruelles pentues sont encadrées de maisons à balcons de bois. Le trésor d'Aubeterre : une saisissante église monolithe, creusée à partir du 8e s. sous la colline du château.

Villebois-Lavalette : vue imprenable ! Perché sur une colline isolée, Villebois-Lavalette a conservé de solides remparts qui témoignent de son passé de puissante baronnie. Elle séduit les visiteurs grâce à ses halles médiévales et ses vieilles maisons de pierre, massées de part et d'autre de fines ruelles montant à l'église. Chaque année, le château accueille une fête costumée évoquant le quotidien du village au Moyen Âge *(voir p. 111)*.

Barbezieux-St-Hilaire : cité artistique. Sur une hauteur, cette petite ville paisible se découvre facilement à pied. Outre son patrimoine architectural, on ne manquera pas de prendre le temps de monter au sommet des tours de la porte d'Archiac, donnant accès à la ville. Un petit chemin de ronde y offre un somptueux panorama sur les alentours. La ville ayant décidé d'être très active dans le domaine culturel, elle accueille tout l'été de nombreuses manifestations artistiques ainsi que des boutiques éphémères de créateurs et artisans.

BOUGER

Aubeterre-sur-Dronne : canoë à la carte. Lancez-vous à la découverte de la Dronne au départ d'Aubeterre. Les randonnées sont libres ou accompagnées en groupe, et peuvent se faire sur des petits parcours de quelques kilomètres comme sur des raids de 50 km avec bivouac nocturne sur les rives. Selon vos envies, vous pourrez ainsi pagayer quelques heures autour du village ou bien vous construire un itinéraire sur mesure pour plusieurs jours. Le club loue également des paddles.

Club de canoë-kayak - rte de Ribérac - ✆ 05 45 98 51 72 - snpa-aubeterre.wixsite.com/snpa-aubeterre - mai-sept. : tlj sf lun. 10h-18h (juil.-août : 10h-19h), hiver : mar.-sam. 10h-18h - 7 €/h par pers. et de 25 à 60 € pour les randonnées selon les prestations souhaitées.

Brossac : détente sur l'étang. Outre sa longue plage qui réjouira les baigneurs et amateurs de farniente, l'étang Vallier se prête à merveille à de nombreuses activités sportives. Vous trouverez sur place des vélos à louer, des aires de jeux et bien évidemment du matériel de sports nautiques : paddle, kayak, pédalos... Et si vous désirez passer toute la journée sur place, des zones de pique-nique (avec barbecue à disposition) se trouvent à proximité immédiate de la plage.
Étang Vallier - 1,5 km à l'ouest du centre de Brossac par la D2.

Guizengeard : des anciennes carrières pour randonner. Les carrières de Guizengeard furent exploitées pour leur argile kaolinique de 1972 à 2013. Aujourd'hui, un sentier de découverte en fait le tour, formant deux boucles : le Grand Bois des Marais et les Guêpiers, autour de deux étangs. Par beau temps, leurs eaux déploient une gamme chromatique étonnante, due à la présence de micro-organismes qui réagissent à la lumière. Des panneaux explicatifs sur la biodiversité jalonnent le sentier. Tables de pique-nique.
Sentier de découverte des carrières de Guizengeard - env. 3 km - durée 1h30/2h - accès règlementé - le fléchage manque un peu de précision.

De Barbezieux-St-Hilaire à Chantillac : un tronçon de la Scandibérique pour les sportifs. Aménagée sur une ancienne voie ferrée, une route pédestre et cyclable relie Barbezieux-St-Hilaire à Chantillac sur 21,5 km, dans le Sud Charente. C'est une portion de la Scandibérique, nom français de l'EuroVelo 3, qui chemine de Trondheim (Norvège) à St-Jacques-de-Compostelle (Espagne). Si le revêtement n'est plus aussi lisse que lors de sa création, elle reste très praticable et les larges espaces de chaque côté en font également un itinéraire privilégié par de nombreux cavaliers.
Voie verte Galope Chopine - www.scandiberique.fr et www.af3v.org.

Touvérac : une eau couleur lagon. Des sentiers d'interprétation font le tour de ces étangs créés dans d'anciennes carrières de kaolin (argile blanche) exploitées au 20e s. Les eaux turquoise (interdites à la baignade) se détachent sur des paysages quasi lunaires. L'originalité de la flore (bruyères, ajoncs et genêts à la fin de l'été, saules et roseaux au printemps) et de la faune (l'engoulevent d'Europe, oiseau migrateur qui fait étape ici en juin, mais aussi le fadet des laîches, papillon typique de l'ouest de la France qui ne vole que de juin à août) ajoute à la beauté de ce site protégé. Le sentier du Terrier des renards (comptez 1h30) part du côté du parking et fait le tour de trois étangs à la couleur de lagon. L'étang des Charbonnières, que vous verrez depuis la route, est lui aussi entouré d'un sentier de découverte (env. 45mn).
Les lacs bleus de Touvérac - 3 km à l'est de Baignes-Ste-Radegonde, parking sur la D131.

FAIRE UNE PAUSE

Montignac-le-Coq : cultiver son jardin. Plantée sur 2 ha, cette succession de jardins poétiques s'inscrit dans le paysage de la campagne charentaise. On y découvre des espaces et des chambres de verdure thématiques : labyrinthe miniature, jardin d'Asie, jardin Solar méditerranéen où des fauteuils invitent à la contemplation, étang des Amours, bois de la Paloma, peuplé d'elfes et de lutins, que l'on arpente au long d'un chemin. Dans la maison, l'insolite musée Green regroupe des herbiers de la flore locale, des nids d'oiseaux accrochés dans des branchages, quelques objets anciens et une collection de fossiles et minéraux.
Jardins du Coq - Musée Green - lieu-dit Labreuille - ✆ 05 45 78 58 17 - www.lesjardinsducoq.com - avr.-mai et sept.-oct. : 14h-18h ; juin-août : 10h-12h, 14h-18h - 7 € (gratuit -12 ans).

Salles-Lavalette : un moulin à tout faire. Comme une image d'Épinal surgie du 19e s., le petit village de Salles-Lavalette, dominant la vallée de la Lizonne, s'organise autour de son clocher et de l'ancien moulin Sartier, dont les aubes ont repris du service. Après avoir été moulin à papier puis moulin à blé, ses meules tournent de nouveau pour approvisionner en huile de noix et en farine la boulangerie du village. La visite permet de voir les mécanismes en action et de goûter du pain comme autrefois. Si la dégustation vous plaît, faites un crochet par la boulangerie, au centre du bourg.
Moulin Sartier - ✆ 05 45 60 34 20 - visites du moulin sur réserv. de mi-juin à mi-sept. : sam. 10h-12h.

Combiers : des arbres des cinq continents. Créé en 1932 par Jean Aubouin, inspecteur des Eaux et Forêts dans la forêt de la Mothe-Clédou, cet agréable parc géré par l'ONF a été agrandi pour atteindre 10 ha. Riche d'une centaine d'essences variées venues des quatre coins du monde, il conserve quelques arbres aux proportions impressionnantes, comme le sapin de Vancouver, que l'on découvre au long d'un sentier balisé. D'autres espèces, comme le cèdre de l'Himalaya ou le séquoia d'Amérique du Nord, prouvent la capacité des arbres à s'adapter à leur environnement.
Arboretum Jean Aubouin - ✆ 05 45 23 04 08 - mar. 14h-17h, jeu. 9h-12h30, 14h-17h.

DÉGUSTER

Aubeterre-sur-Dronne : cochonnaille à la carte. Ce bistrot sert le cochon à toutes les sauces, en salle ou en terrasse. Ici, les produits sont frais et locaux, et les pâtés et jambons sont faits maison. Les classiques recettes de bistrot n'en ont que plus de saveur ! On trouvera à la carte d'autres spécialités régionales répondant au même souci de qualité : poissons fumés, caviar d'Aquitaine, canards de la ferme d'à côté... jusqu'aux herbes aromatiques parfumant les plats, qui proviennent de la serre du chef ! À signaler enfin, d'excellentes pâtisseries...
Au cochon prieur - 11 quartier de Plaisance - ✆ 05 45 78 87 43 - www.facebook.com/

Les anciennes carrières de Guizengeard.
Ph. Orain/Michelin

RENCONTRE AVEC...

Vincent et Benoît Piolé, élevage de Chante-Morlière

À Challignac, près de Barbezieux, Vincent et Benoit Piolé, jeunes céréaliers, ont repris en 2018 des élevages de poulets de race Barbezieux. « C'est un poulet trapu, de haute taille et très vif, au plumage noir irisé de reflets bleus » explique Vincent. « En 1997, une association s'est créée, l'Aspoulba, pour sauvegarder cette race locale menacée de disparition. » Une poignée d'éleveurs passionnés s'est lancée dans l'aventure, pour le plus grand plaisir des gourmets. « Le poulet de race Barbezieux fournit une viande ferme mais très tendre et très goûteuse. Les suprêmes sont très demandés en restauration. Mais d'un élevage difficile, la race avait disparu des fermes ! Les poulets prêts à cuire pèsent de 1,2 kg à 2,2 kg. Pour obtenir une bonne viande, il faut une croissance lente. Celle du poulet de race Barbezieux nécessite au moins 110 jours, souvent plus. C'est bien loin des critères industriels ! » Si cette volaille exceptionnelle figure à la carte de restaurants et sur les étals de commerçants locaux, vous trouverez aussi diverses spécialités à la ferme de Chante-Morlière : rillettes, coq au vin, poulet au pineau et, bien sûr, chapons et poulardes.
Élevage de Chante-Morlière - ✆ 06 85 02 03 24 - www.facebook.com/aspoulba et aspoulba.fr.

aucochonprieurdu16 - fermé lun. soir, mar.-merc. (et dim. soir hors sais.) - menu déj. en sem. 16 € - plats 17/24 €.

Champagne-Vigny : une dégustation dans les pas d'Alfred. Dans le cadre historique du manoir où Alfred de Vigny vécut quelques années, vous pourrez déguster la production de ce domaine (cognac, pineau, vins, pétillants). La visite de la distillerie retrace l'histoire du domaine depuis la plantation des premières vignes en 1938 et permet de suivre le processus d'assemblage du « breuvage des dieux ». Il sera intéressant de voir les chais, le « paradis » et l'alambic, surtout lorsque ce dernier est en chauffe (de sept. à nov.).
Domaine Le Maine Giraud - 2 km au sud de Champagne-Vigny par la D7 - ✆ 05 45 64 04 49 - www.mainegiraud.com - lun.-sam. 9h-12h, 14h-18h.

Montmoreau-St-Cybard : simplicité et bon goût. Dans une ambiance de petit bistrot convivial, le Bistroquet propose une cuisine du marché simple et savoureuse que vient mettre en valeur une belle sélection de vins établie avec le même soin. On s'attable confortablement dans la salle à la décoration chic ou sur la terrasse, à l'ombre des grands mûriers, dans une ambiance plus *lounge*.
Le Bistroquet - 14 av. de l'Angoumois - ✆ 05 45 67 83 34 - www.facebook.com/le.bistroquet.montmoreau - juil.-août : tlj sf lun.-mar. midi ; le reste de l'année tlj sf lun., mar. soir, merc. soir et dim. soir - formule déj (en sem.) 14,90 €, soir 28,50 €.

DORMIR AU CALME

Pillac : étape familiale au vert. À quelques minutes d'Aubeterre-sur-Dronne, cette ancienne demeure a été entièrement restaurée. La déco contemporaine et lumineuse des deux chambres est une réussite et les vues offertes sur la campagne environnante sont particulièrement apaisantes. Les points forts de cette adresse résolument familiale : une superbe terrasse en bois donnant sur un grand parc, une piscine et une petite aire de jeux où les enfants

sauront trouver leur bonheur ! Vélos pour tous les âges à disposition.
Casa Sana - lieu-dit La Massonnerie - 06 75 22 57 72 - hebergementcasasana.com - 2 ch. 50/70 € - table d'hôtes 20 €/pers. (-10 ans 10 €).

Salles-Lavalette : maison bourgeoise pour séjour décontracté. Au cœur du village, dans une magnifique maison charentaise dont les plus vieux murs datent du 13e s., deux chambres parfaitement aménagées et dotées de jolis balcons permettent de profiter de l'ambiance du village et d'une vue dégagée sur les ruelles alentour. Les vastes espaces communs, en particulier le salon avec sa grande cheminée, sont particulièrement chaleureux. Des vélos sont disponibles à la location.
Chez Tuffin - 05 45 25 24 09 - cheztuffin.com - 2 ch. 75/85 €.

Criteuil-la-Magdeleine : paradis terrestre. Dans une ancienne distillerie datant de 1712, rénovée avec passion, Sally vous accueille pour des dégustations près des vieux alambics. L'endroit cumule les atouts : des chambres spacieuses à l'atmosphère cosy et feutrée, un grand parc, une agréable piscine d'eau salée, des vélos à disposition, des repas servis à la demande...
Chambres d'hôtes Logis du Paradis - 396 r. des Marronniers - 05 45 35 39 43 - www.logisduparadis.com - fermé janv.-fév. - 5 ch. 115/140 €.

Brossac : camping sur l'étang. En retrait de la plage de l'étang Vallier, ce camping a conservé une petite taille pour ne pas empiéter sur les espaces naturels autour du lac et préserver une atmosphère familiale. On y trouve des emplacements spacieux et bien ombragés et un programme estival dédié à la famille. Côté activités, il n'y a que l'embarras du choix entre les randos au départ du camping et, bien sûr, la pêche ou les sports nautiques sur le lac !
Camping des Châtaigniers - 05 45 98 07 83 - www.camping-etangvallier.fr - fermé déc.-janv. - forfait empl., véhicule et 2 pers. 20 €.

FAIRE LA FÊTE

Abbaye de Puypéroux : jazz et bio ! Jeunes talents ou artistes confirmés se donnent rendez-vous chaque année le dernier week-end de juin dans le cadre verdoyant de l'abbaye de Puypéroux et de ses jardins pour un festival accessible et convivial dédié au jazz. Si chacun y joue ses morceaux ou revisite les classiques, l'esprit du festival vise surtout à privilégier les *jam sessions*, pendant lesquelles les musiciens improvisent, créant des instants musicaux uniques. Organisé par une association engagée, vous trouverez sur place de la restauration bio et locale.
Festival Respire jazz - www.respirejazzfestival.com - pass 1, 2 ou 3 j. 20/40/60 € (-18 ans gratuit).

Villebois-Lavalette : fête en costume. Autour du château de Villebois-Lavalette, les préparatifs vont bon train dès la fin avril. Un campement médiéval investit les anciennes douves tandis que des ouvriers s'attellent à la construction d'étranges engins. S'agit-il d'une machine de guerre ? D'un jeu de bois ? Ou simplement d'un atelier d'artisan ambulant ? Les spéculations vont bon train tant nous est étranger cet univers quotidien des 12e et 13e s. que des passionnés s'attachent à faire revivre durant 3 jours début juin. Chevaliers et écuyers croisent ménestrels et conteurs autour de joutes, banquets et spectacles vivants : tir à l'arc, frappe de monnaie, jongles...
Château de Villebois-Lavalette - www.chateaudevilleboislavalette.com - 2 € (-12 ans gratuit).

Épeluche : une belle initiative locale ! Un café associatif dont le personnel s'est engagé voici quelques années pour faire revivre la campagne autour d'événements festifs et/ou culturels. Des expositions à thèmes et des artistes sont régulièrement accueillis, et chaque mois a lieu au moins un concert, une pièce de théâtre ou un débat.
Le café Pluche - lieu-dit la Prairie-et-le-Moulin - 06 26 77 44 76 - lecafepluche.fr - programme sur le site Internet.

LE HAUT LIMOUSIN

Remarquable pour ses vigoureuses collines aux sommets arrondis, premières hauteurs rencontrées en venant de l'Atlantique, ce territoire offre aux amateurs d'espaces verts de nombreux sites naturels préservés, plans d'eau et ruisseaux. L'empreinte millénaire de l'homme y marque la pierre à travers les mégalithes, les croix antiques et les villages aux façades trapues.

DEPUIS LIMOGES : 21 km jusqu'à Ambazac par la D914 et 39 km jusqu'à Bellac par la N147.

VENIR EN TRAIN

- **De Limoges, TER jusqu'à Ambazac (15mn) et jusqu'à Bellac (env. 40mn). De Bellac, liaisons en bus Châteauponsac et Le Dorat (transports.nouvelle-aquitaine.fr). Une voiture sera nécessaire pour rejoindre le lac de St-Pardoux.**

BONS PLANS

- **Pour organiser votre séjour : www.tourisme-hautlimousin.com.**
- **Pour préparer vos circuits de randonnée, à vélo ou à pied : haute-vienne.loopi-velo.fr**

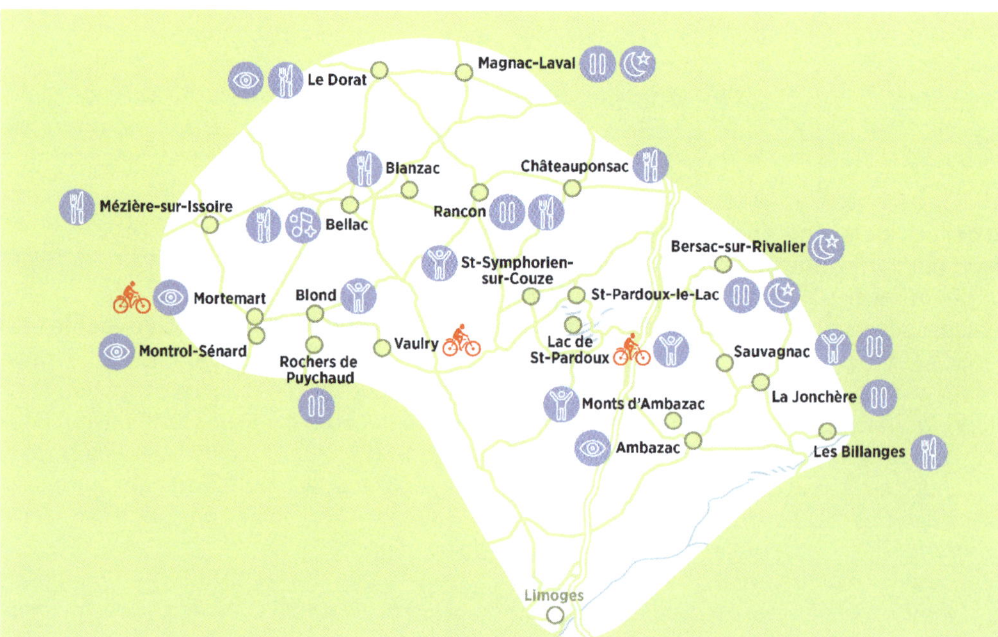

LOUER UN VÉLO

Un grand choix de modèles, classiques ou électriques, au départ des circuits. Possibilité de livraison et récupération sur les lieux de vacances

LAC DE ST-PARDOUX

Site de Chabannes

✆ 05 55 71 04.40 - sur réserv. uniquement, tlj 13h30-18h30. VTT et VTC électriques (9/20 € la 1/2 j.). Casques et siège bébé fournis.

MORTEMART

Gérard Coyat

8 pl. du Couvent-des-Carmes - ✆ 06 85 09 32 75. VTT et VTC électriques (11/16 € la 1/2 j.). En plus de la location de vélos, Gérard Coyat propose des visites guidées du village et de ses environs à vélo (2h).

VAULRY

Base de loisirs

✆ 05 55 53 42 61. VTT classiques et électriques (20/25 € la 1/2 j.). Location à l'espace VTT, modèles cross country ou descente, adultes et enfants.

VOIR

Ambazac : à la découverte des roches et minéraux. Sur trois niveaux, plus de 3 500 échantillons du monde entier. L'espace consacré à la pétrographie présente des roches de grande taille : bombes volcaniques, calcaires fossilifères, granites, pegmatites, etc. Les minéraux et minerais métalliques sont représentés par de riches exemplaires de cuivre et d'argent, de nickel, de cobalt et de chrome, de fer, d'aluminium ou d'or. *Musée de Minéralogie - ✆ 05 55 56 59 14 - www.musee-ambazac.e-monsite.com - juil.-août : 10h-12h, 14h-18h, w.-end 15h-18h ; reste de l'année : 14h-17h - fermé dim.-mar. - 5 € (-15 ans 3 €).*

Montrol-Sénard : en suivant le parcours « Nostalgie rurale ». Les habitants, désireux de garder la mémoire des anciens, ont décidé d'ouvrir au public d'anciennes belles bâtisses en pierre et d'y illustrer la vie des paysans et des artisans du village au début du 20e s. : école communale, fournil, ancien bûcher, sabotier, cordonnier, café, grange-étable, forge... sans oublier la maison « Chabatz d'Entrar », habitation à pièce unique d'un agriculteur où sont expliqués les petits métiers (travail du chanvre et du lin, tissage, couture) et les traditions. *Office du tourisme de Bellac - ✆ 05 55 68 12 79. Plan du parcours prêté.*

L'école du parcours « Nostalgie rurale » à Montrol-Sénard.
N. Thibaut/Photononstop

Mortemart : sous le charme d'un rare ensemble architectural. En plus des vestiges de son château, de ses maisons en pierre, de ses vieilles halles en bois abritant le marché, cette séduisante bourgade fleurie abrite une église du 14e s. couronnée d'un curieux clocher à bulbe, en ardoises, ainsi qu'un imposant couvent des carmes, dont une partie a été transformée en chambres d'hôtes.

Le Dorat : déambulation dans la cité médiévale. Ce village possède l'un des monuments les plus remarquables du Limousin par son architecture austère et majestueuse, la collégiale St-Pierre, posée sur une vaste crypte datant du premier âge roman. Avec ses ruelles étroites et tortueuses, sa porte fortifiée, son carmel, ses anciennes prisons, qui lui confèrent encore un aspect de cité médiévale, la capitale de la Basse-Marche est une ville de caractère. Le Souterrain-Refuge, l'une des galeries qui courent en réseau sous la cité, se visite en été.
Office du tourisme - pl. de la Collégiale - ☏ 05 55 60 76 81. Visite de la collégiale 9h-18h30 (en dehors des offices) - gratuit.

BOUGER

Sauvagnac : tout savoir sur la tourbière. À la sortie sud du village, tournez à droite et prenez le chemin qui part à gauche : c'est le départ d'une boucle balisée autour du puy rond et de la réserve naturelle de la tourbière des Dauges s'étalant sur plus de 200 ha. Sur les rives d'un ruisseau, une petite randonnée (1h) vous emmène à travers un paysage de marais ponctués de chaos rocheux, pelouses, landes tourbeuses et hêtraie à houx. Une faune remarquable complète le tableau : loutre, bruant fou, bécasse, lézard vivipare, pic noir... sans oublier la flore si particulière à ce milieu naturel, dont le fameux droséra, sympathique plante carnivore qui, rassurez-vous, ne s'attaque qu'aux insectes !
Conservatoire d'espaces naturels du Limousin - ☏ 05 55 03 29 07 - www.conservatoirelimousin.com - conseils, aménagements pédagogiques in situ, animations.

Lac de St-Pardoux : activités multiples de plein air. Les aménagements de ce plan

Fontaine à Mortemart.
Ch. Guy/hemis.fr

d'eau de 330 ha sont concentrés sur les sites de Chabannes (plage, base de voile, départ de sentiers de randonnée), Santrop (centre aquatique, parcours d'accrobranche, location de VTT) au sud, et Fréaudour (plage, téléski) au nord. La porte d'entrée du lac est située sur le site de Santrop avec la « Maison du Lac », lieu d'informations touristiques, avec une petite boutique de produits locaux.
Maison du Lac - ☏ 05 55 71 04 40 - www.lacsaintpardoux.fr - juil.-août : 9h30-19h ; le reste de l'année : lun.-vend. 9h-12h30, 14h-17h30, w.-end et j. fériés 13h30-17h30.

Monts d'Ambazac : boucles rando zen et VTT. Les monts d'Ambazac comptent nombre de sentiers, de la simple promenade de 4 km à la boucle Rando Zen de 93 km. Le long des chemins balisés, petit patrimoine bâti, moulins, forêts, étangs, tourbières et pierres à légende. Avec un relief tantôt vallonné, tantôt abrupt, la base et les 18 circuits de VTT, de 5 à 38 km, réjouiront autant les débutants que les initiés.
Office du tourisme - ☏ 05 55 56 70 70 - livret boucle zen en vente à l'office de tourisme - 5 €.

St-Symphorien-sur-Couze : découvrir la terre limousine à cheval ou à dos de poney. Situé en pleine nature à l'orée d'un bois, le centre équestre de Chasseneuil occupe les terres d'une ancienne exploitation agricole. Pour les moins de 5 ans, 1/2 journée de balade sur poneys shetland, pour les 5/15 ans éthologie, balade, équitation western, et pour les adultes journées à thème, randonnée ou endurance.

Ferme équestre et poney-club de Chasseneuil - 05 55 53 56 40 - www.ferme-equestre-chasseneuil.fr - possibilité de restauration et gîte sur place.

Blond : s'évader comme un trappeur, tiré par des chiens de traîneaux. Équipé d'un harnais et d'une ceinture, partez randonner sur les sentiers des monts de Blond, tiré par des chiens huskys. Avec ces braves toutous, vous découvrirez un paysage de landes, de bruyères, de collines boisées et d'étangs, parsemé de quelques menhirs et dolmens spectaculaires. Et pour une expérience 100 % trappeur, possibilité de bivouaquer.

Association Skodenar - 06 86 04 87 04 - activités uniquement sur réserv. par tél. ou par email skodenar@gmail.com - 2h/20 €.

Pêche en Haut Limousin : en pleine nature, dans un cadre enchanteur. La Benaize, la Gartempe, le lac de St-Pardoux... les cours et plans d'eau ne manquent pas sur ce territoire pour s'adonner à la passion de la pêche. Toutes les configurations y sont présentes : pêche dans les eaux captives d'un plan d'eau, dans une rivière serpentant entre forêts et prairies, ou bien le long d'un petit torrent.

Fédération de pêche de la Haute-Vienne - 05 55 06 34 77 - www.federation-peche87.com - adresses, réglementation, parcours. Autres rens. sur les rivières et plans d'eau du Haut Limousin gérés par la Fédération sur www.tourisme-hautlimousin.com.

FAIRE UNE PAUSE

Sauvagnac : se laisser surprendre par les Pierres à légendes. Au départ de la chapelle du minuscule village de Sauvagnac, vous accéderez en 30mn au légendaire et gigantesque chaos rocheux « La Pierre Branlante ». Depuis cette formation de blocs de granit se développe une vue très étendue sur Ambazac et Limoges (sud-ouest), le mont Gargan et les Monédières (sud-est), les puys de Dôme et de Sancy (est). La table d'orientation à 650 m d'altitude aide à la lecture du paysage et à distinguer les nombreux points de vue remarquables.

Bureau d'information touristique - 05 55 56 70 70 - www.tourisme-montsdulimousin.fr - fiches sur tous les points de vue et belvédères dans les monts d'Ambazac.

Sur la plage du lac de St-Pardoux.
D. Page/Alamy/hemis.fr

Rochers de Puychaud : rites sacrificiels, info ou intox ? À Blond, on vous a parlé d'un curieux endroit où des rites sacrificiels auraient eu lieu. Ni une ni deux, mû par votre curiosité, vous avez pris le volant ou enfourché votre vélo pour aller juger sur pièce. Vous avez donc suivi la signalisation « Rochers de Puychaud ». Arrivé sur place, à gauche de la route, vous avez aperçu de curieux amoncellements de blocs de granite ayant subi une érosion en boule. Alors, rocher à sacrifice ou simple curiosité géologique ? La réponse se perd dans la nuit des temps... En attendant, vous avez fait une belle balade !

La Jonchère : cheminer, contempler et s'émerveiller. Pour une agréable parenthèse végétale, enfoncez-vous dans cette superbe forêt domaniale de 70 ha, créée en 1884 pour produire des plants destinés à reboiser les monts d'Ambazac et le plateau de Millevaches. Vous y découvrirez, le long d'un sentier balisé, une soixantaine d'espèces botaniques, notamment des essences originaires de la côte ouest nord-américaine (séquoias et thuyas géants, Douglas verts, sapins de Vancouver) et des espèces rares comme le fau (hêtre) de Verzy, au curieux tronc tordu.

Arboretum la Jonchère - ✆ 05 55 39 80 18 - www.jonchere-saint-maurice.fr - 9h-12h, 13h30-17h30 (merc. et sam. matin seul.).

Magnac-Laval : se prendre pour Cléopâtre dans son bain. Après une longue randonnée, quoi de mieux pour se détendre qu'une bonne douche en se savonnant avec un savon à base d'huiles végétales écologiques et de lait d'ânesse ? Cette ferme du Haut Limousin, où les animaux pâturent dans des prairies sans pesticides ou engrais chimiques, possède un atelier de fabrication d'un savon 100 % naturel. Ce dernier est tantôt parfumé à la menthe poivrée, au romarin et à la sauge ou au bois de rose, au myrte et au santal.

Arcoul'Âne - La Lande d'Arcoulant - ✆ 06 30 02 36 43 - www.arcoulane.com - vente de savons, visite de l'élevage et atelier de production su RV.

Rancon : goûter au calme d'un cadre unique. Pause détente autour d'un thé dans une magnifique papeterie-épicerie bio, au cœur de ce paisible village de la vallée de la Gartempe construit à flanc de coteau. En plus de pouvoir y passer un moment agréable autour d'une audacieuse sélection de thés, vous pourrez aussi y acheter des produits locaux bio, de l'artisanat et des cartes postales.

Les rochers de Puychaud.
F. Guiziou/hemis.fr

Salon de thé Roncomagnus - 05 55 60 29 58 - roncomagus.free.fr - mar.-merc. 10h-12h30, 15h30-18h, vend.-sam. 10h-12h30, 15h30-18h - le mardi, après-midi Amiculture, échanges amicaux de savoirs.

St-Pardoux-le-Lac : le coin des artisans d'art. Dominique Courivaud est le seul porcelainier d'art du Pays du Haut Limousin. Installé au nord du lac dans le hameau de Châtenet-Colon, il autorise la visite de son atelier où sont entreposées ses multiples créations sur de longues étagères murales. Commençant son travail par l'esquisse d'une forme d'objet souhaitée, il crée en un premier temps un modèle qu'il moule. Il coule ensuite ses pièces et les introduit dans un de ses 2 fours à porcelaine. Un savoir-faire à découvrir !
Atelier de porcelaine D. Courivaud - 05 55 76 53 21 - visite sur RV.

DÉGUSTER

Les Billanges : ferme-auberge de la Besse. Une adresse toute simple qui offre de vrais produits fermiers, du pain et de la charcuterie maison, ainsi qu'un accueil charmant. On y élève volailles, agneaux, lapins, bœufs, porcs « cul-noir » du Limousin. On y cultive aussi salades, légumes et on y ramasse cèpes et châtaignes. Spécialités de magret de canard aux champignons, foie gras au pain d'épices et longe de porc au safran. Vous en voulez encore? Après ces agapes, faites une promenade digestive dans le parc juste à côté.
15 km à l'est d'Ambazac - 05 55 56 57 76 - www.facebook.com/LaFermeAubergeDeLaBesse - du vend. soir au dim. midi et j. fériés sur réserv. - menus 23/37 €.

Blanzac : ferme de Rouffignac. Les amateurs de viande, de charcuterie et de desserts maison seront à la fête dans cette belle ferme de polyculture et d'élevage située en pleine campagne. La famille Kubiac propose aux occupants des chambres d'hôtes canard, porc, volailles, lapin accompagnés de légumes du jardin. Vente de conserves et produits fermiers : conserves de foies gras de canard, rillettes, terrines, plats cuisinés, volailles à rôtir.

RENCONTRE AVEC...

Pascal Martel, apiculteur en Haut Limousin

Après avoir enseigné durant 30 ans dans les Hauts-de-France, Pascal Martel s'installe comme apiculteur dans le Haut Limousin à la rencontre de la nature et du grand air. Ce choix réfléchi d'entreprendre librement se transforme rapidement en véritable passion. L'objectif s'affiche clairement dès le début : « travailler en bio, produire un miel de qualité dans le plus grand respect des abeilles et de l'environnement, et ravir les papilles des connaisseurs ». Avec 200 colonies réparties dans un rayon de 20 km autour de sa ferme, Pascal peut récolter chaque année « miel d'acacia, miel de châtaignier, miel de printemps aux saveurs subtiles d'aubépines et de fruitiers de haies, et un miel d'été aux délicates senteurs de ronces et de fleurs des prairies ». Grâce à la pollinisation de cultures bio d'un agriculteur voisin, il produit aussi un « miel de sarrasin, fort et puissant ». Au niveau régional, il assure lui-même les livraisons, entretenant ainsi le contact avec tous ses clients.
Miel du Haut Limousin - 11 bis r. du Marché-Ovin - Val d'Issoire - Mézière-sur-Issoire - 06 63 86 90 39 - mielduhautlimousin@gmail.com - vente à la ferme sur RV.

Safran.
harmalini/iStock

5 km à l'est de Bellac - ✆ 05 55 68 02 14 - www.ferme-de-rouffignac.fr - table d'hôtes 22 €/pers. - dans la grange aménagée, 5 ch. (65/72 €), dont 2 en duplex, de bon confort.

Le Dorat : restaurant La Marmite. Ici, vous serez sûr de vous régaler de généreux plats traditionnels à base de produits du terroir, à commencer par le bœuf limousin et l'agneau, servis dans une salle rustique. Aux beaux jours, la terrasse est bien appréciable.
29 av. de la Gare - ✆ 05 55 60 66 94 - www.restaurant87lamarmite.com - fermé mar.-merc. - menus 17/31,50 €.

Rancon : en harmonie avec la nature. Cette petite épicerie-herboristerie bio est tenue par Laurent Pasteur, paysan herboriste et apiculteur, en charge de la préservation de plus de 16 ha de terres sur les rives de la Gartempe. Désireux de faire découvrir sa passion aux visiteurs, il ouvre grandes les portes de son jardin botanique, de son verger et de ses ruches. Le but est de présenter à tous un large éventail de la culture bio de plantes médicinales, de fleurs comestibles et de fruits oubliés. Vente de fleurs et de plantes séchées, produits distillés, confitures, tisanes, miel...
L'or des simples - 12 La Courcelle - ✆ 06 19 94 74 34 - visite sur RV, la rencontre s'effectue à l'entrée du village.

Bellac : précieuse épice. Installée sur les hauteurs de la ville, la safranière offre une jolie vue sur la cité et son église Notre-Dame du 12e s. Elle produit un safran de qualité commercialisé en pistils, mais aussi en sirop, vinaigre, confitures, gelée... Des bulbes de *crocus stivus* sont aussi vendus en juillet, juste avant la mise en terre d'août. À proximité des alignements de plantation de bulbes, des ruches ont été implantées pour polliniser les arbres fruitiers et produire un délice de miel au safran.
Les délices safranés - ✆ 06 11 94 66 27 - www.lesdelicessafranes.com - vente également sur les marchés de la région : à Bellac le 1er sam. du mois.

Bellac, Le Dorat, Châteauponsac : sur place ou à emporter ? Que ce soit sur le marché des producteurs place du Champ-de-Foire tous les samedis ou le 1er du mois (foire) à Bellac, place de la Collégiale le vendredi matin ou chaque 13 du mois (foire) au Dorat, ou bien lors des Ripailles le samedi soir en été à Chateauponsac, les occasions sont nombreuses pour déguster et acheter les produits du terroir limousin au son de la fanfare ou de l'accordéon.

DORMIR AU CALME

Magnac-Laval : bonne pêche, bonne nuit. Voici un charmant petit village de gîtes dans un parc arboré et fleuri. Tous bénéficient d'un excellent confort et six d'entre eux ont les pieds dans l'eau d'un étang de 6 ha, paradis des pêcheurs à la carpe, sandre, brochet, tanche, esturgeon et gardon. La saison de la pêche démarre à la mi-mai ; le droit de pêcher depuis les pontons est inclus dans le tarif du séjour.
Hameau gîte Les Pouyades - 16 km au nord-est de Bellac - ✆ 05 55 60 73 45 - www.lespouyades.com - 12 gîtes (4/6 pers. et 6/8 pers.), location à la nuitée, au w.-end et à la sem. : tarifs et conditions sur le site Internet.

Bersac-sur-Rivalier : le bio jardin d'Hélène. Les deux chambres d'hôtes sont situées dans une maisonnette en pierre, voisine de la maison de la propriétaire, Hélène, et de sa famille. Depuis les fenêtres apparaissent le vaste jardin d'agrément et maraîcher, ainsi que le verger géré en bio. Belle terrasse suspendue pour la chambre du premier étage, toilettes sèches indépendantes pour les deux logements.
Chambres d'hôtes Les Jardins d'Hélène - 2 Les Quatre Vents - ✆ 06 71 55 31 02 - 2 ch. 60 €. Produits du terroir, légumes et fruits bio vendus à la ferme le vend. 15h-19h.

knape/iStock

St-Pardoux-le-Lac : do you sleep english ? À l'étage d'une longère en pierre joliment réaménagée, Keith et Josette ont ouvert 5 confortables chambres d'hôtes au décor rustique. Dans un cadre champêtre, calme et reposant, ils élèvent chevaux, ânes, moutons, volaille et lapins. Et ce n'est pas tout ! Vous aurez également la possibilité de prendre des cours d'anglais, de participer aux travaux de la ferme et de découvrir les animaux de la ferme guidés par Keith dans la langue de Shakespeare.
Chambres d'hôtes La Ferme de Chasseneuil - Keith & Josette Richardson - ✆ 05 55 53 59 01 - chambresdhoteslimousin.com - 5 ch. 62/105 € - table d'hôtes 22 €/pers.

FAIRE LA FÊTE

Bellac : festival national de Bellac. Durant cinq jours début juillet, concerts de jazz, contes et spectacles de théâtre animent ce festival lancé par Louis Jouvet en 1953, en hommage au dramaturge Jean Giraudoux né dans la cité en 1882 et initiateur d'un théâtre d'un genre nouveau où se mêlent l'ironie, la poésie et la magie. Les manifestations ont lieu sur des scènes ouvertes, sur les rives du Vincou, à la maison des associations, ainsi que dans les cours et jardins.
Théâtre du Cloître - ✆ 05 55 60 87 61 - www.theatre-du-cloitre.fr.

LE PLATEAU DE MILLEVACHES

Sur le flanc nord-ouest du Massif central, le plateau de Millevaches compose une étonnante mosaïque de milieux naturels alimentés par les innombrables ruisseaux et rivières qui y prennent source. Forêts de feuillus ou de résineux, tourbières, pâturages et étangs abritent une faune et une flore remarquables et constituent un vrai paradis pour les amateurs de nature sauvage et de tourisme vert !

DEPUIS LIMOGES : 68 km jusqu'à Treignac via Chamberet par la D12 et 93 km jusqu'à Meymac par la D979.

VENIR EN TRAIN

- **De Limoges 1h30 en TER jusqu'à Meymac. Une voiture est nécessaire pour parcourir le territoire.**

BONS PLANS

- **Pour organiser votre séjour : www.tourismecorreze.com.**
- **Infos sur le Parc : www.pnr-millevaches.fr. L'espace découverte de la maison du Parc donne de nombreuses informations utiles pour planifier votre séjour.**
- **Amateurs de randonnées, consultez www.correzerando.com.**

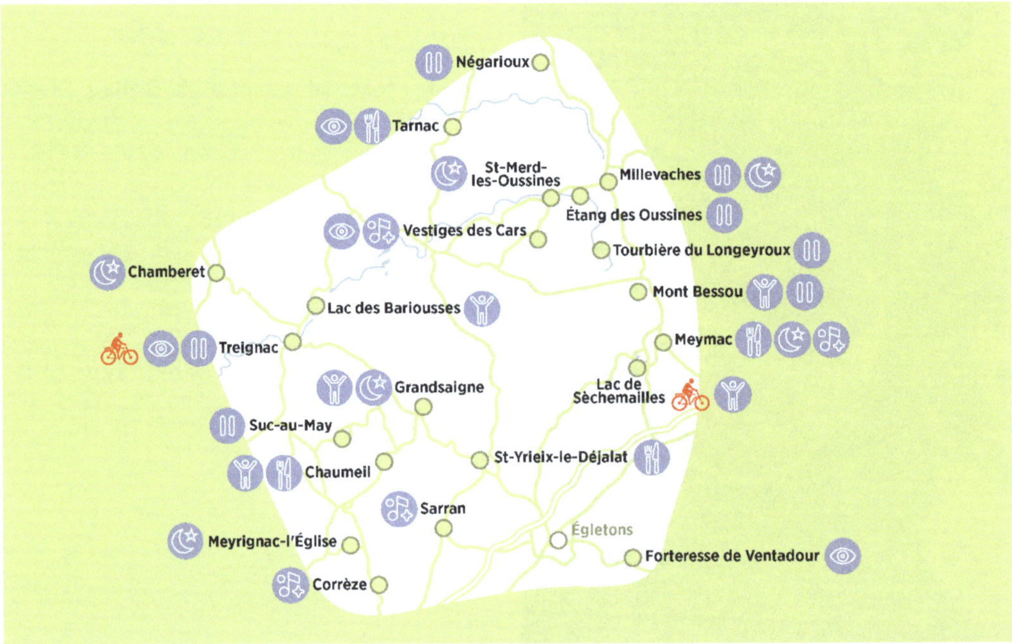

LOUER UN VÉLO

TREIGNAC

Station sport-nature

Lac des Bariousses - ✆ 05 55 98 00 93 - juil.-août ; reste de l'année sur réserv. Location de VTT à la demi-journée ou à la journée (9/15 €) et VTT électriques (25/40 €). Casque et antivol fournis, pas de remorques ni de sièges enfants.

LAC DE SÈCHEMAILLES

Base de loisirs de Sèchemailles

✆ 06 24 12 85 72 - juil.-août ; le reste de l'année sur réserv. Location de VTT adultes et enfants (10/8 € la 1/2 j/., 16/12 €/j).

F. Guiziou/hemis.fr

VOIR

Tarnac : village de charme. Ce ravissant village mérite une halte pour ses jolies ruelles bordées de maisons aux toits d'ardoises, massées autour des vieilles pierres de l'église St-Georges. Le petit édifice est unique en son genre avec ses deux nefs accolées : l'une romane du 12e s., l'autre gothique du 14e s. terminée par un chevet plat. En déambulant autour de l'église, on rejoint vite l'adorable fontaine St-Georges et son vieux lavoir. Sur la place se dressent le vénérable chêne « de Sully », qui a près de 300 ans et, à côté, le chêne dit « de la Liberté du 12 mars 1848 ».

Vestiges des Cars : de beaux restes. Perdu en pleine nature, cet amoncellement de blocs de pierre révèle un étonnant ensemble funéraire (fin 2e-3e s.) et bâtiment d'habitation (fin 2e s.), distants de 300 m. Vous remarquerez tout d'abord les vestiges d'un temple rectangulaire (soubassements, podium, escalier monumental) et d'un mausolée de grandes dimensions. Un petit sentier sur la gauche vous mène aux ruines d'une villa, dont la qualité des aménagements révélés lors des fouilles laisse à penser qu'il s'agissait du domaine d'un riche propriétaire terrien. La demeure, agencée autour d'une cour, bénéficiait de tous les conforts, comme l'atteste son énorme cuve monolithique. L'association du Bac des Cars s'attache à mettre en valeur ces vestiges gallo-romains à travers différents événements programmés en saison *(voir p. 127)*.

Treignac : des vieilles pierres de haut en bas. Vous êtes ici au pied du massif des Monédières, dans un superbe village entouré de forêts et de lacs. C'est d'abord la ville haute que découvre le visiteur en arrivant par la route. S'étendant entre la place de la République et la place du Collège, elle présente un bel ensemble de maisons anciennes des 16e s. et 17e s. L'église N.-D.-de-la-Paix (1326) possède un clocher tors (dont la flèche est en spirale), unique en Corrèze, et la halle, reconstruite au 15e s., est dotée de 12 piliers et d'une belle charpente en châtaignier recouverte d'un toit en ardoise.

Dans la ville basse, accessible par une rue en très forte pente, ne manquez pas de jeter un coup d'œil au vieux pont gothique, dont les arches enjambent la Vézère au cours rapide : la vue porte sur les ruines de l'ancien château, dont les murs en terrasses dominent la rivière, ainsi que sur l'église et les vieilles demeures coiffées d'ardoises.
Office de tourisme de Treignac - 1 pl. de la République - ✆ 05 55 98 15 04.

Ventadour : à l'assaut de la forteresse. Au départ de Moustier-Ventadour, une route étroite offre de très belles vues sur les ruines perchées sur un éperon rocheux. La forteresse médiévale se dresse fièrement dans un site sauvage, exposée aux vents. Deux tours, de hautes murailles, d'anciennes cours intérieures, des vestiges du corps de logis et une barbacane demeurent de l'austère forteresse médiévale. De la plate-forme située au sud, la vue est vertigineuse sur les ravins et la vallée de la Luzège.
La Chanselve - ✆ 05 55 93 04 34 - www.tourisme-egletons.com - mai-juin et sept. : jeu.-dim. 10h-13h, 14h-18h ; juil.-août : tlj 10h-13h, 14h30-18h30 - 4 € (6-16 ans 2.50 €).

BOUGER

Lac de Sèchemailles : une pause rafraîchissante. Les 40 ha du plan d'eau de Sèchemailles ont été aménagés pour les loisirs. Dans un site boisé et paisible, on profite de la plage (baignade surveillée en été), des sentiers de randonnée, et bien sûr de toute la palette des activités nautiques : kayak, pédalos, paddle… Location de vélos possible sur place.
Base de loisirs de Sèchemailles - ✆ 06 24 12 85 72 - accès libre, activités payantes.

Mont Bessou : descente à fond ! Amateurs de vitesse, passez chercher votre VTT à la base de loisirs de Sèchemailles (sauf si vous avez déjà votre équipement), enfilez votre casque et mettez les gaz ! La piste VTT (sentiers de terre et herbe) du mont Bessou offre des pentes jusqu'à 10 % sur une boucle de 2,5 km : de quoi s'offrir une bonne dose de sensations fortes et un grand bol d'air !
Piste de descente du mont Bessou - accès libre depuis le sommet du mont.

Lac des Bariousses : un cadre idyllique pour se dépenser. À quelques kilomètres au nord de Treignac, ce grand lac (99 ha) est apprécié aux beaux jours pour la beauté de son environnement. Il longe des vallons verdoyants et offre de nombreuses possibilités d'évasion : pêche au calme, location de matériel nautique et de vélos VTT (classiques ou électriques), sports de plage ou simple pique-nique autour de la buvette et du food-truck. Les enfants se baigneront en sécurité ou s'amuseront sur les structures gonflables flottantes.
Lac des Bariousses - ✆ 05 55 98 15 04 - baignade surveillée juil.-août 11h-12h, 14h-19h ; base de loisirs ouv. mai-sept.

Chaumeil : dans la peau d'un cow-boy. Idéalement située au cœur du massif des Monédières, cette écurie propose un vaste choix de circuits et balades pour tous les niveaux. Passionnés de far-west, les propriétaires utilisent essentiellement des quarter back, ces chevaux originaires des États-Unis et réputés pour leur vélocité, et organisent même des randonnées sur le thème de l'Ouest américain. Les sorties permettent de profiter de décors exceptionnels mais se font aussi avec une approche éthologique, de sorte que vous prendrez le temps, avant le départ, de tisser de véritables liens avec votre monture, surtout si vous optez pour les randos sur plusieurs jours.
Centre équestre de Chaumeil - ✆ 06 86 97 97 90 - www.facebook.com/Trephy - tte l'année sur réserv. - 26/57 €/pers. selon la formule (1h30 à 3h30), tarifs des randos selon le nombre de jours et de pers.

Grandsaigne : sur la route avec un âne. Une véritable expérience à vivre en famille qui permet de découvrir la Corrèze via ses petits sentiers en sous-bois, au pas lancinant de l'âne. Au départ de La Vaysse, plusieurs choix de circuits (2h-4h) sont proposés, mais vous pouvez également, en partenariat avec l'équipe et selon vos envies, établir un itinéraire personnalisé sur quelques jours. Pendant que les ânes randonnent, les ânesses travaillent aussi et vous

Ch. Guy/imageBROKER/agefotostock

pourrez repartir avec du véritable savon au lait d'ânesse, fabriqué sur place !

Les ânes des Monédières - lieu-dit La Vaysse - ✆ 06 33 99 53 31 - 20/30 € par âne selon le circuit choisi - pique-nique sur réserv. 9 €/pers.

FAIRE UNE PAUSE

Tourbière du Longeyroux : refuge de la faune. Cette zone protégée de 255 ha occupe le fond d'une dépression granitique du plateau de Millevaches et cache les sources de la Vézère. Au Longeyroux, l'épaisseur moyenne de la tourbe est de 2 m et l'analyse des pollens fossilisés montre qu'elle s'y est installée il y a 8 000 ans. La lande est habitée par une faune peu riche et rare (lézard vivipare, vipère péliade, pipit farlouse) et survolée par l'« aigle des serpents », le circaète jean-le-blanc. La présence de la discrète loutre (traces d'excréments ou « épreintes ») est un indicateur de la pureté des eaux du site.

Tourbière du Longeyroux - livret dans les offices du tourisme de Meymac et de Bugeat - ✆ 05 19 60 00 30 - visite guidée juil.-août : merc. 10h, 4,50 € (18-12 ans 3,50 €).

Mont Bessou : au sommet du plateau de Millevaches. Avec le puy Pendu, situé juste en face, le mont Bessou est le point le plus élevé du plateau (977 m), que l'on surnomme volontiers le « toit du Limousin ». Une route en fait le tour. Au sommet a été aménagé un parc de 67 ha agrémenté d'une aire de repos et d'un étang artificiel. Une tour panoramique (188 marches) permet de monter à 1000 m et de profiter d'une vue à 360°.

Étang des Oussines : un espace naturel très couru. Cette étendue de 18 ha est alimentée par les eaux de la Vézère. Son espace naturel, fréquenté par des oiseaux migrateurs, possède un très riche intérêt biologique. On y rencontre des espèces végétales rares (bruchie des Vosges ou littorelle, une plante aquatique donnant une fleur) et le site est aussi apprécié par les loutres... Un paradis pour les contemplatifs et amateurs d'observation de la nature. N'oubliez pas vos jumelles !

Millevaches : l'emblématique village. Prenez le temps de flâner dans les ruelles du pittoresque village qui a donné son nom au plateau. À une altitude de 912 m, le plus haut chef-lieu de Corrèze, qui compte à peine une centaine d'habitants, est caractéristique du pays avec ses maisons de la fin du 19e s.

Négarioux : quand tourbe et art se mélangent. Au départ du village, empruntez le circuit pédestre (6 km - 3h) qui sillonne la tourbière entre Négarioux, Geneyte et Malsagne. Il est ponctué d'œuvres d'art en rapport avec le patrimoine naturel et historique du lieu.

Treignac : vue plongeante sur les gorges. Au sommet de la butte, à la sortie sud-ouest de Treignac, empruntez un sentier (fléchage) qui serpente au milieu des bruyères et descend jusqu'au rocher des Folles. Les habitants de la région racontent que dans des temps anciens, une mère, refusant de sacrifier sa fille aux dieux, se jeta avec elle dans la Vézère du haut de ce gros bloc granitique. De ce site, vous jouirez d'un beau panorama sur les gorges rocheuses et les collines boisées de la Vézère.
Le rocher des Folles - 45mn AR. Sentier signalé à la sortie sud-ouest de la localité.

Suc-au-May : une vue en or. De la table d'orientation, à 908 m d'altitude, le panorama embrasse la campagne limousine et le plateau de Millevaches. Le massif des Monédières se dresse au premier plan en une suite de bombements et de faibles dépressions à fond plat. Par beau temps, vous pourrez distinguer les reliefs de l'Auvergne : monts Dôme, monts Dore et monts du Cantal.

DÉGUSTER

Meymac : à la bonne auberge. Goûtez aux spécialités corréziennes, comme la farce dure et les tourtous, dans cette maison rustique du 16e s. flanquée d'une tour. Tous les produits sont locaux et les viandes limousines se marient à la perfection avec les champignons de saison et le mounassou corrézien ! Vente de produits régionaux.
Chez Françoise - 24 r. Fontaine-du-Rat - ✆ 05 55 95 10 63 - fermé fin déc.-mi-fév., dim. soir et lun. - menus 29/35 €.

Meymac : une foire pour les produits locaux. Si vous n'avez pas eu le temps de visiter les fermes de la région, rendez-vous les mercredis de juillet et août, en fin d'après-midi, à Meymac. Les producteurs s'y retrouvent pour faire connaître leurs produits en vente directe : myrtilles, fromages de brebis, truites fumées... Que ce soit pour faire vos courses ou pour ramener des souvenirs comestibles chez vous, vous y trouverez forcément votre bonheur.
Marché de producteurs - juil.-août : merc. 17h-20h.

Tarnac : des saveurs sur un plateau. Dans le ravissant village de Tarnac, l'une des meilleures tables de la région ! William Justin concocte des plats de qualité où les viandes limousines sont à l'honneur. Autres spécialités : le foie gras poêlé, la cassolette de ris de veau en sauce et un burger à base de mique corrézienne. Son épouse Christelle s'affaire en salle avec efficacité. Accueil adorable.
Hôtel des Voyageurs - 18 pl. de la Mairie - ✆ 05 55 95 53 12 - www.hotelcorreze.com - fermé déc.-fin fév., dim. soir et lun. - menus 33,90/42,90 €.

Chaumeil : bienvenue à la ferme ! La myrtille sous toutes ses formes ! En saison, myrtilles fraîches, sorbet aux myrtilles, tartes aux myrtilles à emporter et goûter à la ferme, le tout arrosé... d'un jus de myrtilles sauvages ! Un sentier pédestre balisé (1h) permet de découvrir la flore des Monédières.
Ferme de la Monédière - ✆ 05 55 98 20 48 - été : 10h-18h ; reste de l'année se rens.

Myrtilles.

Chaumeil : un condensé de Corrèze. Véritable vitrine des productions locales, cette maison regroupe plus de 50 exposants dans son espace découverte du terroir. On y trouve bien sûr des spécialités gastronomiques (miel, charcuteries et autres produits de la ferme) mais aussi de l'artisanat local, dont la présentation se fait chaque année à travers quelques expositions temporaires.
Maison de pays des Monédières - ✆ 05 55 21 21 24 - mai-sept. : tlj sf lun. (sf en juil.-août) 10h-12h30, 14h-18h - fermé et oct.-avr.

St-Yrieix-le-Déjalat : se faire plaisir par les plantes. Un couple d'agriculteurs spécialisé dans les plantes médicinales et aromatiques bio vous fait partager ses connaissances : usage populaire, utilisation en cuisine, origine des noms, etc. La visite ne se limite pas à une accumulation de noms savants : Dominique et Hendrijke savent rendre le parcours passionnant en évoquant les plantes dans la mythologie ou en organisant des petites sorties commentées sur le terrain ou des stages de botanique. Visite du séchoir, vente de tisanes et d'aromates.
Le Jardin du Centaure - lieu-dit Les Chaussades - ✆ 05 55 93 93 79 - www.jardin-du-centaure.fr - boutique ouv. tte l'année sf dim. ; hors saison se rens. - jardin botanique en visite libre mai-sept.

DORMIR AU CALME

Meymac : so british ! De belles et luxueuses chambres avec de grandes salles de bains. Un charme totalement british : les propriétaires sont anglais et ont su parfaitement redonner vie aux vieilles pierres, parquets et jolis meubles chinés dans la région. Le jardin, avec ses massifs fleuris et sa gloriette, est un vrai petit havre de paix. Terrasse propice à un dîner romantique, piscine bienvenue en été.
Le Moulin des Farges - lieu-dit Les Farges - ✆ 05 55 46 06 48 - www.moulindesfarges.com - 🏊 - 5 ch. 95/130 € ☕, moulin (6 pers.) 795/950 €/sem.

Meyrignac-l'Église : les pieds dans l'eau. Situé sur les rives du lac de Meyrignac, le domaine des Monédières jouit d'un très bel

RENCONTRE AVEC...

Violette Janet-Wioland, Parc naturel régional de Millevaches

Et si vous profitiez de votre exploration du Parc naturel régional de Millevaches pour jeter un coup d'œil aux étoiles ? Le parc est candidat RICE (Réserve internationale de ciel étoilé), un label qu'il compte bien décrocher en 2021. « Ce n'est pas tant pour le caractère exceptionnel de ce que l'on peut voir dans le ciel que nous sommes candidats » explique Violette Janet-Wioland, chargée de mission pour le parc, « mais pour la facilité d'accès à son observation et la richesse de l'environnement dans lequel on l'observe. Ici pas besoin de faire 2h de marche en montagne ou de s'enfoncer dans le désert pour découvrir la Voie lactée : il suffit de lever la tête vers le ciel, que l'on soit dans une clairière, une tourbière ou à quelques kilomètres d'un village ». Quand on sait que, en raison de la pollution lumineuse, moins de la moitié des Européens a ce privilège, autant saisir l'occasion lorsqu'elle se présente. « Nous souhaitons développer une vraie dimension astrotouristique autour de cet atout : observation d'étoiles bien sûr mais aussi conférences, randonnées nocturnes, expositions, bivouacs... Dans le respect de la biodiversité locale, et toujours en privilégiant un tourisme vert et familial. »

Meymac.

environnement naturel : une douzaine d'hectares sur lesquels sont répartis des chalets de taille et catégories de confort diverses ainsi qu'une cabane juchée dans son arbre, légèrement à l'écart du village. Les prestations sont nombreuses : restauration, piscine, spa, location de vélos, balades à cheval ou en canoë...
Le Domaine des Monédières - ✆ 05 19 99 40 30 - www.domaine-des-monedieres.com - chalets pour 2-4 pers. à partir de 74/88 €.

Chamberet : un village pas comme les autres. Au cœur des collines des Monédières, ce petit village offre une belle palette d'hébergements insolites et une situation idéale pour découvrir le Parc naturel régional de Millevaches. Roulottes, cabanes ou encore toue cabanée flottant sur le lac, à vous de choisir. Dans tous les cas, confort et détente autour du plan d'eau seront au rendez-vous. Le village étant aménagé dans un esprit familial, les enfants y trouveront un bel éventail d'activités (aire de jeux, vélos, piscine, miniferme...).
Le village des Monédières - ✆ 03 85 53 76 60 - www.slowmoov.com - 34/59 € - ☕ 9 € - location de vélos adultes : 12 € la 1/2 j., 20 €/j, (enf. 7/10 €).

Millevaches : une nuit à la belle étoile. Le Parc naturel régional a aménagé une aire de bivouac ouverte à ceux qui ne rechignent pas à se priver du confort d'une chambre pour profiter pleinement des ciels du Massif central. À proximité de la Maison du Parc, vous trouverez un espace dédié pour planter votre tente à même le sol, à moins que vous ne préfériez vous installer sur l'une des quatre plateformes en bois, plus isolée du sol. Un brasero permet de se réchauffer en soirée et de faire cuire quelques aliments, et eau potable comme toilettes sèches sont à disposition. À la nuit tombée, le ciel s'illumine pour le plus grand plaisir des yeux, loin de toute pollution lumineuse.
Aire de bivouac de la Maison du Parc - ✆ 05 55 96 97 00 - bivouac autorisé à partir de 17h30 (mai-juin) et 18h (juil.-août) - sur réserv. - 5 €.

Grandsaigne : logement insolite, mais tout confort. Deux très belles cabanes ont été aménagées en lisière d'un bois. Dans les hautes branches feuillues qui permettent de voir sans être vu, la grande cabane Les cent ciels (2-5 pers.) est lumineuse avec ses grandes fenêtres de toit et son agréable terrasse « d'altitude ». Offrant des vues plus dégagées sur les collines des Monédières, la plus intimiste cabane du Berger (2-4 pers.) est nichée dans une jolie châtaigneraie et se prête idéalement à un séjour reposant. Enfin la roulotte permet de séjourner tout aussi confortablement, mais sans quitter le plancher des vaches. Location de vélos et vente directe de produits à la ferme.

Les cabanes au bord du monde - lieu-dit La Vaysse - ✆ 06 33 99 53 31 - www.cabanesauborddumonde.fr - 98/115 € selon la cabane, 70 € en roulotte.

St-Merd-les-Oussines : retour à la bergerie. L'ancienne bergerie se situe au cœur même de la forêt. Un environnement idéal pour décompresser et se mettre au vert, dans un coquet bâtiment parfaitement restauré et joliment décoré. Les volumes sont appréciables et le choix des matériaux s'est fait dans le respect de l'histoire du site. Le soir, sur réservation, on profite de la table d'hôtes, avec volailles de la basse-cour et légumes du potager. Difficile de faire un circuit plus court !

La Bergerie Deltreuil - ✆ 05 55 46 14 45 - 55 € - table d'hôtes sur réserv. 20 €/pers. (enf. 8/13 €).

FAIRE LA FÊTE

Meymac : de l'artisanat à tous les coins de rue. Durant 3 jours autour du 15 août, les jolies ruelles bordées de maisons aux toits d'ardoises de Meymac s'animent pour accueillir les professionnels et passionnés des métiers d'antan et du travail manuel, venus de toute la France. Bijoutiers, ferronniers, sculpteurs sur bois ou sur pierre envahissent les rues et enchaînent les démonstrations et ateliers découverte en marge du concours ovin qui se tient aux mêmes dates et était, à l'origine, le prétexte à cette grande foire artisanale. L'occasion, aussi, de déguster les spécialités fromagères du pays !

Journées artisanales d'art de Meymac - www.tourisme-hautecorreze.fr.

YinYang/iStock

Corrèze : le champignon en fête. Les cèpes et les girolles sont les stars le 2e dimanche d'octobre à Corrèze. Personne ne révélera son petit coin à champignons bien sûr, mais producteurs comme récoltants sont là pour dévoiler quelques-uns de leurs secrets pour dénicher les meilleurs spots. Toute la journée ont lieu des animations sur la place du marché : vente de champignons, mais aussi dégustation de spécialités locales (ne manquez pas le sauté de veau aux girolles !), le tout dans une ambiance musicale et animée.

Fête du champignon - rens. auprès de la mairie de Corrèze - ✆ 05 55 21 25 21 - repas payant.

Sarran : une fenêtre sur le monde. Dans une ambiance toujours conviviale, durant 4 jours début août, ce petit festival s'organise autour d'un marché de producteurs et dans les cafés du bourg. La programmation est variée et peut aller de la musique country aux danses sud-américaines en passant par les chants de marins ou les ensembles traditionnels asiatiques. Foire, brocante et fête foraine complètent le tableau.

Chants, danses et musiques du monde - www.festivalfolklore-sarran.sitew.com - concerts gratuits sf le vend. soir.

Vestiges des Cars : à l'heure de l'apéro. Des événements sont programmés chaque année pendant l'été autour du site archéologique des Cars. Une fois par mois en juillet et en août, un apéro s'improvise à la tombée du soleil face aux vestiges gallo-romains. C'est l'occasion de tester les produits locaux (sirops, charcuterie, fromages…) mis en avant par l'association et de passer un moment convivial et festif dans un décor à la fois naturel et décalé. D'autres manifestations sont organisées tout au long de l'été : balades contées, visites guidées, théâtre…

Association du Bac des Cars - site-gallo-romain-les-cars.com - dates sur le site Internet.

LE PÉRIGORD VERT

Nanti d'un solide patrimoine rural naturel et humain, avec ses paysages préservés ponctués de châteaux, moulins et forges, le Parc naturel régional Périgord-Limousin joue résolument la carte de l'écotourisme. Dans cet espace préservé où l'homme a su composer avec le paysage, les voies vertes, stations nautiques et hébergements insolites fleurissent pour le plus grand bonheur des amateurs de nature.

DEPUIS ANGOULÊME : 48 km jusqu'à Nontron par la D4, puis la D75.

VENIR EN TRAIN

- **La région se situe dans un désert ferroviaire et il vous faudra emprunter le bus pour rejoindre Nontron depuis Angoulême (1h15 - www.citram-charente.fr). Vous l'aurez deviné, une voiture est plus pratique.**

BONS PLANS

- **Pour découvrir le Parc : www.pnr-perigord-limousin.fr.**
- **Le CPIE Périgord-Limousin organise beaucoup d'événements pour sensibiliser le public aux questions environnementales. Consultez son site : www.cpie-perigordlimousin.org.**

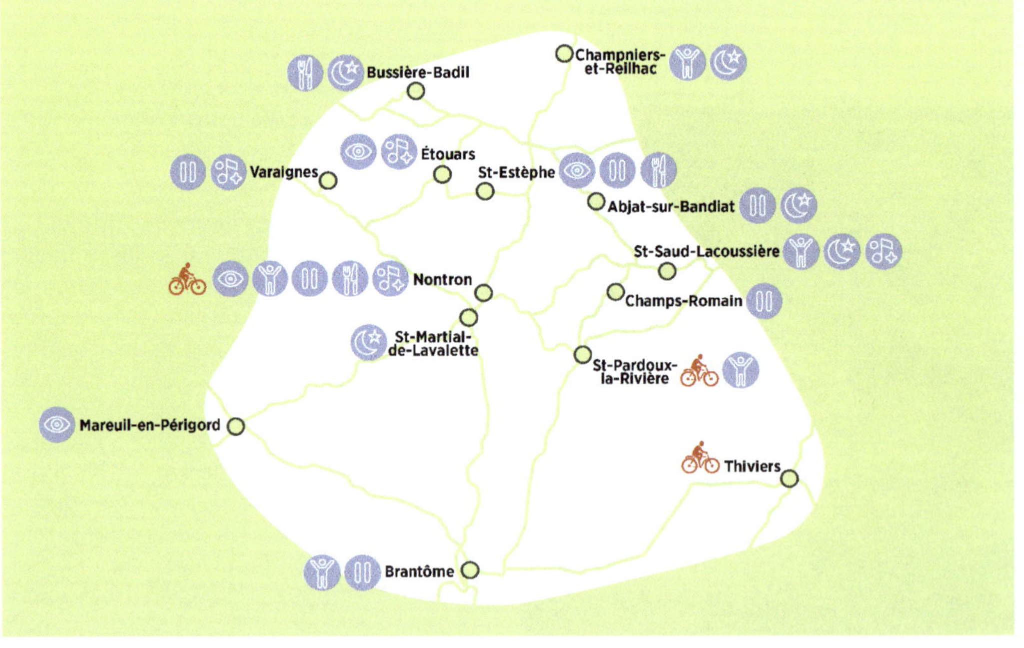

LOUER UN VÉLO

ST-PARDOUX-LA-RIVIÈRE

L'Atelier cycle 24
42 r. du Puy-de-la-Barre - ✆ 06 84 54 38 67 - www.ateliercycles24.sitew.fr. Location VTC et VTT (11 € la 1/2 j., 14 €/j), vélos enfants (6/9 €) et VAE (18/25 €). Supplément casque 1 €.

NONTRON

Mairie
1 pl. Alfred-Agard - ✆ 05 53 60 84 00 - www.nontron.fr. La mairie de Nontron dispose de quelques vélos à assistance électrique en location (10 €/j, 25 € le w.-end - du vend. soir au lun. matin). Un casque est fourni avec le vélo.

THIVIERS

Dordogne Cycle Hire
✆ 05 53 52 26 42 - www.dordognecyclehire.com - 20/30 €/j selon le modèle - forfaits à la semaine. VTT, VTC, VAE, vélos enfant, tandems : on trouve tout ici ! Équipements assurés : casque, porte-bouteille, kit outils, chambres à air, pompe ; les pneus sont remplis de gel anti-crevaison. Bref, de la qualité !

Jose Luis Alvarez Esteban/iStock

VOIR

St-Estèphe : farine et acier, le moulin fait la paire. Ce moulin d'étang a été rendu à la vie par les soins et l'intelligence de François Devige, coutelier passionné de métiers anciens. Calés contre la digue qui laisse passer l'eau à la demande, les mécanismes restaurés actionnent encore les meules à huile et à farine. Un petit musée rassemble quelque 3000 objets liés à la production artisanale et agricole depuis le milieu du 18e s. Des artisans font partager leur goût pour leurs métiers : forge, meunerie, huilerie, et bien sûr coutellerie. Le lieu est pédagogique et convivial, et il est difficile de repartir les mains vides (la boutique propose huile, farine, couteaux...).
Moulin de Lapeyre - ✆ 05 53 05 35 82 - www.couteau-leperigord.com - de déb. juil. à mi-sept. : 14h-19h, fermé dim. ; reste de l'année : voir : le site Internet - 7 € (4-12 ans 3 €, gratuit).

Étouars : chaud devant ! Au bas du hameau d'Étouars, un chapelet d'étangs ponctué de panneaux conduit aux forges, qui constituèrent l'un des sites de production d'acier majeurs de la région. Mis en valeur par le Centre permanent d'initiative pour l'environnement, le sentier de découverte (1h30) rappelle que le Périgord vert, dont le sous-sol est particulièrement riche en minerai de fer et qui disposait également de nombreuses sources, se prêtait idéalement à l'industrie sidérurgique. Profitant de l'activité engendrée par l'arsenal de Rochefort aux 17e et 18e s., elle a compté jusqu'à 140 forges. L'association met en valeur l'impact historique de l'activité sidérurgique sur les paysages, l'architecture, les métiers traditionnels dans le Périgord vert et en France.
CPIE Périgord-Limousin - au château de Varaignes - ✆ 05 55 56 23 66 - www.cpie-perigordlimousin.org.

Mareuil-en-Périgord : mythes et légendes du château. Ce château, que l'on visite en compagnie du propriétaire, passionnant et disert, est riche d'une longue histoire. On y croise le valeureux Du Guesclin, le mystérieux Barberousse, des maîtres de forges et la belle

Aïssé. L'histoire démarre au 13e s., avec une première tour de guet sur un promontoire rocheux au-dessus de la Nizonne, complétée par un fossé de défense, des fortifications, l'aménagement du donjon en tour carrée, un logis inachevé au 17e s., un projet de jardin avorté, des moments d'abandon et des efforts de sauvegarde.

Château des Bernardières - ✆ 05 53 60 94 61 - juil.-sept. : tlj sf mar. 10h-12h, 14h-18h - visite guidée (1h) - gratuit.

Nontron : l'artisanat d'art contemporain à l'affiche. Ce pôle expérimental programme de nombreuses expositions thématiques autour des métiers d'art quel que soit le domaine ou l'industrie dans lequel ils s'exercent : céramique, taille de pierre, travail du bois ou du verre... Vous pourrez découvrir les créations d'excellence contemporaines, nées d'un savoir-faire et de techniques du travail de la matière souvent ancestraux. La boutique offre à elle seule une très belle vitrine au talent des créateurs.

Pôle expérimental des métiers d'art de Nontron et du Périgord-Limousin - av. du Gén.-Leclerc - ✆ 05 53 60 74 17 - www.metiersdartperigord.fr - 10h-13h, 14h-18h - fermé dim. sf juil.-août - boutique ouv. mar.-sam.

BOUGER

St-Pardoux-la-Rivière : voie verte loin de tout. Cet ancien tronçon de voie ferrée reliait St-Pardoux-la-Rivière à Thiviers sans escale, c'est-à-dire qu'aujourd'hui, après sa transformation en voie verte, on ne croise toujours aucun village sur les 17 km du parcours et très peu de routes. Une virée à vélo confortable donc, d'autant qu'on profite presque tout le long de l'ombrage des chênes. Idéale à parcourir en famille, elle ne présente aucune difficulté ou côte marquée malgré le relief vallonné de part et d'autre. Seuls les deux derniers kilomètres pour rejoindre Thiviers se font sur route, malheureusement assez passante.

St-Saud-Lacoussière : baignade presque sauvage. Le grand étang (13 ha) de St-Saud-Lacoussière se situe dans un très beau site boisé et sauvage, tout juste domestiqué sur la belle portion de plage aménagée sur son flanc est (chiens non admis dans la zone de loisirs). Un petit sentier pédestre en fait le tour alors que quelques paddles permettent d'aller s'isoler sur l'eau. Le Ski club Périgord vert propose également des journées ski nautique (le w.-end en juil.). Possibilité de restauration sur place et tables de pique-nique à disposition.

Canoë à Brantôme.

Plan d'eau de St-Saud - accès libre, baignade surveillée juil.-août 14h-19h.

Champniers-et-Reilhac : fantastique chevauchée. Une équipe de passionnés du far-west dirige ce ranch, et vous permettra de vous initier au lancer du lasso ou au rassemblement du bétail comme de vrais cow-boys. À côté des chevaux quarter-horse ou appaloosa évoluent effectivement quelques vaches du Texas (les célèbres longhorn) et bouviers australiens, une race de chiens utilisés pour la garde du bétail. Et après avoir feuilleté ces images d'Épinal de la conquête de l'Ouest, rien ne vous empêche de vous mettre en selle pour une classique balade à cheval dans les superbes décors du Périgord vert.
JNR Ranch - lieu-dit La Chapaudie - ✆ 06 70 37 46 14 - jnrranchfrance.wixsite.com/jnrranchfrance - adultes 25 €/h, enf. 20 €/h (ânes ou mulets).

Nontron : dans les arbres périgourdins. Le parcours accrobranche jouxte l'étang de Noailles et permet d'accéder au plus haut des arbres, à une dizaine de mètres au-dessus du sol, à travers une centaine d'ateliers répartis sur 5 parcours différents, dont l'un s'achève avec une tyrolienne de 250 m survolant l'étang. Un parcours spécial est prévu pour les enfants de 3 à 6 ans. Pour vous rafraîchir après l'effort, le parc loue également des pédalos, pour un petit tour sur le plan d'eau.
Périgord vert Aventures - plan d'eau de Nouailles - ✆ 05 53 56 28 16 - www.perigord-aventures.fr - juil.-août : 11h-19h - accès pour 4h 8/20 € selon les parcours choisis.

Brantôme : pagayer sur la Dronne. Une des activités phares à Brantôme est le canoë-kayak. Qu'on pagaie sur place pour admirer l'abbaye ou qu'on s'éloigne un peu pour découvrir les berges de la Dronne, c'est toujours un plaisir ! si vous préférez le paddle, c'est possible.
Brantôme Canoë - 14 av. André-Maurois - ✆ 05 53 05 77 24 - brantomecanoe.com - location canoë ou kayak : 12/24 €/h ; rando 4 km 16/36 € ; rando 8 km 18/42 € ; location paddle 14 €/h.

LE PÉRIGORD VERT VU PAR...

Hoang, auteur du blog HangExplorer.com

« Amoureux de nature et d'authenticité, j'ai trouvé mon bonheur en explorant le Périgord vert. Sa végétation, ses cours d'eau et son patrimoine invitent à la découverte. Du parc naturel régional aux gorges sauvages de l'Auvézère, en passant par le village médiéval de St-Jean-de-Côle, une simple randonnée se transforme en une aventure hors du temps. Au fil de la Dronne, je suis tombé sous le charme de Brantôme, niché sous une falaise au cœur d'un décor verdoyant. Cette Venise verte est bâtie autour d'une impressionnante abbaye fondée par Charlemagne et abrite le plus vieux clocher de France, selon la légende. J'adore me balader en kayak jusqu'au château de Bourdeilles et prendre le temps d'apprécier le calme du paysage et la richesse culturelle des lieux. Ici, tout est beau et tout est bon. Une terre où la gastronomie est raffinée et la table généreuse. En arrivant au Moulin de l'Abbaye, une somptueuse demeure située sur les rives, j'ai succombé aux spécialités du chef à base de foie gras et de truffes du terroir. Une parenthèse ressourçante ! »
Moulin de l'Abbaye - 1 r. Pierre-de-Bourdeille, Brantôme - www.moulinabbaye.com.

Le saut du Chalard.

FAIRE UNE PAUSE

Champs-Romain : une cascade secrète. Au départ de la mairie de Champs-Romain, un sentier balisé (2h AR) permet de se rendre sur une plate-forme dominant la Dronne et le « saut du Chalard ». En contrebas, une petite cascade dissimulée aux regards entretient les bouillonnements de la rivière entre les versants escarpés et boisés. Le chemin est d'accès facile, le plus souvent à l'ombre des sapins, mais peut se révéler glissant et boueux après de fortes pluies. Soyez vigilant et consultez la météo des jours précédant votre visite.
Mairie de Champs-Romain - ✆ 05 53 56 71 02.

Champs-Romain : une halte safranée. Si vous passez par Champs-Romain en octobre, n'hésitez pas à vous arrêter au moulin de la Valade, où Pierre Oudot fabrique son safran. Vous aurez ainsi l'occasion de voir la safranière en fleur et de participer à la récolte du précieux pistil, qui bénéficie dans le Périgord vert d'un terroir de qualité et d'un climat adapté. Vente de safran et produits dérivés (huiles, moutardes, cosmétiques...).
Le Safranier - moulin de la Valade - ✆ 05 53 56 62 27 - safran.du.perigord.chez-alice.fr - visites, stages et récolte sur RV.

Brantôme : pause-café. Quelques tables dans la rue, d'autres dans un petit jardin, une salle amusante et un accueil adorable composent le cadre de cet endroit idéal pour un déjeuner rapide, une pâtisserie maison ou un délicieux café torréfié sur place.
Co Thé Café - 30 r. Victor-Hugo - ✆ 05 53 06 93 17 - 9h-18h30 - fermé lun. et mar.

St-Estèphe : qui ébranlera le roc ? Cet étang de 30 ha, classé Espace naturel sensible, offre une exceptionnelle diversité de faune et de flore. Il constitue pour les Nontronnais une agréable base de loisirs avec sa plage (baignade surveillée en été). Les marcheurs empruntent les sentiers qui rayonnent autour du lac. L'un des plus populaires est celui menant au « roc branlant ». Ce dernier oscille d'une simple poussée, selon un axe nord-sud. Les curieux et les amoureux de verdure poursuivront jusqu'à un amoncellement de rochers appelé Chapelet du Diable. Le chemin voisin conduit à un bief où vous pourrez suivre un sentier ethnobotanique.

Varaignes : par la force de l'eau. Venez découvrir les secrets de la force hydraulique dans ce site unique, sur les rives du Crochet. Roues, engrenages, noria et maquettes animées décrivent en détail l'utilisation de l'énergie de l'eau à travers les siècles. Attenant, un

jardin présente plus de 200 variétés de plantes textiles et tinctoriales, rappelant l'important passé de la région, berceau de la charentaise, dans le domaine de l'industrie textile. Enfin, poussez jusqu'à l'éolienne pour découvrir, à son pied, un espace dédié à « l'énergie et l'eau consommée », ou comment les énergies cumulées peuvent amener l'eau à couler d'un robinet.
Lud'eau vive - CPIE Périgord-Limousin - dans le château - ☎ 05 55 56 23 66 - www.cpie-perigordlimousin.org/ludeau - gratuit.

Abjat-sur-Bandiat : un parc de promenade, mais « pas que ». Derrière l'église du village, sur un terrain en pente de 1,5 ha, a été aménagé ce « jardin des légendes », un lieu conçu pour « donner envie de s'y perdre ». Des sentiers thématiques font appel à l'imagination des promeneurs pour évoquer à travers formes, essences ou fleurs, détaillées sur des panneaux pédagogiques, les légendes locales : l'allée du serpent, le chemin des cloches ou celui des Fadettes... Un cadre qui se prête parfaitement aux balades contées organisées certains soirs d'été.
Balades contées estivales - dates et rens. PNR Périgord-Limousin - ☎ 05 53 55 36 00 - www.pnr-perigord-limousin.fr.

Kanmu/iStock

Nontron : perspective locale et plantes du monde. Formant le prolongement du pôle expérimental des métiers d'art *(voir p. 130)*, ce jardin en centre-ville réserve un superbe panorama sur la vallée. On s'y attarde également sur le mobilier urbain et les fontaines, véritables œuvres d'art, pièces uniques réalisées pour la mise en valeur de ce petit coin de paradis où s'épanouissent des espèces florales venues des cinq continents : palmiers, rosiers, plantes exotiques ou simples fleurs des champs se côtoient dans une parfaite harmonie.
Jardin des arts - av. du Gén.-Leclerc - tlj - gratuit.

DÉGUSTER

Bussière-Badil : en direct de la ferme. L'auberge de Panivol appartient à une exploitation agricole produisant entre autres des volailles et des fromages de chèvre. Ces spécialités se retrouvent sur la table, agrémentées des légumes du potager : foie gras, canard à l'orange, épicé de cabri... Les repas se prennent dans l'ancienne auberge du 19e s. ou sur la terrasse, offrant une vue panoramique sur le Périgord vert. Une petite boutique propose quelques produits en vente directe.
L'auberge de Panivol - lieu-dit Panivol - ☎ 05 53 56 40 66 - repas sur réserv. 30 €.

Bussière-Badil : le canard dans tous ses états. Impossible de quitter le Périgord sans avoir goûté l'un de ses produits phares, le foie gras, que vous trouverez dans la boutique de cette sympathique ferme, où l'on vous invite à rendre visite aux animaux évoluant en liberté. La ferme transforme ses volailles en une large gamme de savoureux produits : foie gras bien sûr, mais aussi pâtés, rillons, grattons, magrets et plats cuisinés.
Val de Chanedière - lieu-dit Chanedière - ☎ 05 53 56 54 61 - www.valdechanediere.com - 9h-20h.

Nontron : resto Les Bains douches. Les anciens bâtiments des bains douches de Nontron ont trouvé une nouvelle vocation : on y distribue toujours des serviettes, mais de table, pour le plus grand bonheur des amateurs de pizzas au feu de bois, burgers et salades

composées. Le plus de l'établissement : une terrasse en hauteur particulièrement agréable pour profiter de la vue pendant le repas.
Les Bains douches - 6 r. Grand-Puy-de-Bayet - 05 53 56 87 96 - les-bains-douches.business.site - 12h-14h30, 18h30-21h - fermé dim.-lun. - 10/25 €.

St-Estèphe : un marché à la ferme. Les producteurs du coin se donnent rendez-vous les lundis soir d'été pour un marché de plein air le long de l'étang de St-Estèphe. Spécialités de la région pour faire ses provisions ou pour manger sur place dans une ambiance festive.
Marché des producteurs de pays - 20 juil.-31 août : lun. 18h-21h.

DORMIR AU CALME

St-Saud-Lacoussière : une étape tout confort. Une ancienne halte des pèlerins de Compostelle, couverte de lierre, dont l'origine remonte au 17e s. Les chambres sont confortables, spacieuses, chaleureuses et colorées. Une grande attention est portée à la déco, parfois un peu chargée, et l'on ne peut que regretter l'absence de balcon. On profite néanmoins du cadre idyllique de l'hôtel dans le très beau jardin, avec piscine et jacuzzi.
Hostellerie Saint-Jacques - 10 rte du Grand-Étang 00 53 56 97 21 - www.hostellerie-saint-jacques.com - - 13 ch. 90/120 € - 14 €.

St-Martial-de-Lavalette : un hameau haut de gamme. Dominant 76 ha de parcs, prés et forêts, ce hameau compte une dizaine de bâtiments datant, pour les plus anciens, du 15e s. L'ensemble a été rénové (6 gîtes 4-10 pers.), en respectant le caractère d'origine, tout en y ajoutant des équipements modernes. Salle de musculation, massage avec kiné, piscine, sauna, hammam, Jacuzzi, bassin de nage à contre-courant et salon de détente.
Chambres d'hôtes Domaine de Montagenet - lieu-dit Montagenet - 05 53 60 35 98 - www.domaine-de-montagenet.com - - 4 ch. (2 nuits mini) 110 € - 10 € - gîtes voir le site Internet.

Bussière-Badil : un écogîte pour se ressourcer. Quatre chambres d'hôtes se partagent les superbes espaces offerts par cette ancienne grange du 19e s. Les propriétaires sont résolument axés écologie, alors ne vous attendez pas à vous connecter au wifi en attendant que votre boisson du petit-déjeuner chauffe au micro-ondes. Ici on prend son temps et on privilégie les produits bio et locaux : de la confiture et du thé le matin jusqu'aux draps et serviettes, en coton ou lin, bio également. Les chambres sont calmes et reposantes (salle de bains commune et toilettes sèches) et donnent accès à un vaste jardin commun de plus de 1 ha.
L'esperluette de Fonchy - 05 53 56 95 72 - www.lesperluette-gite-dordogne.com - 4 ch. 57/72 €.

Fabrication des couteaux de Nontron.

Abjat-sur-Bandiat : camping familial au bord de l'eau. Avec moins d'une quarantaine d'emplacements répartis sur 6 ha dans un cadre bucolique à souhait, avec rivière et plans d'eau, ce camping a su conserver une taille humaine et une ambiance très familiale. Les équipements sont complets : piscine, sauna, matériel de pêche disponible à la location sur l'étang et de nombreuses activités organisées dans les environs (randos, excursions en canoë...).
Camping Ripole - rte du Stade - ✆ 06 11 51 90 25 - www.campingripole.info - de mi-juin à mi-sept. - forfait 2 pers., véhicule et tente 19 €.

Champniers-et-Reilhac : en pleine nature. Cette maison située dans le Parc naturel est totalement entourée de verdure avec une dizaine d'hectares de prairies, bois et étangs alentour. Autant d'occasions de promenades champêtres ! Les chambres ont conservé un solide cachet avec leurs poutres apparentes et procurent des vues apaisantes par les fenêtres côté jardin. La piscine est un plus pour se détendre en fin de journée. Petits-déjeuners copieux, et bio !
Chambres d'hôtes La Couade - lieu-dit La Chabroulie - ✆ 06 27 89 38 71 - lacouade.ladordogne.info - fermé Toussaint-Pâques - - 3 ch. 80/90 €.

FAIRE LA FÊTE

St-Saud-Lacoussière : Fête du cèpe et du veau sous la mère. Le 1er dimanche d'octobre, les deux produits phares de la gastronomie limousine sont à l'honneur lors de cette réunion annuelle qui est surtout l'occasion de participer à un grand repas champêtre et de déambuler dans un petit marché de producteurs où règne une ambiance folklorique – musique et costume de rigueur Démonstrations culinaires et dégustations toute la journée.

Varaignes : au rythme des « glouglous ». Le 11 novembre, le petit village de Varaignes célèbre ses dindons. Les volailles défilent à travers la rue principale dans une atmosphère folklorique animée et colorée. Dégustation de spécialités (dindon rôti ou farci, potion de dindon, « boudindon »...) et animations musicales ne sont qu'une mise en bouche avant le clou de la fête : le concours de glouglous et le grand banquet du dindon !

Varaignes : un marché rare pour un savoir-faire préservé. C'est l'un des derniers de ce genre en France : le château de Varaignes accueille chaque année début juin un grand marché des tisserands et des créateurs textiles en marge duquel se déroulent de nombreuses manifestations, concerts et expositions. Autour du Musée tisserand et de la charentaise, tout concourt à la mise en valeur des métiers du textile, avec des invités venus du monde entier pour partager leurs techniques et leur savoir-faire.
Marché des tisserands - www.facebook.com/filsetmetiers - 3 € (-16 ans gratuit).

Nontron : pas de vague à lame. Le temps d'un week-end début août, Nontron célèbre la tradition de la coutellerie non seulement dans la région, mais aussi dans le monde à travers le travail d'une centaine de couteliers d'art exposant des pièces issues de leurs ateliers, souvent uniques. C'est également l'occasion d'assister en direct à la fonte d'une lame ou à la gravure d'un manche.
Fête du couteau - www.tourisme-nontron.fr - pass 1 j. 5 €, 2 j. 7 € (-16 ans gratuit).

Étouars : un festival tout feu tout flamme. Le dernier week-end de juillet, les métiers de la métallurgie renaissent à Étouars lors du petit festival Forges et métallurgie organisé par le CPIE. Les animations ont lieu autour du haut-fourneau, remis en chauffe pour l'occasion, et permettent, entre autres, de voir comment se déroule une coulée de fonte et comment celle-ci est transformée en fer. D'autres ateliers en lien avec le travail du métal se tiennent alentour : fabrication de lames de couteau en particulier, mais aussi visite guidée des forges, ateliers pédagogiques pour les enfants et animations médiévales.
Forges et métallurgie - www.cpie-perigord limousin.org - 3 €.

LA VALLÉE DU CÉLÉ

Suivre les anciens chemins de halage, cavaler sur les hautes falaises dominant le cours du Célé ou du Lot, pagayer sur l'une ou l'autre de ces rivières, remonter le temps à Pech-Merle ou se perdre dans les ruelles médiévales en pente de St-Cirq-Lapopie : la richesse de la vallée du Célé est telle qu'il vous semblera peut-être difficile, parfois, de rester « slow ». Qu'importe, le Célé enchante tellement qu'on finit toujours par y prendre son temps !

DEPUIS CAHORS : 25 km jusqu'à St-Cirq-Lapopie via la D911 et la D8.

VENIR EN TRAIN

- **Pas de train mais la ligne 889 des bus TER court entre Cahors et Figeac et dessert St-Cirq-Lapopie et Cajarc.**

BONS PLANS

- **Pour découvrir le Parc naturel régional des Causses du Quercy : www.parc-causses-du-quercy.fr.**
- **Certaines localités se situent sur le chemin de St-Jacques, très fréquenté en saison. Pensez à réserver vos hébergements suffisamment à l'avance.**

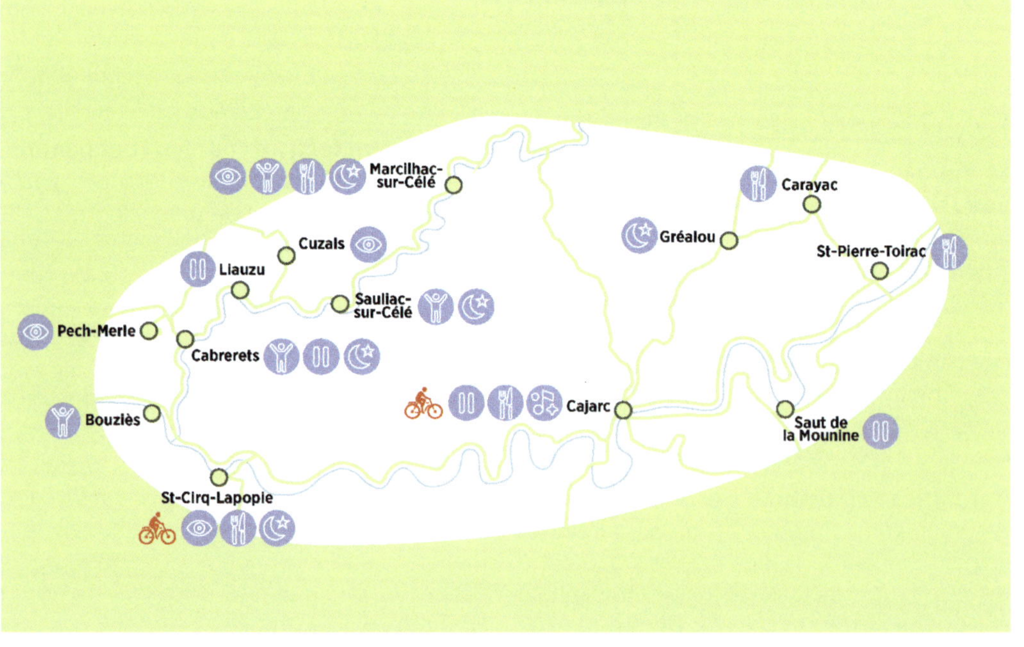

LOUER UN VÉLO

ST-CIRQ-LAPOPIE

Les p'tits vélos
Tour de Faure - ✆ 06 84 15 67 70 - www.lesptitsvelos-stcirq.com. Location de VTT et VTC en version classique ou à assistance électrique (15/25 €/3h ou 19/45 €/j); vélos enfant (10/15 €). Un forfait (15/35 €) est demandé pour livrer les vélos au départ des circuits de votre choix.

CAJARC

Lot & bike
1 bd du Tour-de-Ville - ✆ 06 23 11 62 50 - www.location-velo-cajarc.com. Location de VTT et VTC classiques 4h ou à la journée (15/19 €), VTT assistance électrique (30/45 €), VTC à assistance électrique (25/35 €) et vélos enfants (9/12 €). Également un tandem ainsi que des remorques et sièges enfants. Forfaits week-end ou semaine, livraison possible dans un rayon de 20 km. L'équipe pourra vous orienter vers 4 parcours VTT avec carte ou petit GPS pour une découverte de sentiers secrets du Lot!

Canoës près de Cabrerets.
Ch. E. Rose/age fotostock

VOIR

Marcilhac-sur-Célé : des ruines bien vivantes. Marcilhac est tout entier bâti autour de son abbaye, dont les ruines témoignent de deux grands styles architecturaux : le roman pour le porche et le tympan de la porte sud, un vestige rare de l'architecture carolingienne; et le gothique pour le chœur et le déambulatoire. Les vestiges impressionnants, démultipliés par leur reflet dans le Célé, donnent une idée du prestige ancien de l'abbaye, étape majeure sur le chemin de St-Jacques-de-Compostelle. Le joli village qui s'anime au son des festivals d'été offre un bon point de départ pour la découverte des causses, mais aussi des vallées du Lot et du Célé.
Office de tourisme - Maison du Roy - ✆ 05 65 34 06 25 - www.tourisme-figeac.com.

Cuzals : un écomusée pour comprendre la ruralité. Sur 20 ha sont évoqués tous les aspects de la vie rurale en Quercy, de l'Ancien Régime à la Seconde Guerre mondiale. Des bâtiments d'architecture quercynoise – fermes, cazelles, chaumières, château – rassemblent mobilier et objets d'époque. Les présentations d'architectures quercynoises, l'invraisemblable collection d'engins agricoles et les reconstitutions d'ateliers d'artisans, forgeron, tourneur sur bois, sabotier, boulangerie animent les lieux. L'été, tout ce matériel est remis en marche : la batteuse bat, le moulin moud, le pain cuit dans le four. Chaque dimanche, un thème différent est proposé, accompagné d'animations. Un sentier d'interprétation (3 km) a été aménagé pour vous faire découvrir les interventions successives de l'homme sur le milieu caussenard.
Écomusée de Cuzals - ✆ 05 65 31 36 43 - musees.lot.fr - juil.-août : 10h-19h; mai-juin et sept. : tlj sf lun.-mar. 14h-18h - 5 € (-12 ans gratuit).

Pech-Merle : un sentier pour retrouver le fil du temps. Après la visite de la grotte du Pech-Merle et du musée attenant, réservez-vous le temps de parcourir les 3,5 km (env. 2h) du sentier d'interprétation. Baptisé « chemin du temps », il permet de suivre l'évolution de

l'univers depuis le Big Bang jusqu'à nos jours. Bien plus explicite que tous les schémas du monde, on avance ici à un pas régulier de 4 millions d'années par mètre en voyant défiler, à travers 14 panneaux pédagogiques, les grandes étapes de l'évolution de notre monde : apparition du Système solaire, formation de la Lune, apparition de la vie sur terre... Sur le même modèle, mais en plus court, la frise chronologique de 40 m présente les grandes étapes des 500 000 ans de préhistoire : ici 1 m = 12 500 ans seulement !
Chemin du temps - Centre de préhistoire et grotte du Pech-Merle - ☎ 05 65 31 27 05 - www.pechmerle.com - accès libre au chemin et à la frise chronologique à partir du 2e parking. Grotte et musée du Pech-Merle - juin et de sept. à mi-oct. : 9h30-17h ; juil.-août. et vac. de Toussaint : 9h-18h - 14 € (5-14 ans 8,50 €).

St-Cirq-Lapopie : un nid d'aigle dominant le Lot. Accroché à la falaise, le village occupe une position remarquable, surplombant de 100 m la rive gauche du Lot, face à un cirque de hautes falaises blanches. Il faut flâner au hasard des ruelles en pente, bordées de maisons à colombages aux toits de tuiles brunes. Les façades en encorbellement abritent des boutiques mettant en valeur le travail d'artistes (peintres, graveurs, céramistes). Plusieurs maisons ont été restaurées par des peintres et des artisans séduits par St-Cirq et la vallée du Lot. Au centre du village, sur la place du Sombral, admirez les maisons à arcades et pans de bois (13e-14e s.) qui s'ouvrent sur la place où se tient le marché depuis le 13e s. À droite de l'office de tourisme, un sentier conduit aux vestiges du château et au point le plus élevé de la falaise. De ce promontoire, où se dressait autrefois le donjon de la forteresse de La Popie, on embrasse une vue remarquable sur le village de St-Cirq.
Office de tourisme - pl. du Sombral - ☎ 05 65 31 31 31 - www.tourisme-cahors.fr.

BOUGER

Bouziès : sur les anciens chemins de halage. La balade démarre à la hauteur de la halte nautique de Bouziès (parking). Au bout de 500 m apparaît le spectaculaire « chemin de tire » : tel un tunnel taillé dans le roc. À certains endroits, comme dans cette portion de chemin, le halage des gabares remontant le Lot ne pouvait plus être effectué par les habituels attelages de bœufs ou de chevaux ; il fallait faire appel à des tireurs de gré, hommes qui avaient, paraît-il, un tempérament querelleur et dont l'existence était à coup sûr fort âpre. La beauté de la promenade rend difficile à imaginer la souffrance de ces gens qui animaient de leurs cris les berges du Lot. Une fois passé le chemin de halage, le sentier continue de suivre les rives du Lot jusqu'à St-Cirq-Lapopie (balisage).
Chemin de halage du Lot - 4,6 km (1h30 env.) jusqu'à St-Cirq-Lapopie.

St-Cirq-Lapopie.
semmickphoto/Fotosearch LBRF/age fotostock

Le chemin de halage au bord du Lot.
J.-M. Barrère/hemis.fr

Bouziès : à la confluence du Lot et du Célé. Différents parcours sont proposés sur le Lot ou sur le Célé, en canoë ou en kayak. Les plus novices pourront se contenter des sorties de 1h/1h30 jusqu'à St-Cirq-Lapopie sur le Lot ou Cabrerets sur le Célé, alors que les plus aventureux iront jusqu'à Cajarc ou Marcilhac. Les circuits peuvent être adaptés aux calendriers et envies et s'étendre sur plusieurs jours, pour un vrai goût d'aventure !

Kalapca Loisirs - base de Conduché - ✆ 05 65 24 21 01 - www.kalapca.com - canoë ou kayak 7 €/h, paddle 10 €/h, parcours 4/22 km 10/29 €/pers.

Rando de la vallée du Célé : un itinéraire bis du chemin de St-Jacques. Les vallées du Lot et du Célé offrent maintes possibilités de randonnées, notamment la variante de la Via Podiensis (chemin de St-Jacques), dite de la vallée du Célé (GR651), qui passe par Figeac, Espagnac-Ste-Eulalie, Marcilhac et Sauliac avant de rejoindre Cahors et le chemin principal. Parcourir le GR de la vallée du Célé vous prendrait plusieurs jours, mais certains tronçons peuvent être envisagés à la journée, comme celui au départ de Cabrerets (11 km, env. 3h), qui permet de franchir les falaises dominant le Célé et le Lot avant d'arriver à St-Cirq-Lapopie.

Sauliac-sur-Célé : sur la route avec un âne bâté. Quoi de plus agréable que de quitter la route pour emprunter en famille les sentiers de traverse au rythme lancinant de l'âne ? Cette ferme loue de charmants compagnons de voyage aux longues oreilles pour accompagner vos randonnées de 1 à plusieurs jours. On vous dispensera sur place des conseils de promenades aux alentours et une carte sera fournie avant le départ. Mais ne vous inquiétez pas, en général les ânes connaissent le chemin et se chargent de vous guider. Les randonnées proposées (10-16 km) peuvent être adaptées à votre timing ou à vos envies. Logement possible sur place *(voir p. 142)*.

Les Cadichons - lieu-dit Les Bouygues - ✆ 05 65 30 91 56 - www.les-cadichons.com - 50 €/âne et par j., tarif dégressif en fonction de la durée de la location de l'animal.

Cabrerets : les chevaux célestes. Idéalement située au cœur du Parc naturel régional des Causses du Quercy, cette ferme équestre propose plusieurs formules de balades selon les classiques de la région (randonnée de St-Jacques, vallée du Célé...) à la demi-journée ou à la journée. Les cavaliers plus expérimentés pourront se lancer dans des randonnées itinérantes et personnaliser leur circuit. Si vous êtes en famille, la balade à dos de poney sera une très belle option pour les têtes blondes.

Canoë-kayak à Sauliac-sur-Célé.
Ch. E. Rose/age fotostock

Ferme équestre du Pech-Merle - ✆ 06 11 93 25 23 - pechmerle.fr - 40 € la 1/2 j. ou 120 €/j., poney 20 €/h, rando itinérante 3-7 j., se rens.

Marcilhac-sur-Célé : tous les trésors du Célé. Profiter des paysages magnifiques offerts par les hautes falaises des Causses en vous laissant aller au fil de l'eau, retenir votre souffle lorsque le canoë s'engouffre dans les glissières, poser la pagaie et prendre le temps d'observer le ballet des libellules : voici ce qui vous attend lors de vos sorties sur le Célé ! Quatre itinéraires permettent de relier Marcilhac à St-Sulpice (4,5 km), Brengues (10 km), La Diège (16 km) ou Cabrerets (20 km). Il est également possible de descendre le Célé en itinérance sur 2 ou 3 jours.
Passion aventure 46 - pont de Marcilhac - ✆ 06 10 73 73 12 - www.location-canoe-cele.com - parcours 4,5/20 km, 10/24 €/pers.

FAIRE UNE PAUSE (II)

Liauzu : un musée insolite. Un endroit indéfinissable, projet d'un créateur atypique qui recycle les vieux objets en leur donnant une seconde vie sur un mode complètement décalé. Cynique, provocateur mais définitivement drôle, Bertrand Chenu fait partager son univers à part qui mêle poésie et humour corrosif. Il faut autant prêter attention à tous les objets de ce cabinet de curiosités qu'aux légendes (souvent détonantes et déroutantes) qui les accompagnent. Voyez ce radiateur compressé ressemblant à un vieil accordéon avec la légende « Ici repose Yvette Horner », ces personnages étonnants qui courent sur la falaise surplombant la petite maison. Un passage mène à l'intéressant atelier de lithographie de l'ami voisin. Un lieu à part à parcourir avec le sourire au coin des lèvres.
Musée de l'Insolite - ✆ 05 65 30 20 01 - museedelinsolite.com - juil.-août : 9h-20h ; de fin avr. à fin juin et sept.-oct. : 9h-19h selon disponibilités - 3 € (-13 ans 2 €).

Cabrerets : à la cascade et au moulin. C'est l'un des sites les plus séduisants de la vallée du Célé. D'une paroi rocheuse, toute proche de la route, s'échappe une cascade, résurgence d'une rivière souterraine du causse de Gramat ; à côté, un moulin (privé) est blotti au milieu des saules et des peupliers qui protègent ce havre de paix de la route.

Saut de la Mounine : émouvante légende. Attention, il faudra vous aventurer sur cette falaise avec précaution : le point de vue se situe à 323 m, et la rivière en contrebas à 155 m. Mais le large méandre du Lot qui enserre un damier de cultures et qui découvre, à gauche, les ruines de Montbrun, mérite qu'on s'y attarde. Ce vocable de « saut de la Mounine » évoque une curieuse légende : voulant punir sa fille pour l'amour qu'elle portait au fils du châtelain de Salvagnac, le sire de Montbrun donna l'ordre de la précipiter du haut de la falaise ; ému par cette cruauté, un ermite déguisa avec des vêtements de femme une guenon (*mounine* en langue d'oc) et la jeta dans le vide. À ce spectacle, le père regretta son acte criminel, et sa joie de revoir sa fille saine et sauve fut telle qu'il en oublia ses réticences envers le prétendant.

Cajarc : une nuit à la belle étoile. Tous les ans en août la Maison des arts Georges et Claude Pompidou organise un pique-nique partagé sous les étoiles. La soirée est animée par un astronome amateur et a lieu en général lors de la lune noire, pour profiter au mieux des étoiles. Le concept est simple, il faut venir avec sa frontale, un vêtement chaud, une couverture et un panier de victuailles à partager et il n'y a plus qu'à se laisser happer par l'infini de la Voie lactée et de ses constellations.
MAGCP - 134 av. Germain-Canet - ✆ 05 65 40 78 19 - www.magcp.fr - gratuit.

DÉGUSTER

Marcilhac-sur-Célé : à la bonne franquette. Un cabanon-restaurant sur pilotis et dans les arbres, au bord du Célé, où l'on déguste grillades à la plancha, spécialités régionales ou salades, les pieds (presque) dans l'eau.
Ô pieds dans l'eau - ✆ 06 20 78 27 67 - ouvert juil.-août - 9,90/18,90 €.

Brebis Lacaune.
slowmotiongli/iStock

St-Cirq-Lapopie : comme autrefois. Dans cette auberge qui semble avoir conservé un pied ancré dans le passé, avec ses vieux meubles patinés et ses tomettes au sol, on concocte une cuisine généreuse et goûteuse : agneau du Quercy, canard du Lot, truite des Pyrénées... Tout est frais et servi sur de belles assiettes régalant autant les yeux que le ventre ! L'établissement est idéalement situé, au cœur du village, avec une petite terrasse agréable en été.
L'Auberge du Sombral - ✆ 05 65 31 26 08 - aubergelesombral.wordpress.com - menus 19/32 €.

St-Cirq-Lapopie : tradition bien en chair. Les spécialités du terroir sont à l'honneur dans les assiettes joliment garnies de ce petit restaurant, chaleureux et intimiste. Magret de canard à la truffe, légumes de saison, fromages chèvre ou de brebis, desserts parfumés au safran... Le tout dans une très belle demeure du 17e s., avec ses vieilles pierres et sa grande cheminée, ou bien, aux beaux jours, sur la terrasse avec vue sur les ruelles du pittoresque village. Et pour patienter à l'apéritif, goûtez à la boisson locale, le fénelon : un cahors agrémenté de sirop de cassis et de liqueur de noix !
Le Gourmet quercynois - ✆ 05 65 31 21 20 - www.restaurant-legourmetquercynois.com - déb. fév.-fin nov. et vac. Noël tlj 12h-14h, 19h-21h - assiettes repas 13,90/21 € ; menus 34/29,50 €.

St-Pierre-Toirac : un marché pour la gastronomie locale. Sur la place de l'église a lieu le mercredi soir en été un petit marché fréquenté par les producteurs locaux. Viande, fromage, légumes, champignons... On trouve essentiellement des produits frais mais également quelques conserves si vous voulez rapporter chez vous un souvenir gastronomique de la région.
Marché de producteurs - juil.-août : merc. 18h-20h.

Carayac : au bon lait de brebis. À la tête de son troupeau de 200 brebis Lacaune depuis qu'elle a repris l'exploitation fin 2017, Erika Tripier produit des laits, fromages et crémeux

bio. Privilégiant la vente directe et les circuits courts, vous la retrouverez sur les marchés locaux (Figeac, Marcilhac...) ou pourrez en saison vous rendre directement à l'exploitation pour une dégustation de ses produits. Ne manquez pas de goûter à la tomme de Carayac, produit phare des éleveurs de la région, ici agrémentée de safran bio du Quercy.
Ferme du Poux del Mas - ☎ 06 30 56 26 12 - latommedecarayac.wordpress.com - vente directe fév.-nov. : vend. 17h-19h.

Cajarc : sérieusement goûteux. Monsieur Moulino à Cajarc, une adresse rendue célèbre par Coluche dans son sketch du Scmilblick. Mais bien loin de vendre les articles de pêche vantés par l'humoriste, dont de nombreuses photos trônent dans la salle principale, on y trouve aujourd'hui un restaurant traditionnel fier de mettre en valeur les produits du terroir. Privilégiant les circuits courts, le chef travaille le canard du Lot ou l'agneau de l'Aveyron, dont on se régale avec des sauces aux cèpes ou aux morilles en profitant de la jolie vue sur les Causses depuis la terrasse.
Chez Moulino - 22 pl. du Foirail - ☎ 05 81 71 50 66 - 8h30-22h - fermé lun.-mar. en mars-avr. et nov.-déc. ; lun.-merc. en janv.-fév. - plats 12/24 €.

DORMIR AU CALME

Sauliac-sur-Célé : hébergement de plein air. Vous pouvez vous rendre à la ferme pour planter votre tente sur les vastes espaces verts de la propriété, mais peut-être serez-vous séduit par les quelques hébergements insolites offerts sur place : roulotte, tente saharienne, yourte ou « caracole », une caravane fabriquée tout en bois et offrant un petit nid charmant pour deux personnes. L'emplacement est en outre idéal pour partir en randonnée à la découverte des Causses du Quercy (les propriétaires vous fourniront les conseils et cartes nécessaires), et des ânes sont disponibles à la location à la ferme *(voir p. 139)*.
Les Cadichons - lieu-dit Les Bouygues - ☎ 05 65 30 91 56 - www.les-cadichons.com - empl. 6 € + 6 €/pers., logements insolites 45/60 €.

Marcilhac-sur-Célé : ambiance safari. Il règne un petit air d'Afrique dans le Parc naturel régional des Causses du Quercy. Pour s'en convaincre, il faut découvrir, disséminés sur les 33 ha de la propriété, les bungalows en toile spacieux et de tout confort, prolongés par une terrasse en bois. Une immersion en pleine nature d'autant plus agréable que les

Fleurs de safran après la récolte. Kikapoo/iStock

propriétaires sont charmants et d'excellent conseil. Le restaurant mérite que l'on s'y attarde pour sa situation exceptionnelle (terrasse qui surplombe la vallée et grande tente lounge accueillante) et ses prix doux (pensez à réserver). Un moment d'exception, très loin du monde.

Aux lodges du bois de Nadal - 9 km au sud-ouest de Marcilhac - 05 65 31 20 51 - www.masdenadal.com - fermé lun.-mar. en mai, juin et sept. - 18 empl. tente 22/27 € - 24 lodges 58/107 € - formule 23 €.

Gréalou : un gîte écolo et douillet. L'Écoasis porte bien son nom. Les charmants propriétaires cultivent la zen-attitude dans une maison construite en minimisant son impact sur l'environnement. Une halte idéale sur le chemin de St-Jacques, pour se ressourcer avec vue imprenable sur la nature environnante. Cours de yoga et activités sportives.

Écoasis - Puy Clavel - 09 50 07 74 66 - www.ecoasis.fr - 2 ch. 70 € - gîte d'étape 16 €/pers. en dortoir et 22 € en ch. de 2 pers.

Cabrerets : atypique, à tous points de vue. Dans un cadre verdoyant face aux falaises de Cabrerets, choisissez entre la bulle, le tipi, la cabane ou les chambres d'hôtes. Un dénominateur commun : le confort, rare à ce niveau dans les hébergements insolites ! À l'extérieur on se prélasse sur les chaises longues, on se relaxe dans le bain nordique, on profite de la vue depuis les terrasses. À l'intérieur, avec des espaces qui se sont adaptés au cadre naturel, on jouit de grands volumes et d'un charme incomparable. Pierre, bois, briques et terre cuite alternent et sont mis en valeur par de savants jeux de lumière qui contribuent à la féerie du lieu.

Chambres d'hôtes et gîte Atypique - lieu-dit Le bout du lieu - 05 65 21 48 97 - www.chambresdhoteatypique.com - 8 ch. 100/170 €.

St-Cirq-Lapopie : luxe, calme et vue imprenable. Face au cirque de Lapopie, cet hôtel récent s'inspire d'un hameau quercynois : accueil dans un ancien séchoir à tabac, matériaux nobles et parc planté d'arbres fruitiers. L'ensemble dégage un charme et une quiétude qui donnent envie de s'attarder... L'espace spa et la piscine extérieure complètent luxueusement l'ensemble.

Hôtel Le Saint Cirq - lieu-dit Le Mas (à 2,5 km au nord de St-Cirq-Lapopie) - 05 65 30 30 30 - www.hotel-lesaintcirq.com - 38 ch. 68/198 € - 9,80/13,80 €.

FAIRE LA FÊTE

Cajarc : dépaysement garanti. Fin juillet, les rues de Carjac vibrent aux sons des musiques africaines depuis une vingtaine d'années. Le festival, d'abord musical, s'est étoffé et s'ouvre désormais à la culture africaine sous toutes ses formes : danse, artisanat, arts plastiques, cinéma... Une programmation dense et variée.

Africajarc - www.africajarc.com - pass 2 j. 36/52 € selon les jours choisis, pass 3 j. 62 € - billetterie en ligne.

Cajarc : crocus en fleur. En octobre, les producteurs de safran de la région s'unissent lors de la récolte du pistil de *crocus savitus* pour faire connaître leur produit et leur savoir-faire à travers cette fête consacrée à la plus précieuse des épices. L'occasion de visiter les safranières au meilleur moment et de découvrir tous les secrets de fabrication et d'utilisation du safran.

Fête du safran - www.safran-du-quercy.com - le 3e w-e. d'oct. - accès libre, repas « safran » le dim. soir sur réserv. 17/30 €.

Cajarc : petits concerts en plein air. Des concerts de musique classique et de jazz ont lieu sur la place de l'église de fin juillet à fin août, en fin d'après-midi et en soirée. Le spectacle est dans la musique mais également dans l'éclairage des vieilles pierres de la place, qui concourent à créer un instant magique.

Les nuits estivales - www.facebook.com/lesnuitscajarcoises - tarifs selon programmation.

L'AUBRAC

Des hameaux esseulés, des villages retirés et une impression de bout du monde… À 1300 m d'altitude, sur le vaste plateau basaltique qui porte son nom, la petite station d'Aubrac rayonne sur une région de pâturages qui nourrit son patrimoine et son terroir. Vous y trouverez souvent comme seule foule des troupeaux de vaches de race aubrac à la belle robe fauve.

DEPUIS TOULOUSE : en évitant l'autoroute, 236 km par la D926 pour rejoindre Aubrac.

VENIR EN TRAIN

- **La gare de Marvejols se trouve sur la ligne TER entre Béziers et Clermont-Ferrand. À part ça… Une voiture est indispensable.**

BONS PLANS

- **Pour organiser votre séjour : www.tourisme-aveyron.com et www.lozere-tourisme.com.**
- **Faites un tour à la Maison de l'Aubrac, à Aubrac, qui abrite un point d'infos touristiques : www.maisondelaubrac.fr.**
- **Pour découvrir le Parc : www.parc-naturel-aubrac.fr.**

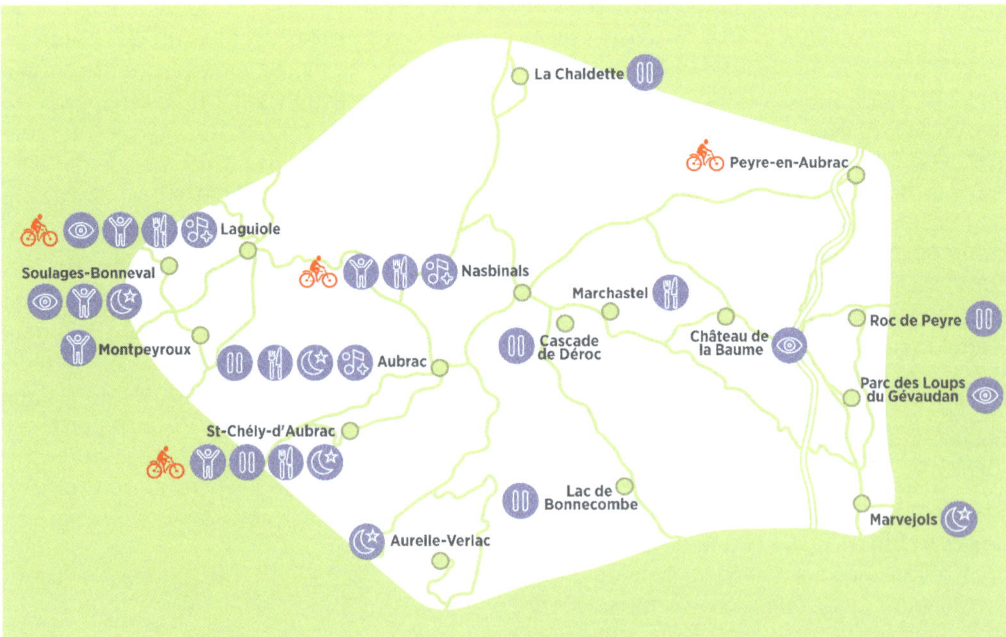

LOUER UN VÉLO

ST-CHELY-D'AUBRAC

Faï Tira
Rte de l'Adrech - 06 79 41 32 38 ou 06 45 90 46 85 - vtt-electrique-aubrac.fr. Location de vélos électriques à 10 vitesses pour des balades sur des chemins de terre, en forêt ou sur des terrains plus accidentés (à partir de 40 € la 1/2 j.), accessoires (casques, siège enfant) compris dans le prix.

NASBINALS

Aubrac Electro Vélo
Rue du 19-mars-1962 - 04 66 48 32 38 - aubrac-electro-velo.com/reserver. Location de vélos à assistance électrique (à partir de 40 € la 1/2 j.), circuits, organisation de randonnées et séjours.

LAGUIOLE

Aubrac Electro Vélo
12 allée de l'Amicale - 05 65 51 40 65 - www.altobrak.fr. Location de VTT électriques dernier cri (à partir de 40 € la 1/2 j.), option GPS avec circuits intégrés (à partir de 15 €).

PEYRE-EN-AUBRAC

Gévaudan Vélo
Rte d'Aubrac 06 75 71 72 77 - www.gevaudanvelo.com. Parc d'environ 70 vélos de toutes tailles : VTT et vélos route (15 € la 1/2 j.), VTT enfants (10 €/j) et vélos à assistance électrique (40 € la 1/2 j.). Livraison en gîte ou à l'hôtel possible moyennant un supplément.

VOIR

Laguiole : une affaire vite tranchée. Impossible de passer ici sans s'intéresser à son illustre ustensile : le couteau. Créé en 1829 par l'artisan Pierre Calmels, le couteau de Laguiole était à l'origine un capuchadou, c'est-à-dire un outil à tout faire, qui fut progressivement doté d'un poinçon puis d'un tire-bouchon. Après une période de lent déclin, sa production a été relancée au début des années 1980 pour devenir aujourd'hui la première industrie du bourg. Ces dernières années ont vu se multiplier les couteliers locaux, dont les ateliers bordent aujourd'hui la presque totalité de la rue principale. Afin de clarifier la situation devenue confuse avec les contrefaçons, un label « Laguiole origine garantie » a vu le jour.
Musée du Couteau Laguiole - Rte d'Aubrac - ZA La Poujade - 05 65 51 23 47 - www.musee-laguiole.com - juil.-août : 9h-12h, 14h-18h ; reste de l'année : tlj sf dim. 9h-12h, 14h-18h - 3,50 € (-12 ans gratuit).

Le Gévaudan : loup y es-tu ? Aménagé à flanc de montagne, dans un cadre forestier, cet exceptionnel parc animalier de 20 ha abrite une centaine de loups, mongols, canadiens, polonais, sibériens et arctiques, qui vivent ici en semi-liberté. Un film tourné dans le parc, projeté dans l'espace d'exposition, informe sur cet animal craint et décrié, ne serait-ce qu'à travers les contes qui ont contribué à sa légende. Au fait, La « bête du Gévaudan » était-elle un loup ? On n'en est même pas sûrs ! En attendant, le parcours pédestre (env. 30mn) permet de se familiariser avec les loups (rien de grand ni de méchant non plus) et offre une belle vue depuis la table d'orientation. Expositions de photos exceptionnelles de loups.
Parc des Loups du Gévaudan - hameau de Ste-Lucie - St-Léger-de-Peyre - 04 66 32 09 22 - www.loupsdugevaudan.com - juil.-août : 10h-19h ; reste de l'année : se rens. - 15 € (3-11 ans 12 €) - possibilités de visites nocturnes.

Château de la Baume : le « petit Versailles » du Gévaudan. Il doit son élogieux surnom à sa rude façade (17e s.) en granit avec des toits

à la Mansart couverts de lauzes. Classé monument historique, ce château privé a également la particularité d'avoir gardé une grande partie de ses intérieurs d'origine. L'austérité de l'édifice contraste avec les fastueuses décorations intérieures qui mêlent le style rustique du Gévaudan du début du 17e s. avec celui, plus raffiné, du 18e s. Dans le cabinet de travail, les lambris, peints et dorés à la feuille, se composent de motifs traités dans les tons pastel tandis que des tableaux de scènes mythologiques, tapisseries d'Aubusson et boiseries sorties des ateliers versaillais, complètent la décoration. Au sud, le corps de bâtiment (18e s.) surplombe une vaste terrasse bordée d'un parc, inattendue sur ces plateaux.
Château de la Baume - à Prinsuéjols - ✆ 04 66 32 51 59 - www.chateaudelabaume.org - visite guidée uniquement (45mn) - juil.-août : 10h-12h, 14h-18h ; reste de l'année : sur réserv. - 8 € (6-12 ans 7 €) - fermé nov.-mars - billet donnant accès au parc.

Soulages-Bonneval : remonter le temps. Patinés par les ans et l'usage, des objets en bois ou autres (entre 4 000 et 5 000) sont amoureusement conservés dans le grenier de la famille Capoulade – d'où le nom le « Grenier de Capou ». De vrais trésors : certains, tel le chariot du Père Noël, sortent à la saison ou, pour les voitures, à l'occasion de mariages. D'autres, comme la presse à écraser la maîtresse, donnent lieu à une démonstration. Visite guidée de ce lieu insolite qui évoque la mémoire des anciens en costume traditionnel d'Auvergnat, à la fois pédagogique et ludique, interactive, pétrie d'humour et d'anecdotes. Un régal pour petits et grands.
Grenier de Capou - ✆ 05 65 44 31 63 - visite guidée (1h) horaires, se rens. - 6 € (-12 ans 3,50 €).

BOUGER

St-Chély-d'Aubrac : sur le chemin de St-Jacques. La section entre Nasbinals et Aubrac-St-Chély-d'Aubrac est un haut lieu de la Voie du Puy-en Velay. Les villages de Peyre-en-Aubrac, Prinsuéjols-Malbouzon, Marchastel,

L'AUBRAC VU PAR…

Éloïse et Luc, créateurs du blog de voyage L'œil d'Éos

L'œil d'Éos

« De l'Aubrac, nous ne connaissions pas grand-chose, à part que c'était un endroit préservé du tourisme de masse et offrant de très belles randonnées. C'est lors d'un week-end axé sur la nature et la déconnexion en Lozère que nous avons pu découvrir ce petit coin de France. Au programme : visite du château de la Baume et séance détente à La Chaldette, une station thermale à taille humaine, le genre d'adresse que l'on recommande à nos lecteurs. Pour terminer notre séjour nous avons opté pour un safari-photo afin de découvrir parmi les plus beaux paysages de l'Aubrac lozérien : lac de Born, lac de St-Andéol, cascade du Déroc (gros coup de cœur) ou encore le pont de Bukinkan (à Marchastel). Le bonus, c'est la dégustation du thé d'Aubrac, un régal pour les papilles et une idée de souvenir originale. On vous conseille de vous arrêter à la boutique La Grange au Thé, qui a été créée par un regroupement de plusieurs cultivateurs au sein d'une coopérative. L'Aubrac reste pour nous un endroit en phase avec la nature et idéal pour oublier ses soucis. On adore ! »
Château de la Baume - ci-contre ; La Chaldette - voir p. 149 ; Cascade de Déroc - voir p. 149 ; La Grange au Thé - voir p. 150.

Nasbinals ainsi que St-Chély-d'Aubrac sont autant d'étapes appréciées des pèlerins comme des simples randonneurs. Elles sont aussi la garantie de bonnes adresses et de services pensés pour les haltes de milliers de marcheurs chaque année. Ne serait-ce que pour reprendre des forces en savourant un roboratif aligot, traditionnellement servi aux pèlerins en route pour St-Jacques-de-Compostelle…
www.sur-les-pas-de-saint-jacques.fr - le site propose un excellent guide à télécharger.

Nasbinals : grand 8 à vélo. Ce village, dont la petite église romane (12e-14e s.) mérite une halte, est un lieu très fréquenté par les randonneurs et les cyclistes. Il est en effet le point de départ de huit boucles permettant de pédaler entre 14,6 km (circuit de Recoules) et 43,5 km (circuit de Brion). Comme dit la chanson, « chacun sa route, chacun son chemin » (passe ce bon plan à ton voisin…).
Bureau de tourisme de Nasbinals - Maison Charrier - ✆ 04 66 32 55 73 - www.otnasbinals.fr/loisirs/velo - de fin mai à déb. sept. : 9h30-12h et 14h-18h.

Montpeyroux : à cheval sur la beauté de la nature. Pierre Ginisty et Léa Lezla dirigent avec passion ces haras, aux abords du château du Bousquet. Ici, pas d'élitisme : ils reçoivent les cavaliers débutants et qualifiés lors de cours d'initiation, perfectionnement et balades.
Laguiole Équitation - Le Bousquet - ✆ 05 65 48 21 35 - www.laguiole-equitation.sitew.fr - cours (1h) 25 € ; balades : se rens.

Soulages-Bonneval : se jeter à l'eau au lac des Galens. Voici un site, à 10mn de Laguiole, agréable toute l'année. Un circuit pédestre vous conduira autour du lac (7 km - 2h), au gré d'un parcours varié sans difficulté particulière, entre prairies et forêt. On vient ici pour les aires de pique-nique ombragées ou pour pratiquer la pêche, autorisée dans le respect de la réglementation en vigueur. La baignade est surveillée les après-midi en juillet et en août, et des jeux aquatiques sont organisés. Un endroit tout indiqué pour une journée détente et loisir.
Lac de Galens - ✆ 05 65 51 52 30 - ouv. tte l'année - locations de pédalos et de canoës en été (se rens.).

Buron au côté de St-Urcize.
L. Giraudou/hemis.fr

Laguiole : voir l'Aubrac en blanc. Ce territoire se révèle aussi agréable à parcourir sous la neige, parmi ses grandes étendues ou forêts de hêtres givrées. En ski de fond comme en raquette, vous trouverez d'excellents guides. Gardez bien leur numéro : ils travaillent aussi le reste de l'année pour des randonnées vertes plus classiques...
Bureau des accompagnateurs des Monts d'Aubrac - ✆ 06 32 69 02 52.

FAIRE UNE PAUSE

St-Chély-d'Aubrac : oh la vache ! Voilà une entrée en matière ou une pause intéressante. L'office de tourisme propose des expositions très pédagogiques sur l'élevage traditionnel de la race aubrac et le pèlerinage à St-Jacques-de-Compostelle à travers les siècles. Vous en apprendrez encore davantage avec la reconstitution d'un buron miniature – un bâtiment en pierre, couvert de lauzes ou d'ardoises que l'on trouve sur les montagnes et pâturages en altitude de l'Aubrac – avec divers personnages sculptés dans le bois.
Office du tourisme Aubrac-Laguiole - rue de la Tour - ✆ 05 65 44 21 15 - www.aubrac-laguiole.com - juil.-août : 10h-12h30, 14h-19h ; mai-juin et sept.-oct. : tlj sf sam. 10h30-12h30, 14h-18h ; reste de l'année : se rens.

Aubrac : respirer dans le jardin botanique. Situé dans l'espace naturel sensible « Grande Prairie d'Aubrac », zone de tourbières où s'épanouissent la linaigrette, la grassette et la drosère, ce jardin botanique, au pied de la Maison de l'Aubrac, abrite plus de 650 espèces représentatives de la flore locale. À côté des plantes carnivores fleurissent d'autres essences rares, aromatiques, toxiques, alimentaires ou symboliques : cistre, thé d'Aubrac, ail des ours, achillée, absinthe...
Jardin botanique d'Aubrac - ✆ 05 65 44 65 84 - www.aubrac-jardin.org - juil.-août : 9h-18h ; reste de l'année : tlj sf lun. 9h-18h - fermé de déb. oct. à mi-mai - 4 € (-18 ans 3 €).

Roc de Peyre : ami pour la vue. Aucune trace notable ne permet d'imaginer qu'une forteresse occupait jadis ce piton à l'intérêt

Transhumance des vaches à Aubrac.

stratégique exceptionnel. Pourtant, il ne fallut pas moins de 2500 boulets à l'amiral de Joyeuse pour abattre, en 1586, le donjon de ce fief protestant. Le temps fit le reste. Du sommet (1179 m), que l'on atteint par un chemin et un escalier, on jouit d'un remarquable panorama sur l'Aubrac, le plomb du Cantal, la Margeride, le mont Lozère, l'Aigoual et les causses, repérables grâce à une table d'orientation.
Prendre la D53 vers St-Sauveur-de-Peyre. Suivez la signalisation « Roc de Peyre ».

Lac de Bonnecombe : casser une croûte. Direction la D52 qui s'élève vers la sauvage région des lacs (de Salhiens, Souveyrols, St-Andéol...). La route traverse ensuite les pâturages pour gagner le col de Bonnecombe (alt. 1350 m). Son petit lac est l'un des rares aménagés en Aubrac avec une aire de pique-nique. Des passerelles permettent d'approcher ses berges et des parties de pêche y sont organisées. En partant, la descente sur St-Pierre-de-Nogaret, par Les Hermaux, offre de jolies vues sur la vallée du Lot et sur toute la région des Causses. Par un parcours très sinueux et très pittoresque qui traverse, au milieu des bois, le vallon du Doulou, la route atteint St-Germain-du-Teil.

Cascade de Déroc : attention à la chute ! Le lieu aurait été autrefois le refuge de brigands. Un parking, à droite sur la D52, permet maintenant de se garer à l'entrée du chemin qui mène à la cascade. Prenez, à gauche de la buvette, un chemin bordé de murets en direction d'une ferme. Ce chemin aboutit à un ruisseau qu'on longe à gauche, que l'on franchit pour atteindre le bord du ravin, où se précipite un affluent du Bès. La cascade (chute de 32 m) tombe d'un rebord de basalte en avant d'une grotte dont la voûte est formée par les prismes de la roche. Pour descendre, passez par la gauche. Attention aux enfants, les abords ne sont pas sécurisés !

La Chaldette : dans le grand bain (à remous). Laissez-vous tenter par une parenthèse bien-être. Confortablement calfeutrée à 1000 m d'altitude, au centre de l'Aubrac, la station thermale de La Chaldette, à taille humaine, offre une large gamme de prestations. Sauna, hammam, espaces détente et hydratation, solarium et bains à remous. Tenté par un modelage aux huiles essentielles et aux huiles végétales bio ? Tous les bassins et les soins utilisent la source thermale.
Centre thermal et Espace forme de La Chaldette - ✆ 04 66 31 68 00 - www.lachaldette.com - fermé déc.-janv. - accès à partir de 20 € (2h).

J.-D. Sudres/hemis.fr

DÉGUSTER

Aubrac : au buron, pour l'aligot, on y go ! Le nom de l'auberge et le terme « buron » renvoient au petit habitat en pierres couvert de lauzes utilisé jadis par les hommes chargés de traire les vaches pendant les estives. Si l'auberge s'est modernisée depuis, Paul-Antoine Périé, un jeune agriculteur et son équipe, y servent toujours son traditionnel plat roboratif à base de pommes de terre, crème, beurre, ail et tome fraîche. L'aligot est confectionné de façon traditionnelle chaque jour, sous les yeux des clients, à partir de 12h30.
Buron des Bouals - Les Bouals - 800 m en dir. de Nasbinals par la RD987 - ✆ 06 18 73 97 25 - www.buron-des-bouals.com - juil.-août : tous les midis ; mai-juin et sept.-oct. : le w.-end à midi - menu 15 €.

Marchastel : dans une auberge. L'ancienne ferme rénovée et tenue par Magali et Alexandre est la promesse d'une expérience simple et authentique. Au menu, très classique : des assiettes à thème (Aubrac, cochon, canard et truite), de la viande Aubrac, évidemment, et bien sûr leur aligot. Aurez-vous assez d'appétit pour goûter aussi à leurs excellents fromages ?
Auberge de la Tourre - Le Village - ✆ 04 66 45 68 73 - formule déj. 16 €, menus 24/32 € - fermé merc.-jeu. et en déc.-janv.

St-Chély-d'Aubrac : halte roborative. Dans leur maison traditionnelle en pierre, Sabine et Emmanuel servent une cuisine régionale où l'aligot et la race Aubrac figurent en bonne place. Au menu : charcuterie de pays, truffade, truite gratinée au Laguiole ou pavé Aubrac. Situé sur le chemin de St-Jacques-de-Compostelle, du tour des Monts d'Aubrac ainsi qu'à proximité de points de départ de nombreuses randonnées, c'est une halte appréciée. L'hôtel propose également 21 chambres, adaptées aux cyclistes, avec possibilité de stationner son vélo sur place.
Les Coudercous - rte d'Aubrac - ✆ 05 65 44 27 40 - www.lescoudercous.fr - formule déj. 13,50 €, menus 20/26 €.

Laguiole : la fourchette dans les étoiles. « Ma famille, l'amitié, l'Aubrac et la cuisine » :

voici, énoncés par lui-même, les quatre éléments essentiels dans la vie de Sébastien Bras. Fidèle à l'héritage de son père (le déjà étoilé Michel Bras), mais armé d'une sensibilité qui lui est propre, le chef puise dans la nature environnante et dans ses jardins les produits (fleurs, herbes, légumes) qu'il révèle ensuite dans l'assiette. Cette petite folie restera une expérience inoubliable. Envie de la prolonger ? De belles chambres lumineuses vous accueillent, ouvertes sur la campagne.
Bras - Le Suquet, Rte de l'Aubrac - ✆ 05 65 51 18 20 - www.bras.fr - fermé déc.-mars. et lun. mar. (sf août : lun. et mar. midi seult) - menus 147/395 €.

Nasbinals : prendre le thé (de l'Aubrac). Voilà une spécialité méconnue du plateau de l'Aubrac : apprécié depuis l'Antiquité pour ses qualités digestives, diurétiques, et sédatives, le *calamintha grandiflora*, appelé communément « thé d'Aubrac », pousse sur les hauts plateaux basaltiques de l'Aubrac. Il se caractérise par des senteurs particulières, mentholées et épicées que lui confère son terroir...
La Grange au Thé - place du Foirail - ✆ 06 07 76 36 81 - lagrangeauthe.com - de mi-mai à mi-sept. : 10h-12h et 15h-19h ; reste de l'année : se rens.

Laguiole : un doigt de patrimoine. Si vous préférez vous enivrer (un peu), d'autres sensations vous attendent ici. Il était une fois 12 amis passionnés de whisky qui, en 2013, eurent l'idée un peu folle de créer... leur propre spiritueux en Aubrac. L'aventure se concrétise après la rencontre d'un caviste normand. Aujourd'hui, une distillerie accueille les curieux dans l'ancien presbytère du village.
Twelve Whisky d'Aubrac - 10 r. Bardière ✆ 05 81 36 14 87 - whiskytwelve.com - visite tte l'année sur réserv.

DORMIR AU CALME

Marvejols : à cheval sur le design. Bienvenue dans une ancienne propriété de chasse et d'agrément : la partie centrale ainsi que les écuries datent du 18e s. alors que les tours furent ajoutées au 19e s. Depuis 1995, la famille Mialanes propose le gîte et un généreux couvert aux voyageurs qui souhaitent faire une halte au vert. Les magnifiques chambres sont élégamment repensées tout comme les anciennes écuries domaniales converties en table au goût du jour avec un bel esprit contemporain.
Le Domaine de Carrière - av. Montplaisir - quartier de l'Empéry (2 km à l'est de Marvejols par la D1) - ✆ 06 38 90 34 82 - www.domainedecarriere.com - 🏊 - fermé vac. de la Toussaint et de fin déc. à fin janv. - 5 ch. à partir de 105 € ☕ - 🍴 20/39 €.

Aubrac : boutique hôtel. Cette bâtisse robuste de la fin du 19e s. a été métamorphosée en une incroyable maison d'hôtes où se mêlent antiquités, objets rustiques récupérés sur place. Au rez-de-chaussée, salon de thé et brasserie où tout est à vendre ou presque. Vaste jardin arboré.
L'Annexe d'Aubrac - pl. des Fêtes - ✆ 05 65 48 78 84 - www.lannexedaubrac.com - 5 ch. 105/200 € ☕ - 🍴 15/21 €.

St-Chély-d'Aubrac : en plein centre. Dans cette demeure ancienne en basalte et granit située au centre du village, deux générations de chambres confortables se côtoient : rustiques ou plus cosy, au choix. Vous apprécierez aussi l'accueillante salle à manger campagnarde où vous goûterez une cuisine familiale mettant en valeur la viande d'Aubrac.
Hôtel La Dômerie - ✆ 05 65 44 28 42 - www.hoteldomerie.com - fermé de mi-nov. à fin déc. - 22 ch. 72/100 € - ☕ 12 € - 🍴 18/28 €.

Aurelle-Verlac : joliment perché. À 1063 m d'altitude, cette charmante maison est posée au cœur d'un petit lieu-dit. Aménagées dans la grange attenante, les chambres originales semblent dédiées à la gloire du bois. Sauna à disposition. Joli patio fleuri. Randonnées balisées autour du col de Verlac.
Les Mazes - ✆ 05 65 47 57 85 - www.hebergaubrac.com - 🏊 - fermé de la Toussaint au w.-end de Pâques (sf vac. de Noël) - 1 ch. 55 € et 1 gîte de 8 pers. (à partir de 460 €/3 nuits) - 🍴 sf juil.-août, 16 € (plateau gourmand 14 €).

Soulages-Bonneval : meunier, j'y dors ? Champêtre et modeste, l'adresse occupe un

Ch. Guy/hemis.fr

vieux moulin tout en hauteur. Petites chambres sobres. En prime, certaines donnent sur une cascade, avec des possibilités de baignade aménagée à proximité. Et une simplicité de bon aloi anime le restaurant.
Auberge du Moulin - Le Bourg - ✆ 05 65 44 32 36 - www.aubergedumoulin-laguiole.fr - fermé dernière sem. de janv. et de juin - 10 ch. 42/48 € - ☕ 5 € - ✕ 14/31 €.

FAIRE LA FÊTE

Aubrac : faire la transhumance. Ce rendez-vous annuel, le dimanche autour du 25 mai, certes festif, reste avant tout lié à une nécessité agricole. La transhumance signifie « changer de terre ». Le déplacement saisonnier des troupeaux est une pratique ancestrale adaptée à l'environnement naturel de l'Aubrac. Au programme : montée des troupeaux dans les pâturages depuis Aubrac. Les vaches sont décorées de fleurs et de cloches. Vous serez récompensé d'un déjeuner montagnard avec les produits du terroir.
Fête de la transhumance et de la vache Aubrac - www.traditionaubrac.fr - 5 €.

Nasbinals : photos matons. Ce festival intéressera particulièrement les amateurs de photo de nature ou animalière. Rendez-vous est fixé les quatre derniers jours de la troisième semaine de septembre. Côté pratique, les expositions, agréablement disséminées, ont lieu autour de Nasbinals, Aubrac, St-Urcize, Marchastel et Laguiole, c'est-à-dire à cheval sur les trois départements de la Lozère, de l'Aveyron et du Cantal. Créé en 2003, ce festival photo demeure dédié aux professionnels et amateurs de photographies comme, plus généralement, à tous les amoureux de ce territoire.
Phot'Aubrac - photaubrac.com.

Laguiole : fourme en ferme. Chaque été, les mardi et jeudi, la coopérative Jeune montagne vous propose de découvrir la filière Laguiole AOP et son délicieux fromage au lait de vache cru et entier, également appelé « fourme de Laguiole ». Chaque semaine, des producteurs accueillent les visiteurs dans leur ferme.
Visites de fermes avec la coopérative Jeune montagne - rte de St-Flour - ✆ 05 65 44 35 54 - juil.-août - 7 €/pers. (5-10 ans 5 €).

LE VIGNOBLE DE GAILLAC

Son centre historique tout de briques vêtu et son étroite relation avec la vigne font de Gaillac une étape incontournable de tout séjour dans le Tarn. Ici, l'histoire rythme les moments de retrouvailles entre les habitants. Fêtes médiévales, foire aux vins, apéros sur une gabarre ou visites guidées à la lanterne : dans le Gaillacois, on ne rate jamais une occasion de faire la fête et de célébrer la richesse d'un patrimoine millénaire.

DEPUIS TOULOUSE : 62 km par la D112 et la D87.

VENIR EN TRAIN

- **De Toulouse, TER direct jusqu'à Gaillac (50mn).**

BONS PLANS

- **Pour organiser votre séjour : www.tourisme-vignoble-bastides.com et www.tourisme-tarn.com.**
- **Ceux qui aiment aller sur les chemins à bicyclette devront emporter leur vélo.**

Martín Burguillo/iStock

VOIR

Gaillac : de briques et de bois. Dans cette ville qui s'est développée au fil des siècles grâce à l'agriculture, au vin et pastel, briques et bois se mêlent avec harmonie et élégance. En flânant, on découvre l'abbatiale St-Michel, une abbaye fondée au 7e s., la tour Pierre-de-Brens ornée de gargouilles, le vieux Gaillac et son lacis de ruelles au charme fou. Pour une pause fraîcheur, faites une halte dans les jardins en terrasses du parc de Foucaud, réalisés par le jardinier Le Nôtre.
www.tourisme-vignoble-bastides.com

Montans : au temps des Romains. Pendant la période de la Gaule romaine, le site de Montans, à 5 km de Gaillac, était un important centre de poterie. En 1992, les fouilles ont mis au jour un trésor : un encrier contenant 40 pièces de monnaie que l'on peut admirer dans la salle des trésors. L'archéosite renferme de nombreux objets en terre sigillée, une argile mise en eau dont on ne conserve que les particules les plus fines. Les enfants apprécient de se promener dans la rue gallo-romaine reconstituée, où l'on peut voir une boulangerie, un atelier de potier, une échoppe de forgeron et une taverne.
Archéosite de Montans - av. Élie-Rossignol - ☎ 05 63 57 59 16 - www.archeosite.ted.fr - avr.-oct. : merc.-vend. 10h-12h, 14h-18h, w.-end 14h-18h ; reste de l'année : merc.-vend. 10h-12h, 14h-17h - fermé janv.-fév. - 4 € (-25 ans 2,80 €).

Mauriac : forteresse templière. Situé au cœur des vignes de Gaillac, ce château des Templiers a été fondé au 13e s. Depuis les années 1960, il appartient au peintre Bernard Bistes, qui expose ses peintures dans les salles du rez-de-chaussée. L'artiste est également à l'origine de la restauration et de la décoration des pièces du 1er étage. La chambre à la polonaise possède un plafond à la française, dont les 360 caissons reproduisent un bel herbier.
Château de Mauriac - ☎ 05 63 41 71 18 - visite guidée sur demande préalable (1h) du dim. de Pâques à la Toussaint : 15h-18h - 9 € (enf. 5 €).

Lisle-sur-Tarn, Puycelsi et Castelnau-de-Montmiral : à l'assaut des villages médiévaux. Distants d'à peine quelques dizaines de kilomètres, ces trois villages médiévaux plongent le visiteur dans l'histoire de la région. Le centre de Lisle-sur-Tarn abrite encore de vieilles maisons en brique et bois des 16e, 17e et 18e s. reliées à leurs dépendances par des pountets, des petits ponts couverts qui enjambent la rue au niveau de l'étage. Derrière ses 800 m de remparts, Puycelsi, classé parmi les plus beaux villages de France, cache des petits jardins et des jolis passages étroits. Enfin,

c'est juché sur son éperon rocheux que le village de Castelnau-de-Montmiral, une bastide du 13e s, domine la vallée de la Vère et la forêt de la Grésigne.
www.tourisme-vignoble-bastides.com

Broze : le vin dans tous ses états. Créer un musée pour rendre hommage au métier de vigneron à travers les siècles, c'est l'idée qui se cache derrière ce musée-conservatoire de 1400 m², imaginé par un vigneron passionné. 10 000 objets éclairent le visiteur sur les techniques ancestrales de fabrication du vin et permettent à l'imagination de vagabonder et de plonger dans la vie et l'histoire de la vigne en Europe. Il fallait y penser.
Musée inVINcible VIGNEron - 85 rte de Tres-Cantous - ✆ 05 81 02 44 89 - www.invinciblevigneron.wixsite.com/museedes vignerons - de mi-juin à déb. oct. : vend. et dim. 15h - 8 € (enf. 5,50 €).

BOUGER

Forêt de Grésigne : à l'ombre des chênes. Vous voici dans la 3e plus vaste forêt de chênes d'Europe ! Cet écrin de verdure qui couvre environ 3600 ha abrite le sentier du patrimoine, une boucle de 12 km au cœur de la forêt, particulièrement rafraîchissante en période estivale. À l'automne, on peut y écouter le brame du cerf. Le reste de l'année, la forêt étant peu fréquentée, il n'est pas rare de croiser sur sa route une biche gracile.
Sentier du Patrimoine - niveau moyen - durée 5h. Départ du parking en contrebas de Puycelsi, à la hauteur du verger-convervatoire.

Forêt de Grésigne : à cheval sur mon baudet. Vous avez dit mobilité douce ? Et si vous partiez en randonnée accompagné par un âne qui porte vos bagages et distrait toute la famille ? Pour parcourir la forêt de Grésigne, certains randonneurs optent pour une balade en compagnie d'un âne bâté. Une fois les explications et l'apprentissage (rapide) terminés, ils s'engagent sur les chemins forestiers équipés d'un GPS. Promenades à la demi-journée ou à la journée, itinéraires sur plusieurs jours, la ferme équestre de la Grésigne s'adapte aux souhaits des visiteurs. Possibilité de balade dans les vignobles.
Ferme équestre de la Grésigne - Les Grèzes, St-Beauzile - ✆ 05 63 33 12 65 - www.ferme-gresigne.fr - 20 €/1h ; 47 €/j - ouv. tte l'année - réserv. mini 24h à l'avance.

Rivières : plongeon dans les eaux du Tarn. C'est à quelques encablures du petit port de plaisance d'Aiguelèze que trois bassins naturels ont été aménagés pour permettre aux estivants de faire trempette dans le Tarn. Depuis peu, un parc aquatique équipé de toboggans et de structures gonflables a vu le jour. Avec ses pelouses ombragées et ses tables de pique-nique, cette base nautique est parfaite pour passer une journée en famille. Les explorateurs n'hésiteront pas à louer un kayak pour découvrir le Tarn à leur rythme.
Espace de loisirs d'Aiguelèze et Aqua-Parc - ✆ 06 14 93 91 64 - www.aqua-parc.fr - baignade surveillée juil.-août 14h30-19h - gratuit - aqua-parc juin.-sept. 13h-19h - location kayak et paddle 5 €/30mn, 8 €/1h).

Gaillac : à vélo le long du Tarn. « Quand on partait de bon matin, quand on partait sur les chemins... » Enfourchez votre vélo pour pédaler sur la véloroute de la vallée du Tarn. Bien jalonné et plat, le parcours complet relie Albi et St-Sulpice sur la rive gauche du Tarn, en passant par Gaillac, Montans et Lisle-sur-Tarn. La véloroute emprunte principalement des petites routes peu fréquentées – attention tout de même, les voies partagées sont déconseillées aux familles.
Véloroute de la vallée du Tarn - 63 km entre Albi et St-Sulpice - www.tourisme-vignoble-bastides.com.

FAIRE UNE PAUSE

Gaillac : pour tout savoir du vin. Cette maison au bord du Tarn, installée dans l'enceinte de l'abbaye St-Michel, met en lumière la production de 95 domaines viticoles du Gaillacois et de 3 caves coopératives. On y vient pour s'initier à l'œnologie et notamment aux accords vins/fromages, mais aussi pour remplir ses bagages de bons vins de Gaillac.

L. Decoudin/Michelin

Maison des vins de Gaillac - ✆ 05 63 57 15 40 - www.vins-gaillac.com - 10h-13h, 14h-18h (19h juil.-août) - fermé dim. apr.-midi d'oct. à mars - initiation à la dégustation (1h) 15 € ; initiation accords vins et fromages (2h) 20 €.

Castelnau-de-Montmiral : enquête au cœur de la bastide. Le pitch de cette visite guidée sous forme d'enquête : en l'an de grâce 1355, la panique s'est emparée des consuls de Castelnau-de-Montmiral. Pour retrouver le fabuleux trésor de la cité, les visiteurs sont invités à collecter des indices et à aider le guide dans cette quête effrénée. Une investigation nocturne trépidante qui ravit petits et grands et offre une occasion originale de découvrir la bastide.

Enquête au cœur de la bastide - ✆ 0 805 400 828 - www.tourisme-vignoble-bastides.com - en été à 21h (durée 1h30), dates consultables sur le site Internet - 6 € (12-18 ans 3 €).

Rivières : apéro en gabarre. Chaque mercredi soir d'été, embarquez à bord d'une gabarre depuis le port d'Aiguelèze pour une dégustation de vin et un délicieux moment de détente au fil du Tarn. Ce bateau à fond plat était autrefois utilisé pour transporter le vin de Gaillac à Bordeaux. Pendant une heure, un vigneron gaillacois présente sa production et invite les visiteurs à déguster son vin. En prime, une assiette de fromages et de charcuterie est servie à chaque convive. Au dessert, des croquants de Cordes-sur-Ciel apportent une petite touche sucrée.

Apéro bateau - ✆ 06 70 51 84 51 ou 06 70 57 76 04 - www.gaillacvisit.fr - juil.-août : dép. le merc. 19h30 du port d'Aiguelèze - capacité max. 50 pers. - réserv. sur le site Internet - 25 € (4-12 ans 12 €).

Gaillac : tout en un. On s'accorde volontiers une pause sur l'agréable terrasse de ce bistrot-restaurant-bar à vins de Gaillac. Ici, le vin est roi. La preuve : à la carte, on ne retrouve pas moins de 200 références. De quoi faire tourner la tête des amateurs avant même le premier verre. Pour accompagner le vin et parfaire ce moment de détente, la maison propose des tapas dont des croquettes de pied de cochon à la moutarde et des chipirons à l'encre de seiche.

Vigne en Foule - 80 pl. de la Libération - ✆ 05 63 41 79 08 - www.vigneenfoule.fr - mar.-sam. 9h-22h.

Rabastens : visite éclairante. Armé de sa petite lanterne, le visiteur se lance dans une visite costumée nocturne de la ville de Rabastens, accompagné par un guide. L'occasion de percer les mystères de cette bourgade tout en briques, traversée par le chemin de St-Jacques-de-Compostelle.

Lisle-sur-Tarn.

Visite costumée nocturne de Rabastens - ✆ 0 805 400 828 - www.tourisme-vignoble-bastides.com - en été à 21h (durée 1h30), dates consultables sur le site Internet - 6 € (12-18 ans 3 €).

Lisle-sur-Tarn : pause cacaotée. Il n'y a pas que du vin dans le pays de Gaillac ! Pour une halte gourmande, arrêtez-vous dans ce musée où sont exposées des pièces imaginées et conçues par Michel Thomaso-Défos, maître chocolatier, et Casimir Ferrer, peintre et sculpteur. Les sujets sont variés : cathédrale d'Albi, obélisque de la Concorde... Avant ou après la visite, vous pourrez goûter les glaces ou chocolats chauds dans le salon de thé, et faire le plein de douceurs à la boutique.
Musée Art du Chocolat - 13 pl. Paul-Saissac - ✆ 05 63 33 69 79 - www.chocolat-tarn.fr - visite guidée (40mn) juin-août : 10h-12h30, 14h-19h ; reste de l'année : 10h-12h30, 14h-18h - fermé lun. - 5 € (-18 ans 4 €).

DÉGUSTER

Puycelsi : une petite cabane sympa. La convivialité de cette auberge de pays est connue et appréciée par les habitants du coin. Ici, la carte est courte mais c'est un gage de qualité ! On y travaille des produits locaux de qualité : croquettes de lentilles de la vallée de la Vère, foie gras mi-cuit maison fourré aux figues et au vin doux de Gaillac, moelleux aux noix et miel de Puycelsi. La carte change régulièrement mais les prix restent abordables.
Au Cabanon de Puycelsi - pl. de l'Ancien-Château - ✆ 05 63 33 11 33 - www.aucabanon.fr - menu 25,50 €.

Rabastens, Lisle-sur-Tarn et Gaillac : la tournée des marchés. Pour découvrir la gastronomie locale et saisir l'amour des artisans du Gaillacois pour les bons produits, rien de tel que de faire la tournée des marchés de la région. Gaillac ouvre le bal chaque vendredi, puis vient le tour de Rabastens le samedi matin. Le dimanche, c'est le marché de Lisle-sur-Tarn qui attire les curieux comme les habitués.

Lisle-sur-Tarn : retour vers l'authentique. Une atmosphère rustique et chaleureuse se dégage de cette bâtisse du 16ᵉ s. transformée en restaurant. On y déguste une cuisine simple et locale dont d'excellentes grillades cuites au feu de bois dans la grande cheminée du restaurant. L'été, la petite cour intérieure apporte un peu de fraîcheur et permet de s'attabler dehors.
Le Romuald - 6 r. du Port - ✆ 05 63 33 38 85 - www.restaurant-leromuald-lislesurtarn.fr - mar.-dim. 12h-13h30, merc.-sam. 12h-13h30 et 20h-21h - formule déj. (sf w.-end) 14 €, menu 27 €.

Gaillac : à l'assaut des caves. Ce ne sont pas les domaines qui manquent dans le Gaillacois ! Il faut dire qu'ici, on produit du vin depuis le 6e s., même s'il faut avouer que le gaillac n'a acquis sa réputation qu'au 10e s. grâce aux moines bénédictins de l'abbaye St-Michel. Le vignoble gaillacois s'étend sur 2 500 ha et le vin est produit à partir de cépages comme le mauzac, le braucol ou le duras.
Le site www.vins-gaillac.com recense tous les domaines.

Castelnau-de-Montmiral : sous les arcades de Castelnau. Truffe entière en chou farci, velouté de girolles au foie gras, ballotin de fleur de courgette à la brousse de brebis et sa sauce pignon et safran : au Ménagier, préparez-vous à un menu de haute volée. La cuisine du Sud-Ouest se montre sous son meilleur jour pour séduire les palais les plus exigeants. Pour ne rien gâcher, le restaurant est situé sur une superbe place de Castelnau et sa terrasse vient délicatement se nicher sous les arcades. Une raison de plus, s'il en fallait encore une, pour faire halte ici.
Le Ménagier - pl. des Arcades - ✆ 05 63 42 08 35 - www.lemenagier.com - jeu.-dim. 12h-23h - menus 38/68 €.

Vignoble près de Gaillac.
Ch. Boisvieux/age fotostock

Cestayrols : table bistronomique. C'est au cœur du petit village médiéval de Cestayrols que se cache ce restaurant aux airs d'auberge où les légumes, fleurs et herbes du potager bio du patron sont à l'honneur. On y déguste une cuisine authentique et étonnante. La petite terrasse près de l'église est agréable.
Lou Cantoun - 4 rte d'Albi - ✆ 05 63 53 28 39 - www.restaurant.loucantoun.fr - mar.-dim. 12h-21h - plats 15/20 €.

Larroque : ripailles et brame du cerf. De mi-septembre à mi-octobre, cette sympathique auberge de campagne propose une double activité : déguster un savoureux repas puis partir écouter le brame du cerf. Les agapes commencent par un kir au blanc sec de Gaillac et son goût de châtaigne avant de se poursuivre par un porc noir rôti. Avant ou après le dîner, une courte marche de 400 m à travers les prés emmène le visiteur au point d'écoute du brame, qui surplombe la forêt de la Grésigne.
Ferme-Auberge Les Chênes - 172 ch. de Peyre-Blanque - ✆ 05 63 33 10 92 - ferme-auberge-les-chenes.fr - 2 services (19h30 et 21h) - menu 34 € (menu enf. 10/15 €) - réserv. obligatoire.

DORMIR AU CALME

Gaillac : les pieds dans l'eau... de la piscine. Dans cette superbe maison de maître du 18e s., rien n'est laissé au hasard. Les 4 grandes chambres sont lumineuses et décorées avec goût, la piscine en « L », dont une petite partie vient se lover sous les arcades, apporte un peu de fraîcheur à l'ensemble de la bâtisse et lui confère un cachet indéniable. Les petits-déjeuners, composés de confitures maison, de crêpes et de viennoiseries, sont excellents.
Hôtel Delga - 28 r. des Frères-Delga - ✆ 06 77 24 65 66 - www.maison-hotes-delga.com - 4 ch. 80/170 € ☕.

Brens : un petit air de Canada. Le lieu a beau avoir des airs de camping traditionnel, on y réserve des petits chalets en bois ou des grandes tentes safari de 50 m². Les visiteurs en quête de nature profiteront de leur séjour pour arpenter le Tarn en canoë (disponibles gratuitement). Les autres pourront tout aussi

RENCONTRE AVEC...

Charles Bonnafont, à la tête du Domaine Cinq Peyres

« À l'école, je disais déjà à mes profs que je voulais être vigneron. Aujourd'hui, j'ai repris le domaine familial au cœur du Gaillacois. Je travaille en bio et j'ai recréé une ferme pour être autonome au niveau alimentaire. Sur les 25 ha du domaine, 12 ha sont consacrés à la vigne. Nous avons des poules, des cochons et nous cultivons des légumes et des plantes que nous ressemons ensuite dans les vignes pour nourrir le sol et attirer les insectes.
Nous sommes des vignerons autant que des paysans qui vivent en harmonie avec leur environnement. On fait les vendanges à la main, le soir on s'attable et on boit du bon vin en savourant les légumes de notre potager. L'été, on organise des apéros-concerts. Il y a des groupes de musique qui viennent jouer, des producteurs locaux qui font goûter leurs produits et du bon vin à déguster. Les gens apprécient de se retrouver. Et nous, on fait partager l'amour de notre terroir et ça nous rend heureux. »
Domaine Cinq Peyres - voir Cahuzac-sur-Vère (ci-contre).

bien paresser dans un transat, se rafraîchir à la piscine ou profiter des barbecues à disposition.
Les Chalets de Fiolles - 2634 rte de Lavaur - ✆ 05 63 57 69 67 - www.chalets-de-fiolles.com - 12 chalets, 4 tentes safari.

Puycelsi : L'Ancienne Auberge. On se sent tout à coup hors du temps dans cette maison du 17e s. au cœur du village médiéval de Puycelsi. Les chambres, bien décorées, ont gardé ce charme suranné propre aux vieilles demeures et la grande cheminée de la salle commune, devant laquelle trône un confortable canapé en cuir, vient parfaire ce décor d'ancienne auberge. Une adresse toute trouvée pour les amoureux d'histoire et de vieilles pierres.
Pl. de l'Église - ✆ 05 63 33 65 90 - www.ancienne-auberge.fr - 8 ch. 85/125 € ☕.

Cahuzac-sur-Vère : luxe, calme et volupté. Ce château des 13e et 16e s. est installé au milieu des vignes. Avec ses tours et son mur d'enceinte, on se croirait transporté au Moyen Âge, avant d'apercevoir la superbe piscine qui vient rappeler que la demeure a été réhabilitée et transformée en une luxueuse maison d'hôtes où l'on vient en couple pour se reposer, goûter aux mets du restaurant et profiter du spa.
Château de Salettes - lieu-dit Salettes - ✆ 05 63 33 60 60 - www.chateaudesalettes.com - 18 ch. 175/240 €, suites 275/315 € - ☕ 19/22 €.

FAIRE LA FÊTE

Gaillac : Fête des vins. Chaque année, au début du mois d'août, le parc de Foucaud accueille la grand-messe du vin de Gaillac. Une cinquantaine de vignerons se retrouvent pour mettre à l'honneur les cépages gaillacois. Déjeuner-dégustation, apéro à l'ombre des arbres et concerts viennent rythmer le week-end. Un feu d'artifice clôture les festivités.
www.vins-gaillac.com

Cahuzac-sur-Vère : goûter au terroir en musique. Déguster du bon vin directement chez un vigneron lors d'un apéro-concert, c'est possible au Domaine Cinq Peyres

G. Gerault/hemis.fr

(voir « Rencontre avec... »). Il suffit de se garer et de monter tranquillement vers la bâtisse. Du sommet de la butte où sont installées les tables et la scène, on embrasse un panorama à 360° sur les monts de Lacaune et la forêt de la Grésigne. Au coucher du soleil, avec un verre de gaillac à la main, on touche au sublime.
Domaine Cinq Peyres - 1380 rte des Cinq-Peyres - ✆ 06 14 57 44 60 - www.domaine-cinqpeyres.fr - chaque merc. d'été, 20h-0h - dates sur l'agenda du site www.tourisme-tarn.com.

Gaillac : et la lanterne fut. Une féerie tout droit venue de Chine s'empare chaque hiver pendant deux mois du parc de Foucaud. 1500 structures lumineuses monumentales offrent un voyage inattendu vers l'Asie. Dragons, temples, bouddha géant et forêt de bambous peuplée de pandas illuminent les nuits gaillacoises. Les visiteurs se promènent au milieu de ces immenses structures et profitent des spectacles de danse et des défilés organisés.
Festival des Lanternes - parc de Foucaud - www.festivaldeslanternes-gaillac.fr - déc.-janv. - 16/20 €.

Puycelsi : retour au Moyen Âge. Une plongée dans le passé médiéval de Puycelsi a lieu chaque année autour du 15 août. Reconstitutions de combats médiévaux en tenue d'époque à pied ou à cheval, banquet 100 % médiéval, déambulation en costumes et marché : on ne manque pas d'occasions de festoyer au cours de ces deux jours.
Fête médiévale de Puycelsi - www.lesdragonsoccitans.com.

Gaillac : Chai mon vigneron. Pour célébrer la fin des vendanges et la sortie du gaillac primeur, une quarantaine de vignerons ouvrent les portes de leurs domaines aux visiteurs le 3e jeudi de novembre. L'occasion de découvrir ce primeur dont les vendanges ont été effectuées à la main et qu'il convient de boire dans l'année.
www.tourisme-tarn.com

CAUSSES ET GORGES DE L'AVEYRON

Nichées entre le village de Bruniquel et son château perché et St-Antonin-Noble-Val et ses maisons aux toits de tuile rondes, les gorges de l'Aveyron constituent un formidable terrain de jeu pour les kayakistes et les amoureux de la rando. À vingt kilomètres de là, la charmante ville de Caussade vit au rythme de son célèbre chapeau de paille.

DEPUIS MONTAUBAN : en évitant l'autoroute, 40 km par la D115 jusqu'à St-Antonin-Noble-Val.

VENIR EN TRAIN

- **De Montauban, un TER dessert la gare de Caussade (env. 20mn).**

BONS PLANS

- **Pour organiser votre séjour : www.tourisme-saint-antonin-noble-val.com et www.tourisme-tarnetgaronne.fr.**

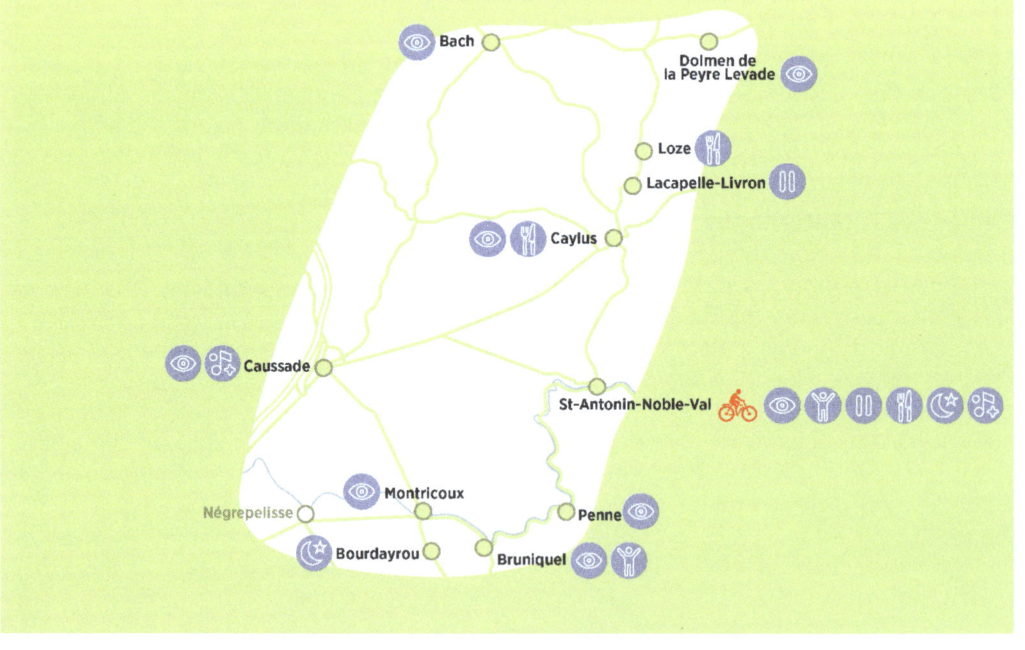

LOUER UN VÉLO

ST-ANTONIN-NOBLE-VAL

Variation Sport Nature

La Plage - ✆ 05 63 68 25 25 - www.variation82.eu. Vélo adulte (16 € la 1/2 j., 21 €/j), vélo enfant (13/17 €), siège bébé (2/4 €).

VOIR

Penne, Bruniquel, Montricoux, St-Antonin-Noble-Val et Caylus : de village en village. La balade commence par Penne, accroché à un piton rocheux qui domine l'Aveyron et couronné par les ruines d'une forteresse médiévale. Elle se poursuit par Bruniquel, avec son château perché sur une falaise et son dédale de ruelles en pente. Plus loin, les murailles de Montricoux offrent une flânerie agréable, tandis que St-Antonin-Noble-Val, charmante cité du Moyen Âge, déploie ses toits de tuiles rondes. Ultime étape : Caylus, dont l'église abrite un impressionnant Christ sculpté par Zadkine.

Bach : fossiles et phosphate. L'exploitation de ces mines de phosphate au cours du 19e s. a permis aux paléontologues de mettre au jour près de 600 fossiles d'animaux datant de 34 millions d'années. Depuis ces découvertes, le site invite les visiteurs à se laisser emporter 20 m sous terre, dans l'ancienne mine, pour observer l'étonnante végétation qui s'y est installée. Fougères géantes, orchidées : étonnamment, les végétaux ne manquent pas et la végétation se tropicalise au fil de la descente. Côté fossiles, on découvrira notamment l'existence du caducothère, un mammifère qui s'apparente à un rhinocéros.

Phosphatières du Cloup d'Aural - ✆ 05 65 20 06 72 - www.phosphatieres.com - visite guidée (50mn) : horaires sur le site Internet - 8 € (6-14 ans 5 €).

Dolmen de la Peyre Levade : une pierre de taille. Bienvenue devant l'un des plus beaux dolmens du Quercy ! La région en compte près de 800 mais celui de la Peyre Levade, à deux pas du village de Laramière est, dit-on, l'un des plus lourds : on estime son poids à 25 t. Les dolmens auraient autrefois servi de sépultures individuelles et collectives dans les cultes préhistoriques, celtiques et druidiques.

J.M. Barrere/hemis.fr

Dolmen de la Peyre Levade - sur la D55, avant le village de Laramière.

Caussade : chapeau bas. Saviez-vous que Caussade est la capitale française du chapeau de paille ? On en fabrique depuis plus de 200 ans dans ce petit village du Tarn-et-Garonne. L'Épopée chapelière, une exposition installée dans l'office de tourisme, retrace la grande aventure de l'industrie chapelière caussadaise. Un peu plus loin dans le village, la chapellerie Willy's Paris perpétue la tradition depuis 1864 *(voir « Rencontre avec... »)*. On peut visiter les coulisses de son atelier lors d'une visite guidée.
Chapellerie Willy's Paris - 63 av. du Gén.-Leclerc - 05 63 93 09 96 - lun.-vend. 9h30-12h30, 13h30-18h (journée continue mar.) - visite guidée (1h) sur RV - rens. à l'office de tourisme - 05 63 26 04 04.

BOUGER

St-Antonin-Noble-Val : balade naturaliste. Cette randonnée familiale ombragée suit le sentier d'interprétation du Causse d'Anglars. Elle permet de découvrir les milieux naturels du causse : ses pelouses sèches et calcaires, ses landes à genévriers, ses chênaies pubescentes et ses mares caussenardes. À vous de choisir entre la version courte de 2,5 km (1h30) et la version longue de 6 km (2h30). Des panneaux explicatifs jalonnent le sentier et permettent de mieux appréhender les paysages typiques du causse.
Sentier d'interprétation du Causse d'Anglars - dép. du parking du chemin du Lavoir - brochure téléchargeable sur www.tourisme-saint-antonin-noble-val.com.

St-Antonin-Noble-Val : descente en kayak. Voguer sur l'Aveyron en solo, c'est possible à bord d'un kayak. Au départ de St-Antonin-Noble-Val, on entre directement dans les gorges et on pagaie au milieu des impressionnantes falaises. Des petits rapides permettent de jouer à se faire peur sans se mettre en danger. Au fil de l'eau, plusieurs plages de pierres plates invitent à une baignade bien méritée. Les plus courageux pourront profiter

RENCONTRE AVEC...

Isabelle Rey, à la tête de la chapellerie Willy's Paris

RoBeDeRo/iStock

« Chez nous, le chapeau est une affaire de famille. C'est mon arrière-arrière-grand-père qui a amené le chapeau à Caussade, en 1824 ! L'atelier était mon terrain de jeux quand j'étais enfant. Je venais ici chaque mercredi et je regardais ma tante et mon père travailler. Comme j'étais fille unique, c'est moi qui ai repris la chapellerie il y a 20 ans.
Nous fabriquons des canotiers, des capelines en paille et des chapeaux de cérémonies.
Notre savoir-faire est unique, c'est d'ailleurs ce que je dis aux clients qui trouvent que les prix de nos chapeaux sont plus élevés que ceux des chaînes de magasins qui vendent du "made in China". Chez nous, tout est fait dans l'atelier et nous utilisons les mêmes moules en aluminium que ceux qu'utilisaient mes arrière-grands-parents. Quand une nouvelle personne est embauchée, les anciennes lui apprennent à coudre la paille. C'est une transmission dont nous sommes fières. »
Chapellerie Willy's Paris - voir Caussade (ci-contre).

de l'arrêt pour plonger depuis les rochers. Le club Variation propose deux descentes. La première, de 11 km, relie St-Antonin-Noble-Val à Cazals. La seconde, longue de 18 km, poursuit sa route jusqu'à Penne.
Variation Sports Nature, La Plage - ✆ 05 63 68 25 25 - www.variation82.eu - niveau facile - à partir de 5 ans - descente de 11 km 17 €/42 € (selon la durée), descente de 18 km 24/48 €.

Bruniquel : spéléo à gogo. Aux environs de Bruniquel, la grotte des Barthasses fait le bonheur des spéléologues en herbe. Cette cavité horizontale, accessible aux débutants, ne nécessite pas de rappel. On y admire des stalagmites et des stalactites et l'on peut y observer des chauves-souris. La sortie, guidée par un moniteur, permet aux curieux d'en apprendre un peu plus sur la formation des gorges de l'Aveyron, les particularités géologiques de la région et la richesse de la vie souterraine.
Shark' Aventures - ✆ 06 12 53 45 83 - www.sharkaventures.com - durée 2h30 (2h sous terre) - à partir de 30 €.

St-Antonin-Noble-Val : auprès de mon âne. Empaquetez votre pique-nique et partez sans tarder découvrir les gorges de l'Aveyron et les causses en compagnie d'un âne. Équipé d'un bât de portage, le baudet déleste les parents de leur sac à dos et fait le bonheur des enfants fatigués qui peuvent enfin se faire porter. Au moment du départ, une carte est remise aux randonneurs ; elle leur permet de choisir le chemin muletier qu'ils souhaitent explorer. Les randonnées avec les ânes peuvent s'effectuer à la demi-journée, à la journée ou sur plusieurs jours, selon l'envie de chacun.
Saint'Anton'âne - ✆ 06 46 39 14 35 - saintantonane.free.fr - sur réserv. - 28 € la 1/2 j., 38 €/j.

St-Antonin-Noble-Val : via ferrata vertigineuse. Avec sa vue à couper le souffle sur le village de St-Antonin-Noble-Val et le département du Lot au loin, la via ferrata du Roc d'Anglars embarque les débutants à l'assaut d'une falaise verticale. Harnachés et accompagnés par un guide expérimenté qui connaît le roc comme sa poche, les apprentis grimpeurs se familiarisent avec cette via ferrata qui compte notamment une tyrolienne de 60 m au-dessus de l'Aveyron. Une expérience grisante, accessible aux familles avec enfants.
Via ferrata du Roc d'Anglars - ✆ 06 71 71 76 86 - www.tarn-escalade.fr - durée 2-4h - à partir de 7 ans - 30 €.

H.Lenain/hemis.fr

FAIRE UNE PAUSE

Lacapelle-Livron : au coucher du soleil. La petite chapelle Notre-Dame-des-Grâces, de style gothique flamboyant, coiffée d'un toit de lauzes et posée sur une verte prairie, offre un superbe point de vue sur la vallée de la Bonnette et ses collines boisées. On vient donc jusqu'ici pour se délecter du spectacle et pour humer l'air pur de la campagne. Au coucher du soleil, le ciel revêt des teintes magiques.

St-Antonin-Noble-Val : jour de marché. Chaque dimanche matin, le marché envahit la place des Tilleuls jusqu'à la place du Buoc, et traverse toute la rue de la Pélisserie. Il flotte alors dans l'air des odeurs de rocamadour, de fruits gorgés de soleil et de vin AOC coteaux du quercy. Une fois les étals parcourus, vous pourrez vous attabler en terrasse dans l'un des petits bars-restaurants. Les enfants profiteront de cette pause pour chevaucher un âne dans les ruelles du village.
Marché de St-Antonin-Noble-Val - dim. 7h-13h.

St-Antonin-Noble-Val : point de vue sur les gorges. En visite à St-Antonin-Noble-Val, on peine souvent à imaginer à quoi ressemblent les gorges de l'Aveyron vues d'en haut. Depuis le point de vue du cirque de Bône, au-dessus du village, s'ouvre un sublime panorama sur les gorges et la rivière en contrebas. Les visiteurs peuvent casser la croûte à l'une des tables de pique-nique installées devant ce panorama imprenable. À noter que le lieu est aussi le point de départ d'une randonnée prisée des marcheurs.
Point de vue du cirque de Bône - 4 km à l'ouest de St-Antonin-Noble-Val.

DÉGUSTER

St-Antonin-Noble-Val : L'Auberge des Sens. Confortablement installé sous une tonnelle ou dans la salle aux murs rouge et blanc, on déguste ici une bonne cuisine de saison, où les produits du Sud-Ouest sont à l'honneur. Foie gras de canard au torchon et sa brioche maison, carpaccio de bœuf et foie gras à l'huile de truffe et déclinaisons d'agneau du Quercy viendront à bout des appétits les plus tenaces.
6 bd des Thermes - ✆ 05 63 31 27 41 - www.aubergedessens.fr - mar.-sam. 12h-13h30, 19h-20h30 et dim. 12h-13h30 - menu midi en semaine 16,50 €, menu soir et w.-end 25 €.

Loze : Mas de Monille. Au milieu de la campagne, dans deux salles où la pierre apparente est reine, on sert une cuisine de terroir simple et diablement efficace. Dans cette ferme, le roi de la maison est le porc noir gascon et la reine n'est autre que la poule de Caussade, tous deux élevés à l'ombre des chênes de la propriété.
✆ 05 63 65 76 85 - www.masdemonille.com - ouv. tte l'année sur réserv. - menu à partir de 25 €.

Caylus : cuisine en boîte. La famille Ramond est aux commandes de cette conserverie depuis quatre générations. Année après année, leurs recettes séduisent les palais des habitués. Pavé caylusien (médaillon de foie de canard), magret de canard fourré ou bûche de dinde au foie gras : faites votre choix.
Conserves d'Autrefois - ✆ 05 63 67 06 14 - www.lesconservesdautrefois.fr - lun.-vend. 9h-18h30, sam. 9h-13h, 14h-17h.

St-Antonin-Noble-Val : chef multitâche. Depuis l'agréable petite terrasse qui surplombe la vallée, on succombe à la cuisine raffinée de ce restaurant à l'écart de St-Antonin-Noble-Val. Aux manettes en solo, le chef, qui est aussi serveur et maître d'hôtel, est un amoureux du Quercy et de ses bons produits. En saison, il sert d'excellentes cailles et des agneaux du terroir.

Gorges de l'Aveyron près de St-Antonin-Noble-Val.

SpiritProd33/iStock

La Corniche - lieu-dit Brousses - 05 63 68 26 95 - avr.-déc. : mar., vend., sam., et dim. midi ; janv.-mars : w.-end et en sem. sur réserv. - menu 32,50 €.

DORMIR AU CALME

Bourdayrou : pour les gourmands. Ce très beau bâtiment en pierre est entouré par 8 ha de prairies et de bois. En hiver, dès le matin, le feu de cheminée crépite dans la salle principale tandis que les alentours sont recouverts de givre. Les quatre chambres affichent une décoration rustique et un calme absolu. À table est servie une délicieuse cuisine de terroir, à l'image de ce lapin bardé de lard cuit à l'étouffée ou de ce poulet fermier aux trois poivrons flambé au pastis.

Les Granges Tourondel - 05 63 24 17 31 - www.tourondel.com - 4 ch. 66/70 € - table d'hôtes 28 €/pers.

St-Antonin-Noble-Val : camping au bord de l'eau. Camper au bord de l'Aveyron, dans un parc arboré agrémenté d'une vaste piscine, voilà une excellente façon de passer ses vacances. Porte d'entrée des gorges, ce terrain séduira les familles en quête de nature, les baigneurs hésitant entre piscine et rivière et les sportifs qui veulent se lancer dans la descente des gorges en kayak. Le camping propose des emplacements et des bungalows.

Camping Campéole le Noble-Val - rte de Marsac - 05 63 30 64 30 - www.campeole.com - 10 empl. 12/23 €, 63 bungalows 32/77 €.

St-Antonin-Noble-Val : la tête dans les étoiles. Loin de la pollution lumineuse de la ville, cet observatoire propose des chambres et un gîte indépendant à la location. Une piscine permet de se rafraîchir aux heures chaudes et un hamac invite à faire une sieste à l'ombre des arbres. En prime, les hôtes bénéficient gratuitement d'une initiation à l'astronomie et d'une session d'observation au télescope des principaux astres.

Le Refuge aux Étoiles - lieu-dit Foyt - 05 63 65 64 36 - www.lerefugeauxetoiles.com - 3 ch. à partir de 59 € la nuit ; gîte 5 pers. à partir de 95 €.

FAIRE LA FÊTE

St-Antonin-Noble-Val : Fête des battages. Tous les ans, le 1er dimanche d'août, St-Antonin-Noble-Val célèbre son passé agricole. Une exposition d'anciennes machines agricoles et de tracteurs investit la place du Pradel. Non loin de là, sur la place du Bessarel, les métiers d'autrefois se racontent. Côté ripailles, un repas campagnard est organisé et un bal musette vient clôturer la journée de fête.

St-Antonin-Noble-Val : Fête des moissons. Avez-vous déjà assisté à une messe en occitan ? Savez-vous à quoi ressemblaient les moissons au siècle dernier ? Si vous avez répondu non à au moins l'une de ces deux questions, alors foncez à la fête des moissons. Chaque année au mois de juillet, le hameau de Laussier, à 6 km au nord de St-Antonin-Noble-Val, célèbre la fête des moissons. Et si vous avez répondu oui aux deux questions mais qu'un repas campagnard vous tente, allez-y quand même, vous ne serez pas déçu.

Caussade : Estivales du chapeau. Concerts, défilés de chapeaux du monde entier, démonstrations de savoir-faire de modistes chevronnés et grand marché nocturne ponctuent les Estivales du chapeau qui ont lieu chaque année à Caussade au cours du mois de juillet.

Estivales du chapeau - www.chapeau-caussade.fashion.

LA LOMAGNE

Châteaux, bastides et petits villages se succèdent dans cette région située entre le Gers et le Tarn-et-Garonne, où les effluves de melon de Lectoure se mélangent à ceux d'ail blanc de Lomagne. L'été, les astronomes les plus célèbres de la planète profitent de la clarté de son ciel pour se retrouver et observer les étoiles.

DEPUIS TOULOUSE : en évitant l'autoroute, prendre les D2, D3, D928 et D7 jusqu'à Lectoure (90 km).

VENIR EN TRAIN

- **De Toulouse, TER jusqu'à Auch (env. 1h30). De là, la ligne de bus 933 qui relie à Montauban passe par Beaumont-de-Lomagne et la ligne 932 qui relie Auch à Agen s'arrête à Fleurance et Lectoure (www.mestrajets.lio.laregion.fr).**

BONS PLANS

- **Pour organiser votre séjour : www.tourisme-bastidesdelomagne.fr, gascogne-lomagne.fr et tourisme. malomagne.com.**

LOUER UN VÉLO

ST-CLAR

Office de tourisme
2 pl. de la Mairie - ☎ 05 62 66 34 45 - www.paysportesdegascogne.com. Vélos à assistance électrique (18 € la 1/2 j., 25 €/j).

SARRANT

Maison de l'Illustration
14 r. du Milieu - ☎ 05 62 65 09 51 - www.paysportesdegascogne.com. VAE (18 € la 1/2 j., 25 €/j).

LECTOURE

Office de tourisme
Pl. du Gén.-de-Gaulle - ☎ 05 62 64 00 00 - sur réserv. VTT à assistance électrique (20 € la 1/2 j., 35 €/j), remorque enfants (20 €).

Th. Grun/age fotostock

VOIR

Lectoure : ancienne capitale. Bienvenue dans l'ancienne capitale des comtes d'Armagnac, devenue au fil des années une agréable cité médiévale, perchée sur un promontoire naturel qui surplombe la vallée du Gers. On y vient pour son célèbre village des brocanteurs, pour parcourir les étals de son marché et pour visiter sa cathédrale et son musée archéologique.
Office de tourisme - gascogne-lomagne.fr.

Beaumont-de-Lomagne : sciences en fête. Cette bastide royale de plan carré, fondée au 13e s., est la ville natale du mathématicien Pierre de Fermat, le précurseur du calcul différentiel et de la géométrie analytique. La cité rend hommage au scientifique en ouvrant au public la Maison de Fermat qui le vit naître en 1601. Au cœur de cet hôtel particulier flanqué d'une tour carrée du 15e s qui offre un joli point de vue sur Beaumont, on découvre une petite exposition sur les travaux de Pierre de Fermat. De nombreuses activités sont organisées pour les enfants par l'association Fermat Sciences, dont des jeux de logique, des escape game et des ateliers.
Maison de Fermat - 3 r. Pierre-de-Fermat - ☎ 05 63 26 52 30 - www.fermat-science.com - visite gratuite de la tour carrée organisée par l'office de tourisme - détails des animations sur le site de Fermat Sciences.

Auvillar : la jolie halle. Cette ville close au charme intemporel fut jadis animée par trois activités : la batellerie, la fabrication de plumes d'oie et la faïence, à laquelle un petit musée est consacré. Autre trésor d'Auvillar : la ravissante place de la Halle, bordée de maisons de brique. Au centre se dresse la halle en rotonde reposant sur des colonnes toscanes.
Musée de la Faïence - Pl. de la Halle - ☎ 05 63 39 89 82 - www.auvillar.fr - de mi-avr. à mi-oct. : 14h30-18h30 ; reste de l'année : w.-end 14h30-17h30 - 3 € (-12 ans gratuit).

St-Clar : rentrée des classes. Si plus aucun élève ne vient user ses fonds de culotte sur les bancs de l'école publique de St-Clar

Jour de marché dans la halle d'Auvillar.

depuis sa fermeture en 1950, les visiteurs sont encore accueillis au milieu des pupitres, des cahiers, des encriers et des dessins d'antan. L'établissement transformé en musée permet de saisir le quotidien des élèves et des professeurs à cette époque et de redécouvrir l'histoire de l'école publique française.
Musée de l'École publique - 1 r. de la Poste - ✆ 05 62 66 32 78 - www.musee-ecole-publique.fr - juin-sept. : 14h-19h ; reste de l'année : 14h-18h - fermé dim.-lun., j. fériés et de mi-janv. à fin fév. - 4 € (enf. 2,50 €).

Laréole : une vie de château. On est surpris par les bandes alternées de pierre et de brique de sa façade qui donnent à ce château Renaissance un petit côté italien. Construit en 1579 par un riche marchand de pastel toulousain, le bâtiment possède une cour intérieure qui reprend la polychromie de la façade. À l'étage, cinq salles accueillent parfois des expositions d'art contemporain. Une exposition permanente, consacrée au peintre naïf Lucien Vieillard, est à admirer dans les espaces communs. Un agréable salon de thé donne sur les beaux jardins à la française du château.
Château de Laréole - ✆ 05 61 06 33 58 - juil.-août : mar.-dim. 10h-19h (18h mi-sept.), mai-juin et fin sept. : w.-end et j. fériés 10h-18h - gratuit.

BOUGER

St-Clar : tous au lac. Envie de piquer une tête ? Foncez à la base de loisirs d'Escalavès ! Ce lac de 5 ha accueille une vaste zone de baignade, des pelouses où installer sa serviette pour une sieste à l'ombre et même une plage de sable fin où se lancer dans un concours de château de sable. En prime, des toboggans géants font le bonheur des enfants. Hors saison, la base de loisirs est le rendez-vous des amateurs de pêche.
Base de loisirs d'Escalavès - ✆ 05 62 66 34 45 - jui.-août : 11h-20h - 3,50 € (- 6 ans gratuit).

Fleurance : un petit chemin. Aux portes de Fleurance, une boucle facile de 5 km longe les berges du Gers et explore la biodiversité des alentours. Au détour du sentier, une surprise de taille attend les randonneurs : un grand observatoire en bois imaginé par l'artiste Thierry Boutonnier et auquel on accède par une passerelle de 10 m. Au centre de cet observatoire, une sphère représente le ciel et des constellations imaginaires d'animaux disparus.
Chemin de la biodiversité - départ derrière la caserne des pompiers - 1h - facile.

Lectoure : à l'assaut du clocher. Pour galber ses mollets et travailler son cardio, rien de tel que de gravir les 240 marches qui permettent d'atteindre le sommet du clocher de Lectoure. Ce clocher-donjon, qui fait partie intégrante de la cathédrale, date de la fin du 15e s. En 1782, la flèche de l'édifice, en très mauvais état, s'est subitement décrochée. Une fois arrivé en haut, on domine la ville de Lectoure et ses environs. Les jours de beau temps, on peut même deviner au loin la chaîne des Pyrénées.

Clocher de Lectoure - cathédrale de Lectoure, 7 r. Nationale - ☏ 05 62 64 00 00 - Les visites sont organisées par l'office de tourisme qui remet la clef aux visiteurs - visite libre lun.-sam. 9h15-12h45, 14h-18h30 - visite guidée (30mn) vend. 10h-12h30 - 3 € (7-12 ans 1,50 €).

St-Clar : balades assistées. L'office de tourisme propose de nombreux circuits pour sillonner les alentours de St-Clar, de château en pigeonnier, de village en bastide. Petite difficulté : la région est vallonnée ! Pour braver les côtes et soulager vos mollets, vous pourrez louer à St-Clar des vélos à assistance électrique *(voir p. 167)*.

Cartes et descriptifs sur www.tourisme-bastidesdelomagne.fr.

FAIRE UNE PAUSE

Lectoure : couleur pastel. Ce bleu de pastel artisanal a fait la renommée de Lectoure au cours des siècles. Également appelé Pastel des teinturiers ou Bleu de guède, le Bleu de Lectoure permettait aux teinturiers, aux peintres et aux décorateurs d'obtenir des nuances de bleu exceptionnelles. Cet atelier-boutique remet le pastel au goût du jour depuis 1994 : vêtements, cosmétiques et incontournables boîtes de pastels. En prime, les propriétaires des lieux fournissent des explications essentielles *(voir « Rencontre avec... »)*.

Bleu de Lectoure - 55 r. Alsace-Lorraine - ☏ 05 62 28 14 93 - www.bleu-de-lectoure.com - juil.-août : mar.-sam. 10h-12h30, 14h-18h30 (reste de l'année 18h).

Lectoure : trempette panoramique. Une piscine municipale, oui, mais avec vue s'il vous plaît ! Aménagée dans les jardins de l'hôtel de ville, la piscine municipale panoramique

RENCONTRE AVEC...

Cécile Gex, teinturière à la tête de l'atelier-boutique Bleu de Lectoure

« J'ai commencé à travailler dans le pastel en 2006. Puis l'entreprise qui m'employait a déposé le bilan. Le dernier jour, je me souviens avoir pleuré et m'être dit "Ça n'est pas possible que ça ferme ! Le bleu de Lectoure est une couleur unique !" Avec mon associé, on a décidé de relancer le projet et d'ouvrir un atelier-boutique à Lectoure. Le pastel était autrefois le bleu des rois. Il a été détrôné par l'indigo, puis il a refait son apparition sous Napoléon Ier... pour disparaître à nouveau. Il réapparaît dans les années 1990 à Lectoure. C'est un bleu magique : on trempe un tissu blanc dans une cuve et au contact de l'air, il passe en quelques secondes du jaune au vert puis du vert au bleu. Aujourd'hui, nous cultivons nous-mêmes l'Isatis tinctoria, la plante dont est issu le Bleu de Lectoure. À la boutique, on vend notamment du linge de maison, des vêtements et des cosmétiques à base d'huile de pastel. »

Bleu de Lectoure - voir Lectoure (ci-contre).

de Lectoure bénéficie d'un superbe point de vue sur la vallée du Gers et la chaîne des Pyrénées. Deux bassins, une plage carrelée, une pelouse ombragée et une buvette viennent compléter le rafraîchissant tableau de cette virée aquatique, accessible uniquement l'été.
Piscine panoramique - pl. du Gén.-de-Gaulle - ✆ 05 62 68 81 57 - juil.-août : lun.-vend. 11h-19h30, w.-end 14h-19h30 - 4,25 € (- 15 ans 3,10 €).

Lectoure : le paradis des chineurs. Quel bonheur de prendre le temps de chiner sous les arcades, dans la chapelle et dans les salles du 18e s. de l'ancien hôpital de Lectoure, reconverti en village de brocanteurs. C'est un broc' du coin qui a convaincu la mairie de faire du lieu le paradis des chineurs qui viennent toujours plus nombreux pour y dégoter des meubles, des bibelots et des trésors amassés au fil des ans par les habitants de la région.
Village des brocanteurs - 127 cours d'Armagnac - 10h-19h.

Brignemont : tourne, tourne, petit moulin. Ce moulin construit en 1940 avec des briques toulousaines a repris vie après 70 ans d'arrêt grâce à un meunier qui en est tombé amoureux. Aujourd'hui entièrement restauré, il ouvre ses portes et ses ailes aux visiteurs. La visite guidée d'une heure permet de découvrir ce savoir-faire ancestral, de participer à la fabrication de la farine et de partager la passion du propriétaire des lieux. À l'issue de la visite, on peut même déguster de succulents petits gâteaux produits à base de farine du moulin. Un régal !
Moulin de Brignemont - ✆ 05 63 02 10 00 - www.moulindebrignemont.com - juil.-août 15h-19h - sur réserv. - 3 € (enf. gratuit).

Cox : un tour chez le potier. Ce petit musée installé dans une ancienne poterie retrace quatre siècles de fabrication de poteries dans la région. On peut y voir d'anciennes productions locales et de nombreuses archives qui attestent le passé potier du petit village de Cox qui a connu son heure de gloire entre le 16e et le 20e s. Le clou du spectacle reste l'authentique four en briques de terre crue, pièce maîtresse du musée. Des démonstrations et des ateliers d'initiation sont organisés. Petite boutique où faire le plein de jolies poteries.
Musée de Cox - rte de Toulouse - ✆ 05 62 13 70 31 - www.museecox.fr - juil.-août : tlj sf lun. 14h30-18h30 ; mai-juin et sept.-oct. : w.-end et j. fériés 14h30-18h30 - 2,50 € (6-12 ans 1 €).

DÉGUSTER

Lectoure : le rendez-vous des gourmands. Une épicerie fine qui sert des plats faits maison ? Du melon estampillé 100 % melon de Lectoure ? Une savoureuse cuisine du marché ? Que demander de plus ? Pour couronner le tout, la maison propose de très bons vins à la carte. Pas étonnant quand on sait que l'établissement est aussi bar à vins. Et pour celles et ceux qui auraient raté l'heure du déjeuner, le lieu fait également salon de thé. Pas de doute, il y en a pour tous les goûts !
L'Atelier gourmand - 11 r. Nationale - ✆ 09 81 46 49 61 - vend.-mar. 12h-21h30, dim. 12h-14h - fermé lun. - formules 12/18 €, assiettes 19 €.

Miradoux : épicerie associative. Des habitants et des producteurs qui se mobilisent pour sauver l'épicerie du village, c'est l'histoire qui

Village des brocanteurs dans l'ancien hôpital de Lectoure.
Th. Gryn/age fotostock

Marché de Fleurance. D. Schneider/Photononstop

se cache derrière cette épicerie associative du centre de Miradoux. Ici, les produits locaux sont à l'honneur et l'ail blanc de Lomagne côtoie le bœuf d'un producteur du coin tandis que l'huile de noix voisine avec la bière du Vaillant Fourquet. Huit bières artisanales sont d'ailleurs proposées, toutes fabriquées à partir de malts et de houblons bio et brassées à l'aide d'un authentique fourquet, une pelle en fer ou en cuivre, percée en son centre.
Épicerie associative de Miradoux - 11 pl. du Foirail - ✆ 05 62 68 81 76 - lun.-sam. 9h-12h30, 16h-19h, dim. 9h-12h.

Lectoure : une auberge pur jus. Voilà sans conteste une authentique auberge de village, (la plus ancienne de Lectoure !) aux poutres apparentes et aux murs de pierre, où l'on sert une cuisine généreuse à prix raisonnables. Dans l'assiette, on flanche volontiers pour l'une des spécialités du chef : la meurette gasconne, un œuf poché accompagné d'une tranche de pain, de lard gascon grillé et fourré aux champignons et d'une savoureuse crème de foie gras au porto. Un délice !
Auberge des Bouviers - 8 r. Montebello - ✆ 05 62 68 95 13 - lun.-sam. 19h-22h30 - menus 28/32 €, plats 26/33 €.

Lectoure : faire le plein de produits locaux. On ne sait plus où donner de la tête dans les rayons de cette boutique gourmande où l'on retrouve tous les bons produits de la région : foie gras, confit de canard, vins, plateaux de fromage et de charcuterie (sur commande). L'occasion de faire de belles découvertes gastronomiques et de repartir les bras chargés de mets.
Fleurons de Lomagne - 7 r. Nationale - ✆ 05 62 68 53 62 - www.fleuronsdelomagne.com - lun.-jeu. 9h-13h, 14h-19h30, vend. 9h-20h, sam. 9h-19h30, dim. 9h-19h.

Sarrant : tartines de livres. Mais quel étrange concept se cache derrière cette librairie-tartinerie ? La réponse réside dans un savant mélange de convivialité, de sympathie et d'amour des bouquins et de la bonne chère au cœur d'un superbe petit village. Attablé au milieu des livres, on dévore ses auteurs préférés en dégustant une tartine de foie gras accompagné d'une petite salade, et fin mot de l'histoire, le café est à 1 €. Le lieu accueille également des soirées et des rencontres.
Librairie-Tartinerie - pl. de l'Église - ✆ 05 62 65 09 51 - www.lires.org - mar.-jeu. et dim. 11h-18h, sam. 11h-21h - tartines 7 €.

Champ près de St-Clar.
J.-M. Barrère/hemis.fr

DORMIR AU CALME

Mauroux : la tête dans les étoiles. Si l'Univers vous passionne et que l'observation astronomique vous transporte, vous venez de trouver votre petit paradis. Cette grande demeure gasconne a pris place sur un site exceptionnel, au cœur du Gers. L'absence de pollution lumineuse en fait un endroit idéal pour admirer les étoiles. Le lieu est doté d'un immense télescope et de la paire de jumelles la plus grande du monde ! Cinq astrobulles tout confort, équipées de lits, ont été installées pour les accros qui peuvent ainsi littéralement dormir sous les étoiles. Formule chambre d'hôtes (sans ou avec observation des étoiles), bon repas et piscine pour se rafraîchir. De quoi repartir avec des étoiles plein les yeux.

Ferme des étoiles - ✆ 05 62 06 09 76 - www.fermedesetoiles.com - 5 astrobulles et 7 ch. 89 €/pers. (repas du soir, veillée et initiation à l'observation astronomique, petit-déjeuner inclus).

Lectoure : camping en famille. Fraîcheur et baignade sont au rendez-vous dans ce camping de 140 ha au bord de l'eau. Le site compte un grand parc aquatique qui fait le bonheur des enfants et un lac qui apporte un peu de fraîcheur et offre l'occasion de s'initier au paddle ou au kayak. Les emplacements sont à l'ombre et de nombreuses animations sont programmées. Le lieu est idéal pour les familles.

Camping Le Lac des 3 vallées - ✆ 05 62 68 82 33 - www.lacdes3vallees.fr - de fin juin à fin sept. - empl. 20/56 €, cottage 114/210 € les 2 nuits, tente 84/158 € les 2 nuits (séjour 2 nuits mini en haute saison).

Lectoure : luxe, calme et dos crawlé. Il fait bon se ressourcer dans cet ancien moulin cerné de nature, aujourd'hui transformé en chambres d'hôtes. La piscine est une invitation à la détente et les chambres confortables et chaleureuses sont propices au repos et à la rêverie. Le tout bénéficie d'une très belle vue sur Lectoure. Côté gastronomie, la table d'hôtes sert d'excellents légumes bio agrémentés d'herbes du jardin. Un gîte indépendant du moulin et sans vis-à-vis a également été aménagé.

La Mouline de Belin - chemin de la Fontaine St-Michel - ✆ 05 62 28 57 31 - www.lamoulinedebelin.com - 2 ch. 87 € ☕, gîte 1250/1800 €/sem. - table d'hôtes 20 €/pers.

Beaumont-de-Lomagne : séjour sous la tente. Ce camping simple et agréable est

situé non loin de la piscine municipale de Beaumont-de-Lomagne dont l'entrée est gratuite pour les vacanciers qui logent au Lomagnol. La baignade dans le lac n'est pas autorisée mais la pêche est possible. Soirées thématiques et animations pour les petits et les grands.
Village de loisirs Le Lomagnol - av. du Lac - ✆ 05 63 02 16 76 - www.camping-tarn-et-garonne.com - 24 empl. 10/16 €, 6 mobile-homes 160/250 € pour 2 nuits (séjour 2 nuits mini).

FAIRE LA FÊTE

Lectoure : un été en photo. Chaque été, depuis plus de trente ans, Lectoure met la photo en lumière. Des œuvres photographiques sont exposées dans différents lieux de la ville. L'événement, organisé par le Centre d'art et de photographie de Lectoure, attire chaque année des milliers de visiteurs. Des projections, des rencontres avec les photographes exposés, des visites guidées et des ateliers ont lieu tout au long de l'été.
L'Été photographique de Lectoure - www.centre-photo-lectoure.fr - juil.-sept. - pass 5 €.

St-Clar : Estiv'ail. Préparations et dégustation autour de l'ail, voilà le menu de l'Estiv'ail.

Ail blanc de Lomagne au marché de St-Clar.
A. Felix/hemis.fr

La star de cet événement qui a lieu début août est l'ail blanc de Lomagne, dont St-Clar est la capitale. L'occasion de s'initier au tressage, de flâner le long des étals du marché, de faire le plein de recettes et de danser sous les étoiles au son d'un groupe de musique et au milieu des effluves gourmands et légèrement… aillés !
www.tourisme-bastidesdelomagne.fr

Fleurance : cosmos en fête. Parrainé par le célèbre astrophysicien Hubert Reeves, ce festival annuel transforme Fleurance en capitale de l'astronomie mondiale durant une semaine début août. De nombreux chercheurs et astronomes se retrouvent dans le Gers en famille ou entre amis et participent à cet événement hors du commun. L'objectif : rendre l'astronomie accessible au plus grand nombre, petits ou grands. Parmi les temps forts du festival, Le Marathon des sciences réunit 12 spécialistes, qui se relaient sur scène pendant 12h pour traiter un grand thème scientifique choisi pour l'occasion.
Festival d'astronomie de Fleurance - www.festival-astronomie.fr.

Miradoux : La Ronde des crèches. Au moment de Noël, quand les sapins illuminent les salons des Gersois et que les températures dégringolent, huit villages se réunissent pour exposer leurs crèches, élaborées à partir de thèmes aussi variés que « La conquête de l'Ouest américain », « Jules Verne », « Les Îles du monde » ou « La Bande dessinée ». L'événement n'a rien de confidentiel puisqu'il accueille chaque année plus de 20 000 visiteurs, curieux de découvrir les réalisations de Flamarens, Castet-Arrouy, Gimbrède, Miradoux, Peyrecave, Plieux, St-Antoine et Mansonville.
www.larondedescreches.org

Lectoure : ça sent bon le melon. À la mi-août, Lectoure fête son melon. Un concours du meilleur producteur et une dégustation sont organisés. Plus tard dans la journée a lieu le rassemblement de la Confrérie du melon de Lectoure, reconnaissable à leur cape orange et à leur béret vert. Après tout ça, vous reprendrez bien une petite tranche ?

LA CHALOSSE ET LE TURSAN

Terres d'élevage et de cultures entrecoupées de collines ondoyantes, la verte Chalosse et son voisin le Tursan sont restés à l'écart des circuits touristiques. Ici, on joue au rugby dès qu'on est en âge de marcher, on chante haut et fort l'amour des traditions et on savoure un divin foie gras arrosé de bon vin. Voilà un terroir brut et savoureux.

DEPUIS DAX : en évitant l'autoroute, 44 km via la D32 jusqu'à St-Sever.

VENIR EN TRAIN

- **De Bordeaux, TGV jusqu'à Dax (1h15), puis car ligne 4 jusqu'à St-Sever via Mugron (1h - www.rdtl.fr). Une voiture est ensuite nécessaire pour circuler dans la région.**

BONS PLANS

- **Pour organiser votre séjour : www.chalosse.fr et www.tourisme-aire-eugenie.fr.**

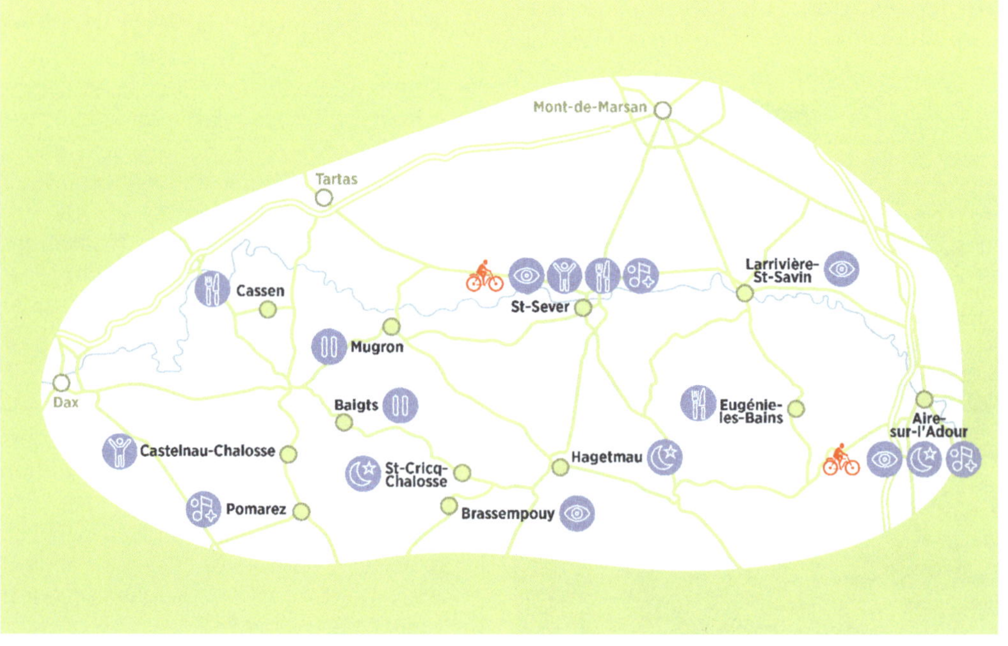

LOUER UN VÉLO

ST-SEVER

The Bike
2 pl. du Tour-de-Sol - mar.-vend. 9h-12h, 14h-17h30, sam. 9h-12h - ✆ 06 41 32 10 66. VTT et VTC (16 €/j, 25 €/2 j, 50 €/sem).

AIRE-SUR-L'ADOUR

Cycles Abadie
2155 av. de Bordeaux - ✆ 05 58 71 63 40 - cyclesabadie-joueclub-airesurladour.fr - lun.-vend. 8h-12h, 14h-19h. VTC (10 € 1/2 j, 14 €/j et VAE (35 € 1/2 j, 45 €/j).

VOIR

Aire-sur-l'Adour : flânerie et découverte. La capitale du pays du Tursan est une cité taurine agréable. On déambule volontiers dans sa ville basse pour visiter sa cathédrale et son église classée au patrimoine de l'Unesco au titre des chemins de St-Jacques-de-Compostelle et qui compte l'une des cryptes les plus vastes d'Europe. Cette dernière abrite le reliquaire de saint Philibert et le sarcophage de sainte Quitterie en marbre blanc. Pour s'aérer l'esprit et les poumons, ne manquez pas de vous promener le long des berges de l'Adour, entièrement aménagées.
Office de tourisme - *www.aire-sur-adour.fr.*

St-Sever : gare au « r ». Ici, on est à « St-Sevé », un point c'est tout ! Et gare aux ignorants qui oseraient prononcer le « r » final ! Cette petite ville s'est organisée autour de son église abbatiale. On visite également son ancien couvent des Jacobins, transformé en centre culturel et ses hôtels du 18e s. situés rue du Général-Lamarque. Avant de partir, ne manquez pas la vue depuis le belvédère de la Promenade de Morlane qui plonge vers une saisissante « mer de pins ».
Office de tourisme - *www.landes-chalosse.com.*

Brassempouy : dame et compagnie. Si tout le monde connaît la Dame de Haute-Savoie, peu de gens ont déjà entendu parler de la Dame de Brassempouy. Et pourtant ! Ce fragment de statuette en ivoire du paléolithique supérieur est la plus ancienne représentation réaliste d'un visage humain. C'est sur le site archéologique de Brassempouy qu'elle a été retrouvée à la

Paysage de la Chalosse.
J.F. Mallet/hemis.fr

fin du 19e s. Si la Dame à la Capuche, comme elle est également appelée, est exposée dans un musée de St-Germain-en-Laye, la Maison de la Dame de Brassempouy permet d'admirer plusieurs objets préhistoriques mis au jour lors des fouilles ainsi que des moulages des statuettes trouvées sur le site. L'ArchéoParc reconstitue les paysages, les animaux et les gestes de la préhistoire. On peut assister à des démonstrations de taille de silex, de production de feu et même s'essayer à la chasse au propulseur ou à la peinture sur paroi.
PréhistoSite de Brassempouy - 404 r. du Musée - ✆ 05 58 89 21 73 - www.prehistoire-brassempouy.fr - juil.-août : 10h45-19h, sept.-nov. : mar.-dim. j. fériés et lun. pdt les vac. scol. 13h45-18h - 9 € (6-11 ans 6 €), suppl. 4 € pour l'atelier de peinture pariétale.

Larrivière-St-Savin : gloire à l'ovalie. Restaurer une petite chapelle en ruines pour en faire un temple de l'Ovalie, c'est le projet qui se cache depuis 1964 derrière la chapelle Notre-Dame-du-Rugby. Aujourd'hui, le lieu est un étonnant sanctuaire sportif qui attire chaque année des dizaines de milliers de visiteurs désireux de s'y recueillir. À l'intérieur, on peut admirer une centaine de maillots de joueurs et plusieurs objets ayant appartenu à des rugbymen célèbres. Même les vitraux s'inspirent du monde rugbystique et mettent en scène des joueurs. Une sacrée idée !
Chapelle Notre-Dame-du-Rugby - 404 rte de la Chapelle.

BOUGER

St-Sever et Hagetmau : 1 km à pied. De nombreux sentiers de randonnée ont été aménagés pour permettre aux marcheurs de découvrir les environs. Parmi eux, une boucle facile de 5,9 km au départ de St-Sever suit les rives de l'Adour. Le Circuit des lacs que l'on emprunte depuis la crypte de St-Girons, à Hagetmau, offre l'occasion de parcourir pendant toute une journée les paysages typiques des Landes (20 km). Enfin, les marcheurs que les kilomètres n'effraient pas emprunteront la Voie limousine qui traverse les villages de St-Sever, Audignon, Horsarrieu et Hagetmau et fait partie du mythique chemin de St-Jacques-de-Compostelle.
www.landes-chalosse.com détaille toutes les randonnées de la région.

St-Sever : la tête dans le guidon. La petite reine a trouvé son royaume le long des 34 km de voie verte qui relient St-Sever à Dax. Aménagée sur une ancienne voie de chemin

Chapelle Notre-Dame-du-Rugby à Larrivière-St-Savin.
H. Lenain/hemis.fr

de fer, cette piste cyclable traverse des forêts et des prairies verdoyantes. Elle fait même travailler les mollets des plus courageux qui se lancent à l'assaut des collines. Les haltes sont nombreuses et agréables, à l'image de la visite de St-Sever ou des petits villages de Mugron et de Monfort.
Voie verte de St-Sever à Dax - 34 km - possibilité de louer un vélo à St-Sever (voir p. 175).

Castelnau-Chalosse : c'est la quille. Tombé en désuétude, le jeu de quilles de 9 revient peu à peu au goût du jour et les plantiers, ces terrains carrés en terre battue que l'on retrouve encore dans certains villages, sont réinvestis. Le principe : à l'aide d'une boule en noyer de 6 kg et de 9 grandes quilles en bois de hêtre, le joueur doit effectuer 12 figures pour remporter la partie. Soucieux de préserver leur patrimoine et de transmettre leurs traditions aux nouvelles générations, des joueurs de quilles de 9 proposent des initiations ou des démonstrations dans les plantiers de la région dont celui du village de Castelnau-Chalosse.
Plantier de Castelnau-Chalosse - Carrère des Sports - démonstrations pdt la période estivale : se rens. auprès de l'office de tourisme d'Amou (✆ 05 58 89 02 25 - www.landes-chalosse.com).

FAIRE UNE PAUSE

Mugron : la danse des canards. Les amoureux de foie gras, de gésiers et autres magrets de canard confit trouveront leur bonheur dans cette ferme familiale qui élève, gave et transforme ses propres canards *(voir « Rencontre avec... »)*. On peut effectuer une visite des laboratoires (sur demande) et profiter de l'espace boutique pour faire le plein de produits d'excellence, qui raflent chaque année des médailles lors des concours agricoles nationaux.
La Ferme du Foie Gras - 155 rte de Ponton - ✆ 05 58 97 70 30 - www.lafermedufoiegras.com - lun.-vend. 9h-19h.

Mugron : les cerfs de mon moulin. Ce parc animalier logé dans une forêt de chênes où serpente une rivière abrite des biches, des alpagas, des ânes et des chèvres miniatures.

RENCONTRE AVEC...

Benoît et Joël Cabannes, éleveur de canards à La Ferme du Foie Gras

« Dans ma famille, nous sommes éleveurs de canards depuis quatre générations, explique Joël Cabannes. Par amour du métier et de notre terroir, mon frère et moi avons repris la ferme familiale dans les Landes. C'est une exploitation de 110 ha, au cœur de la Chalosse. Cette région se prête parfaitement à l'élevage de canards car on y fait pousser du maïs de qualité qui sert ensuite au gavage. Quand le maïs est bon, le foie gras l'est aussi. Nous cultivons nos propres céréales pour nourrir nos volailles.
On travaille uniquement en circuit court. On fait de la vente directe de foie gras, de magrets, de confits. Ce qui nous plaît, c'est d'être autonomes et de contrôler la chaîne de production et de transformation de A à Z.
À nous deux, nous avons quatre enfants. Deux d'entre eux font actuellement des études pour apprendre le métier d'agriculteur et reprendre à leur tour la ferme. »
La Ferme du Foie Gras - voir Mugron (ci-contre).

Les pensionnaires les plus célèbres sont les cerfs blancs et les kangourous. L'été, on peut assister au bain des cerfs qui viennent se rafraîchir dans l'eau de la rivière. Le lieu, bucolique et reposant, compte aussi un moulin à eau. Des démonstrations sont organisées pour tout comprendre aux secrets de la fabrication de la farine, ainsi que des balades en barque. En saison, possibilité d'écouter le brame du cerf.
Parc animalier et moulin à eau de Poyaller - 416 rte du Moulin - St-Aubin - ✆ 05 58 97 95 72 - www.moulin-poyaller.com - juil.-août : 13h-19h ; avr.-mai et vac. de la Toussaint : 14h-18h30 ; juin., sept.-oct. : dim., mar.-jeu. 14h30-18h30 - 8 € (6-14 ans 5 €, 2-5 ans 3 €).

Baigts : des produits propres. Cette savonnerie artisanale s'est engagée dans une démarche écologique et responsable : retraitement des eaux usées, refroidissement des machines en circuit fermé, recyclage. Hervé et Béatrice, les deux fondateurs, ont à cœur de fabriquer des savons, gels douche, soins du visage et huile pour le corps de qualité, respectueux de l'environnement.
Casa Nature - 135 av. de la Chalosse - ✆ 05 58 98 50 90 - www.casanature-savonnerie.com - juil.-août : merc. et 14h-18h ; reste de l'année : merc. 14h-18h.

DÉGUSTER

Eugénie-les-Bains : plats de grand-mère revisités. Les deux belles salles au décor raffiné et particulièrement élégant et la terrasse ensoleillée de ce café-restaurant installé dans un hôtel 5 étoiles en font une superbe halte à Eugénie-les-Bains. À la carte, on retrouve des savoureux plats de grand-mère revisités : terrine de pied de cochon, pâté en croûte au foie gras, baba poule à l'Armagnac ou Paris-Brest à la crème fumée. Un régal pour les papilles ! L'hiver, le feu de bois qui crépite dans la cheminée ajoute au charme du lieu.
Le Café « Mère Poule » - Les Prés d'Eugénie - 262 r. René-Vielle - ✆ 05 58 05 06 07 - lespresdeugenie.com - merc.-dim. 12h-18h - formule du marché à partir de 14 €.

St-Sever : de l'art d'aimer la bonne chère. Installé en plein cœur de St-Sever, au sein de

Magret de canard. margouillatphotos/iStock

l'ancien chai des écuries du général Lamarque, ce restaurant a su conserver le cachet d'antan, avec ses pierres apparentes et son comptoir en bois. Le chef sert une cuisine savoureuse, remplie de bonnes idées. Le tout est élaboré à partir de produits locaux et de saison, à l'image de ces « boulettes d'artichaut de Bonne-Maman accompagnées de petits pois à la landaise » ou de ce « tataki de blonde d'Aquitaine et ses pommes de terre frites à la graisse de canard ». Agréable terrasse.
L'Art des Mets - 1 chemin du Prouyan - ✆ 05 47 87 90 41 - www.lartdesmetsaintsever.com - dim.-merc. 12h-13h30, jeu.-sam. 12h-13h30 et 19h30-21h - menus 14/32 €.

Cassen : le canard du coin. C'est dans le canton de Monfort, au cœur de la Chalosse, dans l'un des épicentres de la production de foie gras français, que la famille Gaugeacq a créé cette ferme-auberge. Ici, tous les mets sont issus des canards de la ferme. À la carte, on retrouve les incontournables confit de canard et garbure mais aussi des brochettes de cœurs de canard ou du magret rossini. Côté dessert, la tourtière landaise et le pastis et sa crème anglaise sont à l'honneur.
Déesse des Gourmets - 65 rte de Bordes - ✆ 05 58 98 92 87 - www.deessedesgourmets.com - jeu.-sam. 12h30-13h45, 19h30-21h30, dim. 12h30-13h45 - menus 17/28 €.

DORMIR AU CALME

Aire-sur-l'Adour : détente assurée. Cette bâtisse moderne au bord de l'Adour possède une piscine face au fleuve et une jolie terrasse fleurie. Autant de promesses de quiétude et de détente. Côté cuisine, les produits servis au petit-déjeuner sont bio et locaux.
N'Atura Hôtel - 28 av. du 4-Septembre - ✆ 05 58 71 66 17 - www.naturahotel.fr - 31 ch. 67/79 € - ☕ 8 €.

Aire-sur-l'Adour : un mas tout confort. On se sent bien dans cette ancienne demeure de notaire transformée en chambres d'hôtes qui allie le charme de la vieille pierre et le confort moderne. À table, on sert une cuisine du marché et quelques spécialités dont un filet mignon en croûte, des légumes farcis et des poires au vin. Une grande piscine vient compléter ce charmant tableau.
Chambres d'hôtes Le Mas - 17 r. du Château - ✆ 05 58 71 91 26 - www.le-mas.net - 5 ch. 70/155 € ☕ - table d'hôtes de mi-mars à déb. nov. sur réserv.

St-Cricq-Chalosse : spa et dîner à la gare. Spa écologique, vue sur les collines, piscine entourée d'une belle pelouse, chambres simples et confortables et jardin parfaitement entretenu sont au menu de cet hôtel de St-Cricq-Chalosse qui attire une clientèle plutôt jeune. Et pour ne rien gâcher, l'Auberge du Laurier, qui propose une cuisine savoureuse, est installée dans un bâtiment proche de l'ancienne gare, juste en face de l'hôtel.
La Petite Couronne - rte d'Amou - ✆ 0558793837 - www.hotel-lapetitecouronne.com - 10 ch. 79/125 € ☕ - ✕ menus 38/43 €.

Hagetmau : entre lacs et forêt. Entouré d'eau et de forêt, ce bel hôtel à l'architecture contemporaine est un havre de paix posée en pleine nature. Les chambres bénéficient d'une vue sur le lac ou sur la forêt et offrent l'occasion de se reposer et de se déconnecter. La piscine couverte est parfaite pour piquer une tête. Une rotonde installée sur l'eau accueille un restaurant gastronomique où l'on sert une cuisine raffinée.
Hôtel-Restaurant Lacs d'Halco - rte de Cazalis - ✆ 05 58 79 30 79 - www.hotel-des-lacs-dhalco.fr - 19 ch. 115/230 € - ☕ 15 €.

FAIRE LA FÊTE

Aire-sur-l'Adour et St-Sever : le temps des ferias. Que serait la région landaise sans ses ferias annuelles ? À Aire-sur-l'Adour et St-Sever, c'est en juin qu'ont lieu les ferias. L'occasion de voir les villes et leurs habitants se retrouver le temps de quelques jours pour célébrer leurs traditions : courses de vaches landaises, marché, repas typiques, fêtes dans les peñas et dans les bodegas jusqu'au bout de la nuit et incontournables corridas. Immersion dans le patrimoine culturel et gastronomique des Landes assurée.

Pomarez : courses landaises. Ne quittez pas les Landes sans avoir assisté à un concours de vaches landaises. En la matière, c'est à Pomarez et dans ses arènes, surnommées affectueusement « La Mecque des courses landaises », qu'il faut se rendre. La course la plus attendue a lieu chaque année le 15 août. Le reste de l'année et hors période de courses, des visites des arènes sont organisées.
Arènes de Pomarez - 18 r. du Baron - www.landes-chalosse.com - visite 5 € (-12 ans gratuit).

St-Sever : Hailhe de Nadau. Depuis plusieurs siècles, chaque soir de Noël, les habitants de St-Sever attendent la nuit tombée pour enflammer la Hailhe de Nadau, une gerbe de paille et de feuilles de maïs. Tous les coteaux des villages environnants s'illuminent alors d'un grand feu et les enfants s'emparent de leurs lampions pour participer au défilé. La procession est suivie de chants gascons, de dégustation de vin et de chocolat chaud.

LA VALLÉE DES ALDUDES

Ultime point de chute avant la frontière espagnole, la vallée des Aldudes est un bout du monde savoureux. La Nive chargée de truites serpente le long des vignes d'Irouléguy tandis que les pâturages dédiés aux brebis côtoient les forêts de chênes où paressent des porcs basques. Ici, on mange local, on randonne et on s'imprègne de la vigueur des traditions basques.

DEPUIS BAYONNE : 54 km jusqu'à St-Étienne-de Baïgorry par la D918.

VENIR EN TRAIN

- **TER de Bayonne à la gare d'Ossès - St-Martin-d'Arrossa (50mn), puis car Express 16 pour Baïgorry, Banca, Aldudes ou Urepel (30mn - www.communaute-paysbasque.fr, onglet « Mobilités »).**

BONS PLANS

- **Pour organiser votre séjour : www.vallee-aldudes.com et www.saintjeanpieddeport-paysbasque-tourisme.com.**
- **Ici le terrain se prête à la randonnée pédestre, inutile de prendre votre vélo mais pensez à vos chaussures de rando !**

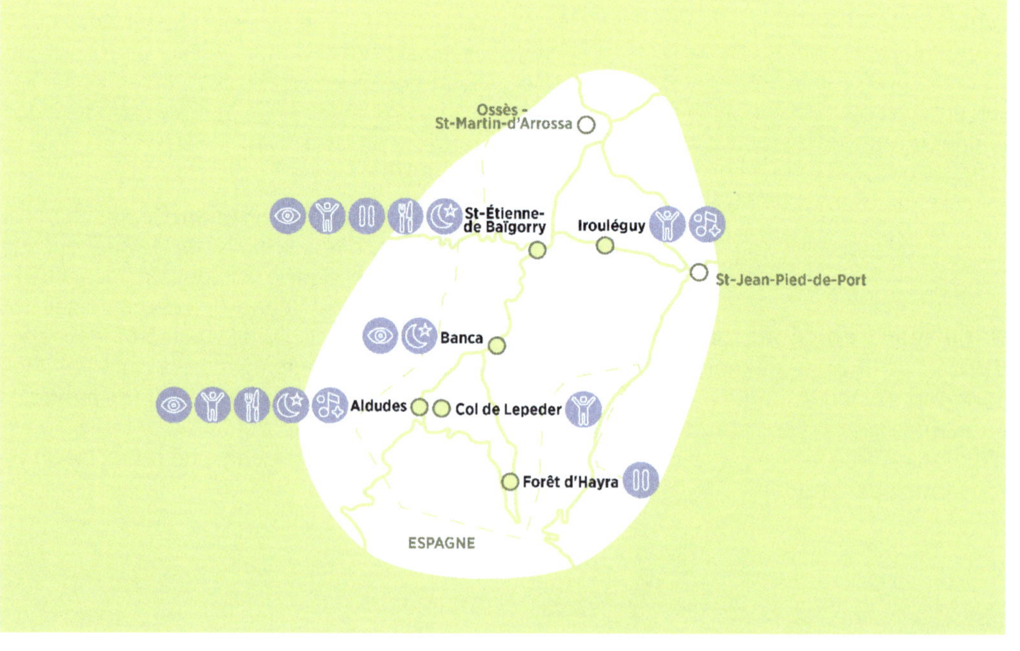

VOIR

Banca : comme un poisson dans l'eau. Ce village à flanc de montagne doit son développement à une fonderie désormais en ruines, située à l'entrée du village. Le Centre d'interprétation du patrimoine minier permet de découvrir le passé de la zone et de comprendre son expansion au 18e s. Aujourd'hui, c'est la truite qui fait la renommée du village. Les amateurs de poisson pourront visiter une ferme aquacole installée sur le site d'un ancien moulin. Cette dernière compte plusieurs bassins, un petit musée et une boutique où faire le plein de terrines et autre caviar de truite.
Truite de Banka - ✆ 05 59 37 45 97 - www.truitedebanka.com - lun.-sam. 8h30-12h30, 14h-18h - gratuit.

Aldudes : au milieu des pâturages. Ce petit bourg entouré de verdure, réputé pour la chasse à la palombe, abrite une agréable placette sur laquelle trône une église à la belle voûte en bois. Le lieu se situait autrefois en pays Quint, Kintoa en basque, un territoire transfrontalier de pâturages appartenant à l'Espagne mais géré par la France. Un chemin permet de faire le tour du village et de ses fermes et d'admirer de superbes vues sur les hauteurs des Aldudes.
Sentier de découverte - 2 km - 40mn - facile - suivre le balisage jaune à gauche de l'église. Au bout du chemin, tournez à droite, quoiqu'en dise le marquage.

St-Étienne-de-Baïgorry : dans les pas du raconteur. Partez sans plus tarder pour une visite guidée entre histoires, légendes et gourmandise. Accompagné par le raconteur de pays, les visiteurs découvrent l'histoire et les traditions locales de St-Étienne-de-Baïgorry. Les gourmands se délecteront de l'arrêt dégustation chez l'artisan-chocolatier du village. La visite est l'occasion de découvrir les « etxes », les maisons basques.
Visite guidée de la ville - ✆ 05 59 37 47 28 - www.saintjeanpieddeport-paysbasque-tourisme.com - durée 1h30 - rens. au bureau d'accueil touristique -7 € (gratuit -14 ans).

BOUGER

St-Étienne-de-Baïgorry : tous sous terre. Si l'idée de vous enfoncer dans les tréfonds de la vallée des Aldudes ne vous effraie pas, alors cette session de spéléologie est faite pour vous. Accompagné par Alexis, un guide qui connaît le coin comme sa poche, les visiteurs s'enfoncent pendant deux heures dans une grotte cachée

Pâturages autour du village d'Irouléguy.
E. Suetone/hemis.fr

RENCONTRE AVEC…

Pierre Oteiza, éleveur artisan dans la vallée des Aldudes

« J'ai découvert le porc basque en 1989. À l'époque, il ne restait plus que 25 bêtes dans la région. Aujourd'hui, on en compte environ 7 500. Le porc basque Kintoa est un cochon noir et blanc élevé en montagne qui pèse entre 150 et 180 kg. Il avait quasiment disparu pendant la guerre au profit du porc blanc, au rendement plus élevé. Mais c'est à lui que l'on doit la tradition du jambon au Pays basque. Aujourd'hui, j'élève du porc basque avec lequel je fais du saucisson, du jambon AOP Kintoa, des plats cuisinés et du pâté. J'accueille les visiteurs dans mon exploitation. Ils peuvent démarrer leur visite par un bon café à la boutique avant d'aller faire un tour à la maternité pour voir les petits cochons. Après ça, ils prennent un bâton et partent sur le sentier de découverte du porc basque. Au retour, ils peuvent s'attabler devant un bon pâté et une tranche d'ossau-iraty, accompagnés d'un verre d'irouléguy. Avec ça, le tour est joué ! »

Maison Pierre Oteiza - voir Aldudes (ci-contre).

dans la forêt de St-Étienne-de-Baïgorry. Au cours de la sortie, vous observerez d'étranges concrétions et découvrirez les secrets de la vie sous terre. L'activité familiale convient même aux enfants.

Grotte d'Haitzalde - ✆ 06 15 72 31 37 - www.alexispeleo.com - 9h-12h ou 14h-17h - à partir de 7 ans - 37 €.

Irouléguy : la petite reine des vignes. Avoir la tête dans le guidon, oui ! Mais dans les vignes, alors ! Pour une plongée au cœur d'un des plus petits vignobles de France, enfourchez votre fidèle destrier, un VTC électrique, et pédalez à la découverte des vignes d'Irouléguy. La sortie à vélo aux côtés d'un guide permet de tout savoir sur l'unique vignoble du Pays basque français. Pour couronner la visite et récompenser les cyclistes de leurs efforts, une dégustation est prévue à l'issue de la balade.

Vignoble d'Irouléguy en VTC électrique - ✆ 05 59 37 47 28 - sur réserv. : se rens sur les dates - durée 2h - 18 km - facile - 45 €.

Col de Lepeder : se dégourdir les jambes. La première montée est un peu abrupte mais cette randonnée qui conduit jusqu'au col de Lepeder dévoile de sublimes panoramas sur la vallée des Aldudes. On peut même y apercevoir la frontière espagnole. De nombreuses huttes en bois signalent la présence d'un élevage de cochons. La fin du chemin emprunte d'ailleurs le sentier de découverte du porc basque.

4 km - 2h - balisage jaune - départ du parking devant l'église des Aldudes.

Aldudes : tout est bon dans le cochon. À pied ou à dos d'âne, le sentier de découverte du porc basque invite le visiteur à la rencontre de l'une des mascottes des Aldudes. De la maternité aux flancs des montagnes, le marcheur découvre l'habitat de cette race rustique, élevée par une poignée d'éleveurs passionnés. Le sentier, tracé à l'initiative de la maison Pierre Oteiza *(voir « Rencontre avec… »)*, offre un joli point de vue sur Roncevaux, le quartier pastoral d'Eznazu. Le chemin permet aussi d'aller à la rencontre des pottoks, les poneys basques, et des brebis manech à tête noire. Au retour, ne

J. Sierpinski/hemis.fr

manquez pas un arrêt à la boutique pour faire le plein de charcuterie.
Sentier de découverte du porc basque - Maison Pierre Oteiza - rte d'Urepel - ✆ 05 59 37 56 11 - www.pierreoteiza.com.

FAIRE UNE PAUSE

St-Étienne-de-Baïgorry : gare au vautour. Admirer l'un des plus grands rapaces d'Europe dans son milieu naturel, c'est possible lors d'une randonnée d'observation des vautours fauves. La sortie conduit le marcheur sur une crête verdoyante qui domine la vallée, depuis laquelle on regarde le spectacle de cet oiseau mythique, autrefois appelé griffon. Outre l'observation des vautours en plein vol, les plus chanceux apercevront aux jumelles les nids, occupés par les petits vautours qui attendent le retour de leurs parents pour être nourris.
Randonnée d'observation des vautours fauves - ✆ 05 59 37 03 57 - sur réserv. : se rens sur les dates - durée 3h - facile - 5 km - à partir de 7 ans - 14 € (-12 ans 12 €).

Forêt d'Hayra : se reconnecter à la nature. Qui n'a pas un jour rêvé de prendre le temps de se reconnecter à la nature ? Les Japonais ont un nom pour ça : le shinrin-yoku. Baptisée sylvothérapie en français, la pratique consiste à écouter, respirer et se détendre au contact des arbres. C'est dans le décor féerique de la forêt d'Hayra qu'un guide spécialiste de la discipline entraîne les marcheurs. L'occasion de s'offrir un « bain de forêt » et de recharger ses batteries au contact de la nature.
Le Bain de Forêt - ✆ 05 59 37 03 57 - sur réserv. : se rens sur les dates - 4,5 km - facile - 3h - à partir de 7 ans - 14 € (-12 ans 12 €).

St-Étienne-de-Baïgorry : faire le plein de bons produits. Difficile de résister à la tentation de dévaliser cette boutique qui a fait de la gastronomie basque sa spécialité. Pâté au piment d'Espelette, jambon de Bayonne, ventrèche, lomo, confit de canard et fromage de brebis : tous les produits basques traditionnels sont réunis pour faire succomber les amateurs de gastronomie locale.
Maison Petricorena - pont romain - ✆ 05 59 37 41 36 - www.petricorena.com - lun.-vend. 9h20-12h30, 14h30-19h, sam. 9h30-12h30, 15h-19h, dim. 10h-13h.

St-Étienne-de-Baïgorry : pause chocolatée. On fond pour le chocolat de ce petit atelier artisanal de St-Étienne-de-Baïgorry qui invite les visiteurs à découvrir les différentes étapes de la fabrication du chocolat. Après avoir fait le plein de connaissances, on peut faire le plein de ballotins de chocolats avant de déguster un authentique chocolat chaud sur la petite terrasse de l'établissement.
Laia Chocolaterie - rue de l'Église - ✆ 05 59 37 51 43 - www.laia.fr - lun.-sam. 9h30-12h30, 14h-19h30.

St-Étienne-de-Baïgorry.

St-Étienne-de-Baïgorry : coucher de soleil sur les chemins de contrebande. Comme à l'époque des contrebandiers, pourquoi ne pas se hisser sur les hauteurs de St-Étienne-de-Baïgorry pour embrasser une vue à 360 degrés sur la vallée des Aldudes et assister au coucher de soleil en partageant un pique-nique à base de produits locaux ? Les jours de beau temps, outre les couleurs incroyables de fin de journée, on peut voir le col d'Ispéguy, les Pyrénées et même apercevoir la Rhune au loin. La randonnée, accessible à tous, se conclut par une descente à la tombée de la nuit (prévoir une frontale).
Coucher de soleil sur les chemins de contrebande - ✆ 05 59 37 03 57 - sur réserv. : se rens sur les dates - 3h30 - facile - 4,5 km - à partir de 7 ans - 27 € (-12 ans 23 €).

DÉGUSTER

Aldudes : de la ferme à l'assiette. Cette adresse locavore perchée au fond de la vallée fait le bonheur des amateurs de viandes. Produites quelques mètres en contrebas du restaurant et de sa belle terrasse panoramique, celles-ci sont toutes issues de la ferme familiale. Côté accompagnement, les légumes du potager sont à l'honneur. Visite possible de la ferme. À noter : l'auberge fait aussi maison d'hôtes.
Ferme-auberge Menta - quartier Esnazu - ✆ 05 59 37 57 58 - ferme-auberge-menta.com - 12h-22h - 5 ch. 45/50 € - menu 23 €.

St-Étienne-de-Baïgorry : à l'ombre des platanes. Installé à la terrasse de ce café-restaurant, on s'imprègne de l'atmosphère 100 % locale qui règne en buvant un verre ou en dégustant une cuisine maison sans prétention. Une adresse intemporelle et sympathique.
Bar du fronton - pl. de la Mairie - ✆ 05 59 37 48 00 - 6h30-22h.

St-Étienne-de-Baïgorry : festin au trinquet. Aménagé dans un ancien trinquet, ce bel hôtel-restaurant en bord de Nive est devenu, au fil des générations, une référence en matière de gastronomie locale. L'été, la terrasse à l'ombre des platanes apporte un peu de fraîcheur pour savourer une truite au bleu, du saucisson de Pierre Oteiza ou du filet mignon de porc accompagné de ventrèche confite, de boudin noir et de fruits de saison. De quoi honorer la promesse d'un festin de produits locaux dans un cadre enchanteur.

Hôtel-Restaurant Arcé - rte d'Ispéguy - 05 59 37 40 14 - www.hotel-arce.com - tlj sf merc. et lun. midi - menu 34 €, carte 18/25 €.

DORMIR AU CALME

St-Étienne-de-Baïgorry : séjour au camping. Au milieu des vignobles d'Irouléguy, à 5mn à pied du centre du village, ce camping bordé par la Nive offre de beaux espaces où planter sa tente. L'été, on fait trempette dans la rivière ou dans la piscine municipale toute proche et on paresse à l'ombre des arbres avant de se lancer dans une des innombrables balades que compte le coin.

Camping municipal Irouleguy - Borciriette - 05 59 37 43 96 - mars-nov. - 69 empl. 4,50 €/pers. (-7 ans 2 €) - électricité 3 €.

St-Étienne-de-Baïgorry : le paradis des marcheurs. Les amoureux de montagne et de randonnée trouveront ici leur paradis. Cette grande maison du 16e s. est devenue une ferme d'élevage de brebis ainsi qu'une agréable maison d'hôtes. Nichée au centre du hameau d'Urdos, la demeure appartient à Daniel, un accompagnateur en montagne, grand spécialiste du chemin de St-Jacques-de-Compostelle, et qui se fait un plaisir de guider les visiteurs le long des sentiers secrets de la vallée.

Chambres d'hôtes Jauregia - 05 59 37 49 72 - www.vacances-au-pays-basque.com - 3 ch. 60/65 €.

Aldudes : un bon point de chute. Cette grande maison bien décorée et entourée de prairies où paissent des brebis fleure bon la décontraction. Ici, on vient se ressourcer et explorer les environs à son rythme. Certaines chambres disposent d'un agréable balcon agrémenté de chaises longues dans lesquelles s'offrir une sieste bien méritée. La proximité de la route qui mène vers l'Espagne en fait une étape idéale pour les voyageurs en quête de bonnes adresses où dormir. Le restaurant sert une savoureuse cuisine de terroir.

Hôtel-restaurant Saint-Sylvestre - 05 59 37 58 13 - www.stsylvestre-paysbasque.com - 10 ch. 59/85 € - 8,50 € - menus 15/26 €.

Banca : adresse familiale. Dirigé par la même famille depuis 1925, cet établissement aux chambres agréables et bien tenues est réputé pour sa bonne cuisine de pays. Au menu : terrine de foie gras de canard aux pruneaux, truite de Banka poêlée et joue de porc Kintoa maison. L'hôtel compte deux gammes de chambres différentes : une gamme « confort », située dans la partie la plus moderne, et une gamme « traditionnelle », dans la partie historique.

Hôtel-restaurant Erreguina - rte de Pampelune - 05 59 37 40 37 - www.auberge-pays-basque.fr - 16 ch. - ch. confort 79/117 €, ch. traditionnelle 69/104 € - 8,50 € - menus 14,90/20,90 €.

FAIRE LA FÊTE

Irouléguy : in vino veritas. Chaque année, les vignerons d'Irouléguy ouvrent leurs portes le 2e week-end de septembre. Ces deux jours permettent aux visiteurs et aux habitants de découvrir ou de redécouvrir ce vignoble de 220 ha, le plus petit vignoble AOP de France. Balade gourmande, soirée dansante, projection et incontournables dégustations sont au programme.

Fête du vignoble d'Irouléguy - www.saintjeanpieddeport-paysbasque-tourisme.com.

Vallée des Aldudes : portes ouvertes. Tous les deux ans, les habitants de la vallée des Aldudes ouvrent leurs portes aux visiteurs pour une plongée au cœur de leur vie quotidienne et de leurs traditions. Au programme : concours de fromages et de chiens de berger, foire agricole réunissant plus de 1000 bêtes, village artisanal où découvrir les outils agricoles d'antan, parties de pelote à mains nues, chants basques et nombreuses expositions et conférences. L'occasion d'un coup de projecteur mérité sur ce que signifie vivre à la montagne au 21e s.

Portes ouvertes de la vallée des Aldudes - www.vallee-aldudes.com - oct. - pour l'occasion, des navettes circulent entre les villages.

LE COMMINGES

Adossé aux contreforts des Pyrénées, le pays de Comminges dévoile plusieurs facettes aux visiteurs. De l'Aurignacien de la préhistoire aux comtes de Comminges, le passé de la région foisonne d'histoires et de rebondissements. On y profite aussi de la richesse de la nature : en kayak sur la Garonne, à VTT sur les sentiers pyrénéens ou sous terre dans le plus long réseau spéléologique de France, les activités ne manquent pas.

DEPUIS TOULOUSE : en évitant l'autoroute, 104 km par la D23 jusqu'à St-Gaudens.

VENIR EN TRAIN

- **De Toulouse, TER jusqu'à St-Gaudens (env. 1h10) et Montréjeau (arrêt suivant à 10mn).**

BONS PLANS

- **Pour organiser votre séjour : www.hautegaronnetourisme.com, www.tourisme-stgaudens.com.**

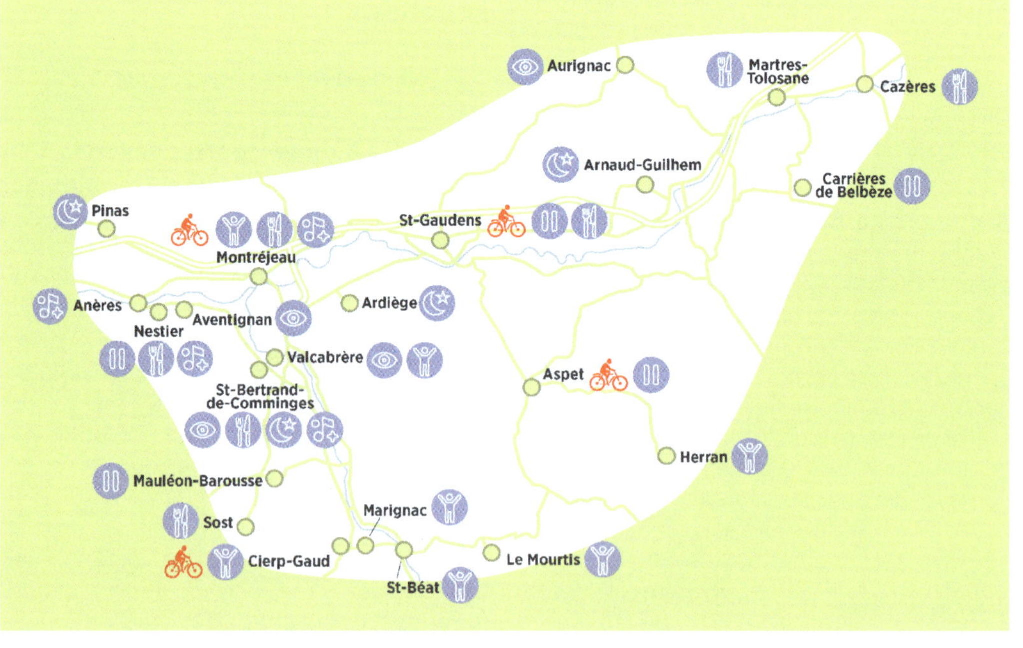

LOUER UN VÉLO

La Garonne à vélo
✆ 05 61 79 60 93 - www.lagaronneavelo.com - réserv. en ligne. Location de VTT électrique (39 €/j), VTT (27 €), VTT enfant (18 €). Possibilité de laisser son vélo dans un autre dépôt (10 €), comme Cierp-Gaud, St-Gaudens et Montréjeau (voir ci-dessous).

CIERP-GAUD

Pyrénées-Hô
Av. de Rouziet - juil.-août 10h-19h.

ST-GAUDENS

Office de tourisme
2 r. Thiers - lun.-sam. 9h30-12h, 13h30-18h00.

MONTRÉJEAU

Base de loisirs
1066 Coumarottes et Coustalats - juil.-août 11h-18h.

ASPET

O2Bike
Relais du Bois Perché - ✆ 06 13 09 81 07 - www.o2bike.fr. VAE VTC (28 € la 1/2 j., 40 €/j) et VAE VTT (45 €/60 €). Propose des sorties.

H. Tardy/hemis.fr

VOIR

St-Bertrand-de-Comminges : à l'assaut d'un village perché. Dressé sur son piton rocheux, entouré de prairies et dominé par sa superbe cathédrale visible à plusieurs kilomètres à la ronde, St-Bertrand-de-Comminges mérite une visite. D'autant qu'outre la beauté du bourg, de ses belles demeures et de ses boutiques d'artisans, St-Bertrand affiche de magnifiques points de vue sur les premières hauteurs du Piémont pyrénéen. En contrebas du village, un site antique a été mis au jour.
Les Olivétains Haute-Garonne Tourisme - parvis de la cathédrale - ✆ 05 61 95 44 44 - www.hautegaronnetourisme.com - juil.-août : 10h-19h ; avr.-juin et sept.-oct. : 10h-18h ; reste de l'année : 10h-17h.

Valcabrère : un petit air d'Italie. On trouve tout de suite des airs de Toscane à la basilique St-Just de Valcabrère, dressée au milieu des champs et adossée à un cimetière de campagne d'où émergent une poignée de cyprès. Située en contrebas de St-Bertrand-de-Comminges, à près de 2 km du village, cette basilique romane fut bâtie aux 11e et 12e s. en lieu et place d'une église paléochrétienne. Depuis 1998, elle est inscrite au Patrimoine de l'Unesco au titre des chemins de St-Jacques-de-Compostelle.
Basilique St-Just de Valcabrère - ✆ 05 61 95 49 06 - www.hautegaronnetourisme.com - juin-août : 10h-19h, oct.-avr. : w.-end, vacances et j. fériés 14h-17h, mai et sept. : 10h-18h - 3 €.

Aurignac : à la place de la sentinelle. De l'ancien château comtal d'Aurignac, il ne reste aujourd'hui que le donjon restauré. Édifié au 13e s., l'édifice en ruines témoigne de la place importante qu'occupait Aurignac au Moyen Âge. Perché à plus de 20 m, son donjon qui servait autrefois de tour de guet est accessible aux visiteurs. De là-haut, le panorama est à couper le souffle sur l'ensemble des Pyrénées : au centre, le sommet du Cagire, à gauche, les Pyrénées ariégeoises et le massif de la Maladetta avec le pic d'Aneto et enfin, à droite, le massif glaciaire de Luchon, l'Arbizon et le pic du Midi de Bigorre.

Château d'Aurignac - ✆ 05 61 98 70 06 - www.tourisme-stgaudens.com - juil.-août 11h-13h, 14h-17h - 2 €.

Aventignan : poignée de mains préhistorique. 128 mains qui se détachent sur fond noir, 75 sur fond rouge, 4 sur fond blanc et 5 sur fond jaune : nous ne sommes pas dans une galerie d'art contemporain new-yorkaise mais bien dans les grottes de Gargas, deux grottes préhistoriques recouvertes de gravures dont la plus emblématique est cette Grande paroi des mains, datée de 29 000-22 000 ans avant notre ère. Pour mieux déchiffrer la visite de ces grottes, un centre d'interprétation numérique baptisé Nestploria délivre toutes sortes d'informations sur l'art de la préhistoire.
Grottes de Gargas-Nestploria - 81 rte de Gargas - ✆ 05 62 98 81 50 - www.grottesdegargas.fr - billet combiné pour les grottes et le centre d'interprétation Nestploria - juil.-août : 10h-18h ; reste de l'année : tlj sf lun. 10h30-17h30 - 11 € (enf. 6,50 €).

Aurignac : tous aux abris. L'histoire commence en 1852 à quelques pas d'Aurignac quand un abri est découvert sous la roche. Quelques années plus tard, un paléontologue met au jour des outils en silex, des fragments d'ours des cavernes, de hyènes et de mammouths indiquant qu'un repas funéraire a été organisé là de 39 000 à 28 000 ans avant notre ère. Le musée-forum de l'Aurignacien revient sur cette incroyable découverte et expose de nombreux objets préhistoriques. À l'extérieur, un sentier conduit à l'abri préhistorique d'Aurignac.
Musée-forum de l'Aurignacien - av. de Benabarre - ✆ 05 61 90 90 72 - www.musee-aurignacien.com - merc.-dim. 14h-18h - 6 € (-18 ans gratuit).

BOUGER

Le Mourtis : mon beau sapin. C'est surtout pendant la saison hivernale que cette charmante station de ski entourée d'une forêt de sapins accueille les visiteurs. Avec ses 22 km de pistes de ski alpin et son petit domaine de ski de fond, les sportifs pourront faire le plein de sensations. L'été, de nombreuses randonnées sont possibles et des sessions de parapente et de VTT permettent de partir à l'assaut des montagnes.
Station du Mourtis - 188 col de l'Agus - ✆ 05 61 79 47 55 - www.mourtis.fr.

Valcabrère : descente en kayak. Lancez-vous à l'assaut de la Garonne en kayak, de Valcabrère à Montréjeau. La descente de 10 km offre de beaux points de vue sur la région. Plusieurs petites plages jalonnent le parcours et permettent de s'arrêter pour se reposer, pique-niquer ou faire trempette. À cet endroit, la Garonne est calme avec quelques petits rapides sans grande difficulté.
Base nautique de Valcabrère - ✆ 05 61 95 80 38 ou 05 61 51 38 21 - www.les-pagaies.fr - juil.-août - à partir de 9 ans - kayak 1 pl. 27 €, canoë 2 pl. 43 €.

Cierp-Gaud et Montréjeau : à bicyclette. Pédaler le long des berges de la Garonne sur une piste exclusivement réservée aux vélos, c'est possible de Cierp-Gaud à Montrejeau. Entre deux coups de pédale, ne manquez pas de faire un arrêt à la ferme pédagogique de Saléchan et si les montées ne vous effraient pas, vous pourrez faire un crochet par le joli village de St-Bertrand-de-Comminges. À l'arrivée, vous profiterez d'une baignade amplement méritée dans le lac de Montréjeau.
La Garonne à vélo, de Cierp-Gaud à Montréjeau - 31 km - facile - location et dépôt possible à Montréjeau et à Cierp-Gaud (voir p. 187).

St-Béat et Marignac : balade parfumée. Le sentier du thurifère qui relie St-Béat et Marignac serpente sur 5 km entre les genévriers thurifères ou « à encens », le bois et les baies de ces arbres dégageant une agréable odeur. Cette étonnante végétation donne au sentier des faux airs de Méditerranée. Au cœur de la montagne de Rié, la zone abrite également d'anciennes carrières de marbre, visibles pendant la randonnée. Ne manquez pas les beaux panoramas sur la montagne et sur la confluence entre la rivière Pique et la Garonne.
Sentier du thurifère - 5 km - 4h30 AR- moyen.

A. Spani/hemis.fr

Herran : sous les pavés, la spéléo. Plongez sous terre accompagné par Laurent un guide qui propose trois types de sorties : une session découverte accessible dès l'âge de 6 ans, dans une cavité sèche, horizontale et sans difficulté, une sortie initiation plus engagée mais toujours ouverte aux enfants dès 12 ans et une activité réservée aux spéléologues confirmés qui pourront effectuer l'une des traversées du mythique réseau spéléologique Félix Trombe - Henne Morte, le plus long de France.

Cocktail Aventure - hameau La Tour - ✆ 05 61 97 52 74 ou 06 37 50 65 51 - www.cocktailaventure.fr - à partir de 25 € la 1/2 j.

FAIRE UNE PAUSE

Carrières de Belbèze : oh la belle vue ! Au terme d'une petite rando d'à peine 30mn, les marcheurs atteignent une table d'orientation depuis laquelle ils jouissent d'un panorama incroyable sur la dépression du Salat et les Pyrénées ariégeoises, à droite, le pic du Midi de Bigorre, le pic de Montaigu et les derniers contreforts pyrénéens vers le Pays basque. À couper le souffle !

Panorama des Carrières de Belbèze - laissez la route de Belbèze-en-Comminges et prenez à gauche l'itinéraire signalé « Table d'orientation ». Suivez la route carrossable (à gauche) ; deux chemins successifs partent sur la gauche (le second accessible seult aux piétons) : il s'agit des sentiers menant aux carrières et à la table d'orientation. Un plan indiquant des promenades est visible devant la mairie de Belbèze.

Nestier : baignade nature. Ce petit plan d'eau situé sur un terrain de 1,5 ha possède la panoplie classique des jeux de plein air dont un terrain de beach-volley, un parcours de santé et de promenade et une aire de pique-nique. C'est surtout pour son bassin de baignade que l'on vient s'y attarder. Les plantes du premier bassin filtrent les eaux du bassin de baignade. De quoi être rassuré sur la pureté de l'eau !

Les Ôcybelles - Lerle - ✆ 05 62 39 66 75 - www.ocybelles.fr - merc.-jeu. et lun. 12h-19h, vend.-dim. 14h-19h - 4 € (4-11 ans 3 €).

Mauléon-Barousse : infos à la source. Dans ce parc de 11 ha traversé par un torrent, on découvre le patrimoine baroussais : le bois, le marbre, l'élevage, le fromage, mais surtout l'eau, mise à l'honneur dans un petit écomusée. Grâce à une série de maquettes, celui-ci permet de mieux comprendre le cycle de l'eau, depuis sa captation jusqu'à son retour à la rivière, en passant par les différentes formes de son utilisation et de son traitement. La Maison compte aussi des jeux pour enfants, des tables de pique-nique et plusieurs randonnées dont un sentier qui mène jusqu'aux ruines d'un château.

Maison des Sources - La Gourdiole - ✆ 05 62 39 23 85 - www.maisondessources.net - de mars à mi-nov. : 10h-17h - 5/8 €.

Mauléon-Barousse : au bord du gouffre. La rivière L'Ourse plonge en cascade dans ce gouffre qui compte une belle arche naturelle creusée dans un énorme bloc calcaire. Pour admirer le phénomène et se délecter de la fraîcheur du lieu, une courte marche d'1 km depuis Mauléon-Barousse, accessible aux enfants, est nécessaire. Les moins téméraires pourront garer leur voiture à 300 m du site.
Gouffre de Saoule - petit parking au bord de la D925, à 300 m après la sortie de Mauléon-Barousse dir. Ourde. L'endroit est fléché par une plaque Michelin.

Aspet : promenons-nous dans le bois. Plus de 300 outils anciens des métiers du bois et 60 essences de bois différentes sont exposés dans ce petit musée au cœur du village d'Aspet. Côté boutique, des ustensiles de cuisine dont des assiettes, des dessous-de-plat ou des rouleaux à pâtisserie, des jouets en bois dont des véhicules, et des objets décoratifs sont en vente. Difficile de repartir bredouille tant la fabrication est soignée et l'artisan passionné !
La Maison du Bois - quartier Balejon - ✆ 06 82 75 34 51 - www.en-bois-obrador.com - se rens. pour les horaires.

St-Gaudens : belvédères en série. Pour une pause contemplative, direction St-Gaudens. Les belles vues sur la chaîne des Pyrénées ariégoises se succèdent le long d'une voie panoramique de 3 km, qui démarre boulevard Jean Bepmale. C'est à côté du monument des Trois-Maréchaux que la vue est la plus belle. Une table d'orientation permet d'identifier les sommets.

DÉGUSTER

Cazères : flânerie au marché. C'est sous la halle et dans les rues du centre du village qu'a lieu chaque samedi matin le marché de Cazères. Une centaine d'exposants se réunissent tandis que la musique de rue résonne çà et là. Si les étals débordant de fruits et légumes et de charcuterie du coin vous laissent de marbre, offrez-vous un petit café en terrasse. L'occasion de savourer une ambiance de fête et de terroir qui fait du bien.
Marché de Cazères - pl. de l'Hôtel-de-Ville - sam. 8h30-12h.

Sost : fromage à la ferme. Certes le chemin pour arriver jusqu'au petit village de Sost peut paraître long, mais le fromage que l'on y produit vaut largement le périple. Denis Sost fabrique ses différents fromages à partir du lait de ses vaches et de ses brebis *(voir « Rencontre avec... »)*. On peut évidemment acheter sa

Pâturages près de St-Bertrand-de-Comminges.

production mais aussi visiter sa ferme, découvrir ses animaux et tout comprendre du processus de fabrication. L'été, on peut aussi partir en balade avec le berger, son chien et son troupeau *(sur réserv.)*.
La ferme de Denis - La Barette - ✆ 05 62 39 39 53 - denis.sost.free.fr - avr.-nov. : 10h-18h30, vac. scolaires de Noël et de fév. : 10h-12h, 14h-17h30, reste de l'année : w.-end 14h-17h.

Martres-Tolosane : gare aux desserts. Remise au goût du jour, l'ancienne gare de Martres-Tolosane abrite désormais un restaurant où il fait bon s'attabler pour déguster une cuisine créative, à l'image de cette truite et sa chantilly au wasabi ou de ce foie gras aux abricots du Roussillon. L'établissement est également reconnu pour la qualité de ses desserts. Un détail que les gourmands apprécieront.
Maison Castet - 44 av. de la Gare - ✆ 05 61 98 80 20 - maisoncastet.com - mar.-dim. - fermé dim. soir et lun. - menu 45 €, carte 25/34 €.

St-Gaudens : les viandes à l'honneur. Les amateurs de viande se pressent dans ce restaurant au décor rustique, qui sert de très belles assiettes de charcuterie et de beaux morceaux de viande cuits au feu de bois et accompagnés de frites maison. N'hésitez pas à demander une table près de la cheminée où cuisent les grillades pour vous mettre l'eau à la bouche en attendant l'arrivée de votre commande. Une adresse authentique qui affiche toujours un bon rapport qualité/prix.
L'Étable - quartier du Pont de Valentine - ✆ 05 61 89 16 24 - 12h-14h, 19h30-22h - fermé lun. et mar. soir - réserv. conseillée - menus 24/25 €, carte 20/35 €.

St-Bertrand-de-Comminges : repas sous les tilleuls. Poutres apparentes, toiles cirées vichy et cuivres accrochés aux murs : le décor rustique de ce restaurant est planté. Dans l'assiette, on retrouve une cuisine familiale à prix abordables. Aux beaux jours, la jolie terrasse sous les tilleuls est particulièrement agréable et offre une belle vue sur les Pyrénées.
Chez Simone - rue du Musée - ✆ 05 61 94 91 05 - fermé merc. et le soir sf de mi-juil. à mi-sept. - 18/23 €.

RENCONTRE AVEC...

Denis et Noëlle Sost, fromagers

« Chez les Sost, on fabrique du fromage depuis sept siècles, rappelle Noëlle Sost. Au départ, Denis se destinait à une carrière d'ingénieur mais après plusieurs postes en France et aux États-Unis, il a aspiré à une vie plus simple. Il s'est dit qu'il allait relancer la fromagerie familiale et perpétuer le savoir-faire de ses ancêtres. Son but, qui est devenu notre objectif à tous les deux, a toujours été de développer le territoire et de le faire connaître.
Le matoun est notre pépite. C'est un fromage frais, proche de la ricotta, une vraie potion magique. Le père de Denis en consomme beaucoup et à 89 ans, il a une forme d'enfer ! J'aime dire qu'ici, nous sommes un village d'irrésistibles Sostois qui luttent contre le tout stérilisé et le tout mécanisé. On est sur une vieille tradition de fabrication du fromage avec des produits qui ne sont pas toujours parfaits esthétiquement mais qui ont vraiment du goût. »
La ferme de Denis - **voir Sost (ci-contre).**

Nestier : une valeur sûre. Installée dans un ancien relais de poste, cette auberge agréable est une valeur sûre dans la région. Pour preuve, les habitués y sont nombreux. Il faut dire qu'ici, la cuisine fleure bon le terroir. Et ce n'est pas le tournedos de tête de veau, accompagné de foie gras poêlé ou la tarte croustillante au fromage de chèvre du Beratou servie avec des tomates et de la ventrèche grillée qui nous feront dire le contraire ! L'établissement compte aussi des chambres.
Relais du Castéra - pl. du Calvaire - ✆ 05 62 39 77 37 - www.hotel-castera.com - 12h-13h30, 20h-21h - menus 20/42 € - 6 ch. 60/74 € - ☕ 10 €.

Montréjeau : pas mollasson ce millasson. Connu pour avoir élaboré la recette du millasson en 1871, un petit gâteau parfumé à la fleur d'oranger et au citron devenue la madeleine de Proust de nombreux Montréjéaulais, la pâtisserie Suberbielle est une institution de la région. Le millasson y est bien évidemment toujours servi, au même titre que d'autres pâtisseries tout aussi délicieuses.
Pâtisserie Suberbielle - 29 r. du Barry - ✆ 05 61 95 80 02 - 7h-19h30.

DORMIR AU CALME

Arnaud-Guilhem : exquise détente. On dort au calme veillé par de grands arbres dans cette belle maison bordée par une rivière prisée des pêcheurs. Les chambres sont propres et bien tenues, la bibliothèque est une invitation à la lecture et le sauna finlandais au bord de l'eau achève de se laisser aller à la détente totale.
Chambres d'hôtes L'Escalère - ✆ 05 61 87 66 63 - www.lescalere.com - 5 ch. 73/91 € et 1 gîte 180/200 € le w.-end - table d'hôtes sur réserv. 22 €/pers.

Ardiège : pour sillonner les environs. Cette ancienne ferme rénovée abrite trois chambres confortables (dont une chambre familiale), une terrasse où se prélasser et une piscine dans laquelle piquer une tête. Brigitte et Joel, les sympathiques propriétaires, sont aux petits soins pour leurs clients. Un bon point de chute pour découvrir la région.
L'Ardiégeoise - 13 r. du Calvaire - ✆ 05 61 88 90 85 - www.lardiegeoise.com - 3 ch. à partir de 65 € ☕ - plateau-repas et table d'hôtes sur réserv. 15/24 €/pers.

St-Bertrand-de-Comminges : vue sur la cathédrale. Des fenêtres de cet hôtel au cœur de St-Bertrand-de-Comminges, on bénéficie d'une vue imprenable sur la cathédrale. Sa façade arborée, ses volets tout blancs, sa jolie cour intérieure et son agréable terrasse où boire un café confèrent au lieu un charme fou. Le tout dénote un peu avec la déco des espaces communs et des chambres, rustique, voire désuète.
Hôtel du Comminges - pl. du Bout-du-Pont - ✆ 05 61 88 31 43 - www.hotelducomminges.fr - 4 ch. 65/91 € ☕ 8 €.

Pinas : calme et confort. Cette belle maison recouverte de vigne vierge est nichée dans un très beau parc à 600 m d'altitude, sur le plateau de Lannemezan. Les chambres sont spacieuses et décorées avec goût, dans l'esprit de la demeure. Selon la saison, le petit-déjeuner se prend au coin du feu ou sur la terrasse face au jardin. De quoi entamer sa journée du bon pied.
Le Domaine de Jean-Pierre - 20 rte de Villeneuve - ✆ 05 62 98 15 08 - www.domainedejeanpierre.com - 3 ch. 70 € ☕.

FAIRE LA FÊTE

Montréjeau : marché à l'ancienne. Chaque année au cours du mois de juillet a lieu cette manifestation qui rend hommage aux traditions du monde rural. Des vieilles voitures et des engins agricoles d'antan défilent au côté des attelages de bœufs, des chiens de berger, des moutons, des oies et des guides à cheval en costume traditionnel. Un repas traditionnel est ensuite servi.
www.mairie-montrejeau.com

Anères : un festival qui laisse sans voix. Chaque année autour de la Pentecôte le petit village d'Anères fait le plein de spectateurs lors de son festival de film muet. Le principe : projeter des chefs-d'œuvre du cinéma muet accompagnés en direct par des musiciens, des compositeurs et des interprètes. Au total, ce sont en moyenne 300 mélomanes

A.Spani/hemis.fr

et amoureux du 7e art qui se pressent à chaque édition dans ce village de seulement 180 habitants.
Festival d'Anères - www.festival-aneres.fr.

St-Bertrand-de-Comminges : quand l'orgue résonne. Ce festival de musique sacrée a lieu dans la cathédrale St-Bertrand-de-Comminges, à la basilique St-Just de Valcabrère, à la collégiale de St-Gaudens et à l'église romane de Martres-Tolosane. L'occasion de découvrir ces splendides monuments sous un jour nouveau.
Festival international de musique du Comminges - www.festival-du-comminges.com.

La Ronde des Nestes : deux jours de rando. Début juin, partez de bon matin sur les chemins... mais à pied cette fois ! Cette randonnée pédestre regroupe deux boucles d'un total de 74,4 km qui traversent les principaux villages de la communauté de communes de Neste-Barousse et de ses environs. La rando a lieu sur un week-end et accueille plus de 1000 marcheurs.
www.rondedesnestes.fr

Nestier : tous au théâtre de verdure. Construit au 20e s., au moment de la reconstruction du calvaire du mont Arès, ce théâtre de verdure de 400 places accueille désormais des spectacles de danse, de théâtre, de cirque et de musique tout au long de l'année.
Théâtre de verdure du Mont Arès - ✆ 06 11 59 94 86 ou 06 74 82 60 08 - www.renaissancedumontares.fr.

Montréjeau : Festival mondial de folklore. Chaque été, autour du 15 août, 200 participants débarquent des quatre coins de la planète pour participer à Folklolor. L'occasion de découvrir une multitude de traditions, de danses, d'instruments de musique, de chants et de costumes venus du Chili, d'Espagne, du Népal ou de République tchèque et de célébrer l'amitié entre les peuples à travers des spectacles et des rencontres.
www.festivalmontrejeau.fr

LE HAUT-COUSERANS

Pays de montagne et de bergers, le Haut-Couserans est une terre d'aventure. L'hiver, on dévale les pistes de ski de Guzet, l'été, on s'essaie aux joies du kayak du côté de Seix. Et pour se remettre de ses émotions, rien de tel qu'une croustade traditionnelle ou un morceau de tome du coin. Le tout en sabots de bois, s'il vous plaît !

DEPUIS TOULOUSE : En évitant l'autoroute, 97 km via la D4 et la D627 jusqu'à St-Girons .

VENIR EN TRAIN

- **De Toulouse, TER direct ou avec correspondance à Boussens (env. 2h) jusqu'à St-Girons, puis la ligne de bus 952 dessert Seix, Aulus-les-Bains et Guzet (lio.laregion.fr).**

BONS PLANS

- **Pour organiser votre séjour : www.haut-couserans.com.**

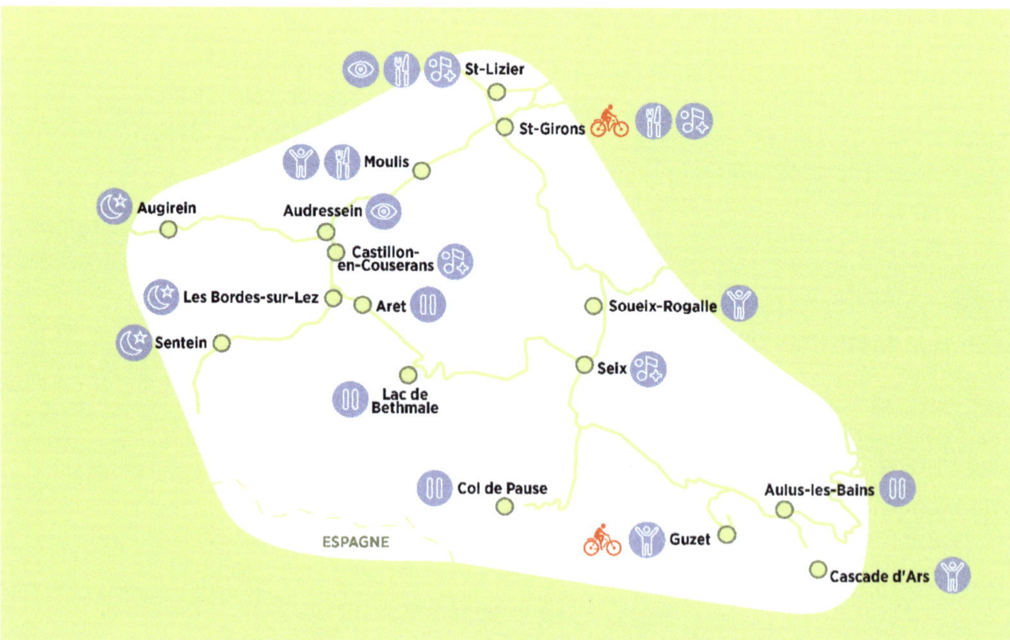

LOUER UN VÉLO

ST-GIRONS

Maxi Sports
16 r. Yvette-Garrabé - ✆ 05 61 96 49 35/06 82 78 54 10. VTC (12 €/j), VTC électrique (35 €/j), vélo de route (25 €/j). Pas de location à la demi-journée.

GUZET

Sport 2000
Résidence du Vallier - ✆ 05 61 04 42 81. Spécialiste du vélo de montagne et de descente : vélo de descente (40 € la 1/2 j., 70 €/j), VTT électrique (30 €/55 €).

VOIR

St-Lizier : capitale fortifiée. Comptant parmi les plus beaux villages de France, l'ancienne capitale du Couserans semble posée sur les contreforts pyrénéens, dont on aperçoit les sommets enneigés au loin. Le village, dont la partie haute est enserrée par des remparts qui datent du 5e s., abrite l'église Notre-Dame-de-la-Sède et une cathédrale aux magnifiques fresques romanes. Au gré des ruelles, on tombe sur une pharmacie du 18e s aux murs ornés de vitrines en bois et de tiroirs qui contenaient autrefois des potions aux noms aussi évocateurs qu'« élixir de longue vie » ou « vinaigre des quatre voleurs ».

Cathédrale de St-Lizier.
D. Pearson/Agency Jon Arnold Images/age fotostock

St-Lizier : chasseur de traces. Envie de suivre les animaux fossiles à la trace ? Ce parc de 3 ha est dédié à l'ichnologie, la science de l'interprétation des traces. Au programme pour les petits et les grands : enquête, moulages de traces, parcours ornithologique, visite de la grotte du Loup. Le site est incroyablement ludique et captive les enfants et les adultes qui ont su garder leur âme de chasseur-cueilleur !
Au Pays des Traces - ferme du Miguet - ✆ 05 61 66 47 98 - www.paysdestraces.fr - juil.-août : 10h-19h, dim. 13h30-19h ; vac. scol. (sf vac. de Noël) : 13h30-18h30 - 12 € (3-12 ans 10 €).

Audressein : église au bord de l'eau. C'est au bord de l'eau, juste après un joli pont en pierre, que se niche cette église du 14e s., inscrite au Patrimoine de l'Unesco au titre des chemins de St-Jacques-de-Compostelle. Son porche est décoré de peintures murales du 15e s. Une halte reposante, propice à la méditation.
Église Notre-Dame-de-Tramesaygues d'Audressein - 81 chemin d'Arrout.

BOUGER

Moulis : gare au vertige. Prenez un peu de hauteur au-dessus du canyon d'Aubert et de ses falaises. Encadré par un moniteur, le vaillant visiteur évolue jusqu'à 100 m de hauteur, et alterne ponts de singe, passerelles et tyroliennes de 200 m au-dessus du vide. De quoi ressentir quelques belles poussées d'adrénaline. Le parcours est modulable pour permettre aux débutants comme aux confirmés de découvrir le site.
Canyon d'Aubert - ✆ 05 61 96 08 22 - www.horizonvertical.net - 2h - accessible tte l'année à partir de 9 ans - 38 €.

Soueix-Rogalle : tous à l'eau. Embarquez pour une descente en kayak, en canoë ou en rafting et découvrez la région au fil de l'eau. Sensations fortes garanties tout au long de

cette balade où l'on se remet des émotions ressenties sur les petits rapides en piquant une tête dans les zones plus calmes. Accompagné d'un moniteur, on apprend à manier son embarcation et on sillonne une nature préservée. Plusieurs niveaux de sorties sont proposés.
Base nautique La Claire - allée de la Claire - ✆ 09 60 06 70 32 - www.labasenautiqueducouserans.com - découverte 28 € (-15 ans 25 €), parcours sportif à partir de 16 ans 35 €.

Moulis : au 7e ciel. Prêt à survoler les prairies fleuries ou les étendues de forêt enneigées ? Lancez-vous en parapente biplace et savourez le spectacle de Moulis, Port de Lers, du col de la Core ou de Guzet vus du ciel. L'hiver, les vols se font depuis la station de Guzet. Plusieurs formules s'offrent à vous, de la simple découverte à la session « Performance » où l'on peut s'essayer à quelques gestes sous l'œil (et le contrôle !) du moniteur. Même les enfants sont invités à prendre leur envol.
Parapente family - 4 pl. de la Poste - ✆ 06 76 38 26 10 - www.parapentefamily.com - vol découverte 15mn 80 €, vol performance 45mn 140 €.

Cascade d'Ars : beauté naturelle. Cette cascade située à 1380 m impressionne par sa taille et son débit. Une première chute de 100 m se déploie en une multitude de petites cascades. Le spectacle, très impressionnant après la fonte des neiges, renvoie le marcheur dans ses petits souliers de rando. On y accède à pied au départ d'Alus-les-Bains en suivant la D8 avant de rejoindre le GR10.
Cascade d'Ars - 5 km - 3h AR.

Guzet : ski et luge d'été. 42 km de pistes et des chalets blottis sous les sapins : voilà la promesse de belles vacances hivernales à Guzet. En été, cette station de ski familiale offre de multiples possibilités : descente en VTT, escalade, randonnées. Elle possède aussi la plus longue piste de luge d'été sur rail d'Europe : 1,6 km de descente et un dénivelé de 357 m. Hurlez en chœur !
Guzet - ✆ 05 61 96 48 33 - www.guzet.ski.

FAIRE UNE PAUSE

Lac de Bethmale : mordre à l'hameçon. Un petit air de Canada flotte sur cet étang vert émeraude entouré de hêtres. Son nom proviendrait du gascon « beth », « beau », et « malh » qui signifie « montagne ». Fréquenté par les pêcheurs qui viennent s'approvisionner en truites, il offre de belles balades dans le sous-bois qui le borde. On y accède facilement, en seulement 15mn depuis la route.
Parcours de pêche - www.haut-couserans.com - 14/7,90 € - location de matériel sur place.

Pêche dans le lac de Bethmale.

Col de Pause : le bien nommé. Au-delà du village-balcon de Faup, une piste mène à ce col situé à 1527 m d'altitude. C'est en direction du pic de Fonta que le panorama est le plus beau. De là, on peut voir la vallée d'Estours et le mont Valier, un des sommets les plus emblématiques de l'Ariège. Plusieurs randonnées partent du sommet du col dont un sentier qui conduit vers l'étang d'Areau. Il n'est pas rare d'observer des isards aux jumelles au cours de la marche.

Aulus-les-Bains : prendre soin de soi. Cet établissement thermal au pied des Pyrénées utilise l'eau de quatre sources sulfatées, calciques et magnésiennes. Outre la clientèle de curistes, de nombreux visiteurs profitent de leur séjour pour découvrir l'espace bien-être. Massages, gommages aux sels et enveloppements de boue thermale offrent l'occasion de prendre soin de soi le temps d'une journée. L'hiver, les bassins chauffés, les jacuzzis et le hamam de l'espace aquadétente permettent de délasser ses muscles endoloris après une bonne journée de ski.
Thermes d'Aulus-les-Bains - allée des Thermes - ✆ 05 61 66 36 80 - www.thermes-aulus.fr - accès espace aquadétente 9 € (3-14 ans 5 €), réserv. obligatoire.

Aret : chez le sabotier. Pénétrer dans l'antre de Pascal Jusot *(voir « Rencontre avec... »)* revêt un caractère presque sacré. Depuis 1984, cet artisan-sabotier passionné fabrique des sabots en bois à longues pointes, typiques de la région. Résistants à l'épreuve du temps, ils sont les alliés des jardiniers. Des objets décoratifs sont également en vente à l'atelier, dont des tire-bouchons et des porte-crayons en forme de sabot. Il fallait y penser !
Pascal Jusot - ✆ 05 61 96 78 84 - www.artisan-bois-sabots.fr - sur RV.

DÉGUSTER

St-Lizier : dîner au palais. C'est dans la salle voûtée de l'ancien palais épiscopal que s'est installé ce restaurant qui sert une cuisine gastronomique d'inspiration pyrénéenne. Ici, les produits sont locaux et souvent bio. La terrasse

RENCONTRE AVEC...

Pascal Jusot, artisan-sabotier

**« Quand je suis arrivé en Ariège dans les années 1980, il ne restait plus que deux sabotiers dans la région. J'allais très souvent les voir. J'étais fasciné par l'odeur et le travail du bois et par la forme des sabots. C'est l'un d'eux qui m'a appris le métier.
Aujourd'hui, je suis le dernier sabotier d'Occitanie. Heureusement, j'observe un regain pour le sabot en bois notamment chez les jardiniers qui en ont assez du tout plastique. Les gens se tournent vers le bois car c'est une matière durable et un excellent isolant contre le froid et la chaleur.
Chausser les gens correctement me paraît indispensable. J'utilise uniquement des essences de bois locales et j'achète le cuir dans le Tarn. Certes mon métier est très prenant, je n'ai pas beaucoup de congés et le salaire est très bas, mais c'est un métier passionnant et j'espère pouvoir à mon tour transmettre ce savoir-faire. »
Pascal Jusot - voir Aret (ci-contre).**

offre une superbe vue sur le Couserans et la cathédrale. L'occasion de déguster un œuf piperade avec du porc noir fondant et des croûtons dorés ou une faisselle de fromage de chèvre bio aux herbes du jardin et à la truffe d'été.

Le Carré de l'Ange - palais des Évêques - ✆ 05 61 65 65 65 - www.lecarredelange.com - mar.-dim. 12h-14h, 19h30-21h - fermé le dim. soir et lun. - formules déj. 20/23 €, menus 34/59 €.

St-Girons : saveurs du marché. Chaque samedi matin, c'est sous les platanes du Champ-de-Mars qu'a lieu le traditionnel marché de St-Girons. Les producteurs locaux s'y retrouvent pour faire découvrir leur terroir et leurs spécialités aux visiteurs. Une belle et conviviale façon de commencer son week-end.

St-Girons : ribambelles de croustades. Pour déguster la croustade traditionnelle du Couserans, c'est dans cette petite boutique qu'il faut aller ! Ce dessert à base de pâte feuilletée et de fruits était autrefois servi à chaque repas de famille et dans toutes les fêtes de village. Aujourd'hui, Marine Crespo, la propriétaire des lieux, perpétue la tradition. Aux pommes, aux pruneaux, à la poire, il y en a pour tous les goûts. Ici la croustade se déguste même salée, au fromage de montagne et au foie gras frais.

La Boutique à croustades de Martine Crespo - 38 r. Pierre-Mazaud - ✆ 05 34 14 30 20 - croustade.com - mar.-sam. 9h-12h30, 14h30-19h, dim. 9h-12h30.

St-Girons : chaud cacao. Les becs sucrés n'ont pas fini de tarir d'éloges sur St-Girons. Dès l'entrée, vous êtes accueilli par un ours grandeur nature en chocolat. De quoi planter le décor de cette chocolaterie-pâtisserie où le cacao est roi. Et pour ne pas trop faire d'ombre à l'imposant plantigrade, la spécialité du maître des lieux n'est autre que le « balourd », une empreinte de patte d'ours en chocolat. De quoi grogner de plaisir, d'autant plus que les pâtisseries sont elles aussi à tomber !

Chocolaterie-Pâtisserie JP Balard - 4 r. Gambetta - ✆ 05 61 66 35 11 - www.jpbalard.wixsite.com/chocolateriejpbalard - merc.-vend. 10h-12h30, 15h-19h, sam. 8h-12h30, 15h-19h, dim. 8h-12h.

Moulis : 4 kg de tome sinon rien. Chaque année, 400 t de fromage sortent de cette fromagerie familiale pour diffuser la bonne parole fromagère dans toute la région. Il faut dire que le lieu, fondé en 1934, propose une dizaine de références au lait de vache, de brebis et de chèvre. Mais la star incontestée de la fromagerie est le Moulis, une grosse tomme au lait de vache de 4 kg, salée à la main et retournée sur des planches de sapin.

Fromagerie Le Moulis - Luzenac - ✆ 05 61 66 09 64 - mar.-vend. 9h-12h, 14h-17h, sam. 9h-12h.

DORMIR AU CALME

Augirein : voir la vie en vert. Que vous choisissiez de dormir sous la tente ou de tenter l'expérience d'une nuit en tipi, ce camping arboré et fleuri est un havre de paix bucolique aux portes des sommets. La bibliothèque recèle tous les ouvrages qu'il vous faut pour plonger dans l'histoire du coin. Côté jardin, le lieu abrite une pépinière où les propriétaires élèvent des arbres fruitiers issus de variétés anciennes du Sud-Ouest.

Camping jardin La Vie en Vert - chemin St-Martin - ✆ 06 22 95 95 88 - www.lavieenvert.com - 12 empl. 8/21 €, 2 tipis 30/50 €, ☕ 7,50 €.

Les Bordes-sur-Lez : nuit dans une ferme de montagne. Ce gîte-auberge en pierre aux airs de ferme des alpages est niché au bord d'un torrent entouré de montagnes. Il fait le bonheur des amateurs de rando qui se retrouvent autour du grand poêle à bois de la salle du restaurant. Côté cuisine, les plats font la part belle aux produits régionaux : canards du Plantaurel, pain et safran bio et plateau de fromages locaux. On repart repu de son séjour ! Le confort des chambres est sommaire, calqué sur les standards des refuges, mais elles ont le mérite d'être individuelles.

La Maison du Valier - Ayer - ✆ 05 61 01 01 01 - www.maison-du-valier.fr - 10 ch. 56,55 €/70,55 € par pers. en 1/2 pension - supplément chauffage 6 €.

Sentein : maison d'hôtes de pays. Chez Véronique et Michel, la simplicité et la convivialité sont de mise. Cette chaleureuse maison d'hôtes en pierre est située au cœur du petit village de Sentein, à 735 m d'altitude. À l'intérieur, on trouve trois belles chambres tout en boiserie. Michel, le propriétaire, est toujours ravi de faire découvrir son troupeau de moutons au hameau de l'Aspe, à quelques minutes du village. Depuis 2017, une grange a été aménagée en gîte et permet d'accueillir 4 personnes.
La Maison du Rabada - bd du Barry - ✆ 05 61 96 07 76 - www.rabada.fr - 3 ch. 65 € ☕ - 1/2 pension 90 €.

FAIRE LA FÊTE

St-Lizier : rendez-vous aux estives. Pour célébrer la transhumance, rien de tel que d'accompagner les troupeaux vers les estives en compagnie des bergers et de leurs chiens, au départ de St-Lizier. Durant un week-end début juin, le Haut-Couserans vit au rythme des brebis, des vaches et des chevaux. Le dimanche, un repas traditionnel est organisé. Au menu : soupe du berger, grillades d'agneau, pommes de terre, fromage de la vallée et croustade.
Fêtes de la transhumance en Bethmale - www.transhumance-en-bethmale.fr - réserv. obligatoire pour le repas.

St-Girons : Autrefois le Couserans. Fin juillet-début août, des centaines de bénévoles remontent le temps pour faire revivre les traditions du Couserans. Vieux métiers en démonstration, moissons, défilé de vieilles machines agricoles guidées par des habitants en tenue d'époque, musique et danses traditionnelles ponctuent ces quatre jours de fête lors desquels le monde rural est à l'honneur.
www.autrefois-le-couserans.com

Castillon-en-Couserans : Fête du fromage et du miel. Au mois d'août, les producteurs du Haut-Couserans se regroupent joyeusement dans le petit village de Castillon-en-Couserans pour faire découvrir leur production. Outre le marché, un concours de tome au lait cru et des démonstrations de fabrication de fromage au chaudron sont organisés. Les enfants peuvent se lancer dans des tours en calèche ou des ateliers de fabrication du fromage.
www.haut-couserans.com

Seix : Festival 1000 pagaies. Début mai, pleins feux sur les sports d'eaux vives pendant trois jours à Seix. Démonstrations de courageux kayakistes qui défient les rapides à la vitesse de l'éclair, baptêmes gratuits de rafting pour les petits nouveaux et concerts pour les mélomanes, le festival vaut le coup de pagaie.
Programme sur www.haut-couserans.com.

Croustade. Ch. Goupi/age fotostock

Coucher de soleil sur le gour de Tazenat, dans les gorges de la Sioule.

Le Sud-Est

Monts du Cézallier.
B. Jaubert/imageBROKER/age fotostock

Tomme de Savoie.
R. Philippe/Panther Media/age fotostock

Descente de l'Orb. - B. Rieger/hemis.fr

LE VALLESPIR

Le Vallespir, région frontalière et de terroir par excellence, défend avec fierté ses traditions catalanes : vous y découvrirez une histoire commune – bien que parfois douloureuse – avec l'Espagne, des sentiers et cols pyrénéens à arpenter à pied, à vélo ou en parapente, une gastronomie généreuse, les douceurs du thermalisme et la permanence d'un agropastoralisme et d'un artisanat anciens, dans une nature préservée.

DEPUIS PERPIGNAN : 30 km par la D900, puis la D115 jusqu'à Céret.

VENIR EN TRAIN, EN CAR

- **De la gare SNCF de Perpignan, les cars à 1 € rayonnent dans le Vallespir (lio.laregion.fr) desservant Céret, jusqu'à Coustouges par St-Laurent-de-Cerdans (bus 532) et Prats-de-Mollo-La Preste (bus 531).**

BONS PLANS

- **Pour organiser votre séjour : www.vallespir-tourisme.fr.**
- **Le Pays d'Art et d'Histoire Transfrontalier organise tout au long de l'année des visites guidées et thématiques à la découverte du Vallespir : www.valleescatalanes.org.**

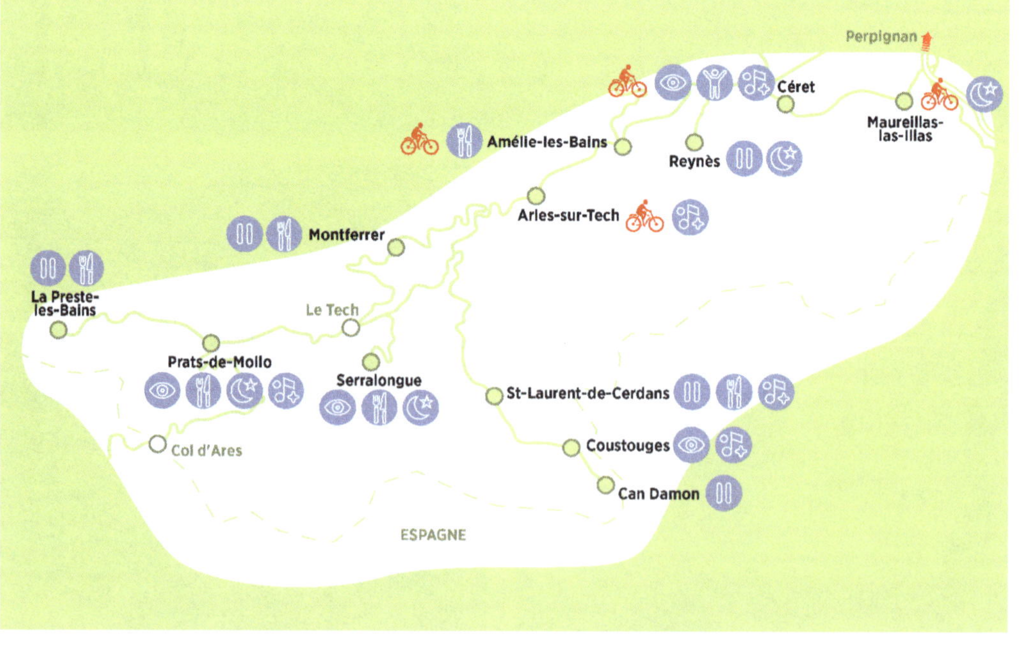

LOUER UN VÉLO

CÉRET

Fun Bike Center
1 bis r. de Batère, Espace Tech Oulrich - 04 68 22 29 34 - funbike-center.com. VTT et vélos électriques (25/29 €/j).

AMÉLIE-LES-BAINS

Forest Aventure
Chemin de la piscine - 04 68 39 23 49 - forestaventure.com. VTT et vélos électriques (à partir de 18/21 €/j). Possibilité de location à la semaine. Casque et porte-bébé fournis. Organisation de séjours et circuits accompagnés.

ARLES-SUR-TECH

Espace VTT
Lieu-dit La Baillie - 04 68 39 37 82 - www.centresudcanigo.com. VTT et VTC électriques (15/35 €/j). Possibilité de location à la semaine. Casque, sac à dos, nécessaire de réparation crevaison fournis. Cartes circuits VTT en vente, avec 14 itinéraires de niveaux variés pour découvrir le Haut Vallespir et un atelier de réparation sur place. L'Espace VTT du Haut Vallespir est labellisé par la Fédération Française de Cyclisme (FFC).

MAUREILLAS-LAS-ILLAS

Sudactionsport
Les Cluses - à 4 km de Maureillas-las-Illas - 06 09 59 68 24 - www.sudactionsport66.fr. VTT et VTC électriques (18/30 €/j). Possibilité de location à la semaine. Livraison des vélos dans tout le Vallespir, à domicile. Casque, sac à dos, nécessaire de réparation crevaison fournis. Organisation de circuits accompagnés.

VOIR

Céret : sur les traces des artistes. La porte d'entrée du Vallespir est un village paisible, ombragé de platanes centenaires. Arpentez les jolies ruelles du vieux Céret à la découverte du patrimoine artistique local : *La Catalane assise* de Manolo Hugué, derrière la mairie, la *Fontaine des Neuf Jets*, sur la pittoresque place du même nom, ou *La Douleur* d'Aristide Maillol sur la place de la Liberté. Céret a également attiré de nombreux grands maîtres venus de loin, au début du 20e s. : le musée d'Art moderne s'agrandit pour présenter en 2021 encore plus d'œuvres de Picasso, Matisse, Soutine, Chagall ou Miró. À travers le village, l'initiative « Chemin Faisant, Chemins Sublimés » propose des reproductions de tableaux dans les lieux mêmes où ils ont été réalisés.
Musée d'Art moderne - 04 68 87 27 76 - 8 bd du Mar.-Joffre - www.musee-ceret.com - juil.-sept. : 10h-19h ; reste de l'année : tlj sf lun. 10h-17h - 10 € (-12 ans gratuit).

Coustouges : dernier bastion de la Catalogne Nord. Ce petit village de montagne occupe l'emplacement d'un poste de garde romain, dont il conserve la trace dans son nom (custodia : « garde »). Village typique des hautes terres catalanes, vous êtes ici à l'extrême sud de la France : la frontière n'est qu'à 2 km. L'église fortifiée du 12e s. a gagné, avec le temps, une admirable patine. La porte sud ouvre sur un porche obscur, où l'on pénètre par un portail roman décoré de magnifiques ferronneries. C'est un ouvrage d'art unique en Roussillon. Le chœur est fermé par une belle grille de fer forgé, décor de délicates volutes qui témoigne également du savoir-faire ancien des forgerons du Vallespir.

Serralongue : ferronnerie et superstitions catalanes. Édifiée aux 11e et 12e s., l'église romane de Ste-Marie présente une porte ornée de ferronneries et d'un verrou en forme de dragon sortis des forges catalanes du Haut Vallespir. Toute l'histoire de ces activités traditionnelles vous est contée au Musée médiéval à travers une série de maquettes animées, véritables petits chefs-d'œuvre réalisés par René Magna, un ingénieur nonagénaire passionné ! Remarquez sur les hauteurs du village le conjurador (14e s.). Cet édifice servait lorsque l'orage menaçait les récoltes : le curé montait alors y prier pour « conjurer » le sort en se tournant du côté des nuées. Dans le même registre, la roue à cloches, appelée rodella, qui se trouve dans l'église, était chargée jadis de chasser les mauvais esprits.

Musée médiéval et église - 04 68 39 61 34 - www.serralongue.com - visites organisées par la mairie sur réserv. - 8 €.

Prats-de-Mollo : cité fortifiée et terre préservée. Accrochée aux contreforts sud du Canigou, Prats-de-Mollo (prononcez « Pratss-de-Moyo ») allie le cachet d'une ville fortifiée au charme d'une cité de montagne. Place frontalière, la petite ville voit ses ruelles pittoresques s'animer en février lorsque la Fête de l'ours bat son plein *(voir p. 209)*. Dans la ville basse, vous visiterez l'église Stes-Juste-et-Ruffine aux ferronneries romanes ; dans la ville haute, ne manquez pas les belles Plaça del Rey et Plaça de la villa d'Amunt, pour des vues qui dominent le village en contrebas. Au-delà, 142 marches montent à l'assaut d'un éperon rocheux jusqu'au fort Lagarde, édifié pour faire face à la menace espagnole : le donjon en forme d'étoile (1677) enserre la tour de La Guardia, ancienne tour à signaux (13e s.). La place d'armes et le Pâté à Comète ont été construits d'après les plans de fortifications établis par Vauban.

Fort Lagarde - 04 68 39 70 83 - www.pratsdemollolapreste.com - juil.-sept. : 11h-13h, 14h-18h30 ; avr.-juin : merc.-dim. 14h-18h30 - 3,50 €.

BOUGER

Céret : au-delà des frontières en parapente. Selon l'orientation du vent, vous décollerez depuis le nord ou le sud du col de Fontfrède qui domine Céret. Ce col fut le lieu de nombreux passages entre la France occupée et l'Espagne pendant la Seconde Guerre mondiale : une stèle des évadés y a été érigée en 1946. En vol, vous admirerez la plaine du Roussillon qui s'étale au pied du Canigou, entre les Corbières et les Albères, ainsi que la baie de Roses, côté espagnol. Une belle découverte en plein air !

Parapente 66 - 07 69 29 61 05 - www.parapente66.com - sortir de Céret dir. Maureillas, continuez tout droit sur 1,2 km puis à droite, suivez le panneau « Vol libre » - à partir de 75 € la descente (15-20mn).

Randonner sur les sentiers du Vallespir. La région, montagneuse et préservée, offre de nombreuses possibilités de randonnées pédestres, de niveaux variés. Ainsi, les plus jeunes pourront découvrir des sentiers faciles en famille, alors que les marcheurs aguerris s'attaqueront aux pentes et cols les plus ardus, comme l'ascension du Roc de France, étape du GR 10 qui traverse la chaîne des Pyrénées et relie le Pays basque à la Côte Vermeille, en passant par le Vallespir.

Le Petit Guide des randonnées en Vallespir (16 itinéraires) en téléchargement sur www.vallespir-tourisme.fr.

Comité départemental de la randonnée pédestre des Pyrénées-Orientales - cdrp66.fr. Informations et conseils pour randonner en toute sécurité dans la région.

Association des Amis GR'distes - www.gr10.fr. Informations sur le GR 10 et cartes.

Pédaler à la frontière catalane. Le Vallespir est une destination idéale pour les amoureux du vélo, quel que soit leur niveau d'endurance et de préparation sportive. Des sensations fortes vous attendent sur les hauteurs de la région, tandis que les alentours de Céret offrent d'agréables sorties sans avoir à fournir un effort physique démesuré. La voie verte qui s'étend entre Céret et Arles-sur-Tech est très bien balisée et promet de belles perspectives de bonheur cycliste. Au-delà d'Arles-sur-Tech, les circuits Pirinexus prennent la relève. Ces itinéraires transfrontaliers relient Catalogne Nord et Sud par le Haut Vallespir : prévoyez quelques ascensions difficiles, récompensées par des paysages magnifiques.

Cartes et itinéraires de la voie verte sur www.af3v.org.

Canyoning. arenysam/iStock

Céret : canyoning et adrénaline. Les férus d'aventure seront ravis d'apprendre que le Vallespir offre de belles occasions de grands frissons en pleine nature. Des gorges de Galamus, pour les débutants, au canyon des Anelles à combiner avec une sortie trail, pour les plus sportifs, des guides vous font découvrir cascades, torrents et crevasses en toute sécurité.
Adventure Tout Terrain - 72 r. de la Tramontane - ✆ 06 87 59 92 23 - adventuretoutterrain.com - à partir de 30 €/pers. Combinaison néoprène, casque homologué et baudrier fournis.

FAIRE UNE PAUSE

St-Laurent-de-Cerdans : shopping catalan. Ce bourg du Haut Vallespir est réputé pour ses ateliers de fabrication d'espadrilles catalanes, les vigatanes (prononcez « bigatanes ») et de tissage catalan. Profitez d'une petite pause locale pour visiter l'atelier et le magasin des Toiles du Soleil : la dernière manufacture de tissu traditionnel catalan bénéficie du label Entreprise du Patrimoine Vivant et d'une réputation internationale. Pour acheter une paire de vigatanes, direction les ateliers de Création catalane : depuis 2008, cette entreprise a repris le flambeau de la fabrication des espadrilles traditionnelles des danseurs de sardane, avec leur ruban tressé à nouer autour de la cheville. Les collections de ces deux maisons authentiques affichent un beau choix de motifs et de coloris.
Toiles du Soleil - av. Jean-Jaurès - ✆ 04 68 39 33 93 - www.toiles-du-soleil.com - lun.-jeu. 10h-12h, 14h-17h, vend. 10h-12h.
Création catalane - chemin du Baynat d'en Pouly - ✆ 04 68 54 08 68 - www.espadrille-catalane.com - 10h30-12h, 14h-18h.

Can Damon : retenir son souffle et se souvenir. À 2 km au sud de Coustouges par la $D3^{B}$, le hameau de Can Damoun (ou Can d'Amunt) offre un panorama sur les vallées sauvages et silencieuses des confins ampourdanais. Des abords de la chapelle Notre-Dame-du-Pardon (1968), la vue ouvre sur la baie de Roses, à l'extrémité de la Costa Brava espagnole. Vous êtes ici au plus près des cols frontaliers, lieux de repli et de passage de nombreux Républicains espagnols pendant la Retirada (exode de 1939 après la défaite contre les troupes de Franco). Prenez un moment pour vous imprégner de ce lieu de mémoire.

Montferrer : grimper et déguster du miel local. Bâti sur une éminence rocheuse et dominé par les ruines de son château, Montferrer est un village de montagne perché à 830 m d'altitude, offrant une belle vue sur le massif du Canigou, les Albères et la plaine du Roussillon jusqu'à la Méditerranée. La route

panoramique qui y grimpe serpente dans des paysages majestueux que vous pourrez découvrir par de nombreux sentiers de randonnée au départ du village. Dans les environs, rendez visite à la miellerie de Nathalie Nou, La Ruche du Haut Vallespir, au Can Cazat. Dégustez ses miels de montagne et emportez quelques pots au passage.
La Ruche du Haut Vallespir - Mas Can Cazat - D115 - ✆ 06 20 22 16 58 - vente à la ferme lun.-sam. 10h-19h.

La Preste-les-Bains : pause thermale. Les cinq sources de la station hydrominérale de La Preste (alt. 1130 m) jaillissent à 44 °C et traitent les maladies de l'appareil urinaire et les maladies métaboliques. C'est Napoléon III qui fit construire la route d'accès. Il avait l'intention de faire une cure à la station ; la guerre de 1870 l'obligea à y renoncer. Ouverts aux curistes, les thermes possèdent également un Spa thermal qui propose divers soins à la carte et plusieurs forfaits à la demi-journée.
Thermes de La Preste - ✆ 04 68 87 55 00 - www.laprestelesbains.com - fermé de fin nov. à fin mars - à partir de 40 €.

Reynès : se ressourcer autrement en forêt. Vanessa Guérin propose d'approcher le milieu naturel et forestier différemment et organise des « bains de forêts » dans les alentours de Céret, Amélie-les-Bains et Reynès. Vous ferez appel à vos cinq sens et à la méditation pour appréhender l'écosystème sylvestre de façon inédite. Une manière de se reconnecter à la nature et à soi-même, en prenant le temps de découvrir la forêt et les arbres. Une belle initiative de sylvotourisme et de sylvothérapie en Vallespir !
Randôtrement - ✆ 06 03 91 28 52 - bain de forêt : 25 €/initiation, 40 €/demi-journée.

DÉGUSTER

Amélie-les-Bains : à la recherche de la rousquille. La Rosquilla Fondante, biscuit catalan par excellence, a été créée dans une pâtisserie d'Amélie-les-Bains en 1810. Robert Séguéla inventa ce biscuit parfumé au citron et enrobé d'un glaçage au sucre dans l'établissement qui accueille aujourd'hui un salon de thé lumineux et calme, proposant environ 50 références de thés, des infusions aux fruits, des glaces maison, etc. Et on y déguste bien évidemment la rousquille véritable et d'origine !
Pâtisserie Pérez-Auber - 12 r. des Thermes - ✆ 04 68 39 00 16 - patisserieperez.wixsite.com/perezaubert - 8h-12h30, 15h-19h - fermé merc. et dim. après-midi.

Cueillette des cerises.

Amélie-les-Bains : dégustation de vins régionaux. Les amateurs de bons vins peuvent venir déguster quelques crus régionaux aux Caves du Roussillon. Avec plus de 300 vins du Roussillon et une centaine de banyuls, le choix serait plutôt difficile sans les conseils avisés de l'équipe de l'établissement. L'occasion de découvrir notamment les vins doux naturels qui font la gloire des viticulteurs régionaux.
Les Caves du Roussillon - 10 r. des Thermes - ✆ 04 68 39 00 29 - www.lescavesduroussillon.com - juil.-août : mar.-sam. 9h-19h30 ; dim. et reste de l'année : 9h-12h30.

Serralongue : se retrouver à la Poste. La propriétaire de ce café, Fleur, s'attache à promouvoir les produits du terroir du Haut Vallespir : c'est ainsi que l'établissement a reçu le label Bistrot de Pays. Vous y dégusterez une délicieuse cuisine maison, dans une ambiance conviviale et chaleureuse (concerts live le week-end). Le Café de la Poste n'est pas seulement une très bonne option restauration, c'est également un haut lieu du lien social à Serralongue, ouvert toute l'année et offrant un service d'épicerie, des informations touristiques et une buvette.
Café de la Poste - 16 r. Abdon-Poggy - ✆ 04 68 82 77 05 - 9h-15h, 18h-22h (2h le w.-end) - menus 20/25 €.

Prats-de-Mollo : restaurant Le Bellavista. Au pied des remparts, un plaisir sans cesse renouvelé... La carte fleure bon le terroir régional, et pour cause : le chef met en valeur les petits producteurs locaux, qui viennent dans la cité uniquement pour le livrer. Agneau catalan, fromage des Pyrénées : plus qu'une simple carte, c'est une ode à nos régions !
Pl. du Foiral - ✆ 04 68 39 72 48 - www.hotel-le-bellevue.fr - fermé merc. et fin nov.-fév. - menus 33/60 €.

La Preste-les-Bains : restaurant Ribes. Isolé au beau milieu des prés, cet hôtel-restaurant offre des vues splendides sur les Pyrénées et la vallée du Tech. Dans une ambiance familiale et généreuse, cette bonne table régionale (le frère du patron, agriculteur, fournit viandes et légumes) respire l'authenticité.

LE VALLESPIR VU PAR...

Éloïse et Luc créateurs du blog de voyage L'œil d'Eos

« Le Vallespir... notre cher Sud ! Nous habitons juste à côté et c'est un endroit des Pyrénées-Orientales que nous affectionnons particulièrement. Ici nous sommes dans un Sud un peu différent, il n'y a pas de littoral, on est au cœur des montagnes et de leur fraîcheur. Le temps semble tourner au ralenti et c'est ce qui fait que nous adorons y venir pour nous déconnecter du quotidien. On y trouve de jolies randonnées accessibles à tous et des produits du terroir. Si vous voulez goûter des spécialités catalanes et rapporter des souvenirs gourmands à vos proches, c'est sans aucun doute dans le Vallespir qu'il faudra venir. Nos deux produits favoris : les rousquilles (une merveille) et les délicieuses cerises de Céret. Balades à cheval au creux des montagnes et retrouvailles familiales sont les points forts qui nous poussent souvent à nous rendre dans le Vallespir. Notre dernière activité coup de cœur ? La découverte des alentours de St-Laurent-de-Cerdans à trottinette électrique avec Nicolas de Valles'Ride, une belle balade rythmée par les paysages et la rencontre avec des producteurs locaux, idéal pour découvrir les points forts du sud du Vallespir ! »
Valles'Ride - www.vallesride.fr - réserv. en ligne - 1h30-2h - 35 €.

Les chambres, proprettes, séduiront les amoureux de grand calme qui souhaiteraient rester un peu plus longtemps dans ces montagnes sereines.
✆ 04 68 39 71 04 - www.hotel-ribes.com - fermé 15 oct.-15 avr. - formule déj. 11,20 €, menus 18,50/28 € - ch. double 53,50/56,50 € - ☕ 6,20/9 €.

Montferrer, St-Laurent-de-Cerdans et Prats-de-Mollo : fromages de montagne et agropastoralisme. Le Haut Vallespir recèle de nombreuses fermes traditionnelles catalanes où l'on vit encore au rythme de l'agropastoralisme. Les bêtes (brebis et vaches) produisent de délicieux fromages préparés dans le respect de traditions anciennes. Vente à la ferme et dégustations sont organisées dans les crémeries et fromageries du Mas Can Nadal (Montferrer), Moli d'en Dagues (St-Laurent-de-Cerdans) ou encore La Masou (Prats-de-Mollo).
Bienvenue à la ferme - www.bienvenue-a-la-ferme.com/occitanie - vente à la ferme et possibilité de nuit en gîte.

DORMIR AU CALME

Maureillas-las-Illas : le camping en toute simplicité. Voici une adresse tout simplement authentique, pour les amoureux du camping qui recherchent un établissement convivial et dynamique, en pleine forêt de pins. Ici on promeut le cyclotourisme et les activités de pleine nature, grâce à l'appui de partenaires et guides locaux. Emplacements pour tentes et camping-cars ainsi que des jolis mobile-homes, cottages et roulottes.
Camping Maureillas-las-Illas - rte de Las Illas - ✆ 04 48 07 06 36 - www.camping-maureillas.com - fermé nov.-avr. - à partir de 50 €/cottage 2 pers. et 15 €/empl. 2 pers. avec électricité.

Maureillas-las-Illas : glamping et nuit insolite en pleine nature. Voici une petite perle bien cachée qui offre des logements insolites en pleine nature : cabane perchée dans les arbres, tipi, yourte, pyramide de verre ou bulle en hauteur, dans un océan de verdure... Ici, on dort au plus près de la nature, mais sans transiger sur le confort et l'esthétique, dans une approche glamping... Oui, vous avez bien lu : glamping, associant glamour et camping. Une réussite !
Mas Cabanids - Le Cortal d'En Baptiste - ✆ 06 84 72 06 66- www.mascabanids.com - fermé déc.-mars - à partir de 100 € ☕ pour une nuit en yourte - possibilité de paniers froids pour dîner 23/30 €.

Reynès : plongée dans le temps. Niché dans un vallon paisible, entre Céret et Amélie-les-Bains, ce beau mas du 17e s. manifeste le sens de l'accueil, et ses chambres – la plupart avec terrasse ou jardin – cultivent un certain charme d'antan... Autres avantages : la piscine domine le Tech et, au petit-déjeuner, on se régale des fruits des vergers alentour.
Mas Trilles - av. du Vallespir - au pont de Reynes, 3 km dir. Amélie-les-Bains - ✆ 04 68 87 38 37 - www.le-mas-trilles.com - fermé nov.-début avr. - 11 ch. 95/229 € - ☕ 13,50 €.

Serralongue : sérénité absolue. Seul le chuchotement du ruisseau en contrebas vient troubler le calme de cette clairière, accessible par un chemin de 2 km dans une forêt de 45 ha ! Autant dire que la grande bâtisse du Mas Case Guillamo respire la quiétude. Chambres de caractère rustique. Table d'hôtes gourmande, préparée par un artiste également grand amateur de cuisine.
Mas Case Guillamo - lieu-dit Can Guillamo - ✆ 04 68 39 60 50 - caseguillamo.fr - tte l'année - 3 ch. 160 € en 1/2 pension.

Prats-de-Mollo : agritourisme en Haut Vallespir. Un séjour dans un agréable gîte rural aménagé sur les terres d'une ferme traditionnelle du 17e s., ça vous tente ? Dédiée à l'élevage bovin et ovin, celle-ci est située en pleine montagne, sur les hauteurs frontalières qui mènent à l'Espagne, au-delà de Prats-de-Mollo. Vous pourrez participer à la vie de la ferme, allant à la rencontre de l'agropastoralisme catalan, tout en profitant de moments de détente autour de la piscine.
La Costa de Dalt - rte d'Espagne - à 10 km de Prats-de-Mollo - ✆ 04 68 39 74 40 - www.gites-ruraux-catalogne.com - 5 gîtes, à partir de 460 €/sem. pour 4 pers.

Fêtes de l'ours à Prats-de-Mollo.
A.Spani/hemis.fr

FAIRE LA FÊTE

St-Laurent-de-Cerdans et Prats-de-Mollo : Fête de l'ours. En février, St-Laurent-de-Cerdans et Prats-de-Mollo accueillent l'une des plus importantes célébrations traditionnelles du Haut Vallespir, la Festa de l'Os. Pendant deux jours et deux nuits, les villageois déguisés en personnages folkloriques partent à la chasse à l'ours, incarné par un homme recouvert de suie noire et d'une peau d'ours. L'ensemble est accompagné de danses et musiques traditionnelles.

Céret : le temps des cerises. Le 3e week-end de mai, Céret célèbre le fruit qui fait sa réputation dans tout le pays : la cerise ! Grand marché de la cerise et défilés de bandas sur les boulevards, accompagnées de danseurs de sardane.

St-Laurent-de-Cerdans et Coustouges : allumer le feu. Le 23 juin, une flamme spécialement descendue du Canigou pour l'occasion embrase le feu de la St-Jean. Chants catalans et sardanes prennent possession des lieux alors qu'est distribué le bouquet de la St-Jean, aux vertus thérapeutiques : dans la tradition catalane, il est constitué de millepertuis, d'immortelles, de feuilles de noyer et d'orpin.

Céret : danse catalane. Le 3e week-end de juillet, le Festival folklorique de sardane organise un concours de *colles* (équipes de danseurs) durant trois jours. Le samedi, les danseurs réunis dans les arènes exécutent au son de la *cobla* (orchestre) différentes sardanes, et sont jugés. Tout s'achève par la sardane de Germanor (de fraternité) où des centaines de danseurs se retrouvent, sous les lampions, en cercles concentriques pour célébrer l'amitié après la compétition.

Arles-sur-Tech : les mystères de la Rodella. Le 30 juillet, une procession religieuse relie Montbolo à l'abbaye Ste-Marie d'Arles-sur-Tech : sur plus de 10 km, les villageois portent un mystérieux ruban de cire de 130 m, la rodella, enroulé en spirale autour d'une croix fleurie. Cette offrande aux saints Abdon et Senne a lieu depuis 1465 ! L'occasion de célébrations, danses et autres réjouissances partagées. La rodella demeure tout le reste de l'année dans la magnifique abbaye Ste-Marie, avant d'être remplacée par un nouveau rouleau de cire, le 30 juillet suivant.

LE CANAL DU MIDI

Le canal est aujourd'hui inscrit au Patrimoine mondial de l'Unesco. Au fil de cette nonchalante croisière ombragée, vous découvrirez des vignobles écrasés de soleil, des cités et des villages chargés d'histoire. Outre la prouesse technique, c'est la beauté de ses berges et la tranquillité de son cours qui stupéfient. Idéal pour flâner au fil de l'eau et goûter à un rythme de vie hors du temps...

DEPUIS TOULOUSE : en évitant l'autoroute, 153 km par la D6113 jusqu'à Narbonne.

VENIR EN TRAIN

- **De Toulouse, TGV et trains Intercités réguliers vers Narbonne via Carcasonne (env. 1h15).**

BONS PLANS

- **Pour organiser votre séjour : www.audetourisme.com.**
- **Pour préparer son voyage en fonction des escales : www.plan-canal-du-midi.com.**

LOUER UN VÉLO

CAPESTANG

Plaisance Yachting
Pont de Poilhes - voir ci-contre - 4/18 €/j selon le vélo et la durée. Location possible de VTC au départ de Poilhes ou Capestang.

NARBONNE

Languedoc VTT Evasion
Pont de la liberté (à l'angle du quai Victor-Hugo) - 06 74 89 75 98 - languedocvttevasion.over-blog.com - avr.-oct. Location de VTC, VTT (à partir de 19 €/j), vélos enfant (12 €/j) et VAE (45 €/j), avec accessoires.

Paulette location de vélos
11 bd Condorcet - 05 82 28 05 10 - paulette.bike/fr. Location VTC, VTT (à partir de 20 €/j), VAE (35 €/j), tandems, VTT enfants (12 €/j), avec accessoires.

BÉZIERS

Relax Bike Tours
70 allée Paul-Riquet - 06 38 12 32 82 - www.relaxbiketours.com. Location de VTC et VTT avec accessoires (à partir de 25 €/j, enf. 10 €), siège enfant (5 €). Livraison (moyennant supplément) à votre point de départ n'importe où le long du canal du Midi.

En bateau sur le canal du Midi.
yvon52/iStock

LOUER UNE PÉNICHETTE

CAPESTANG

Plaisance Yachting
Pont de Poilhes - 06 14 05 42 25 - www.plaisanceyachting.com - mars-oct. - 30/310 € selon le bateau et la durée. Location de bateaux électriques pour 4 à 12 personnes, au départ de Poilhes ou Capestang.

HOMPS

LeBoat
Port Minervois - 04 68 91 24 00 - www.leboat.fr - à partir de 329 € par bateau pour 3 nuits. Choix de bateaux habitables de 2 à 12 personnes avec embarquement sur l'une des cinq bases le long du canal.

LE SOMAIL

Nicols
Sur le port - 02 41 56 46 56 - www.nicols.com - à partir de 363 € par bateau pour 2 j. Location de bateaux habitables de 2 à 12 personnes pour naviguer sur les canaux du Midi et de la Robine, un jour, un week-end ou plus.

ARGENS-MINERVOIS

Locaboat
03 59 28 17 60 - www.locaboat.com - à partir de 945 €/sem. Idéales pour les couples et les familles, les pénichettes « classiques », sans permis, peuvent accueillir de 2 à 7 personnes avec un excellent confort à bord.

VOIR

Écluses de Fonséranes : à grande échelle. Il s'agit de l'un des ouvrages les plus impressionnants du canal du Midi, classé au Patrimoine mondial de l'humanité par l'Unesco. Composée à l'origine de neuf écluses (seules sept sont encore en service), cette rare série de huit sas accolés présente l'aspect d'un escalier de 312 m de longueur qui permet de rattraper une différence de niveau de 21,50 m. Aujourd'hui, les neuf écluses de Fonséranes peuvent se visiter à pied ou en péniche. Les points d'embarquement sont désormais situés au quai Port-Neuf (côté bas) et vers Zinga Zanga (vers le haut de la voie fluviale). En bas des écluses, le chemin de halage mène au pont-canal de l'Orb, long de 240 m, qui depuis 1857 permet au canal du Midi de franchir l'Orb, évitant ainsi le passage redouté de la rivière.

Maison du Site - maison du Coche-d'Eau - ✆ 04 99 41 36 36 - www.beziers-in-mediterranee.com - juin-sept. : 10h-19h (20h de mi-juil. à mi-août) ; de mi-mars à fin mai et oct.-nov. : 10h-18h ; reste de l'année : tlj sf lun.-mar. 10h-12h30, 13h30-17h - audioguide 2 € - restaurant et boutique.

Oppidum d'Ensérune : un site opportun. Tout s'explique : l'étymologie d'Ensérune se rapporte à sa situation : le préceltique « set », qui a évolué en « seduna », signifie « hauteur ». Ici somnolent les vestiges mystérieux d'une ville fortifiée où se superposent de nombreuses couches de civilisations préromaines. L'oppidum domine légèrement la plaine biterroise environnée d'une belle pinède méditerranéenne, un emplacement de choix qui renforce l'intérêt d'un site étudié par les archéologues depuis 1915. Des tables d'orientation aménagées aux quatre points cardinaux de l'oppidum, on découvre un vaste panorama, des Cévennes au Canigou, sur toute la plaine côtière. La vue sur l'ancien étang de Montadya, asséché depuis 1247, est exceptionnelle.

Oppidum d'Ensérune - 12 km au sud-ouest de Béziers par la D609 et la D162^{E} - ✆ 04 67 37 01 23 - www.enserune.fr - mai-août : 9h30-12h30, 14h-18h30 - 6 € (-26 ans gratuit).

Sallèles-d'Aude : trésors d'amphores. Au 1er s. av. J.-C., un groupe de potiers s'installa dans ce village, où abondaient l'eau, l'argile et le bois nécessaires à leur artisanat. Ils profitèrent de la proximité avec la fourmillante Narbonne romaine pour se spécialiser dans la confection d'amphores destinées au transport du vin. Actif pendant près de trois siècles, le site développa peu à peu ses installations. Découvert par hasard, il a révélé au cours des fouilles l'existence de dix-sept fours de formes et de tailles diverses. Un bâtiment moderne abrite, dans sa partie centrale, une exposition sur cette production quasi industrielle mais très variée : céramique d'utilisation domestique, tuiles, amphores vinaires. Sont expliqués en particulier la cuisson (maquettes de fours), la vie quotidienne et les échanges commerciaux dans l'Empire romain.

Amphoralis-musée des Potiers gallo-romains - allée des Potiers - ✆ 04 68 46 89 48 - www.amphoralis.com - juin-sept. : mar.-dim. 10h-12h, 15h-19h ; reste de l'année : mar.-vend. 13h30-17h, w.-end 10h-12h, 14h-18h - fermé lun. - 5 € (-26 ans 3 €).

Narbonne : les yeux au ciel. Le palais des Archevêques compose, avec la cathédrale, un ensemble architectural religieux, militaire et civil complexe et remarquable où les siècles ont laissé leur empreinte, du 12e s. (Palais vieux) au 19e s. (hôtel de ville). La première pierre de la cathédrale St-Just-et-St-Pasteur fut posée le 3 avril 1272 : elle avait été envoyée de Rome par le pape Clément IV, ancien archevêque de la cité. Mais l'édifice, inachevé, est étonnant. Le contraste est saisissant entre les quelques murs de la nef abandonnée, visibles depuis l'extérieur, et le chœur actif de la cathédrale.

Palais-musée des Archevêques et cathédrale St-Just-et-St-Pasteur - pl. de l'Hôtel-de-Ville ✆ 04 68 90 26 38 - www.musees-narbonne.fr - juin-sept. : 10h-18h ; reste de l'année : tlj sf mar. 10h-12h, 14h-17h - billet combiné incluant la visite du donjon, du Palais neuf, du Palais vieux et du trésor de la cathédrale ; pass Monumentale Narbonne (6 sites) 10 €.

J.-P. Degas/hemis.fr

BOUGER

Marseillette : marcher le long du canal. Vous partirez de l'Écluse, dans le village de Naudy. De là, vous marcherez à travers une partie de l'étang asséché de Marseillette. Son alimentation en eau douce permet ici d'irriguer vergers, vignes et rizières. Passez entre l'écluse et la maison de l'éclusier et empruntez le chemin de halage le temps d'une agréable randonnée facile (5 km).
De l'écluse de Marseillette à Naudy - parcours détaillé à télécharger sur www.visorando.com.

Capestang : pédaler jusqu'à Cruzy. Cette voie verte de 12 km, aménagée sur une ancienne voie ferrée, relie le village à l'ancienne gare de Cruzy, devenue restaurant *(voir p. 215)*. Le chemin passe près des villages de Puisserguier, Creissan et Quarante. Au programme : de beaux panoramas sur cette région viticole vallonnée, avec garrigues, bois de pins, vallées aux ruisseaux méditerranéens à sec en été et cascades d'oliviers... On aperçoit aussi châteaux et domaines, que l'on peut visiter. Ceux qui préfèrent les boucles aux allers-retours reviendront par le chemin de halage du canal du Midi (30 km au total).
Départ à proximité de l'office de tourisme à Capestang - stationnement possible.

Colombiers : ne pas perdre les paddles. La commune a aménagé un agréable petit port où l'on peut louer des bateaux. De juin à septembre, profitez des sorties en paddle avec l'Aqua Stand Up sur le canal du Midi au départ de Colombiers et Capestang.
O2 Forme - ✆ 06 52 92 04 62 - o2-forme.fr - 20 € (1h).

Creissan : le canal au galop. Son centre équestre, entouré de vignobles et à quelques kilomètres du canal du Midi, propose des séances d'initiation et des cours, à dos de poneys ou cheval, ainsi que des randonnées.
Creissan équitation - rte de Quarante - ✆ 04 67 93 73 25 - été : 8h-20h ; reste de l'année : 8h-18h - tarifs : se rens.

Puichéric : enfiler casque et baudrier. À proximité de Narbonne, explorez la grotte du Congoust, dans les magnifiques gorges du même nom. Elle est la principale cavité de la montagne d'Alaric. Grâce à l'activité de l'eau continue, le site est soumis à une érosion perpétuelle. Et sa configuration permet d'accueillir tout type de public avec des niveaux de difficulté variables.
Eaurizon - 51 rte Minervoise - ✆ 04 68 49 99 82 - www.eaurizon.eu - sorties découverte à partir de 32 € (4 pers. mini).

FAIRE UNE PAUSE 00

Homps : partir en croisière sur le canal. La meilleure façon de découvrir le canal du Midi, avec ses nombreux ouvrages (ponts, écluses, aqueducs), n'est-elle pas encore de l'emprunter ? Ici la prestation comprend 2h de promenade commentée en gabare, le temps de parcourir une partie du canal du Midi. Départs proposés de Homps et balades entre Carcassonne, Narbonne et Béziers.
Croisières du Midi - 35 quai des Tonneliers ✆ 04 68 91 33 00 - www.croisieres-du-midi.com - avr.-oct. : 1-3 dép./j - 14 € (3-12 ans 7,60 €).

Bize-Minervois : odyssée dans les olives. Heureux qui comme ces voyageurs ont fait un beau voyage dans cette coopérative. Ces producteurs proposent une visite guidée à la découverte de l'olive. L'espace muséographique, lui, déroule une fresque historique sur l'olivier en Languedoc-Roussillon, prolongée par une dégustation. En boutique, vente d'huile d'olive, d'olives et produits du terroir tels que vins, miel, nougats, confitures, etc.
Coopérative L'Oulibo - hameau de Cabezac - ✆ 04 68 41 88 84 - www.loulibo.com - visite guidée (1h30), réserv. en ligne - 6 € (enf. 4 €) - boutique juil.-août : 8h-20h ; juin et sept. : 9h-13h, 14h-19h ; reste de l'année : se rens.

Quarante : histoire de l'art locale. Bâtie dans ce village perché – probablement construit sur un oppidum – l'église Ste-Marie fut consacrée en 1053. Les absidioles du chevet sont décorées de bandes lombardes typiques de l'art roman primitif languedocien. Le clocher du croisillon droit a été ajouté à l'époque gothique. Dans le trésor (à côté du croisillon gauche), remarquez le sarcophage antique du 3e s. À l'étage, le chef-reliquaire de saint Jean-Baptiste en feuilles d'argent rehaussées de vermeil (barbe et cheveux), fut exécuté en 1440 par Jacques Morel, orfèvre de Montpellier.

Le Somail : à livre ouvert. C'est l'un des plus agréables ports du canal : il conserve son joli pont en pierre en dos d'âne flanqué d'une chapelle, sa glacière et son auberge de 1773. Il fait bon s'arrêter dans ce charmant village fleuri, qui abrite au passage une excellente librairie, véritable caverne d'Ali Baba du livre. Perdez-vous dans cet immense hangar aménagé, avec des rayonnages du sol au plafond.
Le Trouve Tout du Livre - 28 allée de la Glacière - ✆ 04 68 46 21 64 - www.le-trouve-tout-du-livre.fr.

Lac de la Cavayère : accro aux branches. Son parc propose sept parcours acrobatiques pour tous les âges, à partir de 4 ans. La promesse de sensations fortes pour tous.

Olives fraîchement cueillies.

Parc forestier O2 Aventure - ✆ 04 68 25 33 83 - www.o2aventure.com - juin-août : 13h-17h30 ; reste de l'année : se rens. - 8/18 €.

Narbonne : essayer un autre canal. Dérivation de l'Aude, le canal de la Robine relie la rivière au canal de Jonction, qui lui-même rejoint le canal du Midi, de Sallèles-d'Aude à Port-la-Nouvelle. Le long du canal, l'agréable promenade des Barques (cours de la République) et la passerelle qui la relie au cours Mirabeau, sur la rive droite, composent un ensemble propice à la flânerie. Mais il serait dommage de ne pas prendre une heure pour voguer sur le canal.
Le Solal - départ promenade des Barques (près de la passerelle) - ✆ 06 79 55 93 43 - www.petittrain-narbonne.fr - découverte originale de la ville en gabare - 10 € (4-11 ans 6 €).

DÉGUSTER

Trèbes : au four et au Moulin. Quel charme, cet ancien moulin ! Sa terrasse donne directement sur le canal du Midi, et son intérieur, dans un style de guinguette campagnarde (tomettes à l'ancienne, mobilier rétro) nous met du baume au cœur... Quant à la cuisine, elle se révèle simple et goûteuse, en accord avec les saisons, basée principalement sur des produits issus des circuits courts.
Moulin de Trèbes - 2 r. du Moulin - ✆ 04 68 78 97 57 - www.lemoulindetrebes.com - fermé dim. soir et lun. - formules déj. 23/25 €, carte 30/50 €.

Cruzy : tout le monde descend. Terminus ! Ici, tous les gourmands descendent de leur vélo *(voir p. 213)* pour une savoureuse escale dans cette gare reconvertie en un petit bistrot convivial. Il est des arrêts indispensables, celui-ci en est un avec sa généreuse cuisine traditionnelle : croustillant de pied de cochon, purée maison, baba au rhum... Bref, un bon rapport saveurs-prix ! Et vous serez revigoré pour remonter en selle.
Le Terminus - av. de la Gare - ✆ 04 67 89 71 26 - restaurantleterminus.com - fermé dim. soir, lun. (mai-sept.), dim.-lun. (oct.-avr.) - formules déj. 16/20 €, menus 33/49 €.

LE CANAL DU MIDI VU PAR...

Éloïse et Luc, créateurs du blog de voyage L'œil d'Eos

« Le canal du Midi a croisé notre chemin à plusieurs reprises, nous pouvons donc dire que nous avons une longue histoire avec lui ! Notre première rencontre s'est faite lorsque nous habitions Toulouse. On adorait se promener à l'ombre des platanes le dimanche midi ou profiter de la fraîcheur des berges pour faire notre jogging de fin de journée. Ce canal fait partie de la vie des Toulousains et je crois que notre attirance et notre fascination pour lui ont commencé ici !
Quelques années plus tard c'est à Carcassonne puis dans le petit village du Somail que nous avons recroisé sa route. Le Somail, c'est pour nous la carte postale qui représente le mieux le canal ! La vie s'organise autour de lui, de nombreuses péniches prennent place le long des berges et rythment le quotidien du village. Nous avons eu un véritable coup de cœur pour le village, sa quiétude, sa librairie gigantesque et fascinante ainsi que pour la gentillesse de ses habitants. Nous ne saurions l'expliquer, mais le canal du Midi semble dégager une aura de sérénité qui le rend à la fois mystérieux et reposant ! Un endroit que nous découvrirons inlassablement, toujours avec le même plaisir et la même curiosité. »

Pézens : fine fleur. Sur la route de Toulouse, faites une étape dans cette maison moderne : la cuisine du chef se révèle soignée, cohérente et bien dans l'air du temps, d'autant qu'il s'appuie sur des produits de qualité : bar, ris de veau, langoustine... Chaque jour, en semaine, un menu du marché est proposé. Le soir, vous serez peut-être davantage tenté par un menu « dégustation », voire par la « carte blanche » au chef Sébastien et son équipe (en six services avec fromages). Enfin, les prix sont plutôt mesurés.
L'Ambrosia - carrefour de la Madeleine - ✆ 04 68 24 92 53 - www.ambrosia-pezens.com - fermé lun., merc. midi, dim. soir - formule déj. 25 €, menus 42/52 €.

La Redorte : les pieds dans l'eau. Au menu : assiette de pêcheur selon arrivage et flans de légumes selon la saison. Idéalement situé sur les berges du canal du Midi, cet établissement propose une cuisine saine et maison (avec des plats végétariens et sans gluten). Entre 17h et 19h, vous pouvez aussi profiter de la terrasse pour un simple apéritif entre amis ou en famille.
La Table de Riquet - 11 Port la Fabrique - ✆ 04 68 90 67 64 - www.facebook.com/latablederiquet - fermé lun., sam. midi et dim. soir - menus 23,90/26,90 €.

Homps : goûtons voir si le vin... Sur les quais du canal du Midi, cette maison des vins affiche plus de 300 références des appellations Minervois, proposées à la dégustation et vendues au même tarif qu'à la propriété. De début mai à fin septembre, vous pourrez en apprendre davantage en assistant à des dégustations en présence de vignerons (mar., jeu. et vend. 16h-19h).
Maison des Vins du Minervois - 35 quai des Tonneliers - ✆ 04 68 91 29 48 - www.maisondesvinsduminervois.com - mai-sept. : tlj sf dim. 9h-12h (10h sam.), 14h-19h ; oct.-avr. : lun.-vend. 9h-12h, 14h-18h.

Narbonne : le bon accord. Dans une ambiance conviviale, cette table privilégie le marché et les produits locaux labellisés, sans oublier les légumes du potager en permaculture et la pêche locale... L'assiette et le verre vont main dans la main, les saveurs sont mises en valeur avec simplicité : on passe un bon moment.
La Table des Cuisiniers Cavistes - 4 pl. Lamourguier - ✆ 04 68 32 96 45 - www.cuisiniers-cavistes.com - fermé dim.-lun. - ouv. de la cave à 10h30 - menus 19/67 €.

DORMIR AU CALME

Le Somail : sur une péniche. S'endormir sur le canal plutôt qu'au bord ? C'est possible ! Pour ce petit plaisir, offrez-vous simplement une nuitée au fil de l'eau à bord de cette jolie péniche amarrée au petit port du Somail. Chacune des deux cabines dispose de sanitaires. Petit-déjeuner servi sur sa terrasse aux beaux jours et table d'hôtes sur réservation.
La Péniche Mariance - allée des Cyprès - ✆ 06 33 69 01 06 - bateaumariance.com - 2 ch. 70/110 € ☕ - table d'hôtes 30 €/pers. (réserv. 2 j. av.).

La Redorte : jolie palette. Cette maison de maître du 16e s. abrita une école au 19e s. À 800 m du canal, les chambres, garnies de meubles chinés, sont décorées selon la couleur dont elles portent le nom. Par beau temps, vous petit-déjeunerez dans la cour. Et il y a une piscine chauffée et les locations de vélos.
Chambres d'hôtes La Marelle - 19 av. du Minervois - ✆ 04 68 91 59 30 - www.chambres-lamarelle.com - 🏊 - 4 ch. 70/75 €, 2 ch. familiales 110/125 € ☕ - table d'hôtes 22 €/pers. (2-12 ans 10 €).

Siran : dans un château. Au cœur du Minervois, une très belle bâtisse construite au 17e s. par les seigneurs de Siran sur la muraille du Moyen Âge. L'intérieur respecte l'histoire des lieux, avec ses salles voûtées et son imposant escalier en grès d'Aigne. Les chambres sont lumineuses et élégantes. Piscine chauffée avec nage à contre-courant.
Château de Siran - 1 av. du Château - ✆ 04 68 91 55 98 - www.chateau-de-siran.com - 🏊 - 11 ch. 135/190 € - ☕ 17 € - dîner (menu unique) 34 €.

Cavanac : dans les vignes. Ce château du 17e s. entouré d'un domaine viticole propose de belles chambres personnalisées avec vue sur les

boerescul/iStock

vignes ou la campagne. Dans les écuries, aménagées en restaurant, on vous servira des plats traditionnels, grillades et vins de la propriété.
Château de Cavanac - à 5 km de Carcassonne, sur la rte de St Hilaire - ✆ 04 68 79 61 04 - www.chateau-de-cavanac.fr - - fermé janv.-fév., 2 sem. en nov. - 29 ch. 91/136 € - 12,50 € - menus 39/45 € bc.

Narbonne : l'ivresse des sens. Les amateurs de vin prendront plaisir à découvrir les secrets de sa fabrication au cœur de ce domaine de 9 ha, proche de Narbonne. L'annexe dispose d'une salle à manger lumineuse et de quatre chambres colorées et personnalisées. Belle terrasse avec piscine.
Chambres d'hôtes Domaine Beaupré - rte d'Armissan - ✆ 04 68 65 85 57 - www.domaine-de-beaupre.fr - - 4 ch. 70 € .

FAIRE LA FÊTE

Sur le canal : escales en musique. Depuis près de 25 ans, ce festival navigue de Toulouse à Montpellier. Normal : sa scène se résume à une péniche transformée en scène flottante. Ce festival gratuit propose ainsi des escales musicales tout au long du canal. Si vous êtes de passage, rejoignez les locaux sur les berges dans une ambiance de guinguette où l'on peut partager un verre et se restaurer. Chaque escale est différente. Mais le Festival Convivencia ne se résume pas à des concerts : c'est aussi la possibilité de participer selon les étapes à une balade patrimoniale, une dégustation de vin, un atelier radiophonique ou à une exposition.
Festival Convivencia - www.convivencia.eu - de fin juin à déb. août.

Bize-Minervois : Fête de l'olivier. Chaque année, le dernier dimanche de juillet est dédié à l'olivier, arbre béni des dieux s'il en est. Ce qui permet aussi, au passage, de saluer le savoir-faire des oléiculteurs. Au programme : marché de producteurs, dégustation d'huiles d'olive, concours d'aïoli, animation musicale et restauration sur place.

Sallèles-d'Aude : l'eau, la terre et le vin. L'eau (qui entoure la commune de quatre cours d'eau), la terre, (qui conserve les traces de son passé gallo-romain), et le vin (en référence aux viticulteurs locaux) sont à l'honneur chaque année le 3e dimanche de juillet. Animations gratuites, joutes, marché artisanal et concerts, sur les bords du canal de Jonction.
Festival Eau, Terre et Vin - sallelesdaude.fr.

LES MONTS DE L'ESPINOUSE

Sur leurs flancs, de pittoresques villages s'accrochent du mieux qu'ils peuvent. Les monts de l'Espinouse et le massif du Caroux, percés d'une admirable voie forestière, offrent de superbes arêtes rocheuses, d'où l'on profite d'une vue panoramique sur la région. La diversité des climats et des reliefs a conduit à une belle richesse botanique. Et en sous-sol, à quelques surprises dans leurs grottes...

DEPUIS TOULOUSE : 123 km par la D612 vers St-Pons-de-Thomières.

VENIR EN TRAIN

- **De Toulouse, liaisons en TER pour Mazamet (env. 1h40), à 35 km de St-Pons-de-Thomières. La ligne de bus 682 relie St-Pons-de-Thomières à Bédarieux (www.herault-transport.fr). Une voiture est nécessaire pour découvrir la région.**

BONS PLANS

- **Pour organiser votre séjour : www.herault-tourisme.com.**
- **Pour découvrir le Parc : www.parc-haut-languedoc.fr.**

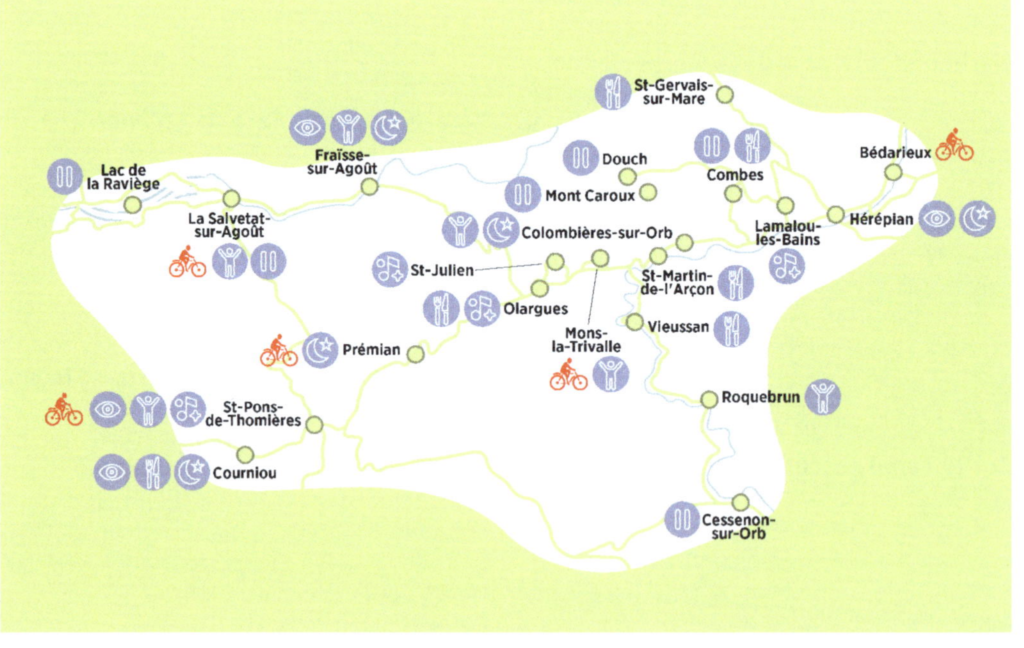

LOUER UN VÉLO

ST-PONS-DE-THOMIÈRES

Station U
74 av. de la Gare - ✆ 04 67 97 13 55 - lun.-sam. 7h30-12h30, 14h30-19h30 (sam. 19h). Location de VTC et VTT (12 €/j.) ou de vélos électriques (25 €/j.), ainsi que de remorques enfants et de kits de réparation.

MONS-LA-TRIVALLE

Vélo Caroux
Station-service - RD908 - ✆ 04 67 97 64 42 ou 06 45 12 52 50 - www.velo-caroux.fr. Derrière cette station-service se cache un loueur de VTT, VTC et vélos électriques (à partir de 16 € la 1/2 j.). Remorques enfants et porte-bébés.

LA SALVETAT-SUR-AGOÛT

Loca-Surf Loisirs
Sur la plage de Bouldouïres, au lac de la Raviège - ✆ 04 67 97 65 13 ou 06 74 57 38 34 - locasurfloisirs.wordpress.com. Location de VTT (selon le modèle 6/14 € la 1/2 j., 10/17 €/j).

PRÉMIAN

Camping Les Terrasses du Jaur
5126F rue Basse - ✆ 04 67 97 27 85 - camping-premian.fr. Location de 4 VTT (8 €/j).

BÉDARIEUX

Cycles Horizon
13 av. Abbé-Tarroux - ✆ 04 67 95 34 25 - lun.-vend. 10h30-12h30, 15h-18h30, sam. 9h-12h. Location de VTC, VTT et vélos électriques.

VOIR

Courniou : rentrer dans sa grotte. Ce site étonnant fut découvert par hasard en 1886 lors de la construction de la ligne de chemin de fer Bédarieux-Castres. La visite commence par l'étage moyen, tendu de belles draperies minérales aux formes et aux couleurs variées. Le long des parois se sont formées des concrétions très fines et très blanches composant de ravissants bouquets appelés « fleurs d'aragonite », qui impressionnèrent les spéléologues au point qu'ils appelèrent la grotte le « palais de la Fileuse de Verre ». Au fond de la salle, une grande cascade pétrifiée se précipite vers le réseau inférieur.
Grotte de la Fileuse de Verre - av. Georges-Milhaud - ✆ 04 67 97 03 24 - www.grottedeladeveze.fr - visite guidée (1h) seult - juil.-août : 11h-18h ; de mi à fin juin et de déb. à mi-sept. : tlj à 11h30, 14h et 16h - d'avr. à mi-juin et de mi-sept. à fin sept. : w.-end à 11h30, 14h et 16h - fermé oct.-mars - 9,50 € (6-12 ans 6 €).

St-Pons-de-Thomières : ne pas rester de marbre. C'est simple (et beau) : le marbre extrait des carrières locales a participé à toutes les étapes de développement de la ville. Sa cathédrale (construite au 12e s. et transfor- mée aux 15e, 16e et 18e s.) abrite ainsi un chœur de marbre baroque par exemple. Les marbres de St-Pons présentent une grande diversité de tons. Vous les retrouverez dans de nombreux éléments architecturaux et dans une vingtaine d'œuvres réalisées à l'occasion des Biennales internationales de sculpture sur marbre organisées ici et qui ornent désormais les places et rues de la ville ou des villages voisins.
Office de tourisme - pl. du Foirail - ✆ 04 67 97 06 65 - www.minervois-caroux.com - juil.-août : 9h30-13h, 15h-19h, dim. et j. fériés 10h-13h ; reste de l'année : tlj sf dim.-lun. 9h-12h, 14h-18h.

St-Pons-de-Thomières : il était une fois. Ce musée moderne et passionnant invite à un véritable voyage dans le temps, à la découverte de la civilisation saintponienne, des

chasseurs-cueilleurs de la fin du néolithique (3800-2500 av. J.-C.) qui dressèrent de curieuses statues-menhirs sculptées ou gravées, en gneiss ou en granit. Il rend également hommage à son fondateur, l'archéologue local Gabriel Rodriguez, qui a révélé l'existence de ce peuplement original en fouillant inlassablement les cavités de la région.
Musée de Préhistoire régionale - 8 Grand'Rue - ✆ 04 67 97 22 61 - www.minervois-caroux.com - juil.-août : mar. 15h-18h, merc.-dim. 10h-12h, 15h-18h ; reste de l'année : se rens. - fermé lun. - 3,50 € (-18 ans 2,50 €), ateliers 5 €.

Fraïsse-sur-Agoût : archi d'antan. La ferme de Prat-d'Alaric, typique de l'Espinouse, a été restaurée par le Parc naturel régional. Près du bâtiment d'habitation, la grange, basse, tout en longueur, est caractéristique de l'architecture locale. Son toit fortement incliné retombe sur les murs latéraux qui ont moins de 2 m de hauteur. L'originalité de la construction réside dans la charpente, qui ne comporte aucune poutre transversale. Elle est recouverte de genêts qui reposent sur des chevrons, réunis en croix à leur faîte et s'appuyant sur les murs des côtés.
Visite libre des extérieurs.

Hérépian : une visite qui sonne bien. Quelle surprise que ce musée implanté sur le site de l'ancienne gare d'Hérépian ! Rendant hommage à une tradition locale – une fonderie de cloches, propriété de la famille Granier de 1600 à 1994, y fut active jusqu'en 2011 – ce musée présente de manière claire et interactive, les différentes techniques de fabrication et l'usage de toutes les productions de l'art campanaire : sonnailles de tôle cuivrée utilisées pour le bétail, grelots et clarines en métal fondu et cloches d'église. La plus grosse cloche coulée par la famille Granier demeure le bourdon de la cathédrale St-Nazaire de Béziers en 1938 (4 t).
Musée de la Cloche et de la Sonnaille - Espace Campanaire André-Malraux - av. de la Gare - ✆ 04 67 95 39 95 - www.grandorb.fr - mai-oct. : 14h-19h - fermé lun. - 5 €.

Les gorges d'Héric dans le massif du Caroux.

BOUGER

Mons-la-Trivalle : se jeter dans les gorges d'Héric. Ce circuit de 9 km (3h à pied AR et 315 m de dénivelé) longe d'abord le torrent bouillonnant entre les hauts rochers, dégringolant en cascatelles et se terminant dans des piscines naturelles. Comment résister à piquer une tête dans la plus large, au gouffre du Cerisier ? À moins que vous ne préfériez le majestueux cirque de Farrières, surmonté par des aiguilles rocheuses. Après avoir longé les pentes du mont Caroux, sur la droite, vous arrivez à Héric, charmant hameau aux toits de lauzes.
6 km au nord-est d'Olargues par la D908 - parking payant le w.-end de Pâques et du 15 avr. au 15 sept. : 3,50 €/voiture.

De St-Pons-de-Thomières à Colombières-sur-Orb : en selle ! La voie verte du Haut-Languedoc, la PassaPaïs, s'allonge sur près de 80 km de Bédarieux à Mazamet, en passant par Lamalou-les-Bains, Mons-la-Trivalle, Olargues

et St-Pons-de-Thomières. L'itinéraire épouse un ancien tracé de voie ferrée. Une échappée belle et tranquille à flanc de montagne, au calme et en pleine nature.
www.francevelotourisme.com/itineraire/passapais

Roquebrun : ramer sur l'Orb. Partez seul ou en descente accompagnée à la découverte d'un des 7 circuits proposés. Un itinéraire permet ainsi un départ en amont du site du pont de Ceps dans le Parc naturel du Haut Languedoc. Sur le parcours, vous apercevrez les jardins en bords de rives ou encore les vignes AOC St-Chinian. Mais c'est surtout la fin du parcours qui vous séduira pour son point de vue inédit sur Roquebrun, son pont en vieille pierre et sa tour médiévale, depuis votre embarcation.
Canoë Roquebrun - chemin de Laroque - ✆ 04 67 89 52 90 - www.canoeroquebrun.com - avr.-sept. - location à l'heure sur le plan d'eau (15-20 €/h) - service de navettes.

Mons-la-Trivalle : émotions fortes dans le Caroux. Un peu plus sportif, vous pourrez tester ici le canyoning au pied du Caroux et aux alentours. Suivez le guide : accrochez-vous et faites le grand saut !
Terre Liquide - rte des Gorges-d'Héric - ✆ 06 67 12 29 84 - www.terreliquide.com - à partir de 50 € la 1/2 j.

La Salvetat-sur-Agoût : s'entêter à marcher. Rien de tel pour cela qu'une randonnée à la demi-journée ou sur plusieurs jours avec un âne de bât. À 800 m d'altitude, la ferme des Signoles vous accueille avec ses animaux. Ces adorables compagnons de route, qui raffolent des herbes qui bordent les chemins, vous surprendront. Bons camarades, ils porteront vos bagages et votre matériel de camping.
Les Randonnées des Signoles - ✆ 04 67 97 52 93 - www.signoles.com - 30 € la 1/2 j. et 55 €/j.

Fraïsse-sur-Agoût : mordre à l'hameçon. Allez à la pêche grâce aux parcours aménagés facilement accessibles le long de l'Agoût, au cœur du village. Les enfants notamment auront l'impression d'assister à une « pêche miraculeuse ». Et ceux qui possèdent un permis auront accès au parcours de pêche à la mouche, en amont de Fraïsse.
Pisciculture de Fraïsse-sur-Agoût - ✆ 04 67 97 61 14 (mairie) - juil. août : 15h-19h ; de mi-mars à fin juin et 1re quinz. de sept. : w.-end et j. fériés 15h-18h - 2 € la truite (canne fournie) ; pêche à la mouche 2 € (équipement non fourni).

FAIRE UNE PAUSE

Mont Caroux : dans tous les sens. On grimpe d'abord parmi les genêts, puis on traverse une forêt de hêtres. Au sommet de la montée apparaît sur la gauche le point culminant du Caroux proprement dit (1091 m). Alors commence la traversée d'un vaste plateau où bruyères et genêts frémissent sous le vent. Dans le silence qui enveloppe cette étendue solitaire, on parvient à la table d'orientation, laissant vers la droite le Plo de la Maurelle. Un panorama grandiose se déploie : d'ouest en est sur les sommets arrondis de la Montagne Noire où domine le pic de Nore, sur les Pyrénées avec le pic Carlit et le Canigou ; puis la vue porte sur les plaines de Narbonne et de Béziers jusqu'à la Méditerranée.
Laissez la voiture à Douch et prenez à gauche un sentier en montée à travers champs ; tournez à gauche après 50 m. Compter 2h de balade.

Lac de la Raviège : sur le sable exactement. Bronzez aussi et profitez d'un moment de détente sur la plage des Bouldouïres. Au programme : baignade dans le lac (surveillée en saison), jeux de plongeons pour les petits et grands... La base de loisirs du camping comprend plusieurs pôles d'activités, dont une piscine avec ses trois bassins chauffés (payante).
Camping des Bouldouïres - à 2 km de La Salvetat-sur-Agoût - ✆ 04 67 97 36 91 - www.campingbouldouires.fr.

Cessenon-sur-Orb : retrouver la statue de la Liberté. Insolite : à l'ombre d'un micocoulier centenaire du hameau de Lugné s'élève une copie de... la statue de la Liberté. Haute de 2 m, cette réplique de la célèbre *La Liberté éclairant le monde* avait été embarquée sur un paquebot, le *Maxim's des mers*, parti fêter en 1986 le centenaire de la vraie statue à New York.

Originaire de Lugné, le commandant du navire, Albert Abelanet, récupéra l'œuvre afin de la placer dans son village natal. Depuis, elle accueille et étonne les visiteurs de ce hameau.
Au hameau de Lugné, à 4 km de Cessenon-sur-Orb, sur la D14.

Douch : des auteurs morts au combat. À la suite des inondations catastrophiques de mars 1930, l'association des Écrivains combattants, le Touring Club de France, ainsi que les communes de Combes et de Rosis entreprirent de reboiser les 78 ha qui constituent cette forêt. L'escalier abrupt conduit sur le plateau, à un monument commémorant le sacrifice de 560 écrivains tombés pendant la guerre de 1914-1918, puis au rond-point Charles-Péguy, marqué d'une gigantesque croix de guerre. Là convergent les allées qui portent chacune le nom d'un écrivain (Alain-Fournier, Antoine de Saint-Exupéry, Robert Desnos...). Peuplée de cèdres, de pins, de châtaigniers et de chênes, cette forêt offre de belles vues sur le Caroux et sur les versants orientaux des monts de l'Espinouse. Cette forêt est aussi sillonnée de nombreux sentiers très agréables pour une balade.
Forêt des Écrivains combattants - Accès en voiture par le chemin Paul-Prévost ou à pied par un escalier qui se trouve 200 m plus loin, en face d'une ancienne auberge.

La Salvetat-sur-Agoût : observer la faune et la flore. Le Centre permanent d'initiatives pour l'environnement programme des sorties, y compris au crépuscule en été, dans le massif du Caroux pour observer les mouflons méditerranéens, mais aussi des sorties ornithologiques et botaniques, des ateliers et des conférences. À noter, les mouflons sont aujourd'hui plus d'un millier – la plus importante population française – à évoluer en toute liberté sur les crêtes et dans les vallées.
Activités de pleine nature CPIE du Haut-Languedoc - ☎ 04 67 97 51 16 - www.cpiehl.org - 8h30-12h30, 13h30-17h30, vend. 8h30-12h30, 13h30-16h30 - fermé w.-end.

Combes : faire son miel. Passez les voir ou prenez rendez-vous à l'office de tourisme de Lamalou pour rendre visite à ce couple d'apiculteurs passionnés. Lilian et Muriel produisent une quinzaine de nectars qui fleurent bon le litchi, l'arbousier, l'acacia, la bruyère cendrée ou le thym du Larzac.
Rucher des Arts - chemin des Arts - ☎ 04 67 95 05 67 ou ☎ 04 67 95 70 91 (office de tourisme) - sur RV.

Le col d'Espinouse.

DÉGUSTER

Vieussan : dans une authentique auberge. Dans cette ancienne auberge dont les murs datent de 1857, aujourd'hui labellisée « Café de pays », on sert une délicieuse cuisine à base de produits frais et locaux, le plus souvent, ainsi que des assiettes de charcuterie et des tapas. Pour vous asseoir, vous aurez le choix entre la terrasse qui surplombe une petite route non loin de l'Orb, le jardin bordé par un potager d'aromatiques ou encore la salle pavée de carreaux de ciments d'origine. Réservez en saison.
Le Lézard Bleu - D14 - ✆ 04 67 97 10 21 - fermé lun.-merc. (tlj en saison) - menu 17 €.

Courniou : des coquilles de bonheur. Bien que retraités, Éliane et Jean-Louis Lunes, castanéiculteurs, ont conservé leur petite exploitation de châtaigniers et de noyers en agriculture biologique *(voir « Rencontre avec... »)*. Dans leur boutique à la ferme, vous trouverez crème de marrons, farine de châtaigne, confitures, etc. Et si le cœur vous en dit, vous pouvez aussi dormir dans une de leurs chambres d'hôtes. Le copieux petit-déjeuner est à base de produits bio de la ferme, bien sûr.
La Métairie Basse - hameau de Prouilhe - ✆ 04 67 97 21 59 - www.metairie-basse.com - 2 ch. 65 € - fermé oct.-mars.

Combes : comblés de saveurs. Vingt ans déjà que Jean-Marc Bonano œuvre dans cette auberge perchée sur les hauteurs de la vallée de l'Orb. Derrière les fourneaux, il s'active et tire le meilleur du terroir et des produits de saison. Dans l'assiette comme dans le paysage, la suavité brute domine. Excellent rapport qualité-prix. Mention spéciale au menu « futur gourmet » destiné aux enfants, qui leur permet de manière ludique de s'initier à la gastronomie et de découvrir une cuisine de saison.
Auberge de Combes - Le Village - ✆ 04 67 95 66 55 - www.aubergedecombes.fr - fermé dim. soir et lun. (et mar. hors saison) - formule déj. 25 €, menus 33/61 € (-12 ans 15 €).

St-Gervais-sur-Mare : graines de talents. Créé dans une ancienne pépinière, ce

RENCONTRE AVEC...

Eliane Lunes, cogérante de La Métairie Basse

« Nous nous sommes installés ici en 1981. Nous avons d'abord eu un troupeau de moutons, à côté de la production de châtaignes, car nous avons beaucoup de châtaigniers sur ce versant de l'Hérault. Dans les années 2000, le contexte est devenu un peu plus tendu et nous nous sommes davantage concentrés sur la châtaigne et sa transformation. Nous proposons ainsi de la crème de marrons, des sirops, quelques confitures, de la farine de châtaigne. Nous vendons aussi des châtaignons, c'est-à-dire des châtaignes séchées. Il a fallu varier les plaisirs ! Pour subsister et garder du sens dans notre travail, nous avons aussi ouvert deux chambres d'hôtes et un gîte. Nous appartenons au réseau « Bienvenue à la Ferme » et cultivons toujours les mêmes valeurs depuis 40 ans. Nous privilégions la vente directe depuis longtemps, en circuit court. Depuis 20 ans, nous pratiquons l'agriculture biologique. Cette vie, pas toujours facile, nous a rendus très heureux. Que ce soit dans la vente de nos produits ou en gîte, nous aimons le contact humain. Et même à la retraite, nous continuons un peu de travailler ! »
La Métairie Basse - voir Courniou (ci-contre).

restaurant gastronomique au cadre intime, qui bénéficie d'une terrasse avec une vue superbe sur le paysage préservé du Haut-Languedoc, met à l'honneur viandes et légumes issus des fermes environnantes à travers une cuisine gourmande et très bien maîtrisée. Au fait, il ne manque pas de « h » à son nom : c'est ainsi que l'on orthographie cette plante en occitan...
L'Ortensia - 2 r. du Château - ✆ 04 99 42 00 91 - lortensia.fr - fermé lun.-mar. - carte 38/63 €.

Olargues : cuisine en immersion. Installé dans une bâtisse surplombant le Jaur, ce restaurant tenu par un Danois arrivé dans la région en 2002 possède une charmante terrasse ombragée offrant une vue superbe sur le pont du Diable et le village médiéval d'Olargues. Le menu change régulièrement, mettant à l'honneur les produits du terroir et de saison. Légumes du potager, pain maison et subtiles touches nordiques (saumon mariné au jus de betterave, pommes de terre hasselback).
Fleurs d'Olargues - Pont du Diable - ✆ 04 67 97 27 04 - www.fleurs-de-olargues.com - fermé lun., de déc. à mi-mars - formule déj. 24 €, menus 35/41 €.

St-Martin-de-l'Arçon : allons voir si le vin. Vigneron bio indépendant au sein de l'appellation vin de pays de la Haute Vallée de l'Orb, Yannick Poras produit des vins rouges, un rosé et un blanc liquoreux, idéal pour accompagner un roquefort, un foie gras ou un dessert. Son domaine abrite aussi un bar à vins où il met à l'honneur les produits locaux et de son jardin, ainsi qu'une roulotte pour héberger ses hôtes.
Le Mas de Rouyre - ✆ 04 67 95 69 26 ou 06 81 91 65 36 - www.lemasdurouyre.com - bar à vin juin-sept. : lun.-sam. 17h-20h ; assiette 4,50/12 €, boisson en sus - roulotte 2 pers. 130/160 €/w.-end.

DORMIR AU CALME

Courniou : belle des champs. Au bout d'un petit chemin se niche une ancienne ferme admirablement rénovée et décorée dans un style rustique. Avec son grand jardin surplombant les champs, son bassin de baignade, sa vaste salle à manger dotée d'une cheminée monumentale et, bien sûr, ses chambres douillettes, l'endroit constitue un véritable havre de paix. Cerise sur le gâteau, l'accueil est absolument

Le mont Caroux.

charmant et la table d'hôtes, élaborée avec des produits frais, locaux et bio, est un régal.
Nabat le Haut - lieu-dit de Nabat le Haut - ✆ 04 67 95 35 81 ou 06 33 60 76 69 - www.nabat-haut.com - 4 ch. 75 € ☕ et 1 gîte 400 € la sem. - table d'hôtes 20 € bc/pers.

Prémian : camping de choix. Ombragé, en pleine nature et en bord de rivière idéale pour la baignade et la pêche, ce camping municipal à taille humaine (25 emplacements seulement) propose aussi la location d'une poignée de mobile-homes et de chalets. Et c'est à proximité de la voie verte pour les balades à vélo...
Camping Les Terrasses du Jaur - ✆ 04 67 97 27 85 - camping-premian.fr - 25 empl., 2 chalets 65/70 €, 3 mobile-homes 40/60 €, location de vélos 8 €/j.

Hérépian : du confort à la lettre. Cet ancien relais de poste a gardé, à l'étage, cinq chambres calmes et confortables, avec mobilier en bois et belles salles de bains. Elles se partagent une petite terrasse donnant sur les toits et un coin cuisine qui permet de grignoter sur place. Au passage, il serait dommage de ne pas goûter à l'excellente cuisine mettant en valeur les producteurs locaux servie au restaurant L'Ocre Rouge, que les sympathiques propriétaires tiennent également au rez-de-chaussée.
Des Lits sur la Place - 12 pl. de la Croix - ✆ 06 41 61 43 44 - www.deslitssurlaplace.fr - fermé de mi-déc. à mi-janv. - 5 ch. 72/95 € ☕ - ✕ 27/39 €

Fraïsse-sur-Agoût : dans une auberge. Implanté au cœur de ce paisible village, cet hôtel rénové au goût du jour dispose de chambres soignées, quelques-unes avec coin cuisine pour plus d'indépendance. Spa et soins bien-être sur place. Accueil sympathique et attentionné.
Auberge de l'Espinouse - Allée des Frênes - ✆ 04 67 95 40 46 - www.aubergeespinouse.fr - ch. 75/95 € - ☕ 9 € - ✕ panier gourmand 25 € - 1/2 pension et pension complète possibles.

Colombières-sur-Orb : la vie de château. La famille Martin-Salavin, propriétaire du château depuis plus de 200 ans, propose cinq gîtes (4/8 pers.) bien équipés nichés au cœur d'un superbe domaine de 30 ha, où trône fièrement une tour du 11e s. La piscine, tout comme le jardin et les terrasses, réserve de doux moments de détente.
Le Château de Colombières-sur-Orb - 60 allée du Château - ✆ 04 67 95 63 62 ou 06 12 78 91 85 - www.gites-de-charme-languedoc.com - 🏊 - 5 gîtes 900/1 975 €/sem.

FAIRE LA FÊTE

St-Pons-de-Thomières : en avant, marchés ! En juillet-août, profitez de la fraîcheur du soir pour découvrir, à l'occasion de marchés de producteurs locaux, l'artisanat local. Vous dégusterez aussi des produits du terroir, accompagné par les animations de rues.
Marchés nocturnes de St-Pons-de-Thomières - pl. des Tilleuls.

Olargues : avec les mouflons. Les amateurs de photographie (notamment) se régaleront pendant ces promenades crépusculaires sur le massif du Caroux à la rencontre du maître des lieux, le célèbre et emblématique mouflon ! Prévoyez simplement des chaussures de marche, vêtements chauds, jumelles, appareil photo et lampe de poche.
Balade crépusculaire sur le massif du Caroux - ✆ 04 67 97 88 00 - www.cebenna.org - en juil.-août.

St-Julien : festival de talents. Aux amateurs de musique classique, l'AMVJO (Association musicale de la vallée du Jaur et de l'Orb) propose de juin à septembre d'agréables concerts classiques dans des lieux privilégiés. Au programme : aussi bien de jeunes talents que des musiciens confirmés.
Les Musicales du Jaur - prieuré de St-Julien et église d'Olargues - www.amvjo.org.

Lamalou-les-Bains : capitale de l'opérette ! En août, des opérettes, opéras-comiques et comédies musicales ont lieu dans la salle du théâtre du casino. Des spectacles entièrement créés et produits dans la ville, aujourd'hui reconnue dans le genre.
Festival d'Opérettes - av. Charcot - www.lamalou-les-bains.fr.

LA VALLÉE DE LA CÈZE

Entre Cévennes, Ardèche et Provence, la Cèze coule sur 128 km, à travers des gorges spectaculaires et des garrigues baignées de lumière, avant de plonger dans le Rhône. Porte d'entrée de la vallée, la charmante ville de Bagnols mérite à elle seule un séjour. Mais que l'on soit sportif ou contemplatif, le doux bruissement de la Cèze sonne comme un appel à remonter la vallée, à la découverte de ses villages classés et de ses paysages somptueux.

DEPUIS AVIGNON : 35 km jusqu'à Bagnols-sur-Cèze par la N100 puis la N580.

VENIR EN TRAIN

- **Les lignes 113, 121, 122, 123 et 152 des bus publics Lio (lio.laregion.fr) desservent la région au départ de Nîmes et d'Avignon.**

BONS PLANS

- **Pour organiser votre séjour : www.tourisme-ceze-cevennes.com. Nombreuses cartes thématiques téléchargeables.**

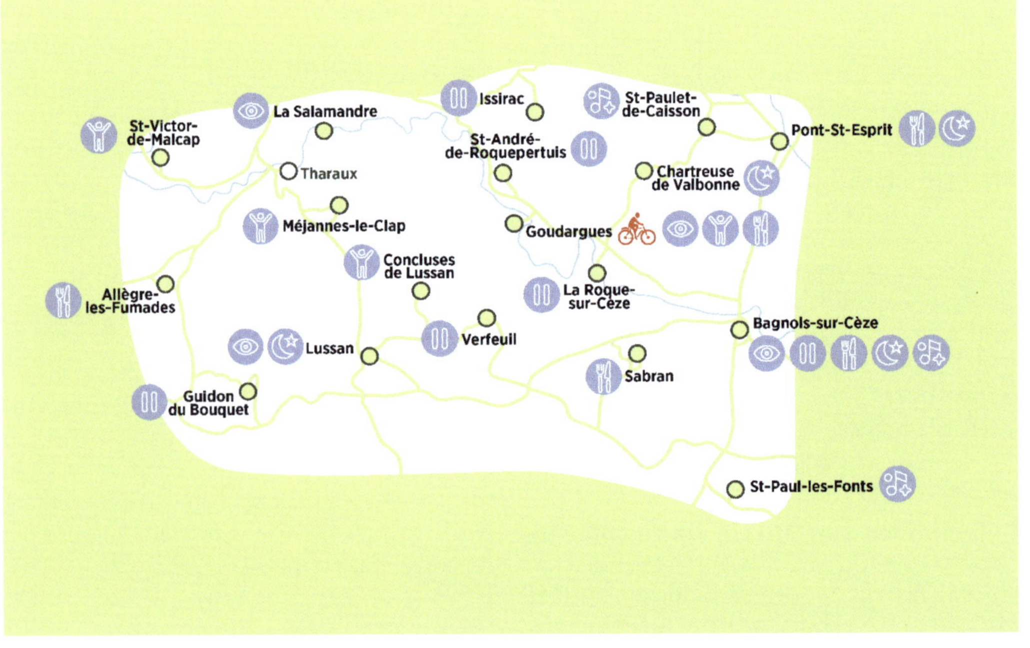

LOUER UN VÉLO

GOUDARGUES

Occitan' E-bike

Rte de Pont-St-Esprit - chemin du Stade (face au garage St-Christophe) - 06 64 72 03 70 ou 07 63 16 27 27. VTT électrique exclusivement (35 € 1/2 j., 55 €/j).

VOIR

Lussan : village perché. Difficile de ne pas succomber au charme de ce village, qui compte parmi les plus beaux villages de la région. Prenez le temps de flâner au gré de ses ruelles pour découvrir ses demeures en pierre, ses anciennes filatures et ses châteaux, puis empruntez le chemin de ronde des remparts pour jouir d'un superbe panorama sur la garrigue et les monts environnants. Étape obligée, le petit jardin planté de buis et d'essences méditerranéennes inspiré du « niwaki », l'art japonais de la taille, est un véritable havre de paix.
Jardin des Buis - rue de la Ritournelle - 04 66 72 88 93 - buisdelussan.free.fr - visite guidée sur demande préalable, avr.-juin et sept.-oct. : horaires, se rens. - 4 € (-16 ans gratuit) - boisson offerte.

Ch. Guy/hemis.fr

La Salamandre : au fond du trou. Découverte en 1965 sur le plateau de Méjannes-le-Clap, cette grotte n'est accessible au public que depuis juin 2013. Avec plus de 100 m de diamètre et quelque 30 m de hauteur, elle constitue l'une des plus belles d'Europe, admirablement mise en valeur par des jeux de lumières colorées. Deux tunnels ont été aménagés pour permettre au public d'accéder au site. Pour les amateurs de sensations fortes, une descente en rappel de 50 m (à partir de 12 ans) invite à découvrir l'immense salle par son plafond, tandis qu'un parcours sportif (à partir de 10 ans) avec chatières, pont de singe, escalade et rappel permet d'accéder à certains recoins cachés !

Grotte de la Salamandre - accès à Méjannes-le-Clap - ✆ 04 66 60 06 00 - www.grottedelasalamandre.com - visite guidée 1h env. - juil.-août : départs ttes les 15mn, 10h-17h30 ; mai-juin et sept. : ttes les 30mn, 10h30-17h ; mi-mars-avr. et oct. : ttes les heures, 11h-16h - fermé de nov. à mi-mars - 13 € (6-14 ans 9 €) - 42 € rappel ou parcours spéléologique (sur réserv.).

Goudargues : la petite Venise gardoise. Goudargues doit ce surnom, tout en emphase méridionale, à son ravissant réseau de canaux et petits ponts. Entouré de platanes gigantesques, le bourg est quoi qu'il en soit une halte pleine de charme et de fraîcheur. Il est dominé par une église qui fait son orgueil, une ancienne abbatiale dont la haute abside romane s'orne intérieurement d'un double étage d'arcatures.

Bagnols-sur-Cèze : de l'art dans le Gard. À Bagnols-sur-Cèze, art et politique font bon ménage puisque le musée d'Art moderne occupe le deuxième étage de l'hôtel de ville, un bel édifice du 17e s. L'histoire singulière du musée doit beaucoup au peintre et conservateur Albert André, qui fit jouer ses amitiés avec les plus grands peintres et collectionneurs de son temps pour remplacer les œuvres détruites lors d'un incendie... provoqué par des pompiers. Monet, Marquet, Signac, Bonnard et surtout Renoir enrichirent le fonds post-impressionniste. Il fut complété par la donation Besson, un fort bel ensemble de peintures, aquarelles, dessins et sculptures signés Valadon, Matisse ou Van Dongen.

Musée d'Art moderne Albert-André - pl. Auguste-Mallet - ✆ 04 66 90 75 80 - www.musees-mediterranee.org - juil.-août : 10h-12h30, 15h-18h30 ; reste de l'année : 10h-12h, 14h-18h - fermé lun. et j. fériés, fév. - gratuit.

Goudargues.

LA VALLÉE DE LA CÈZE VUE PAR...

Blandine et Jean-Pierre, auteurs du blog www.travelmotiv.com

« Nature à l'état pur ! Si nous devions résumer la vallée de la Cèze en une phrase, nous choisirions très certainement celle-ci. Nous avons parcouru la vallée de long en large et ce que l'on peut dire c'est que le coin est riche en découvertes. Bien sûr, il y a les incontournables comme les cascades du Sautadet ou bien les plus beaux villages de France comme Montclus ou Lussan, mais ce serait dommage de ne pas sortir des sentiers battus. La vallée est idéale pour un petit "roadtrip" et vous pourrez très facilement vous perdre sur les innombrables routes secondaires. Vous tomberez, par exemple, sur des châteaux en ruines comme celui d'Allègre-les-Fumades qui saura vous transporter dans le passé. Vous pourrez également vous arrêter chez un des nombreux loueurs de kayaks afin de parcourir la Cèze à la rame. Nous avons eu un coup de cœur pour Barjac. Véritable village typique de la destination, il regorge de petites rues toutes plus belles les unes que les autres. Pour compléter vos visites, la grotte de la Cocalière ou celle de la Salamandre vous apporteront un peu de fraîcheur en plus de vous faire découvrir deux endroits superbement mis en valeur. »

BOUGER

Méjannes-le-Clap : le prix de la sueur. Qu'il soit amateur de VTT ou d'asphalte, le cycliste trouvera dans la vallée de la Cèze un petit paradis. Le vrai défi, qui peut se révéler un enfer si vous n'avez pas des mollets d'acier (ou un vélo à assistance électrique !), est le tour des villages de la vallée de la Cèze : près de 80 km, en majorité sur de petites routes, avec trois jolies côtes. L'itinéraire vers les plages de la Cèze depuis Méjannes-le-Clap s'adresse quant à lui au plus grand nombre : 22 km sans difficulté majeure pour finir par une baignade rafraîchissante. Plus familiale, la balade au dolmen de la maison des fées traverse la garrigue (12,5 km - 1h). Enfin, Occitan' E-bike propose des virées originales, VTT et Vin, dans des domaines viticoles *(voir p. 227)*.

Consultez www.mountnpass.com pour un topo et une carte précis ; www.provenceoccitane.com pour une sélection élargie de parcours.

St-Victor-de-Malcap et Tharaux : la Cèze au fil de l'eau. Les méandres de la Cèze se prêtent admirablement à des balades en canoë, pour découvrir les paysages, profiter des plages, s'attabler à une guinguette... et piquer une tête. Les circuits partent de St-Victor-de-Malcap et de Tharaux, mais vous pouvez planifier un parcours à la carte (entre 4 et 29 km).

Cap Canoë - rte de Barjac - St-Ambroix - ✆ 04 66 24 25 16 - www.capcanoe.com - 9h-19h - fermé oct.-mars - location de canoë et kayaks, descentes guidées 15/38 €.

Goudargues : à cheval dans la vallée. Parcourir les vignobles, traverser la Cèze à gué, gravir le promontoire de Cronillon et débouler dans le coquet village de la Roque-sur-Cèze... à cheval, on peut tout faire. Et surtout, à la manière des chevaliers d'autrefois, saisir les odeurs et les lumières incomparables de la région, au rythme du pas d'un cheval. Une balade de deux jours avec une nuit dans un gîte permet d'aller plus loin dans la vallée, à la découverte de villages et de paysages reculés ou de la splendide chartreuse de Valbonne.

La Ballade du Val de Cèze - chemin du Bas-Toupian - ✆ 06 64 72 03 70 - www.laballade-val-de-ceze.fr - balades tous niveaux et tous âges : 19 €/1h, 70 €/1 j. , 155/195 €/2 j. (prévoir un pique-nique).

Concluses de Lussan : une histoire minérale. Le torrent de l'Aiguillon a eu le plus grand mal à se frayer un passage dans le plateau calcaire, d'où son tracé sinueux. C'est à cause des cuvettes et des conques, les *conclusas* en occitan, que les gorges de l'Aiguillon ont fini par s'appeler « concluses ». Observez en descendant les cavités dans les parois de la rive opposée, notamment la Baume de Biou (grotte des Bœufs). Un promontoire rocheux marque l'entrée du plan de Beauquier, élargissement boisé encadré d'escarpements magnifiques. Au bas du sentier, voici le Portail : les parois des gorges se referment à leur sommet ; leur base s'arrondit en forme de goulet, où s'écoule l'Aiguillon en période de crue. Passant sous le Portail, on pénètre dans les détroits rocheux et on suit le lit du torrent sur 200 m : l'endroit fait forte impression !

Concluses de Lussan - 8 km au nord de Lussan par la D143 - parking au bout de la route - prenez à droite le sentier signalé vers le Portail.

FAIRE UNE PAUSE

St-André-de-Roquepertuis : baignade en eau vive. Il est un coin connu de tous pour la baignade, mais cette renommée n'enlève rien à son attrait : le pont du Courau, la plage de galets pour lézarder au soleil, et la guinguette toute proche où l'on peut s'attarder. Le site est également un point de départ pour les descentes en canoë.

Pont du Coureau - 5 km au nord de Goudargues par la D980.

La Roque-sur-Cèze : les cascades du Sautadet rien que pour soi. Profiter de l'un des plus beaux sites de la vallée sans la foule, ça se mérite. Cette balade matinale, à l'heure de la plus belle lumière, est une excellente manière de découvrir le village perché de La Roque-sur-Cèze, avec sa chapelle romane et son pont à arches du 13e s. Le petit-déjeuner est servi aux cascades du Sautadet (2 km), un site spectaculaire, aux étonnantes marmites creusées dans le calcaire. Respectez scrupuleusement les consignes de sécurité, les accidents sont fréquents dans les zones interdites à la baignade.

Balade nature « Rando petit déj » aux Cascades du Sautadet - organisée par Destination Provence occitane - ✆ 04 66 89 54 61 - RV à 5h30 au parking des Platanes, à La Roque-sur-Cèze - durée 2h/2h30 - tarif 5 € - sur réserv. - prévoir un maillot de bain.

Guidon du Bouquet : question de point de vue. On distingue de loin le point culminant de la serre du Bouquet, avec sa silhouette caractéristique, en forme de bec. L'accès se fait par une route en forte montée au cours de laquelle, en observant bien parmi les taillis de chênes verts, on distingue les ruines du château du Bouquet. Du sommet, la vue est spectaculaire : l'horizon s'étend à perte de vue, du Gard à l'Ardèche et aux causses cévenols, des serres du bas Vivarais, au Ventoux et aux Alpilles. Depuis la statue de la Madone, un à-pic vertigineux domine la garrigue de l'Uzège. Et comme il faut toujours plusieurs points de vue, dirigez-vous vers l'arrière du relais de télévision, pour un joli panorama sur la serre du Bouquet.

Guidon du Bouquet - 5 km au sud de Bouquet par les D147A et D607.

Bagnols-sur-Cèze : thé aux p'tits soins. Il n'y a pas de mal à se faire bien traiter, alors on apprécie ici l'accueil chaleureux d'Éric, qui aime soigner ses clients. Idéalement situé dans la rue commerçante de Bagnols, son Teahouse propose des petits-déjeuners avec viennoiseries maison, formules déjeuner et goûter avec pâtisseries maison. Vente de thé et café en vrac.

Le P'tit Éric - 25 r. de la République - ✆ 04 11 71 98 68 - www.leptiteric.fr - mar.-vend. 8h-18h, sam. 8h-17h.

Verfeuil : essence de lavandin. Si le Gard n'est pas une terre traditionnelle de lavande, sa culture y connaît un essor important. Le domaine de Vilgoutrès, qui occupe un mas du 18e s., s'est spécialisé dans les produits bio à base d'huile essentielle de lavande, aux propriétés reconnues. Essayez de passer avant

Grenade, cultivée à Bagnols-sur-Cèze.
anandaBGD/iStock

fin juillet, au moment de la récolte, quand les champs sont en fleur. La boutique aménagée dans une cave voûtée propose aussi toute sorte de produits dérivés (gel douche, lait corporel...).
Domaine de Vilgoutrès - 3,5 km à l'est de Verfeuil par la D143 - 04 66 72 99 29 - juil.-août : 10h-19h ; reste de l'année : 10h-12h et 14h30-18h30.

Bagnols-sur-Cèze : petite bombe bio. Producteurs de vins et d'huile d'olive, ce couple d'exploitants a fait le pari de la grenade bio, et le succès est au rendez-vous puisqu'ils peinent à satisfaire la demande. Si le fruit se récolte en mai, le jus est consommable toute l'année !
La Grenattitude - 556 chemin de Montigal - 06 82 17 36 81 - la-grenattitude.com - points de vente sur le site Internet.

Issirac : au bonheur des biquettes. Un petit troupeau de 45 chèvres alpines sur 50 ha de garrigue et une production de fromage bio exclusivement vendu en direct, voilà du circuit court ! Au choix : faisselles, tomes de différents affinages, pâte pressée. Vous pourrez assister à la traite (à 16h).
Chèvrerie de Carassoule - 06 67 47 59 22 - chevreriedecarassoule.wordpress.com - vente 7h-19h de mars à déc.

DÉGUSTER

Bagnols-sur-Cèze : entre terre et mer. Ce chaleureux bistrot inscrit chaque jour sur son ardoise des menus alléchants et copieux, inspirés d'une cuisine traditionnelle élaborée à partir de produits du marché et très portée sur la mer. Dans les assiettes, une rouille de sèche, un dos de cabillaud rôti, un gratin de ravioles aux cèpes ou un magret de canard sauce teriyaki... Par quoi vous laisserez-vous tenter ?
Le Lauret's - 3 r. Léon-Allègre - 04 66 39 16 86 - fermé dim.-lun. - menus 24/31 €.

Goudargues : à l'ombre des platanes. Cet agréable restaurant de « la petite Venise gardoise » propose une cuisine régionale revisitée à base de produits frais, offrant un très bon rapport qualité-prix. Tout est fait maison, même les pâtisseries ! Aux beaux jours, on se battrait pour une table sur la place ombragée...
La Galantine - 7 pl. de la Mairie - Goudargues - 04 66 82 22 39 - www.restaurantlagalantine.fr - merc. et dim. à midi, jeu.-sam. midi et soir - menus 22,50/33,50 € (w.-end).

Pont-St-Esprit : guinguette forever. Dans cette guinguette ultra-conviviale, la cuisine est sans surprise (brochette de poulet, gratin de ravioles, mi-cuit de thon, tartare, burger...), mais de qualité et à base de produits frais et locaux. Le cadre, un petit parc arboré éclairé le soir par la lueur des guirlandes, contribue au succès du lieu. Concerts réguliers.
La Guinguette de Valmont - chemin des Sources - 09 70 38 60 69 - www.guinguette-valmont.fr - 12h-14h, 18h-0h - fermé oct.-avr. - menus 16,50/19,50 €.

Bagnols-sur-Cèze : bonnes pâtes. Voici l'adresse idéale pour acheter des pâtes traditionnelles et bio, qu'elles soient fraîches ou sèches. Ici, tout est fait artisanalement, même les sauces qui accompagneront à merveille vos tagliatelles ou farfalles. Et par la baie vitrée, vous pourrez même voir à l'œuvre l'homme derrière ces pâtes : Jean Morenilla.
La boutique des pâtes - 8 pl. du Château - 04 66 89 41 46 - laboutiquedespates.fr - mar.-sam. 9h-12h45, 15h-19h.

Bagnols-sur-Cèze : passion chocolat. Difficile de faire un choix dans cette chocolaterie artisanale où tous les produits sont alléchants. La maison, tenue par Daniel Clavier, est connue pour ses deux spécialités qui valent le détour : la raviole de Bagnols, confiserie avec de la pâte d'amande garnie de ganache au chocolat noir, et le croquant de Gicon, biscuit sec à base de vin de Chusclan, d'amandes et noisettes concassées, et parfumés à la vanille, au café, au chocolat ou à la rose...

Chocolaterie Daniel Clavier - 21 r. Fernand-Crémieux - ✆ 04 66 79 80 60 - www.patissier-chocolatier-clavier.com - mar.-sam. 8h-12h30, 14h30-19h30, dim. 8h-13h.

Sabran : père et fils. Dans cette exploitation familiale, active depuis 2010, les tâches sont parfaitement réparties : le père gère la production d'huile d'olive et le fils s'occupe du vin. Pas moins de dix cuvées, surtout du rouge, un cépage de syrah qui convient bien au sol de grès calcaire, mais aussi du blanc, qui exige plus de travail. Car ici, la production est bio et les vendanges se font à la main, mais le résultat est là, avec un vin qui s'est déjà fait un nom. Vente de confiture de figues. Le domaine comprend aussi un gîte pour 6 personnes, avec piscine.

Domaine La Réméjeanne - Cadignac - 7 km à l'est de Sabran par les D166 et D274 - ✆ 04 66 89 44 51 - domainelaremejeanne.com - vente et visite lun.-vend. 9h-12h, 14h-18h.

Bagnols-sur-Cèze : petite cuvée. Ce vin bio encore jeune mais très prometteur est produit de façon artisanale, sur de petites surfaces. Les rouges, à dominante de viognier, sont d'appellation côtes-du-rhône villages Chusclan, et le blanc séduit par son équilibre. Le domaine possède également un gîte et organise des visites-dégustations.

La Romance - chemin St-Roman - ✆ 06 82 22 45 44 - www.domainelaromance.com - mai-juil. : mar. 17h-18h30 - 8 €.

Allègre-les-Fumades : nougats et chocolats. Installée dans une ancienne cave viticole, cette fabrique de nougat est un régal pour les yeux et les papilles. Dans les rayonnages : des nougats à déguster ou à cuisiner (caramel à la fleur de sel, citron-thym, truffe...), mais aussi des chocolats (pâtes à tartiner, écorces d'orange ou de citron au chocolat noir...) et des confiseries (guimauve, nougatine, etc.). Irrésistible ! Un délice à partager en rapportant quelques sachets pour la famille ou les amis.

Nougaterie des Fumades - hameau d'Auzon - D16 - ✆ 04 66 24 26 85 - www.nougaterie-fumades.com - mar.-sam. 9h30-12h30, 14h-18h.

DORMIR AU CALME

Bagnols-sur-Cèze : planter sa tente au bord de l'eau. Un camping comme on les aime, qui a de quoi réconcilier les plus récalcitrant à ce mode d'hébergement. On peut aussi y dormir dans un mobile-home ou un... « coco sweet », une tente extra-confort ! Le site est idyllique, en bord de plage sur la rivière, et bien tenu. À l'instar de la gérante, la clientèle est majoritairement néerlandaise. Le terrain spacieux cumule de nombreux équipements : restaurant, épicerie, terrains de volley, football, pétanque, pêche et services habituels.

Camping Les Genêts d'Or - 1840 chemin de Carmignan - ✆ 04 66 89 58 67 - www.camping-genets-dor.com - 120 empl. 37 €.

Lussan : au cœur du village. Ce petit hôtel plein de charme occupe une vieille demeure du 16e s. donnant sur une placette. Les chambres, toutes différentes, combinent une décoration contemporaine et des meubles anciens chinés. Et pour ajouter à l'agrément, il possède un agréable restaurant de cuisine de pays et de saison, avec terrasse.

L'Auberge des marronniers - pl. des Marronniers - ✆ 04 30 67 29 46 - www.auberge-desmarronniers-lussan.fr - 8 ch. 85 € - ☕ 8 € - ✕ (fermé lun.) menus 20/26 €.

Pont-St-Esprit : se sentir comme chez soi. De cette charmante maison d'hôtes (19e s.) bâtie sur les hauteurs de Pont-St-Esprit, non loin de la vallée de la Cèze, on peut apercevoir le mont Ventoux. Terrasse avec oliviers et cyprès, piscine et jardin : tout pour se délasser, se prélasser... Les chambres et les espaces communs sont agréablement décorés.

La Roque-sur-Cèze. R.Manin/hemis.fr

Domaine La Vigie - 06 17 91 67 94 - www.domainelavigie.fr - P - 2 gîtes 3 et 1 ch. - à partir de 43/64 € (7 nuits mini).

Chartreuse de Valbonne : sommeil monacal. Dormir dans une cellule de chartreux peut relever du sacerdoce. Mais si l'on veut bien passer sur la décoration des chambres, austère comme il se doit, voici une occasion unique de découvrir ce splendide monastère. Un séjour garanti tranquille, dans un cadre splendide. Formules pension complète et demi-pension.

Hôtel Chartreuse de Valbonne - 28 chemin de la Chartreuse de Valbonne - 04 66 90 41 24 - www.chartreuse-de-valbonne.com - 13 ch. et 2 appart. - avr.-sept. - 65 € - 10/15 €.

FAIRE LA FÊTE

St-Paulet-de-Caisson et St-Paul-les-Fonts : musique buissonnière. Ce festival de musique organise cinq soirées à la programmation très variée (musique sacrée, musique médiévale, opéra...) dans des chapelles de la région : chapelles St-Agnès (à St-Paulet-de-Caisson), St-André-de-Sévanes (à St-Paul-les-Fonts) et de la Clastre (St-Hilaire-d'Ozilhan, plus au sud).

Festival des Chapelles - festivaldeschapelles.com - 10/15 € (sur place) le concert.

Bagnols-sur-Cèze : Bagnols-sur-mer ! Guinguettes et foodtruck, concerts et DJ (vend.-sam.), animations sportives... En été, la ville se console sans peine de l'absence de mer grâce à des installations pour enfants, des animations sportives (tyrolienne, accrobranche, châteaux gonflables...) le long de la rivière. Ambiance naturellement joyeuse...

Bagnols Plage - parc Arthur-Rimbaud - bagnolsplage.fr.

Bagnols-sur-Cèze : en live. Bar et scène musicale, c'est LE rendez-vous festif à Bagnols-sur-Cèze, depuis 2017. Le lieu est géré par une coopérative, sa programmation est éclectique et son atmosphère, électrique.

La Moba - 400 av. de la Roquette - 09 73 29 68 03 - www.la-moba.com - billetterie en ligne.

LES VALLÉES CÉVENOLES

Entre Florac et St-Jean-du-Gard, à cheval sur la Lozère et le Gard, le cœur du Parc national des Cévennes saisit par sa beauté sauvage. En été, la Méditerranée toute proche y prodigue une douceur bienvenue après les rigueurs de l'hiver. Torrents, maquis, villages... Les Cévennes sont une destination nature par excellence, à parcourir à pied, à vélo ou à dos d'âne, du haut des crêtes jusqu'au fond des vallées.

DEPUIS NÎMES : 66 km, en prenant la N106 jusqu'à Alès, puis la D910A et la D907 jusqu'à St-Jean-du-Gard.

VENIR EN TRAIN

- **De Nîmes, TER direct jusqu'à Alès, puis il faut disposer d'un véhicule. Il existe aussi un bus direct Lio de Nîmes à St-Jean-du-Gard (lio.laregion.fr).**

BONS PLANS

- **Pour organiser votre séjour : www.cevennes-montlozere.com et www.cevennes-gorges-du-tarn.com.**
- **Pour découvrir le Parc : www.cevennes-parcnational.fr.**

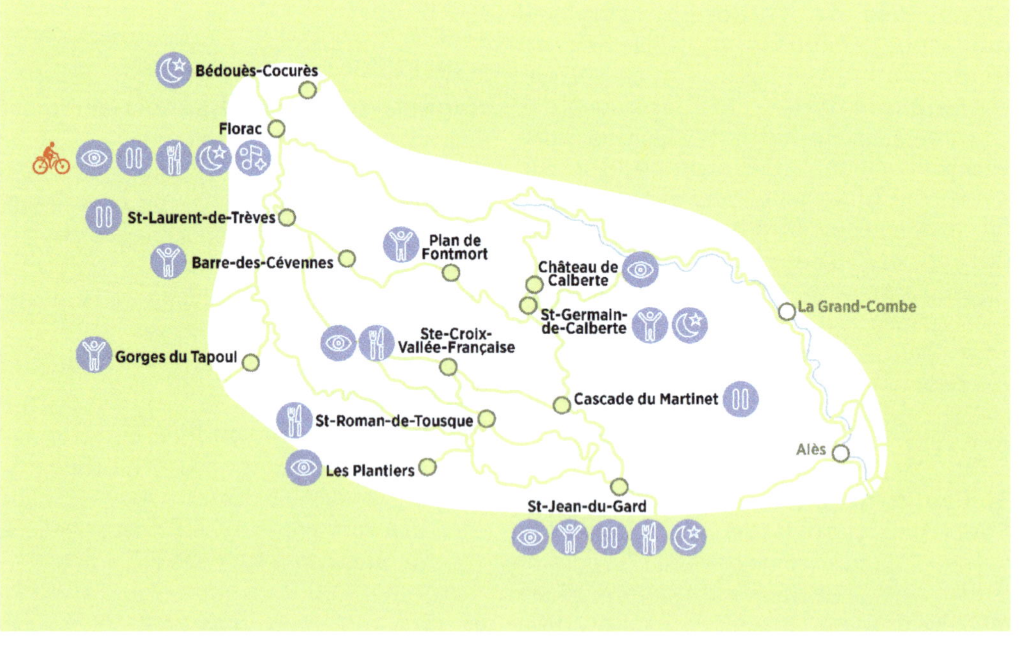

LOUER UN VÉLO

FLORAC

Cévennes Evasion
6 pl. Boyer - 04 66 45 18 31 - cevennes-evasion.fr. Location de VTT (20 €/j) ou vélo route électrique (40 €/j).

N. Eisele-Hein/imageBROKER/age fotostock

VOIR

Les Plantiers : une histoire d'eau. Dans l'ancien moulin des Plantiers, dans la vallée Borgne, la question de l'eau en pays cévenol, à la fois bienfaisante et destructrice, est abordée sous de multiples angles : de la pluviosité à la faune et à la flore des cours d'eau, du patrimoine hydraulique aux techniques traditionnelles de pêche, en passant par les légendes locales. Une quinzaine d'aquariums présentent les milieux aquatiques cévenols et la pollution des cours d'eau. Tables interactives, jeux des senteurs et maquettes animées dynamisent la visite.
Maison de l'eau de la vallée Borgne - Le Moulin - 04 66 30 36 55 - www.caussesaigoual cevennes.fr - juil.-août : lun.-vend. 11h-17h - 4 € (6-12 ans 2,50 €).

Florac : à l'assaut du château. Avant de se perdre dans le lacis de rues anciennes, places et placettes de la cité, commençons par le commencement : l'Esplanade est le centre de Florac. D'allure presque méridionale avec ses cafés et ses platanes, elle mène à l'est au vieux quartier du Planet, avec sa vieille fontaine et sa tour. De là, on gagne la rue de l'Église qui longe l'ancien couvent de la Présentation, reconnaissable à son beau portail monumental en pierre (1583). Passé le Vibron, une rafraîchissante retenue d'eau qui servait à alimenter les fontaines, on débouche sur la sympathique et animée place de la Mairie. Le château (17e s.) et sa jolie façade flanquée de deux tours rondes à toits pointus ne sont plus loin. Il abrite le siège du Parc national des Cévennes.

St-Jean-du-Gard : ode au temps jadis. Installées dans une ancienne filature superbement rénovée et assortie d'une extension contemporaine, ces collections d'objets et de photos évoquent la vie d'autrefois en pays cévenol. On y trouve des outils agricoles, des objets ayant trait à l'élevage, les différents types de portages pratiqués dans cette région accidentée (à dos d'homme ou de mulet), des ustensiles et du mobilier domestiques. Une place particulière est réservée aux deux principales activités traditionnelles : la culture du châtaignier ou « arbre à pain » et la production de la soie. Une promenade dans le jardin paysager conclut la visite.
Maison Rouge, musée des Vallées cévenoles - 5 r. de l'Industrie - 04 66 85 10 48 - www.maisonrouge-musee.fr - juil.-août : 10h-18h ; avr.-juin, sept.-oct. : 10h-12h30, 13h30-18h ; nov.-mars : merc.-dim. 14h-18h ; fermé janv. - 8 € (12-18 ans 4 €).

Ste-Croix-Vallée-Française : un village vivant. Il aurait pu devenir un simple hameau, comme tant de vieux bourgs cévenols. Des commerçants dynamiques, sans oublier quelques hippies en mal d'authenticité, en ont décidé autrement. En été, on se plaira à arpenter de charmantes ruelles, le long de la rivière, avant de traverser le petit pont réservé aux piétons pour prendre un verre dans un des cafés ou visiter l'église romane. Et le jour du marché, le dimanche matin, il y a foule pour se régaler de produits bio ou découvrir des objets artisanaux dans une ambiance « bobo baba cool » assez dépaysante !

Château de Calberte : l'œuvre d'une vie. Du col de Jalcreste, la vue plonge sur la vallée naissante du Gardon de St-Germain. La descente vers St-Germain-de-Calberte commence parmi les châtaigniers, les chênes verts et les genêts, rythmée par des maisons cévenoles à toit de lauzes, surmontées d'une cheminée décorative. Dans un virage, juché sur un piton, apparaît soudain le château de Calberte ou château St-Pierre (11e-14e s.), avec sa tour ronde à toit pointu dressé vers le ciel. Longtemps laissé à l'abandon, il a retrouvé une nouvelle vie depuis les années 1960 et l'installation d'une famille de passionnés qui a mené inlassablement sa restauration, ainsi que des fouilles archéologiques.

Château de Calberte - accès par la D984 puis la D54 - ✆ 04 66 45 90 30 - visite guidée juil.-sept. : 15h-20h - 5 € (-10 ans gratuit).

BOUGER

Gorges du Tapoul : session canyoning. Le ruisseau du Trépalous, descendu de l'Aigoual, a creusé dans le granite rose un lit très profond aux berges escarpées, entre Massevaques et son confluent avec le Tarnon. Ce sont les superbes gorges du Tapoul, où se glisse la D119, route étroite et impressionnante par endroits. De la route on aperçoit de belles cascades, les Escouffourens, et des excavations géantes creusées dans le lit de la rivière. Le ruissellement de l'eau sur le granite produit des tons très particuliers. Les gorges sont un formidable spot de canyoning, avec un enchaînement exceptionnel sans temps mort. On y trouve aussi une via ferrata.

Sport Nature Lozère - 11 espl. Marceau-Farelle - Florac - ✆ 06 83 41 73 08 - www.sport-nature-lozere.com - durée 3h env. - 52 €.

St-Jean-du-Gard : dans les pas de Stevenson. Emprunter le GR70 avec un âne, c'est suivre la trace de la mythique randonnée relatée par l'écrivain britannique dans son ouvrage *Voyage avec un âne dans les Cévennes* (1879). C'est vivre, éventuellement en famille (votre enfant pourra se reposer sur le dos de l'animal), une aventure pleine d'inattendus et d'aléas. C'est se mettre enfin au rythme de la nature et s'immerger dans des paysages splendides avec bivouac ou gîte le soir, si vous randonnez plusieurs jours.

Arts et nature - Centre social l'Oustal, espace Paulhan - av. de la Résistance - ✆ 06 30 19 25 04 - artsetnature.fr - parcours de 1 à 10 j. sur le sentier de Stevenson, au départ de St-Jean-du-Gard - 50 €/1 j., 275 €/7 j.

Barre-des-Cévennes : petite grimpette. Sa position en a fait un centre de défense et de surveillance important pendant la guerre des Camisards. De fait, ce charmant petit bourg, désormais bien silencieux, commande l'accès à toutes les routes des Gardons. Pour prendre la mesure de son passé et la nature de son environnement, il faut suivre le sentier de Barre-des-Cévennes. Il emprunte sa longue rue principale bordée de maisons anciennes et ses petits passages et escaliers, avant de gravir la

Balade avec un âne.

colline du Castelas, où l'on peut encore apercevoir des vestiges d'anciens retranchements. Les paysages sont remarquables.
Sentier de Barre-des-Cévennes - 3,6 km - 2h, facile.

St-Germain-de-Calberte : balade gastronomique. Cette randonnée à VTT électrique est un peu la formule tout-en-un car elle combine une balade de 30 km à vélo, avec la découverte du patrimoine (mas typique de la région, dolmen...) et un repas traditionnel dans une auberge de village, le Petit Calbertois.
Sentiers vagabonds - ✆ 04 66 60 24 16 - www.sentiersvagabonds.com - départ à 16h de St-Germain-de-Calberte - 58 €.

Plan de Fontmort : sur la trace des Camisards. Voilà une balade nature sans difficulté, à faire sans guide. La progression à travers bois, le long d'un ruisseau et sur des crêtes offrant quelques vues remarquables sur les vallées cévenoles, du mont Algual à la vallée du Gardon de St-Martin et aux falaises d'Anduze.
Plan de Fontmort - à 9 km de St-Martin-de-Lansuscle par la D13 - 6,5 km - durée 2h45, facile.

FAIRE UNE PAUSE

St-Jean-du-Gard : vieux vapeur cévenol. La ligne de chemin de fer qui desservait, de 1909 à 1960, les gares d'Anduze, Générargues et St-Jean-du-Gard a été remise en service en tant que ligne touristique. Au départ de la gare d'Anduze, il vous conduit via la Bambouseraie de Prafrance (arrêt), le long des Gardons d'Anduze, de Mialet et de St-Jean, jusqu'à St-Jean-du-Gard. Visite gratuite commentée de la locomotive (13h30-14h) en gare de St-Jean-du-Gard.
Train à vapeur des Cévennes - 38 pl. de la Gare - ✆ 04 66 60 59 00 - www.trainavapeur.com - dép. d'Anduze : 11h30, 15h et 17h (9h30, 11h30, 14h30 et 16h30 en hte saison) - dép. de St-Jean-du-Gard : 10h30, 14h et 16h (10h30, 13h30, 15h30 et 17h30 en hte saison) - fermé nov.-mars - 12,50 € AS (4-12 ans 9,50 €), 16,50 € AR (4-12 ans 11,50 €) - attention, certains trains ont une locomotive diesel.

St-Laurent-de-Trèves : rencontre avec les grallators. Sur le promontoire calcaire qui domine le village de St-Laurent-de-Trèves ont été découvertes des traces de dinosaures de 190 millions d'années. À cette époque s'étendait là une lagune où vivaient des « grallators », bipèdes d'environ 4 m de hauteur. Vous découvrirez leurs empreintes en suivant le sentier d'interprétation, équipé de panneaux explicatifs. Ce site offre une très belle vue sur le causse Méjean, les monts Aigoual et Lozère.

Cascade du Martinet : baignade dans le Gardon-de-Ste-Croix. Ce sous-affluent du Gardon est le premier cours d'eau de Lozère à avoir obtenu le label « Rivière en bon état » par l'agence de l'eau. Une qualité d'eau qui n'a pas échappé aux loutres, castors, écrevisses à pieds blancs et barbeaux méridionaux présents. Son eau est certes un peu fraîche, mais la rivière offre de remarquables occasions de baignade, dans des sites sauvages et charmants, en particulier aux cascades du Martinet, qui comptent plusieurs piscines naturelles.

Florac : conteur en place publique. L'heure sonne au clocher de l'église, quelques habitués, des curieux, hommes et femmes de tous âges, et bien sûr des enfants, prennent place dans la petite arène. Ils sont là pour écouter. En face d'eux le conteur capte d'emblée l'attention de l'audience. L'histoire commence...
Laisse-moi conter - sur la pl. au Beurre - juil.-août : mar. 19h-19h30.

DÉGUSTER

Florac : le goût avant tout. De bons produits cévenols pour une cuisine actuelle et bio, un service très attentionné et une jolie sélection de vins régionaux : l'Adonis est gourmand, feutré et accueillant. Au programme, selon la saison : raviole de pélardon des Cévennes à la farine de châtaigne, épaule d'agneau des Cévennes 12h... La maison joue la transparence sur ses fournisseurs. Elle fait aussi hôtel.
L'Adonis - 48 r. du Pêcher - ✆ 04 66 45 00 63 - www.hotel-gorgesdutarn.com - fermé merc. midi (sf juil.-août) - formule déj. 23 €, menus 29/57 € - 19 ch. 72/95 € - ☕ 11 €.

St-Roman-de-Tousque : plein la vue. La première difficulté ici consiste à choisir entre la terrasse, avec une vue superbe sur la vallée Française, ou la belle salle à cheminée de cet ancien relais des postes. Et la situation se complique avec l'examen de la carte, orientée cuisine traditionnelle : ballottine de volaille forestière, pintadeau au poivre vert, pommes St-Martial, gratin aux cèpes, écrevisses à l'armoricaine, sanglier braisé aux châtaignes... L'adresse fait également hôtel.
La Patache - ✆ 04 66 44 73 76 - www.lapatache.com - - menus 19/28 € - 7 ch. 49/59 € - 9 €.

Florac : local bio. C'est l'une des trois boutiques paysannes de la ville (à ne pas confondre avec le restaurant qui porte le même nom). Une quinzaine de producteurs locaux se sont regroupés pour vendre leurs produits en circuit court : confitures, sirops, produits à base de châtaignes, jus de fruits, liqueurs et apéritifs, miel, nougats, huiles essentielles. On y trouve aussi des produits d'autres fournisseurs : vin, bières, fromage, safran, saucissons et pâtés de porc, viande de brebis, tisanes, aromates...
Chez les Paysans de l'Esplanade - 8 espl. Farelle - ✆ 04 66 47 76 61 - juil.-août : 9h-19h ; de Pâques à la Toussaint : 9h30-12h30, 16h-19h, fermé dim. après-midi et lun. ; reste de l'année : jeu. et dim. 9h30-12h30, vend.-sam. 9h30-12h30 et 16h-19h.

Florac : pour les becs sucrés. Ce fabricant artisanal propose une vaste gamme de spécialités cévenoles à base de châtaigne, miel, fruits rouges : biscuits, gâteaux, nougats, caramels, marrons glacés... Un régal !
Atelier du miel et de la châtaigne - 64 av. Jean-Monestier - ✆ 04 66 45 28 41 - boutique de l'Atelier - ZAE St-Julien du Gourg (face à l'Intermarché) - horaires : se rens.

St-Jean-du-Gard : galettes bio. Voici une maison qui collectionne les labels bio, privilégie les produits frais et locaux, s'astreint à l'énergie renouvelable et cultive une atmosphère décontractée. La carte décline un grand choix de galettes au sarrasin et de crêpes au froment originales. À la carte également des salades et des glaces artisanales, mais pas de crêpes sucrées à midi, qu'on se le dise !
Lettres et Mets - 1071 av. René-Boudon (à côté du Marché U) - ✆ 04 66 55 10 52 - www.lettresetmets.com - été : tlj sf dim. soir ; reste de l'année : se rens. - galettes 9/13 €.

Le pélardon, fromage de chèvre des Cévennes.

Ste-Croix-Vallée-Française : jour de marché. Le dimanche matin, jusqu'à 60 producteurs se pressent pour proposer leurs produits alimentaires ou artisanaux dans une ambiance décontractée et dépaysante.

DORMIR AU CALME

St-Jean-du-Gard : camping familial. Si cette adresse bien tenue a ses habitués, elle le doit à son ambiance agréable et à la proximité du Gardon, pour se baigner. Sa piscine, chauffée, dispose d'une partie solarium et de nombreuses activités sont proposées ainsi qu'une aire de jeux pour les enfants. Divers modes d'hébergement hors tente (mobile-home, chalet, tithome...).
Camping Les Sources - rte de Mialet - 1 km au nord de St-Jean-du-Gard - ✆ 06 88 39 54 85 - www.camping-des-sources.fr - fermé oct.-mars - 92 empl. 39/52 €, tarifs dégressifs.

Florac : gîte et couvert à la ferme. Une étape hors du temps à flanc de montagne, dans un joli hameau entièrement restauré. Véritable dédale de salles, de couloirs et de cours, les bâtiments ont conservé toute leur authenticité. Les immenses chambres sont simples et rustiques, mais propres et fonctionnelles. Vous serez invité à visiter la ferme et à assister à la traite des biquettes, ainsi qu'à la fabrication des pélardons dans les caves d'affinage, taillées à même le schiste. Copieuse table d'hôtes élaborée avec les produits de la ferme et servie autour de la grande cheminée. Location d'ânes pour randonner dans les environs.
La Ferme des Cévennes - hameau La Borie - 5,6 km au sud-est de Florac par la N106, puis, à droite, la C4 en dir. de La Borie - ✆ 04 66 45 10 90 - www.lafermedescevennes.com - ch. 43/55 € - ☕ 7 € - table d'hôtes 20 €/pers.

Bédouès-Cocurès : trois générations d'hôteliers. Nichée au cœur des Cévennes, cette grande maison recèle bien du charme et ne pâtit pas de sa situation au bord de la route. L'environnement est calme et les chambres proprettes, au joli décor de bois, sont agréablement meublées. La propriétaire, sommelière de son état, se fera un plaisir de vous guider dans l'accord de votre nectar avec la cuisine du chef, concoctée à base des meilleurs produits locaux. Le plateau de fromages est mémorable !
Hôtel La Lozerette - rte du Pont-de-Monvert - ✆ 04 66 45 06 04 - www.lalozerette.com - fermé du 11 nov. à début avr. - 20 ch. 73/112 € - ☕ 9,80/15,80 € - ✕ fermé lun., mar. et merc. à midi - menus 23/55,50 €.

Florac : plage sur le Tarn. Ce camping très nature, au bord du Tarn, dispose d'emplacements ombragés et spacieux, ainsi que d'un accès à la plage on ne peut plus appréciable. Les après-midi d'été, profitez de la piscine (bassin pour enfants et jeux aquatiques). Des mobile-homes, cabanes et tentes aménagées sont également proposés en location.
Flower Camping Le Pont du Tarn - rte du Pont-de-Montvert - ✆ 04 66 45 18 26 - www.camping-florac.com - fermé de mi-oct. à mi-avr. - 147 empl. 28/43 €, mobile-home 96 €.

St-Germain-de-Calberte : roulotte et cabane. Nichée au fond d'une vallée couverte d'une forêt dense, au bord du Gardon, cette ancienne magnanerie, joliment restaurée, jouit d'un cadre on ne peut plus bucolique. On y dort dans une roulotte ou une cabane perchée dans les arbres. Le confort est simple, voire rustique pour la cabane (celle-ci dispose tout de même de sa salle de bains). L'isolement de la ferme rendant difficiles les sorties nocturnes, restez dîner sur place. La table est excellente et la compagnie des plus sympathiques.
La Ferme de Lancizolle - ✆ 04 66 45 92 82 - www.lancizolle.com - 2 roulottes, 1 cabane - 70 € ☕ - menu 23 €.

FAIRE LA FÊTE

Florac : faites de la soupe. Bien sûr, il y aura de la soupe, mais à vrai dire, celle-ci n'est qu'un prétexte à ce rendez-vous festif bon enfant qui a lieu fin octobre. Au programme, pendant deux jours : musique, danse, spectacles ambulants, numéros de cirque, kermesse, ateliers pour enfant...
Festival de la soupe - www.festivaldelasoupe.fr.

LES MONTS D'ARDÈCHE

Bienvenue en Ardèche du Sud ! Pas celle des gorges, merveilleuse mais trop fréquentée, mais celle des montagnes où jadis les volcans grondaient et où aujourd'hui on vient se ressourcer. En plein Parc naturel régional des Monts d'Ardèche, dans le massif du Tanargue et sur les montagnes voisines, vous irez rencontrer les Ardéchois, ces gens, comme on le dit là-bas, au « cœur fidèle ».

DEPUIS LYON : en évitant l'autoroute, 204 km jusqu'à Thueyts par la N88 puis la N102.

VENIR EN TRAIN

- De Lyon, TER jusqu'à Valence-Ville où il faudra ensuite prendre un car jusqu'à Aubenas (env. 3h10). Une voiture sera nécessaire pour rejoindre Thueyts.

BONS PLANS

- Pour organiser votre séjour : www.ardeche-guide.com.
- Pour découvrir le Parc : www.parc-monts-ardeche.fr.
- Dès l'automne, les orages peuvent être violents. Des crues soudaines, rendues redoutables par la pente du terrain, transforment les torrents en flots furieux, quoique vite apaisés.

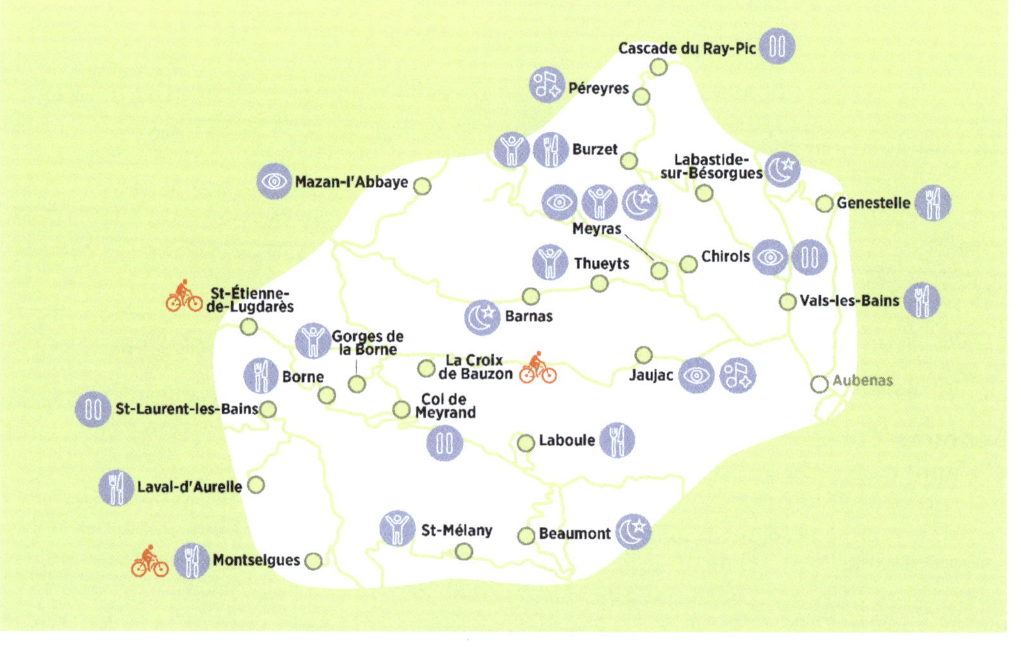

LOUER UN VÉLO

Sur place, pour tous ces loueurs, départs de circuits.

LA CROIX DE BAUZON

Auberge de la Croix de Bauzon
Station de la Croix de Bauzon - 04 66 46 45 90. VTT (10 €/h, 35 €/j) et VTC électriques (12 €/h, 40 €/j). Casque, kit de réparation et antivol fournis.

MONTSELGUES

Gîte de séjour et d'étape La Fage
Au village - 04 75 36 94 60 - ardeche.gite-lafage.com. VTT (20 € la 1/2 j., 35 €/j) et VTC électriques (25 € la 1/2 j., 40 €/j).

ST-ÉTIENNE-DE-LUGDARÈS

Office de tourisme
Moulin de Masméjean - 04 66 46 69 94. VTT (10 €/h, 35 €/j) et VTC électriques (12 €/h, 40 €/j). Casque, kit de réparation et antivol fournis.

La transhumance sur le massif du Tanargue.
M. Dupont/hemis.fr

VOIR

Jaujac : la pêche aux infos. Pour en savoir un maximum sur le Parc naturel régional des Monts d'Ardèche, entrez dans la Maison du parc, qui s'est installée dans le château de Rochemure, ancien domaine agricole (18e s.-fin 19e s.). Vous y trouverez des expositions et un espace d'information touristique, excellente introduction à la découverte de la région. Accessible toute l'année librement, le sentier La Coulée vive propose une découverte originale du domaine (40 ha), des espaces les plus domestiqués aux plus sauvages. Vous voici au cœur d'un ancien cratère de volcan.
Maison du parc - Domaine de Rochemure - 04 75 36 38 60 - www.maison.parc-monts-ardeche.fr - juil.-août : 10h30-12h30, 14h30-18h30 ; de mi-juin à déb. juil. et 1re quinz. de sept. : 14h30-17h30, w.-end 10h30-12h30, 14h30-17h30.

Chirols : du fil de soie à retordre. Aménagé dans une ancienne fabrique, le long de la Fontaulière, ce petit écomusée retrace l'histoire du moulinage, opération textile essentielle et jadis très importante en Ardèche, qui consiste, entre la filature et le tissage, à tordre de manière particulière les fils de soie. Parcours scénographié avec maquettes, machines, bornes interactives, film documentaire et panneaux descriptifs.
Écomusée du moulinage - pont de Veyrières - 04 75 36 46 26 - www.ecomuseechirols.fr - de mi-avr. à mi-oct. : lun., mar. et jeu. 14h -16h - 4,50 € (enf. 3 €).

Mazan-l'Abbaye : le silence est d'or. Dans un repli isolé du massif forestier de Mazan, qui culmine à 1467 m, fut fondée au 12e s. la première abbaye cistercienne de la province de Languedoc. Ce sont des moines de Mazan qui, plus tard, créèrent les abbayes provençales de Sénanque et du Thoronet. De la vaste abbatiale romane ne subsistent que des ruines et une partie du cloître, à l'exception de la sobre arcature de l'abside surplombant le ruisseau de Mazan. À côté, le château, bâti avec des matériaux arrachés aux ruines, est dominé par le clocher-peigne de sa modeste église. La beauté du site, s'inscrivant dans un environnement resté sauvage, est encore sublimée par l'incroyable création de Felice Varini, *Un cercle et mille Fragments*, réalisée dans le cadre du parcours artistique « Le Partage des Eaux ». L'artiste a en effet peint à la feuille d'or une série de cercles parfaits qui se déploient sur les murs et toits de l'abbaye, le pont, l'auberge et les anciennes fortifications qui l'encadrent... et qui éclatent en mille fragments dès que l'on change de point de vue. Magique.

Meyras : la passion d'une vie. En partie détruite, abandonnée et oubliée, l'imposante forteresse médiévale de Ventadour, dressée fièrement sur sa colline, semblait condamnée à disparaître. Pendant 50 ans, Pierre Pottier, secondé par sa femme Françoise et les équipes de bénévoles de l'association Rempart, a tenu le pari fou de la relever de ses ruines. Depuis son décès en 2018, c'est son épouse qui continue le travail entrepris et des chantiers sont organisés chaque été, de juillet à septembre. Aujourd'hui le château est restauré aux 4/5e.
Château de Ventadour - ✆ 06 70 32 27 34 - www.ardechedessourcesetvolcans.com - juil.-sept. : 9h-12h, 14h-18h, w.-end 15h-18h - 5 € (-12 ans gratuit).

Meyras : dans les pas de Ventadour. Le château de Hautsegur, édifice du 12e s. remanié au 16e s., domine l'Ardèche. Sa tour principale était flanquée de quatre échauguettes à mâchicoulis et d'une grande tour abritant un escalier à vis. Quand, en 2012, Patricia Demangeon rachète le château, elle se met en tête de lui redonner son aspect originel en respectant les techniques de construction et les matériaux utilisés au Moyen Âge. Une entreprise titanesque ! Tout n'est pas fini, mais la salle de réception accueille déjà des expositions temporaires. Il faut absolument suivre la visite guidée et vous laisser conter, par la propriétaire elle-même, l'histoire incroyable de cette restauration.
Château de Hautsegur - ✆ 06 75 81 52 05 (en soirée) - www.chateauhautsegur.fr - visite guidée seult (1h30) - juil.-août : 17h ; oct. : merc.-dim. 16h - 5 €.

BOUGER

Un kilomètre à pied. Si vous avez choisi de séjourner dans les montagnes ardéchoises, c'est que vous aimez la rando. De nombreux circuits balisés ont été mis en place et il y en a pour tous les goûts et les niveaux.
Téléchargez les fiches topograhiques : www.montagnedardeche.com/randonnee.

Gorges de la Borne : baignoire géante. Les gorges de la Borne font partie des endroits les plus beaux pour se baigner. Même s'il peut être fréquenté en été (tout coin secret finit par être connu), cela vaut le coup de suivre le sentier au départ du village de Borne (au poteau « Borne l'Église », suivez la route à gauche vers Le Bez). Il débouche sur la tour de Borne (donjon de l'ancien château). Le petit sentier descend ensuite vers de merveilleuses vasques naturelles aux eaux turquoise. C'est également un spot de canyoning.

Thueyts : une via ferrata diablement impressionnante. Pour découvrir autrement le magnifique site du pont du Diable et de la Chaussée des Géants, deux parcours, de part et d'autre de la rivière : câbles, pont de singe, pont tibétain et tyrolienne au-dessus de l'Ardèche ! Après l'effort, allez vous reposer sur la petite plage naturelle (baignade non surveillée).
Via ferrata du Pont du Diable - La Guinguette du Diable - rte du Pont-du-Diable - ✆ 06 42 35 43 23 - www.pontdudiable.com - avr.-sept. : 9h-20h - 16 € avec équipement - snack-bar.

Burzet : à l'assaut de l'horloge. Vous ne la manquerez pas : au beau milieu du village se dresse la tour de l'Horloge, transformée en site d'escalade ! C'est en fait sur le rocher qui supporte la tour que vous grimperez, que vous soyez néophyte ou confirmé (20 itinéraires, de 10 à 20 m de hauteur).
✆ 04 75 94 43 99 - www.burzet.fr - cours d'initiation en été.

St-Mélany : comme un oiseau. Décollage immédiat pour une balade dans les airs en parapente. Vous survolerez le massif du Tanargue et admirerez de loin le plateau ardéchois et la vallée de la Beaume. Planant !

Baignade dans l'Ardèche à Thueyts.
B. Rieger/hemis.fr

Parapente 07 - Le Chambon - ✆ 06 22 20 75 40 - *www.parapente-ardeche.com - initiation, balades - 90/140 €.*

St-Mélany : l'art de la randonnée. Suivant plus ou moins la courbe de niveau, le sentier caillouteux traverse quelques hameaux, se glisse entre deux maisons, débusque un moulin, une grange, une chapelle, longe les cultures en terrasses ou se faufile en sous-bois au gré des murets de lauzes. Depuis dix ans, l'association « Sur le sentier des Lauzes », soucieuse de la conservation du patrimoine fragile de la vallée de la Drobie, accueille chaque année un artiste qui doit laisser une œuvre sur place. Le sentier offre à travers ces réalisations une réflexion sur le développement et la préservation du patrimoine paysager local. Parmi elles, remarquez *Parole de lauzes* de Domingo Cisneros, *Oto Date* d'Akio Suzuki, *Silence des lauzes* et *Confluences nomades* de Christian Lapie, *Belvédère des Lichens* de Gilles Clément.
Sentier des Lauzes - www.surlesentierdeslauzes.fr - 15 km, balisé en rouge et jaune, puis en jaune et blanc. Départ sous la mairie de St-Mélany. Comptez au moins 5h et chaussez-vous en conséquence.

Meyras : pas si têtu que ça, l'âne. Une bien bonne idée que ces Balad'ânes ! En compagnie de ces aimables animaux, cheminez sur les petites routes, « apprenez » à conduire un âne, écoutez l'ânier vous conter de belles histoires et faites une pause baignade. Idéal avec les enfants.
Comédi'Ânes - 180 impasse de Chambonnet - ✆ 06 40 81 74 90 - comedianes.wifeo.com - balades d'1/2 j. ou 1 j., sur réserv. - 80/130 € pour 4 pers.

Baignade en rivière. Les rivières, ici, sont légion. Vous aurez donc l'embarras du choix pour dénicher un coin tranquille pour barboter à votre aise dans l'eau fraîche. Quelques spots : plage du Verdier à Burzet (dans la Bourges), plage de Lalevade-d'Ardèche, sous le pont du Diable à Thueyts, plage Le Lignon au lieu-dit La Turbine (Jaujac, le long des coulées basaltiques !).
N'oubliez pas que la baignade en rivière n'est pas surveillée !

FAIRE UNE PAUSE

Col de Meyrand : plein les mirettes. À 1370 m d'altitude, ce col dévoile une splendide corniche ; en contrebas du col, un balcon d'orientation est aménagé à gauche d'un rocher isolé. Une superbe vue s'étend, de gauche à droite, sur le sommet du Tanargue, la vallée de Valgorge, la dépression de l'Ardèche dominée par la dent de Rez, la serre de Valgorge en face et, à droite, la dorsale du mont Lozère.
Sur la D24 en venant de Valgorge.

Cascade du Ray-Pic : dégringolade sur une coulée de lave. Le volcan du Ray-Pic, aussi appelé volcan de la Fialouse, a donné naissance à une coulée de lave d'une longueur exceptionnelle (23 m), dans laquelle la cascade et le ruisseau du Pic se sont frayé un chemin. À l'entrée

Cascade du Ray-Pic.
F. Guiziou/hemis.fr

du site, des panneaux didactiques expliquent sa formation et sa découverte, puis un sentier s'enfonce dans la forêt. Trois belvédères successifs donnent sur la cascade : d'une plateforme rocheuse supérieure, la rivière tombe en plusieurs chutes, entre deux surplombs basaltiques, dans un joli bassin aux eaux vertes (baignade interdite !). On voit, sur la gauche, l'ancienne coulée de lave, une succession de prismes basaltiques qui semblent comme emboîtés les uns dans les autres.
Sur la D215 depuis Burzet, en dir. de Pereyres. Laissez la voiture au parc de stationnement aménagé à droite de la route. 45mn à pied AR.

Chirols : cuisiner les simples. Une petite balade autour des plantes sauvages, accompagnée par les membres de l'association Simples et sauvages, et hop, voilà votre panier rempli de simples comestibles. En salade, c'est excellent. Mais on vous apprendra également à les distiller pour en faire un hydrolat ou un macérat huileux. Simple comme une plante !
Simples et sauvages - chemin des Écoliers - ✆ 06 84 46 62 92 - simplesetsauvages.ardechelibre.org - de 2h à une journée.

St-Laurent-les-Bains : les bienfaits de l'eau. Les eaux de St-Laurent soulagent les rhumatismes et autres douleurs au dos. Mais après tout, pas besoin d'avoir mal pour s'offrir une journée détente au spa de la station. Enfilez votre peignoir et laissez-vous aller au plaisir d'un modelage, d'un bain de kaolin, d'une douche massante…
Compagnie des Spa - ✆ 04 92 74 15 20 - www.compagniedesspas.fr - de mi-mars à mi-nov. - forfaits 65/140 €.

DÉGUSTER

Vals-les-Bains : restaurant Le Vivarais. La table d'un véritable artisan, scrupuleux dans le choix de ses produits (fournisseurs locaux), rigoureux et élégant dans l'exécution de ses recettes, et entier dans son envie de satisfaire les clients. Stéphane Polly a hissé son restaurant parmi les meilleurs du département. Le terroir ardéchois est gagnant !
Hôtel Helvie - 5 av. Claude-Expilly - ✆ 04 75 94 65 85 - www.le-vivarais.com - P ♿ - fermé lun. (et sam. midi et dim. soir sept.-juin) - formules déj. sem. 24/31 € - menus 49/98 €.

Borne : cuisine de grand-mère au Bistrot de Pays. Miam les bons produits du terroir ! Charcuteries ardéchoises, desserts maison (tarte à la myrtille obligatoire !), on se contente de peu de plats, mais Anouk et Jérémie restent intransigeants sur la qualité ! Une petite étape

gourmande avant de partir en rando (ou après), sur la terrasse ensoleillée.
Auberge du Bez - Col du Bez - ✆ 04 66 46 60 54 - aubergedubez.com - fermé mar. soir et merc., et de mi-oct. à nov. - menus 16/26 €.

Montselgues : se régaler à la ferme-auberge. À 1000 m d'altitude, voici une authentique maison de pays où vous dégusterez les délices de la ferme et les légumes du jardin en gratin ou en purée. Quiches au fromage de chèvre, charcuteries, gâteaux, confiture de châtaignes.
Chez Francine - Le village - ✆ 06 44 98 75 79 ou 06 42 45 21 81 - fermé sam. midi - ♿ - réserv. obligatoire - 24 €.

Genestelle : des chèvres dans un château. Il faut déjà évoquer le site, exceptionnel, puisque la ferme occupe une partie du château de Craux, bâti à partir du 12e s. par les seigneurs d'Antraigues. La quarantaine de chèvres d'Aurélie Braesch pâture dans les prairies alentour ou dans la châtaigneraie. Pour la visite, c'est une formule 3 en 1 très conviviale ! Après un pot d'accueil, et avant l'apéro 100 % produits locaux, vous irez dans les prés caresser les biquettes et visiterez la chèvrerie, découvrirez le travail des abeilles avec l'apiculteur Jean-Noël Jacquier, également installé à Genestelle, puis la fabrication du vinaigre avec Sylvain Petit, venu en voisin. Vente des produits de la ferme : fromages picodon AOP, glaces au lait de chèvre, saucissons et produits à base de châtaignes AOP, miels et cosmétiques apicoles de La Chastellière, vinaigres et moutardes de l'ES Vinaigrerie.
La Ferme des Craux - château de Craux - ✆ 04 75 37 21 66 - boutique d'avr. à fin oct. : merc.-vend. 17h-18h, w.-end et vac. 11h-18h - fermé lun.-mar. ; visite sur RV en juil.-août : vend. à 10h - 3 €.

Laval-d'Aurelle : au bonheur des abeilles. Pour rencontrer Gérard Delenne, il vous faut grimper jusqu'au petit village de Laval-d'Aurelle, à 800 m d'altitude. Accroché aux pentes surplombant la vallée de la Borne, le hameau de Hubac a un petit air de bout du monde. Nul doute que les abeilles ne sont pas ici perturbées par les cultures intensives ! Cet apiculteur passionné, tombé dans le chaudron quand il était tout petit, possède aujourd'hui 300 ruches, produisant en moyenne 4 t de miel par an. Dûment équipé d'une combinaison de protection, vous pourrez observer ruches et abeilles au plus près, ainsi que quelques ruches-troncs traditionnelles, utilisées jadis dans les Cévennes. Pour finir, vous goûterez évidemment aux miels de l'exploitation, récoltés selon la variété entre 300 et 1400 m d'altitude : châtaignier – le plus apprécié d'autant qu'il est étonnamment assez doux –, forêt, framboisier, bruyère et sapin.
Miellerie du Moulin - hameau de Hubac - ✆ 06 83 81 65 28 - lesruchersdumoulin@gmail.com - visite sur RV - 6 €.

Vals-les-Bains : des marrons vraiment glacés ! Fondée en 1930, la maison Cerdini propose, dans le respect des traditions artisanales, des coupes glacées aux parfums originaux, à déguster sur la grande terrasse à l'ombre des marronniers (pour rester dans le thème). Mention spéciale, donc, à la glace à la châtaigne AOP aux éclats de marrons glacés. On n'en dit pas plus ; on vous laisse déguster...
Glacier Béatrix - 3 av. Paul-Ribeyre - ✆ 04 75 37 52 90 - www.glacierbeatrix.fr - juin-août : 10h-0h ; avr. et sept. : 14h-19h - fermé oct.-mars.

Burzet : un lundi soir au marché. Tous les lundis en juillet et en août, Burzet accueille producteurs et artisans pour vous faire découvrir les savoir-faire du coin, avec dégustations et démonstrations. Châtaigne sur le gâteau : ce marché du soir s'accompagne de concerts et de balades botaniques, musicales ou géologiques.
Les lundis du terroir et des savoirs - 18h-20h.

Laboule : marron ou châtaigne ? Il est temps de lever le doute. Ce qu'on appelle communément « marron » est le fruit du marronnier d'Inde et ne se mange pas. Mais il existe un marron comestible : il s'agit d'une châtaigne sauvage modifiée ; contrairement à la bogue des châtaignes, celle des marrons comestibles ne contient qu'un seul fruit. Bref, ici,

vous trouverez principalement des châtaignes de variété Petite Pourette, traditionnelle des Cévennes. Elle est cultivée en bio, dans le respect de la nature (vieux bois transformé en bois de chauffe, terres pâturées par des chèvres...). Côté produits, élaborés sur place : farine, purée, biscuits, chips, crème, céréales pour le petit-déjeuner, sirop, pâte à tartiner...
GAEC Marron Châtaigne - Le Fabre - 04 75 37 12 83 - marron-chataigne.com - boutique sur l'exploitation : merc.-vend. 15h-19h.

Marrons glacés.

DORMIR AU CALME

Meyras : une oasis de détente. Dès le premier regard, la magie opère : on a le sentiment d'échouer dans une véritable oasis. Disséminées dans une prairie verdoyante en bordure de forêt, cabane perchée (et biscornue !), bulle dôme transparent, yourte mongole, roulotte ou chambre colorée dans l'ancienne magnanerie... il y en a pour tous les goûts ! Coin détente (bain nordique, jacuzzi et massages), cuisine d'été et piscine hors sol : déconnexion assurée ! Et pour compléter le tout, location de vélos électriques.
Le Mas du Prestrin - 2662 rte de la Fontaulière - sur la D536 en dir. de Chirols - 04 75 94 57 51 - www.lemasdupestrin.com - - 70/130 € et 2 gîtes 410/460 € la sem. - plateau gourmand 18 € - séjours thématiques.

Beaumont : caché parmi les arbres. C'est la promesse de cet hôtel en pleine nature, sans connexion wifi, ni télévision, dans le massif du Tanargue. Reste le murmure de l'eau de la rivière, le silence, et les bons conseils de Nadine et Yves pour passer un séjour sans stress. Le soir, vous trouverez à table de savoureux plats à base de produits du terroir (panier pique-nique proposé à midi).
Le Sentier des Arches - Le Gua 21 - 04 75 39 44 09 - 14 ch. 98 € - 9 € - 1/2 pension 74 €/pers.

Barnas : les sens en éveil, pour mieux dormir. Cela pourrait être la promesse de Quinte & Sens, gîte et chambres d'hôtes : on s'y détend en activité (baignade dans la rivière au fond du jardin, atelier cuisine, séjours thématiques aromathérapie, canyoning, chiens de traîneau, champignons...), on y mange bien (produits bio du terroir, cuisine au feu de cheminée l'hiver) et on y est tranquille (zone blanche !).
Quinte & Sens - Le Bardy - quartier Lafarre - 04 75 39 88 54 - www.chambrehotesardeche.com - 3 ch. 78 € - 1 gîte 5 pers. 550 €/sem. - table d'hôtes tlj sf jeu. 32,50 €/pers. - panier pique-nique 12 €.

Labastide-sur-Bésorgues : camping tout simple. Et en pleine nature ! Un pur bonheur pour ceux qui aiment le vrai camping (presque) sauvage. Ils pourront se baigner et pêcher dans la Bésorgues. Mais la civilisation n'est pas loin : l'auberge sert une cuisine à base de produits du terroir, midi et soir. Également une caravane et une tente lodge à louer.
Le Moulin de Charrier - 06 77 91 62 47 - www.moulindecharrier.com - fermé oct.-mars - 21 empl. 18 €/2 pers. - tente lodge 75 €/2-3 pers. - caravane 358 €/sem./2-4 pers. - 10,50/19,50 €.

FAIRE LA FÊTE

L'Ardèche de ferme en ferme : parcours initiatique. Le dernier week-end d'avril, une soixantaine de fermes engagées dans une démarche d'agriculture durable ouvrent leurs portes pour faire découvrir leurs activités. Dans tout le département. Précipitez-vous-y.
www.defermeenferme.com

L'Ardéchoise : regarder passer les champions. L'Ardéchoise est la course mythique, « la plus grande épreuve cyclo de montagne au monde ». Autant dire que ne pas y assister serait un sacrilège. Ce sera l'occasion d'échanger avec les gens du coin sur les performances de Lulu la grimpette ou du poulain de l'équipe du village. Ou encore de pédaler : le parcours est ouvert à tous les amateurs (mais on vous prévient, mieux vaut être entraîné : 10 cols à passer !). Pour info, la course se déroule en juin.
www.ardechoise.com

Jaujac : faire un bout de chemin avec les moutons. Lors de la fête de la transhumance, qui a lieu mi-juin, rentrez dans le troupeau pour jouer au berger. Pour tester votre autorité, ou votre patience…
www.parc-monts-ardeche.fr

Péreyres : cueillir l'or bleu. La myrtille, fruit emblématique des Monts d'Ardèche, est fêtée fin juillet. La journée commence par une messe au cours de laquelle les myrtilles sont bénies, se prolonge autour d'un repas du terroir et se termine par la préparation d'une tarte géante aux myrtilles, que l'on ira cuire dans le four à pain. L'occasion de s'empiffrer à en avoir la bouche toute bleue ! Vente de myrtilles fraîchement cueillies.

Fête de l'agriculture de l'Ardèche : les jeunes paysans à l'honneur. Fin août, entrez dans le monde paysan en assistant au concours de labour, à la présentation d'animaux, en partageant un repas et en flânant sur le marché du terroir. Tout est organisé par le syndicat des jeunes agriculteurs.
www.facebook.com/ja07ardeche

Castagnades d'automne : se filer une châtaigne en toute amitié. De mi-octobre à mi-novembre, 11 villages célèbrent le fruit de l'« arbre à pain » : marché artisanal, randonnées, démonstrations culinaires et dégustations, animations diverses sont au rendez-vous.
www.castagnades.fr

M. Dupont/hemis.fr

LA HAUTE VALLÉE DE L'ALLIER

Autour de Saugues, l'ambiance se fait forcément slow, au pas des milliers de pèlerins ou simples randonneurs qui suivent à pied les chemins de Saint-Jacques de Compostelle. Dans cette petite région coupée du monde, l'Allier, sortant si agité de son canyon, semble se calmer et ralentir son rythme pour profiter de la nature préservée, des vieux villages et du temps qui ne semble pas passer.

DEPUIS CLERMONT-FERRAND : 125 km par la A75 puis la N102 jusqu'à Saugues.

VENIR EN TRAIN

- **Monistrol-d'Allier est relié à Clermont-Ferrand par une ligne TER (env. 2h).**

BONS PLANS

- **Pour organiser votre séjour : www.auvergnevacances.com.**
- **Les pèlerins sont nombreux sur les sentiers de St-Jacques en été : pensez à réserver vos hébergements à l'avance si vous séjournez durant cette période.**

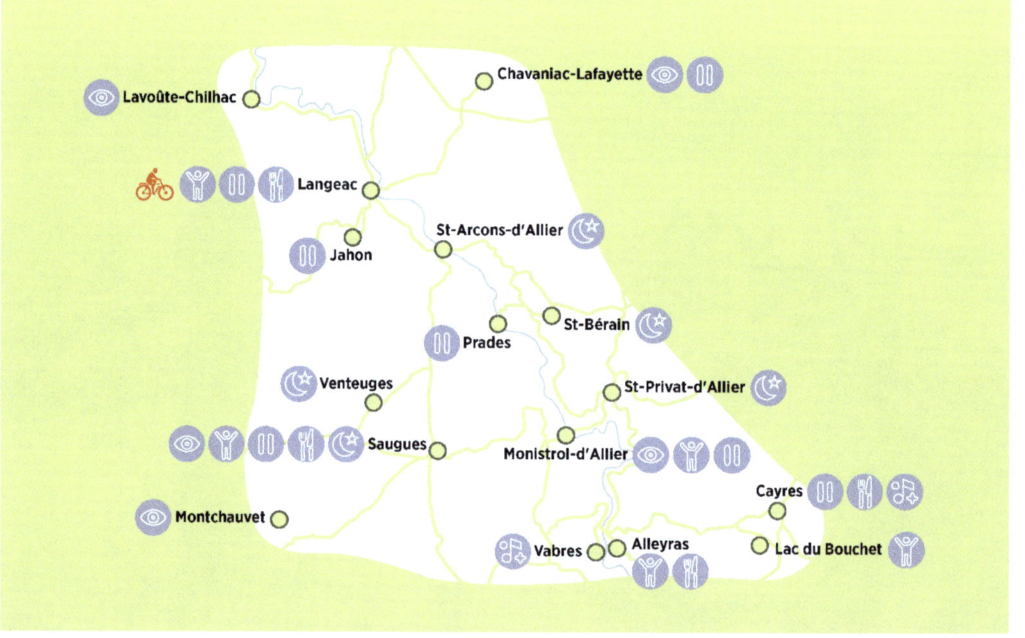

LOUER UN VÉLO

LANGEAC

Découverte sportive du Haut Allier
2 av. de la Gare - ✆ 06 75 04 64 27 - www.facebook.com/VTTHautAllier. Location de VTT uniquement, en version classique (30 €/j) ou électrique (50 €/j). casque et antivol fournis.

VOIR

Saugues : la bête est de retour ! La fameuse bête qui dévora, au 18e s., moutons et bergères sur un vaste territoire allant de Saugues à Ruynes-en-Margeride, St-Flour et Langogne, a désormais son musée. En 22 tableaux répartis sur quatre étages, les personnages en plâtre, grandeur nature et doués de la parole, évoquent des scènes historiques, mais aussi des paysages de cette contrée.
Musée fantastique de la bête du Gévaudan - rue de la Tour - ✆ 04 71 77 64 22 - www.musee-bete-gevaudan.com - juil.-août : 10h-12h, 14h30-18h30 ; de mi-juin à fin juin et 1er-15 sept. : 14h30-18h30 - 5,50 €.

Montchauvet : un village fantôme. Ce village médiéval déserté fut redécouvert sur les pentes du Montchauvet en 1965. L'année suivante débutèrent des investigations permettant le dégagement d'habitations (35 à ce jour) qui s'étagent en terrasses sur 2 ha. Le mobilier archéologique mis au jour offre une vision de la vie quotidienne dans un village médiéval de moyenne montagne.
Site archéologique médiéval de Montchauvet - ✆ 04 71 77 61 71 - montchauvetweb.free.fr - juin : 14h-18h ; juil.-août : 10h-12h, 14h-19h ; sept. : 13h30-17h30 - 4 € (-12 ans gratuit).

Lavoûte-Chilhac : se faire de nouveaux amis. Faites un tour à la Maison des oiseaux du haut Allier. On y découvre les principales espèces représentées dans les gorges de l'Allier (diorama géant). Des sorties « nature » sont organisées en saison, bonne occasion pour aller à la rencontre de nos amis à plumes.
Maison des oiseaux du haut Allier - Le Prieuré - ✆ 06 76 37 44 69 - panpahautallier.asso-web.com - juil.-août : dim.-jeu. 14h-18h30 ; avr.-oct. : w.-end et vac. scol. 14h30-18h - participation libre.

Monistrol-d'Allier : un pont entre deux rives. Profondément encaissé entre des pentes de lave abruptes, Monistrol-d'Allier occupe un

F. Guiziou/hemis.fr

site naturel remarquable, bien qu'il soit surtout fréquenté pour un autre trésor… C'est effectivement pour visiter la chapelle Ste-Madeleine que des milliers de pèlerins transitent chaque année par les ruelles de ce pittoresque village. On accède à ce petit édifice religieux troglodyte par un agréable sentier balisé offrant de très belles vues dominantes sur le village, le pont métallique construit par l'atelier Eiffel en 1887-1888 et la rivière en contrebas.

Chavagnac-Lafayette : sa vie, son œuvre. Chavagnac abrite la demeure où naquit, le 6 septembre 1757, Marie Joseph Gilbert Motier, marquis de La Fayette. Sa vie et son œuvre vous sont contées au gré d'un parcours spectacle – tableaux narratifs, sonores, animés – à travers douze salles : évocation de son enfance, lettres et effets personnels… Après un rappel des idées des Lumières dans la galerie des Philosophes, est dévoilée la franc-maçonnerie, à laquelle La Fayette resta fidèle. Le parc est conçu comme un lien entre l'Ancien et le Nouveau Monde. Théâtre de verdure, jardins aquatiques, massifs d'azalées, roseraie et jardin secret, arboretum sont une invitation à la promenade sur 3 ha. Reconnaissable à son imposante frondaison, le chêne de La Fayette a trois cents ans.

Château-musée La Fayette - ✆ 04 71 77 50 32 - www.chateau-lafayette.com - juil.-août : 10h-18h ; avr.-juin et sept.-nov. : tlj sf mar. 10h-12h, 14h-18h - 7 € (8-16 ans 5 €) - 4 € parc seul.

BOUGER

Langeac : un amour d'île. Grand rendez-vous estival et familial à deux pas du bourg, la base de loisirs de l'île d'Amour se niche dans un massif épais de grands chênes et peupliers, accessible par une petite passerelle en bois. Pour une baignade rafraîchissante, une promenade au vert ou un concert (tous les dimanches d'été en fin d'après-midi), les amoureux de la nature y trouveront leur compte. Ceux qui préfèrent s'activer se rendront directement à la base nautique, où Tonic Aventure propose des locations de canoës et de kayaks pour filer sur la rivière. Il est aussi possible de faire des ronds dans l'eau tranquillement pour profiter du décor, ou bien de se faire emmener plus en amont pour descendre les gorges et revenir jusqu'à Langeac.

Tonic Aventure - base de l'île d'Amour - ✆ 04 71 77 25 64 - www.tonic-aventure.fr - fermé de mi-oct. à fin mars - 15/27 € selon le parcours.

Rafting sur l'Allier.

Ch. Guy/hemis.fr

Monistrol-d'Allier : en eaux vives ou rien. Amateurs de sensations fortes, rendez-vous à Monistrol-d'Allier, où Tonic Rafting vous attend pour dompter l'une des plus belles rivières sauvages de France. Rafting, canyoning, escalade, randonnées en canoë ou en kayak ou mélange de genres avec des programmes enchaînant l'une ou l'autre des disciplines sur la journée : laissez-vous porter par le courant de l'aventure !
Tonic Rafting - Le Bourg - ✆ 04 71 57 23 90 - www.raft-canyon.fr - fermé de mi-oct. à fin mars - tarifs selon la durée de l'activité et le nombre de pers.

Alleyras : sports extrêmes, débutants admis ! Au départ de Saint-Privat-d'Allier, Sébastien Messager vous fera découvrir le canyoning sur l'Allier en s'adaptant à votre profil : sportif, débutant ou familial. Fin connaisseur de la région et amateur de sports extrêmes, il pratique également l'escalade et pourra vous emmener sur différents sites avec le même professionnalisme pour des activités ciblées en fonction de vos envies et de votre timing.
Évasion verticale - ✆ 06 83 44 92 51 - www.evasion-verticale.com - 40/60 € selon l'activité et la période - tte l'année sur RV.

Langeac : d'arbre en arbre. Situé sur les rives de l'Allier, ce parc propose 7 parcours accrobranche affichant différents niveaux de difficulté. Une centaine d'ateliers pimentent les lignes de vie et les 1500 m de tyroliennes répartis par tronçons au-dessus de la rivière sont là pour distiller quelques émotions fortes aux plus exigeants !
Parc aventure Haute-Loire - chemin de la Vigerie - ✆ 06 16 88 14 72 - www.saint-gal-parc.fr - juil.-août : 10h-20h ; avr.-juin et sept.-oct. : w.-end - 12/20 € selon l'âge et le parcours.

Saugues : randonner sans se fatiguer. Pour découvrir autrement le pays de Saugues, rejoignez les écuries de la Crinière saugaine et montez en selle, selon votre niveau, pour quelques heures de promenade ou la journée entière, muni de votre pique-nique. Les enfants chevaucheront des poneys ou double poneys. Les balades tournent dans les cordons de collines autour de Saugues, offrant de très beaux panoramas et un décor magique de prairies et pentes boisées.
La Crinière saugaine - ✆ 04 71 74 87 15 - balade 21 €/h, 58 € la 1/2 j., 107 € journée pique-nique (inclus).

Lac du Bouchet : le cercle parfait. Situé à 1205 m d'altitude, d'une superficie de 43 ha et d'une profondeur de 28 m, le lac du Bouchet occupe le fond d'un ancien cratère de forme presque circulaire. Il est entouré d'une forêt de sapins, d'épicéas et de pins, que l'on peut découvrir en suivant les 3 km du sentier d'interprétation. On ne connaît au lac ni rivière tributaire ni déversoir. La limpidité de ses eaux montre pourtant qu'elles se renouvellent sans cesse. Le lac bénéficie du label Respirando, qui qualifie en Haute-Loire des lieux structurés, où l'on pratique des activités de pleine nature : ici, baignade, paddle et pédalo.
Les Pirates du lac - lac du Bouchet - ✆ 06 23 43 82 22 - juil.-août : 10h-19h ; mai-juin et sept. : w.-end - pédalos et paddle 10 €/30mn.

FAIRE UNE PAUSE

Saugues : une baignade, oui mais bio ! Pas de chlore, pas de traitement chimique : l'eau dans laquelle on vient se rafraîchir et se baigner ici est filtrée de manière naturelle grâce à un circuit recréant le cycle naturel de filtration

Moutons à Saugues.

et purification. On peut plonger sans craindre d'avoir les yeux qui piquent en fin de journée, et se prélasser sur la plage en herbe qui donne accès aux trois bassins, au pied du village de Saugues. On se croirait en pleine nature !
Baignade biologique de Saugues - allée de la Pinède - ✆ 06 33 71 96 22 - juil.-août - 3 € (-5 ans gratuit).

Langeac : ceux qui aiment les gorges de l'Allier prendront le train. Évasion garantie dans ce train qui offre le magnifique spectacle d'une nature restée sauvage, de Langeac à Langogne : en 2h, il lui faut traverser 51 tunnels et affronter des pentes et des tournants difficiles (retour en train régulier SNCF).
Train touristique des gorges de l'Allier - ✆ 04 71 77 70 17 - www.train-gorges-allier.com - fermé sept.-avr. - dép. de Langogne ou Langeac - grande traversée des gorges de l'Allier 29 € AR (4-12 ans 17 €).

Monistrol-d'Allier : si vous alliez à la plage ? Près d'une retenue d'eau naturelle, le cours de l'Allier se calme, prend du volume et permet l'aménagement estival de cette petite plage en contrebas du village. La base nautique se trouve juste à côté.
Plage du Vivier - baignade surveillée juil.-août : lun.-vend. 14h-17h, sam.-dim. 13h-19h.

Prades : sous le volcan la plage. Une autre plage sur l'Allier, à Prades, permet de profiter de vues spectaculaires sur l'environnement volcanique du village. Le petit coin de verdure et de sable fin est littéralement encaissé dans les gorges de la rivière, pour le plus grand bonheur des yeux !
Plage de Prades - baignade surveillée juil.-août : 13h30-19h.

Cayres : le dernier moulin. Si vous ne jurez que par les lentilles vertes du Puy, faites une petite pause dans ce moulin, le dernier, toujours en état de fonctionnement, sur les huit que comptait le plateau au siècle dernier. Outre la machinerie, que le propriétaire fera fonctionner avec malice lors de la visite commentée, vous verrez aussi une belle collection d'engins et outils agricoles dédiés à la culture de la lentille verte, cette star de la gastronomie locale, que l'on appelait autrefois « le caviar du pauvre ».
Moulin de l'Escarcelle - ✆ 04 71 57 33 50 - mai-oct. - 3 €.

Chavaniac-Lafayette : la flore du Massif central à l'honneur. À 700 m d'altitude, ce petit village abrite le Conservatoire botanique du Massif central, dont la mission est la protection et la mise en valeur de la flore régionale. Ainsi, sur près de 10 ha, vous pourrez détailler

les espèces emblématiques, celles qui sont menacées et celles qui ne se voient quasiment plus dans la nature. Sept espaces thématiques répartis le long d'un sentier botanique, riches de centaines d'espèces cultivées ou sauvages, explosent ainsi de fruits et fleurs au fil des saisons. N'hésitez pas à consulter le calendrier de fleuraison disponible sur le site Internet.
Jardins du Conservatoire botanique national du Massif central - ✆ 04 71 77 55 65 - www.cbnmc.fr - 9h-17h.

Jahon : une maison pour une vocation. Les « béates » (de *beatus*, heureux) étaient des « demoiselles de l'instruction », ayant religieusement consacré leur vie à l'instruction spirituelle, scolaire et manuelle des enfants, mais aussi aux soins et au conseil des adultes. En contrepartie de quoi les villageois leur offraient un toit, les repas et un minimum de mobilier. 160 ans plus tard, la maison et ses fournitures d'intérieur sont toujours là, entretenues et restaurées par une association qui propose tout l'été des visites guidées passionnées faisant revivre ces vocations du passé.
Maison de la Béate - ✆ 06 19 87 52 49 - d'avr. à mi-nov. : merc.-sam., visite guidée sur RV (1h30) - 3 €.

DÉGUSTER

Alleyras : une ferme d'autrefois. Surplombant les gorges de l'Allier dans un décor sauvage, cette ferme produit de manière artisanale, en utilisant les savoir-faire traditionnels, du fromage de chèvre, du miel et du jus de pomme. Tout est bien sûr en agriculture bio et les propriétaires seront ravis de vous faire visiter leur petite structure. Pour ceux qui veulent s'attarder, il est possible de programmer une balade dans les environs en compagnie des ânes de la ferme, pour découvrir de fabuleux paysages.
La Ferme du Bout du monde - ✆ 04 71 57 56 19 - visites tlj de mi-avr. à mi-oct. sur réserv.

Langeac : en vente au jardin. Cultiver du bio sur une grande surface, c'est le défi que s'est lancé la petite association des Ateliers de la Bruyère, fondée pour aider les personnes en difficulté à retrouver une activité. Sur 4 ha en bordure de l'Allier poussent toutes sortes de légumes vendus frais en saison, directement à la ferme, ou en conserve pour l'hiver. La même association travaille également la laine de mouton à Saugues. N'achetant que de la laine locale pour produire un feutre de qualité, les Ateliers de la Bruyère relancent ainsi une petite activité locale de bonneterie et filature, à visiter sur simple demande.
Les jardins de la Bruyère - rue du Berthelot - ✆ 04 71 74 96 49 - lesateliersdelabruyere.fr - vente directe jeu. 8h-12h.

Cayres : un resto au bord de l'eau. Dans le cadre enchanteur du lac du Bouchet, sur la terrasse baignée par les eaux tranquilles où se reflète la canopée des arbres alentour, c'est véritablement coupé du reste du monde que vous profiterez de la généreuse cuisine du terroir concoctée au Chalet. Originaire de la Haute-Loire, le chef travaille une carte volontairement limitée, plutôt orientée terre, et ne proposant que des produits de saison. En sortant de table, les rives du lac vous tendent les bras pour une balade digestive !
Chalet du lac du Bouchet - ✆ 04 71 57 30 22 - www.lacdubouchet.fr - formule déj. 16,50 €, menus 23/29,50 €.

Saugues : une auberge ancestrale. Au centre du village, cette ancienne maison de notaire est tenue par la même famille depuis 1795. Autant dire qu'en cuisine, on a eu le temps de se transmettre les bonnes recettes du coin et les savoureuses adresses de la région ! Tout est local, de saison et essentiellement issu de l'agriculture bio. Une réussite depuis l'amuse-bouche jusqu'aux desserts : de la gastronomie généreuse, gourmande et inventive à la fois.
La Terrasse - ✆ 04 71 77 83 10 - www.hotellaterrasse-saugues.com - fermé dim. soir et lun., et de mi-mars à mi-nov. - formules déj. 19,50/23,50 €, menus 28/36 €.

DORMIR AU CALME

Venteuges : nuit de charme. Originaires d'un village voisin, Pascale et Serge ont ouvert trois chambres d'hôtes dans une ancienne ferme rénovée avec un goût exquis. Passionnés de cuisine, les heureux propriétaires de cette belle

Sculpture de la bête du Gévaudan à Saugues.

bâtisse concoctent pour leurs hôtes des plats goûtus, aux saveurs du terroir. Et si vous partez en vadrouille, sachez qu'ils peuvent également vous préparer des paniers pique-nique pour refaire le plein d'énergie en cours des randos ! Au retour, profitez du spa (selon la météo) et de sa vue panoramique à couper le souffle !
Les Pierres d'antan - lieu-dit Le Mazet - ✆ 04 71 76 06 94 - www.lespierresdantan.fr - 72/95 € ☕ - table d'hôtes 29,50 € (14 € -12 ans) - paniers pique-nique 12/15 € - spa gratuit 20mn/nuitée de mai à sept. (puis 15 € les 20mn suppl.).

St-Privat-d'Allier : un repaire de randonneurs. Située à l'orée du joli hameau de Rougeac, parcouru de murets de pierre sèche, cette ancienne ferme du 19e s. est une étape idéale pour les amateurs de randonnée, étant placée non loin des GR 40 et 65. Les chambres sont spacieuses, très confortables et le jardin est un véritable havre de paix pour se détendre au retour d'une randonnée.
Le Clos des pierres rouges - lieu-dit Rougeac - ✆ 04 71 00 64 78 - www.leclosdespierresrouges.fr - 80/95 € ☕ - table d'hôtes 29 €/pers.

St-Bérain : éveillez votre âme d'artiste. Dans cette splendide bâtisse tout en vieilles pierres du pays, perchée au flanc de sa colline, on jouit assurément d'une vue extraordinaire sur la vallée de l'Allier ! La terrasse et le bain nordique sont des plus pour profiter du panorama, à moins que vous ne préfériez vous laisser inspirer pour créer une œuvre le temps de votre séjour. Diplômé de l'école des Beaux-Arts de La Haye, le propriétaire propose effectivement des cours de peinture, sculpture et aquarelle, pour s'initier ou se perfectionner.
Art et Création - le Bourg - ✆ 04 71 74 29 44 - www.artetcreation.nl/fr - 90 € ☕ - table d'hôtes 25 €/pers.

St-Arcons-d'Allier : et au milieu coule une rivière. Quatre chambres d'hôtes et un gîte répartis dans une maison de vigne et des chalets de bois composent cet ensemble noyé sous la verdure le long de son ruisseau, la Fioule, en contrebas d'un pittoresque village. La ferme est à deux pas et ravira les enfants comme les parents le temps d'une visite aux moutons, canards, cochons... Le soir à l'auberge, on savoure une délicieuse cuisine maison préparée avec les produits de la ferme ou issus des maraîchages bio alentour. Menu unique.
Le Moulin - le Bourg - ✆ 04 71 74 03 09 - www.lemoulin-dursapt.com - 80/105 € ☕ - 🍴 26 €.

Saugues : à la bonne franquette. Située sur le mythique chemin de St-Jacques, cette ferme

RENCONTRE AVEC...

Thierry Bonnet, co-président du festival Celte en Gévaudan

La musique celtique, on s'attend à l'entendre en Bretagne, mais... les Arvernes étaient une tribu celte, vivant sur le même sol granitique que leurs cousins bretons. De là à sortir les binious, il n'y avait qu'un pas, franchi en 2006 par les fondateurs du festival Celte en Gévaudan. « Au départ, il s'agissait surtout de dynamiser culturellement la région » rappelle Thierry Bonnet, l'actuel co-président du festival. « Le succès a été au rendez-vous et aujourd'hui le festival est aussi et surtout l'occasion de faire connaître et valoriser notre terroir. » Durant trois jours autour du 1er week-end d'août sont ainsi programmés d'autres événements que les seuls concerts, de la visite patrimoniale à la randonnée ou au marché artisanal en passant par les grands banquets avec repas du terroir. « Mais nous avons conservé cet objectif qui a motivé la première édition : apporter la fête dans une région où il n'y en avait plus beaucoup. Ainsi, chaque année, l'ouverture du festival se fait dans un village du haut Allier, avant de revenir à Saugues les deux jours suivants. »
Festival Celte en Gévaudan - ✆ 04 71 77 71 30 - www. festivalengevaudan.com.

©Celtica Pipes Rock/Festival celte en Gévaudan

accueille des pèlerins et randonneurs dans une ambiance conviviale où règnent le partage et l'échange. Deux chambres et une zone de bivouac pour les campeurs et la possibilité de se restaurer (produits de la ferme, locaux et de saison). À la ferme poussent des plantes aromatiques et médicinales, alors profitez-en pour faire le plein d'herbes et infusions séchées.
L'Arche de Gabriel - le Bourg - ✆ 04 71 74 03 09 - larchedegabriel.wixsite.com/monsite - 25 €/pers. - ☕ 6 € - pique-nique 6 €/pers., repas 12 €.

FAIRE LA FÊTE

Vabres : Journée de la poterie. À Vabres, petit hameau de la commune d'Alleyras, l'activité de poterie a été dynamique jusqu'au début du 20e s., avant de dépérir et lentement disparaître. Tous les ans fin juillet, une association fait revivre ce savoir-faire traditionnel en organisant ce petit festival convivial autour duquel est venu se greffer un marché de producteurs locaux. Ambiance festive dans l'ancienne école : expositions, ateliers et démonstrations que vient clôturer un grand repas champêtre.
www.vabres.net

Cayres : qui dort dans les bois ? Même sans avoir une âme de coureur des bois, vous apprécierez cette sortie ludique autour du lac du Bouchet, à la recherche des empreintes de mammifères vivant dans les bois et venant s'abreuver sur les rives. Une autre manière de voir la nature, à la loupe, et d'apprendre à décrypter les comportements de nos amies les bêtes.
Les mammifères à la loupe - ✆ 04 71 00 82 65 - en oct., se rens. sur les dates.

LA MARGERIDE CANTALIENNE

Pays de plateaux vallonnés, la Margeride est couverte d'immenses pâtures parsemées de bois de pins, de sapins et de bouleaux. Le sol est hérissé de rochers de granite qui, sous l'action de l'érosion, sont devenus colonnades, obélisques, blocs arrondis, faisant de ce pays une terre de légende...

DEPUIS CLERMONT-FERRAND : en évitant l'autoroute, 111 km pour rejoindre St-Flour par la D909.

VENIR EN TRAIN

- **De Clermont-Ferrand, le TER direct (1h25) ou avec correspondance permet de rejoindre St-Flour. La ligne de bus 123 relie St-Flour à Ruynes-en-Margeride (www.auvergnerhonealpes.fr, onglet « Transports »).**

BONS PLANS

- **Pour organiser votre séjour : www.pays-saint-flour.fr.**
- **Pour enrichir votre séjour, consultez le site Internet de l'écomusée de la Margeride, qui organise des animations sur ses différents sites : www.ecomuseedemargeride.fr.**

LOUER UN VÉLO

ST-FLOUR

Cantal Cycles
16 av. du Commandant-Delorme - ☏ 0 71 60 33 25 - fermé lun. Ce magasin spécialisé loue des VTT (de 15 € la 1/2 j. à 79 €/sem.) et VAE (35 €/j). Réservation conseillée. Casque et kit de réparation fournis.

ODrachenko/Getty Images

VOIR

St-Flour : porte d'entrée de la Margeride cantalienne. Dressant vers le ciel les tours carrées de sa cathédrale, elle semble garder la grande voie menant du Languedoc à l'ancien royaume de France. Cette ville consulaire et épiscopale a perdu de sa pompe mais a gagné en charme et en dynamisme. Il y a la ville basse, avec la cathédrale St-Pierre, et la ville haute, avec ses musées dédiés à l'histoire du pays. Dans la ville haute, on se balade dans des petites rues sympathiques : la rue Marchande et ses vieilles maisons remarquables ou encore la rue du Thuile-Haut. Celle-ci rejoint la porte du Thuile qui, au Moyen Âge, était protégée par une double herse et une porte en bois.

Office de tourisme - 17 bis pl. d'Armes - ☏ 04 71 60 22 50 - www.pays-saint-flour.fr - visite guidée.

Alleuze : de faux airs de château écossais. Il n'est guère en Auvergne de lieu plus romantique que celui-ci. Isolées dans les méandres de la Truyère, les ruines féodales du château d'Alleuze se dressent sur une butte rocheuse et dénudée, d'où elles dominent de près de 30 m le plan d'eau formé par la retenue de Grandval, tel un « castle » veillant sur son « loch ». Depuis la sinueuse D40, les vues sont saisissantes. Pour admirer le château de près, laissez votre voiture au village de La Barge et suivez le chemin de croix qui mène à la petite chapelle romane de St-Illide (12e-15e s.). Le château est ensuite accessible à pied (5mn) par un sentier parfois escarpé, offrant en récompense un somptueux panorama sur la vallée de la Truyère. Le site est féerique lorsqu'il est mis en lumière.

Site du château d'Alleuze - ☏ 04 71 60 22 50 - accès libre - visite guidée nocturne en été - mise en lumière juil.-août : tlj de la tombée de la nuit jusqu'à 1h ; juin, sept. et vac. scolaires : vend.-dim. de la tombée de la nuit jusqu'à 23h.

Ruynes-en-Margeride : un jardin pour tout comprendre. Surplombant le village, une tour médiévale, vestige de l'ancien château de Ruynes, semble veiller sur l'évolution du jardin de St-Martin qui l'entoure. Dédié à la découverte des milieux naturels de la Margeride, il est soigneusement entretenu par un passionné de botanique et évoque les différentes formes que prend la nature en Margeride : frênaie, landes, prairie, espace rocaille, roseraie, pépinière, pinède, hêtraie sapinière, tourbière, etc. Le jardin des simples fait revivre l'agriculture d'autrefois en présentant des variétés appartenant à la tradition locale. Une visite incontournable pour apprendre à décrypter les paysages de la Margeride et les contraintes de la vie rurale.

Écomusée de Margeride - ☏ 04 71 23 43 32 - ecomuseedemargeride.fr - juil.-août : 10h-12h30, 14h30-18h30 ; juin et de déb. à mi-sept. : 14h30-18h30 - fermé sam. - 4 € (-18 ans 3 €) ; 8 € pass 3 sites écomusée de Margeride.

RENCONTRE AVEC…

Anaïs Freintrenie, médiatrice de l'écomusée de Margeride

Clémence Fontille, institutrice du hameau de Signalauze de 1906 à 1932, a tant marqué les mémoires qu'après la fermeture de l'école en 1983, l'écomusée a décidé de transformer les classes en musée de l'école des années 1930 et lui donna son nom. « Cette institutrice a eu une carrière longue dans une même école » évoque Anaïs Freintrenie, médiatrice de l'écomusée de Margeride. « L'idée, à travers elle et tous les objets que nous avons pu retrouver, est de faire revivre l'école de la IIIe République : celle de la morale, des leçons de choses, mais aussi des punitions et des jeux de la récré. » Vêtus de leur blouse en coton, les visiteurs plongent dans un univers loin de leurs repères actuels. « En 1930 l'électricité n'arrivait pas partout. Ici à la campagne, il y avait une seule ampoule par classe et l'école était mixte. Garçons et filles parcouraient souvent plusieurs kilomètres chaque jour pour venir. » C'est tout cela que l'on découvre à travers les diverses animations programmées l'été : rando sur le chemin des écoliers, dictée avec belles images pour les plus méritants et, pour les autres… atelier bonnet d'âne !

École de Clémence Fontille - Signalauze - ✆ 04 71 23 43 32 - ecomuseedemargeride.fr - jeu., vend., dim. 14h30-18h30.

Loubaresse : douce évocation du passé. Au cœur du village de Loubaresse, cette « maison du paysan » permet au visiteur de découvrir la vie d'une famille margeridienne à la fin du 19e s. On pénètre dans la salle commune qui faisait office de cuisine, salle à manger et chambre (lits clos), chauffée par le *tchantou* (cheminée) pendant les veillées d'hiver ; au fond de la pièce, on découvre la souillarde où s'effectuaient les travaux humides. La chambre commune et la chambrette (destinée au fils aîné et à son épouse) se trouvent au premier étage. La visite se poursuit par l'enclos, aux haies de sureau et d'aubépine, abritant le bûcher, le four à pain et le rucher, la soue à cochon et le hangar, puis le jardin potager et le verger. Vous pourrez admirer, sous le hangar, la cabane montée sur un char dont se servait le berger lors de la transhumance.

Ferme de Pierre Allègre - ✆ 04 71 23 43 32 - ecomuseedemargeride.fr - visite guidée (1h) de mi-juin à mi-sept. : 14h30-18h30 - fermé sam. - 4 € (enf. 3 €) ; 8 € pass 3 sites écomusée de Margeride (ferme, école et jardin).

Auvers : un musée pour la mémoire. À l'entrée d'une vaste clairière, situé près de la maison forestière du mont Mouchet qui servit de quartier général aux FFI d'Auvergne, le musée regroupe des documents et des photos d'époque sur la Résistance auvergnate. En 2009, pour sensibiliser la jeune génération à l'importance de l'histoire de cette période, la muséographie a été en partie repensée en y incluant une bande dessinée racontant l'histoire de deux enfants, Lucien et Pierrot, que le destin entraîne au mont Mouchet. Une vidéo de témoignages d'anciens résistants vient compléter la visite. À proximité du musée, un imposant monument national dédié au maquis et à la Résistance a été érigé, en souvenir de ces mémorables combats.

Musée de la Résistance du Mont-Mouchet - ✆ 04 71 74 11 91 - gorgesallier.wixsite.com/musee-mont-mouchet - juil.-août : 10h-13h, 14h-18h ; de fin avr. à fin juin et de déb. sept. à déb. oct. : tlj sf lun. 10h-12h30, 14h-18h - 6 € (-18 ans 3 €).

C. Sappa/De Agostini Editore/age fotostock

BOUGER

Ruynes-en-Margeride : sujet au vertige, passez votre tour ! Aux portes du village, ce grand parc aventure attire invariablement les familles amatrices de sensations fortes et d'adrénaline. Si les parcours accrobranche initiation et jeune âge sont semblables à beaucoup d'autres, c'est surtout la centaine d'ateliers dans les airs qui séduira ceux qui ne craignent pas le vertige. Et pour aller plus loin : les lignes de tyroliennes géantes, avec leurs 1500 m cumulés au-dessus de la rivière, culminant à 40 m dans le vide à certains endroits, finiront de combler les plus aventureux. Possibilité également de louer quelques vélos ou des ânes pour une balade plus... terre à terre.
Margeride Aventure - ✆ 06 07 35 13 53 - www.margeride-aventure.com - juil.-août : 10h-19h ; avr.-juin, sept.-oct., vac. printemps et Toussaint : 14h-17h ; nov.-mars sur réserv. selon la météo - accrobranche 10/22 € selon le parcours, tyroliennes géantes 20 € (12 ans mini), location d'âne 30 € ; location de VTC 35 €/j., et VTT AE 50 €/j.

Val d'Arcomie : comme une journée à la mer. La retenue d'eau du barrage du Mallet est évidemment propice à la pratique des sports nautiques. Pédalo, kayak, planche à voile, paddle, dériveurs et catamarans se croisent allègrement sur les eaux tranquilles des gorges de la Truyère avec leurs décors de rêve. Le lac d'une trentaine de kilomètres de longueur est bordé de collines verdoyantes et de hautes falaises, ponctué d'îles et creusé de méandres : on s'improvise contemplatif en se laissant porter au gré du vent et des courants. Les plus paresseux pourront lézarder sur la plage (baignade surveillée en été).
Base de loisirs de Garabit-Mallet - ✆ 06 98 45 51 48 - www.basedeloisirs-garabit-mallet.com - ouv. Pâques-Toussaint : merc.-dim. 10h-18h ; juil.-août : tlj 10h-19h - paddle et pédalos 10 €/h ; dériveurs et catamarans 18/22 €/h ; kayak 7 €/h ; canoë 7/18 €/h selon la taille.

La Margeride par les sentiers buissonniers. En complément de la visite de l'école Clémence Fontenille *(voir « Rencontre avec... »)*, partez suivre le parcours qu'empruntaient les élèves venant des hameaux alentour. Le parcours est balisé par des piquets de granite et fait une boucle de 5 km autour du château de Ligonès, donnant un bel aperçu des paysages bucoliques autour de Ruynes-en-Margeride mais attention... au loin la cloche pourrait bien sonner le début de l'école !

Le belvédère de Mallet.

FAIRE UNE PAUSE

Belvédère de Mallet : belle vue, belle plage. Garez-vous après un virage prononcé à gauche pour apprécier une belle vue panoramique. Situé à 832 m d'altitude, le belvédère domine le paysage et notamment la vallée de la Truyère et le barrage de Grandval, le plus grand d'Auvergne. La retenue d'eau est joliment mise en valeur par les hauteurs boisées verdoyantes qui l'environnent et détonnent avec le rouge du viaduc de Garabit. En contrebas du belvédère, la plage de Mallet accueille en été de nombreux baigneurs et une base de loisirs *(voir p. 259)*.

Chaliers : du neuf avec de l'ancien ! Belvédère sur la vallée de la Truyère et les monts de Margeride, le village de Chaliers, construit sur une crête tout en longueur, paraît avoir été touché par la grâce. Entièrement restauré en matériaux locaux, il a bénéficié du concours d'architectes (cabinet Simon Teyssou) qui lui a permis, en 2016, de représenter la France à la 15e Biennale d'architecture de Venise. Diverses réalisations, où la pierre volcanique et l'acier font bon ménage, se découvrent au fil de la visite. Les maîtres mots ? Sobriété et intégration dans le paysage. Un pari réussi.

Auvers : un selfie avec la bête. Près de l'église, un bloc de granite supporte une monumentale statue en bronze représentant la légendaire bête du Gévaudan, qui fut abattue non loin du village, le 19 juin 1767, par un certain Jean Chastel. À caresser sans modération.

Viaduc de Garabit : comme un brouillon de la tour Eiffel. Depuis 1884 il franchit l'Allier entre les communes de Ruyne-en-Margeride et Val d'Arcomie. Prenez le temps de vous arrêter pour admirer cet ouvrage conçu par Léon Boyer et construit par Gustave Eiffel. Repeint en rouge (sa couleur d'origine), il tranche sur le vert des versants encaissés, tantôt couverts de bois, tantôt hérissés de rochers. La construction du viaduc ferroviaire permit de relier Paris à Béziers, désenclavant le Massif central. Surtout, il permit à Gustave Eiffel d'acquérir l'expérience qui lui sera nécessaire à l'érection de la tour Eiffel quelques années plus tard. À la nuit tombée, le viaduc s'illumine et prend une allure encore plus admirable (juin-août, jusqu'à 1h). Depuis l'achèvement du barrage de Grandval, l'eau atteint les piles de soutènement de l'ouvrage, qui domine encore de 95 m le niveau maximal de la retenue.

Val d'Arcomie : qui relèvera le défi ? Autour du petit hameau bien nommé de La Roche, des formations granitiques ont pris au fil du temps et de l'érosion des formes parfois cocasses. Comme cette énorme boule, semblable à un galet de plage géant, dont le poids est estimé à près de 400 t ! Pourtant une simple pression de la paume de la main, à un endroit précis, parvient à la faire trembler. Saurez-vous trouver le point de bascule ? Le site, champêtre, se prête très bien aux pique-niques, d'autant qu'il est illuminé les soirs d'été (de la tombée de la nuit jusqu'à 2h).

DÉGUSTER

Alleuze : l'auberge du château. Dans ce restaurant installé sur les hauteurs d'Alleuze, le jeune chef créatif ravit nos papilles avec des produits locaux et renouvelle les saveurs du terroir cantalien.
Auberge du château d'Alleuze - La Barge - ✆ 04 71 60 92 61 - www.auberge-chateau-alleuze.fr - fermé lun.-merc. hors saison et lun. en saison - formule déj. 14,50 €, menus 27/33,50 €.

Loubaresse : fromage du terroir. La ferme aux fromages se visite d'abord pour ses vaches,

destillat/iStock

évoluant en liberté et se nourrissant d'herbe et de céréales. Rendez-vous ensuite dans une ancienne dépendance, où est mise en scène une belle collection de véhicules utilitaires : tracteurs, batteuses... ainsi que des machines-outils de différentes époques, dont de nombreux moulins à grain encore en état de fonctionnement. Après cet aperçu de la vie dans les champs au siècle dernier, on passe au vif du sujet : la ferme aux fromages produit plusieurs spécialités locales, notamment le bleu d'Auvergne, le cantal et le saint-nectaire. Pour faire le plein de provisions gourmandes.
La ferme aux fromages - lieu-dit Charmensac - ✆ 04 71 73 71 40 - www.lafermeauxfromages.com - boutique : tlj sf dim. 8h-20h ; visite de la ferme Pâques-Toussaint : tlj sf w.-end et j. fériés 14h-17h.

Loubaresse : au bon miel des abeilles. Cette exploitation apicole ouvre ses portes pour une incursion instructive et ludique dans la vie des abeilles. Les enfants apprécieront en particulier la ruche vitrée, permettant de voir tout ce qui se passe dans ce qui est habituellement caché aux regards. Après une démonstration de récolte du précieux nectar, on passe à la dégustation de miel et de pâtisseries. Vente directe des produits (miel, gelée royale, pain d'épices, cosmétiques...).
Les ruchers de la Margeride - ✆ 04 71 73 72 05 - mar.-vend. 9h-17h.

Ruynes-en-Margeride : la maison où il faut se placer. Situé sur l'aire de repos de Garabit, on retrouve à la maison du Cantal tous les bons produits du terroir, issus de producteurs locaux et souvent bio. Fromages, charcuteries ou plats cuisinés en conserve mais aussi miel, artisanat... N'hésitez pas à vous attarder car, même si le bâtiment de paye pas de mine, ses baies vitrées et sa terrasse offrent une vue directe sur le viaduc, particulièrement appréciable le temps d'un café ou d'une pause déjeuner.
La maison du Cantal - ✆ 06 76 76 53 94 - www.airedegarabit-eiffel.fr - ouv. tlj - menus 5,90/15,90 €.

St-Flour : un chef inspiré. Ici, on joue souvent à guichets fermés. Les raisons du succès

de ce petit restaurant, situé dans la ville haute : une ambiance conviviale et une généreuse cuisine du terroir, inventive, utilisant des produits frais.
Chez Geneviève - 25 r. des Lacs - ✆ 04 71 60 17 97 - www.restaurant-saint-flour.com - tlj en juil.-août ; hiver : fermé dim.-lun. et merc. soir - menu 28 €.

Anglars-de-St-Flour : un instant gastronomique. Les produits du terroir sont à l'honneur dans cet élégant restaurant où le chef Vivien Vacher met un point d'honneur à sublimer ses racines locales à travers des recettes qui revisitent les grands classiques : pounti auvergnat, ravioles au bleu… Gardez une place pour le plateau de fromages, particulièrement garni ! Et profitez de la jolie vue sur le grand parc impeccablement entretenu.
La Méridienne - ✆ 04 71 23 40 53 - www.hoteldelameridienne.com - menus 26/36 €.

St-Flour : l'Auvergne sur un plateau (de fromages). Vous trouverez dans cette crémerie un grand choix de fromages d'Auvergne AOP provenant directement du producteur, mais aussi des produits cantaliens, lentille blonde de St-Flour, pois de la Planèze, jus de pommes et cidre de la haute Auvergne, confitures, et un accueil souriant !
Crémerie des Lacs - 53 r. des Lacs - ✆ 04 71 60 08 20 - 9h-12h30, 14h30-19h, dim. et j. fériés : 9h-12h30 - fermé lun.

DORMIR AU CALME

Ruynes-en-Margeride : camping panoramique à deux pas du village. Situé à moins de 500 m du bourg, ce petit camping jouit d'une situation stratégique si vous êtes avec des enfants : il jouxte la piscine municipale, avec son grand bassin extérieur ! En fond de toile : la chaîne de montagnes du Cantal, dont on profite depuis chaque emplacement d'une jolie pinède où se nichent quelques chalets et cabanes en bois pour ceux qui souhaiteraient un peu plus de confort que sous la tente.
Camping Le Petit Bois - ✆ 04 73 93 60 00 - www.revea-vacances.fr/etablissements/le-petit-bois - forfait empl., 2 pers. et véhicule 15/21 € selon la saison ; cabanes 25/35 € à la nuitée ou 160/190 €/sem.

Clavières : à la bonne franquette. Venez camper ou installer votre camping-car en toute simplicité sur ce vaste terrain en lisière de la forêt de Margeride. Le nombre d'emplacements est limité à six, de sorte que le calme est assuré et que les quelques campeurs jouissent de tout l'espace. Les équipements sont minimalistes mais suffisants le temps d'une étape.
Camping à la ferme - lieu-dit Chirols - ✆ 04 71 23 45 50 - fermé de mi-oct. à mi-juin - forfait empl., 1 adulte et 1 véhicule 6,50 €, puis 3,50 €/adulte et 1,80 €/enf.

Ruynes-en-Margeride : séjour paisible à la campagne. À l'ombre des grands pins, cette ancienne ferme joliment réaménagée est parfaitement située pour découvrir la région. Le grand jardin prolongé par les pentes des collines alentour, la façade en pierre et la piscine couverte sont déjà une belle mise en bouche à l'arrivée. On apprécie ensuite le confort et la sobriété des chambres, autant que le petit salon au coin du poêle dans la grande salle commune.
Les Volpilières - lieu-dit Trailus - ✆ 04 71 23 48 31 - lesvolpilieres-chambresdhotes.fr -

La Margeride cantalienne.

Le viaduc de Garabit.
G. Lenz/Arco Images/age fotostock

- fermé Toussaint-Pâques - 4 ch. 64 € - table d'hôtes 17 €/pers.

Val d'Arcomie : une auberge comme dans le temps. Il semble que peu de choses aient changé en près de trois siècles dans cet ancien relais de diligences. Les grandes tablées de bois massif, l'odeur des soupes maison qui flotte dans l'air, le chaudron sur sa crémaillère, dans une cheminée où le feu crépite toujours sous la potée auvergnate... Dans cette atmosphère hors du temps, authentique et conviviale, on se régale de charcuteries artisanales, de viandes à la broche et d'aligot. Les produits sont toujours locaux et de saison, alors ne manquez pas les spécialités comme le pounti, un petit farci de viandes et d'herbes, ou les omelettes aux champignons du moment. Une réussite ! À l'étage, les chambres d'hôtes se veulent confortables et plus contemporaines.
L'auberge paysanne - La Bessaire-de-Lair - 04 71 73 71 11 - tomvalaix.wixsite.com/auberge-paysanne-a75 - avr.-Toussaint : tlj sf merc. et dim. soir (ouv. merc. en juil.-août - fermé le reste du temps - 12h-14h30, 19h-20h30 - menus 21/30 € - chambre d'hôtes 60 €.

FAIRE LA FÊTE

Ruynes-en-Margeride : ils sont fous ces chevaux ! Chaque année, en juillet-août, Diego n'Co présente une nouvelle création où chevaux, ânes et poneys évoluent dans des numéros de dressage, de liberté et de voltige. Disciplines équestres et prouesses acrobatiques inspirées des spectacles de cirque anciens ; véritable scène de théâtre en plein air... Un pur moment d'émotion et de bonheur.
Diego 'n Co - La Plenne - diego-n-co.fr - juil.-août 20h30, se rens. sur le site Internet pour les dates de représentation, réserv. obligatoire - adulte 15 € (3-10 ans 12 €).

St-Flour : faire la fiesta ! La Fiesta del Païs, le premier week-end d'août, est une grande fête annuelle du monde rural et de l'agriculture de montagne : démonstration de traite, chasse et pêche, battage à l'ancienne, marché bio, etc.
Festa del Païs - www.pays-saint-flour.fr.

LES MONTS DU CÉZALLIER

Un charme étrange se dégage des vastes pâturages du Cézallier dont les bords du plateau s'abaissent lentement avant d'être entaillés par des vallées encaissées. Au printemps, les tapis de narcisses et de jonquilles cèdent la place à un désert vert, piqueté de burons et de rares villages. L'été, des centaines de bêtes viennent à l'estive, la « rouge » (vache salers) à leur tête. Un paradis pour amateurs de grands horizons.

DEPUIS CLERMONT-FERRAND : en évitant l'autoroute, 63 km pour rejoindre Ardes par la D978 et 100 km pour rejoindre Allanche.

VENIR EN TRAIN

- **De Clermont-Ferrand, un TER relie à Issoire (env. 35mn), ensuite une voiture sera nécessaire.**

BONS PLANS

- **Pour organiser votre séjour : www.hautesterrestourisme.fr.**
- **Pour découvrir le Parc : www.parcdesvolcans.fr**

LOUER UN VÉLO

ALLANCHE

Office de tourisme

La Gare - ✆ 04 71 20 48 43 - www.hautesterrestourisme.fr. Location de vélos à assistance électrique (35 € la 1/2 j. ou 50 €/j), casque et antivol fournis. Le vélo peut être apporté et récupéré (5 €).

VOIR

La Godivelle : escapade dans les tourbières. À 1200 m d'altitude, cette réserve naturelle au nom gaulois de marécage fait partie des quelque 377 tourbières recensées en Auvergne. Elle s'étend sur 24 ha et se compose de deux parties : l'une localisée autour du lac d'En-Bas de La Godivelle, et l'autre, plus petite, sur la zone de la Coualle Basse, 1 km plus loin. Une faune et une flore uniques y cohabitent, et de nombreuses espèces sont aujourd'hui protégées. Créée en 1975, la réserve est gérée par le Parc naturel régional des Volcans d'Auvergne et son accès fait l'objet d'une réglementation précise. Un code de bonne conduite est à adopter pour en découvrir et en apprécier les richesses. La Maison de la Réserve abrite une exposition consacrée au site et organise des sorties accompagnées sur le terrain. Un sentier de randonnée (4h AR) traverse les tourbières, gagne le point de vue de Brion et rejoint Lassy par les estives avant de revenir vers la Godivelle.

Maison de la Réserve naturelle des Sagnes de la Godivelle - pl. de l'Église - ✆ 04 73 71 78 12 - www.parcdesvolcans.fr - juil.-août : 14h-18h - balade nature et culture (à la découverte des mystères de La Godivelle, 2h) mar. 10h - visite guidée de la tourbière de la Plaine Jacquot jeu. 10h (à la rencontre des oiseaux du Cézallier), sam. 10h (secrets des fleurs sauvages des tourbières et prairies de montagne) et dim. 15h.

Ardes : un engagement avec réserve. Ce parc de 25 ha se présente de prime abord comme un zoo classique, avec ses 65 espèces d'animaux (singes capucins, zèbres, hippopotames, lions, etc.) répartis dans leurs enclos au gré du parcours découverte. Mais c'est aussi le seul zoo d'Europe spécialisé dans la faune des sommets du monde, et qui permet d'observer de près des lamas, bouquetins, panthères des neiges, lynx et autres ours noir du Tibet. Depuis quelques années le parc s'est engagé auprès de

Réserve naturelle des Sagnes de la Godivelle.
L. Bertrand/age fotostock

nombreuses associations et reverse une partie de ses bénéfices à des programmes de sauvegarde des espèces menacées. Une expérience riche et ludique qui permet aussi de prendre conscience du danger qui plane sur de nombreuses espèces à travers le monde.
Parc animalier d'Auvergne - ✆ 04 73 71 82 86 - www.parcanimalierdauvergne.fr - horaires sur le site Internet - 18 € (3-10 ans 10 €).

Blesle : opération séduction. Maisons à pans de bois, donjon, encorbellements, portes sculptées, riches demeures anciennes... Préservée des vicissitudes de l'Histoire grâce à son isolement, Blesle vous permettra de plonger dans plus de dix siècles d'histoire. Un passé qui lui vaut de posséder un ensemble remarquable de maisons de chanoinesses, ainsi qu'une église sans clocher et un clocher sans église... Les jardins et vergers environnants, la Voireuse qui traverse le village, l'un des plus beaux de France, la proximité des gorges de l'Alagnon ajoutent au charme des lieux.
Office de tourisme - pl. de l'Église - ✆ 04 71 74 02 76 - www.gorges-allier.com.

BOUGER

Parrot : à l'assaut du volcan. Au départ de Parrot court un sentier de randonnée (balisage difficile, pensez à prendre une carte) qui grimpe à travers les estives jusqu'au Signal du Luguet. Ce volcan, qui fut sans doute le plus important du massif, culmine à 1551 m, ce qui en fait le point le plus élevé du Cézallier. Couronné de résineux, il se détache à peine de l'horizon des plateaux, offrant un panorama sur les monts Dore, le Cantal et la Margeride. Au milieu des gentianes, on distingue les vestiges d'une cheminée volcanique phonolithique.

Apchat : sonnez la cavalerie ! Si les monts Cézallier vous paraissent un peu ardus à pied ou à vélo, ou simplement si vous souhaitez parcourir autrement les panoramas sauvages de la région, gagnez cette petite ferme équestre, qui élève des chevaux taillés pour le climat et le relief locaux. Endurants et le pas sûr, ils vous mèneront, selon vos envies et votre niveau, pour quelques heures ou une journée, à la découverte de splendides espaces naturels. Pour que les plus petits puissent suivre, les écuries comptent également quelques poneys.
Centre équestre de Zanières - ✆ 06 50 34 69 04 - www.cezallier-cheval.fr - 17 €/h.

Landeyrat : attention au départ ! Moyen de locomotion utilisé autrefois par les ouvriers pour entretenir et surveiller les voies de chemin de fer, la draisine constitue aujourd'hui un moyen de transport insolite pour parcourir les plateaux du Cézallier. Au départ des gares de Landeyrat et Allanche, on part vers Lugarde d'un côté ou Moissac de l'autre. Au total, un peu plus de 30 km de voie de chemin de fer ont été aménagés et proposent 6 parcours différents de 6 à 23 km. Si vous avez peur de vous fatiguer, sachez que des vélorails à assistance électrique sont disponibles moyennant un supplément.
Vélorail du Cézallier - ✆ 04 71 20 91 77 - www.velorailcantal.com - avr.-oct. : w.-end ou sur réserv. ; juil.-août : tlj - 26/50 € le vélorail selon le parcours souhaité ; vélorail avec assistance électrique + 10 € ; panier-repas sur réserv. 12 €/pers.

Vélorail du Cézallier.

LES MONTS DU CÉZALLIER VUS PAR…

Jessica, auteure du blog Mes ptits bouts du monde

« La petite cascade du Bois de Chaux semble de prime abord toute simple et pourtant elle a un pouvoir d'attraction sur moi. Car ce qui me plaît le plus dans les cascades, ce sont celles qui invitent à la baignade. En plein été, quand le soleil est chaud en ces terres montagneuses, j'aime me jeter dans les eaux vivifiantes des rivières fraîches et des cascades ! Quand j'arrive sur place, je l'observe depuis le petit pont pour une vue d'ensemble, puis, après une douche naturelle en son cœur bouillonnant, je vais toujours jeter un coup d'œil depuis le haut de la cascade grâce à un minuscule chemin d'accès. Il faut rester prudent car les pierres sont glissantes. Je continue ensuite ma balade en direction de sa grande sœur, la cascade d'Entraigues, qui plonge de 18 m dans un cirque de basalte. En toute saison elle m'enchante. Ici le bassin est encore plus grand pour quelques brasses glacées qui éveillent le corps et l'esprit. Mais c'est à l'automne, lorsque les couleurs éclatantes de rouge et d'or illuminent le lieu, que la cascade est encore mieux mise en valeur… Je ne saurai dire laquelle des cascades est ma préférée. Toutes deux me ressourcent et sont mon rituel bien-être en Auvergne. »

FAIRE UNE PAUSE

Cascade de la Terrisse : un petit bijou entre Allanche et Anzat-le-Muguet. À partir de la D39, pour accéder à la cascade de la Terrisse, passez La Jarrige et poursuivez jusqu'à La Terrisse. La Sianne se jette d'une hauteur de 20 m sur une coulée de basalte, le long de très belles orgues. Cette cascade, dont l'accès a été sommairement aménagé par la mairie et l'association Cézallier-Vallée de la Sianne, est méconnue. C'est pourtant l'une des plus belles du Cantal. Avec un peu de chance, vous apercevrez un drôle de pêcheur : le héron cendré. Le long du sentier qui y mène, pousse une espèce protégée, le lys martagon.

Lac de la Landie : un lac inspirant. Perché à 1036 m d'altitude, ce lac naturel offre un cadre reposant de pâturages et de bois. La nature qui l'entoure vous donnera peut-être envie de saisir vos pinceaux. L'endroit attire particulièrement les pêcheurs, qui attrapent notamment des poissons de « grand sport » (de type saumon et omble), introduits dans les eaux du lac en 1991. *Lac de la Landie - lalandie.free.fr.*

Cascade des Veyrines : pique-nique au frais. Rapidement rejointe depuis les Prades par la D679, la petite cascade des Veyrines se démarque par sa facilité d'accès. Un parking est aménagé et quelques minutes de marche suffisent pour y arriver, et l'on est tout aussi rapidement conquis par la magie qui se dégage des lieux. Elle est particulièrement fréquentée l'été pour sa fraîcheur et son cadre agréable (pique-nique possible sur le petit replat devant la chute d'eau). La cascade est également très bien visible depuis le vélorail de Landeyrat *(voir p. 266)*.

DÉGUSTER

Brion : resto L'Écir et l'Angélique. Cette charmante ferme rénovée éveillera vos papilles avec sa cuisine du terroir. En plus des menus, des formules sont servies à toute heure pour les petites faims. Accueil exquis par Hélène, qui officie en cuisine tandis qu'en salle, on patiente en tâchant de prendre ses repères dans ce

petit univers loin de tout : nappes en coton bio, biscuits et infusions maison, une collection de plantes que Jean va cueillir la nuit dans des coins connus de lui seul pour agrémenter les plats et les sauces servis généreusement, à la bonne franquette. Car on peut venir ici pour manger, mais on s'y attarde surtout pour apprendre, rencontrer, échanger...
☏ 06 86 97 82 47 - www.ecirangelique.fr - vend.-lun. 12h-18h - fermé nov.-mars - 17/23 €.

Allanche : dans une cabane de berger. Comme tous les burons traditionnels, celui-ci brille en premier lieu par la beauté du panorama qu'il offre sur les montagnes alentour, et la terrasse est un excellent choix pour le déjeuner. À l'intérieur on profite de la belle restauration du bâtiment, dans le respect des vieilles pierres et poutres. Les plats typiquement auvergnats sortent fumants des cuisines en portions généreuses : pavé de bœuf au bleu, jambon d'Auvergne, planches de charcuterie... Accueil chaleureux et bon choix de vins du pays. La salle n'est pas bien grande et se remplit vite en saison, la réservation est donc vivement recommandée.
Le Buron des Estives - ☏ 04 71 20 47 82 - www.burondesestives.com - tlj sf lun. soir - fermé dern. sem. de nov.-mi-déc. - menus 26/35 €.

Blesle : un marché pour les locavores. Les producteurs locaux se réunissent à Blesle les vendredis soir d'été à partir de 17h. Une vingtaine de stands proposant des variétés de fromage du pays, miel, légumes, bières artisanales... mettent ainsi en valeur les trésors gastronomiques locaux, le tout dans une ambiance musicale et festive.

Blesle : une bière au goût de tourbe. Charlie fait volontiers visiter sa brasserie qui tire son nom de la rivière. Il vous y propose la Damoiselle, une bière blonde, ambrée, brune et même tricheuse – tout un programme... –, aux saveurs de tourbe. Venez la découvrir !
Brasserie de l'Alagnon - La Bonale - ☏ 04 71 74 18 90 - www.brasserie-alagnon.fr - mer.-vend. 10h-12h, 15h-18h, sam. 15h-18h.

Blesle : saisons à la carte. Le chef Dominique Dubray met un point d'honneur à travailler essentiellement des produits locaux : lentilles du Puy, viande de Salers, chèvre de la ferme... Les recettes traditionnelles sont revisitées et arrangées à sa façon. On se régale dans la salle ou bien sur la terrasse, aux beaux jours.
La Bougnate - pl. du Vallat - ☏ 04 71 76 29 30 - www.labougnate.fr - fermé lun.-mar. - formule déj. 15 €, menus 26/38 €.

Saint-nectaire.
J. Boulay/hemis.fr

Condeval : goûtez au (saint) nectar des montagnes ! Venez assister à la traite et à la fabrication du saint-nectaire, fromage emblématique des monts Dore, fabriqué dans cette ferme appartenant à la même famille depuis 200 ans. La dégustation est l'occasion d'échanger autour de la façon traditionnelle et des problématiques actuelles de l'agriculture. Parmi les autres produits de la ferme : du yaourt de lait, du miel ou de la cire d'abeille. Mais la vraie fierté de la nouvelle génération aux commandes, c'est le « petit saint-nectaire », d'un diamètre de 13 cm au lieu des 19 cm traditionnellement admis. Un format qui lui permet de conserver l'AOP et qui séduit immanquablement les randonneurs !
La ferme de Condeval - ☏ 06 83 62 51 72 - visite de la ferme (1h) lun.-vend. à 9h30 sur réserv.

DORMIR AU CALME

Landeyrat : dormir comme une fleur. Imaginez une puissante bâtisse sur un plateau où le regard porte au loin – nous sommes à 1100 m d'altitude ! –, un endroit où vécut l'abbé de Pradt, l'aumônier de Napoléon. Un parc d'1 ha où abondent les hêtres et les frênes, ainsi qu'une roseraie. Françoise et Philippe, natifs du Cézallier, proposent cinq chambres aux noms de fleurs et l'une des meilleures tables d'hôtes de la région. Certains plats sont cuits dans le four à pain du 15e s. ! Ceux qui préfèrent l'insolite opteront pour le wagon de l'Estive, qui a transporté des marchandises pendant des décennies... Une adresse à retenir.
La ferme des Prades - 06 88 30 79 67 - www.fermedesprades.com - 5 ch. 75/95 €, wagon de l'estive 110 € spa compris - table d'hôtes 25 €/pers.

Mazoires : étape de rando. Outre les 9 chambres et le gîte (pour 15 pers.) aménagé dans une ancienne ferme, cette entreprise familiale comprend une salle de restaurant pleine de caractère. Un mobilier digne des vieux burons trouve sa place entre poutres et pierres apparentes. L'emplacement en altitude, à un peu plus de 1000 m, permet de jouir d'un très beau panorama sur les monts du Cézallier, et l'ancienne ferme est idéalement située à la croisée de nombreux chemins de randonnée.
Auberge de la Baraque d'Aubiat - 04 73 71 74 33 - www.auberge-la-baraque-d-aubiat.com - 9 ch. 48/75 € - 7,50 € - restaurant menus 16/27 €

FAIRE LA FÊTE

Blesle : un apéro en musique. Quelques musiciens de Blesle ont lancé cette idée en 2002 : animer un village autour de la traditionnelle fête du 15 août. Un petit festival en est né, à la programmation éclectique, qui se déroule dans une atmosphère familiale et décontractée et se termine bien sûr avec le bal sous les halles. Le succès a été tel que l'association a soutenu la création sur le même modèle d'un cinéma de plein air, qui tient une séance mi-juillet.
Apéros musique de Blesle - aperos-musique-blesle.com.

Apchat : voyager sans bouger. Le festival « un pays, un film » se tient fin juillet/début août à Apchat en plein air (et à Issoire dans la salle Animatis). Le principe est simple : chaque film ou court métrage projeté doit être consacré à un pays. Des séances sont également prévues pour les enfants. De quoi faire voyager toute la famille sans quitter son fauteuil !
One country one film - sites.google.com/site/onecountryonefilm/ - séance 4 €, pass journée 15 €, pass festival 69 €.

Allanche : défilé bovin. Fin mai, on rejoue la transhumance qui rythmait la vie du pays dans un passé pas si lointain, lorsque les troupeaux entiers de vaches de salers rejoignaient les pâturages du Cézallier, particulièrement autour d'Allanche, pour y passer l'été. Si la vache de Salers reste la star de la manifestation, on y vient aussi et surtout pour rencontrer les producteurs et éleveurs locaux autour du marché de pays. Grand bal en soirée et pique-nique dans les estives le lendemain.
Fête de l'estive - www.allanche.fr.

Le Cézallier en fête. Chaque année la grande fête du Cézallier met à l'honneur un village du Cantal, du Puy-de-Dôme ou de la Haute-Loire. Les producteurs, artistes et artisans de ces trois départements s'y réunissent pour une grande foire, en général mi-juin.
La grande fête du Cézallier - www.cezallier.fr/fete.

La Godivelle : quand l'art s'invite dans le paysage. En 2017, les monts du Cézallier ont cédé à la mode du Land art, qui consiste à laisser les artistes s'exprimer hors du cadre des galeries et à ponctuer le paysage de leurs œuvres. La Godivelle accueille depuis un petit festival qui mobilise quelques dizaines d'artistes amateurs. L'occasion de se dérouiller les jambes en parcourant les 3 km du circuit artistique installé entre juin et septembre et qui relie les deux lacs de la commune de la Godivelle.
Godiv'art - www.godiv-art.fr.

LES GORGES DE LA SIOULE

Née en lisière des monts Dôme, la Sioule, en accélérant son débit, s'enfonce dans le plateau granitique des Combrailles, dessinant ainsi de belles gorges entre Châteauneuf-les-Bains et les abords d'Ébreuil. Les gorges de cette rivière sont dotées d'un patrimoine discret et méconnu, et s'affichent comme un lieu de prédilection pour les activités de randonnée, pêche ou canoë-kayak.

DEPUIS CLERMONT-FERRAND : 50 km jusqu'à Menat par les D2009 et D2144.

VENIR EN TRAIN

- De Clermont-Ferrand, TER jusqu'à Gannat (env. 40mn). Une voiture est ensuite nécessaire.

BONS PLANS

- Pour organiser votre séjour : www.tourisme-combrailles.fr et www.valdesioule.com.
- Attention, avant de vous aventurer sur la Sioule en canoë, informez-vous de la météo, le courant pouvant rapidement s'accentuer.

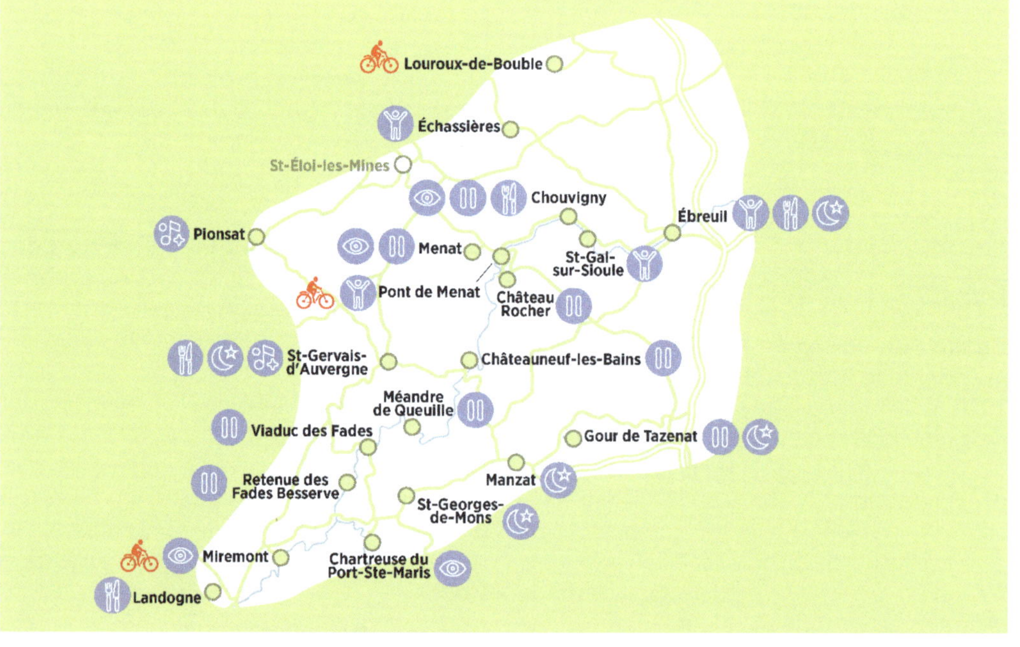

LOUER UN VÉLO

LOUROUX-DE-BOUBLE

Un vélo à la campagne

La Gare - ✆ 04 70 32 72 26 - www.unveloalacampagne.fr - 9h-11h30, 12h30-18h en sais. VTC, VTT, VTT électriques adultes et enfants (16/35 €/j). Prêt de casques, kit de réparation, possibilité de louer à la demi-journée.

MIREMONT

Chez Greg et Sab

Le Bourg - épicerie multi-services - ✆ 04 73 79 70 07 - tlj sf lun. VTT adultes et enfants. Prêt de casques, kit de réparation.

PONT DE MENAT

Sioule Loisirs

✆ 04 73 85 52 87 - www.sioule-loisirs.com - 9h-22h en sais. VTT électriques adultes (25/45 €/j). Prêt de casque, kit de réparation.

Pont de Menat au-dessus de la Sioule.
McPHOTO/F. Scholz/Blickwinkel/age fotostock

VOIR

Menat : à la découverte des fossiles. Ce musée est essentiellement consacré au gisement de Menat, bassin géologique de petite taille (1000 m sur 600 m) remontant au paléocène. Il y a environ 50 millions d'années, un lac s'étendait au fond de ce bassin. Des fouilles ont mis au jour des fossiles, qui attestent la présence de plantes et d'animaux. Une exposition permanente, « La Marche vers l'homme », retrace l'évolution des êtres vivants.
Musée de Paléontologie « Le Gîte à fossiles » - Le Bourg - ✆ 04 73 85 50 29 - juin-sept. : 10h30-12h, 14h-18h30, w.-end et j. fériés 14h-18h30 - fermé mar. - 4 € (-26 ans 2 €).

Miremont : reconstitution de la vie d'antan. Cet espace muséal est établi dans une charmante maison traditionnelle restaurée. Les mannequins qui l'habitent, habillés comme autrefois, nous aident à mieux nous figurer les aspects de la vie et les habitudes de la population des Combrailles au début du 20e s. On ira ainsi à la rencontre du boulanger, des élèves de l'école, parmi tant d'autres. Un petit musée sans prétention, mais pas poussiéreux.
Musée Retour sur le Passé - Le Bourg - ✆ 04 73 79 92 52 - mai-oct. 9h-20h - gratuit.

Chouvigny : château et gorges en parfaite harmonie. À l'entrée des gorges de la Sioule, la route coupe, par une tranchée, un cap rocheux dont la partie gauche, détachée, se nomme le roc Armand. De ce point haut, belle vue, en amont, sur les gorges, en aval, sur le château fort de Chouvigny. Ce dernier, bâti sur un éperon rocheux, très restauré sur des bases médiévales, occupe un beau site dans la vallée, dressant son imposante masse crénelée.
Château de Chouvigny - ✆ 04 70 59 81 77 - www.chouvigny.net - visite guidée (45mn) juil.-août : 14h-18h, dép. ttes les h - 5 € (-4 ans 2 €).

Chartreuse du Port-Ste-Maris : sur les traces d'un ancien monastère. Au fond de la vallée, un site sauvage abrite les vestiges, accrochés à un rocher, de cette chartreuse fondée en 1219 par Guillaume de Montfort. Les bâtiments comportaient une partie basse, réservée

aux frères convers, utilisée par la suite comme moulin, et une partie haute, destinée aux pères. Détruite sous la Révolution, la chartreuse est restaurée par une association de sauvegarde et le service régional d'archéologie.
04 73 26 68 44 - chartreuse-psm.fr/Chartreuse - été : se rens. pour les horaires ; reste de l'année : sur demande préalable.

BOUGER

Pont de Menat : suivre les méandres de la Sioule en canoë. Le vieux pont en dos d'âne, seul point de passage sur la Sioule entre Ébreuil et Châteauneuf-les-Bains autrefois, constitue un point de départ idéal pour la pratique du canoë-kayak. Ces embarcations permettant de descendre les gorges de la Sioule vous placent aux premières loges pour admirer les versants boisés et les châteaux (3 parcours journée proposés, de 8 à 15 km). Aux départs du Parc thermal, de Lisseuil ou du pont de Menat, le rendez-vous est donné à 10h, 10h30 et 11h. Seul impératif : avoir fini son parcours à 18h pour pouvoir bénéficier du retour par la navette. Après l'effort, snack-bar-pizzeria sur place pour se restaurer.
Sioule Loisirs - 04 73 85 52 87 - www.sioule-loisirs.com - avr.-sept. : tlj à partir de 9h30 sur réserv. - formules à la journée ou à la demi-journée 20/30 € - restauration : juil.-août : tlj sf lun. soir et mar. soir ; juin : merc. midi-dim. soir ; avr.-mai et sept. : vend. soir-dim. soir et veille de fêtes - 3/25 €.

Viaduc des Fades : ressentir le frisson sur des rails. Construit par l'ingénieur Virard au début du 20e s., cet ouvrage, d'une longueur totale de plus de 440 m, est l'un des plus hauts viaducs ferroviaires d'Europe. Son tablier métallique est porté par deux piles de granit espacées de 144 m et hautes de 92 m. Il domine la Sioule de 133 m. Le barrage de Besserve s'élève en amont du viaduc. En vélorail électrique, on peut découvrir l'édifice sur un parcours de 15 km AR (durée 2h) au départ de la gare des Ancizes.
Vélorail électrique du Viaduc des Fades - gare des Ancizes-Comps - 06 60 54 33 29 - www.ecoloisirs.fr - réserv. obligatoire - 38 € pour 5 pers. max - juil.-août : départ 9h, 11h, 14h15, 16h15, 18h15 ; avr.-juin et sept.-oct. : départ 14h, 16h.

Échassières : se suspendre de branche en branche. Différents parcours aventure pour tous les niveaux à travers les arbres, aux doux petits noms : Petits renards, Wolframs, Gaolins et les Colettes, Sabotiers, Charbonniers, Mineurs et Tour de Babel. Ils comportent des aménagements pour tous les âges : plate-formes dans les arbres, jeux divers et plusieurs tyroliennes dont certaines survolent le lac. Tous les itinéraires sont sécurisés par une ligne de vie continue. Il est donc impossible pour un enfant de se détacher sans l'aide de l'encadrement.
Accro'sioule - lieu-dit de La Bosse - forêt des Colettes - 04 70 90 78 12 - www.accro-sioule.fr - en été : 10h-19h - 12/22 € - pour des raisons de sécurité, accès réservé aux enf. de plus de 105 cm.

St-Gal-sur-Sioule : suivre le lit de la rivière à cheval. Rien de tel qu'une randonnée à cheval pour renouer avec la nature. Les écuries de St-Gal vous proposent de randonner le long des gorges hors des sentiers battus. Pour les initiés et non-initiés, des guides accompagnateurs garantissent les meilleures conditions de sécurité pour des balades en forêt de quelques heures.
Les Écuries de Saint-Gal - lieu-dit Les Côtes - 06 74 76 85 44 - www.lesecuriesdesaintgal.fr - sur réserv.

Ébreuil : découvrir le château de Chouvigny à cheval. Amusante et paisible, la randonnée à cheval permet au cavalier de porter un autre regard sur le patrimoine local et la nature, avec une véritable complicité du cheval. Le centre équestre d'Ébreuil offre la possibilité d'effectuer une inoubliable promenade encadrée aux alentours du château de Chouvigny.
Hippos - rte de Chouvigny - 06 15 30 26 38 - centreequestrehippos.fr - en juil. : dates sur le site Internet.

Ébreuil : se laisser porter par le courant de la rivière. Expérience inoubliable que cette descente de la Sioule en canoë au départ de

Le château de Chouvigny dans la vallée de la Sioule.
L. Olivier/Photononstop

Menat, St-Gal (Chouvigny) jusqu'à Ébreuil. Pour s'initier au canoë et kayak ou simplement flâner sur l'eau, contempler les rives boisées, se laisser surprendre au détour d'une boucle par le granit de châteaux ou d'éperons rocheux. Possibilité de descendre également en rafting.
Aqua Canoë - ✆ 07 60 84 78 90 - www.canoe-sioule.com - juil.-août : tlj ; reste de l'année : se rens. - à partir de 18 €.

Combrailles : randos au fil de la Sioule. La région des Combrailles a sélectionné et balisé toute une série d'itinéraires de randonnées autour des plus beaux sites des gorges. Parmi ceux-ci : le gour de Tazenat (Les balades de Léa et Tino, 4 km), la chartreuse Port-Ste-Marie (7 km), la ronde du méandre de Queuille (10 km), le pont de Menat (9,5 km), les gorges de la Sioule à St-Gervais (20 km), le Sioulet ou le pont du Bouchet à Miremont (10 km), le plan d'eau des Fades-Besserve (Les balades de Léa et Tino, 5 km), parmi d'autres.
Destination Combrailles - ✆ 04 73 85 80 94 - www.tourisme-combrailles.fr/randonnees-gorges-combrailles.html.

FAIRE UNE PAUSE

Gour de Tazenat : au début de la chaîne des volcans... un maar. Bien connu des pêcheurs qui viennent ici traquer l'omble chevalier, le lac de Tazenat (appelé gour) enchâsse ses eaux bleues dans un cratère volcanique d'origine explosive, un maar, alimenté par le ruisseau de Rochegude. Sa position géographique marque la limite nord de la chaîne des Puys. D'une superficie de 32 ha, sa profondeur, de 70 m en moyenne, atteint parfois 90 m. Hautes de plus de 50 m, ses berges dessinent une forme quasi circulaire.
Au départ de la buvette, un sentier (1h AR) permet d'en faire le tour (de préférence dans le sens contraire des aiguilles d'une montre).

Menat : à la découverte des espèces arbustives. En sortant du bourg de Menat en direction de St-Éloy, tournez à gauche en direction de Piogat pour venir visiter ce petit arboretum forestier créé en 1979. Vous apprendrez, grâce à des supports d'information, à reconnaître séquoias, ginkgos, pins, épicéa, douglas, thuyas, chênes rouges, frênes...
Arboretum du bois des Brosses - Piogat - ✆ 04 73 52 72 72 - www.ville-menat.com - accès libre.

Retenue des Fades Besserve : farniente au bord du plan d'eau. La vaste retenue d'eau de 385 ha comporte trois plages de baignade surveillée en juillet et août, à La Chazotte (St-Jacques-d'Ambur), au pont du Bouchet (Miremont) et à Confolant, ainsi qu'une base nautique. Ce lieu est également très prisé pour la pêche au sandre, carpe ou brochet.
www.lacdesfades-auvergne.fr - gratuit.
Activités nautiques, aqualudiques et restauration sur les rives du lac à Confolant - www.aqualoisirs-confolant.fr.

Château Rocher : poste de vigie sur la Sioule. À l'aplomb des ruines de Château Rocher (13e s.) à 400 m d'altitude, on peut s'accorder une longue pause contemplative sur la Sioule qui s'étend en contrebas vers les rivages du Bourbonnais. La vallée de la Sioule était au Moyen Âge une importante voie de

franchissement entre le Bourbonnais et l'Auvergne. Par sa position stratégique, Château Rocher permettait d'assurer la surveillance de toute la région et en particulier le passage du pont de Menat.
✆ 04 73 26 33 04 - chateau-rocher.fr - accès libre, se rens. avant la visite, l'édifice peut être fermé pour des travaux ponctuels.

Châteauneuf-les-Bains : relaxation en station thermale. Sise au cœur d'un amphithéâtre de végétation, la station thermale possède en contrebas de ses falaises des thermes modernes et un centre de remise en forme sur l'une des rives de la Sioule. Ses eaux demeurent célèbres pour leurs vertus apaisantes sur les rhumatismes, mais les visiteurs curistes et non curistes apprécieront avant tout le cadre naturel et préservé favorisant une relaxation totale. Juste à côté, un arboretum avec des cèdres, des séquoias, des douglas... vient compléter ce tableau de site de villégiature dédié aux passionnés de nature.
Thermes de Châteauneuf-les-Bains - ✆ 04 73 86 67 49 - www.thermes-chateauneuf.com - de mi-mai à mi-oct. : tlj sf dim., sur réserv. - à partir de 7 €.

Méandre de Queuille : un lieu pour les contemplatifs. Faufilez-vous derrière le chevet de l'église de Queuille et continuez à travers un sous-bois pour atteindre l'extrémité du promontoire aménagée en belvédère au-dessus du méandre de Queuille. Une vue panoramique exceptionnelle se dévoile soudainement devant vous : taillé dans la roche fracturée du plateau granitique, le méandre est dessiné par la Sioule, élargie à cette hauteur par un barrage. On se trouve sur la rive concave de la boucle, haute et hérissée de rocs ; en face, du côté convexe, la rivière enserre étroitement la « presqu'île » de Murat, longue échine boisée.

Combrailles : des sites de pêche à profusion. Entre la Sioule, paradis des pêcheurs de saumons et de truites, les retenues de barrage et les nombreux étangs, la région des Combrailles s'affiche comme un lieu de prédilection pour la pêche. La Sioule, riche en éclosions, se prête plus particulièrement à la pratique de la pêche à la mouche sèche, nymphe au fil ou tchèque.
Sites de pêche, guides et point de vente de matériel sur www.tourisme-combrailles.fr.

Chouvigny : découverte des animaux de la ferme en famille. À la fois ferme de découverte, ferme pédagogique et ferme d'animation, la petite exploitation de Marie comblera avant tout les jeunes enfants avec ses lapins,

Viaduc des Fades au-dessus de la Sioule.

ses chèvres, ses moutons, ses oies, ses ânes et ses poules. Des ateliers dédiés, « le grand ménage à la ferme » ou « la ferme des tout-petits », leur apprendront à fabriquer de la farine, du beurre ou de la tisane. Également un atelier de peinture.

Marie à la ferme - 2 chemin les Rivaux, Le Mery ☎ 06 60 56 26 04 - visite guidée tlj 10h-19h ; 2,50 € - ateliers tout petits (durée 1h30) dim. à 10h, et merc. à, 15h - 4 € - réserv. obligatoire.

DÉGUSTER

St-Gervais-d'Auvergne : Auberge de la Mère-Castel. Une seule et même famille tient cette demeure de charme du 17e s. depuis 1904. S'il est possible de manger un repas simple au Comptoir à Moustaches, le restaurant, lui, propose des mets traditionnels dans une salle au décor agréablement suranné : épaule d'agneau brayaude, lou pounti, potée auvergnate, rissoles de St-Flour ou asperges de pays braisées au safran.

Castel Hôtel 1904 - rue du Castel - ☎ 04 73 85 70 42 - www.castel-hotel-1904.com - fermé de la Toussaint à Pâques - menus 19/59 € - 4 ch. et 5 ch. en chambres d'hôtes 79/99 €.

St-Gervais-d'Auvergne : cuisine régionale. Dans un décorum d'auberge traditionnelle, vous dégusterez des plats typiquement auvergnats : rognons de veau à la moutarde de Charroux, milletuile à la verveine verte du Puy, truffade. À l'arrière, une magnifique terrasse prolongée par un jardin.

Le Relais d'Auvergne - rte de Châteauneuf - ☎ 04 73 85 70 10 - www.lerelaisdauvergne.fr - ouv. tte l'année - menus 14/39 € - ch. 68/82 € - ☕ 10,50 €.

St-Gervais-d'Auvergne : les abeilles nous régalent. Du printemps et jusqu'à la fin de l'été, durant la période de floraison, que les abeilles profitent pleinement des abords préservés de la Sioule pour produire un excellent miel. Florence, apicultrice, travaille dans une dynamique d'agriculture raisonnée, respectueuse du terroir et du bien-être des abeilles. Elle récolte chaque année, avec ses 40 ruches, un miel de montagne parfumé aux essences dominantes de pissenlit, ronce et tilleul.

LES GORGES VUES PAR...

Jessica, auteure du blog Mes ptits bouts du monde

« Bienvenue dans la petite Amazonie auvergnate ! Mon lieu favori ? Le méandre de Queuille, nom donné à la grande boucle dessinée par la rivière Sioule en contrebas du village de Queuille. Pour profiter du point de vue, on peut rejoindre facilement le belvédère du Paradis : il suffit de se garer près de l'église et en quelques pas, on arrive sur le promontoire qui nous permet d'admirer le méandre. En été, la végétation est luxuriante et cette courbe au milieu de cette verdure abondante confère au lieu des airs d'Amazonie, d'où son petit surnom local. La rivière est souvent calme et ce que j'aime le plus c'est prendre le temps d'observer les nuages se refléter dans ses eaux douces. Selon les saisons, la couleur de la rivière peut aussi changer, passant d'un bleu profond à des teintes plus sablonneuses en automne, qui ajoutent encore aux similitudes avec l'Amazone dans lequel je me suis baignée en Amérique du Sud... Mais ici pas de caïmans ou de dauphins roses ! Juste une atmosphère calme, sereine et reposante. L'occasion aussi de profiter des sous-bois pour une balade ombragée. »

Miel de Sioule, Florence Fuentes - voie Romaine - ✆ 04 73 85 82 04 - 10h-13h, 17h-21h

Ébreuil : au bord de la Sioule. Joliment installé avec une large terrasse et une tranquillité garantie, cet établissement propose des spécialités régionales (cuisses de grenouilles, burger auvergnat, fritures de poissons) et des pizzas à déguster sur place ou à emporter.
La guinguette des Nières - 41 r. des Nières - ✆ 04 70 90 70 60 - été : tlj 12h-22h - menu à partir de 14,50 € (verre de vin compris).

Chouvigny : encore au bord de la Sioule. Doté d'une terrasse ombragée donnant sur la rivière, le restaurant sert des plats traditionnels français et des spécialités régionales concoctées à partir de produits frais de saison : terrines maison, viandes de Salers, truites ou fritures d'ablettes. Avec en arrière-plan, 200 m plus haut, le château médiéval de Chouvigny !
Les Gorges de Chouvigny - 3 rte des Gorges, le bas bourg - ✆ 04 70 90 42 11 - www.lesgorgesdechouvigny-03.com - menus 22/29 €.

Landogne : menu auvergnat unique. Super adresse pour partager sur de grandes tables, devant la cheminée, un repas fait maison à base de produits frais. Cet établissement s'attache à faire revivre l'ambiance et la convivialité du restaurant traditionnel ouvrier ou de la halte goûter des randonneurs. Terrasse ombragée à l'écart. Réservation conseillée.
Potages et Papotage - Le bourg - ✆ 06 82 76 60 12 - tlj tte l'année - menus 15/20 € - carte 18/30 €.

DORMIR AU CALME

Manzat : des logements insolites au design très épuré. Les cabanes du Bois Basalte dominent de 900 m les alentours vallonnés et recouverts de forêt. Elles offrent une vue imprenable sur la chaîne des Puys et sur la canopée du bois tout proche. En lisière d'une ligne de noisetiers et de merisiers, elles permettent avec leurs larges baies vitrées panoramiques de profiter pleinement au chaud du spectacle extérieur. La ligne architecturale a été réfléchie pour que ces constructions en bois se fondent au mieux dans le paysage. Ce petit paradis comporte aussi une tente lodge dotée d'une large terrasse en bois.
Le Bois Basalte - ✆ 09 66 95 32 76 - cabanes-auvergne.fr - tente lodge 79/90 € par nuit (2/4 pers.) ; cabane 92/150 €.

St-Georges-de-Mons : tester la vie de berger. Bernard, berger, et Christine mettent à disposition cinq anciens bâtiments d'une

Les cabanes du Bois Basalte.

F. Cormon/hemis.fr

bergerie d'altitude restaurée. Les intérieurs sont joliment décorés dans un style champêtre, avec pierres apparentes, lambris, poutres, cheminée, et disposent de tout le confort matériel. À l'extérieur, grandes terrasses au beau milieu des pâturages, des agneaux et des moutons à l'ombre des arbres fruitiers. Espace bien-être avec sauna, jacuzzi et bain norvégien chauffé au bois.
Les Gîtes du berger - La Bussière - 04 73 86 51 83 - www.auvergne-gite.net - w.-end 220 € (2/4 pers.) ; location de draps, linge toilette, forfait ménage en sus - bain norvégien à partir 50 €, espace bien-être 10 €/pers.

Gour de Tazenat : nichés dans les arbres. À la belle saison ou quand la météo est clémente, ce camp naturel d'hébergements insolites constitue une bonne alternative aux chambres d'hôtes. Situé juste à côté du plan d'eau du gour de Tazenat, il comprend quatre cabanes perchées à 4-9 m de hauteur et une tente lodge aménagée et équipée. L'une des cabanes, la Bouvreuils, est un peu plus prestigieuse que les autres, elle compte en plus de sa terrasse d'observation de la faune environnante un bain nordique en bois pour se relaxer après une longue marche en montagne.
Natura Tazenat - chemin des Héros - 06 24 58 41 48 - www.natura-tazenat.com - cabanes 110/205 € la nuitée (2- 5 pers.).

Ébreuil : dormir à l'ombre du château. Des chambres d'hôtes ont été aménagées au rez-de-chaussée et à l'étage de l'ancienne maison du régisseur dépendant du petit château du 16e s. du Chatelard. Depuis un petit balcon terrasse équipé d'un barbecue, on peut apercevoir la grande prairie entourant l'édifice ainsi que le bois. Possibilité de louer l'ensemble de l'habitat à la semaine en gîte, avec une cuisine équipée, une cheminée et deux salles de bains.
Le Châtelard - 06 74 02 16 18 - www.lechatelard-a-ebreuil.weebly.com - fermé oct.-mars - ch. d'hôtes 85 € ; gîte 450/590 €/sem. (2/5 pers.).

St-Gervais-d'Auvergne : profiter au petit matin de la vue sur la forêt. Dans le petit village de Fustix, huit cabanes ont été aménagées à 3-10 m de hauteur, avec un système de cerclage réajustable, respectueux des arbres auxquels elles sont arrimées. Deux fustes, hébergements conçus à partir d'un assemblage de troncs d'arbres et montés à la manière d'un chalet, sont également présentes sur place : la Celtique et l'Arverne. Celles-ci comportent tout un équipement de confort et d'autonomie, mais présence de toilettes sèches comme dans les cabanes. Mise à disposition en hiver d'un chauffage d'appoint au bio-éthanol.
Les Cabanes des Combrailles - Michel Portier et Nathalie Nenot - 06 73 45 23 43 - www.cabanesdescombrailles.fr - fermé janv. - cabanes 115/170 €/nuit - fuste 400/500 €/sem. - panier-repas 15/25 €.

FAIRE LA FÊTE

Pionsat : c'est la fête au château ! Ce grand festival de musique baroque, contemporaine ou jazz a lieu la dernière semaine du mois de juillet, dans la partie médiévale du château de Pionsat ou à l'église St-Bravy.
Fêtes musicales du château de Pionsat - www.musicalesdepionsat.com - 15/25 €.

St-Gervais-d'Auvergne : Comboros. Durant 4 jours début août, manifestation pluridisciplinaire regroupant danses, ateliers de musique, marché de luthier, concerts et réunions d'artisans d'art.
www.comboros.com

LES MONTS DU FOREZ

Des estives et Hautes-Chaumes du Forez, grands espaces ouverts, aux vallées encaissées du côté de Thiers, le Livradois-Forez a été façonné par l'homme. Le Parc naturel régional Livradois-Forez invite à redécouvrir les métiers d'autrefois, entre châteaux, musées, artisans d'art et producteurs fermiers.

DEPUIS CLERMONT-FERRAND : 50 km jusqu'à Thiers par la D769, puis la D2089.

VENIR EN TRAIN

- **De Clermont-Ferrand, TER direct jusqu'à Thiers (env. 1h), puis car ligne 82 ou 19 jusqu'à Ambert (env. 1h15).**

BONS PLANS

- **Pour organiser votre séjour : www.vacances-livradois-forez.com**
- **Pour découvrir le Parc : www.parc-livradois-forez.org**

LOUER UN VÉLO

MAUZUN

E-VTT location Vélos

Place de la Halle - ✆ 06 16 14 26 66 - www.location-velo-electrique-auvergne.com. Point de retrait également à St-Rémy-sur-Durolle, à la base nautique à côté de Thiers. VTT électriques adultes (26 € la 1/2j., 39 €/j). Prêt de casque, kit de réparation, remorque vélo enfant.

AMBERT

Centre VTT

La gare - ✆ 04 73 82 68 44 - www.ambertvtt.fr. VTT, VTT descente suspendus et VTC adultes sur réservation. Transport des vélos et des bagages si nécessaire. Horaires et prix, se renseigner.

VOIR

Thiers : à couteaux tirés. La réputation du couteau de Thiers n'est plus à faire. Le processus de fabrication, transmis de génération en génération, se déroule en plusieurs étapes : la forge, la trempe, l'émouture, le façonnage et le montage de manche, la sculpture, la gravure, le polissage. Réparti sur deux sites, le musée de la Coutellerie comprend des ateliers et un musée.
Musée de la Coutellerie et ses ateliers - 23 et 58 r. de la Coutellerie - ✆ 04 73 80 58 86 - www.ville-thiers.fr - juil.-août : 10h-12h30, 13h30-19h ; juin et sept. : 10h-12h, 14h-18h ; reste de l'année : tlj sf lun. 10h-12h, 14h-18h - fermé janv. - 5,80 € (-20 ans 2,85 €).

Thiers : l'écologie en famille. Dans le parc du Moutier, l'Orangerie a été aménagée en centre d'initiation et de sensibilisation à l'environnement. La grande serre est paysagée : bassin intérieur, murs végétaux et plantes exotiques s'opposent à la présentation impressionnante d'un milieu désertique résultant de la pollution humaine.
Orangerie - 13 r. du Moutier - ✆ 04 73 80 53 53 - www.ville-thiers.fr/Orangerie - de déb. juil. à mi-août : tlj sf w.-end 10h-12h, 13h30-17h ; reste de l'année : merc. 9h-12h, 15h-17h - gratuit.

Ch. Guy/hemis.fr

Olliergues : la tradition a du bon. L'ancien château baronnial d'Olliergues appartient à la famille du maréchal de Turenne. Installé dans le donjon carré, le musée fait revivre la tradition artisanale régionale. Les quatre activités majeures de la région d'Olliergues sont ainsi représentées : le sabotier, le charron-forgeron, le tisserand et le fromager. Vous pourrez aussi y voir des objets insolites, comme la scie battante du 19ᵉ s.
Musée des Métiers et des Traditions du pays d'Olliergues - rue du Château - 04 73 72 92 14 - www.olliergues.fr - visite guidée (1h15) de déb. juin à mi-sept. : 10h-19h ; avr.-mai : 14h-18h ; reste de l'année : sur demande - 4,50 € (-12 ans 2,50 €) - animations jeunesse juil.-août.

Ambert : tout un fromage. La célèbre fourme était fabriquée sur les monts du Forez. L'une des maisons anciennes du quartier des Chazeaux, dite « de La Fayette d'Ambert » (15ᵉ s.), sert de cadre à un musée dont la visite commentée met autant l'accent sur l'origine de la fourme d'Ambert que sur sa fabrication et son histoire. Un laboratoire retrace les étapes fondamentales de l'élaboration de la fourme. Les deux salles de l'étage, où une cuisine a été reconstituée, relatent les techniques de transport, barattage, écrémage, moulage. Dernière étape : la cave, où vous apprendrez tous les secrets de l'affinage ! En été, vous pourrez même fabriquer du fromage ou du beurre en famille (animations sur réservation).
Maison de la Fourme d'Ambert - 29 r. des Chazeaux - 04 73 82 49 23 - www.maison-fourme-ambert.fr - visite guidée 10 juil.-20 août : 10h-18h30 ; avr.-oct. et vac. scol. : tlj sf dim.-lun. 10h-12h30, 14h-18h30 - 6 € (-6 ans 5 €) - 9,50 € billet combiné avec dégustation de fromages AOP.

Ambert : papier « made in Auvergne ». Dans un cadre sauvage, de vieilles maisons, surmontées d'étendoirs de pin où sèchent les feuilles de papier, rappellent l'importance industrielle du val de Lagat, qui fut pendant plusieurs siècles l'un des principaux centres papetiers français. Construit en 1326, remis en activité en 1943 par l'association La Feuille blanche, le moulin Richard de Bas est le seul qui fonctionne encore. L'intérêt de la visite réside aussi bien dans le matériau et son histoire que dans le cadre de vie des maîtres et compagnons papetiers.
Moulin Richard de Bas - 5 km à l'est d'Ambert par la D996, puis la D57 - 04 73 82 03 11 - www.richarddebas.fr - visite guidée 10 juil.-25 août : 9h30-19h ; avr.-oct. : 9h30-12h30, 14h-18h ; nov.-mars : tlj sf lun. 9h30-12h30, 14h-18h - 7,90 € (-18 ans 5,50 €).

BOUGER

Col du Béal : itinéraire à travers les chaumes. Ce col forme un seuil entre les deux versants du Forez. Par temps clair, en montant directement à travers les chaumes par la ligne de crête, il est possible d'atteindre en 2h30 AR Pierre-sur-Haute (1634 m), point culminant des monts du Forez. Les landes qui la tapissent, balayées par le vent, sont surmontées çà et là de gros éboulis rocheux. Du point culminant, la vue englobe tout le Forez, les monts du Lyonnais et du Beaujolais, la Limagne, les monts Dôme, les monts Dore, le Cantal, les monts du Velay et du Vivarais !

Cunlhat : de branche en branche. Ce parc accrobranche aménagé dans la forêt de Cunlhat dispose de deux parcours spécialement adaptés pour les tout-petits (« lapin » et « lapin dégourdi »). Les ados et les adultes ont quant à eux le choix entre 4 niveaux de difficultés. Le plus haut niveau, « buse », vous envoie dans les airs avec une tyrolienne de 120 m de descente. Sensations garanties !
La Forêt de l'Aventure - col de la Toutée - 06 72 26 62 47 - www.foretaventurecunlhat.com - juil.-août : 10h-12h, 13h-19h ; mars-juin et sept.-nov. : 13h30-17h30 (sur réserv.) ; vac. d'hiver : 10h-12h, 13h30-17h30 - 18/19 € (enf. 9/10 €).

Aubusson-d'Auvergne : échappées sportives. Les activités nautiques et de loisirs ne manquent pas autour du plan d'eau de 28 ha alimenté par le petit ruisseau le Couzon : canoë-kayak, bateau, aviron, pédalos, pêche, etc. Sur les rives, le sentier de randonnée et

Ch. Goupi/age fotostock

d'interprétation « Saute-ruisseau », jalonné de panneaux, invite au fil d'une histoire à mieux connaître ce site étonnant et son environnement naturel.

La catiche du lac d'Aubusson d'Auvergne - 04 73 53 56 02 - www.la-catiche.org/lac_plaisirs_eau.php - 4/11 €.

Courpière : nature et découverte. Pour des promenades le long des sentes, direction Courpière. Deux itinéraires jalonnés de panneaux d'interprétation en lave émaillée sont aménagés non loin du village. Le premier, le sentier de Saute-Ruisseau (1h30), démarre à 7 km à l'est du village au lac d'Aubusson. On y découvre la faune (pic épeiche, grèbe huppé) et la flore aquatiques (reine-des-prés, iris jaune) au bord du lac. Le second itinéraire, « Secret de la forêt d'Ayguebonne » (1h), commence à 15 km au nord-ouest du village à la ferme de Naud. Son parcours attire l'attention sur la végétation forestière, le milieu naturel et les techniques sylvicoles.

Office du tourisme de Courpière - 04 73 51 20 27 - infos et fiches itinéraires.

FAIRE UNE PAUSE

Ambert : train avec vue. En saison, le train à vapeur et l'autorail panoramique relient Ambert à La Chaise-Dieu en passant par Arlanc, pour une découverte insolite du Livradois-Forez. Sur 85 km, ils se faufilent à travers les gorges entaillées de la Dore, empruntant tunnels et viaducs, et font découvrir, au gré des étapes, les paysages caractéristiques et le patrimoine du Parc naturel régional Livradois-Forez.

Train touristique Agrivap - gare : pl. Jean-Berne - 04 73 82 43 88 - www.agrivap.fr - avr.-sept. - tarif variable selon les trajets - réserv. par téléphone ou Internet.

Rocher de la Volpie : en pleine forêt. Suivez le sentier forestier (fléché, itinéraire balisé, 4 km, 1h AR) qui s'élève à travers pins, hêtres et chênes. De cette aiguille rocheuse, la vue s'étend sur les monts du Livradois, avec au premier plan la plaine d'Ambert. Ceux qui ne veulent pas faire l'ascension suivront, après le bâtiment de ferme, le chemin de droite qui mène à travers prés au pied du rocher (20mn AR).

De Job, prenez la D255 en dir. de St-Pierre-la-Bourlhonne sur 4 km puis la route de la Visseyre vers le sud. Garez-vous après 600 m.

Olliergues : à vos crayons. Dans son atelier, Patrick Tourre transforme les branches d'arbres, de résineux, bouleau, tilleul, érable, noisetier, saule... en de magnifiques crayons. Ce poète du bois, adhérent à la route des métiers, commercialise également ses créations sur les marchés et foires bio de la région.
L'île aux crayons - 29 r. du Rhin-et-Danube - 04 73 72 92 49 - www.ileauxcrayons.com - juil.-août : lun.-vend. (sf 15 Août) ; reste de l'année : sur réserv. - visites guidées et démonstrations 15h et 17h - 4 €.

Courty : farniente sur les rives de la Dore. Un parc de loisirs de 70 ha est aménagé au bord de la Dore, dans un site verdoyant et calme, à proximité d'une zone Natura 2000. Des sentiers permettent de s'aventurer autour des deux lacs dans un cadre naturel totalement préservé, où les règles de respect de préservation de la biodiversité et des habitats d'espèces protégés sont très strictes. Baignade surveillée en juillet et août.
Iloa - 10 km env. au nord-ouest de Thiers - 04 73 80 92 35 - www.ville-thiers.fr/iloa-camping - accès libre, activités avr.-oct.

St-Amant-Roche-Savine : à dos d'âne. À partir d'une ferme pédagogique, partez pour une randonnée encadrée dans les alentours, sur un âne sellé ou bâté. Vous pourrez aussi visiter la ferme et rencontrer les animaux de la basse-cour : cochons, chèvres et moutons. Un petit arboretum, une tourbière, et un étang de pêche sont également accessibles à la visite.
L'Âne Rit - Grolet - 04 73 72 17 26 - plusieurs balades : 15 €/h ; 20 € la 1/2 j. ; 35 €/j. ; visite de l'arboretum 5 €.

DÉGUSTER

Thiers : le terroir à la carte. Cet établissement proche de la mairie présente un décor rustique avec poutres et pierres apparentes pour accompagner une cuisine du terroir généreuse et raffinée. Les spécialités : plats, saucisses de choux, ris de veau à la crème, escalope de foie gras et tarte aux noix en dessert. Bon accueil et service soigné.
Le Chaudron - 10 r. Denis-Papin - 04 73 80 09 67 - fermé janv., 1re sem. de juin, 1 sem. en oct., lun.-mar. hors sais. - menus 22/25 €, carte 16/22 €.

Peschadoires : à la croisée des chemins. Postée à un carrefour, cette auberge familiale accueille les gourmets et les gourmands sur

Pause dans les champs avant une balade à dos d'âne.

barol16/iStock

une petite terrasse d'été dressée dans la cour et dans deux salles à manger fraîches et fleuries. Vous y dégusterez une cuisine simple et traditionnelle, imprégnée des généreuses saveurs du terroir.
L'Auberge des quatre chemins - rte de Clermont - ✆ 04 73 80 25 68 - www.aubergedesquatrechemins.com - fermé lun.-mar. (sf vac. scol.) - formules déj. 16,75/20,50 €, menus 24,50/53,50 €.

Courpière : de père en fils. Cet établissement, c'est l'histoire d'une famille. Celle du chef qui, comme ses parents et grands-parents, défend les produits de sa région (viande label Rouge, miel, myrtilles, etc.). Les années passent, la tradition se perpétue... Avec son accueil souriant, sa coquette salle à manger, ses tables bien dressées, et sa cuisine traditionnelle soignée, l'adresse a ses habitués et ce n'est pas surprenant !
Les Chênes - Augerolles, rte de Courpière - ✆ 04 73 53 50 34 - www.restaurant-leschenes.com - fermé le soir - menu du jour 15 €, menus 21/38 €.

Ambert : l'institution du coin. Situé face à la rotonde célébrée par Jules Romains, l'unique mairie ronde de France, cet hôtel-restaurant est une véritable institution en ville. Les Ambertois s'y retrouvent pour y prendre un simple café au bar le matin ou y déguster à midi ou le soir de savoureux plats régionaux, qui mettent la fameuse fourme à l'honneur.
Les Copains - 42 bd Henri-IV - ✆ 04 73 82 01 02 - www.hotelrestaurantlescopains.com - fermé 1 sem. vac. de Pâques, 10 sept.-10 oct., 1 sem. vac. d'hiver, dim. soir, sam. et soirs fériés - menu déj. 15 €, menus 23/60 € - 10 ch. 62/74 € - ☕ 8,50 €.

Col des Supeyres : dîner à la bougie. Lieu associatif situé dans un cadre naturel de rêve, cette ancienne ferme d'estive est joliment conservée, à deux pas du col des Supeyres. On vient y déguster de vrais et consistants repas foréziens à la bougie, sur de grandes tables au coin du feu de cheminée. Plats de charcuterie, pommes de terre confites dans la crème, salades... Spectacles durant l'été en soirée.
La Jasserie du Coq-Noir - hameau du Grand-Genévrier - 2 km à l'est du col des Supeyres - ✆ 04 73 95 47 06 - www.coq-noir.fr - juil.-août : tlj sf dim. soir et lun. ; juin et sept., ouv. le w.-end 12h-19h - assiette 9,50 €, menu 15 €.

Valcivières : faire le plein de fourme. La ferme d'altitude des Supeyres se situe sur la D906 entre Valcivières et le col des Supeyres. Mais elle constitue surtout une étape sur la Route des Fromages AOP d'Auvergne, qui

met en avant toute la diversité des terroirs, des saveurs et des savoir-faire. On peut y déguster et acheter de la fourme d'Ambert, fromage traditionnel au lait cru d'estive, à pâte persillée et à la forme caractéristique de cylindre. Elle est aussi couramment appelée dans le Forez fourme des hautes chaumes ou fourme de Valcivières.
La ferme des Supeyres - Le Perrier - ✆ 04 73 82 30 93 - www.supeyres.fr - 10h-12h15, 15h-17h15, fermé jeu., dim. et j. fériés.

Ambert : un des plus importants marchés du Livradois-Forez. Ce marché hebdomadaire demeure au fil des ans très animé. Tous les jeudis matin, il s'articule dans les rues du centre historique au pied de belles maisons à pan de bois, autour de l'ancienne halle aux grains et sur les places du centre-bourg.

DORMIR AU CALME

Vollore : les oiseaux pour voisins. Carole Dubost a disposé deux superbes cabanes dans les arbres sur son terrain de 3,5 ha bordé par un ruisseau et un étang. Les cabanes « Chouette » et « Écureuil » ont été construites à partir du bois non traité provenant du domaine. Ce bois a été débardé à l'aide d'un cheval de trait puis découpé en atelier. Nichées à 5 m de hauteur, la première entre deux chênes centenaires et la seconde arrimée à un frêne, elles disposent toutes deux d'une terrasse couverte, d'un poêle, d'une douche avec économiseur d'eau et de toilettes sèches. Un spa norvégien en accès libre vient parfaire ce tableau idyllique.
Les Cabanes du Marodier - Le Marodier - ✆ 07 77 60 71 03 - www.lescabanesdumarodier.com - 145 €/nuit (2 pers.).

St-Anthème : bivouac dans les arbres. Passer toute une nuit perché dans un hamac en toute tranquillité et loin des tracas de nos vies modernes, c'est ce que vous propose Justin Augay. Ce couchage, certes spartiate mais confortable, est arrimé en toute sécurité à 4 points dans les branches d'un hêtre. À n'en pas douter, c'est une expérience dont vous parlerez encore à vos petits-enfants. Duvets fournis.
Hêtre en Forez - ✆ 06 64 04 86 26 - www.hetreenforez.com/nuitee-perchee - 75 €/nuit ☕ - réserv. 2-8 pers.

Marat : un éco-lieu engagé et responsable. Entre tradition et modernité, cette demeure en pierres, restaurée de manière contemporaine, est avant tout un lieu d'échange, de respect et de convivialité. Telle est l'ambiance qu'Élisabeth et Gérard parviennent à préserver. Ils proposent à leurs hôtes de venir se ressourcer dans 4 chambres élégamment décorées, lumineuses, ouvertes sur le jardin potager ou la verdure alentour. Literie en laine, linge de lit et toilettes en coton sont biologiques. Douche ou baignoire, mais toilettes sèches.
Ana'chronique - Darnapesse - ✆ 04 73 95 38 12- www.anachronique.fr - ch. 81 €/nuit pour 2 pers., repas d'hôtes 25 €, plateau découverte, 20 €, pique-nique 13 €.

Fournols : gîtes à l'orée des bois. Ce village de petits gîtes en pierres est installé à 1040 m d'altitude, au calme, en bordure d'un étang entouré de sapins. Les hébergements modernes et confortables sont agencés en quinconce à l'orée des bois et entourés de verdure. Vous aurez le choix, côté activités, entre la piscine couverte, les animations ludiques ou nature pour les enfants, et les nombreux

Les jasseries près du col des Supeyres.

F. Guiziou/hemis.fr

itinéraires de randonnées pédestres et VTT à proximité.

Gites Azureva - Le Moulin Rouge - ✆ 04 73 72 72 72 - www.azureva-vacances.com - 89 gîtes - 300/1300 € la sem. en 1/2 pension pour 2 pers.

FAIRE LA FÊTE

Thiers : une invitation à « pampariner ». Cela fait plus de 20 ans que ce festival de musiques gratuit est l'occasion de « pampariner », autrement dit de faire la fête, en patois thiernois. Dans les ruelles de la cité médiévale, des troupes de danse et de théâtre déambulent au son de la thématique musicale de l'année, tandis que des concerts d'artistes émergents ou bien connus sont organisés.

La Pamparina - www.pamparinalefestival.com - un w.-end début juil. - gratuit.

Thiers : le festival international du couteau d'art et de tradition. Héritée du Moyen Âge, la tradition coutelière de Thiers est désormais reconnue dans le monde entier. Chaque année, la cité accueille le plus grand festival international dédié à cet art le 2e week-end de mai. Près de 230 couteliers des 5 continents s'y retrouvent. Au programme, des expositions et des animations.

Coutellia - www.coutellia.fr - sam. 9h-18h, dim. 9h-18h - 10 € 1 jour, 15 € w.-end.

Col des Supeyres : montée à l'estive. En juin, on fête la transhumance, avec un marché de producteurs, un repas champêtre et un bal musette.

Fête de l'estive et des jasseries - www.ville-ambert.fr - un dim. de juin.

Ambert : fourme toujours. Chaque année, le 1er week-end d'août, le fameux fromage d'Ambert est honoré par des ateliers de dégustation et des rencontres avec des producteurs, des artisans et des commerçants du terroir.

Fourmofolies - www.ville-ambert.fr.

St-Amand-Roche-Savine : Harmonies en Livradois. Durant l'été, des concerts de musique classique sont donnés dans les églises de la région, et notamment dans celle de St-Amand-Roche-Savine.

www.harmoniesenlivradois.over-blog.com - de mi-juil. à fin août - 10 €.

LE TRIÈVES

Amphithéâtre naturel essaimé de charmants villages à l'architecture singulière et baigné d'un climat annonçant la douce Provence, le Trièves a séduit les fervents défenseurs d'une agriculture et d'un mode de vie respectueux de l'environnement. Brasserie artisanale, moulin à farine biologique, laiterie traditionnelle, domaine de whisky... dynamisent ses paysages champêtres, situés aux portes des Hautes-Alpes.

DEPUIS GRENOBLE : en évitant l'autoroute, 35 km jusqu'à Monestier-de-Clermont par la D1075.

VENIR EN TRAIN

- **De Grenoble, prendre le TER jusqu'à Monestier-de-Clermont (1h).**

BONS PLANS

- **Pour organiser votre séjour : www.trieves-vercors.fr.**
- **Un nouveau Pass a vu le jour en 2020 pour visiter les musées de la région à moindre coût.**

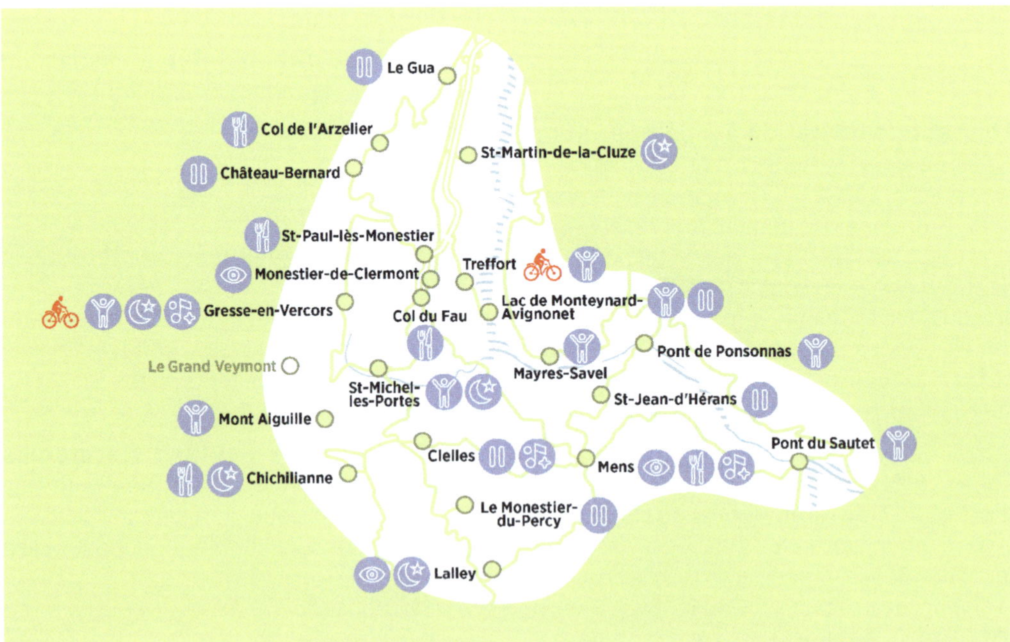

LOUER UN VÉLO

GRESSE-EN-VERCORS

Grillet Sports
1898 rte du Grand-Veymont La Station - ✆ 04 76 34 30 12 - www.grillet-sports.com. Location de VTT et de VTT ou VTC à assistance électrique.

TREFFORT

Camping de la Plage
Trièves Sous Jullières - ✆ 04 76 34 06 31 - www.camping2laplage.com. Location de VTT.

VOIR

Monestier-de-Clermont : cité pionnière. Jadis site thermal, ce village fut l'un des précurseurs des sports d'hiver, au début du 20e s. Un parcours patrimonial de 16 panneaux, mis en place en 2019, permet de découvrir le bourg. Il se partage entre un centre ancien, où siège le château de Bardonenche du 17e s., transformé aujourd'hui en chambres d'hôtes, et un quartier constitué de villas telles qu'on en bâtissait dans les villes d'eaux au cours du 19e s. De la période d'exploitation de la source d'eau minérale St-Paul (interrompue en 1953) demeure un bâtiment classé monument historique. L'église conserve un beau Christ en bois. 90 km de sentiers balisés arpentent les forêts alentour. *Plaquette du parcours en téléchargement sur monestierdeclermont.fr/tourisme/parcours-patrimonial-centre-bourg.*

Mens : une page d'histoire. Considérée comme la capitale historique du Trièves, cette ancienne étape (*mansio* signifie étape routière en latin) sur la voie romaine conserve d'importantes traces de son rôle commercial (suivez le parcours d'orientation) : les très belles halles anciennes (reconstruites en 1841) qui accueillent le marché chaque samedi matin, des maisons du 17e s. à « engrangeou », une avancée du toit avec poulie destinée à recevoir les fourrages... Le musée du Trièves, avec sa scénographie moderne et interactive, propose une approche éclairante du territoire (paysages, art religieux, patrimoine rural, vie domestique, outils) et d'épisodes qui ont marqué l'Histoire (notamment la fuite des réfractaires au STO dans le maquis du Vercors).
Musée du Trièves - pl. de la Halle - ✆ 06 70 66 56 28 - www.museedutrieves.fr - mai-sept. : mar.-dim. 15h-18h ; avr. et oct.-nov. : w.-end 14h-17h - 2,30 € (12-18 ans 1,60 €).

Sasha64f/iStock

Mens : nature et jardin écologique. Temple de l'écologie au quotidien, fer de lance d'un territoire soucieux de promouvoir le vivre et produire autrement, le centre écologique Terre vivante a ouvert au public en 1994, mais la maison d'édition du même nom, à l'origine de ce projet, a été créée en 1980. Cette vitrine des techniques et des savoir-faire a permis de faire connaître le Trièves et de donner un vrai coup d'accélérateur aux initiatives locales en matière d'écologie. Aujourd'hui plus que jamais, les 50 ha du domaine sont vivants : les dimanches des jardiniers, les mercredis des enfants, les ateliers pédagogiques autour du recyclage, les parcours ludiques à suivre en famille... sont autant d'animations invitant à une réelle prise de conscience. Snack de produits bio et locaux.
Centre écologique Terre vivante - Domaine de Raud - ✆ 04 76 34 36 35 - www.terrevivante.org - juil.-août : 11h-18h ; mai-juin et sept. : w.-end 11h-18h - 9 € (5-18 ans 6 €).

Lalley : entre marteau et enclume. En activité de 1836 à 1976, la forge de Lalley est aujourd'hui inscrite au titre des Monuments historiques. Sa visite permet de plonger dans l'ambiance de l'atelier du forgeron et de découvrir la diversité des objets usinés : outillage agricole et forestier, serrurerie... On apprend tout sur le détré (appareil à ferrer les bœufs) ou le pas de l'âne (outil servant à maintenir la gueule d'un animal ouverte) et sur la vie du maréchal-ferrant, qui était aussi vétérinaire.
Forge et Détré de Lalley - pl. du village de Lalley - ✆ 06 20 30 69 31 - avr.-nov. : 1er et 3e sam. du mois 14h-19h - sur réserv. - gratuit.

BOUGER

Ponts de Ponsonnas et du Sautet : le grand saut. Si vous n'avez pas le vertige ni froid aux yeux, lancez-vous du pont de Ponsonnas pour un saut à l'élastique de plus de 100 m dans les gorges du Drac, ou du pont du Sautet (72 m). L'encadrement est assuré par des professionnels de plus de 15 ans d'expérience.
Vertige Aventures - ✆ 04 76 47 42 80 - www.vertige38.com - de mi-avr. à déb. nov. : sur réserv. - saut 89 € (+ 28 € avec vidéo).

St-Michel-les-Portes : soif d'aventures. Tenté par une descente en tyrolienne, une marche sur un pont de singe entre les arbres ? Le parc Aventure Trièves réunit une vingtaine de parcours, ainsi que 400 ateliers pour petits (à partir de 3 ans) et grands, pour novices ou sportifs aguerris.
Parcours Aventure Trièves - rte forestière de Fond-Rousse - entre Gresse-en-Vercors et St-Michel-les-Portes - ✆ 04 76 34 16 64 - www.aventuretrieves.com - juil.-août : 10h30-19h ; mai-juin, sept. : w.-end 13h30-19h ; avr., oct. : sur réserv. - tarifs selon formules 8/22 €.

Lac de Monteynard-Avignonet : spot de glisse. Ce plan d'eau, interdit à la baignade, réserve d'autres possibilités. Grâce à ses brises thermiques, il s'agit en effet d'un site réputé pour les sports nautiques, en particulier le kite-surf, mais aussi la planche à voile, le ski nautique, le canoë, la voile (dériveur ou catamaran)... La plupart des prestataires se trouvent à Treffort.
Wind Club Monteynard - ✆ 04 76 34 06 42 - www.wind-club-monteynard.com - juil.-août : 10h-18h ; mai et juin : w.-end 10h-18h.

Passerelle au-dessus du Drac.

Treffort et Mayres-Savel : gare au vertige ! Le temps fort de cette boucle qui emprunte les rives du lac de Monteynard-Avignonet est assurément le passage des deux passerelles « himalayennes » qui enjambent le Drac (220 m de longueur) et l'Ébron (180 m), les deux rivières qui abreuvent le lac. Suspendues au-dessus des eaux, elles offrent des vues vertigineuses sur le site. On vous conseille de démarrer le circuit par la traversée du lac au départ de Treffort afin d'être sûr de ne pas rater la dernière navette, au retour.

Circuit des Passerelles - départ des plages de Treffort ou de Mayres-Savel - 12,5 km - 4h à pied, 2h30 à VTT - navettes La Mira *(voir p. 290)* *: mai-sept. 2 traversées/j, réserv. obligatoire.*

Mont Aiguille : faites le tour. Bloc quadrangulaire ou aiguille ? Étrange montagne aux multiples facettes, le mont Aiguille est plus facile à contourner qu'à escalader. L'itinéraire traverse plusieurs villages, deux cols, et offre de belles vues sur l'architecture singulière du territoire. Quant à l'ascension… Le mont est désormais accessible, avec plus de 30 voies équipées pour tous les niveaux.

Bureau des guides du mont Aiguille - ✆ 06 22 44 30 62 - guidesmontaiguille.com - durée 7h30 (1 ou 2 j.), au départ de Chichilianne ou La Bâtie - dénivelée 1100 m.

Gresse-en-Vercors : randonnée au Grand Veymont. Réservée aux bons marcheurs, cette superbe randonnée part du « Champ de l'Herse », au bout de la station de ski de Gresse-en-Vercors, et traverse la plus grande réserve naturelle de France, un lieu protégé et très peu balisé. Attention, ça grimpe sec ! Si vous êtes matinal, vous rencontrerez peut-être des bouquetins. Du sommet du Grand Veymont, qui culmine à 2341 m, la vue à 360° sur le Vercors est tout simplement époustouflante. Il existe un autre point de départ de l'autre côté du massif, de la maison forestière de la Coche.

Randonnée du Grand Veymont - au départ de Gresse - 13 km - 6h AR - dénivelée 1100 m. Soyez vigilant et consultez la météo avant de partir. Infos sur www.trieves-vercors.fr.

LE TRIÈVES VU PAR…

Benoît, auteur du compte Instagram SweetVanlife

« Il faut imaginer un plateau entouré de hauts sommets souvent enneigés, un paysage doucement vallonné, sillonné par une multitude de cours d'eau, gros torrents et ruisselets. Et puis, perchés sur chacune de ces buttes, des petits villages harmonieusement disposés autour de leur clocher. Tableau presque parfait, le Trièves nous fait savoir que l'on est au bon endroit au bon moment et nous ancre presque immédiatement dans ses traditions pastorales. Tellement vivant et pourtant si sauvage, c'est en un rien de temps que l'on passe des petites rues animées de Mens aux sauvages et spectaculaires gorges du Drac. Tout en contraste, c'est à l'automne que je l'aime. Lorsque les arbres enfilent leur robe de feu, que je marche sur ces rivières de feuilles d'or et que les nuages noirs et lourds semblent peser avec force sur les collines alentour.
Le Trièves ne se raconte pas vraiment, il se vit. Il n'y a pas de bons coins ou de jolis spots à conseiller… On le découvre, on s'y perd, on se familiarise, on se reconnecte, on se retrouve et d'un coup… on est au bon endroit au bon moment ! »

FAIRE UNE PAUSE

Lac de Monteynard-Avignonet : traverser au sec. Aux beaux jours, *La Mira* propose un service de navette entre les plages de Treffort, au nord, et de Mayres-Savel, au sud. La compagnie organise également des croisières jusqu'aux spectaculaires gorges du Drac et de l'Ébron, inaccessibles par la berge.
La Mira - ☏ 04 76 34 14 56 - www.la-mira.com - mai-sept. - durée 2h, 15 € - croisière restaurant (2h30/3h) à partir de 29 € et nocturne à partir de 58 €.

Le Monestier-du-Percy : un « théâtre de proximité internationale ». Un nouveau théâtre, construit par un paysan et dirigé par un poète, a vu le jour en plein Trièves en 2015 grâce à l'association À l'art-bordage. Cette petite salle (49 places) aux fauteuils rouges est une ode au spectacle vivant et un vrai lieu de rencontre. Sa programmation est qui plus est de qualité.
Théâtre Le Poulailler - Le Serre des Bayles - ☏ 06 32 49 52 88 - www.theatrelepoulailler.com - jeu.-sam. le soir.

Le Gua : Merveille du Dauphiné ! Faites une halte pour découvrir l'une des sept merveilles du Dauphiné : entre Le Gua et Miribel-Lanchâtre, sur la D 8, un panneau signale la Fontaine ardente, une émanation de méthane qui jaillit du sol et produit une torchère, tel un petit feu de bois.
20mn AR, 600 m, 50 m de dénivelée, chemin très glissant en cas de pluie.

Clelles : entre forêts et torrents. En lisière du Parc naturel régional du Vercors, ce petit village a conservé son charme d'antan : laissez-vous bercer par le clapotis de la fontaine sur la place centrale ou appréciez le joli son du carillon de neuf cloches dans l'église Ste-Marie. L'édifice, qui trouve son origine dans un prieuré installé au 12e s., a été en grande partie reconstruit aux 17e-19e s. Mais le charme de Clelles tient surtout à la vue spectaculaire sur le mont Aiguille !

Château-Bernard : vue sur le Vercors. La terrasse des Agapes vaut pour le panorama qu'elle offre sur les contreforts du Vercors. N'hésitez pas à vous y installer pour boire un verre et plus si affinité : le lieu fait aussi salon de thé, restaurant et loue des roulottes. Et dès les premiers soirs, on apprécie la salle avec cheminée. Le chef, pâtissier de formation, propose une cuisine de terroir.
Les Agapes de l'Arzelier - 4,2 km au nord-est de Château-Bernard par la D8B - ☏ 04 76 75 88 78 - ☏ 06 85 37 19 25 - lesagapesdelarzelier.fr - basse sais. : merc.-dim. - menu complet 33 €.

St-Jean-d'Hérans : whisky d'altitude. La Route des savoir-faire passe par le col Accarias et ce domaine où s'élabore un whisky single malt de haute volée. Céréales cultivées sur place en agriculture biologique, eau pure des montagnes environnantes, fabrication dans les règles de l'art : le domaine des Hautes-Glaces produit des cuvées à la typicité triévoise affirmée. Une visite guidée permet de suivre le processus de fabrication « de la terre au whisky ».
Domaine des Hautes-Glaces - col Accarias - 5 km à l'ouest de St-Jean-d'Hérans par la D526 - ☏ 09 50 29 92 77 - hautesglaces.com - caveau lun.-vend. 9h-12h, 14h-17h, sam. 10h-12h, 14h-16h - visite/dégustation sur réserv. (1h30) - 8 €.

DÉGUSTER

Chichilianne : un amour de pain. Pain et biscuits de toutes sortes, macarons, pizzas, tartes... Cet artisan boulanger utilise entre autres les farines bio du Trièves. Vous glisserez bien une petite douceur dans votre sac à dos ?
Fournil l'éco-pain - Les Passières (face à la mairie) - ☏ 06 98 90 64 54 - eco-pain.blogspot.com - 7h-12h30 - fermé lun. et jeu.

Mens : jours de marché. La ville possède deux marchés. Celui du samedi, le plus important, accueille aussi bien des producteurs locaux et d'autres commerçants. Il se tient toute l'année sur la place de la Mairie et sur la place de la Halle. En juillet et août, un autre marché se tient le mercredi, place de la Mairie, et accueille exclusivement des producteurs locaux et bio.

Col de l'Arzelier : dégustation panoramique. Un couple de Belges, séduit par la vue imprenable sur le Vercors, s'est installé dans ce site en 2010. Depuis, ils font partager leur goût pour

G. Lansard/hemis.fr

les spécialités de leur montagne d'adoption : ravioles, bleu du Vercors, fromages et viandes de St-Andéol... Les produits bio et locaux sont à l'honneur. Fondue et raclette sur commande.
Refuge La Soldanelle - Château-Bernard - ☎ 06 10 57 46 16 - www.lasoldanelle.com - en été mar.-dim. midi et soir (dîner à 19h précises, réserv. indispensable) ; horaires variables le reste de l'année - formule complète 20 €.

Mens : le lieu à connaître. L'institution de Mens est un petit repaire d'habitués, très volontiers ouvert au visiteur, où on vient se revigorer d'une honnête et nourrissante cuisine familiale. Giono l'évoque dans son essai *Triomphe de la vie*. Si vous vous installez en terrasse, n'oubliez pas d'aller jeter un coup d'œil aux fresques (1896) du peintre picard Gustave Riquet, qui représentent des paysages et des scènes agricoles.
Café des Arts - 41 bd Édouard-Arnaud - ☎ 04 76 34 68 16 - tlj sf mar. midi, vend.-sam. midi et soir - formules déj. 14/16 €, menu 22 €, plats 11/15 €.

Col du Fau : resto-étape. Si les restaurants de bord de route ne sont pas toujours de bonnes adresses, celui-ci mérite au contraire qu'on s'y arrête. Une terrasse avec vue panoramique, une salle rustique, un accueil très aimable et surtout, des assiettes où les produits du terroir sont cuisinés avec goût et générosité : voilà les secrets de sa réussite !
Aux Deux Daims - rte de Sisteron - à 800 m du col du Fau sur la D1075 - ☎ 04 76 34 02 42 - auxdeuxdaims.wordpress.com - ouv. à midi fév.-nov., fermé merc. - plats 14/22 €.

St-Paul-lès-Monestier : cuisine des Alpes et de Provence. Vous aimerez vous attarder dans cette ancienne scierie tapissée de vigne vierge, qui propose également un hébergement dans des chambres campagnardes. Les patrons, restaurateurs de père en fils depuis 1934, régalent les convives d'une goûteuse cuisine du marché, selon la saison.
Au Sans Souci - sur la D8 - ☎ 04 76 34 03 60 - www.au-sans-souci.com - fermé dim. soir et lun. - formules 20/37 €.

DORMIR AU CALME

Chichilianne : au pied du mont Aiguille. Une situation exceptionnelle pour cette maison familiale où vous serez accueilli en ami. Tout près du départ des randonnées, vous pourrez multiplier les balades. L'hiver, vous chausserez vos skis de fond sur le seuil de la porte. Espace détente (payant) avec spa, jacuzzi et hammam.
Hôtel Au Gai Soleil du Mont Aiguille - Richardière - 3 km au nord-ouest de Chichilianne par rte secondaire - 04 76 34 41 71 - www.hotelgaisoleil.com - fermé janv. et des vac. de la Toussaint à la veille des vac. de Noël. - 19 ch. 70/78 € - 9 € - formule déj. 14 €, menus 23,50/33,50 €.

Gresse-en-Vercors : camping avec vue sur le Vercors. Ce petit terrain de montagne jouit d'une vue à couper le souffle sur le massif du Vercors. Les campeurs bénéficient de bons équipements sanitaires, mais si vous aspirez à un peu plus de confort pour dormir, vous aurez aussi le choix entre chalets ou mobile-homes. Bar-snack et nombreuses activités.
Camping Les 4 Saisons - 222 chemin de la Rivoire - 04 76 34 30 27 - www.camping-les4saisons.com - de mai à mi-oct. et de mi-déc. à mars - 80 empl. 20,20 €.

Lalley : camping tout équipé. Situé à 800 m d'altitude, ce camping familial a su garder un environnement naturel et bénéficie d'une vue exceptionnelle sur les montagnes. Bien aménagé avec piscine, terrain multisport et un bar-snack de qualité (produits locaux), il offre aussi la possibilité de louer un mobile-home, recouvert de bois pour mieux se fondre dans le décor, ou un pod : cabanon en bois tout simple plus adapté pour un week-end. Plaine de jeux pour les enfants.
Camping Belle Roche - 224 chemin du Pont-de-Ruelle - 04 76 34 75 33 - www.campingbelleroche.com - chauffée - de fin mars à mi-oct. - 50 empl. 28,50/33,50 €.

Gresse-en-Vercors : nuits cosy. Quoique suggère son nom, il s'agit plus d'une maison de ville dauphinoise ancienne que d'un chalet. Mais peu importe, ici, on soigne ses visiteurs. Les chambres, spacieuses et rénovées, sont parfois dotées d'une loggia. Le restaurant propose une généreuse cuisine traditionnelle, servie dans une élégante salle à manger, ou sur la jolie terrasse d'été.
Le Chalet - 2406 rte de Monestier - 04 76 34 32 08 - www.hotellechalet.fr - fermé merc. midi hors vac. scol. - 31 ch. 85/95 € - 12 € - menus 20/48 €.

St-Martin-de-la-Cluze : la Renaissance. Ce castel Renaissance est entouré d'un joli jardin où

Le mont Aiguille et le village de Chichilianne.

G.Lansard/hemis.fr

règne le calme. En bas, on admire le plafond à la française, les fenêtres à meneaux et l'escalier à vis avant de monter dans les chambres, meublées avec soin. Si possible, optez pour la chambre dans la chapelle. À table, produits du jardin.
Chambres d'hôtes Le Château de Pâquier - 04 76 72 77 33 - chateaudepaquier.fr - 5 ch. 98/102 € - table d'hôtes 30 €/pers. (soir).

St-Michel-les-Portes : la vie à la ferme. Dans cette ferme du 18e s., vous prendrez vos repas dans une ancienne étable voûtée et dormirez dans des chambres avec mezzanine et poutres apparentes. Un lieu de séjour champêtre et authentique.
Auberge du Goutarou - Les Granges - 04 76 34 08 28 - mont-goutaroux.com - mars-oct. - - 5 ch. 88 € - 28 €.

FAIRE LA FÊTE

Mens : le plein d'art. Début août, ce sympathique festival pluridisciplinaire organise de nombreux événements : concerts, lectures, poésie, ateliers, visite, banquet champêtre...
Mens Alors ! - www.mensalors.fr.

Gresse-en-Vercors : les chemins de l'alpage. Durant 2 jours fin août, on célèbre la tradition du pastoralisme et de l'artisanat. Ateliers d'artisanat participatifs (bois, forge), projection cinéma, buvettes, balades contées dans les alpages avec messe aux cors ! Restauration de produits locaux. Sensibilisation aux problématiques de l'environnement et de l'élevage en altitude.
Fête de l'Alpage - www.gresse-en-vercors.com.

Gresse-en-Vercors : apéro-concerts. Jazz, rock, pop, musette, hip-hop, musique tzigane ou brésilienne... Chaque semaine visite un genre musical différent. Une constante : l'ambiance décontractée, avec buvette et restauration.
Jardin de l'office de tourisme - juil.-août ; jeu. 19h15.

Clelles : the place to be. Ce joli bar occupe une place centrale avec sa terrasse, et il s'impose tout naturellement comme le lieu le plus animé, en particulier les soirs de concert.
Bistrot de la Place - pl. de la Mairie - www.lebistrotdelaplace.fr.

LE MASSIF DES BAUGES

Avec ses hautes falaises calcaires dressées au-dessus de la vallée, le massif des Bauges en impose, mais c'est en parcourant ses villages, ses paysages boisés traversés par le Chéran, ses alpages parsemés de granges coiffées de toits à pans coupés que l'on en prend toute la mesure. Son réseau de sentiers invite à y rester… Mais rassurez-vous, l'époque troublée, dont témoigne encore le château de Miolans, est désormais révolue.

DEPUIS CHAMBÉRY : 36 km par la D912 pour rejoindre Le Châtelard, au cœur du massif des Bauges.

VENIR EN TRAIN

- **De Lyon, TER jusqu'à Chambéry (env. 1h30). De là, le bus C6 dessert Lescheraines, Le Châtelard ou École.**

BONS PLANS

- **Pour organiser votre séjour : lesbauges.com.**
- **Pour découvrir le Parc : www.parcdesbauges.com.**

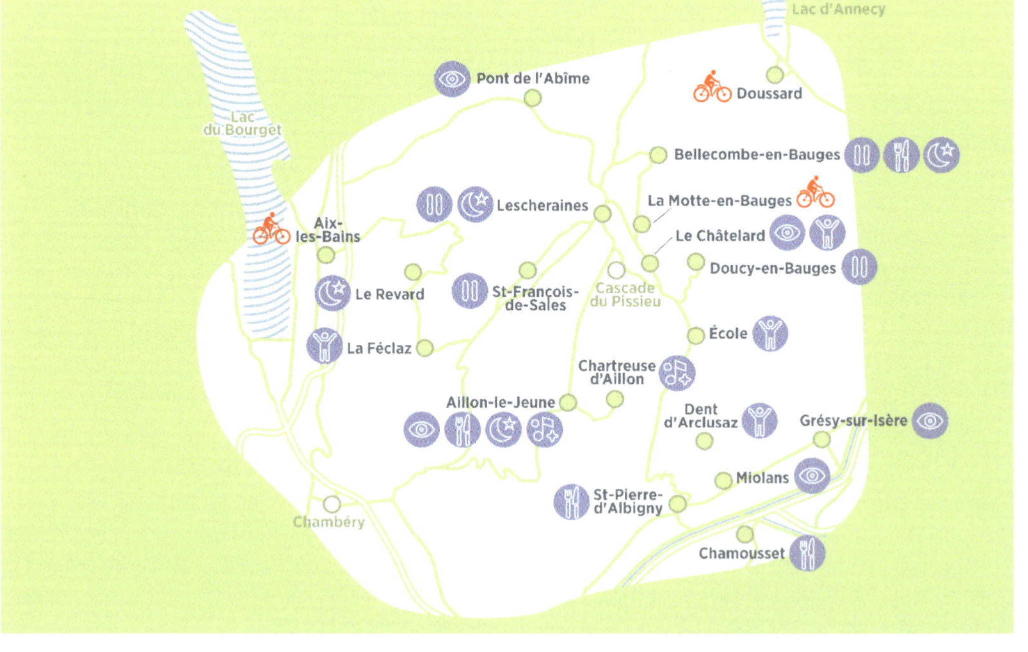

LOUER UN VÉLO

AIX-LES-BAINS

Cycles 73
21 bd Marechal-de-Lattre-de-Tassigny - ✆ 04 79 34 62 07 - www.cycles73.com - fermé merc. et lun. matin. Vélos de course, VTC, VTT, tandem, VAE...

LA MOTTE-EN-BAUGES

Bauges Bike Academy
216 rte des Bassins - La-Motte-en-Bauges - ✆ 06 63 04 21 82 - pour la location de VTT classique; route de la Godette - Alléves - ✆ 06 86 02 28 35 - pour la location de VTT VAE - baugesbikeacademie.fr. Une vaste gamme de matériel en VTT simples (20/70 €/j) ou à assistance électrique (60/90 €/j). Circuits.

DOUSSARD

Cycle Fred
430 rte de Talloires - ✆ 04 50 23 70 55 - www.location-velo-faverges-doussard.com - fermé dim. Location de VTT et VTC, tandem, VTT enfant, vélos de route, VAE, remorque...

M. Cavalier/hemis.fr

VOIR

Aillon-le-Jeune : un sauvetage réussi. Perchée à l'entrée de sa combe verdoyante, cette chartreuse bâtie au 17e s. a bien failli disparaître. Les moines chartreux s'installèrent sur ce site dès 1148, avant d'en être chassés à la Révolution. Le bâtiment est alors démoli, puis devient une ferme. Rénové par la communauté de communes des Bauges, le bâtiment blanc coiffé d'ardoises est restauré. Il abrite un intéressant musée du Patrimoine bauju (au rez-de-chaussée) et une introduction à l'histoire de l'ordre monastique des Chartreux (au 1er étage, le long d'une belle galerie couverte).
La Chartreuse d'Aillon - Maison du Patrimoine - à 2 km d'Aillon-le-Jeune par la D32A - ✆ 04 79 54 97 77 - www.lachartreusedaillon.com - juil.-août : 10h-13h, 14h-18h30 ; juin et sept. : 14h-18h - fermé mar. - 3,50 € (7-17 ans 2 €).

Miolans : un château fort comme au cinéma. On aperçoit de loin le donjon carré flanqué de tourelles de cette forteresse médiévale si caractéristique. Passé le châtelet à barbacane qui sert d'entrée, il faut longer l'étroite coursière de contrescarpe percée de meurtrières, pour déboucher dans l'appartement de l'officier major. De là, on rejoint la salle des gardes puis la haute cour, qui jouit d'une vue très dégagée sur la combe de Savoie et sur le débouché de la Maurienne. La tour St-Pierre (12e s.) est la plus ancienne partie de l'édifice. Ne manquez pas, dans le jardin, l'étroit escalier qui descend aux oubliettes.
Château de Miolans - ✆ 04 79 28 57 04 - www.chateau-de-miolans.com - juil.-août : 10h-19h ; avr.-juin et de déb. sept. aux vac. de la Toussaint : w.-end 13h30-18h30 (à vérifier sur le site Internet avant votre visite) - 8 € (-5 ans gratuit).

Le Châtelard : un village tout en longueur. Situé à la frontière entre les Bauges Derrière, où les montagnes font le gros dos, et les Bauges Devant, où les sommets sont plus élevés et la roche plus présente, ce curieux village s'étire le long d'une crête et dispense de splendides panoramas. Un parfum de nostalgie émane de ses rues bordées de vieilles devantures de magasins. Plusieurs balades s'offrent à vous dans les environs, notamment à la cascade du Pissieu.

Grésy-sur-Isère : voyage dans le passé. Sur les coteaux du bourg, un circuit pédestre de 350 m protégé par la végétation vous présente dans différents bâtiments une collection très évocatrice de plus de 10 000 objets qui mettent en scène la vie rurale d'autrefois dans tous ses aspects (dés à coudre, tracteur agricole, fers à repasser, ardoises d'écoliers, machines à écrire...). L'espace Reine Marie-José abrite deux expositions permanentes consacrées à l'histoire de la Savoie.
Village-musée de la Combe de Savoie - chemin des Carrières-du-Salin - ☎ 04 79 37 94 36 - lescoteauxdusalin.fr - ♿ - juil.-août : 10h-17h ; reste de l'année : 14h-17h - 9 € (-16 ans gratuit).

Pont de l'Abîme : instant frisson. Le pont de l'Abîme... Ce n'est pas par prétention qu'il se fait nommer ainsi. Hardiment suspendu à 94 m au-dessus de la gorge où coule le Chéran à sa sortie des Bauges, il forme un site spectaculaire. Les aiguilles rocheuses des Tours St-Jacques surgissent en amont des dernières pentes du Semnoz et accroissent l'intérêt du coup d'œil.
Pont de l'Abîme - 3 km au sud de Gruffy par la D5.

BOUGER

École : à vélo électrique avec Nina. Au départ de la Maison faune-flore sont proposées quatre boucles de 1h à 4h avec une tablette sur le guidon, commentées en suivant « Nina l'Hermine » pour décrypter certains aspects des villages traversés. Les VTC à assistance électrique rendent les parcours accessibles aux moins sportifs. Équipement pour le transport des jeunes enfants (remorques, sièges bébés).
Maison faune-flore - ☎ 04 79 54 97 77 - www.parcdesbauges.com - de fin juin à fin août : tlj sf lun.-mar. 10h-13h, 14h-18h ; 1re quinz. de sept. : merc. et dim. 14h-18h - 6/15 € selon le parcours.

La Féclaz : à fond la forme. À 30mn de Chambéry, cette station de sports d'hiver fait partie du domaine nordique de Savoie Grand Revard avec 150 km de pistes de ski de fond. C'est en été un vaste terrain de randonnées et de circuits VTT.
Office de tourisme - ☎ 04 79 25 80 49 - www.savoiegrandrevard.com - juil.-août : 9h-12h, 14h-18h ; reste de l'année : se rens.

Randonnée à la dent d'Arclusaz. La région ne manque pas de possibilité de randonnées. Celle-ci, d'un niveau moyen, grimpe à la dent d'Arclusaz, à 2041 m d'altitude. Aux abords immédiats du col du Frêne et dans la descente vers St-Pierre-d'Albigny, les vues sont remarquablement dégagées sur la Combe de Savoie, au fond de laquelle l'Isère endiguée trace de longues lignes droites.
Départ du col du Frêne - chemin balisé - 2h30 aller et 3h retour - dénivelée 1200 m - comptez la journée avec les haltes. Randonnée à faire par très beau temps.

Le Châtelard : les Bauges à dos d'âne. Équipé pour porter votre sac à dos pendant la promenade, ce compagnon de voyage pourra aussi aider les plus jeunes à arriver à destination. N'oubliez pas de le brosser avant de lui mettre son bât, et de lui donner une poignée de graines d'orge pour le récompenser après l'effort. Il appréciera. Au choix : balades à la journée ou demi-journée, randonnées itinérantes, nuits sous yourte et en refuge.
Ânes et compagnie - départ des balades au refuge des Garins - 4 km au nord du Châtelard - ☎ 06 09 89 84 24 - anesetcompagnie.net - mai-sept. : sur réserv. - location d'âne 60 €/j, avec accompagnateur 200 €/j.

FAIRE UNE PAUSE

Lescheraines : détente nautique. Ce plan d'eau aux contours boisés offre une belle occasion de baignade, en famille notamment, grâce à ses équipements (toboggan, pataugeoire ludique, terrain multisport...). On y trouve un restaurant et une aire de pique-nique. La base de loisirs est aussi le point de départ d'une balade de 1h-1h30.
Base de loisirs « Les Îles du Chéran » - ☎ 04 79 54 84 28 - baignade surveillée juil.-août 13h-19h.

LE MASSIF DES BAUGES VU PAR...

Florian et Laurent, alias Les Coflocs

« Le massif des Bauges est un paradis perdu de Savoie au cœur du triangle Annecy - Chambéry - Albertville. Ses montagnes basses sont souvent oubliées au profit des stations de ski connues accessibles par les grands axes dans les vallées. J'ai grandi au pied des Bauges et j'y entrais volontiers comme dans un havre de paix, un monde abandonné, loin de tout et proche de tout. Les Bauges c'est le berceau de la tome (fromage avec un seul "m" !), de la matouille et de nombreux hébergements insolites comme le Village Tipi du Revard. Comptez aussi le refuge de la ferme des Garins ou encore le chalet du Sire et son fameux coucher de soleil sur le lac du Bourget. Les activités en pleine nature ne manquent pas : raquettes, ski de fond ou balades en chiens de traîneau en hiver à la station de la Féclaz surnommée "Le petit Canada". Et en été, randonnée déconnectée à la cascade du Pissieu. »

Station de la Féclaz - ci-contre.
Cascade du Pissieu - durée 2h, très facile - rando.parcdesbauges.com.
Village Tipi - voir p. 299.
Refuge de la ferme des Garins - refugedesgarins.net.
Chalet du Sire - www.chaletdusire.fr.

St-François-de-Sales : vaisselle façonnée à la main. Rendez visite à l'atelier de Jean-Paul Pernet, l'un des derniers de la région à perpétuer la fabrication de vaisselle en bois. La tradition de « l'argenterie des Bauges » remonte au Moyen Âge et utilise le bois de l'érable sycomore, très clair.
Atelier d'Argenterie des Bauges - hameau de la Magne - 15 km à l'ouest du Châtelard - ✆ 04 79 63 30 13 - réserv. obligatoire.

Doucy-en-Bauges : les bienfaits des plantes. Cette petite ferme familiale et écologique a opté pour deux spécialités peu communes : l'élevage d'ânes de travail destinés à la culture, et la production et la cueillette de plantes médicinales. On y trouve un grand choix de tisanes, sirops, boissons aux plantes, huiles et baumes garantis bio ! Visite libre du jardin pédagogique.
Asinerie et plantes du Cul du Bois - ✆ 04 79 54 82 81 - www.asinerieetplantes.fr - mai-sept. : merc.-sam. 14h30-18h (oct.-avr. 14h-17h - fermé janv.

Bellecombe-en-Bauges : scierie à grand cadre. Nichée dans un cadre bucolique, à l'orée d'un bois et au bord d'un ruisseau, cette scierie fonctionne à l'énergie hydraulique. Installée en 1819 et rénovée à la fin du 20e s., elle est la dernière de ce type dans la région. Tous les 2 ans, la fête de la scie rassemble fin juillet les amoureux du site dans un cadre d'une grande convivialité. À Bellemont, on visite également le musée du bois (sous la salle des fêtes), le grenier du Mont (18e s.) et plusieurs fours à pain dans le village.
Scierie à grand cadre - ✆ 04 79 63 81 69 - www.patrimoine-bellecombe.fr - juil.-août : mar.-sam. 14h-17h ; sur RV le reste du temps.

DÉGUSTER

Chamousset : carte gastronomique. Dans une ambiance familiale et un cadre rustique, vous apprécierez une cuisine authentique préparée, entre autres, avec les légumes du potager et escortée d'une sélection de vins de Savoie. Si l'on y déjeune à petit prix, le soir, la carte du dîner s'avère gastronomique et inventive. L'établissement fait également hôtel.

La Table d'Auré - 40 imp. de la Gare - ✆ 04 79 36 42 06 - www.hotel-restaurant-latabledaure.fr - fermé. dim. soir et lund. -formule déj. 15 €, menus 30/40 € - 15 ch. 75 € - ☕ 10 €.

Aillon-le-Jeune : cure de fromage. Gruyère, tome des Bauges, monpela et valbleu occupent une place de choix à la fromagerie du Val d'Aillon, créée en 1889. Dans son espace-musée ludique et instructif, vous apprendrez ce qu'est une fruitière et découvrirez les secrets de transformation du lait, grâce à des vitrines donnant sur la salle de fabrication, des panneaux explicatifs, des dessins et des témoignages.
Fromagerie du Val d'Aillon - ✆ 04 79 54 60 28 - www.fromagerieaillon.com - 9h-12h, 15h-19h - espace musée 2,50 € (8-17 ans 1,50 €) - moulage et retournement des tomes à 9h - ateliers pédagogiques sur réserv. 5,50 €.

Bellecombe-en-Bauges : plaisir des papilles. Ce pâtissier-chocolatier-glacier a réussi à se faire un nom avec ses produits de qualité. L'adresse vaut en effet le détour pour goûter les spécialités maison : tomettes des Bauges, choc'apéro, ganache aux plantes bio de l'Herbier de la Clappe, caramels, nougats, macarons... Sans oublier les sorbets et glaces au lait AOP des Bauges !
Chocolaterie artisanale des Bauges - La Charniaz - ✆ 04 79 54 86 79 - www.chocolateriedesbauges.com - lun.-vend. 7h-19h, w.-end 9h15-12h15, 14h-19h.

St-Pierre-d'Albigny : nectar des Bauges. Cette miellerie familiale possède environ 450 ruches transhumées dans différentes régions des Alpes et de la Drôme selon la saison. Elle ne propose pas moins de 10 miels différents, en fonction de la saison et des plantes butinées (acacia, tilleul, châtaignier, sapin, lavande...). La production, entièrement naturelle, est extraite à froid. La boutique, où l'on peut déguster, vend également de la gelée royale certifiée, du pollen frais et des gâteaux au miel.
Rucher de la Combe de Savoie - 20 r. du Marais-Sandre - ZA le Carouge - ✆ 06 19 22 54 67 - rucher-combedesavoie.fr - vente sam. 8h-12h30, sur RV les autres jours - visite de la miellerie sam. 8h, sur réserv.

DORMIR AU CALME

Bellecombe-en-Bauges : camping panoramique. Un joli terrain avec vue sur les montagnes environnantes, en pleine nature, avec un choix d'emplacements à l'ombre ou au soleil. Possibilité d'hébergement en chambre d'hôtes également. Aire de jeux pour enfants. Randonnées au départ du camping.
Camping les Framboisiers - 119 chemin du Suave - Le Villard - ✆ 04 79 63 36 33 - www.camping-les-framboisiers.com - 24 empl. - forfait 2 pers. 16,60 € - ch dble 62 €.

Lescheraines : camping au bord de l'eau. Dans un site entouré de montagnes, à proximité d'une base de loisirs et du plan d'eau, ce camping bien équipé, à 1 km du village de Lescheraines, est idéal pour un séjour familial. Animations en été et aire de jeux pour enfants. Possibilité d'hébergement en chalet.
Camping de l'Île - Les Îles du Chéran - ✆ 04 79 63 80 00 - www.savoie-camping.com - 188 empl. - forfait 2 pers. 11,80 €.

Aillon-le-Jeune : grange tout confort. Cette belle demeure de village en bois a été rénovée avec soin dans un style contemporain inspiré. Les chambres et la salle commune offrent un confort simple, et l'on apprécie de pouvoir se délasser dans le jardin, au retour d'une randonnée à pied ou en raquettes dans les parages. Le propriétaire fait lui-même le guide.
Chambres d'hôtes Au Vieux Four - hameau de Chez Curiaz - ✆ 04 79 35 87 59 - www.auvieuxfour.net - 💳 - 4 ch. 95 € - repas 18 €/pers.

Aillon-le-Jeune : chalet de montagne. Située quelques lacets au-dessus du village, cette vieille ferme avec poutres brunies et cheminée s'ouvre sur le massif. Vous apprécierez l'accueil chaleureux et les balades proposées par le propriétaire, accompagnateur en montagne. En hiver, chaussez vos skis devant la porte.

Tours St-Jacques, près du pont de l'Aomé.
X. Forés & J. Roncero/age fotostock

Chambres d'hôtes La Grangerie - à 2 km de la station dir. les Ginets - 06 65 76 60 16 - www.lagrangerie.com - 5 ch. 60 € - table d'hôtes 19 €/pers.

Le Revard : village indien en pleine nature. Passer une nuit dans une tente indienne parfaitement équipée, prendre un bain nordique entouré par la neige et déguster un repas savoyard, l'expérience est insolite, mais la formule fait mouche. Possibilités de randonnées en raquette dans les environs.
Village Tipi - Les fermes de Crolles - 06 69 07 60 79 - www.village-tipi.com - 5 tentes 5/6 places 119/129 € - menus 24/34 €.

FAIRE LA FÊTE

Aillon-le-Jeune : billots et gros bras. Assistez à une vraie fête de village le 1er dimanche d'août, avec démonstration de travaux sur bois, épreuves de rapidité à la hache et au passe-partout... Le concours est ouvert à tous, à vous de jouer ! Nombreuses animations et stand de matafan (dessert local) et tomiflette.
Concours de bûcherons - www.lesaillons.com.

Aillon-le-Jeune : tradition gourmande. Le 2e dimanche de septembre : grand marché, pot-au-feu traditionnel, pesée du jambon, dégustation du matafan, animations pour enfants...
Foire d'Aillon-le-Jeune - www.lesaillons.com.

Chartreuse d'Aillon : un été festif. En juillet-août, quatre animations par semaine sont proposées au public à la chartreuse d'Aillon : visites guidées, lectures de contes, ateliers, animations ludiques...
www.lachartreusedaillon.com

CHAMPSAUR ET VALGAUDEMAR

Du vert à perte de vue, des torrents étincelants cernés par des sommets escarpés : la fertile vallée du Champsaur est un coin de nature qui séduit les amateurs de montagne comme les familles en quête d'activités. Plus confidentiel et sauvage, son voisin le Valgaudemar offre une plongée au cœur du massif des Écrins.

DEPUIS GRENOBLE : en évitant l'autoroute, 90 km jusqu'à St-Bonnet-en-Champsaur par la N85.

VENIR EN TRAIN

- **De Grenoble, TER jusqu'à la gare de Gap (env. 3h15), puis liaisons régulières en bus (zou.maregionsud.fr) vers Orcières, St-Bonnet...**

BONS PLANS

- **Pour organiser votre séjour : www.champsaur-valgaudemar.com et www.hautes-alpes.net**
- **Pour découvrir le Parc : www.ecrins-parcnational.fr.**

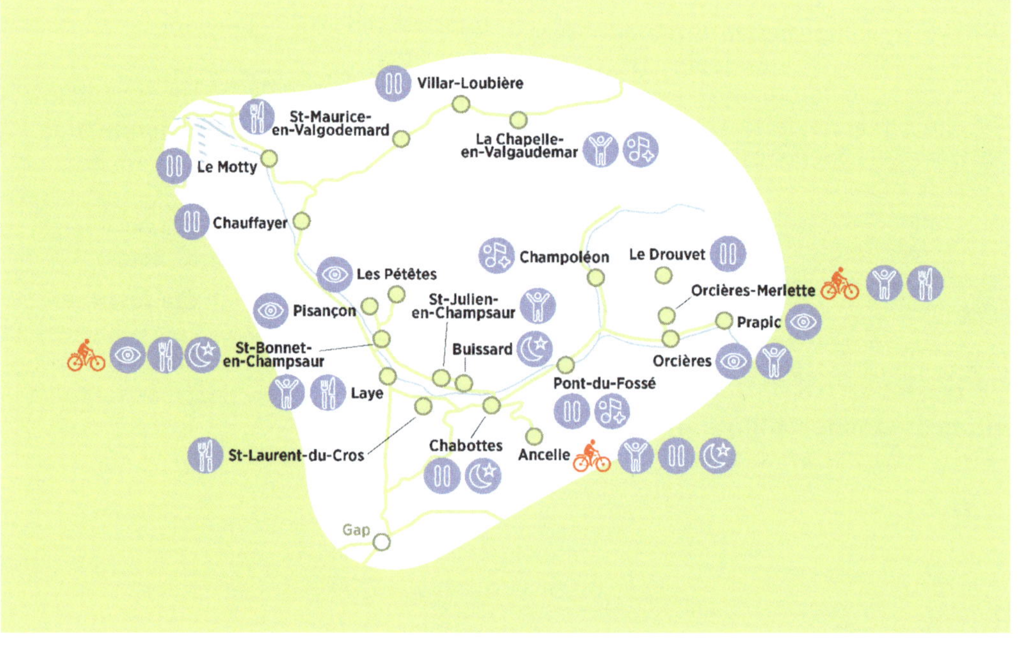

LOUER UN VÉLO

ANCELLE

Résidence Les Écrins
04 92 50 87 01 - www.ecrins-ancelle.fr.
VTT (16 € la 1/2 j., 20 €/j), VTT électrique (30 € la 1/2 j., 40 €/j).

ST-BONNET-EN-CHAMPSAUR

S'Pass Sport
Impasse du Moulin - 06 11 11 14 96.
VTC (18 € la 1/2 j., 25 €/j), VTT électrique (25 € la 1/2 j., 40 €/j), VTC électrique (20 € la 1/2 j., 35 €/j).

ORCIÈRES-MERLETTE

École de VTT du Champsaur
Rue de la Grande-Ourse - 06 60 36 09 13 - www.stages-descente-vtt.com - juil.-août uniquement. Location de VTT (30 € la 1/2 j., 55 €/j), VTT électriques (39 € la 1/2 j., 69 €/j) et matériel (casque, protections...).

Bouquetin.
porojnicu/iStock

VOIR

Orcières : balade au parc animalier. Un parcours ludique permet au visiteur de découvrir toutes les espèces présentes dans ce parc animalier de 12 ha. Chamois, bouquetins, rennes, marmottes, daims, yacks, lamas et chevaux y évoluent paisiblement. Les plus petits seront ravis de pouvoir donner à manger aux marmottes et aux chèvres (nourriture fournie sur place).
Parc animalier du Creuset - 04 92 55 78 16 ou 06 87 94 23 81 - www.parcducreuset.fr - de fin juin à fin août : 10h-19h ; sept. : 2 premiers w.-end 14h-18h - durée visite 1h30 - 8 € (12-16 ans 7 €, 3-12 ans 6,50 €).

Prapic : le vallon du poète disparu. Ce charmant hameau constitué de maisons en pierre a des airs de village du bout du monde. À l'entrée, un petit musée reconstitue un intérieur ancien (meubles, vêtements, outils). On fait vite le tour de Prapic mais on peut ensuite poursuivre sa découverte en se lançant à l'assaut d'une courte rando d'1h jusqu'au Tombeau du poète. On longe d'abord les potagers du village, puis on suit un joli torrent avant que le sentier ne débouche sur un vallon où est enterré un poète local : Joseph Reymond.
Itinéraire sur rando.ecrins-parcnational.fr.

Pisançon : hommage à Vivian Maier. Si de nombreux amateurs de photographie connaissent Vivian Maier, peu d'entre eux savent que la photographe est originaire du Champsaur. Installé dans une ancienne ferme, un espace est dédié à son travail et à l'immigration champsaurine, qui a conduit de nombreux jeunes du coin, dont la mère de Vivian, à partir travailler aux États-Unis au début du 19e s. On peut y admirer quelques-uns des clichés réalisés par la photographe dans la vallée au cours des années 1950.
Maison de la Photographie Vivian Maier - 04 92 44 09 61 - juil.-août : mar.-dim. 14h-18h ; 1re quinz. de sept. : jeu. 14h-17h30 - 3 €.

St-Bonnet-en-Champsaur : tourtons du marché. Bienvenue dans la capitale du Champsaur ! Avec ses 2000 habitants, la petite ville reste modeste, mais on vient tout de même de loin pour flâner dans ses ruelles médiévales et profiter de son agréable marché chaque lundi matin (et aussi le jeudi matin en été). L'occasion de goûter aux célèbres et délicieux tourtons du Champsaur du stand de Pierrot. Une valeur sûre dans le petit monde de la gastronomie locale !

Les Pétêtes : jolies poupées. En patois, les « pétêtes » sont des poupées. La façade de la chapelle est percée de petites niches d'où vous observent des statuettes naïves sculptées par Jacques Pascal de 1730 à 1741. Le contraste est frappant entre ces visages expressifs et la grossièreté des bustes. Les yeux et les boutons des vêtements sont en fer. C'est l'un des rares exemples d'art populaire de la région.
Chapelle des Pétêtes - 1,7 km au nord de Bénévent-et-Chabillac par la D123 - visites guidées en saison.

BOUGER

Orcières-Merlette : une station qui s'active en toute saison. Vous voilà dans une des stations les mieux équipées des Hautes-Alpes ! Les accros au ski pourront s'en donner à cœur joie sur les 100 km de pistes tandis que les familles ou les non-skieurs apprécieront sa patinoire. Après toutes ces émotions, rien de tel que de se délasser dans l'un des trois bassins de l'espace détente, entouré de parois en verre avec vue sur les sommets. L'été, la station ne se repose pas sur ses lauriers, puisqu'une base de loisirs dotée d'un plan d'eau a été aménagée sur les bords du Drac et 9 pistes de descentes à VTT.
Office de tourisme - www.orcieres.com.

Orcières : tête la première au-dessus du vide. Cap ou pas cap de vous lancer sur l'une des plus longues tyroliennes d'Europe ? Tendue entre le sommet du Drouvet à 2 655 m et le lac Long, perché à 2 500 m, cette tyrolienne de 1,8 km entraîne les plus courageux tête la première à l'assaut des airs ! L'installation est accessible dès 10 ans et jusqu'à... 87 ans, l'âge de la doyenne et le record à battre à ce jour (sans vouloir pousser mémé dans les orties) !
Roll'Air Câble - sommet du Drouvet Merlette - ☎ 06 84 44 88 10 - www.rollaircable.com - 9h-15h30 - été : 35 €, hiver : 40 € (hors remontées mécaniques : 9,40 € en sus).

Laye : l'appel de la forêt. Tyroliennes, saut de Tarzan, tonneaux et ponts de singe font le bonheur des visiteurs qui viennent se frotter à ce parc aventure au beau milieu de la forêt. 11 parcours ont été imaginés pour permettre aux plus jeunes comme aux plus aguerris de se lancer dans l'aventure. De sympathiques moniteurs sont répartis sur chaque parcours pour venir en aide ou conseiller les participants. L'été, le lieu est un havre de fraîcheur et des tables de pique-nique permettent de casser la croûte avant ou après son parcours.
Jungle Laye - ☎ 06 87 80 29 66 - www.jungle-aventure.com - juil.-août : 10h-19h (dernier départ 17h) - 1re semaine de juil. et dernière semaine d'août : 14h-19h (dernier départ 17h) ; mai-juin, sept.-oct. : w.-end et j. fériés 14h-18h (dernier départ 16h) - 10/25 €.

St-Julien-en-Champsaur : un plouf avec vue sur les sommets. C'est sur un superbe site entouré de montagnes que se trouve ce plan d'eau qui accueille les visiteurs désireux de faire trempette en altitude. Une longue plage permet de ne pas se marcher dessus et d'étaler sa serviette où bon nous semble. Au menu : baignade évidemment mais aussi paddle, pédalos, trampoline, minigolf, terrains de volley et même wakepark.
Plan d'eau du Champsaur - ☎ 04 92 50 17 49 - juil.-août : 10h-18h - 5 € véhicules légers, gratuit piétons et vélos.

La Chapelle-en-Valgaudemar : des marmites tourbillonnantes. C'est depuis un chemin ombragé qui débute à La Chapelle-en-Valgaudemar et se poursuit au hameau des Portes que l'on accède aux Oulles du Diable, une succession de marmites creusées par l'érosion, où l'eau tourbillonne avec force. Le lieu compte également un joli pont de pierre, le pont des Oulles, miraculeusement épargné par les grandes crues qui ont frappé la zone en 1928. On peut l'emprunter pour traverser le torrent de Navette.
Oulles du Diable - 1h30 AR - 3,4 km - facile.

Parc national des Écrins. C.Sappa/De Agostini Editore/age fotostock

Ancelle : faire corps avec la montagne. Réglez votre casque, vérifiez votre baudrier et suivez votre guide pour partir à l'assaut de la via ferrata de Rouanne. Accessible dès 8 ans, elle permet de faire le plein de sensations fortes et de vaincre la peur du vide. 3 parcours sont proposés, d'un itinéraire facile à une voie plus engagée.

Via ferrata de Rouanne - ✆ 04 92 53 77 17 - www.canyon-alpes.fr - 15 mai-15 oct. - 2h30 - 34 €.

FAIRE UNE PAUSE

Le Drouvet : panorama sur les sommets. On emprunte deux télémix (mélange de télécabine et de télésiège) pour accéder à ce sommet perché à 2 655 m d'altitude depuis lequel on jouit d'une vue sublime sur les montagnes. Les curieux s'amuseront à reconnaître les sommets : l'Olan, le Sirac et l'Ailefroide au nord, le Vieux Chaillol, le pic de Bure et le Gapençais à l'ouest, la Grande Autane au sud, le Grand Pinier et la Font Sancte à l'est. C'est de là que part la randonnée des Six lacs, une très jolie rando de 3h qui conduit jusqu'à la station. Possibilité de réduire le temps de marche en prenant le télémix de Roche Rousse (2h).

Sommet du Drouvet - accessible l'été et l'hiver en télémix - 9,60 € (5-12ans 7,40 €).

Entre Chauffayer et Le Motty : pauses photos sur la route Napoléon. Cette portion de 7,8 km de la célèbre route Napoléon offre de multiples points de vue sur les alentours, particulièrement photogéniques. Elle fait d'abord un crochet dans la basse vallée de la Séveraisse où l'on peut voir les ruines du château St-Firmin qui datent du 15e s. Au fond de la vallée du bas Valgaudemar, la route offre une belle vue sur la pyramide de l'Olan qui culmine à 3564 m. On débouche ensuite sur le lac du Sautet, créé grâce à un barrage sur le Drac. À hauteur de la croix Ste-Marguerite, superbe panorama sur le lac du Sautet et la Grande Tête de l'Obiou.

Pont-du-Fossé : prendre l'air. Envolez-vous tout doucement au lever du soleil et suivez les méandres du Drac avant de flirter avec les cimes des mélèzes à bord d'une montgolfière. Le temps suspend son vol durant cette sortie au-dessus du Champsaur où le visiteur est entouré par les sommets alpins. Au fil du

Les tourtons du Champsaur.
L. Maisant/hemis.fr

survol, on apprivoise peu à peu le point de vue sur le paysage et l'on devine par moments des troupeaux de vaches et de moutons occupés à paître. Une fois le survol terminé, la montgolfière se pose dans une prairie pour un petit-déjeuner champêtre.
Hautes-Alpes Montgolfière - ✆ 06 37 25 96 57 - hautesalpesmontgolfiere.com - 250 €.

Villar-Loubière : tourne, tourne petit moulin. Son toit de chaume est reconnaissable entre mille : ce moulin construit en 1838 est le dernier en fonctionnement du Valgaudemar. Il possède une roue horizontale qui grâce à la poussée de l'eau permet l'actionnement des cadrans. Aujourd'hui encore, on y fabrique de la farine, de l'huile de noix et de noisette. Il est possible de le visiter en été.
Moulin de Villar-Loubière - ✆ 04 92 55 26 78 - juil.-août : 15h30-18h30 - 5 €.

Ancelle : on trinque local ? À l'heure de l'apéro, quand certains sortent les habituelles bières du commerce, d'autres privilégient le circuit court et se servent une bonne mousse locale. Car à Ancelle s'est ouverte une micro-brasserie dans une ancienne grange rénovée. On y sert la VO (pour Version Originale), une bière blonde, blanche, ambrée ou brune que l'on sirote dans l'espace dégustation tout en bois avec vue sur les montagnes.
Brasserie d'Ancelle - chemin Bellevue - ✆ 04 92 52 31 62 - juil.-août, fin déc.-mars : lun.-sam. 16h-18h30, dim. 10h-12h30, reste de l'année : jeu.-sam. 16h-18h30 et dim. 10h-12h30.

Chabottes : cocktail vitaminé. En visitant Alti-Flore, petit établissement spécialisé dans la fabrication de produits issus des baies d'argousier, vous découvrirez les qualités de ces fruits cultivés à plus de 1000 m d'altitude et pourrez vous offrir un véritable cocktail de vitamines (A, C, E) décliné en jus, confitures et sorbets labellisés bio.
Alti-Flore - Les Esteves - ✆ 04 92 50 75 46 - www.alti-flore.com - tlj sf w.-end 9h-12h30, 13h30-16h.

DÉGUSTER

St-Bonnet-en-Champsaur : festin de tourtons. Au cœur du village de St-Bonnet, on ripaille sec, entre tourtons du Champsaur et délicieux gratins de ravioles, dans ce petit restaurant sans prétention qui sert des plats locavores et faits maison. L'été, la terrasse est très agréable.

La Ripaille - 2 r. de Chaillol - ✆ 04 92 50 04 30 - lun.-sam. 12h-14h, 19h-21h30 - menu 28 €.

St-Laurent-du-Cros : tout est bon dans le cochon. Si vous aimez consommer local, c'est ici qu'il faut faire le plein de charcuteries. Saucisson, jambon, coppa : tous les produits sont issus de porcs élevés sur l'exploitation familiale ou dans les fermes des Hautes-Alpes (voir « Rencontre avec... »). La boutique propose aussi d'autres spécialités du terroir, dont du miel et du fromage.
Salaisons du Champsaur - ✆ 04 92 50 48 92 - www.salaisonduchampsaur.fr - lun.-sam. 9h-13h, 15h-19h.

Laye : le paradis du fromage. Le fromage est roi dans cette laiterie-restaurant connue dans toute la région. Fondue, raclette, et alléchant plateau de 60 fromages font de l'œil au visiteur pourtant déjà tout acquis à leur cause. Le restaurant propose aussi les incontournables tourtons du Champsaur et quelques spécialités locales. Seul bémol : victime de son succès, l'établissement affiche souvent complet. Pensez à réserver suffisamment à l'avance.
Laiterie du col Bayard - ✆ 04 92 50 50 06 - www.laiterie-col-bayard.com - mar.-dim. 8h30-23h - menus 18/56 €.

Orcières-Merlette : agneau du Champsaur au menu. C'est dans la ferme familiale que le chef a créé cet hôtel-restaurant. On déguste dans l'ancienne bergerie un excellent gigot d'agneau du Champsaur et des oreilles d'ânes, un gratin de ravioles et d'épinards à la crème et au fromage. Côté desserts, étonnants sorbets maison au génépi et à la fleur de mélèze.
Les Gardettes - rte des Baniols - ✆ 04 92 55 71 11 - www.gardettes.com - menus 27/35,50 €, carte 15/26 €.

St-Bonnet-en-Champsaur : au bonheur du fromage. Marie-Ange et Axel élèvent un troupeau de vaches et de chèvres grâce au lait desquelles ils fabriquent un excellent fromage, en vente dans leur ferme de St-Bonnet-en-Champsaur. On les retrouve également chaque lundi matin (et le jeudi matin en période estivale) sur le marché de St-Bonnet.

RENCONTRE AVEC...

Michel Barthélemy à la tête des Salaisons du Champsaur

« Mon grand-père a acheté une ferme à St-Laurent-du-Cros en 1920. Mon père lui a succédé et a monté un élevage de porcs que mon frère a repris. En tant que boucher-charcutier, je me suis occupé de la partie transformation. À l'époque, nous n'avions qu'une petite boutique que ma femme gérait. Aujourd'hui, nous travaillons avec mes filles, nous avons 18 employés et un magasin de 80m².
C'est vraiment une affaire de famille. Nous collaborons avec des éleveurs des Hautes-Alpes, pour la plupart des amis d'enfance, qui ont, eux aussi, transmis la passion de l'élevage à leurs enfants. Au magasin, nous vendons du saucisson, des terrines, du jambon mais également des produits locaux comme du miel et des tartes du Valgaudemar. Je suis très attaché à la vallée et j'essaie de contribuer à son développement en faisant découvrir notre terroir et la qualité exceptionnelle de nos produits. »
Salaisons du Champsaur - voir St-Laurent-du-Cros (ci-contre).

Vallée du Valgaudemar, torrent de la Séveraisse.

La Ferme de Coste Joffre - 1046 rte de Coste-Joffre - L'Aullagnier - ✆ 04 92 50 17 02 - lun.-sam. 10h-12h, 18h-19h30.

St-Maurice-en-Valgodemard : ravioles, piscine chauffée et convivialité. Depuis 1965, la famille Gueydan accueille le visiteur dans ce grand chalet hôtel-restaurant doté d'une piscine couverte. Côté cuisine, on savoure la cuisine bio de Colette, la propriétaire. Au menu, des plats typiques du Valgo', le surnom du Valgaudemar : oreilles d'ânes, ravioles et truite élevée dans le vivier de l'hôtel.

Le Val des Sources - ✆ 04 92 55 23 75 - www.levaldessources.com - en saison, ouv. tlj sf jeu. midi - réserv. obligatoire - menus 23/39 € - ch. 70/90 € en 1/2 pension.

DORMIR AU CALME

St-Bonnet-en-Champsaur : à deux pas du marché. Chambres de plain-pied donnant sur la terrasse et magnifique vue sur les montagnes font de cet hôtel-restaurant un refuge agréable et un excellent point de chute pour visiter le Champsaur. Un gîte a été aménagé au 2e étage de la maison des propriétaires. Beau jardin arboré, savoureux petit-déjeuner composé de produits de la ferme et de pâtisseries maison. Coin cheminée pour bouquiner les jours d'hiver.

La Combe fleurie - rue de Chaillol - ✆ 04 92 50 53 97 - www.lacombefleurie.com - 5 ch. 69/99 € et 1 gîte 85/105 € - table d'hôtes 21 €/pers.

Buissard : piscine avec vue sur les sommets. Transformée en chambres d'hôtes et gîte rural, cette ancienne ferme typique de l'habitat du Champsaur domine la vallée de la Drac. De la piscine et des terrasses, on bénéficie d'un sublime panorama sur les montagnes alentour. En plus, l'accueil des deux propriétaires est particulièrement chaleureux.

Les Chemins verts - chemin du Serre - ✆ 06 84 15 46 21 - www.lescheminsverts.com - 4 ch. 60/79 € - table d'hôtes sur réserv. 19 €/pers.

Chabottes : décollage immédiat. Jean et Meg accueillent leurs hôtes dans leur grande maison dont les premières pierres datent du 14e s. Les jolies chambres ont toutes des noms d'aviateurs et d'aviatrices. Sur place, piscine et jacuzzi promettent décontraction

et déconnexion. À table, délicieux mélanges d'influences locales et asiatiques et barbecue convivial chaque samedi soir d'été sur la terrasse au bord de la piscine.
La Grange des Écrins - chemin Fangeassons - 06 76 46 88 15 - www.lagrangedesecrins.fr - 5 ch. 110/150 € - table d'hôtes sur réserv. 30/42 €.

Ancelle : une affaire de famille. À l'orée du Parc national des Écrins, cet hôtel-restaurant a été fondé par l'aïeul des actuels propriétaires, qui a également œuvré à la création de la station de ski. Tout près des pistes, le refuge est chaleureux, mêlant décor montagnard, espace bien-être – piscine, hammam, sauna, jacuzzi... – et restaurant traditionnel. Une bonne adresse, au pied des pistes.
Les Autanes - pl. du Village - 04 92 50 82 82 - www.hotel-les-autanes.com - fermé de mi-nov. à mi-déc. - 32 ch. 90/163 € - 11,50 € - menus 28/37 €.

FAIRE LA FÊTE

Pont-du-Fossé : au pays des contes. Il n'y a pas d'âge pour se raconter des histoires, la preuve avec le festival Écho des mots. Cet événement entièrement dédié aux contes entraîne petits et grands dans son sillage chaque année durant 10 jours début d'août. Pièces de terrasse, spectacles de marionnettes, shows de clowns, siestes dans des hamacs sous les arbres et balades dans un jardin sonore : l'imagination vagabonde au gré des histoires et toute la famille se laisse embarquer !
Festival L'Écho des mots - www.festivalechodesmots.fr.

stevenallan/iStock

Champoléon : Foire au tardon. Mais qu'est-ce donc que le tardon ? Pour le savoir, rien de tel que de poser ses valises à Champoléon au début du mois d'octobre. Le tardon, c'est cet agneau né au printemps et parti dans les alpages. Marché, démonstration de tonte, repas et foire aux bestiaux ponctuent la journée. L'occasion de goûter l'une des spécialités du coin : le pot-au-feu de chèvre.

La Chapelle-en-Valgaudemar : La Valgaude Traîneau. Organisé par la Fédération des Chiens de traîneaux des Hautes-Alpes, cet événement est l'occasion d'une grande course qui a lieu sur deux jours fin février. Pour les non-initiés, la Valgaude Traîneau est l'occasion rêvée de découvrir le travail du musher, de comprendre comment fonctionne un attelage et de s'initier à la pratique du traîneau à chien et du ski attelé (un skieur tiré par un chien). Un concert a lieu le samedi soir.

Vallées du Champsaur et Valgaudemar : rendez-vous au sommet. Au menu de cette semaine de juillet entièrement dédiée à l'alpage : balades ludiques, visites de fromageries, contes en montagne, randonnées guidées, barbecue, conduite d'alpages, démonstrations de savoir-faire dont la traite, la tonte et même la recette de la faisselle ! Le programme, particulièrement riche, offre l'occasion de plonger dans les traditions du Champsaur et du Valgaudemar et de partir à la rencontre des bergers et de leurs bêtes. Une bouffée d'air pur qui fait du bien !
Festival de l'Alpage en Champsaur et Valgaudemar - www.maisonduberger.com - juil. - programme sur le site Internet.

LES PRÉALPES DE DIGNE

Bienvenue dans un incroyable musée à ciel ouvert ! Méconnu du grand public, l'Unesco Géoparc de Haute-Provence témoigne du passé géologique de la région. Les randos au milieu de ses paysages millénaires, ponctuées de fossiles de reptiles de 4 m de longueur ou de centaines d'ammonites, entraînent le visiteur aux origines du monde. Nichée dans la vallée, Digne offre toute la panoplie des activités de montagne, le tout dans un superbe cadre naturel.

DEPUIS NICE : Une petite partie d'autoroute jusqu'à Cannes puis 135 km jusqu'à Digne-les-Bains sur la N85, la mythique route Napoléon.

VENIR EN TRAIN

- D'Aix-en-Provence-TGV, des bus font la navette jusqu'à Digne-les-Bains, 5 fois par jour (zou.maregionsud.fr). De Nice, possibilité de prendre le train des Pignes (www.cpzou.fr), puis un taxi jusqu'au centre de Digne.

BONS PLANS

- Pour organiser votre séjour : www.dignelesbains-tourisme.com et www.seynelesalpes-tourisme.com.
- Pour découvrir le Géoparc : www.geoparchauteprovence.com.

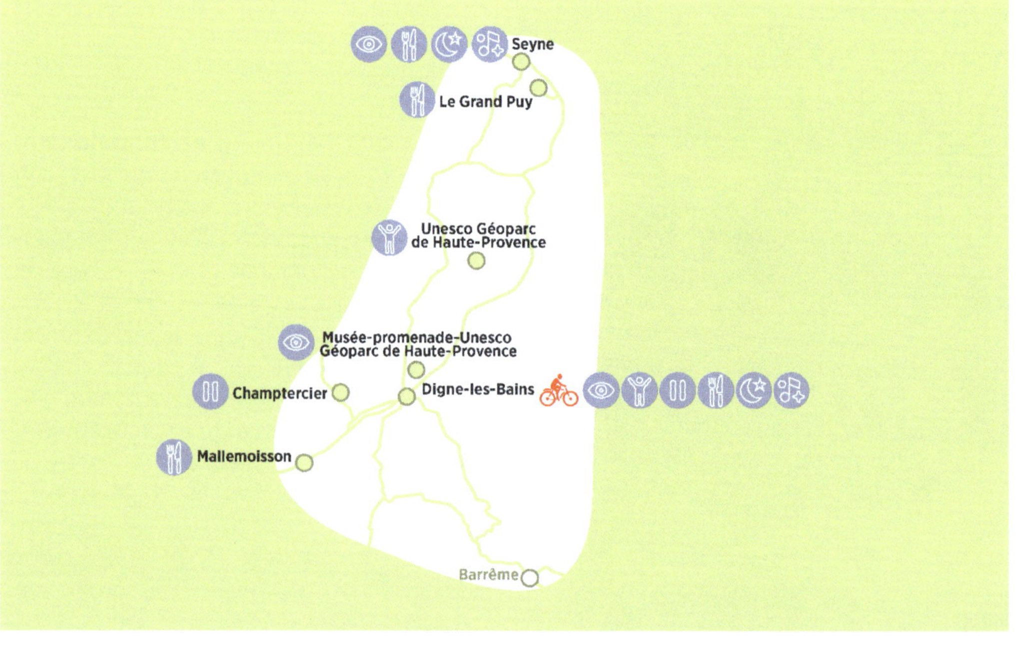

LOUER UN VÉLO

DIGNE-LES-BAINS

Gallardo Bike Shop
8 r. Denis-Papin - ✆ 04 92 31 05 29. VTT (à partir de 35 €) ; VTT électrique (49 €).

Cycles Halgand
Rue Ferdinand-Lesseps - zone industrielle St-Christophe - ✆ 04 92 31 57 57 - www.halgand-sports.fr. VTC (15 € la 1/2 j., 25 €/j) ; VAE (45 €/j).

A. Pisolesi/hemis.fr

VOIR

Digne-les-Bains : balade dans la ville. Ville thermale et préfecture des Alpes-de-Haute-Provence, Digne recèle quelques merveilles dont le beau jardin botanique des Cordeliers, établi dans un ancien couvent. Plus loin, le musée Gassendi allie sciences, peinture, art contemporain et histoire locale. On peut y admirer des œuvres de peintres provençaux mais aussi des objets ayant appartenu à l'astronome Pierre Gassendi dont une pendule cosmographique qui donne à la fois l'heure solaire et l'heure « classique ». Les amateurs d'histoire ne manqueront pas de visiter la cathédrale Notre-Dame-du-Bourg, une église romane provençale bâtie entre 1200 et 1300 et qui abrite une crypte de 870 m² à l'emplacement exact de l'origine de la ville de Digne.
www.dignelesbains-tourisme.com

Digne-les-Bains : du Tibet aux Alpes. Quel incroyable destin que celui de l'exploratrice Alexandra David-Neel ! En 1924, cette Française fut la première femme occidentale à pénétrer dans Lhassa, la capitale du Tibet. Rentrée en France, elle achète en 1928 une maison à Digne-les-Bains qu'elle baptise Samten-Dzong ou « forteresse de la méditation » et qui sera, dit-on, le premier ermitage et sanctuaire de bouddhisme tibétain en France. Au sein de la maison, on peut admirer de multiples objets rapportés de ses nombreux voyages en Asie. Un musée et un jardin de roses complètent la visite.
Maison Alexandra David-Neel - 27 av. du Maréchal-Juin - ✆ 04 92 31 32 38 - www.alexandra-david-neel.fr - visite guidée de la maison sur réserv. : avr.-nov. : ttes les h 10h30-16h30, reste de l'année : 14h30-16h30 ; musée et jardin : avr.-nov. 10h-18h, reste de l'année : 14h-17h - visite complète du musée, du jardin et de la maison 8 € - musée et jardin 6 €.

Digne-les-Bains : papillons et fossiles. Centre d'interprétation de l'Unesco Géoparc de Haute-Provence, ce musée-promenade est installé dans un grand parc ombragé, le parc St-Benoît, qui domine Digne. À l'entrée, le centre d'Art contemporain Cairn accueille des expositions temporaires. Deux sentiers permettent de rejoindre la Maison des Remparts où plusieurs expositions retracent le riche passé géologique de la région. Des aquariums tropicaux peuplés d'espèces vivantes et d'ancêtres fossiles offrent une formidable plongée dans la faune préhistorique. Parmi les sentiers, le Jardin des papillons (10mn) rappelle que Digne et ses environs étaient au début du 20e s. « le grenier à papillons de l'Europe ». On peut en admirer une soixantaine d'espèces différentes, dont le Citron de Provence, un des rares à hiberner.

Unesco Géoparc de Haute-Provence - Musée Promenade - montée du parc St-Benoît - ☏ 04 92 36 70 70 - www.geoparchauteprovence.com - juil.-août : 9h-19h ; avr.-juin et sept.-nov. : 9h-12h, 14h-17h30 - 8 € (-14 ans 5 €).

Seyne : village d'antan. Capitale de la vallée de la Blanche Serre-Ponçon, ce petit village est devenu au fil des ans une destination d'été et d'hiver qui plaît aux familles. Depuis plusieurs siècles, on y élève des chevaux et des mulets au point qu'un musée, baptisé la Maison du Mulet, est consacré à l'animal. On visite également le fort Vauban qui surplombe le village et trois écomusées : l'Atelier du tailleur, un magasin d'époque réaménagé, l'École, une salle de classe d'antan, et la Bugade, l'endroit où avaient lieu les lessives.

www.seynelesalpes-tourisme.com

BOUGER

Digne-les-Bains : holly schiste. Le nom sonne à lui seul comme une promesse d'aventure. Le circuit VTT de Terres Noires est connu des passionnés de toute la région. Armés de leur destrier, ils dévalent cette piste de 26 km qui serpente le long d'étonnantes formations géologiques grises et schisteuses, typiques des environs de Digne. Réputée difficile, la piste alterne crêtes, vallées et virages relevés. Elle permet de découvrir les villages préservés de Draix et Archail, blottis au pied des montagnes du Cucuyon et du pic de Couard. À noter que Digne compte également un bike park, le paradis des fondus de VTT.

Circuit VTT de Terres Noires - www.dignelesbains-tourisme.com - 3h30 - difficile - le dép. de cette boucle peut s'effectuer au départ des villages de Draix ou de Marcoux. Au départ de Digne, comptez 6 km de plus.

Evo Bike Park - rte de Barcelonette - ☏ 06 26 63 43 93 - www.evobikepark.com.

Digne-les-Bains : via ferrata aux portes de la ville. Se lancer dans une via ferrata au départ d'une ville de 16 000 habitants, c'est possible à Digne-les-Bains. Accessible toute l'année grâce à son taux d'ensoleillement, la via ferrata du rocher de Neuf Heures permet de s'essayer à la pratique de l'activité et de jouir d'un panorama à couper le souffle. Après une marche de 45mn, au départ du centre-ville, on débouche sur la première portion du circuit. À l'issue de celle-ci, un deuxième tronçon est accessible. Les habitués pourront directement louer leur matériel auprès de l'office de tourisme. Pour les débutants, possibilité de se faire accompagner par un guide assermenté.

Randonnée dans l'Unesco Géoparc de Haute-Provence.

Via ferrata du rocher de Neuf Heures - ✆ 04 92 36 62 62 - www.dignelesbains-tourisme.com - location du matériel à l'office du tourisme de Digne (pl. du Tampinet) - 12 € - circuit guidé 35 €.

Unesco Géoparc de Haute-Provence : de fossile en fossile. De la vallée du Bès au massif du Blayeul, l'Unesco Géoparc de Haute-Provence dévoile ses plus belles découvertes et de superbes randonnées pour les admirer. Au bord de la route qui mène à la vallée de la Bléone, une immense paroi, vestige de fonds marins, accueille 1553 coquilles d'ammonites qui datent de 200 millions d'années. Plus loin, en remontant le ravin de Bélier, une randonnée de 2h permet d'atteindre le fossile d'un ichtyosaure, un reptile long de 4,50 m. Un autre balade de 2h au milieu de terrains rougeâtres plantés de pins conduit au site exceptionnel du vélodrome d'Esclangon, un gigantesque bassin marin comblé puis déformé au moment où les Alpes ont surgi. Enfin, les Clues de Barles abritent notamment une empreinte de singe d'eau.
✆ 04 92 36 70 70 - www.geoparchauteprovence.com.

FAIRE UNE PAUSE

Champtercier : au royaume des santons. Depuis près de 40 ans, ce maître-santonnier fait vivre les traditions provençales en modelant l'argile au gré de ses personnages. Outre l'espace boutique de son atelier niché dans le joli village de Champtercier, Patrick Volpes propose également des animations dont des démonstrations de fabrication de santons et une initiation au modelage de l'argile.
Santons passion - 5 r. Pountin - ✆ 04 92 31 43 28 - www.boutique.santons-volpes.com - tél. pour les horaires.

Digne-les-Bains : tous au plan d'eau. Pour se rafraîchir en contemplant la vue sur les sommets, rien de tel que de poser sa serviette au bord de ce plan d'eau qui jouxte la Bléone, à deux pas du centre de Digne. Deux petits lacs ont été aménagés pour la baignade et pour la pêche. Le lieu propose toutes sortes d'activités :

LES PRÉALPES DE DIGNE VUES PAR...

Blandine et Jean-Pierre, auteurs du blog Travelmotiv

« Les préalpes de Digne sont sans aucun doute une très bonne destination si vous souhaitez découvrir les Alpes-de-Haute-Provence. Célèbre pour ses randonnées et ses activités en pleine nature, ce massif saura vous satisfaire, quelles que soient vos préférences touristiques.
Les idées de visites ne manquent pas et les villages pittoresques qui le composent sont tous plus beaux les uns que les autres. De notre côté, nous aimons parcourir la région pour nous y balader durant la floraison des champs de lavande. Bien moins touristique que sa voisine Valensole, le lieu est idéal pour se perdre sur les petites routes et flâner en suivant le chant des cigales. Si vous êtes très gourmand, comme nous, n'hésitez pas à vous arrêter chez les différents producteurs que vous pourrez croiser au fil de votre expédition. Que ce soit pour du miel, de l'huile d'olive, des produits à la lavande ou toute autre sucrerie, nul doute que vos papilles vous remercieront !
S'il vous reste encore de la force après toutes ces découvertes, nous vous conseillons de faire une halte à Digne-les-Bains. Un petit havre de paix au bord de l'eau... »

mur d'escalade, terrains de volley, espace VTT, parcours de santé, location de stand up paddle et restaurant. Un lieu parfait pour passer une journée en famille.
Plan d'eau des Ferréols - rte de Nice - ✆ 04 92 32 42 02 - baignade surveillée de juin à déb. sept. 11h-19h - accès libre.

Digne-les-Bains : place au marché. Flâner dans les étals, humer les parfums de lavande, faire le plein de fromages locaux, virevolter autour des tissus provençaux ou s'offrir un gigot d'agneau de Sisteron pour le déjeuner, c'est possible au marché provençal de Digne. Celui-ci a lieu chaque mercredi et samedi matin sur la place du Général-de-Gaulle et le long du boulevard Gassendi.

Digne-les-Bains : senteur lavande. Par l'odeur alléché, on pénètre instinctivement dans cette boutique de produits de beauté et du terroir. Le magasin fleure bon la lavande, dont sont issues de nombreuses créations : huile essentielle, parfum d'ambiance et même couronne de lavande pour décorer son intérieur. À l'arrière, la boutique accueille aussi un petit musée de la lavande où des démonstrations de distillation sont régulièrement organisées.
Les lavandières en Provence - 32 bd Gassendi - ✆ 04 92 31 14 90 - mar.-sam. 10h-13h, 15h-19h.

Digne-les-Bains : pause thermale. Outre l'habituelle population de curistes, les thermes de Digne accueillent aussi une clientèle de visiteurs en quête de bien-être. De nombreux soins sont proposés : bains bouillonnants, massages, soins du visage, gommage et luminothérapie. De quoi s'offrir un délicieux moment de détente.
Thermes de Digne-les-Bains - 29 av. des Thermes - ✆ 04 92 32 32 92 - www.thermesdignelesbains.com - lun.-sam. 8h-12h, 14h-17h (sam. uniquement le matin).

DÉGUSTER

Digne-les-Bains : varier les plaisirs. Les propriétaires de ce restaurant du centre-ville, à la belle terrasse située face à l'église St-Jérôme, ont à cœur de proposer des produits frais et locaux. La carte est hétéroclite : tarte aux tomates confites et burrata crémeuse, tajine de poulet, agneau de pays, ravioles du Dauphiné gratinées au jambon cru et à la tomme de l'Ubaye. Couscous chaque samedi midi.
L'Olivier - 1 r. des Monges - ✆ 04 92 31 47 41 - www.resto-lolivier.fr - jeu.-lun. 12h-14h, 19h-21h30 - menus 25/28 €, couscous 15 €/pers.

Digne-les-Bains : se régaler en toute saison. L'été, on profite de la terrasse de ce sympathique restaurant. L'hiver, c'est dans sa salle voûtée que l'on déguste la cuisine variée du chef : daurade sauce barigoule, tagliatelles à la crème de foie gras, souris d'agneau confite. De quoi venir à bout des ssappétits les plus tenaces.
Le Bleu Cerise - 14 pl. du Gén.-de-Gaulle - ✆ 04 92 32 31 24 - www.restaurant-lebleucerise-digne.fr - mar.-sam. 12h-14h, 18h30-23h - plats 16/18 €.

Mallemoisson : produits du pays. Pour faire le plein de produits locaux et de saison, arrêtez-vous dans cette vaste maison de pays posée au milieu de nulle part. Ici, on ne vend que du local : agneau de Sisteron, miel de lavande du plateau de Valensole, savoureuse compote de pommes du coin, amandes et farine de petit épeautre des Alpes-de-Haute-Provence, sans oublier un rayon charcuterie à faire pâlir d'envie les amateurs. Bref, impossible de repartir les mains vides !
Maison de Produits du Pays dignois - La Cornerie - ✆ 04 92 34 49 56 - maisondepaysdignois.fr - lun.-sam. 10h-19h, dim. 10h-12h30, 13h30-19h.

Seyne : à la bonne franquette. Ce petit resto de montagne, au cœur du village de la Seyne, propose une cuisine simple à base de produits régionaux. On y est accueilli à la bonne franquette, en terrasse ou en salle, sur des tables ornées de nappes à carreaux. Ambiance conviviale et excellent rapport qualité/prix ! Les curieux seront ravis d'apprendre que la bugade dérive du provençal « bugado » et désigne le lieu où l'on se retrouvait autrefois pour faire la lessive.
La Bugade - 50 Grande-Rue - ✆ 04 92 35 10 90 - 12h45-14h, 19h-21h30 - 18/22,50 €.

Le Grand Puy : resto d'altitude. Cet établissement sert une cuisine roborative, parfaite

pour les skieurs ou les randonneurs mis en appétit par leurs efforts. Au menu : bruschettas, burgers, tartares, salades, faisselle de pays. De quoi repartir ensuite pour quelques pistes rouges, histoire de digérer !
Le Chalet - station du Grand-Puy - ✆ 04 92 35 04 08 - 9h-21h en saison - 16/20 €.

DORMIR AU CALME

Digne-les-Bains : la nature en ville. Cette accueillante maison de maître du 19e s. et son superbe jardin arboré à l'écart du centre de Digne abrite 3 chambres (dont une 4 pers.). On y vient pour se ressourcer et pour savourer la bonne cuisine de la maison à base de légumes du potager. Décoration soignée et meubles d'époque ajoutent au charme du lieu.
Hôtel Villa Gaia - 24 rte de Nice - ✆ 04 92 31 21 60 - www.hotel-villagaia-digne.com - 3 ch. 84/180 € - ☕ 13 € - table d'hôtes sur réserv. 26 €.

Seyne : grenier convivial. On se sent bien dans cette jolie petite maison d'hôtes au cœur du village de la Seyne qui compte 3 chambres avec salle de bains privative. Le petit-déjeuner et le dîner se prennent à l'étage, dans l'agréable grenier à la belle charpente en bois.
Les Chanterelles - pl. d'Armes - ✆ 06 81 93 33 98 - www.chambres-hotes-les-chanterelles.fr - 3 ch. 33/37 € par pers. ☕.

Digne-les-Bains : à deux pas du centre-ville. Ce camping sans prétention doté d'une piscine est situé à 5mn de vélo seulement du centre de Digne. Ici, le calme règne et s'il est rompu, c'est uniquement par le doux bruit de la rivière qui traverse les lieux. Accueil chaleureux des propriétaires.
Camping du Bourg - 20 av. du Souvenir-Français - rte de Barcelonnette - ✆ 04 92 31 04 87 - www.campingdigne.com - 105 empl. 16/24 €, 33 mobile-homes 53/69 €.

Seyne : camping familial. Situé en bordure de la rivière de La Blanche et au pied du village de Seyne, ce camping arboré accueille une clientèle de familles, désireuses de profiter de la nature environnante. Piscine chauffée, snack-bar où se restaurer, terrain de pétanque pour pointer à l'heure de l'apéro et accueil sympathique.
Camping Les Prairie - La Haute Gréyère - ✆ 04 92 35 10 21 - www.campinglesprairies.com - 100 empl. 15/22 €, 8 mobile-homes 215/465 € par sem.

FAIRE LA FÊTE

Digne-les-Bains : Corso de la lavande. La lavande est à l'honneur chaque mois d'août à Digne-les-Bains. Pendant 5 jours, le « corso », du nom du défilé de chars fleuris qui a lieu dans la ville, s'empare des rues de Digne et de ses habitants. Au programme : marché provençal, concerts, bals populaires, feu d'artifice, démonstrations de distillation et défilé de chars. De quoi transformer Digne-les-Bains en capitale de la lavande !
www.dignelesbains-tourisme.com

Seyne : tête de mule. Bienvenue au dernier concours mulassier de France ! Si les mules se font de plus en plus rares dans la région, au cours de l'entre-deux-guerres, la vallée de Seyne ne comptait pas moins de 800 naissances chaque année ! Aujourd'hui, on célèbre l'animal au début du mois d'août, quand les éleveurs présentent leurs plus beaux spécimens le temps d'un week-end. L'occasion de festivités qui donnent lieu à un feu d'artifice, une fête foraine et plusieurs soirées dansantes.
Concours mulassier - www.seynelesalpes-tourisme.com.

M. Cavalier/hemis.fr

Balade en forêt sur le site de l'oppidum de Bibracte.

Le Nord-Est

E. Berthier/hemis.fr

Kerrick/iStock

Lac du Val Joly, dans l'Avesnois. - Ph. Houze/hemis.fr

LA VALLÉE DE LA CANCHE

La Canche dessine un territoire bucolique et coloré. Après avoir quitté Le Touquet, place à une tranquillité absolue. Ici, les cours d'eau ont favorisé le développement de paysages agricoles, ponctués de bois et de forêts, propices à la pêche et à la randonnée. Ce territoire vaut aussi pour son patrimoine architectural et la qualité de ses produits du terroir.

DEPUIS LILLE : en évitant l'autoroute, 141 km jusqu'au Touquet (via Hesdin) par la D939.

VENIR EN TRAIN

- **De Lille, quelques TER directs jusqu'à Étaples-Le Touquet (env. 1h20). Vous pourrez ensuite prendre un bus jusqu'à Montreuil-sur-Mer, et de là un autre bus jusqu'à Hesdin (transports.hautsdefrance.fr).**

BONS PLANS

- **Malgré quelques giboulées matinales, le printemps est la saison idéale pour l'observation de la flore et de la faune. N'oubliez pas vos jumelles.**

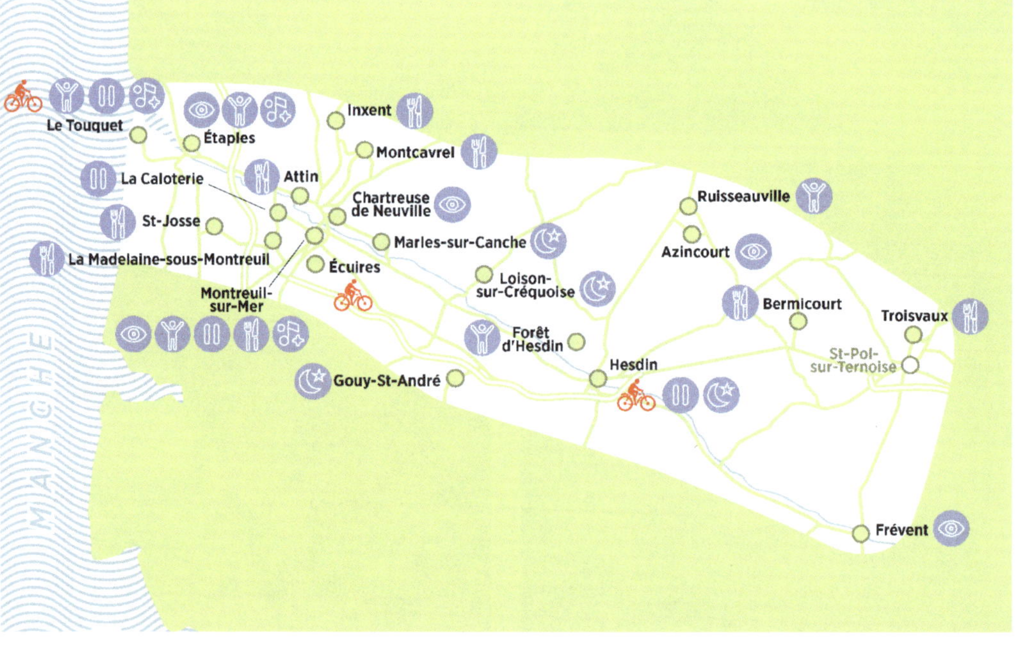

LOUER UN VÉLO

ÉCUIRES

Servicycle
147 r. de Paris - 09 72 86 48 73 - www.servicycle.fr. VTT (10 € la 1/2 j.) et vélos électriques selon vos besoins (20 € la 1/2 j.).

HESDIN

Location de vélos à l'office de tourisme
21 pl. d'Armes - 03 21 86 19 19 - www.7valleesternoistourisme.com. Vélos classiques (15 €/j) et vélos électriques (25 €/j).

LE TOUQUET

Bike for You
84 r. de Paris - 03 21 06 45 43 - www.bike4you.fr. Vélos (15 €/j) et remorques (12 €/j) pour se balader en famille.

O.Leclercq/hemis.fr

VOIR

Montreuil-sur-Mer : un abri pour les chauves-souris. Sa citadelle, édifiée en 1567 sur un ancien château royal du 13e s., est aussi un site classé et une zone Natura 2000. Devenue un lieu idéal d'hibernation pour de nombreuses espèces de chiroptères rares et menacés, elle est aussi l'un des deux seuls lieux de reproduction des grands rhinolophes dans le nord de la France. Une exposition permet de les observer en direct grâce à une caméra infrarouge dans la tour du château royal.
Citadelle - 03 21 06 10 83 - www.musees-montreuilsurmer.fr - juin-oct. : 10h30-17h30 ; mars-mai et nov. : 14h-17h - fermé mar. - 5 € (-12 ans gratuit).

Étaples : dans le grand bain. Dans une ancienne corderie, embarquez pendant deux heures pour suivre le parcours des poissons issus de la pêche étaploise. Dans ce musée, l'exploration commence sur le quai, avec la reconstitution d'un chalutier, et se termine sous la mer, avec les poissons de la Manche et de la mer du Nord évoluant dans de grands aquariums. Vous pouvez visiter seul, mais il serait dommage de vous priver d'un tour assuré par d'anciens marins-pêcheurs, femmes ou filles de marins.
Maréis - Centre de découverte de la pêche en mer - bd Bigot-Descelers - 03 21 09 04 00 - www.mareis.fr - avr.-sept. : 9h30-13h, 14h-18h ; reste de l'année : 10h-12h30, 14h-17h30 - 6,90 € (4-12 ans 5,40 €) - visite guidée gratuite ttes les 30mn en saison, sinon ttes les h.

Frévent : du grain à moudre. Entre la Canche et le ruisseau des Ayres, ce moulin à blé accueille maintenant un musée dédié à la mémoire agricole du Ternois. La filature fut ici prospère, ainsi que les fonderies Wintenberger (1837-1967), dont les machines agricoles sont exposées. Vous revivrez aussi, lors d'animations, les travaux agricoles au temps du cheval : le battage, la mouture du blé…
Musée Wintenberger - pl. du Château - 03 21 41 31 26 - mai-sept. : tlj sf lun. 14h-18h ; mars-avr. et oct. : sur RV - 5 € (-14 ans 2 €).

Neuville-sous-Montreuil : un monastère atypique. Fondé par l'ordre des Chartreux entre 1325 et 1338, l'édifice que l'on visite aujourd'hui a été construit à la fin du 19e s. Quand les moines quittèrent les lieux en 1901, la chartreuse fut transformée en hôpital, puis en asile psychiatrique jusqu'en 1998. Depuis 2008, une association rénove les bâtiments et organise des visites guidées : salle du chapitre, église, bibliothèque, cloître et ermitage d'un père chartreux.
Chartreuse de Neuville - 1 allée de la Chartreuse - 03 21 06 56 97 - lachartreusedeneuville.org - avr.-oct. : tlj sf lun. 11h-13h, 14h-18h - 8 € visite libre, 10 € visite guidée (8-14 ans 4/5 €).

Azincourt : une question d'interprétation. Le nom de ce village des collines de l'Artois évoque un célèbre épisode de la guerre de Cent Ans : ici, le 25 octobre 1415, l'armée anglaise écrasa une armée française beaucoup plus nombreuse. Le Centre historique médiéval évoque la bataille, ressentie comme une humiliation cuisante en France, et comme un morceau de bravoure et d'ingéniosité nationale du côté anglais… Un plan-guide est remis à l'issue de la visite et permet de suivre un circuit de 4 km sur le site de la bataille. Des vitrines précisent la progression des deux armées.
Centre Azincourt 1415, le Moyen Âge en 7 Vallées - 24 r. Charles-VI - 03 21 47 27 53 - azincourt1415.com - tlj sf mar. 10h-17h30 - 9 € (5-18 ans 6 €).

BOUGER

Étaples : départ aux sources. Protégée par le Parc naturel marin des estuaires picards et de la mer d'Opale et, en partie, par une réserve naturelle, la baie de la Canche commence ici. Très sauvage sur sa rive nord, elle s'ouvre à vous grâce à des sentiers aménagés qui révèlent des paysages d'une grande beauté. En fonction de la lumière et de la marée, elle revêt des visages différents, sources d'inspiration infinies pour de nombreux artistes. Depuis la route D940 qui va d'Étaples vers Boulogne-sur-Mer, en prenant à droite la D148^{E6} en direction de Camiers, vous trouverez un parking sur la droite, point de départ de plusieurs belles randonnées comme le GR 120 qui serpente dans les bois et les dunes.
Maison de la faune et de la flore - Clos St-Victor - bd Bigot-Descelers - 03 21 84 13 93 - www.tourisme-etaples.com/fr/balades-nature.

Forêt d'Hesdin : dans le poumon vert des 7 Vallées. Sa forêt de 1010 ha couvre le plateau au nord de la Canche entre futaies de chênes et de hêtres et vallons retirés. Du carrefour du Commandeur, où se dresse le chêne de la Vierge, partent des routes forestières. Le GR 121, par exemple, traverse la forêt sur 5 km.
Circuit Les Sept vallées - itinéraire à télécharger sur www.pasdecalais.fr/Cartes dans « randonnées pédestres ».

Dunes de la baie de la Canche.

VFKA/iStock

Le Touquet : objectif dunes. À vélo, une belle boucle de 10 km se dessine le long de la route de la corniche. Entre les dunes coiffées d'oyats et la pinède, la route conduit à un point de vue étonnant sur l'estuaire de la Canche et les coteaux de Dannes-Camiers où s'élèvent de gigantesques éoliennes.

Remontez vers l'Aqualud par le bd du Dr-J.-Pouget pour rejoindre les dunes par la rue Joseph-Duboc ; montez la petite côte et suivez la route de la corniche après le coude.

Montreuil-sur-Mer : ramer à la découverte de la Canche. Ici, le débit rapide de la Canche fait le bonheur des kayakistes. C'est même une référence pour le slalom dans le Pas-de-Calais. Le Canoë-kayak Club propose des promenades en eaux calmes ou en eaux vives, avec possibilité de sorties sur la journée ou la demi-journée. Une excellente manière de découvrir la vallée de la Canche dans son élément...

Base de canoë-kayak - 4. r. du Moulin-des-Orphelin - ☏ 03 21 06 20 16 - initiation (1h15) 12 € ; balade encadrée (6 km - 1h15) 17 €.

Ruisseauville : pour s'entêter à découvrir la région. Quoi de mieux qu'une randonnée accompagnée d'un âne ? Dans le village, un gîte écolo s'est justement spécialisé dans les promenades guidées par ses compagnons insolites à longues oreilles. Pas bête pour marcher au plus près de la faune et la flore locales !

À Petits Pas - 16 r. de Canlers - ☏ 03 21 41 70 07 - www.apetitspas.net - avr.-sept : sur résev. uniquement - 1 âne 35 €/1/2 j, 55 €/j.

Le Touquet : manœuvrer un char... à voile. Sa belle plage – de préférence en basse saison, évidemment – déroule un terrain idéal pour une virée en char à voile sur plus de 15 km de sable fin. Ce sport procure des sensations uniques de vitesse et de liberté que vous pourrez découvrir un suivant un cours d'initiation, et plus si affinités...

Centre nautique de la Manche Bertrand-Lambert - bd Jules-Pouget (sur le front de mer) - ☏ 03 21 05 33 51 - 10h-12h et 14h-16h - initiation (2h) 47 €.

FAIRE UNE PAUSE

Hesdin : café Le Commerce. C'est l'endroit idéal pour une petite halte avec vue. Prisé par les locaux, il offre aussi une vue intéressante sur l'hôtel de ville, un élégant édifice de brique et de pierre (16e s.) qui servit de palais à Marie de Hongrie, sœur de Charles Quint. La bretèche est ornée d'écussons sculptés et de niches garnies des statues de Philippe IV d'Espagne et d'Isabelle de Bourbon entourées des Sept Vertus. Le beffroi, quant à lui, a été classé au Patrimoine mondial de l'Unesco. Rien que cela.

11 pl. d'Armes - ☏ 03 21 86 87 54 - 9h-20h.

La Caloterie : un jardin secret. Pousser le portail de ce jardin privé d'inspiration anglaise, c'est s'ouvrir à la contemplation. Un chemin s'enfonce parmi les fleurs aux teintes pastel, traverse un jardin de curé, un potager en carrés, longe un hôtel à insectes, un bassin... où sont ménagés des espaces propices au repos.
Jardin de la Goutte d'eau - 47 chemin de la Liberté - ✆ 03 21 86 01 82 - www.lejardindelagouttedeau.com - mai-sept. : sur demande préalable 10h-12h, 14h-19h - 5 € (-15 ans gratuit).

Le Touquet : un doigt sur le pouce. La maison Vandewalle, pâtisserie familiale plus que centenaire, est connue pour sa création « Le Doigt de Jean Bart », marque déposée dans la région depuis plus de 60 ans ! Avis aux gourmands, ce gâteau aux amandes à la crème café, enrobage chocolat noir ou lait est irrésistible. Mais vous craquerez peut-être aussi pour d'autres délices sagement alignés en vitrine.
Aux doigts de Jean Bart - 80 r. de Metz - ✆ 03 21 05 39 03 - www.auxdoigtsdejeanbart.com - lun. et dim. 9h-13h, merc.-sam. 10h-13h, 15h-19h - fermé mar., et merc. hors vac. scol.

Montreuil-sur-Mer : dans les pas de Jean Valjean. C'est l'endroit où relire quelques pages des *Misérables* de Victor Hugo. L'écrivain s'est en effet inspiré de la ville après un séjour en 1837. Et c'est dans cette cité qu'il situera l'essentiel de la première partie de ce roman. Montreuil est la ville natale de Fantine et la ville dont Jean Valjean devient maire sous le nom de Monsieur Madeleine. D'où les nombreuses références à l'écrivain dans la ville...

DÉGUSTER

Inxent : une auberge couleur locale. Dans cet établissement aménagé dans un ancien presbytère, vous aurez la garantie d'une cuisine régionale concoctée avec des produits de qualité en circuit extra-court : les producteurs sont des voisins. Parmi les classiques de l'auberge : la truite de Beussent dite « au bleu », le poulet du Haut Pays façon grand-mère, le fromage frais lissé de Montcavrel ou la glace de la Ferme Mionet.
Auberge d'Inxent - 318 r. de la Vallée-de-la-Course - ✆ 03 21 90 71 19 - www.auberge-inxent.fr - formules déj. 19,50/25 €, menus 31/49,50 € - fermé mar. et merc. (sept.-juin) et de mi-nov. à déb. fév.

Attin : promesse tenue. Elle s'appelle « Au Bon Accueil »... et c'est vrai. À côté de Montreuil-sur-Mer, découvrez l'une de ces anciennes auberges auxquelles de jeunes associés offrent un second souffle. Dans un intérieur de bistrot contemporain la bonne cuisine faite maison célèbre les produits du marché. Le tout à prix doux.
Au Bon Accueil - 52 rte nationale 39 - ✆ 03 21 06 93 55 - www.facebook.com/aubonaccueilattin - menus 25/38 € - fermé le dim. soir et le lun.

St-Josse : l'artisan cuisinier du Moulinel. Non loin du Touquet, il souffle ici forcément un (petit) air de campagne chic. À la carte, vous trouverez salade de homard, pigeon en deux cuissons et autre soufflé au Grand Marnier. Cependant, le chef, labellisé « artisan cuisinier », réalise surtout une alléchante cuisine traditionnelle avec des produits frais et de saison. Tout est fait maison, y compris le pain et les glaces !
Le Moulinel - 116 chaussée de l'Avant-Pays - 2 km au nord-est de St-Josse par la D139 -

Montreuil-sur-Mer, entrée du corps de gardes du château royal.

RENCONTRE AVEC...

Xavier Broutier, gérant des Fraises de Montéchor

« C'est d'abord une histoire de famille. Autrefois, cette exploitation était celle de mon père. Je suis revenu y travailler en 1987, avant de la reprendre. Les temps ont changé et je ne cultive plus pareil. J'essaie de pratiquer une agriculture raisonnée depuis mon installation. Depuis une quinzaine d'années, je suis complètement en circuit court, avec une commercialisation de A à Z, de nous jusqu'au consommateur. J'aime savoir où va mon produit et mon client le plus éloigné doit se trouver à Boulogne-sur-Mer, à 30 km, pas plus. Je vends aussi beaucoup plus à la ferme. Nous avons ainsi ouvert un magasin de produits locaux où nous valorisons volontiers les produits d'exploitations voisines qui travaillent dans le même esprit. Et ce n'est pas fini ! Je suis d'autant plus fier que, dans un an, mon fils prendra la relève. Il est en école d'ingénieur et achèvera la conversion de l'exploitation totalement en bio. Les chiffres progressent car les clients plébiscitent les produits de terroir, plus sains et de proximité. »

Fraises de Montéchor - voir Montcavrel (ci-contre).

03 21 94 79 03 - www.aubergedumoulinel.com - menus 31,50/57 € - fermé lun. et mar.

Bermicourt : la cour des grands. Après une première vie professionnelle menée tambour battant à l'étranger, Sébastien de la Borde est revenu aux sources pour se consacrer à la cuisine et à son terroir. Sa terrine de campagne est un piège (tellement c'est bon), comme son pain maison ou son riz au lait grand-mère et confiture de lait. Parmentier de canard du Parcq, légumes de Marconelle, fricassée d'asperges vertes du Ternois ou croquettes de maroilles... : de l'ultra local. Car en marge de ses plats cuisinés, le chef se fait aussi ambassadeur des petits producteurs du coin.
La Cour de Rémi - 1 r. Baillet - 03 21 03 33 33 - lacourderemi.com - menu 33 € - fermé le lun. (le dim. soir : se rens.).

Montcavrel : le fruit d'un engagement. Dans cette ferme, voilà plus de 30 ans que Xavier Broutier cultive des fraises et les vend en circuit court. Au printemps, quand arrive la saison, les clients peuvent parfois venir y cueillir eux-mêmes leurs fruits. Confitures et autres produits locaux sont aussi proposés à la ferme *(voir « Rencontre avec... »).*
Fraises de Montéchor - hameau de Montéchor - 03 21 06 15 55 - www.facebook.com/fraisedemontechor - vente directe à la ferme tlj sf dim. 9h-19h.

Montreuil-sur-Mer : on applaudit. Sur le pavé de la rue du Clape-en-Bas, les tables invitent à une halte simple et authentique. Au menu : soupes, flamiches au feu de bois et salades. Les produits sont locaux, comme la vue, sur les remparts... et la convivialité est de mise (concerts le week-end).
Le Pot du Clape - rue du Clape-en-Bas - 03 21 05 46 35 - formule 12,90 € - fermé lun. et mar.

La Madelaine-sous-Montreuil : les papilles au firmament. L'histoire se déroule sous deux chapiteaux métalliques aux lignes épurées (signés de l'architecte Patrick Bouchain), qui couronnent une salle ouverte sur la nature et les fourneaux. C'est en ce laboratoire qu'Alexandre Gauthier propose une « cuisine contemporaine

de racine française, libérée de ses certitudes et de ses a priori ». Véritable alchimiste, ce chef doublement étoilé au Guide Michelin invente cuisine d'art et d'essai ébouriffante.
La Grenouillère - 19 r. de la Grenouillère - ✆ 03 21 06 07 22 - lagrenouillere.fr - menus (8-11 services) 115/175 € - fermé le mar. en juil.-août.

Troisvaux : divins fromages. À l'abbaye Notre-Dame-de-Belval, fondée en 1893, les sœurs affinent des fromages de vache au lait cru. Le fromage de Belval repose sur des claies pendant des semaines dans le silence des caves. Il arrive ensuite en boutique décliné en une dizaine de saveurs, du Belval nature au goût légèrement beurré au Cloître de Belval qui renferme des graines (torréfiées) de lin du terroir. Achat sur place ou bar à fromages de mai à septembre…
Boutique de l'Abbaye de Belval - 437 r. Principale - ✆ 03 21 04 10 15 - www.abbayedebelval.fr - merc.-dim. 14h-18h.

DORMIR AU CALME

Marles-sur-Canche : fenêtre sur jardin. Il vous faudra passer sous un monumental porche, puis traverser le jardin rempli d'animaux de basse-cour pour accéder à cette belle ferme seigneuriale du 17e s. Admirez au passage son architecture typique des manoirs du Boulonnais. À l'intérieur, les chambres spacieuses conservent un mobilier et des murs en pierre d'époque. Salon privatif et vue sur jardin. La sellerie sert de magnifique cadre au petit-déjeuner. Un havre de paix !
Chambres d'hôtes Manoir Francis - 1 r. de l'Église (à 5,5 km au sud-est de Montreuil par D113) - ✆ 03 21 81 38 80 - www.manoirfrancis.com - 3 ch. 100 €.

Loison-sur-Créquoise : des nids douillets. Vous comprendrez vite que les propriétaires aiment la nature et l'ornithologie en particulier. Vous trouvez dans chaque chambre une collection de nids, plumes colorées et autres nichoirs… L'écurie, la grange et le pigeonnier de cette gentilhommière du 17e s. ont fait place à 4 chambres au confort haut de gamme. Ici

Villa sur le front de mer.

l'élégance se double d'un choix de matières naturelles et écologiques. Il reste à vous laisser envahir par dame nature omniprésente et juste apprivoisée : chemin, vélos, jumelles d'observation, bassin de baignade… le tout sur 5 ha de liberté. Cuisine à disposition et piscine extérieure. À surveiller également : une cabane perchée, pour dormir au milieu des murmures de la forêt, est en projet…
Un Matin dans les Bois - 100 imp. du Fresnoy - ✆ 03 21 05 74 32 - www.unmatindanslesbois.com - 3 ch. 158 €/1 suite 185 €.

Hesdin : en toute simplicité. Les petites chambres redécorées de cet hôtel composé de deux bâtiments sont toutes en rez-de-jardin avec terrasse. Préférez si possible celles de l'extension conçue « à la scandinave ». Cuisine à prix doux servie dans une salle à manger conviviale.
Les Trois Fontaines - 16 r. d'Abbeville - Marconne-Hesdin - ✆ 03 21 86 81 65 - hotelles3fontaines.com - 16 ch. 90 € - menus 21/31 €.

Gouy-St-André : convivialité gourmande. Au cœur des 7 vallées, un corps de ferme entouré de 12 ha de prairies abrite quelques chambres de grand confort avec une terrasse privative ouverte sur la douceur bucolique

des lieux. Mais derrière les fourneaux se cache peut-être le clou de la prairie : le chef concocte, avec maîtrise, des plats au goût du jour qui suivent le rythme des saisons.
Le Clos de la Prairie - 17 r. de St-Rémy - 03 21 90 39 58 - leclosdelaprairie.com - 8 ch. - 115/155 € - table d'hôtes 48 €/pers.

Loison-sur-Créquoise : chez Marie-Hélène. Une longue allée mène à cette magnifique demeure du 12e s., jadis commanderie de templiers. Chaque chambre, décorée avec goût d'objets anciens, a été baptisée d'un prénom féminin. Avec son plaisant parc bordé d'une rivière, le cadre est verdoyant et le calme assuré. La propriétaire est très soucieuse de la qualité du séjour de ses hôtes : elle connaît parfaitement sa région et donne volontiers des conseils. Aussi bons que son petit-déjeuner, composé de produits locaux.
Chambres d'hôtes La Commanderie - 3 allée des Templiers - 03 21 86 49 87 - - fermé 15 oct.-15 mars - 2 ch. 80/115 €.

FAIRE LA FÊTE

Le Touquet : Les jeudis du Terroir. En juillet-août, le quartier Quentovic (rue de Metz) s'anime de 17h30 à 20h30 autour des éventaires des producteurs locaux. Dégustez et remplissez votre panier dans la bonne humeur sur fond d'ambiance musicale.

Montreuil-sur-Mer : une troupe qui assure l'animation. Les « Malins Plaisirs », c'est d'abord une compagnie professionnelle portée par le metteur en scène Vincent Tavernier. Depuis 1989, elle se produit chaque année en août, pendant une dizaine de jours. Devenu incontournable dans le paysage culturel du Montreuillois, le festival propose des spectacles de théâtre, musique, chansons dans le petit théâtre de Montreuil ainsi que dans les rues, cafés et restaurant alentour. Consultez le programme sur le site, notamment les idées de promenades qui combinent découverte du patrimoine et spectacles de rue.
Festival Les Malins Plaisirs - www.lesmalinsplaisirs.com.

Étaples : un automne festif. Rendez-vous en octobre pour la « joute à canotes ». Depuis la fin du 19e s., le temps d'un dimanche, cette régate fait concourir les canots de sauvetage de la cité sur le fleuve. Autrefois réservée aux pêcheurs, elle est aujourd'hui ouverte à tous et rassemble plus de 60 embarcations sur la Canche.
En novembre, place à la « Fête du hareng-roi » sur le port. Aux alentours du 11, les Étaplois célèbrent l'ouverture de la saison de la pêche au hareng et l'arrivée du roi des poissons sur leurs étals. La cité des pêcheurs vous invite à venir déguster ce poisson de saison fumé, grillé, mariné ou en soupe. Également des ateliers artisanaux et des animations diverses.
etaples-sur-mer.fr/evenement

Cabines de plage au Touquet.
Pack-Shot/iStock

L'AVESNOIS

Avesnes-sur-Helpe est un point de départ idéal pour musarder dans le Parc naturel régional de l'Avesnois, entre bocage et hameaux aux toits bleutés. Ses paysages ont été façonnés au Moyen Âge, à l'époque où les abbayes dominaient la région, créant moulins et forges sur chaque cours d'eau. Mais ce terroir est aussi connu pour ses alléchantes spécialités, comme le maroilles.

DEPUIS LILLE : en évitant l'autoroute, 113 km jusqu'à Avesnes-sur-Helpe par la E42.

VENIR EN TRAIN

- **De Lille, TER direct pour Avesnes-sur-Helpe (env. 1h50).**

BONS PLANS

- **Sur www.tourisme-avesnois.com, téléchargez l'application gratuite Baladavesnois et suivez la chouette Athéna à travers l'Avesnois en 12 parcours pédestres et 4 circuits à vélo.**
- **Toutes les infos sur le Parc et des fiches de randonnées à pied ou à vélo : www.parc-naturel-avesnois.fr.**

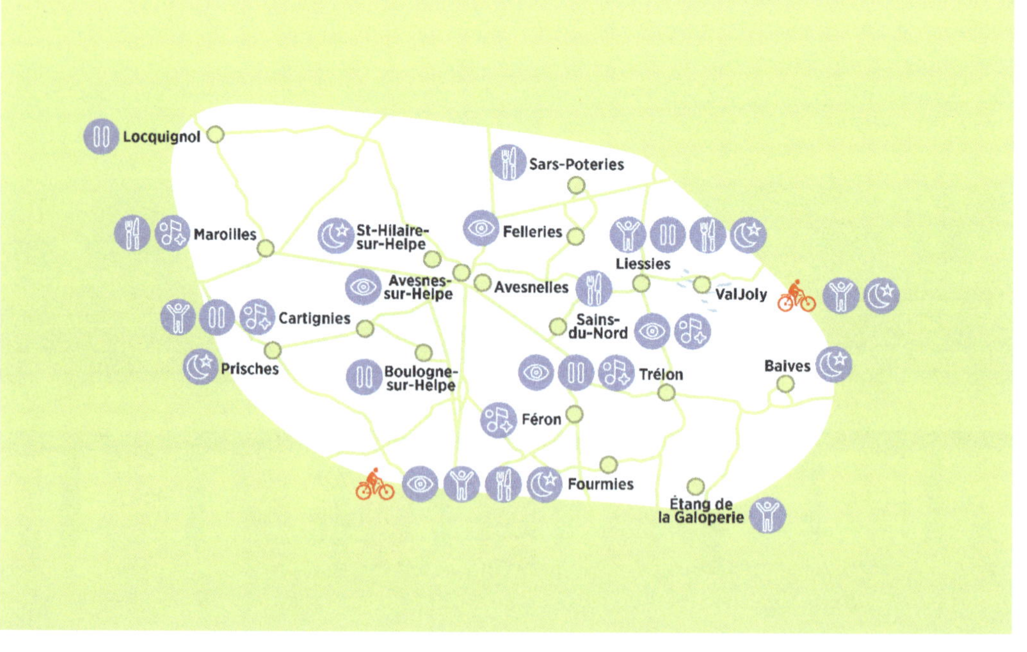

LOUER UN VÉLO

VALJOLY

Station touristique du ValJoly
Maison d'accueil à Eppe Sauvage - ✆ 03 27 61 74 93 - www.vert-marine.info/valjoly - 16 €/j. Location de VTT pour explorer le parc, c'est l'une des rares offres dans ce périmètre.

FOURMIES

Base de Loisirs des Étangs des moines
100 r. des Étangs - ✆ 06 89 19 04 95. Location de rosalies en saison estivale (23 €/1h).

VOIR

Avesnes-sur-Helpe : trop forte. Les premières fortifications remontent au 11e s. Cinq siècles plus tard, Avesnes devient l'une des principales places fortes de Charles-Quint et des fortifications bastionnées, dont le Bastion de la Reyne et ses salles souterraines (1538), enveloppent les fortifications médiévales. À son tour, Vauban complétera l'ensemble, quand la ville reviendra à la France en 1659. Aujourd'hui encore, le square de la Madeleine couronne l'un des bastions des remparts avec des vues plongeantes sur la vallée de l'Helpe.
Office de tourisme du cœur de l'Avesnois - 36 r. Cambrésienne - ✆ 03 27 56 57 20 - www.coeur-avesnois.fr - possibilité de visite guidée : 2 € (-16 ans gratuit).

Fourmies : remonter le fil. Installé dans une ancienne filature en fonction de 1874 à 1978, un écomusée déroule ici la plus grande collection de métiers à tisser et de fabrication de laine peignée de France. De la laine brute du mouton au produit fini, la chaîne complète de fabrication est présentée, ainsi que d'autres machines d'époque, liées au textile : chaudière au charbon, premières lessiveuses, peigneuse, pelotonneuse, cardeuse, ourdissoir...
Musée du Textile et de la Vie sociale (MTVS) - pl. Maria-Blondeau - ✆ 03 27 60 66 11 - www.ecomusee-avesnois.fr - mars-nov. : 10h-18h, w.-end et j. fériés 14h-18h - fermé lun. - 6 € (8-18 ans 4 €).

Trélon : de la bouteille au flacon. Fondée en 1823, cette verrerie se spécialisa à partir de 1833 dans la production de bouteilles champenoises en travaillant avec la maison Veuve Clicquot-Ponsardin. En 1925, Georges Prant rachète les bâtiments et crée une verrerie blanche afin de produire des objets manufacturés de flaconnage jusqu'en 1977. Il en reste une exposition sur la verrerie, de la conception à la décoration. La démonstration des souffleurs de verre à la fin du parcours est impressionnante.
Atelier-musée du Verre (AMV) - 12 r. Clavon-Collignon - ✆ 03 27 60 66 11 - www.ecomusee-avesnois.fr - mars-nov. : 10h-18h, w.-end et j. fériés 14h-18h - fermé lun. - 6 € (8-18 ans 4 €).

Sains-du-Nord : la vie dans le bocage. Un écomusée a pris place dans une ancienne maison de maître (19e s.) et ses bâtiments agricoles. Expliquant et consacrant l'utilité du bocage, il décrit la vie et les activités dans l'Avesnois, de l'étable à la laiterie, en passant par le travail des artisans, sabotier, menuisier. Une petite ruche en verre permet d'approcher le fonctionnement d'une colonie d'abeilles et le métier d'apiculteur, tandis qu'une autre salle est dédiée au maroilles. Sans oublier machines d'hier, vergers et potagers, et forge en activité.
Maison du bocage - 35 r. Jean-Baptiste-Lebas - ✆ 03 27 59 82 24 - mars-nov. : mar.-vend. 9h-12h, 14h-18h, w.- end 14h30-18h30 - fermé lun. - 4 € (8-18 ans 3 €).

Felleries : toucher du bois. L'art du « bois-joli » (bois tournés et boissellerie) fut ici une spécialité dès le 17e s. Il s'est développé parallèlement à l'industrie textile en utilisant les essences locales : bouleau, aulne, merisier. Au 19e s., le village était le « grenier à bois » de la région. Cette histoire est racontée dans un écomusée logé dans un ancien moulin à eau remarquable, le seul des Hauts-de-France à avoir conservé ses deux roues à augets.
Musée des Bois Jolis - 18 r. de la Place - ✆ 03 27 59 03 46 - www.felleries.fr - mars-nov. : mar.-sam. 14-18h - 4 € (-8 ans gratuit).

BOUGER

Étang de la Galoperie : aux portes de la Belgique. Alimenté par le ruisseau des Anorelles, qui arrose Anor et se jette dans l'Oise à Hirson, ce vaste étang s'étire en forêt, à quelques pas de la Belgique. Empruntez ici le tranquille circuit des Gabelous. En longeant le plan d'eau par un sentier sinueux, vous croiserez vite vos premières bornes frontalières.
Circuit des Gabelous - départ du syndicat d'initiative d'Anor - rue du Gén.-de-Gaulle - itinéraires de 13,5 km à télécharger sur www.anor.fr.

Cartignies : à la chasse aux oratoires. Le village regroupe une quarantaine d'oratoires de pierre bleue. Disséminés au bord des routes et chemins, dans les bois ou encastrés dans des murs, ils furent édifiés pour solliciter une grâce ou remercier le ciel pour un bienfait. Vous pouvez les découvrir au gré d'une déambulation dans le village ou lors d'une randonnée plus sportive.
Circuit des chapelles de la vallée de l'Helpe à Cartignies : au départ de la pl. de l'église de Cartignies (13 km) - itinéraire à télécharger sur www.visorando.com.

ValJoly : entre terre et eau. Le barrage d'Eppe-Sauvage, sur l'Helpe Majeure, a créé une magnifique retenue d'eau, enchâssée entre les pentes de la vallée de l'Helpe et du Voyon, son affluent. L'Avesnois, terre d'élevage, n'en est pas moins terre de loisirs de plein air. Son lac se prête à de nombreuses activités comme la pêche, la voile, la barque ou le pédalo. Et bien sûr des randonnées et du VTT (6 circuits).
Station touristique du ValJoly - ✆ 03 27 61 83 76 - www.vert-marine.info/valjoly - location de pédalo (8 €/30mn), de canoë et stand-up paddle (8 €/1h), de barque de pêche sur réserv. en ligne (19,20 €/j).

Fourmies : des activités pour tous les goûts. Autour des étangs des Moines, la nature déroule ses circuits de randonnée balisés (pédestre, équestre et VTT) et autres sentiers de découverte. Sur place, vous pouvez aussi vous dépenser sur des parcours acrobatiques, des tyroliennes ou à bord d'un kayak...
Base de loisirs des étangs des Moines - 100 r. des Étangs - ✆ 06 72 13 67 62 - www.etangsdesmoines.fr - juil.-août : 14h-19h ; reste de l'année : w.-end et merc. 14h-18h - parcours de tyrolienne (40mn) 4 €.

Liessies : dans un labyrinthe végétal. Envie de vous fondre dans la nature ? Sur plus de 1 ha, parcourez ici les allées ombragées d'un labyrinthe... de maïs ! Vous aurez le choix entre vous promener dans ce dédale ou tenter de résoudre une énigme. Insolite.
Labyrinthe Aventure - 5 r. des Beaux Sarts - ✆ 07 82 90 54 38 - www.labyrinthe-aventure.fr - juil.-août : 11h-19h ; sept. : w.-end et merc. 11h-19h - 6 € (enf. 5 €).

FAIRE UNE PAUSE

Trélon : un château à la carte. Propriété de la maison princière Mérode depuis plus de cinq siècles, la visite du château de style Louis XIII offre un moment passionnant entre la grande Histoire et les anecdotes de la famille. Côté cour, son restaurant et son bar, installés dans une ancienne forge du 19e s. au cœur du domaine du château, invitent à la détente avec une vue magnifique sur un étang de 20 ha.

Base de loisirs et lac du ValJoly.
R. Soberka/hemis.fr

Locquignol, sentier dans la foret de Mormal.
R. Soberka/hemis.fr

La Petite Folie - 10 pl. de la Piquerie - ✆ 07 67 06 07 28 - lapetitefolie.fr - vend. 11h30-14h, 18h30-22h, w.-end 11h30-22h.
Château - www.chateaudetrelon.com - visite guidée 11h, 14h30 et 16h30 avr.-mai et oct. : w.-end, juin-sept. : jeu.-lun. - 8 €.

Locquignol : des arbres parmi les arbres. Dans la forêt de Mormal, face à l'étang David, un arboretum permet de mieux connaître les essences forestières. Le chêne pédonculé domine depuis les reboisements des années 1920 et 1930, mais vous y croiserez également le séquoia géant, le noyer d'Amérique ou encore le marronnier d'Inde. Le site, fraîchement réaménagé, propose des parcours sensoriels, des jardins thématiques ainsi qu'une rampe d'observation des futaies de hêtres, vieilles parfois de 200 ans.

Liessies : invitation au silence. Un parc départemental occupe sur 48 ha le site de l'ancienne abbaye qui avait été fondée en 764. Créé à partir de la fin du 17e s., il était – et demeure – un lieu de détente et de méditation. À découvrir dans cet espace naturel protégé : étang, faune, flore, verger et ruines de bâtiments monastiques. Pour prolonger la promenade, Liessies est également le point de départ d'une excursion vers le château de la Motte (18e s.), aux murs de brique rose, et vers la forêt domaniale de l'Abbé-Val-Joly.

Cartignies : que c'est bio ! Isabelle et Jean-Michel Lepage vous accueillent en plein cœur de l'Avesnois, dans cette ferme laitière et familiale conduite en agriculture biologique. Vous pourrez apercevoir des vaches de races bleue du Nord et flamande. En conséquence, vous pourrez aussi y trouver du beurre, de la crème et des fromages méconnus comme le blandinet, un fromage de type maroilles non affiné, fabriqué à partir d'une recette ancestrale...
Ferme de la Corbière - 7 chemin de la Corbière - ✆ 03 27 61 15 85 - vente sur RV et lors du marché à la ferme chaque 1er vend. du mois.

DÉGUSTER

Sars-Poteries : se régaler et apprendre. Un établissement au service agréable où la carte régulièrement renouvelée célèbre la région : flamiche au maroilles, brioche perdue et glace spéculoos... Envie de revivre l'expérience à la maison ? Inscrivez-vous à un cours de cuisine assuré par le chef qui livre le tour de main de recettes traditionnelles et lancez les invitations à dîner !
Le Pavé de Sars - 126 r. Jean-Jaurès - ✆ 03 27 61 63 20 - www.restaurantlepave.fr - mar.-jeu. et

dim. à midi, vend. midi et soir, sam. soir - fermé lun. - formules déj. 14/22 €, menus 31/39€ ; cours de cuisine 55 €/pers. (dates sur le site).

Liessies : une adresse qui sonne local. Une terrasse avec tilleuls, des poutres apparentes, une cave à vins pour emporter un peu de l'endroit avec soi : cette maison a des atouts à faire valoir ! On y propose une bonne cuisine traditionnelle et régionale. Visez un peu ce millefeuille de maroilles au beurre de fines herbes, spécialité de la maison depuis plus de 30 ans... Et si un vin vous a plu, passez au Caveau du Carillon, sa boutique attenante : grand choix de vins (y compris bio) et d'autres produits du terroir (terrines, confitures...).
Le Carillon - 1 r. Roger-Salengro (face à l'église) - ✆ 03 27 61 80 21 - www.le-carillon.com - lun., jeu. et dim. le midi, vend. midi, vend.-sam. midi et soir - menus 31/37 €.

Avesnelles : cadre rustique et cuisine authentique. Ce restaurant, aménagé dans une ancienne fermette, mise sur une cuisine copieuse. Buffet de hors-d'œuvre, grillades à la cheminée et produits du terroir à l'honneur.
La Pen'Tière - 21 rte d'Étroeungt - ✆ 03 27 61 03 45 - www.hotelpaturelles.fr/fr/restaurant - 12h-14h, 19h-21h30, sam. 19h-21h30 - fermé de fin juil. à déb. août - menus 14/38 €.

Maroilles : le seul producteur sur place. Dans cette ferme entre Maroilles et Landrecies sont préparés des fromages et autres denrées dérivées du lait *(voir « Rencontre avec... »)* se visite sur rendez-vous. Vous retrouverez toute la production maison dans la boutique attenante : maroilles fermier, dauphins, boulettes d'Avesnes, fromage blanc, crème de maroilles en compagnie de pommes de terre. Le savoir-faire de la ferme s'étale sous vos yeux et vous séduira par sa qualité.
La Ferme de Cerfmont - 1 ruelle Vendois - ✆ 03 27 77 71 55 - www.lafermedecerfmont.com - 8h30-12h, 13h30-18h, sam. 9h30-12h, 13h30-18h, dim. 14h-19h ; visite lun.-jeu. matin - 4 €.

Fourmies : une auberge chaleureuse. Un cadre forestier, une salle à manger mi-classique, mi-rustique (avec cheminée) ouverte sur une

RENCONTRE AVEC...

David Druesnes, gérant de la Ferme de Cerfmont

© La Ferme de Cerfmont

« La première fois que j'ai mangé du maroilles, je devais avoir 13 ans. Mes parents avaient repris la ferme et lancé sa production. C'est un bonheur de continuer ce qu'ils ont commencé. Même si ce n'est pas facile, cela nous apporte une immense fierté de pouvoir produire comme on le fait. Nous ne sommes plus que sept à proposer du maroilles fermier et je suis le dernier dans la commune même de Maroilles. Plutôt que d'arrêter, j'ai fait le pari de lancer une fromagerie neuve avec mes dix salariés. Je suis attaché à mon terroir et toujours émerveillé de voir des touristes découvrir – et aimer – notre fromage. Je fais redécouvrir aussi la boulette d'Avesnes à des clients qui sont souvent stupéfaits par la différence de goût avec ce qu'ils achètent dans le commerce. C'est le lait cru de nos vaches à nous, avec le goût de ce qu'elles mangent et le résultat de nos techniques de fermentation et d'affinage dans la cave. Nous ne travaillons qu'en circuit court ou dans des points de vente précis en ferme, sur des marchés. »
La Ferme de Cerfmont - voir Maroilles (ci-contre).

terrasse donnant sur l'étang. Le décor planté, entrent en scène des plats fleurant le terroir de l'Avesnois-Thiérache et de l'Hexagone.
Les Étangs des Moines - 97 r. des Étangs - 03 27 60 02 62 - www.etangsdesmoines.fr - mar.-vend. 12h-14h, 19h-21h, sam. 19h-21h, dim. 12h-14h - fermé lun. - menus 13,50/42 €.

Sars-Poteries : des fruits 100% naturel. Pommes, poires, cerises ou prunes, le traitement est le même pour tous les fruitiers de ce verger : une protection phytosanitaire respectueuse de l'environnement. Pierre et Liliane vendent leur production directement à la ferme, une visite s'impose.
Verger de la Taille Pionne - 4 chemin du Courbet - 03 27 59 39 22 - lun.-sam. 14h-18h.

DORMIR AU CALME

St-Hilaire-sur-Helpe : bienvenue à la ferme. Au cœur du Parc naturel régional de l'Avesnois se trouve cette accueillante ferme où Barbara et Stéphane élèvent ânes et moutons. Chambres spacieuses, petit-déjeuner maison. Et au programme : découverte de la ferme, observation de la faune et de la flore, salle de détente avec poêle à bois, terrasse, parc paysager, abris pour vélos et de nombreux circuits de randonnées pédestres ou à vélo alentour.
Les Mout'ânes - 1 r. du Château-Gaillard (à 3 km au nord d'Avesnes-sur-Helpe via la D951) - 06 78 69 51 05 - www.lesmoutanes.fr - 3 ch. à partir de 74 € - table d'hôtes sur réserv. 48h av. et à partir de 4 pers. 28 €/pers.

Liessies : en toute quiétude. Cet ancien atelier monastique tout proche du château de la Motte a été transformé en maison d'hôtes en 2006. La sérénité des lieux, le petit-déjeuner copieux, les chambres spacieuses et pratiques dotées d'une literie de qualité, en font une belle halte en plein cœur du Parc naturel régional de l'Avesnois. Vous pourrez jouer au ping-pong sur place ou partir en balade dans une région prisée des amateurs de vélo et de randonnée.
La Forge de l'abbaye - 13 r. de la Forge - 06 86 88 58 53 - www.chateaudelamotte.fr/la-forge-de-l-abbaye-liessies - 4 ch. 75 €.

Fourmies : la vie de château. Construit en 1841 par Théophile Legrand, un pionnier de l'industrie textile, cette belle demeure bourgeoise impressionne avec son joli parc de 2 ha. Les chambres élégantes offrent un confort et un calme absolus. L'hôtel met aussi à disposition une salle de fitness et un sauna dans le pavillon. Un vaste choix de produits frais, locaux, maison et de saison compose le petit-déjeuner. Une expérience hors du temps.

Boulette d'Avesnes.
Pretti/iStock

Château de la Marlière - 62 r. Théophile-Legrand - ✆ 03 27 58 88 00 - www.chateaudelamarliere.com - 8 ch. 110/130 € .

ValJoly : dormir dans un chalet. À 300 m du lac, le camping de la station propose des prestations classiques dans des emplacements bien ombragés mais également une trentaine de jolis chalets en bois très confortables, lumineux et ouverts sur la nature avec une belle terrasse.
Camping Le Val-Joly - 24 r. du Val-Joly - 4 km à l'est de Liessies via la D963 et D133 - ✆ 03 27 61 83 76 - www.vert-marine.info/valjoly - fermé de déb. oct. à mi-avr. - 130 empl. 7,50 €/nuit, chalets 60 €.

Baives : charme à la ferme. Près de la frontière belge, cette ferme du 17e s., entièrement restaurée, marie avec élégance les styles moderne et ancien. Les chambres confortables disposent d'une terrasse avec une vue sur le bocage. Vous profiterez aussi de l'étang pour la pêche ou des 4 ha de la propriété pour une balade. Les chambres sont agréables en hiver et fraîches les jours de grand soleil.
Chambres d'hôtes Les Prés de la Fagne - 5. r. Principale (à 2 km à l'ouest de Wallers-Trélon via la rue de Wallers) - ✆ 03 27 57 02 69 - www.chambres-nord.fr - - 5. ch. 65/75 €.

Prisches : ambiance tzigane et bucolique. Si la chambre-studio de cette ferme vaut aussi le détour, c'est sans doute son authentique roulotte tzigane qui suscitera votre curiosité. Expérience insolite garantie : cette chambre sur roues est située dans la prairie à l'arrière de la ferme, avec une vue imprenable sur le bocage, au milieu de l'enclos de 3000 m^2. Il faudra juste partager son « jardin » avec Violette, l'ânesse, et quelques moutons. Coin cuisine avec un frigo et terrasse clôturée où vous pourrez prendre vos repas et petits-déjeuners par beau temps, en toute tranquillité. Valérie vous concoctera un petit-déjeuner maison, à base de produits essentiellement bio et/ou locaux.
La Cense Lignère - 760 r. des Linières - ✆ 06 67 99 64 36 - www.la-cense-lignere.fr - chambre-studio 150 € (3 nuits mini).

FAIRE LA FÊTE

Trélon : s'enflammer au carnaval. Rendez-vous début mars chaque année pour le carnaval de la St-Pansard, une tradition qui perdure depuis plus de cinq siècles. Saint Pansard, gros mangeur, bâfreur, jouisseur au visage joufflu et rougeaud est un pantin rembourré de paille,

Ferme près de Trélon.
M. Busselle/robertharding/age fotostock

Maroilles.
Michel VIARD/iStock

mais aussi le bouc émissaire de cette journée. Il est déposé sur une bâche et projeté en l'air. Le pantin dodu rebondit plusieurs fois avant d'être brûlé. Et la fanfare joue et on chante « Biau Pays d'Trélon, Où les gins n'sont jamais trisses... ». Vous venez ?

Sains-du-Nord : les pommes s'y pressent. Le 3e dimanche d'octobre, c'est la journée à ne pas manquer dans le village. Depuis plus de 30 ans, chaque année, cette fête sainsoise attire les habitués comme les nouveaux venus. Dès 10h et jusqu'à 18h, du parc Lamborelle jusque dans le verger de la Maison du bocage, rendez-vous est donné pour la Fête du cidre et des métiers ruraux, un moment savoureux à partager, en musique évidemment. Danses et démonstrations d'artisanat.

Féron : village d'artistes. En 1978, naissaient déjà « Les Féronades », un festival de musique, danse, théâtre, arts plastiques et artisanat d'art qui a contribué à donner à Féron le renom qu'on lui connaît. En 1996, naît l'association Féron' Arts qui organise un festival à la mi-août tous les deux ans. L'esprit de l'événement : partager le beau, l'émotion et l'imaginaire. Éclaté dans tout le village, le festival propose pendant 4 jours des spectacles et des démonstrations artisanales tous publics.
www.feronarts.com

Maroilles : tout un fromage. La Pâture du moulin des Prés est le lieu du rassemblement le 2e dimanche d'août. Au programme : dégustation de flamiches au maroilles, cuites au feu de bois, de martiflette, toriotes et autres gaufres au maroilles. L'association organisatrice, les Compagnons de la flamiche et du maroilles, a même acquis deux fours pour cuire les fameuses tartes. Mais la journée est aussi dédiée à la valorisation des patrimoines ruraux. Spectacles de danse et animations folkloriques.

Cartignies : une bêêêle fête. Fin juillet, la Fête de la chèvre et du mouton met à l'honneur produits du terroir et métiers traditionnels. Venez pour faire connaissance avec différentes races de chèvres et de moutons, assister à la tonte de moutons, voir un rassemblement de moutons avec chiens de berger. Et bien sûr, vente de fromage de chèvre et de brebis. Cette célébration se termine par un feu d'artifice.

LA THIÉRACHE

On s'y attache et on s'y attarde. Parcourir la campagne thiérachienne, c'est découvrir ses vaches pie noir, ses pommiers et son patrimoine étonnant. Ici, pas de châteaux forts ni de remparts pour protéger les habitants : à défaut, ceux-ci ont fortifié les églises. Vous les découvrirez au détour des chemins, le long d'un circuit bucolique et gourmand au parfum de maroilles, de cidre et de beurre fermier.

DEPUIS REIMS : en évitant l'autoroute, 71 km jusqu'à Vervins par la D966.

VENIR EN TRAIN

- De Reims, TER avec correspondance pour Vervins (env. 1h50). Puis possibilité de poursuivre avec la ligne TER P64 qui relie Vervins à Hirson.

BONS PLANS

- Un site, des infos : www.tourisme-thierache.fr.
- Fiches des randonnées de Thiérache en téléchargement sur : www.randonner.fr.
- L'EuroVelo 3 traverse l'Avesnois (voir p. 324) puis La Thiérarche : eurovelo3.fr.

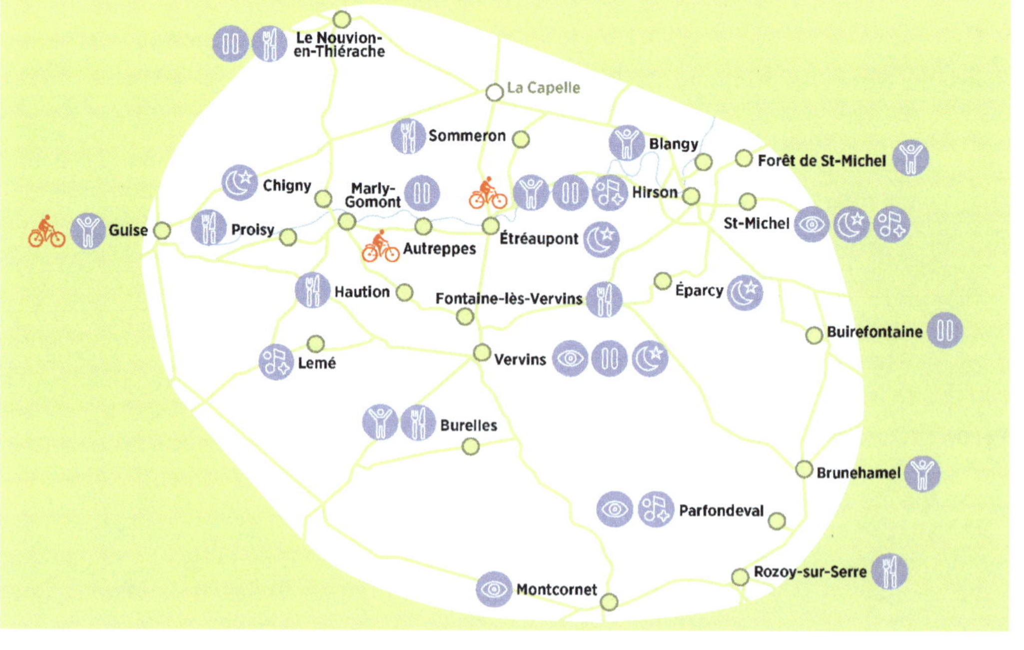

LOUER UN VÉLO

HIRSON

Thiérache sport nature

Base de Blangy - ✆ 03 23 58 34 41 - thierachesportnature.com - 12 € pour 1/2 j. Location de VTT mais aussi de canoë.

AUTREPPES

Canoë Évasion

Bord de l'Oise - ✆ 03 23 97 42 90 - www.canoesurloise.com - 16 €/j. 20 vélos de tailles différentes à disposition, et des canoës évidemment.

GUISE

Les Copains de Thiérache

24 r. Camille-Desmoulins - ✆ 09 73 22 18 74. Cette boutique, qui est une référence dans le coin, loue 16 vélos.

VOIR

Parfondeval : à visiter avec application. En Thiérache, il n'y a qu'un village classé parmi les « plus beaux villages de France » et vous y êtes ! Labellisé depuis 1983, il garde de la hauteur, perché sur une colline. Laissez-vous séduire par ses maisons de brique aux chauds coloris, coiffées par des toits en ardoise grise aux volumes imposants. L'église St-Médard du 16e s. apparaît au fond de la place avec son portail en pierre blanche de style Renaissance. À côté, au départ du restaurant Le Relais de la Chouette, un circuit d'interprétation vous propose une déambulation facile de 1,4 km dans le village. Top aussi : l'application « Chouette aventure » (gratuite) à télécharger pour une visite ludique de Parfondeval avec vos enfants. Le tout dans un écrin de vergers.

St-Michel : une curiosité baroque. Située en lisière de forêt, son abbaye bénédictine fondée en 945 est parfaitement préservée. Ses chœur, transept et cloître témoignent de l'abbaye

Ferme à Parfondeval. R. Soberka/hemis.fr

Kayaks au bord de l'Oise.
kruwt/iStock

gothique édifiée fin 12e s.-début 13e s. La nef, effondrée au 16e s., fut reconstruite vers 1700 par l'abbé de Mornat qui fit élever une façade baroque à l'italienne inspirée du Gesù de Rome. Attardez-vous aussi devant son orgue de Boizard (1714) et les peintures murales du 16e s. évoquant la vie de saint Benoît, récemment découvertes dans le cloître. L'abbaye est aujourd'hui aussi connue pour son festival de musique sacrée ancienne et baroque *(voir p. 339)*. Et un musée de la Vie rurale et forestière occupe ses dépendances agricoles.
Abbaye de St-Michel - 8 r. du Chamiteau - ☎ 03 23 58 87 20 - avr.-oct. : 14h-18h, w.-end et j. fériés 14h30-18h30 ; reste de l'année : 14h-18h - 4,50 € (-12 ans 2,80 €) - billet donnant accès au musée de la Vie rurale et forestière.

Montcornet : les yeux au ciel. La plus grande des églises fortifiées de Thiérache du milieu du 16e s. est précédée d'un escalier monumental. L'église St-Martin, qui serait l'œuvre de templiers, est un imposant édifice gothique du 13e s., dont le chœur à chevet plat est presque aussi long que la nef. L'édifice a été pourvu au 16e s. d'un porche Renaissance et d'éléments fortifiés, dont des tours percées de meurtrières.
Église fortifiée St-Martin - pl. de l'Hôtel-de-Ville - 9h-16h30.

Vervins : un petit tour de la région. Capitale de la Thiérache, la ville demeure marquée par les vestiges de ses remparts, ses rues montueuses pavées, ses maisons à toits aigus et cheminées de brique. Niché dans sa Maison du Patrimoine, son musée de la Thiérache traite de la géologie, de l'archéologie, de l'art et de l'histoire. Le musée dispose aussi d'une boutique de souvenirs et produits locaux.
Musée de la Thiérache - 3 r. du Traité-de-Paix - ☎ 03 23 98 94 51 - 9h-12h et 14h-18h - gratuit.

BOUGER

Tracer à vélo entre Hirson et Guise. L'itinéraire qui s'étend sur 79,5 km est faisable en 8 heures. Mais pourquoi se presser ? Chemin roulant à travers le plus grand bocage d'Europe, vous poserez pied à terre pour admirer les plus belles églises fortifiées de la Thiérache qui ponctuent le parcours. Et puis vous reprendrez votre souffle dans ce grand bol de vert.
Circuit de Hirson à Guise - téléchargez votre carnet de route sur www.randonner.fr.

Burelles : déambuler autour de l'église St-Martin. L'intérêt de ce village tient pour beaucoup à sa massive église fortifiée. D'origine médiévale, sa nef unique fut dotée d'un système de défense aux 16e-17e s. Situé à proximité de la confluence de deux cours d'eau, la Brune et le Huteau, ce village est aussi le point de départ d'une rafraîchissante balade à la découverte de son patrimoine lié à l'eau (moulins, abreuvoirs).

Téléchargez votre carnet de route (« Autour de l'église St-Martin ») sur www.randonner.fr.

Forêt de St-Michel : entre nature et histoire. Ses 3000 ha vallonnés s'étalent généreusement entre l'abbaye de St-Michel et la Belgique. Les amateurs de nature se régaleront à déambuler entre ses aulnes, érables, charmes et autres épicéas qui dessinent un paysage paisible, troublé parfois par le passage d'un chevreuil et les oiseaux migrateurs, comme la cigogne noire, qui font leur nid dans les frondaisons. Mais la forêt ravira aussi les amateurs d'histoire grâce aux vestiges d'environ 40 blockhaus, dits « de l'étoile » : en empruntant l'un des sentiers balisés, ils découvriront des sentinelles construites dès 1936 à la frontière franco-belge.
Téléchargez votre carnet de route sur www.randonner.fr.

Blangy : à l'assaut du Pas-Bayard. Pour rappel, Bayard était le nom du cheval, rendu célèbre au Moyen Âge par la légende des quatre fils Aymon, qu'il aida à s'enfuir dans la forêt des Ardennes. À chacun ses exploits : aujourd'hui, la base de loisirs de Blangy permet une gamme complète d'activités sportives en milieu naturel. Tir à l'arc, VTT, course d'orientation ou encore escalade sur les rochers du Pas-Bayard. Mais si vous préférez une bonne descente, l'option canoë et kayak sur les deux rivières du bocage thiérachien (Oise et Ton) reste séduisante.
Thiérache Sport Nature - base de Blangy - ✆ 03 23 58 34 41 - www.thierachesportnature.com - canoë-kayak 12 € la 1/2 j.

Brunehamel : la Thiérache à cheval. Au milieu de la verdure et des bois, le sud de la Thiérache se révèle agréablement au trot ou au rythme d'un petit galop. Les cavaliers pourront se retrouver au centre équestre du Bois Cama en toute saison. Il est ouvert toute l'année et propose des cours ainsi que des randonnées, en Thiérache ou jusqu'aux Ardennes voisines.
Ferme du Bois Cama - 40 r. Grand-Champs - ✆ 09 52 53 79 23 - boiscama.ffe.com - tarif : se rens.

FAIRE UNE PAUSE

Le Nouvion-en-Thiérache : l'Arche de Mère-grand. Elle s'appelle Liliane mais dans cette ferme pédagogique, tout le monde l'appelle affectueusement « Mère-grand ». Cette passionnée vous reçoit et vous invite chaleureusement à partager sa tendresse pour les animaux et surtout le monde rural de nos arrière-grands-parents, d'hier à aujourd'hui. Habillée en costume d'époque (1900), elle vous contera et fera revivre par le verbe cette époque révolue. Elle vous guidera aussi à travers plusieurs activités comme la traite de ses vaches. Et surtout, « Mère-grand » vous ouvrira les portes de sa basse-cour où évoluent lapins, chèvres, chevaux, poneys, ânes et autres cochons. Tous nés à la ferme et élevés avec amour.
Ferme de la Liesse - 8 hameau de Lalouzy - ✆ 03 23 97 69 98 - fermedelaliesse.com - sur RV - 7 €.

Marly-Gomont : sur les rails ! Vous prendrez bien ici une bière artisanale locale, comme la Bière de Thiérache par exemple ? Près de l'ancienne gare, un passionné a transformé la halle à marchandise en estaminet. Pour rester dans l'ambiance, l'ancienne étape ferroviaire a également été aménagée en gîte. Et mieux encore, l'ancienne voie de chemin de fer est devenue une portion de chemin de randonnée, intégrée à l'Eurovéloroute n° 3.
La Halle - 12 r. de Chigny - ✆ 06 07 80 51 94.

Buirefontaine : zen, restons zen ! Avis aux amateurs. Chez Chantal et René, chaque jour commence par 1h30 de hatha yoga avant le petit-déjeuner. Place ensuite à des balades ou du farniente dans le parc avant une séance d'ashtanga en fin d'après-midi, puis une séance de tai chi ou de falun gong après un repas léger. Une soirée sauna pour une relaxation totale du corps et de l´esprit est même prévue...
Centre Buirefontaine - 4 hameau de Buirefontaine - Aubenton - ✆ 03 23 97 85 36 - www.buirefontaine.nl - stage de 6 j. 425 €.

Vervins : une forêt remarquable. Ici, certains locaux viennent parfois saluer affectueusement « leur » arbre. Cet arboretum date en

effet de l'an 2000 et a été créé, pour partie, par les écoles primaires et collèges du vervinois. Il se compose de plus de 3000 arbres dont 19 espèces feuillues qui poussent dans les forêts de Thiérache. Parmi eux figurent 24 arbres remarquables : des séquoias, tulipiers, liquidambars et cyprès chauves qui dessineront le paysage forestier de demain. Devenu une émouvante jeune forêt depuis 2020, celle-ci deviendra « adulte » dans un siècle.
Arboretum de Vervins - rue de la Justice - ✆ 03 23 98 00 30 - entrée libre.

Hirson : mordre à l'hameçon. Place ici à 7400 ha de forêt, paradis terrestre d'une faune et d'une flore particulièrement riches. Classé Natura 2000, le site de Blangy est un éden pour les promeneurs : un sentier pédestre vous conduira ainsi à la belle cascade de Blangy avant de revenir le long de l'Oise naissante. Les amateurs de pêche sont invités à venir s'y poser avec leur matériel sur les berges de l'Oise et sur l'étang. On mord vite à l'hameçon sachant que l'association « Le Goujon hirsonnais » y assure régulièrement l'introduction ou la réintroduction de poissons d'élevage (brochets, perches, truites et gardons).
Association agréée de Pêche et de Protection du Milieu Aquatique « Le Goujon hirsonnais » - ✆ 03 23 58 51 50 - www.peche02.fr.

DÉGUSTER

Le Nouvion-en-Thiérache : la tranquillité au menu. Briques, miroirs et bibelots : un décor agréable, au service d'une appétissante cuisine ! Installé ici depuis plus de trente ans, Didier Pierrart honore la tradition des bons petits plats avec un savoir-faire qui ne se dément pas. Sa spécialité : le pavé de bœuf au maroilles... Le restaurant propose une cuisine maison et de saison qui met en valeur les produits régionaux des Haut-de-France et de la Thiérache en particulier. En prime, vous pourrez effectuer votre promenade digestive dans le jardin clos de l'hôtel-restaurant. Le bruit de l'eau de sa fontaine zen, le chant des oiseaux et le bourdonnement des insectes qui vous reconnectent avec la nature. L'axe vert de Thiérache et la base de loisirs de l'Astrée sont à quelques minutes de là.
La Paix - 37 r. Jean-Vimont-Vicary - ✆ 03 23 97 04 55 - www.hotel-restaurant-lapaix02.com - menus 21,50/32 € - fermé sam. midi, dim. soir et lun.

Burelles : auberge et tradition. Bienvenue dans une authentique longère thiérachienne. Ici, vous trouverez la promesse d'une cuisine de tradition et de terroir préparée avec ses produits locaux et frais (réservez de préférence). Au menu : mignon de porc au maroilles, tartare de truite fumée, noix de St-Jacques au beurre de cidre...
Auberge de la Brune - 1 r. du Gros-Colas - ✆ 03 23 98 17 72 - www.aubergedelabrune.com - menus 15/38 € - fermé mar. soir, dim. soir et lun.

Sommeron : plateau de fromages. Ce magasin de vente directe est une affaire de famille établie sur trois générations de passionnés de terroir. Il propose un large choix de maroilles et de spécialités de Thiérache. Ses caves comportent aussi un couloir de visite d'une longueur de 55 m où vous pourrez découvrir différentes étapes de fabrication, du séchoir à la salle d'emballage, en passant par une salle de brossage et le réfrigérateur.
Maroilles Leduc - 4 rte de la Capelle - 3,5 km au sud-ouest de La Capelle via la D1720 -

Vaches dans la campagne thiérachienne.
Brekhit/iStock

03 23 97 23 86 - www.leduc-maroilles.com - 9h-12h, 14h-17h15 (vend. 16h15).

Rozoy-sur-Serre : pomme d'ami. Bienvenue dans l'une des dernières cidreries de Thiérache. Grégoire Le Roux *(voir « Rencontre avec... »)* vous accueille dans son verger où il propose un cidre régional typique de Thiérache, acidulé et rafraîchissant. En 2020, il a aussi repris La Folie Douce qui produit un vin de fruits comme la cuvée des Amis (fraises, mûres, framboises) et la cuvée Demoiselle (mûres, framboises, groseilles) couronnées du label Terroir Picardie.
Clos de la Fontaine Hugo - hameau de Wichery - 06 74 84 82 67 - mai-sept. : sam. 14h-18h ; reste de l'année sur RV.

Fontaine-lès-Vervins : à l'école de la ferme. Cet endroit atypique vous propose des produits en vente directe de l'exploitation du lycée agricole de Thiérache. Les animaux sont nés et élevés sur l'exploitation. La ferme de Fontaine revendique des produits issus d'une agriculture durable ou biologique. L'élevage (porcs, agneaux, poulets) se passe essentiellement en plein air. La culture des légumes, garantie sans pesticides, respecte les saisons. Le verger, soumis à un cahier des charges bio strict, produit un jus de pomme de belle qualité.
À la ferme de Fontaine - Le Pont de Pierre - 06 37 82 46 16 - commande par téléphone, retrait le merc.

Haution : le plaisir du fruit. Il était une fois, il y a plus de 15 ans, une famille qui planta son premier arbre dans la paisible commune d'Haution. Bouture après bouture, semis après semis, un beau jardin est né, où sont produits, dans le respect de la nature, des fruits (certains transformés en sirops ou confitures), des légumes, mais aussi des tisanes et des aromates. Ateliers à thème tout au long de l'année.
Le Jardin Roy - 1 r. des Écoles - 03 23 98 30 69 - www.lejardinroy.fr - lun.-sam. 9h-12h, 14h-18h.

Proisy : tous en cuisine ! En voici un stage original de cuisine aux plantes sauvages. Hélène n'a pas son pareil pour vous emmener en cueillette dans ses endroits secrets, à l'abri de la

RENCONTRE AVEC...

Grégoire Le Roux, gérant du Clos de la Fontaine Hugo

« Je suis fils d'agriculteurs. Mes parents avaient une ferme céréalière... mais les céréales ne m'intéressaient pas trop. Cela ne m'a pas empêché de revenir au "bercail". Il y a dix ans, mon frère a repris l'exploitation familiale et m'a prévenu qu'une cidrerie était à vendre à côté. Elle avait été créée par un groupement d'agriculteurs qui voulaient déjà travailler en circuit court. J'ai apprécié leur démarche et repris la cidrerie pour la développer. J'ai fait des études d'agriculture et d'environnement, et il était évident pour moi de travailler dans une dimension durable. J'ai une dizaine d'hectares, tous en bio. J'ai des enfants et, comme les visiteurs, je veux qu'ils puissent croquer dans les fruits du verger en toute sécurité. Cidres, jus, vinaigres, gelées ou confits : tout ce que je vends est quasiment produit et vendu sur place. J'organise des visites guidées pour des groupes, mais si j'ai quelques minutes, il m'arrive volontiers, si le temps le permet, de guider certains clients à travers l'exploitation pour un parcours plus complet. Ce sont aussi ces échanges qui me nourrissent. »
Clos de la Fontaine Hugo - voir Rozoy-sur-Serre (ci-contre).

pollution et de la circulation. Les ingrédients utilisés en cuisine sont évidemment d'origine biologique. D'ailleurs, les fruits et légumes arrivent généralement en direct du jardin. À table, le repas se déclinera ainsi en plusieurs plats maison agrémentés de ces plantes. Vous pouvez découvrir les plantes sauvages et médicinales lors des stages organisés toute l'année sur une ou plusieurs journées.
Le Jardin d'Hélène - Ancienne gare - ✆ 06 87 97 78 83 - www.stagescuisineplantessauvages.com - stage 75 €/pers.

DORMIR AU CALME

Chigny : chez Françoise. Cette maison a le charme désuet et toute la quiétude des vieilles demeures. Dans un décor qui semble ne pas avoir changé depuis des années, Françoise reçoit les voyageurs avec beaucoup d'attention et de bienveillance. Côté confort, trois chambres avec une salle de bains particulière. Et la possibilité d'y prendre son repas du soir – des spécialités régionales évidemment – sur réservation.
Chambres d'hôtes Mme Piette - 7 pl. des Marronniers - ✆ 03 23 09 87 43 - ⊭ - www.gites-de-france-aisne.fr - 3 ch. 55/65 € ☕ - table d'hôtes 20 €/pers.

Éparcy : rustique et champêtre. Sérénité garantie au cœur de la Thiérache dans un village qui recense... moins de 50 âmes. Cette maison de maître en brique de la fin du 19e s. bénéficie d'un cadre magnifique, au cœur d'un grand jardin boisé et fleuri qui court jusqu'aux berges du Thon. Le hall d'accueil rustique annonce l'atmosphère de toute la demeure, y compris des 4 chambres garnies de bibelots et d'objets chinés. Table d'hôtes sur réservation.
Chambres d'hôtes Villa des Tilleuls - 7 rte de Landouzy - ✆ 03 23 98 46 17 - villa-des-tilleuls.jimdo.com - ⊭ - 4 ch. 48/52 € - table d'hôtes 18 €/pers.

Étréaupont : sur la voie verte. Des chambres confortables dans une demeure datant de 1850. Installez-vous dans le jardin ombragé ou profitez du court de tennis. Les enfants adoreront aussi le terrain de jeux. Le petit-déjeuner est généreux et la cuisine du restaurant est élaborée à partir de produits frais par le propriétaire, chef lui-même. Labellisé Accueil Vélo, cet hôtel est situé à deux pas de la voie verte de Thiérache, qui relie Guise à Hirson.
Clos du Montvinage - 8 r. Albert-Ledant - ✆ 03 23 97 91 10 - www.hotel-clos-du-montvinage.com - 9 ch. et 1 suite 73/124 € - ☕ 11 € - table d'hôtes 23 €/pers.

Maison à Parfondeval.

kbwills/iStock

Vervins : comme Henri et Charles. Bienvenue dans un livre d'histoire. En effet, La Tour du Roy n'est rien de moins qu'un des hauts lieux de l'histoire de France car c'est dans l'une ses tours qu'Henri de Navarre fut reconnu roi de France en 1589 et appelé à devenir Henri IV. Par la suite, Charles de Gaulle y séjourna en 1956. Dans ce manoir, toutes les chambres sont personnalisées avec vitraux et salle de bains en marbre rose pour la plupart. Côté cuisine, Annie Desvignes est chef cuisinier ici depuis 40 ans.
La Tour du Roy - 45 r. du Général-Leclerc - 03 23 98 00 11 - latourduroyvervins.appspot.com - 18 ch. 85 € - 14 € - plat du jour 15 €, menus 35/55 €.

St-Michel : dans un petit palais. Au cœur de St-Michel en Thiérache, à 4 km d'Hirson, cette vaste demeure bourgeoise du 19e s. appelée « Le Petit Château » a clairement de quoi charmer. Une poignée de chambres élégantes ont été transformées en agréables gîtes, sur un grand terrain boisé. Accès indépendants et cuisine à disposition.
Le Petit Château - 8 r. Jean-Charton - 03 23 58 45 56 - www.lepetitchateaupicard.com - 4 ch. 50/56 €.

FAIRE LA FÊTE

St-Michel : festival en musique. Ce festival de musique ancienne et baroque se déroule dans le cadre de l'abbatiale. Au programme, solistes et ensembles instrumentaux en scène pour 2 ou 3 représentations quotidiennes. Depuis plus de 30 ans le festival nourrit l'ambition de renouveler son offre artistique en gardant son identité liée à l'utilisation de son orgue historique, datant de 1714, et des qualités acoustiques de l'église, idéales pour la musique baroque. La convivialité demeure aussi une figure imposée, avec des rencontres organisées dans le cloître entre le public et les artistes invités du festival.
Festival St-Michel en Thiérache - www.festival-saint-michel.fr - de fin mai à fin juin (réserv. d'avr. à juin).

Hirson : une histoire franco-belge. La ville d'Hirson, associée à Fourmies et Chimay, en Belgique, propose un programme culturel transfrontalier et éclectique (danse, musique, théâtre) toute l'année. Les concerts se déroulent sur la scène de la salle Carpentier, à Hirson.
Les Transfrontalières - rens. à la mairie d'Hirson - 03 23 58 38 88.

Lemé : pour sa pomme. Une valeur sûre : cela fait près de 40 ans que cela dure ! Découvrez le fruit emblématique de la Thiérache lors de la traditionnelle Fête de la pomme et du cidre qui anime le village en octobre. Au programme : broyage et pressurage en direct, mais aussi brocantes, animations de rue et vente de produits du terroir.

Parfondeval : faire sa fête au potiron ! Chaque année en octobre, l'association des « Amis de Parfondeval et de ses environs » organise une « Potironnade ». Rien à voir avec Halloween, merci ! Cet événement bien de chez eux désigne une randonnée (3 km autour de Parfondeval ou 10 km pour les plus motivés), accompagnée d'un conte et d'un goûter. Et des ateliers autour du potiron pour les enfants et les adultes figurent au menu bien sûr.
Potironnade de Parfondeval - pl. du village 06 22 44 15 91 - 5 € la randonnée ou 15 € avec un repas.

LES MÉANDRES DE LA MEUSE

La Meuse déroule ses eaux paisibles le long d'une vallée souriante et densément arborée. Vous sillonnerez ses méandres à vélo en empruntant la Trans-Ardennes, en bateau le temps d'une escapade ou encore à pied. Ses sentiers balisés sont si nombreux qu'ils donnent envie de partir à l'assaut des éperons rocheux, sur les traces de chevreuils ou en quête d'une bonne auberge.

DEPUIS REIMS : en évitant l'autoroute, 108 km jusqu'à Revin par la D985.

VENIR EN TRAIN

- De Paris-Est, TGV direct pour Charleville-Mézières (1h50), puis TER jusqu'à Revin (env. 35mn).

BONS PLANS

- www.parc-naturel-ardennes.fr : toutes les infos pour profiter du Parc.
- L'EuroVelo 19 longe la Meuse. Pour préparer votre itinéraire vélo, voir p. 13.

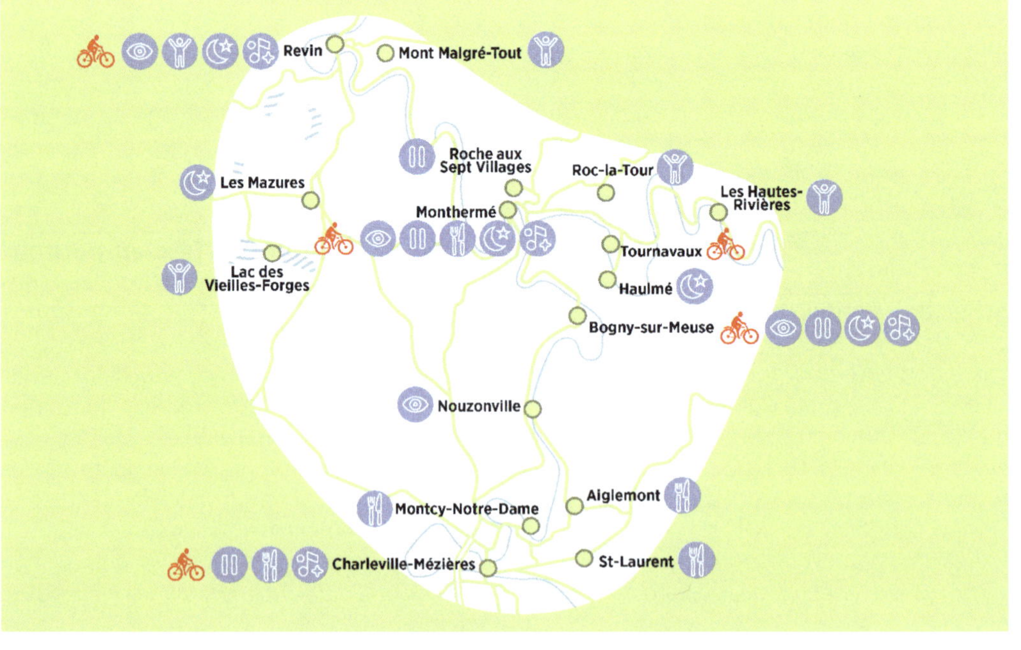

LOUER UN VÉLO

REVIN

Association Caravel
65 quai Edgar-Quinet - ✆ 03 24 22 14 80 - www.caravel08.com - à partir de 16 €/j. Location de cycles (VTT, VTC, tandem) et remorques pour les enfants, mais aussi canoës-kayaks.

MONTHERMÉ

Les P'tits Bateaux
Port de Plaisance - ✆ 07 50 26 68 11 - www.lesptitsbateaux.fr - www.facebook.com/gyropodeardennes - tarifs selon durée. Location toute l'année de vélos et rosalies. Également des bateaux électriques.

BOGNY-SUR-MEUSE

Les rosalies de Graziella
13 r. de la Meuse - ✆ 06 11 08 90 96 - rosalie08120.e-monsite.com - tarifs selon durée. Vélos électriques, tandems, triporteurs et bateaux électriques.

CHARLEVILLE-MÉZIÈRES

Arenam Garage solidaire
12 av. de l'Industrie - ✆ 03 10 43 42 75 - www.arenam.fr - 5 €/j. Location solidaire de vélos réformés de La Poste, dotés d'un panier bien pratique pour aller pique-niquer sur la voie verte.

TOURNAVAUX

Fun'Ardennes
1 rte de Phades - ✆ 06 78 48 52 85. Location de vélos (11 €/j).

VOIR

Monthermé : haute en couleur. L'église du village, en belle pierre de Meuse, a été construite au 9e s., restaurée au 15e s. et fortifiée au 16e s. À l'intérieur, le mur nord de la nef, la croisée du transept et le croisillon nord sont du 12e s. Attardez-vous devant les fonts baptismaux, la chaire, le portail de style mosan et surtout les superbes fresques murales datant du 16e s. Récemment rénovées, les boiseries du chœur ont retrouvé leur éclat d'origine. Elles font ressortir son bel autel en marbre avec son majestueux lutrin coiffé d'un aigle.
Église St-Léger - 12 r. du Gén.-de-Gaulle - ✆ 00 24 54 46 73 - juil.-août : mar., jeu. et sam. 15h-18h.

Bogny-sur-Meuse : coté en Bourse. Des passionnés de l'Association minéralogique et paléontologique locale animent depuis 30 ans ce centre dédié à ces véritables trésors des Ardennes. Il présente des roches, des pièces minéralogiques (quartz, fluorine, dolomie, pyrite, calcite...) et des fossiles, tels les phacops qui comptent parmi les plus anciens découverts dans la région. Chaque année, mi-avril, une bourse aux minéraux et fossiles attire des spécialistes du monde entier.
Centre d'exposition des Minéraux et Fossiles des Ardennes - 32 r. Maurice-Louis - ✆ 03 24 32 05 02 - museegeologieardenne.monsite-orange.fr - de mi-mai à fin août : tlj sf lun. 14h-18h ; sept. : sam.-dim. 14h-18h - 3 € (-12 ans gratuit).

Revin : l'adresse d'antan. Direction sa « Maison espagnole », l'une des dernières demeures à pans de bois de Revin. Cette bâtisse du 16e s. abrite aujourd'hui un musée consacré au patrimoine local. Au rez-de-chaussée est reconstitué l'intérieur d'une maison familiale revinoise modeste des années 1920-1930. Le 1er étage accueille les expositions temporaires portant sur la ville et la vallée des Ardennes, tandis que le 2e étage est consacré au métier de la fonderie, industrie importante de la vallée de la Meuse. Des productions d'anciennes entreprises revinoises, siglées de marques familières comme Arthur Martin ou Faure, y sont exposées.

Musée du Vieux-Revin - 2 r. Victor-Hugo - ☏ 03 24 42 13 73 - www.ville-revin.fr - juin-août : 10h-12h, 14h-18h ; mai et sept : merc.-dim. 14h-18h ; avr. et oct. : merc.-sam. 13h30-17h30 - gratuit.

Nouzonville : un site témoin. Près des étangs du Pachy et au cœur d'un des berceaux de l'industrie ardennaise, cet édifice compte parmi les rares bâtiments de la manufacture d'armes de Nouzon encore existants. Il renferme aujourd'hui un petit écomusée animé par des passionnés de l'histoire industrielle.

Musée du Vieux-Nouzon - 5 r. de la Grande-Allée - ☏ 03 24 53 13 59 - sur demande - gratuit.

BOUGER

Mont Malgré-Tout : point de vue, images de Meuse. Cette petite randonnée promet, à l'arrivée, une vue splendide sur Revin, les méandres de la rivière jusqu'aux Dames de Meuse et la vallée de Misère qui file en direction de Rocroi. Le chemin en forte montée mène à un poste de relais TV. De là, on gagne à travers le taillis de bouleaux et de chênes un second belvédère plus élevé (alt. 450 m). Et on respire...

Comptez 1h AR. Un panneau « Point de vue à 190 m » signale le départ du chemin.

Roc-la-Tour : monter au château du Diable. Cette montée de 20mn vous coupera aussi le souffle. Entourés par des bouleaux, de gigantesques blocs de quartzite fracturés occupent un site impressionnant, dominant à 407 m d'altitude l'étroite vallée de la Semoy. L'empilement des rochers évoque les ruines d'un château, dont la construction, inachevée, est attribuée... au diable. Pour les promeneurs, c'est plutôt le paradis : sérénité et vue sur les croupes boisées de l'Ardenne et la vallée de la Semoy.

Panneaux d'information sur le parking du site - plusieurs itinéraires en boucle vers la vallée de la Semoy et la vallée de la Meuse.

Prendre la Trans-Semoysienne en VTT. Cette piste cyclable permet de parcourir 20 km entre Monthermé et Les Hautes-Rivières, sur l'ancienne voie du Petit Train de la Semoy, en longeant la rivière vers la frontière belge. N'oubliez pas votre Smartphone. Pour faire une pause, des bornes kilométriques 2.0, enrichies de flashcodes, vous connecteront au site de la Communauté de Communes. Pour continuer de pédaler sereinement.

Points de location - aux Boucles de Meuse à Monthermé (☏ 03 24 35 79 47) ou chez Éric Hatrival à Hautes-Rivières (☏ 06 84 69 12 71).

Lac des Vieilles-Forges : s'accrocher aux branches. Son parc de loisirs, consacré aux légendes en général et ardennaises en particulier, décline sur 5 ha ses activités en plein air : cabanes perchées, mer de filets, tyroliennes, grande balançoire, toboggans, luge d'été...

Elfy Park - ☏ 03 24 53 18 43 - www.elfypark.fr - en été : 10h-19h, reste de l'année : se rens. - 14 €/j (2-4 ans 7 €).

Les Hautes-Rivières : descendre la Semoy en canoë. Pagayez à la découverte de la faune et de la flore locale le long d'une rivière large et paisible, entre Les Hautes-Rivières et Thilay.

Canoë Semoy - rue du Château-d'Eau - ☏ 06 48 35 60 07 - canoe-semoy.fr - descente à partir de 17 € kayak 1 pl.

Revin : prêt pour une course d'orientation. Ce village se niche au creux d'un site grandiose, formé par deux méandres de la Meuse, presque fermés, qui entaillent le massif des Ardennes.

Roc-la-Tour.

Marjolein van Rotterdam/Agence Régionale du Tourisme Grand-Est

Idéal pour se perdre dans la nature ! Alentour, vous pourrez louer des cycles *(voir p. 341)* ou canoës-kayaks. Mais les plus aventureux se laisseront peut-être tenter par une course d'orientation ou un raid nature sur mesure.
Association Caravel - 65 quai Edgar-Quinet - ✆ 03 24 22 14 80 - www.caravel08.com - mai-sept. : 10h-12h, 13h30-18h30, dim. 10h-12h, 14h-18h, j. fériés 14h-18h ; oct.-avr. : mar.-vend. 13h30-17h30, sam. 10h-12h, 13h30-17h30 - location de canoë selon le parcours 5/18 €, courses d'orientation à partir de 13 €/pers.

FAIRE UNE PAUSE

Roche aux Sept Villages : plein la vue. Un escalier conduit au sommet de ce piton émergeant de la forêt, d'où l'on jouit d'une vue remarquable sur les sinuosités de la Meuse, jalonnée de sept villages, entre Braux au sud et Deville au nord. Mais surtout vous reconnaîtrez, à côté de Château-Regnault, la silhouette du rocher des Quatre-Fils-Aymon : à 260 m d'altitude, cette silhouette, formée de cinq dents de quartzite, évoque le légendaire cheval Bayard emportant les quatre fils Aymon. Vous pouvez prolonger vers la Roche de Roma voisine : au terme de la côte, un chemin mène au belvédère. À 333 m d'altitude, admirez une autre vue vertigineuse sur un autre méandre de la Meuse, entre Deville et Monthermé.
Site à 3 km au sud de Monthermé par la D989.

Monthermé : la croisière repose. Et vogue, la balade ! Pour se laisser bercer par les flots et une visite guidée, embarquement immédiat sur les eaux calmes de la Meuse depuis le port de plaisance de Monthermé. À bord du bateau *Le Roc*, et au fil de ses méandres, vous verrez d'un autre angle certains paysages du massif ardennais tout en écoutant le récit des traditions manufacturières de la vallée. Sans oublier encore un autre point de vue sur le légendaire site des Quatre-Fils-Aymon !
Bateau Le Roc - ✆ 03 24 35 79 47 - www.lerocbateausurlameuse.net - juil.-août : tlj sf lun. dép. 10h30, 14h30 et 16h30 ; de mi-avr. à fin juin et sept. : tlj sf mar. et merc. dép. 10h30 et 14h30 - 12 €/pers. (-13 ans 6 €) pour 1h30 de balade.

Charleville-Mézières : relire Rimbaud au café. Ce libraire se veut « créateur de liens ». La tâche est aisée et agréable quand on peut acheter un livre (au hasard, un recueil de poèmes de l'enfant du pays, tiens...) et s'installer sur place avec une boisson. Foin des bocks et de la limonade, comme disait Arthur, prenez ici un jus de fruits local : ce salon de thé se fournit chez Le Pressoir des Gourmands de Warcq. Le café propose également les bonnes limonades et cola de la Brasserie d'Arthur de Warcq. Enfin, selon l'heure, il est même possible de déguster un plat avec un verre de vin.
Plume et Bulle - 17 r. Irénée-Carré - ✆ 03 24 33 53 62 - www.plumeetbulle.fr - mar.-sam. 11h-19h - formules déj. 10/13 €.

Bogny-sur-Meuse : une glace avec vue. Et sur la Meuse, évidemment. C'est possible (et pratique) chez Graziella, l'un des endroits à connaître sur la voie verte. En plus de louer quelques chambres, l'établissement propose surtout des vélos *(voir p. 341)* et une agréable petite restauration rapide sur sa terrasse.
Chez Graziella - 13 r. de la Meuse - ✆ 06 11 08 90 96 - rosalie08120.e-monsite.com.

DÉGUSTER

Charleville-Mézières : poésie de saveurs. Bien que situé en ville, mais au bout d'une impasse, vous vous poserez volontiers dans cet univers dédié au vin et au bien manger. Vous y trouverez deux ambiances : une brasserie contemporaine et un restaurant plus gastronomique. Vous y dégusterez des plats du terroir, des viandes et poissons, et des gibiers en saison. Les chefs y cuisinent aussi à l'instinct les produits du marché.
La Table d'Arthur « R » - 9 r. Bérégovoy - ✆ 03 24 57 05 64 - www.latabledarthur.fr - fermé lun. soir, merc. soir et dim. - formule déj. 14,50 €, menus 28/31 €.

Monthermé : profiter de son point de vue. Sans surprise, cette auberge doit son nom à sa localisation près de la Roche à Sept Heures. Le panorama est indéniablement un atout. Pour le reste, pas de vertige mais une simplicité bienvenue dans l'assiette. Au menu figurent des spécialités ardennaises comme la cacasse à cul nu (à base de pommes de terre et d'oignons, mijotés dans une cocotte frottée au lard). Ultra-simple et local. Et convivial, aussi. Prévoyez large car vous pourriez même sympathiser avec d'autres convives et partager, après le dessert, une partie de pétanque sur le terrain attenant.
Auberge de la Roche à 7 Heures - Le Haut du Terne - ✆ 03 24 57 46 79 - tlj à midi seult. menus 13/15 €.

Aiglemont : à la découverte de « l'or rouge » des Ardennes. Producteurs de safran dans la région depuis 2010, Aurélie et Mathieu ont ouvert ici une boutique où ils vendent leur safran et produits artisanaux dérivés. Mention spéciale à leurs pâtes maison, bio, déclinées au safran, à l'ail des ours ou l'ortie sarrasin, fabriquées au rythme des saisons dans leur laboratoire sur l'exploitation. Mais surtout, ils proposent des visites de leur exploitation ainsi que des ateliers culinaires avec initiations à la culture du safran et dégustation.
Le Safran des Ardennes - 26 r. du Dr-Roux - ✆ 06 62 88 89 95 - www.lesafrandesardennes.net - atelier culinaire 25 €, visite sur RV 50 €.

Montcy-Notre-Dame : pour les pigeons. Dans cette charmante auberge en lisière de forêt, le Pays basque – d'où le chef est originaire – rencontre les beaux produits des Ardennes. Pour la petite histoire, les laminak

Safran

sont, dans les légendes basques, de bienveillantes fées des bois qui aideraient les hommes, en échange de repas, à réaliser leurs rêves et réussir leurs projets. Ici la tradition se résume à des recettes savoureuses, locales et maîtrisées, tel ce pigeonneau désossé à l'ancienne...
L'Auberge du Laminak - rte de Nouzonville - ✆ 03 24 33 37 55 - www.auberge-ardennes.com - fermée le lun. soir, mar. soir, mer. soir et le dim. - menus 20 € midi/23 € soir.

Monthermé : l'assiette de la forêt. Perché dans un hameau d'altitude, le « Balcon » garde les pieds bien dans son terroir en cuisine *(voir « Rencontre avec... »)*. Geneviève et ses équipes y mitonnent des spécialités de la région. Depuis 2020, c'est aussi un agréable espace-boutique où faire le plein de ses productions d'apéritifs, confits et chutney. La gamme est labellisée « Valeurs Parc naturel régional », c'est pour dire.
Le Balcon en forêt - 14 hameau Les Hauts-Buttés (face à l'église des Hauts-Buttés) - ✆ 03 24 41 43 39 - www.balconenforet.fr - merc.-vend. 12h-15h, w.-end 12-17h - menus 16/24 € - sur réserv. à partir de 8 pers.

St-Laurent : la fête à la rhubarbe. Le saviez-vous ? Il existait jadis un rafraîchissement pétillant à base de rhubarbe fabriqué et servi dans les Ardennes. Philippe Gérard n'a pas bullé et a relancé, dans la plus pure tradition, une gamme désaltérante de ce breuvage oublié. La rhubarbe est ici déclinée sous différentes formes, de la boisson pétillante à « tranquille » (plate), en passant par l'eau de rhubarbe et autres sirop, gelée, pâtes de fruits, vinaigre et moutarde. Quatre espèces de rhubarbe sont ici cultivées à l'année, en agriculture raisonnée et transformées sur place.
La Rhubarbe à ma Grand-Mère - 7 pl. de la Mairie - ✆ 03 24 56 14 62 - sur RV.

Montcy-Notre-Dame : venir y faire son miel. Voici un miel ultra-local labellisé « Ardennes de France », depuis sa récolte jusqu'à sa mise en pot. Pressé à froid, il doit ses qualités, paraît-il, à la filtration par gravité (plutôt que par pression, comme souvent) qui permet de garder toutes ses propriétés naturelles. Quoi qu'il en soit, ce miel est un ingrédient de

RENCONTRE AVEC...

Geneviève Goffette, restauratrice au « Balcon en forêt ».

« J'ai repris l'auberge en 2013, après une première vie professionnelle dans l'industrie agroalimentaire et le conseil. Je suis ingénieure agronome de formation et j'avais envie de travailler davantage de mes mains. C'est un peu un retour aux sources et aux origines car mon père était éleveur et toute ma famille travaillait dans les métiers de bouche. D'emblée, l'idée d'une carte et de produits 100 % faits maison s'est imposée. J'ai voulu pousser l'idée jusqu'au bout. Pour le vin ce n'était pas possible, mais j'avais quelques idées pour concevoir des apéritifs de macération à base de plantes sauvages et de fruits du verger par exemple. Je pars beaucoup en cueillette sauvage et j'adore aussi aller récolter dans les bois et les forêts. Nos clients ont adoré et, très vite, nous ont demandé de vendre aussi ces produits en boutique. C'est ainsi que nous avons développé notre gamme : des apéritifs, des biscuits et, depuis peu, des confits de pétales de fleurs. C'est un grand bonheur car c'est un vrai produit naturel qui permet de valoriser encore plus notre territoire. »
Le Balcon en forêt - voir Monthermé (ci-contre).

Vallée de la Semoy.

choix pour l'élaboration de pain d'épices. Mais il sublime aussi vos fromages blancs et yaourts. *Les Ruchers d'Arthur - 13 r. Victor-Hugo - 06 32 24 40 35 ou 03 24 59 32 13 - sur RV.*

DORMIR AU CALME

Revin : dans une ferme-auberge. Dans un cadre rustique, cette ferme authentique vous accueille au cœur de la vallée ardennaise. Une belle cheminée et les meubles de l'ébénisterie des Hauts Buttés confèrent aux deux salles (anciennes étables) chaleur et convivialité. Cuisine traditionnelle et semi-gastronomique. Côté chambre, vous aurez le choix entre les chambres à la ferme-auberge et celles de son annexe, au pied du mont Malgré Tout. Mais toutes restent proches de la voie verte. *Ferme-auberge du Malgré Tout - Chemin des Balivaux (dir. « Hauts Buttés ») - 03 24 40 11 20 - www.aubergeferme-malgretout.com - 6 ch. 55 € - sur réserv. 25/35 €.*

Monthermé : la bonne adresse. Ancien relais de poste du 19e s., l'hôtel se trouve sur la fameuse boucle de la Meuse à Monthermé. Cette modeste auberge familiale se targue de proposer de revigorants petits plats garantis faits maison. Vous planterez votre fourchette dans un intérieur rétro ou, mieux encore, sous la treille ombrageant la terrasse. Autre découverte enthousiasmante : idéalement situé dans le Parc naturel régional des Ardennes, l'hôtel propose des randonnées avec guide. *Le Franco-Belge - 2 r. Pasteur - 09 70 35 50 71 - www.hotel-lefrancobelge.fr - 15 ch - 74 € - 1/2 pension possible - 25 €.*

Haulmé : dormir perché. Vous verrez ici la vallée de la Semoy d'un autre œil, à travers son patrimoine écologique, en séjournant... dans un arbre. Ces deux cabanes au style brut (mais fort confortables en réalité), vous attendent tout au long de l'année. Perché à 12 m au-dessus la Semoy, vous aurez un panorama de choix sur la vallée. Et dans l'assiette ? Figurez-vous que votre petit-déjeuner vous attendra au bout

d'une corde à votre réveil ! Au chapitre « cabane service », il est même possible de commander des repas et apéritifs ou une des formules proposées (dont la « terroir » avec planche ardennaise et bières ou cidres artisanaux).
Cabane et Vallée - chemin du Cul-d'Aillon - 06 77 64 37 02 - cabane-et-vallee.fr - à partir de 75 € - 120 € en formule terroir.

Bogny-sur-Meuse : sur la voie verte. Juste une poignée de chambres, pas de chichi, mais tout y est, y compris la cuisine collective, pratique pour les familles. Et c'est surtout parfaitement bien situé, sur la piste cyclable de la voie verte Trans-Ardennes le long de la Meuse et au pied du rocher des Quatre-Fils-Aymon. Terrasse avec vue sur la Meuse.
Chambres d'hôtes Au refuge des 4 Fils Aymon - 13 r. de la Meuse - 03 24 32 10 97 - www.aurefugedes4filsaymon.com - 5 ch. dont une peut accueillir jusqu'à 7 pers. - 69/79 €.

Les Mazures : toujours aussi perchées. Encore plus fort : au camping Lac des Vieilles Forges, les deux cabanes dans les arbres disposent carrément d'une belle terrasse en bois qui permet de prendre le petit-déjeuner inclus dans le prix (ainsi que le kit draps et le verre de bienvenue).
Cabanes insolites et perchées - lac des Vieilles Forges - 03 24 40 17 31 - 95 €.

FAIRE LA FÊTE

Charleville-Mézières : festival durable. Son nom emprunte le titre d'un poème d'Arthur Rimbaud, « Au Cabaret Vert, cinq heures du soir », qui se déroule en réalité à Charleroi. Mais peu importe. Un siècle plus tard, à la fin août, ce Cabaret Vert prend des accents écolos. Au programme du festival : des concerts, mais avec une approche écocitoyenne et participative. Par-dessus tout, la musique est ici abordée comme la vitrine d'un « bien vivre ensemble » en s'ouvrant à différentes cultures.
Le Cabaret Vert - cabaretvert.com.

Revin : pas du vol ! Depuis 1996, une vingtaine de compagnies françaises et belges se livrent à des échanges culturels en toute légalité. Contrebande, le nom du festival, est un clin d'œil au trafic de tabac qui sévissait jadis à la frontière franco-belge. Aujourd'hui, les quais s'animent avec une cinquantaine de représentations de théâtre de rue. Le festival se déplace en mai à Revin et aux Mazures, et au mois de juin à Haybes et à Rimogne.
Contrebande - Festival des arts de la rue - www.festivalcontrebande.fr.

Monthermé : entrez dans la féerie. Tous les deux ans en avril (prochaine édition 2022), le festival L'Orée des Légendes accueille de nombreux artistes et artisans venus de France et d'ailleurs durant un week-end : marché féerique avec une cinquantaine d'exposants, conteurs, musiciens… Tout un programme bien réel !

Bogny-sur-Meuse : en musique. En juillet, le site naturel exceptionnel de la platelle des Quatre-Fils-Aymon sert de cadre à des concerts de musiques celtiques, à l'origine, mais qui s'est ouvert à toutes les musiques traditionnelles.
Festival Aymon Folk - www.aymonfolkfestival.fr.

LES CÔTES DE MEUSE ET LE LAC DE MADINE

Entre vignes et mirabelliers, forêts et étangs, la région des côtes de Meuse a du vert à revendre ! Dans cette partie ouest du Parc naturel régional de Lorraine, la nature préservée est particulièrement propice à l'observation de la faune et de la flore et c'est à pied ou à vélo que vous la découvrirez le mieux. Côté culture et art de vivre, les Meusiens auront plaisir à vous parler de leur histoire et vous faire connaître les produits emblématiques de leur terroir.

DEPUIS PARIS : 285 km pour St-Mihiel et 304 km pour Commercy, par l'A4.

VENIR EN TRAIN

- **De Paris-Est, TGV direct (1h) jusqu'à la gare Meuse-TGV à Issoncourt, puis navette bus vers Commercy (env. 1h - www.fluo.eu). Liaison directe en TER Paris-Commercy (env. 2h40). Une voiture est ensuite plus pratique pour circuler, même si certains trajets peuvent s'effectuer à vélo.**

BONS PLANS

- **Pour découvrir le Parc : www.pnr-lorraine.com**
- **Apportez des jumelles pour observer les oiseaux dans les réserves naturelles.**
- **La Meuse à vélo passe par là. Pour préparer votre itinéraire, voir p. 350.**

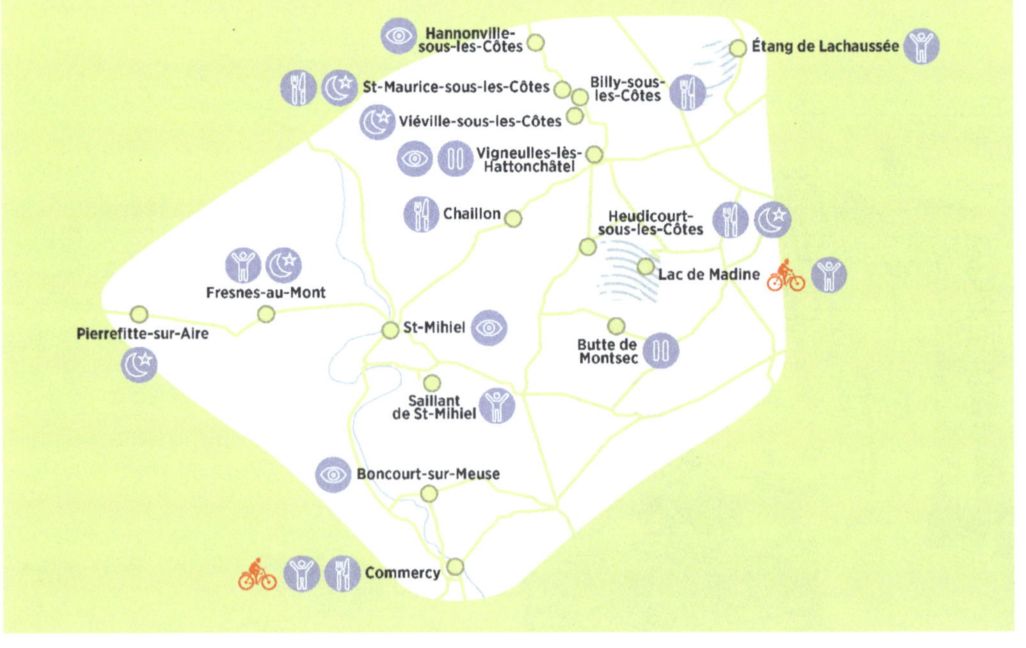

LOUER UN VÉLO

LAC DE MADINE

Maison des Promenades
À Nonsard-Lamarche - lacmadine.com/activites/location-de-velo/ - avr.-mai : merc., w.-end, j. fériés et vac. scol. 10h-18h ; juin-août : 10h-19h ; sept.-oct. : merc., w.-end, j. fériés et vac. scol. 13h-18h - à partir de 10 €/h.

Pat'Cycles
À Heudicourt-sous-les-Côtes - ☏ 06 26 31 65 11 - patcyclesetservices.vpweb.fr - w.-end 10h-18h. Location de VTC (20 €/4h) et vélos électriques (50 €/4h).

COMMERCY

Stan E Bike
1 r. de Lattre-de-Tassigny - ☏ 03 29 78 66 25. Location de vélos électriques.

VOIR

Vigneulles-lès-Hattonchâtel : perché sur la côte. Construit sur une butte – une exception parmi les villages des côtes de Meuse – et jadis fortifié, le village tire son nom de Hatton, 29e évêque de Verdun. Les chanoines de la collégiale ont rebâti l'église et édifié la chapelle et le cloître vers 1350. Magnifique retable de 1523, attribué à Ligier Richier : trois scènes séparées par des pilastres Renaissance représentent, à gauche, le Portement de croix et sainte Véronique, au centre, la Crucifixion et la Pâmoison de la Vierge, à droite, l'Ensevelissement du Christ. Vitraux modernes de Grüber. Au bout du promontoire, l'ancien château, détruit trois fois, a été restauré dans le style du 15e s. (devenu hôtel-restaurant). De là, la vue sur la plaine de la Woëvre s'étend jusqu'à Nancy.

Hannonville-sous-les-Côtes : au cœur d'une ferme vigneronne. Pour découvrir les traditions locales, ne manquez pas la visite de cette maison lorraine. Vous y découvrirez la reconstitution de l'intérieur vigneron de Sophie et Paul Champlon, qui vivaient là vers 1850. Des expositions présentent la culture de la vigne et du chanvre, la tonnellerie et l'implantation du village au pied de la côte. Nombreuses animations pour les familles, toute l'année, autour de l'huilerie, de l'éco-jardin, du rucher pédagogique, etc. Boutique de produits du terroir.
Écomusée d'Hannonville - 87 r. Chaude - ☏ 03 29 87 32 94 - ecomusee-hannonville.com - ♿ - juil.-août : 10h-12h, 14h-18h, w.-end et j. fériés 14h-18h - 5 € (-13 ans 3 €) - 13 € billet famille (2 adultes + 2 enf.).

Boncourt-sur-Meuse : un champignon pas comme les autres. La truffe de Meuse, *Tuber mesentericum*, trouve un terrain propice sur les sols calcaires de Boncourt et ses environs. Implantée à côté d'une truffière expérimentale, la Maison des truffes propose une exposition et un film documentaire sur ce champignon si prisé, suivis d'une dégustation. Magasin de produits truffés, et vente de truffes fraîches en saison (de mi-sept. à fin déc.).

Maison des truffes et de la trufficulture - 5 r. du 1er-Sept.-1944 - 03 29 91 68 54 - www.maisondestruffes.com - ♿ - de mai à Noël : w.-end 14h-18h ; marchés aux truffes : sam. 10h-12h d'oct. à Noël ; juil.-août : sur RV 48h av. - 3 € avec dégustation.

St-Mihiel : cité de caractère. Cette petite cité lovée dans la vallée de la Meuse garde de nombreuses traces de son passé, lié à la célèbre abbaye St-Michel, installée ici en 815. Dans l'abbaye, ne manquez pas de visiter la superbe bibliothèque – qui conserve un rarissime fonds de près de 9 000 ouvrages accumulés par les bénédictins du 9e s. à la Révolution – et le musée d'Art sacré. Puis prenez le temps de vous promener dans le centre pour découvrir les belles façades anciennes, comme la Maison du Roi (14e s.), et les chefs-d'œuvre du grand sculpteur lorrain Ligier Richier : le spectaculaire « Sépulcre » dans l'église St-Étienne et la Pâmoison de la Vierge dans l'église St-Michel.

Bibliothèque bénédictine - rue du Palais-de-Justice - 03 29 89 06 47 - abbaye-saint-mihiel.jimdo.com - avr.-oct. : visite commentée mar.-sam. 10h, 11h, 14h, 15h, 16h et 17h, dim. 14h, 15h, 16h et 17h ; nov.-mars : mar.-vend. 13h30-17h30, sam. 12h-16h, fermé dim. - 4,50 € (6 € avec le musée).

BOUGER

Étang de Lachaussée : à vos jumelles ! Ce site de zones humides de la plaine de la Woëvre est classé en réserve naturelle régionale pour sa grande richesse, ornithologique entre autres. Il se découvre au long de trois sentiers balisés qui en font le tour (6/12/15 km). Trois plateformes permettent de s'arrêter pour observer les oiseaux dans les meilleures conditions, notamment des spécimens rares comme le butor étoilé, le busard des roseaux ou le héron pourpré. Le départ des circuits se fait au Domaine du Vieux-Moulin, établissement de service et d'aide par le travail qui gère l'exploitation piscicole. En octobre-novembre, l'étang est vidé lors de La Grande Pêche d'Automne : on peut alors assister au tiré du filet et acheter du poisson tout frais pêché ou le déguster sur place.

Domaine du Vieux-Moulin - 03 29 89 37 69 - www.etang-de-lachaussee.com - 9h-17h15 - restauration possible sur place, pique-nique interdit.

La Meuse à vélo de Commercy à St-Mihiel : deux roues pour s'évader. La véloroute européenne « la Meuse à vélo » suit le cours du fleuve sur plus de 1000 km en traversant trois pays, en une trentaine d'étapes. Tout en pédalant, vous admirez ainsi la quiétude des paysages champêtres qui défilent et vous faites des pauses quand l'envie vous en prend… Une bonne option pour passer une journée au vert, par exemple entre Commercy – la ville des célèbres madeleines – et St-Mihiel (22,5 km, 1h30). Le comité départemental de tourisme propose également d'autres circuits, notamment la boucle « Au pays de la Mirabelle » au départ d'Heudicourt-sous-les-Côtes sur les bords du lac de Madine *(voir ci-contre)* ou encore le tour du lac (22 km).

La Meuse à vélo - www.velo-meuse.fr ou fr.eurovelo.com/ev19.

Au pays de la Mirabelle - dépliant de l'itinéraire en téléchargement sur www.lameuse.fr.

Saillant de St-Mihiel : dans les pas de « Ceux de 14 ». En 1914, des combats acharnés se déroulèrent dans cette zone stratégique. Un circuit pédestre (18 km, comptez une journée) relie les différentes plates-formes du Souvenir et permet de voir de nombreux vestiges de tranchées dans un bon état de conservation. Le bois d'Ailly a gardé la trace des combats. Du monument commémoratif, une ligne de tranchées avec abris et boyaux d'accès conduit à la « tranchée de la Soif », où quelques soldats résistèrent durant trois jours à la garde impériale allemande. Le circuit conduit également au Bois brûlé (croix des Redoutes), aux tranchées des Bavarois et de Roffignac, à l'hôpital allemand et au poste de commandement français. À Marbotte, le musée du Saillant présente armes et documents relatifs à la Grande Guerre. C'est dans l'église de ce village que furent déposés les corps de nombreux soldats en attente de sépulture. Elle est aujourd'hui un mémorial. Au sud-est, le fort de Liouville (1870) présente une tourelle à éclipses encore intacte malgré les bombardements.

R. Soberka/hemis.fr

Fresnes-au-Mont : art contemporain & nature. Belle initiative lancée en 1997 par une association en partenariat avec six villages de la région – Fresnes-au-Mont, Pierrefitte-sur-Aire (les deux desservis par la navette gare Meuse TGV-Commercy), Dompcevrin, Lahaymeix, Nicey-sur-Aire et Ville-devant-Belrain. Ils invitent chaque année, de mars à septembre, des artistes en résidence, aidés par des artisans locaux et des bénévoles. De ces séjours naissent des œuvres originales que vous pourrez observer ou écouter le long de 45 km de sentiers en accès libre, spécialement balisés (7 boucles de 1 à 4h). Des visites guidées ludiques sont également proposées à certaines dates.

Vent des Forêts, Espace rural d'art contemporain - ventdesforets.com. Pour les visites guidées « L'art sens dessus dessous », infos et réserv. au ✆ 03 29 89 06 47 (13 €/pers.). Plan-guide des sentiers téléchargeable sur Internet ou disponible à l'office de tourisme de St-Mihiel ; appli gratuite téléchargeable sur App Store ou Google Play.

Lac de Madine : voguer en douceur. Pour explorer le lac à votre rythme, louez un canoë et partez pour une balade 100 % nature sur ce grand lac artificiel (1100 ha), lové entre les vallées de la Meuse et de la Moselle. Entouré de 250 ha de forêt, c'est un réservoir de biodiversité exceptionnel (inscrit en zone Natura 2000) tout autant qu'une base de loisirs très appréciée en saison. Autour du lac, vous pourrez aussi parcourir l'un des deux sentiers de découverte ornithologique aménagés au départ de la Maison des Découvertes à Madine-Heudicourt, en particulier le premier, « Mémoires de voyageurs », vers l'observatoire de la pointe aux Chênes (6 km AR), qui propose une découverte des oiseaux migrateurs.

✆ 03 29 89 32 50 - lacmadine.com - location à la base nautique de Nonsard (canoë 2-3 pl. 1h/14 €) ; également disponible à la location : paddles, barques, pédalos, bateau pédalier.

FAIRE UNE PAUSE

Butte de Montsec : arrêt sur histoire. Du haut de cette colline isolée (375 m), vous contemplerez un panorama très étendu, à l'ouest sur la plaine de la Woëvre et les côtes de Meuse, au nord-est sur le lac de Madine et la retenue de Nonsard-Pannes. Au sommet, les Américains ont élevé un monument pour commémorer l'offensive du 12 au 16 septembre 1918 qui leur permit de réduire le saillant de St-Mihiel *(voir p. 350)* et de faire 15 000 prisonniers. Les colonnes de l'édifice forment une rotonde dont le couronnement porte les noms des unités américaines ayant combattu dans ce secteur. On y accède par un escalier monumental.

Vigneulles-lès-Hattonchâtel : la tête dans les étoiles. Installé dans le petit village, l'observatoire des Côtes de Meuse renferme l'un des plus puissants télescopes européens qui soient ouverts au public (télescope Newton de 83 cm de diamètre). De nombreuses animations de jour et des soirées d'observation sont proposées, à l'initiative d'un amateur passionné, Marc Kaschminski.
Observatoire des Côtes de Meuse - 10 pl. de Verdun - ✆ 06 09 17 03 59 - visite guidée (1h) 22h-1h (en fonction de la météo) - 20 € (-18 ans 12,50 €).

DÉGUSTER

Billy-sous-les-Côtes : 100 % fruits. LA boutique pour acheter des mirabelles (en août) et autres fruits frais (cerises en juillet, quetsches en septembre) issus des vergers des côtes de Meuse. Les producteurs adhérents proposent également eaux-de-vie, liqueurs, sirops, confitures à base des mêmes fruits et autres gourmandises locales. Une bonne adresse, labellisée par le Parc naturel régional.
Coopérative fruitière Jardin de Lorraine - 32 r. de la Mirabelle - ✆ 03 29 89 32 24 - www.jardin-de-lorraine.fr - de mi-juil. à mi-sept. et 1er-24 déc. : 10h-12h30, 14h-18h30 ; reste de l'année : tlj sf jeu. et dim.

St-Maurice-sous-les-Côtes : Hôtel-restaurant des côtes de Meuse. Pour une halte déjeuner entre deux visites de caves, l'établissement de Marc et Véronique Antoine est fort agréable. De la truite de Meuse aux amandes aux côtes de veau à la mirabelle, on y découvre une belle table de tradition qui met en valeur les produits du terroir (les vins notamment).
✆ 03 29 89 35 61 - www.hotelcotesdemeuse.com - menu déj. en sem. 14 €, menu « lorrain » 28 €.

Commercy : merci Madeleine ! Depuis plus d'un siècle, ce magasin du centre-ville produit et vend les célèbres madeleines – recette improvisée, dit la légende, par une servante du roi Stanislas prénommée... Madeleine – mais aussi une large gamme d'autres savoureuses recettes, de biscuits et de spécialités du terroir lorrain (confitures de mirabelles ou de groseilles, liqueur de mirabelle).
À la cloche lorraine - ✆ 03 29 91 25 16 - www.madeleine-commercy.com - lun.-sam. 9h-19h, dim. et j. fériés 10h-12h, 14h30-18h.

St-Maurice-sous-les-Côtes : à la découverte du vignoble. Dans un joli village foisonnant de lavoirs et de fontaines, cette famille de viticulteurs-arboriculteurs propose une belle gamme de vins des côtes de Meuse (blanc, gris et rouge, vendanges tardives), ainsi que des eaux-de-vie de mirabelle, des crèmes de mirabelle, de poire williams et de bergamote, des

Mirabelles

jus de raisin. Adhérente au réseau Bienvenue à la ferme, l'exploitation participe aux journées « Rencontres à la ferme ».
Domaine de la Goulotte - 6 r. de l'Église - ✆ 03 29 89 38 31 - domainedelagoulotte.fr - tlj sur RV.

Heudicourt-sous-les-Côtes : Hôtel-restaurant Le lac de Madine. Cette maison familiale est implantée depuis de nombreuses années dans ce village situé à 1 km du lac. Elle connaît bien son territoire et choisit de bons produits locaux que vous retrouverez dans ses assiettes de tradition et dans la carte des vins. L'équipe saura également vous conseiller sur les visites à faire aux alentours (quatre circuits de randonnée démarrent de l'hôtel) et peut même vous préparer un panier pique-nique !
✆ 03 29 89 34 80 - www.hotel-lac-madine.com - menu déj. en sem. 17 €, menu « Escapade » 34 €.

Chaillon : échoppe gourmande. Et pourquoi pas prévoir un déjeuner en mode pique-nique en piochant dans les bonnes choses proposées dans ce magasin associatif ? Légumes bio, rillettes, bières artisanales, miel, confitures, fromages et yaourts au lait de chèvre. Ces derniers sont élaborés par la chèvrerie de Chaillon qui propose aussi des cosmétiques au lait de chèvre (savons, laits, crèmes) et des visites de la ferme.
L'Échoppe de Chaillon - 32 Grande-Rue - ✆ 03 29 90 09 39 - boutique.chevrerie-chaillon.fr - mar.-vend. 14h-19h, sam. 9h-19h.

DORMIR AU CALME

Heudicourt-sous-les Côtes : au bord du lac. Pour un camping insolite et tout confort, ces six roulottes – les joliment nommées Myrtille, Griotte, Mirabelle, Bergamote, Questche et Madeleine –, parfaitement équipées avec kitchenette, peuvent accueillir de 2 à 4 personnes selon le modèle. Torchons, draps et serviettes de toilettes fournis. À côté se trouvent aussi une trentaine de gîtes (4-6 pers).
Roulottes de Madine - ✆ 03 29 89 32 50 - lacmadine.com/roulottes - 90 €/nuit.

Fresnes-au-Mont et Pierrefitte-sur-Aire : se réfugier dans les arbres. En complément de ses parcours jalonnés d'œuvres d'art en forêt *(voir p. 351)*, l'association Vent des Forêts propose deux étonnantes maisons sylvestres pour prolonger l'expérience le temps d'une nuit. Imaginés par la designer Matali Crasset et construits en bois issu des forêts de la région, *Le Nichoir* (bois de Fresnes-au-Mont) et *La Noisette* (forêt de Pierrefitte-sur-Aire) permettent de se ressourcer dans un confort minimal mais au plus près de la nature. Chaque maison peut accueillir de 1 à 4 personnes. Deux autres maisons sont en cours de construction.
Vent des Forêts - ✆ 03 29 71 01 95 - contact@ventdesforets.org - mai-sept. : tarif unique 70 € (+ adhésion à l'association 10/15 €).

Viéville-sous-les-Côtes : maison de campagne. Nichée dans un village-rue typique de la Lorraine, cette maison d'hôtes est un havre de paix. Les deux maisons d'origine, l'une du 18e s., l'autre des années 1920, ont été rénovées avec goût et de beaux matériaux. Le grand jardin fleuri et les multiples douceurs faites maison ou produites localement servies au petit-déjeuner vous enchanteront. Une table d'hôtes est également proposée de mars à novembre, sur réservation.
La Bottée - 1 pl. de Verdun - ✆ 03 55 12 41 06 ou 06 84 87 00 38 - labottee.com - 3 ch. 75 € pour 2 pers. - table d'hôtes 25 €/pers.

St-Maurice-sous-les-Côtes : dans mon tipi. Dans ce petit camping tout proche des vergers de mirabelliers et des vignes, vous privilégierez l'originalité en optant pour les locations insolites : le tipi, la tente-cabane perchée sur pilotis ou le dôme/wigwam. Un environnement calme et préservé, un accueil aux petits soins par Rémi : tous les ingrédients sont réunis pour une bonne nuit !
Camping du Bois Joli - 12 r. Haute-Gaston-Parant - ✆ 06 43 00 43 47 - www.forest-campingbj.com - mai-août - tarifs et réserv. sur Airbnb.

LE SAULNOIS

Patrie du peintre Georges de La Tour, le Saulnois, dont le relief de douces collines prend la couleur de l'or quand fleurit le colza, fait partie de la zone orientale du Parc naturel régional de Lorraine. Cette région aux milieux naturels variés et préservés – mares salées, étangs, forêts, prairies humides – constitue un lieu de prédilection pour une faune et une flore remarquablement riches.

DEPUIS STRASBOURG : en évitant l'autoroute, 70 km par la D1004 pour Sarrebourg.

VENIR EN TRAIN

- De Strasbourg, TER direct jusqu'à Sarrebourg (env. 50mn). Une voiture facilitera vos déplacements dans la région.

BONS PLANS

- Pour organiser votre séjour : www.tourisme-saulnois.com.
- Pour découvrir le Parc : www.pnr-lorraine.com

LOUER UN VÉLO

SARREBOURG

iSivélo
1 r. de la Gare - 0 800 71 06 36 - www.isibus.fr - 5 €/j (caution 150 € en chèque ou espèces). Location de vélos électriques avec une autonomie de 30 km permettant de pédaler autour de Sarrebourg.

Hameau de gîtes
Zone de Loisirs - rue du Tennis - 03 87 03 19 10 - www.sarrebourg.fr/hameau-de-gites. Location de vélos toute l'année sur cette base de randonnée VTT *(voir p. 357)*.

LAGARDE

NavigFrance
Port de Plaisance - 03 87 86 65 01 - www.navigfrance.alsace - 13 € la 1/2 j (caution 800 €). Vélos électriques avec une autonomie de 50 km et possibilité de batterie supplémentaire. Remorques pour enfants.

PORT STE MARIE

Domaine du Port Ste Marie
Port de Plaisance - 03 87 86 65 01 - www.domaine-port-sainte-marie.com - 13 € la 1/2 j (caution 800 €). Flotte de vélos électriques avec une autonomie de 50 km et possibilité de batterie supplémentaire (5 €). Remorques pour 2 enfants (5 €).

Kseniya_Milner/iStock

VOIR

Sarrebourg : parcours de maître. La ville a réuni ses deux sites phares dans un « Parcours Chagall ». Commencez par la chapelle des Cordeliers. Bâtie au 13e s. – et reconstruite au 17e s. –, elle est éclairée, sur sa façade ouest, par l'immense vitrail de Marc Chagall (1887-1985), *La Paix*, haut de 12 m et large de 7,50 m. Le grand bouquet central, aux vifs coloris bleus, rouges et verts, symbolise l'Arbre de vie de la Genèse : Adam et Ève en occupent le chœur, entourés du serpent, de la croix du Christ, du prophète Isaïe, de l'agneau, du chandelier, d'anges accompagnant Abraham, de Jésus entrant à Jérusalem – autant de thèmes que l'auteur transmet au monde comme des messages bibliques. Composé de 13 000 pièces de verre, le vitrail pèse 900 kg. Dans le jardin attenant à la chapelle, de vastes cubes de verre font écho aux vitraux et rendent hommage à l'artiste. Grâce aux audioguides, cet espace est bercé par la voix de Chagall, ses poèmes et ceux de ses amis. Comme en écho au vitrail de la chapelle des Cordeliers, une tapisserie baptisée *La Paix*, d'après Marc Chagall, domine le hall d'accueil du musée du Pays de Sarrebourg.
Parcours Chagall - 03 87 08 08 68 - www.sarrebourg.fr - ♿ - avr.-oct. : 10h-18h, dim. et j. fériés 14h-18h ; reste de l'année : 14h-18h - fermé mar. - 6 € (-18 ans gratuit).

Marsal : ne manque pas de sel. Labellisé « Musée de France », son musée dédié au sel traite de l'histoire de cet « or blanc » à travers les techniques d'exploitation utilisées depuis la Préhistoire jusqu'au 18e s. De façon pédagogique, il décrit les enjeux économiques et politiques liés au sel, comme la gabelle, qui représentait au 16e s. la moitié des recettes du duché de Lorraine. Pour prolonger la visite, un sentier de découverte, aménagé au pied des remparts, mène ensuite à une mare salée dans les anciennes douves de la cité.
Musée départemental du Sel de Marsal - Porte-de-France - 03 87 35 01 50 - www.mosellepassion.fr - mar.-dim. 9h30-12h30, 13h30-18h - 5 € (-16 ans gratuit).

Fénétrange : village fortifié. Il a gardé ses ruelles médiévales bordées de belles maisons à oriel, fenêtres à meneaux et pignons pointus (comme la maison des Limbourg ou la maison des Fers). Élevé au 16e s., puis remanié au 18e s., le château donne accès à une cour circulaire où l'on peut découvrir un curieux escalier hélicoïdal dans l'une des tourelles. La collégiale St-Rémi a été reconstruite au 15e s avec une courte mais haute nef voûtée d'ogives et une abside polygonale inondée de lumière par des verreries partiellement du 15e s.
Centre historique et château - ☎ 03 87 08 89 13 - tlj sf lun.-mar. 10h-12h, 14h-17h30 - 2 € (-14 ans gratuit).

Vic-sur-Seille : attention, chef-d'œuvre ! Le village est surtout connu des amateurs de peinture pour avoir donné naissance à Georges de La Tour (1593-1652). Baptisé du nom de l'artiste, son musée est doté d'une centaine de peintures dont deux œuvres exceptionnelles du peintre : *Profil de femme* et *Saint Jean-Baptiste dans le désert*. Il abrite également une petite collection de peintures françaises du 17e au 19e s. et accueille parfois de belles expositions temporaires.
Musée départemental Georges-de-La-Tour - pl. Jeanne-d'Arc - ☎ 03 87 78 05 30 - www.mosellepassion.fr - de mi-fév. à mi-déc. : mar.-dim. 9h30-12h30, 13h30-18h - 5 € (-16 ans gratuit).

Parc animalier de Ste-Croix : pour la biodiversité. C'est pour mieux faire connaître les animaux de Lorraine et d'Europe qu'en 1980 un couple passionné de nature et de pédagogie a converti ces 120 ha de terres en parc animalier. Aujourd'hui, 1500 animaux (mammifères, oiseaux et reptiles) vivent en semi-liberté sur de vastes espaces couverts de forêts, d'étangs et de prairies *(voir « Rencontre avec... »)*.
Parc animalier de Ste-Croix - chemin de Ste-Croix - Rhodes - 15 km à l'ouest de Sarrebourg - ☎ 03 87 03 92 05 - parcsaintecroix.com - juil.-août : 10h-19h ; reste de l'année : 10h-18h - fermé de mi-nov. à fin mars (sf vac. scol zone B) - 25,50 € (-12 ans 17,50 €) - possibilité de dormir dans un lodge (voir p. 361).

RENCONTRE AVEC...

Parc animalier de Ste-Croix

Clément Leroux, Parc animalier de Ste-Croix

« J'ai fêté mes dix ans au parc en 2020. Je suis natif de Belfort. Je travaillais dans la communication avant, mais je cherchais un nouveau projet porteur de sens, en accord avec mes valeurs. J'avais une affinité particulière pour la défense de l'écologie, de la biodiversité et du bien-être animal que j'ai retrouvée à Ste-Croix.
Ce parc, c'est d'abord une histoire familiale. Il a été créé en 1980 par Gérard et Liliane Singer, de vrais visionnaires. Ils ont acquis ces terres avec un écosystème incroyable pour en faire un lieu dédié à la sauvegarde de la faune et la flore patrimoniales, et notamment aux animaux qui vivent ou vivaient jadis... sur le pas de nos portes. Pendant 30 ans, ils ont été assez seuls : ouvrir un parc animalier avec des cerfs, des lynx, des loups ou des ours, mais sans éléphant, girafe ou lion, c'était à contre-courant ! Le vent a tourné il y a dix ans et c'est ce parti pris, justement, qui fait son succès aujourd'hui. Les visiteurs veulent désormais davantage comprendre et défendre leurs territoires. »
Parc animalier de Ste-Croix - voir ci-contre.

D.Bringard/hemis.fr

BOUGER

Au départ de Lagarde : ça roule (et ça marche aussi...). Entre Lagarde et le port Ste Marie de Maizières-lès-Vic, vous trouverez une voie verte. Aménagée le long du canal de la Marne au Rhin et ombragée, elle trace un parcours de 10 km. Son revêtement lisse et roulant permet de pratiquer aussi des activités de course à pied, marche, vélo, roller... Pour aller (beaucoup) plus loin, cette véloroute se prolonge en Meurthe et Moselle. Elle rejoint la V52 (Paris-Strasbourg) ainsi que de la Paneuropa Radweg (Paris-Prague).
www.tourisme-saulnois.com et www.af3v.org

Sarrebourg : l'étang Lévêque pour une partie... de beach-volley. Une fois à Sarrebourg, vous pouvez vous rendre à pied ou à vélo, au départ du centre-ville, à la zone de loisirs de l'étang Lévêque. Outre la plage de l'étang et son centre aquatique, ses infrastructures permettent de jouer au beach-volley au bord du plan d'eau.
Zone de loisirs de Sarrebourg - rue de la Piscine - 03 87 03 05 06 - www.sarrebourg.fr.

Sarrebourg : ramer pour s'amuser. Direction la zone de loisirs de la ville où le site du Hameau de gîtes propose une large gamme d'activités dont : plage aménagée et surveillée, tir à l'arc, randonnées et visites culturelles et échappées en VTT grâce à de nombreuses pistes cyclables et circuits. Mais le site est surtout apprécié des amateurs de canoë-kayak de mars à octobre. La qualité des prestations a valu au site le label « Moselle Pleine Nature ».
Hameau de gîtes - 03 87 03 19 10 - www.sarrebourg.fr/hameau-de-gites - mars-oct. : 9h-12h, 14h-17h - location sans encadrement : réserv. 48h à l'avance.

Dieuze : zieuter à vélo. Vous trouverez 3 circuits VTT balisés au départ du parking de la piscine de Val de Bride. Un panneau avec les différents circuits vous orientera vers le massif et la forêt de Bride qui domine la vallée de la Seille. Notez que le printemps, à partir de mai, est sans doute la période où la nature est la plus belle, quand les couleurs et senteurs sont les plus éclatantes. Mais chaque saison permet de découvrir la région dieuzoise différemment.
www.tourisme-saulnois.com

Dieuze : se promener avec sa canne (à pêche). Le plan d'eau privé de l'étang du Bois des Dames à Dieuze s'étend sur 8 ha avec des rivières de 2e catégorie. Les amateurs pourront participer par exemple à des parcours « Carpe de nuit ». Des activités sont aussi organisées avec l'AAPPMA (Association Agréée pour la Pêche et la Protection du Milieu Aquatique) de Vic-sur-Seille avec des cartes complètes en vente à l'office du tourisme du Pays du Saulnois à Dieuze.
Association de Pêche la Gaule - 307 rte de Loudrefing - 03 87 03 19 10 - aappmadieuze.vefblog.net.

Tarquimpol : 9 km à pied. Emprunter l'itinéraire de randonnée de Lindre-Basse, c'est la promesse de découvrir de magnifiques panoramas sur l'étang de Lindre, à l'ombre bienvenue, en saison, de haies champêtres et d'arbres luxuriants. Si vous voulez prévoir une pause : une aire de pique-nique a été aménagée à proximité, près du déversoir du grand étang.
Randonnée de Lindre-Basse à Tarquimpol - 67 r. Principale - ☏ 03 87 35 02 80 - www.domainedelindre.com.

Fénétrange : balisé, le chemin. Cette commune est située à la lisière d'une grande forêt domaniale, réputée pour être la première héronnière de l'est de l'Hexagone. Le club vosgien y a balisé des circuits comme la promenade de l'Arboretum (2h30) ou la promenade du Gros-Chêne (1h). Renseignez-vous sur les balades régulièrement organisées.
Club vosgien de Sarrebourg-Abreschviller - www.cvsarrebourgabresch.fr.

FAIRE UNE PAUSE

Étang de Lindre : pour le chant des oiseaux. Réputé pour sa réserve ornithologique, l'étang est classé zone naturelle d'intérêt écologique, floristique et faunistique (ZNIEFF). Le Lindre est le plus grand étang piscicole de France. Tanches, gardons, brochets, perches, sandres, anguilles et carpes se partagent ses 620 ha de superficie. Mais ce sont aussi ses oiseaux qui vous intéresseront. Un centre de réintroduction des cigognes a ainsi été créé au bord de l'étang à la fin des années 1970, pour la sauvegarde de l'espèce. Au long de l'année, vous pourrez les observer, en liberté, ou en enclos pour les plus jeunes. Enfin, son « sentier des paysages » (départ de la digue, sur la droite, 2,5 km), véritable sentier de découverte ornithologique, permet de flâner jusqu'à la presqu'île de Tarquimpol en s'instruisant. Depuis la digue et plusieurs plateformes aménagées dans la forêt le long de l'étang, on peut observer quelques-unes des 251 espèces d'oiseaux qui y résident (sur les 300 recensées en Lorraine). Hérons cendrés, butors étoilés, balbuzards et busards cohabitent avec des espèces plus rares comme le pygargue à queue blanche, l'aigle criard ou le gobe-mouches à collier. Ce sentier, entre forêts et roselière, offre de magnifiques panoramas.
Lindre-Basse - parking aménagé - www.domainedelindre.com.

Haraucourt-sur-Seille : namasté. Que diriez-vous d'une randonnée douce en pleine conscience sur les hauteurs du mont de St-Jean associant yoga, balade, éveil corporel et histoire locale ? Houria, professeur de yoga et

Sentier de découverte du patrimoine et des mares, à Marsal.

Aline, guide conférencière, seront vos guides dans cette aventure inédite… et les garantes d'un beau moment de ressourcement. Avec, en prime, un pique-nique aux saveurs 100 % terroir. Mieux vaut réserver tôt car les places sont limitées.
RandoYoga - réserv. auprès de l'office du tourisme du Pays du Saulnois - ✆ 03 87 01 16 26 - www.tourisme-saulnois.com - 40 € la j. (10h-17h), enf. 20 €.

Château-Salins : jardin secret. Autre option de pause bien-être en pleine nature : un stage de découverte des plantes comestibles et de leurs vertus : prenez des plantes et des fleurs, mélangez le tout et transformez votre production en tisane par exemple. Au gré d'une promenade et d'ateliers, vous découvrirez avec Séverine Breuvart, une naturopathe, herboriste et aromathérapeute partenaire de l'office de tourisme, la richesse de la flore du Saulnois. Et en prime, un goûter composé de plantes sauvages.
Quinte et Sens - réserv. auprès de l'office du tourisme du Pays du Saulnois - ✆ 03 87 01 16 26 - www.tourisme-saulnois.com - 18 € la 1/2 j. (14h-17h).

Vic-sur-Seille : se laisser flotter dans la piscine. La base de loisirs du camping, ouverte aux visiteurs, comprend notamment deux piscines extérieures surveillées. Idéal pour une journée en plein air ou pour bronzer un peu, avec des aires de jeux pour les enfants. Le temps d'un café ou d'un goûter, il y a aussi un snack-bar. Si le cœur vous en dit, la soirée se poursuit souvent avec des animations musicales…
Base de loisirs La Tuilerie - ✆ 03 87 01 19 00 - www.camping-la-tuilerie.com - 11h-12h, 13h30-18h (18h30 les w.-end, en fonction des conditions climatiques) - forfait journée entrée + piscine 5 € (-3 ans 3 €).

Marsal : ajouter un peu de sel à son séjour. Entrez dans le village par la porte de France. Quelques centaines de mètres après le musée du Sel, un court chemin de terre vous mènera à un sentier sur pilotis construit afin d'observer cet écosystème si rare, sans le détériorer. Sur une distance de 3 km, l'itinéraire permet de parcourir le village, ancienne place forte du sel édifiée par Vauban. Vous découvrirez un patrimoine architectural riche : fortifications, collégiale… Mais ce sentier de découverte invite aussi le visiteur à observer et comprendre la formation des mares salées. Notez que ces mares salées continentales abritent une flore exceptionnelle dite « halophile », c'est-à-dire avec de forts besoins en sel, comme la fameuse salicorne.
Sentier de découverte du patrimoine et des mares - env. 45mn - départ de la porte de France.

DÉGUSTER

Delme : le compte est bon. La famille François tient les rênes de cette maison depuis sa création en 1954. Et depuis 2016, Thomas (la troisième génération) et Laura, sa compagne, y insufflent jeunesse et créativité. Depuis peu, un jeudi par mois, le couple propose par exemple un « menu végétal » : non pas un menu végétarien, mais des plats revisités avec le légume au centre de l'assiette… sans s'interdire d'utiliser une viande ou un poisson en accompagnement ou juste dans une sauce par exemple. Côté décor : salle à manger ouverte sur la terrasse, cave à vin vitrée pour une cuisine inventive, riche en produits régionaux et respectueuse des saisons. Ici, on a tout bon…
À la 12 - 6 pl. République - ✆ 03 87 01 30 18 - www.ala12.fr - fermé dim. soir, lun. et mar. - formule déj. 14 € (merc.-vend.), menus 30/64 €.

Languimberg : dans les étoiles. Le prénom de sa mère, qui barre l'entrée du restaurant, sonne comme la promesse de poursuivre l'aventure commencée en 1974. L'établissement avait été ouvert par les parents de Bruno Poiré, Serge et Michèle. Entièrement rénovée, l'ancienne auberge familiale est une belle étape gourmande, où le jeune chef étoilé signe une très belle cuisine précise, généreuse et inventive, sans excès. Spécialités : fine tarte de légumes en tempura, moelleux de brochets, café liégeois…
Chez Michèle - 57 r. Principale - ✆ 03 87 03 92 25 - www.chezmichele.fr - fermé mar.-merc.,

Paysages saulnois.

vac. de fév. et de la Toussaint - formule 27 € (sf wsam. soir, dim. et j. férié), menus 65/115 €.

Vic-sur-Seille : trinquer à l'AOC moselle. La petite exploitation viticole de 5 ha du domaine Dietrich-Girardot est frappée de l'AOC moselle. Le domaine produit ici des vins blancs, rosés, rouges en méthode traditionnelle. Les principaux cépages utilisés sont l'auxerrois, le pinot gris, le muller thurgau et le pinot blanc pour les cépages blancs. Côté rouges, le pinot noir et le gamay sont à l'honneur.
Domaine Dietrich-Girardot - 32 r. Meynier - 03 87 01 84 48 ou 06 20 29 29 57 - www.domaine-dietrich-girardot.com - lun.-vend. 17h-19h, sam. 10h-12h, et sur RV.

Dieuze : une petite bière. Après quelques brassins en amateur, testés et approuvés par un entourage averti, Livier Gérard a décidé en 2016 de lancer officiellement sa microbrasserie. Depuis, son entreprise a pris une dimension plus professionnelle lui permettant la production de bières ambrées, brune et blonde. À boire sans plus attendre... avec modération, bien sûr.
Brasserie St-Livier - 1 r. des Morillons - 06 18 25 49 22 - www.facebook.com/brasseriesaintlivier57.

Dieuze : un menu à la Prévert. Toujours à Dieuze, vous aurez l'embarras du choix dans cette boutique participative au service de produits du terroir issus de l'agriculture biologique. Gérée par une association et déterminée à proposer une offre alternative, elle organise aussi des rencontres autour du thème « Consommons autrement ». Une histoire à suivre : ses membres projettent de prolonger cette réflexion dans un nouveau lieu, un ancien restaurant avec 3 espaces : une épicerie, un bar et une cuisine et cantine...
L'Inventerre du Pré Vert - imp. Jean-Laurain - linventerreduprevert.org - jeu. 9h15-11h45, 14h-16h30, vend. 9h15-11h45, 13h15-18h45 et sam. 9h15-11h45.

DORMIR AU CALME

Tarquimpol : la vie de château. Posez-vous dans ce vaste domaine agricole et forestier, à deux pas du GR 5. Cette adresse appartient à un domaine qui regroupe deux châteaux, une exploitation agricole, un étang, des terres et des forêts. La partie centrale, dans laquelle se trouvent la salle à manger, un superbe salon et un billard, donne sur cinq chambres décorées avec des meubles de famille. Vous goûterez ici aussi à une table d'hôtes très raffinée avec service en argent, cristal et faïence de Lorraine...
Chambres d'hôtes Château d'Alteville - 03 87 05 46 63 - www.chateaudalteville.

com - fermé 15 oct.-15 avr. - 5 ch. 77/117 € - 7/12 € - table d'hôtes 21 €/pers.

Maizières-les-Vic : la grande maison dans la prairie. Pourquoi ne pas vous amarrer dans un port de plaisance pour la nuit ? Ce domaine propose une sélection d'hébergements le long ou sur la voie d'eau. L'ancienne auberge du port a ainsi été aménagée en résidence de vacances. Plus insolite, un bateau-gîte, en location à quai, accueille aussi les voyageurs de passage.
Domaine du port Ste Marie - Port Ste Marie - 03 87 86 65 01 - www.domaine-port-sainte-marie.com - 7 ch. ou gîtes à partir de 47 € - bateau-gîte pour 2 à 4 pers. à partir de 162 €/w.-end.

Sarrebourg : dans un bungalow. Idéalement situés, au vert tout en restant proche de la ville, ces chalets en bois sont très bien aménagés. Ils peuvent accueillir jusqu'à 6 personnes et sont équipés d'un séjour avec kitchenette, d'une terrasse et d'un salon de jardin. Installé sur la zone de loisirs de la ville, le site permet aussi de nombreuses activités, notamment sur la plage aménagée en bordure d'étang *(voir p. 357).*
Hameau de gîtes - 03 87 03 19 10 - www.sarrebourg.fr/hameau-de-gites - 30 gîtes 270/650 €/sem.

Loups du parc animalier de Ste-Croix.
D. Delfino/hemis.fr

Parc de Ste-Croix : se réveiller (sans hurler) avec les loups. Pour entendre au clair de lune le hurlement du loup ou le brame du cerf, 46 lodges ont été installés dans le parc animalier de Ste-Croix. D'inoubliables tête-à-tête vous attendent au réveil (par la fenêtre et en toute sécurité) avec une meute de loups gris d'Europe ou une harde de cerfs et biches en semi-liberté. Magique.
03 87 03 92 05 - www.parcsaintecroix.com - à partir de 110 €.

FAIRE LA FÊTE

Étang de Lindre : Fête de la grande pêche. Cette opération spectaculaire attire près de 10 000 spectateurs à chaque édition. Tous les deux ans, le 3e week-end de novembre, l'étang de Lindre est totalement vidé pour capturer 80 t de poisson, en utilisant des techniques de pêche traditionnelles pratiquées dans le Saulnois depuis le Moyen Âge. À cette occasion, les visiteurs peuvent aussi acheter du poisson ainsi que d'autres produits locaux.

Sarrebourg : tout pour le classique. Depuis plus de 30 ans, début juillet, une série de concerts fait découvrir de nouveaux interprètes dans des registres variés.
Festival international de musique - www.lorraineaucoeur.com.

Fénétrange : à voir et à manger. Bienvenue dans un festival international de musique, de danse, d'art lyrique... et de gastronomie. Le château et la forteresse de Fénétrange s'ouvrent à de multiples talents. Avec, au final, un beau programme éclectique.
Festival de Fénétrange - www.festival-fenetrange.org - août-oct.

LE PLATEAU DES MILLE ÉTANGS

Dépaysement garanti sur ce plateau souvent comparé... à la Finlande. Encadré par les vallées de l'Ognon et du Breuchin, dans le Parc naturel régional des Ballons des Vosges, il doit son nom à la multitude de petits étangs de formation glaciaire. Au bord des routes, calvaires et chapelles rappellent son passé calviniste. Alors que ses forêts ont gardé leur magie et leurs légendes.

DEPUIS NANCY : 121 km jusqu'à Faucogney-sur-Mer en empruntant la N57.

VENIR EN TRAIN

- **TER direct de Nancy à Remiremont (env. 1h30), 28 km au nord de Faucogney-et-la-Mer. Une voiture sera nécessaire pour parcourir la région.**

BON PLAN

- **L'office du tourisme de Faucogney a conçu une carte interactive avec 14 étapes d'intérêt : milletangs.com.**

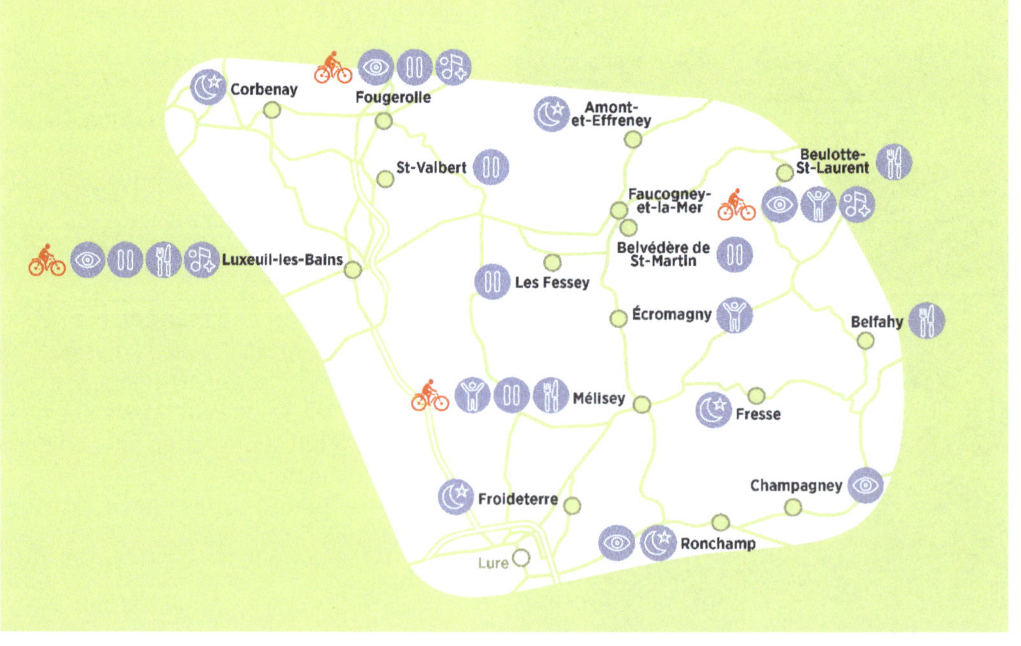

LOUER UN VÉLO

FAUCOGNEY-ET-LA-MER

Office de tourisme
7 Grande-Rue - ✆ 03 84 49 32 97 - www.les1000etangs.com - 25 € la 1/2 j. et 35 €/j. VTC et VTT, les deux à assistance électrique.

MÉLISEY

Office de tourisme
Pl. de la Gare - ✆ 03 84 63 22 80 - www.les1000etangs.com - 25 € la 1/2 j. et 35 €/j. VTC et VTT, les deux à assistance électrique.

LUXEUIL-LES-BAINS

Office de tourisme
53 r. Victor-Genoux - ✆ 03 84 40 06 41 - www.luxeuil-vosges-sud.fr. VTC (10 €la 1/2 j.) et vélos à assistance électrique (14 €la 1/2 j.). Remorques pour enfants en option. Réservation obligatoire.

FOUGEROLLES

Office de tourisme
Rue de la Gare - ✆ 03 84 40 06 41 - www.otsi-fougerolles.net - à partir de 15 € la 1/2 j. Vélos à assistance électrique, conventionnels, remorques enfant, sièges bébé et carnets de route à disposition. Réservation obligatoire.

G.Lansard/hemis.fr

VOIR

Faucogney-et-la-Mer : une ville de caractère. Cette ancienne place forte comtoise, située sur le Breuchin, fut le dernier village de la région à résister farouchement aux troupes françaises en 1674, lors de la conquête de la Franche-Comté. La ville est dominée par la montagne St-Martin qui marque le début du plateau. Son église et l'étonnant cimetière St-Martin, perchés à 600 m d'altitude, vous offriront une vue plongeante sur toute la vallée.
Office du tourisme - pl. de la Mairie - ✆ 03 84 49 32 97 - www.les1000etangs.com - visite guidée sur demande (1h30) - 2 € (-12 ans gratuit).

Ronchamp : signée Le Corbusier. La chapelle Notre-Dame-du-Haut domine ce bourg industriel, dont le nom est désormais associé à cette œuvre essentielle de l'architecture religieuse moderne, inscrite au Patrimoine mondial de l'Unesco depuis 2016. Entièrement édifiée en béton, en 1955, sur une colline haute de 472 m et vouée au culte de la Viergecerf depuis le Moyen Âge, la chapelle impressionne par la pureté de ses formes curvilignes, accentuée par le contraste entre le béton brut du toit et les murs blanchis à la chaux. La double coque du toit, supportée par des pilotis, aurait été inspirée à son illustre architecte… par la carapace d'un crabe posée sur son bureau.
Notre-Dame-du-Haut de Ronchamp - 13 r. de la Chapelle - ✆ 03 84 20 65 13 - www.collinenotredameduhaut.com - tlj sf lun. 10h-18h - 9 € (8-17 ans 5 €).

Luxeuil-les-Bains : dans la dentelle. Portée par la puissante abbaye que saint Colomban fonda au 6e s., Luxeuil présente plusieurs attraits. Entouré d'un beau parc ombragé, son centre thermal *(voir p. 366)*, imposant édifice en grès rose des Vosges, date du 18e s. et fut construit à l'emplacement des thermes gallo-romains. Mais on ne saurait décrire Luxeuil sans évoquer sa dentelle, appréciée à la cour de Napoléon III. Vous reprendrez le fil de cette histoire lors d'une visite de son conservatoire…
Office de tourisme - 53 r. Victor-Genoux - ✆ 03 84 40 06 41 - www.luxeuil-vosges-sud.fr.

LES MILLE ÉTANGS VUS PAR...

Krystel, auteure du blog unepartdumonde.fr

« J'ai découvert le plateau des Mille Étangs lors d'une belle journée d'été... Des paysages de forêts, de landes, ruisseaux et bien sûr d'étangs, mais aussi de nombreux villages tels que Faucogney-et-la-Mer ou Mélisey. On peut aisément combiner balades dans la nature, patrimoine culturel et petits marchés locaux, dont je suis fan. Au cœur du plateau, j'ai été étonnée par le calme, à peine perturbé par les petites grenouilles bondissantes. Certains étangs, avec leurs cabanes en bois, m'ont donné l'impression d'avoir quitté la Haute-Saône : ça explique le surnom de "Petite Finlande" que l'on donne à la région. Si vous aimez la pêche, vous serez ravi ! Il vous suffira de vous arranger avec les propriétaires des étangs (souvent privés) pour bivouaquer sur leur terrain ou pêcher dans leur étang, moyennant une petite compensation. Ce que j'ai personnellement le plus apprécié, c'est de m'enfoncer dans les chemins forestiers bien balisés, pour découvrir les tourbières et leurs roseaux. Les Mille Étangs regorgent de balades à vélo, à cheval ou à pied. Le mieux est de filer à l'office du tourisme à Mélisey, pour un programme sur mesure. »
Office de tourisme - pl. de la Gare - ✆ 03 84 63 22 80 - fermé dim.

Fougerolles : la cerise sur la visite. « Site remarquable du goût » depuis 1994 pour son fameux kirsch *(voir p. 366)*, le village compte dans ses vergers quelque 40 000 cerisiers. La capitale du « pays de la cerise » vous séduira avec son écomusée installé dans les bâtiments d'une des premières distilleries industrielles du terroir (1831) et inscrit à l'inventaire des monuments Historiques. Un verger conservatoire, où sont cultivées des variétés locales de cerisiers (au château, bêcha, chapendu, jean blanc et autres tinette), jouxte le musée.
Écomusée du Pays de la cerise - 206 Le Petit-Fahys - 2 km au nord par le C201 - ✆ 03 84 49 52 50 - www.ecomusee-fougerolles.fr - juil.-août : 11h-19h ; de mi-fév. à fin juin et de déb. sept. à mi-nov. : tlj sf mar. 14h-18h - 6 € (6-12 ans 2 €).

Champagney : devoir de mémoire. Elle fut l'une des premières villes à condamner l'esclavage dans ses cahiers de doléances du 19 mars 1789 et à en demander l'abolition à Louis XVI. Jacques-Antoine Priqueler, un enfant du pays monté à Versailles, proche de la société abolitionniste des Amis des Noirs (1788), avait sensibilisé la population à ce scandale. Autour de la reconstitution de la cave d'un navire négrier, un mémorial rappelle l'histoire de l'esclavage jusqu'à son abolition en 1848.
Maison de la négritude et des droits de l'homme - 24 Grande-Rue - ✆ 03 84 23 25 45 - www.maisondelanegritude.fr - avr.-oct. : mar.-vend. 10h-12h, 13h30-17h30, w.-end 14h-18h ; nov.-mars : tlj sf dim.-lun. 13h30-17h30 - 3,50 € (10-16 ans 1 €).

BOUGER

Mélisey : balades à la carte. Vous trouverez ici plusieurs circuits balisés comme le parcours de Beulotte-St-Laurent, qui mène au plateau des Grilloux (11 km), celui d'Esmoulières (8 km) ou celui de « La mer » (4 km). Le « Sentier des Étangs », long de 10 km, permet à lui seul de découvrir la plus grande variété des paysages d'étangs. Chaque boucle est balisée par des signes facilement reconnaissables (poisson, maison, cercle de couleur...).

Brochures disponibles à l'office du tourisme de Faucogney-et-la-Mer et de Mélisey - www.les1000etangs.com - dépliants des itinéraires en téléchargement sur le site.

Mélisey : à cheval sur les loisirs. Plusieurs centres équestres proposent des randonnées à la journée, ou plus, à la découverte du Pays des Mille Étangs. Les cavaliers accomplis seront sensibles à ce territoire traversé par la « trace équestre des Ballons comtois » avec ses tracés balisés en orange.
Équitation Le Manège des Mille Étangs - zone de loisirs de la Praille - ✆ 06 07 96 47 99 - 24 € le cours (1h) pdt les vacances scolaires.
Carte des itinéraires équestres sur www.les1000etangs.com.

Mélisey : en piste vers une bonne table ! Le principe est savoureux : le mercredi, un animateur de l'office du tourisme vous guide à travers les plus beaux sites du plateau et, en chemin, une pause gourmande est prévue. Pendant l'effort, le réconfort !
Vélo gourmand - réserv. à l'office de tourisme - ✆ 03 84 63 22 80 - 35 €/pers (pause gourmande + location du VAE inclus) - déconseillé aux -12 ans.

Faucogney-et-la-Mer : la petite boucle. Ses vastes étendues se prêtent particulièrement aux échappées à vélo. Vous trouverez ici plusieurs circuits balisés, comme la « boucle de La Mer » (24 km), entre Faucogney et Mélisey, qui permet de parcourir et de découvrir le plateau des Mille Étangs. Les plus endurants pourront enchaîner avec la « Boucle de la Petite Finlande » (33 km) qui rejoint Servance et son ballon éponyme.
Brochures disponibles à l'office du tourisme de Faucogney-et-la-Mer et de Mélisey - www.les1000etangs.com - dépliants des itinéraires en téléchargement sur le site.

Faucogney-et-la-Mer : course au mystère. La cité historique vous propose une pause ludique pour les familles sous la forme d'une course d'orientation. Lancez-vous avec les enfants à la découverte du patrimoine local. Grâce à votre sens de l'observation et d'un peu de culture générale, vous décrocherez peut-être le titre enviable de « Maître des secrets ».
Balade et épreuves d'env. 2h - livret et grille de réponses à l'office de tourisme et en téléchargement sur le site www.les1000etangs.com.

Plateau des Mille Étangs. D. Bringard/hemis.fr

Écromagny : pêcher ici par gourmandise. Entre forêts, cascades et tourbières, Écromagny est un site idéal pour sortir ses chaussures de randonnée, son vélo... ou même un cheval. Avis aussi aux amateurs de poisson : l'étang Pellevin, situé au centre du village, est l'un des plus grands du plateau. Il est aménagé pour que chacun puisse se baigner mais aussi pêcher en toute tranquillité.
Un guide sur la pêche, sa réglementation et une liste complète des endroits, rivières ou étangs autorisés, est disponible à l'office du tourisme de Mélisey - www.les1000etangs.com.

FAIRE UNE PAUSE

Belvédère de St-Martin : rien que pour vos yeux. Quittez Faucogney vers l'est par la D266 et suivez une petite route fléchée qui s'embranche à droite sur les hauteurs. Arrêtez-vous près de la chapelle et suivez sur quelques dizaines de mètres le sentier pédestre qui contourne par la gauche le cimetière et conduit à un belvédère. Vous serez récompensé d'une belle vue panoramique sur la vallée du Breuchin, avec sa forme en U caractéristique des vallées glaciaires.

Les Fessey : se frotter à la légende. Aux portes du plateau des Mille Étangs, dans un champ du village, vous découvrirez « la Pierre Mourey », un bloc mégalithe d'origine glaciaire. Selon certaines légendes, elle tournerait sur elle-même tous les 100 ans. Cachant le trésor d'un magicien, elle est soulevée chaque nuit de Noël par un géant qui la baigne dans l'étang voisin le temps de compter les pièces du trésor, avant de la remettre à sa place...

Luxeuil-les-Bains : un soin particulier. Son centre thermal, à l'emplacement des thermes gallo-romains, continue de séduire la clientèle. Dans le hall de cet imposant édifice, admirez au passage les peintures de Jules Adler (1939). Mais il serait dommage de quitter les lieux sans s'y détendre. L'établissement abrite un centre d'aquathérapie et propose des soins de remise en forme.
Chaîne thermale du Soleil - 3 r. des Thermes - ✆ 03 84 40 44 22 - www.chainethermale.fr - 15h-18h45, nocturne mar. et vend. jusqu'à 21h30 - espace détente ouvert à tous.

Fougerolles : pause kirsch (et pas kitch) mais pas que. Depuis 1859, la maison Devoille perpétue sa méthode traditionnelle de production d'eaux-de-vie, liqueurs, crèmes, apéritifs et fruits à l'alcool. Outre le kirsch AOC qui fait la réputation de Fougerolles, vous pourrez goûter d'autres spiritueux lors d'une petite visite guidée gratuite suivie d'une dégustation. Restera à faire votre choix à la boutique.
Distillerie Paul-Devoille - 9 r. des Moines-Hauts - ✆ 03 84 49 10 66 - devoille.com - lun.-vend. 8h-12h, 13h30-18h, sam. 10h-12h, 14h-18h - ouv. dim. d'avr. à sept. et en déc. 10h-12h, 14h-18h.

Mélisey : dépasser les clichés. Et si vous profitiez de votre séjour – et de ce cadre surtout – pour vous initier ou vous perfectionner en photo ? Frédéric Hermann, un photographe de reportage et auteur de livres, propose des stages individuels ou en petits groupes, toute l'année, sur demande. Chaque stage dure deux jours et le tarif comprend l'hébergement dans la bien nommée maison d'hôtes « Les Chambres noires ». Vous pourrez aussi profiter d'une exposition permanente sur le plateau des Mille Étangs.
Les Chambres noires - 17 r. du Moulin - ✆ 03 84 63 45 03 - chambresnoiresmelisey.wordpress.

Établissement thermal à Luxeuil-les-Bains.

Daim dans le parc animalier de Fougerolles-St-Valbert.
yann lahousse/iStock

com/les-formations-photo - 300 € (incluant, le stage, les deux nuitées avec petit-déj. et le pique-nique de la journée de prise de vue).

St-Valbert : au milieu des animaux. Autour d'une grotte fréquentée par saint Valbert au 7e s., cet ermitage s'est développé au 18e s. Vous y verrez notamment une statue du saint sculptée dans le rocher. L'ensemble du site a été totalement restauré et réaménagé à partir des années 1960 grâce à l'association Les Amis de saint Colomban. Pour prolonger la visite, un chemin piétonnier de 5 km fait le tour d'un parc animalier de 60 ha à la rencontre de quelques habitants des forêts (chevreuils, cerfs Sika...).
Parc animalier Fougerolles-St-Valbert - ✆ 03 84 40 06 41 - www.luxeuil-vosges-sud.fr - 14h-18h (juil.-août 19h) - 2 €.

DÉGUSTER

Belfahy : gourmandise et convivialité. Vous êtes ici perché à 900 m d'altitude, dans le plus haut village du massif vosgien, bravo ! Et comme la plupart des fermes-auberges, celle-ci ne déroge pas à la tradition de la tarte aux myrtilles. Mais on vient ici aussi pour sa table de terroir et son assiette de randonneur bienvenue et servie toute la journée. Accessoirement, la belle vue sur la vallée ne gâche rien. Et c'est pourquoi la réservation est conseillée !
Auberge La Chevauchée - 18 r. du Col-des-Chevrères - ✆ 03 84 23 60 17 - fermé lun. - assiette randonneur 11 €, menu 28,50 €.

Mélisey : à la bonne franquette. Cette auberge propose une cuisine traditionnelle et simple à base de produits frais, comme sa friture de truite saumonée. Que demander de plus ? Une bonne cave à vins, une épicerie fine et des fromages à emporter en pique-nique par exemple.
Chez Mimi - 11 rte de Ronchamp - ✆ 03 84 63 21 46 - fermé dim. soir, lun. et mar. - menu 14 €.

Luxeuil-les-Bains : places limitées. Dans la rue aux 52 balcons, un restaurant très sympathique, à la cuisine légère et inventive. La carte, simple, fait la part belle aux produits de saison. Sur la nappe blanche, de belles assiettes dans un cadre intimiste. Mieux vaut réserver car l'établissement est assez petit. En même temps, c'est idéal pour un tête-à-tête...
Instant gourmand - 12 r. Carnot - ✆ 03 84 93 30 84 - fermé merc. et dim. - formule déj. 13 €, menus 18,90/29,90 €.

Beulotte-St-Laurent : du pain, du vin. Ce restaurant estampillé « Bistrot de pays » est impossible à manquer : il est situé au centre du village, en face de l'église. C'est tellement connu qu'il est prudent de réserver, surtout à midi, quand Sylvie propose son repas campagnard. La terrasse, en été, ajoute encore un peu plus de charme. Et si vous partez en pique-nique, l'établissement propose aussi la vente de pain cuit au feu de bois (sur commande, préparé par son frère Laurent). Une halte très pratique à proximité du départ du sentier de randonnée « Les Étangs » (balisage poisson) pour découvrir le plateau des Mille Étangs.
Chez Gaby - Lieu-dit Belotte village - ✆ 03 84 94 40 11 - fermé le soir - carte 13/20 €.

DORMIR AU CALME

Fresse : dormir dans une scierie. Moulin à eau puis scierie, cette bâtisse construite en 1760 au bord du Raddon est aujourd'hui une maison d'hôtes. Fleurs séchées, tissus, dentelles, meubles 1900 : la décoration cosy des

Cerisiers en fleurs et pâturages près de Fougerolles.
D. Bringard/hemis.fr

chambres recrée l'ambiance de celles de nos grands-mères. La plus grande comprend un coin cuisine. En prime, la maison est entourée d'un jardin de plus d'un hectare à disposition des visiteurs. Difficile de lui disputer son caractère champêtre sachant que les cavaliers sont les bienvenus avec leurs montures, et accueillis dans des parcs à chevaux laissés à disposition.
La Scierie - 254 Le Bas - ✆ 06 76 10 37 88 - www.lascierie.eu - 3 ch. 50 € ☕ - 🍴 22 €.

Corbenay : du p'tit lait. Et si nous vous proposions de vous réveiller dans une exploitation laitière – certifiée bio, de surcroît ? Vous trouverez ici trois chambres au décor contemporain et au vert. La nature généreuse permet l'accès à un plan d'eau privé où les clients peuvent pêcher en toute tranquillité et en toute saison. Pour en faire le tour, des vélos sont aussi mis à disposition. Et pour se reposer, ensuite, cette maison d'hôtes a prévu un espace « bien-être » (avec un spa 5 places), ouvert toute l'année. Possibilité de massage par un professionnel (sur RV).
Chambres d'hôtes La Noue Aubain - 8 imp. de la Noue-Aubain - ✆ 06 48 26 27 27 - www.la-noue-aubain.com - 3 ch. 84/89 € ☕ - table d'hôtes sur réserv. 28 €/pers.

Amont-et-Effreney : la biodiversité au réveil. Si les chambres sont confortables et chaleureuses, on vient ici surtout pour les luxuriants espaces extérieurs. C'est en 2005 que tout a commencé : Danièle, la jardinière, aidée par son mari Hubert, a voulu créer plusieurs jardins autour de cette ferme du 18e s. Aujourd'hui vous pouvez visiter (même si vous ne dormez pas sur place d'ailleurs) son Jardin de l'apothicaire (avec plantes médicinales), le potager, l'arboretum… Vous profiterez aussi de son aire de pique-nique au bord des bassins. Avant de réserver ou de passer, pensez aussi à demander le programme : de mai à septembre, des artistes exposent leurs œuvres sur place et des chorales, groupes et conteurs se produisent sur le site.
Le Jardin de la Ferrière - 7 la Ferrière - ✆ 03 84 49 32 30- www.lejardindelaferriere.com - 3 ch. 75 € ☕.

Froideterre : ambiance finlandaise. Voici un ensemble de 5 chalets en bois au bord de l'eau, dont 3 avec sauna et spa en terrasse. Ces hébergements, très fonctionnels, sont aménagés comme des studios individuels et s'ouvrent sur un petit plan d'eau. Pas besoin de faire la cuisine grâce à une sympathique offre de restauration (cuisine de saison selon les

produits du marché), livrée directement dans la chambre. Idéal pour un dîner aux beaux jours sur votre terrasse.
Hostellerie des Sources - 4 r. Grand-Bois - 03 84 30 34 72 - www.hostellerie-des-sources.com - 5 ch. 88/152 € - 10 € - 28,50 € (sur réserv.).

Ronchamp : une demeure de notable. Cette belle maison de maître datant du 19e s. a été restaurée avec goût. Elle est entourée d'un parc et d'une rivière, avec un potager qui alimente la cuisine proposée en table d'hôtes par les propriétaires. Antiquités, instruments de musique et élégants tissus et parures meublent avec raffinement les pièces communes et les chambres.
Maison d'hôtes du Parc - 12-14 r. du Tram - 03 84 63 93 43 - www.hotesduparc.com - 5 ch. 110/130 € - table d'hôtes sur réserv. 29 €/pers.

FAIRE LA FÊTE

Faucogney-et-la-Mer : Festival Mille Pas aux Mille Étangs. Ce festival de balades en groupe s'étale chaque année sur trois mois à partir d'avril. Les associations et office de tourisme vous invitent alors à découvrir ou à revisiter leurs paysages d'exception, au cœur des Vosges saônoises. Au programme : des randonnées inédites et éphémères, avec des balisages effectués à la journée. Ces itinéraires prévoient plusieurs circuits entre 8 et 20 km afin de satisfaire les randonneurs confirmés sans décourager les autres. D'ailleurs pour les plus jeunes, une balade familiale de 5 km, de faible dénivelé, complète souvent certains circuits.
Rens. dans les offices du tourisme de Faucogney et de Mélisey - www.les1000etangs.com - avr.-juin - 1,50 €/randonnée (- 12 ans gratuit).

Écomusée du Pays de la cerise à Fougerolles. D. Bringard/hemis.fr

Musique et Mémoire : un festival baroque. Cette manifestation annuelle a pris de l'envergure depuis sa création en 1994 pour devenir une référence. Durant la 2e quinzaine de juillet, différents concerts sont donnés dans les édifices religieux de la région (chapelle Notre-Dame-du-Haut à Ronchamp, basilique St-Pierre de Luxeuil-les-Bains, église priorale de Marast...) et à l'écomusée du Pays de la Cerise à Fougerolles.
Musique et Mémoire - musetmemoire.com - réserv. en ligne.

Fougerolles : la Fête des cerises. Le 1er week-end de juillet, on célèbre la cueillette : grand marché aux fruits, défilé de char, portes ouvertes dans les distilleries et, pour couronner le tout, l'élection et le délicieux titre de « Miss Cerise ». Par la même occasion, la ville de Fougerolles, site remarquable du goût, propose des dégustations des produits du terroir.

Luxeuil-les-Bains : Un festival de festivals. En juillet, la fête bat son plein dans le cloître de l'abbaye lors des concerts et spectacles des Pluralies (mi-juillet). Le 1er week-end de septembre, rendez-vous est donné dans les rues où artistes de différentes disciplines et nationalités, de renom ou non, viennent partager leur passion.
Les Pluralie - pluralies.net.
L'Art dans la rue - www.luxeuil-vosges-sud.fr.

LE HAUT-JURA

Aux confins des régions Rhône-Alpes et Franche-Comté, ce territoire de moyenne montagne s'affiche toute l'année comme terre de prédilection pour les amoureux de paysages sauvages, de panoramas, de forêts, d'alpages et de rivières. La valorisation, par ses habitants, de son artisanat et de son patrimoine naturel et culturel en fait un lieu d'exception !

DEPUIS DIJON : en évitant l'autoroute, 140 km jusqu'à Morbier par la D905 puis la N5.

VENIR EN TRAIN

- De Dijon, TER direct jusqu'à Dole (env. 50mn). De là, des cars ou trains TER desservent Morbier et St-Claude.

BONS PLANS

- Pour organiser votre séjour : www.jura-tourism.com.
- Pour découvrir le Parc : www.parc-haut-jura.fr.

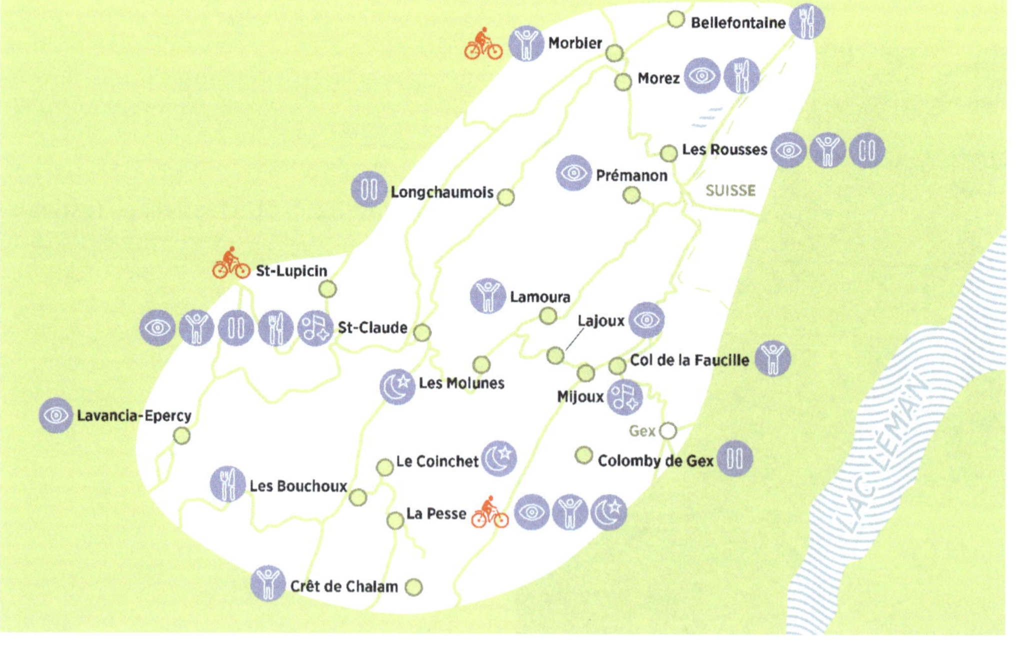

LOUER UN VÉLO

Sur place pour tous ces loueurs, départs de circuits de VTT ou de vélos électriques.

MORBIER

Clarines Sports
89 rte Royale, Les Marais - ☏ 03 84 33 08 96 - 9h-12h, 14h-19h - fermé dim. Location deux-roues (17 €/j), dont VTT tout suspendu (suspension à l'avant et amortisseur à l'arrière). Casque fourni.

LA PESSE

Boutique Michel Sports
6 r. de l'Épicéa - ☏ 03 84 42 70 19 - www.location-vente-ski-de-fond-jura.com - 9h-12h, 14h-18h - fermé sept. Location de VTC/VTT à assistance électrique (40 €/j, enf. 26 €) et VTT (26 €/j, enf. 15,50 €/j). Pour les plus petits : remorque, siège et suiveur. Casque et antivol fournis.

ST-LUPICIN

Olivier Faivre
3 r. du Curé-Marquis - ☏ 06 85 69 89 90 - www.vtt.olivierfaivre.fr - sur réserv. VTT (22 €/j, enf. 15 €), VAE (40 €/j) et location de tous les accessoires, adultes et enfants. Balades d'1/2 journée accompagnées (avec transport des vélos au départ des balades - 25 €/j).

VOIR

Lajoux : la pêche aux infos. Vidéos, ambiances sonores, bornes interactives... voilà de ludiques outils pour mieux comprendre la géographie du Jura, les activités du Parc naturel du Haut-Jura, la nature, l'écologie et les frontaliers. En fin de visite, vous irez avec les enfants (ou sans) percer le secret du grenier fort : ces solides constructions, à l'écart des fermes à cause des incendies, abritaient jadis les denrées rares et les objets ayant quelque valeur. Quel trésor vous attend ?
Maison du parc - 29 Le Village - ☏ 03 84 34 12 30 - www.parc-haut-jura.fr - de déb. janv. aux vac. de fév., juil.-août et j. fériés : tlj sf lun. 9h-13h, 14h-18h, sam. 14h-18h ; reste de l'année : tlj sf lun. 14h-18h, w.-end et j. fériés 9h-13h - 5 € (-12 ans 3 €).

Les Rousses : l'épicéa, un point c'est tout. C'est dans une ancienne scierie transformée en musée que vous découvrirez le travail du bois, en particulier de l'épicéa. Des démonstrations et des documents audiovisuels, avec des explications sur les techniques de fabrication, illustrent les différents métiers du bois, dont celui de boisselier (fabricant de boîtes).
Musée de la Boisselerie - 12 r. du Petit-Pont - ☏ 03 84 60 98 79 - www.museedelaboissellerie.com - visite guidée (1h15) 14h30 et 16h30 - fermé lun., 12 nov.-20 déc. - 7 € (-18 ans 4 €).

Morez : bien choisir sa monture. Venez découvrir le patrimoine industriel local dans cet espace consacré aux lunettiers d'hier et d'aujourd'hui, à l'histoire de l'industrie morézienne et des techniques de fabrication des montures métalliques qui sont sa spécialité. Des bésicles utilisées par les moines du 13e s. aux incroyables lunettes Théo, en passant par le face-à-main de Sarah Bernhardt, la collection Essilor-Pierre Marly vous invite à un voyage dans l'histoire de cet instrument. Enfin, vous y verrez plus clair.
Musée de la Lunette - pl. Jean-Jaurès - ☏ 03 84 33 39 30 - www.musee-lunette.fr - 16 juil.-24 août : 10h-18h ; reste de l'année : tlj sf mar. 10h-12h, 14h-18h - fermé déc. - 5 € (-16 ans 3 €).

Prémanon : affronter la nuit polaire sans cache-nez. Un musée, un jardin polaire, un atelier pédagogique, une patinoire et un bistrot polaire : bienvenue dans les mondes polaires ! Le musée vous plonge au cœur de la banquise, à travers différentes thématiques, telles que les écosystèmes polaires, le froid et la nuit polaire, les peuples de l'arctique, les conquêtes et les recherches polaires. Un parcours à la fois pédagogique, ludique et interactif qui met aussi en avant les archives personnelles du grand explorateur Paul-Émile Victor (1907-1995). Vous ne resterez pas de glace.

Espace des mondes polaires Paul-Émile Victor - 146 r. Croix-de-la-Teppe - ✆ 03 89 50 80 20 - www.espacedesmondespolaires.org - juil.-août, avr. et oct. : 9h-13h ; 14h-19h (18h sam.) ; vac. de Noël et fév. : 9h-19h ; reste de l'année : tlj sf lun.-mar. 14h-19h (18h dim.) - 8 € (-15 ans 4 €).

La Pesse : découverte du monde rural d'antan. L'ancien chalet de fromagerie du village est aujourd'hui occupé par un petit musée bien intéressant, dans lequel sont regroupés outils et objets usuels d'autrefois dans des mises en scènes de la vie à la ferme et des activités traditionnelles (peignage du lin, lapidaire, fabrication du bleu, travail du bois…). Il fait partie de la route des Savoir-Faire du Parc naturel du Haut-Jura.

Musée rural « Vie et métiers d'autrefois dans le Haut-Jura » - 23 r. de la Fruitière - ✆ 03 84 42 70 47 - www.fruitiere-lapesse.com - mar.-dim. 9h-11h30, 14h30-18h, lun. 15h-17h - 4 € (-12 ans gratuit).

Lavancia-Epercy : une église 100 % bois. Chef-d'œuvre de l'exposition internationale sur le bois de 1951 à Lyon, cette église fut remontée après la Seconde Guerre mondiale en 70 jours. Lavancia, de même que ses voisines Epercy et Dortan, ayant été incendiée par les occupants allemands en 1944, il fallait effectivement redonner une église aux villages. Elle compte une grande variété d'essences, dont on peut admirer l'agencement tant à l'extérieur qu'à l'intérieur (remarquez les symboles surmontant le porche), dans un camaïeu de rouge, d'ocre et de brun.

St-Claude : le joyau du centre-ville. Nulle part ailleurs, vous ne trouverez semblable édifice religieux ! La cathédrale St-Pierre fut transformée pour être intégrée à l'enceinte de la ville, d'où son architecture militaire. Seul vestige de l'abbaye, cet édifice de style gothique, élevé aux 14e et 15e s., étonne par sa façade classique (ajoutée au 18e s.) qui contraste étrangement avec son abside fortifiée. À l'intérieur, un somptueux retable italien de style Renaissance rivalise avec de magnifiques stalles en bois sculpté commencées avant 1449 et achevées en 1465 par le Genevois Jehan de Vitry.

BOUGER

St-Claude : l'Abîme en cascade. Profitez de votre passage à St-Claude pour suivre cette boucle de randonnée ombragée au départ du pont du Diable (attention, certains passages sont glissants). Par temps de pluie, la cascade des Combes s'épanouit en éventail, l'Abîme sort à cet endroit de gorges étroites et spectaculaires, tombant de 6 m après un défilé très encaissé. L'Abîme est un torrent tumultueux : échelles, passerelles et passages en surplomb devront être empruntés si vous voulez vraiment en découvrir les gorges. En remontant

Le pays de Gex et le lac Léman depuis le sommet du Petit Mont-Rond.

vers Cinquétral, un belvédère aménagé dans un virage dévoile une superbe vue sur St-Claude, que l'on domine alors de près de 400 m.
Cascade des combes et gorges de l'Abîme - env. 2 km AR, fiche en téléchargement sur www.jura-tourism.com ; dépliant à l'office de tourisme - www.saint-claude-haut-jura.com.

Lamoura : s'amuser en famille. Envie de passer un bon moment dans un parc de loisirs soucieux de l'environnement, caché dans la nature ? Rendez-vous à Gaïa Loisirs qui porte bien son nom (Gaïa personnifie la Terre dans la mythologie grecque). Sur des filets suspendus ou sur un sentier pieds nus, retrouvez des sensations naturelles.
Gaïa Loisirs - Le Lanchet - ✆ 06 83 99 63 45 - www.gaialoisirs.fr - horaires sur le site Internet - Parcabout et sentier 19 € (7-12 ans 15 €).

Les Rousses : s'évader à cheval. Promenades, randonnées en calèche et en traîneau, en station ou itinérantes, toutes les excursions proposées sont encadrées par des enseignants diplômés d'État et se déroulent dans les environs des Rousses, à travers la forêt et au bord des lacs. En calèche, l'itinéraire de 2h passe par le bois d'Amont et le lac des Rousses. Précisons que des couvertures sont fournies car le fond de l'air peut être frais.
Centre équestre Tinguely - rte du Mont-St-Jean - ✆ 03 84 60 04 09 - www.centre-equestre-tinguely.com - lun.-sam.

Morbier : un parcours vertigineux. Âmes sensibles abstenez-vous, car ce parcours en via ferrata escalade la falaise au-dessus de Morez. Pour y accéder, garez-vous dans le centre-ville et montez la D69 à pied (10mn). Sur un dénivelé de 216 m et une longueur de 400 m (1h30 - 2h), vous aurez le choix entre un parcours ludique ou un parcours plus athlétique. Tyrolienne, pont de singe, pont népalais, mur vertical... Vous serez récompensé par la vue magnifique depuis le belvédère.
Via ferrata de la Roche au Dade - de mi-mai à mi-nov. - location de matériel chez Murer Sport - 153 r. de la République - ✆ 03 84 33 08 73 - 9h-12h, 14h-19h - fermé dim., lun. hors sais. d'hiver.

LE HAUT-JURA VU PAR...

Élisa & Max, auteurs du blog BestjobersBlog.com

« Mes racines ! Je suis née à St-Claude et j'ai grandi dans les Hautes Combes , explique Élisa. Pour moi, retourner dans mes montagnes est un réel besoin pour me ressourcer en pleine nature et au calme. Paradis des randonneurs à pied, à VTT ou à cheval (GTJ), le Haut-Jura a des airs de petit Canada avec son lot de lacs et de forêts d'épicéas à perte de vue. Mes spots préférés pour déconnecter : grimper le crêt de Chalam à 1 545 m pour en prendre plein la vue à 360° sur les monts du Jura et même le mont Blanc par beau temps. Une autre rando incontournable, sur les crêtes de la chaîne du Haut-Jura, du haut du crêt de la Neige et du Reculet (1 720 m), c'est magnifique ! En été, pour se rafraîchir, la cascade du Moulin, près du village des Bouchoux, est jolie. Pour les enfants, une adresse à retenir à la belle saison, Gaïa Loisirs, un parc de loisirs en plein air où on passe toujours de chouettes moments avec mes neveux et nièces. Filets, cordage, trampolines, toboggans, des jeux en bois, un tipi, des ânes, un sentier pieds nus, de quoi ravir tout le monde, petits et grands ! »
Gaïa Loisirs - voir Lamoura (ci-contre).

La Pesse : auprès de mon âne. Tout est prévu pour que vous puissiez vivre comme les Indiens d'Amérique en parfaite autonomie. L'âne remplacera le cheval pour transporter votre paquetage ou les jeunes enfants durant vos escapades dans des paysages de montagne à couper le souffle. Des circuits de 5 à 6h de marche sont suggérés, mais chacun peut avancer à son propre rythme. Possibilité de bivouac à la lisière d'un bois sous des tipis, avec réserve de bois et toilettes sèches. La grande aventure!
Vue d'en Haut - ✆ 06 10 34 00 59 - www.anes-jura.com - de mi-mai à mi-sept. - location âne 40 € 1/2 j., 58 €/j - bivouac 133 €/2 j.

Col de la Faucille : sensations garanties. Envie d'un petit trekking aérien en forêt ? Ponts suspendus, lianes et tyroliennes vous emmèneront d'arbre en arbre pour un circuit de plus de 2h. Les plus sensibles au vertige pourront souffler sur les passages les plus délicats grâce à des échappatoires plus faciles ou bien alors se consoler en optant pour l'activité minigolf.
Juraventure - ✆ 06 84 84 74 94 - www.juraventure.fr - mai-juin et de sept. à mi-oct. : w.-end et j. fériés ; juil.-août : 10h-19h (dernier départ 17h) - 20/23 € (enf. 12/15 €).

Crêt de Chalam : un 360° de rêve au bout du chemin. Au départ de La Pesse, comptez environ 1h30 de marche aller-retour pour partir à l'assaut de ce somptueux belvédère, sans omettre de prendre sac à dos, solides chaussures de marche et eau. Rejoignez d'abord le refuge-belvédère avant d'emprunter le sentier de gauche pour arriver à la borne au lion, qui marquait en 1613 la limite entre la France, l'Espagne et la Savoie. Un peu d'histoire ne fait pas de mal. Suivez ensuite le sentier de droite depuis le refuge aménagé, traversez le plateau planté d'épicéas et accédez au crêt de Chalam par une montée raide sur les 100 derniers mètres. Du belvédère, vous serez récompensé par un superbe panorama sur la vallée de la Valserine, les monts du Jura, la Suisse et le mont Blanc.

FAIRE UNE PAUSE

St-Claude : nom d'une pipe ! C'est un jeune maître pipier qui a repris cet atelier. Il vous montrera avec passion les étapes qui transforment un ébauchon de racine de bruyère en une digne pipe, ainsi que des instruments de fabrication et de nombreux accessoires. Jusqu'en 1885, la ville a détenu le monopole mondial de cette fabrication. Au pic de sa production, du milieu du 19e s. jusque vers 1950, St-Claude employait jusqu'à 4 000 salariés. Si elle n'emploie plus qu'un petit nombre de personnes, le marché de la pipe, aujourd'hui stable, assure la pérennité de l'activité.
Genod Maître Pipier - 13 fbg Marcel - ✆ 03 84 45 00 47 - www.maitrepipier.fr - lun.-vend. (sam. en juil.-août) 9h-11h30, 14h-18h - fermé j. fériés - 2 € pour la visite des ateliers.

Fabrication de pipes à St-Claude.

H. Hughes/hemis.fr

St-Claude : survoler le paysage au fil des rails. De St-Claude à Dole, ce sont 123 km (36 tunnels et 18 viaducs) et plus de 2h de voyage ferroviaire qui vous font découvrir les paysages changeants depuis les montagnes du Haut-Jura, la vallée de la Bienne, la combe du Grandvaux jusqu'aux vignobles du Bas-Jura. Le passage le plus impressionnant se situe entre Morez et Morbier avec de nombreux viaducs. Possibilités de voyages commentés, randonnées accompagnées dans les sites desservis et journées découvertes.
La Ligne des Hirondelles - office du tourisme - ☏ 03 84 45 34 24 - www.saint-claude-haut-jura.com.

Longchaumois : apprendre sur la nature pour mieux l'apprécier et la préserver. Pause nature dans ce petit musée où vous aborderez divers thèmes liés au Haut-Jura : plantes et fleurs classées par famille (on apprend à reconnaître celles qui sont toxiques et celles qui sont protégées), papillons de France et du monde, mais aussi le travail à l'ancienne des monteurs de lunettes, ainsi que les activités liées à l'eau et à la forêt (moulins et scieries). Dans le parc attenant, un sentier botanique et un petit arboretum avec des essences locales et exotiques prolongent la visite.
Maison de la flore - 3 r. des Recrettes - ☏ 03 84 60 66 94 - www.longchaumois.fr - de mi-juin à fin août : 14h-18h ; de déb. à mi-juin et de déb. à mi-sept. : sur demande - fermé sam. - 4 € (-14 ans, 2 €).

Les Rousses : mille trésors jurassiens. Dans l'immense boutique, vous dénicherez une multitude d'objets en bois réalisés par des artisans jurassiens : jouets comme autrefois, jeux de société, refuges à oiseaux, lampes, tabourets, horloges, coffrets à peindre, patatières, planches à découper, etc. Dans l'atelier de fabrication, les peintures et les vernis sur bois sont effectués à la main.
Boissellerie du Hérisson - 101 r. Pasteur - ☏ 03 84 25 50 78 - www.boissellerie-du-herisson.fr - 10h-12h ; 14h-19h - fermé dim.-lun. hors vac. scol.

Colomby de Gex : embrasser du regard la chaîne des Alpes. Près de la gare supérieure du télécombi, la vue depuis la table d'orientation du Petit Mont-Rond révèle un grandiose panorama qui, au-delà de l'effondrement où s'est formé le lac Léman, embrasse les Alpes sur 250 km de largeur et 150 km de profondeur, ainsi que toute la chaîne du Jura et de la Dôle (Suisse). De là, on peut ensuite poursuivre jusqu'au Colomby de Gex, l'un des points culminants (1689 m) de la plus haute chaîne du Jura, celle qui plonge directement sur l'effondrement de la plaine suisse. Ce sommet offre lui aussi un superbe panorama.
Remontées mécaniques - Mijoux - ☏ 04 50 20 91 43 - www.paysdegex-montsjura.com - télécombi d'accès Mont-Rond de mi-déc. à fin mars : 9h-17h ; juil.-août : 10h-18h ; juin et sept. : w.-end - 9 € (-16 ans 6 €). Possibilité d'emprunter à Mijoux le télésiège qui conduit à la gare inférieure de la télécabine du col de la Faucille (juil.-août : w.-end, merc. et j. fériés 10h-18h - 10 € télésiège + télécombi, 9 € télésiège seul).

DÉGUSTER

Morez : faire son marché. Chaque samedi matin, à deux pas du musée de la Lunette, vente de produits régionaux sur les étals : comté, morbier, bleu de Gex, vin jaune, vin de paille, savagnin...
Pl. Jean-Jaurès - www.ville-morez.fr - sam. 8h-13h.

St-Claude : un autre marché. Situé sur la place principale de St-Claude, le marché hebdomadaire réunit d'intéressants produits et les commerces traditionnels (boucher, poissonnier, primeurs) y côtoient de petits exploitants régionaux. Les poulets de la rôtisserie bressane ont du succès, de même que l'étal du fromager garni de spécialités locales. En juillet-août, un marché artisanal a lieu à la Grenette chaque jeudi.

St-Claude : cadre authentique et accueil sympathique. Installé dans un ancien atelier de fabrication de pipes, ce restaurant a conservé la grande salle munie d'un plancher en bois, les murs en pierres apparentes et les ébauchons de pipes. Cuisine régionale et lyonnaise.
La Bruyère - 14 r. Carnot - ✆ 03 84 42 10 10 - fermé dim., lun., mar. soir, merc. soir, jeu. soir - plat du jour 16,50 €, menus 22,50/27 €.

St-Claude : entrer dans la maison des fromages. Le Jura est pays de fromages, c'est bien connu. Ici, vous pourrez, en plus d'acheter, assister, derrière une galerie vitrée, à la fabrication de plusieurs fromages : comté, morbier, bleu du Haut-Jura, raclette, mousseron jurassien et tomme affinée au marc local. La fruitière abrite également une boutique et une salle de projection vidéo.
Fromagerie du Haut-Jura - Les Moussières - ✆ 03 84 41 69 14 - fromagerie-haut-jura.fr - 9h30-12h, 15h30-18h30 - fermé mar., dernier après-midi du mois - galerie de visite : 9h-11h30, 14h30-17h.

Bellefontaine : restaurant La Chaumière. Une superbe halte pour savourer des plats traditionnels avec de nombreuses spécialités franc-comtoises accompagnées des fameux vins du Jura. À la belle saison, les raclettes au feu de bois, filets de perche, croûtes aux morilles ou truite gratinée au comté avec sauce Savagnin, pourront être servies sur une jolie terrasse ensoleillée.
4191 rte des Fontaines - ✆ 03 84 33 00 16 - www.hotel-lachaumiere.com - formule déj. 13,50 €, menu 26 €.

Morbier.

Les Bouchoux : Auberge de La Chaumière. C'est dans une ancienne cure construite en 1630 que l'auberge a été créée en 1980. Cuisine soignée préparée par le patron. Terrasse en bois dans un jardin avec vue sur la montagne. Possibilité d'y dormir après un bon repas, dans l'une des 5 chambres.
13 r. en Bonneville - ✆ 03 84 42 71 63 - aubergelachaumiere.wordpress.com - fermé jeu. soir (et lun. soir hors sais.), sur réserv. - formule déj. 13,50 €, menus 22/29,50 € - 5 ch. 46/52 € - ☕ 7 €.

DORMIR AU CALME

Les Molunes : gîte et couvert en pleine campagne. Cet hôtel familial propose de jolies chambres toutes différentes. Accueil chaleureux et restaurant apprécié pour sa cuisine de terroir et sa belle carte des vins. Sauna, jacuzzi, tennis.
Hôtel Le Pré Fillet - ✆ 03 84 41 62 89 - www.hotel-leprefillet.com - tlj 15 juin-15 sept. - fermé

sem. du 1er Mai, de mi-oct. à mi-nov., dim. soir et lun. - 66/81 € - 11 € - formules déj. 13,50/16 €, carte 25/50 €.

Les Molunes : halte rando au vert. Lors d'un séjour à la semaine ou pour une étape sur un circuit de randonnée passant à proximité, ce charmant gîte, grâce à son calme et sa sérénité, permet véritablement de se ressourcer. Il est géré par une association qui propose différentes activités culturelles ou sportives. Celle-ci pourra ainsi vous conseiller pour des randonnées pédestres ou à cheval, des courses d'orientation ou des virées en VTT.
Gîte Sourire et Nature - Les Rasses de Laisia - 03 84 41 26 67 - www.sourireetnature.com - gîte de 10 pers. (4 ch.) - en 1/2 pension 40 €/pers. - déjeuner 10 €.

Le Coinchet : cabane ou roulotte ? À 1 160 m d'altitude, cabanes dans les arbres, roulottes tziganes, cabane du trappeur et gîte cohabitent à merveille autour du bâtiment principal de la ferme et de l'enclos de lamas. Tous ces hébergements insolites disposent d'une parfaite isolation contre les nuits fraîches et sont équipés d'un poêle à bois.
Loges du Coinchet - Gilles Balandras & Martine Chazotte - sur le Crêt au Coinchet - 03 84 42 78 93 - www.la-loge.info - 85/120 €, gratuit pour les -2 ans.

La Pesse : de vrais habitats nomades en toute convivialité. Après des années de reportages à l'étranger pour France Culture, Olivier Danrey a établi son campement de base au Berbois, sur les terres de son enfance. Avec sa compagne Laurence, il gère ce très beau refuge situé à 1 275 m d'altitude au pied du crêt au Merle et du crêt de Chalam où ont été montés tout autour différents types d'hébergements nomades. Les intérieurs sont soigneusement décorés et équipés de couettes bien chaudes. La salle à manger sert régulièrement de lieu de répétition ou de spectacle.
Refuge du Berbois - No Made Attitude - rte de la Borne-au-Lion - 03 84 42 72.41 - yourte (4 pers.), petit tipi (4 pers.) et grand tipi (6/8 pers.) 60 €/pers. en 1/2 pension - réserv. obligatoire.

FAIRE LA FÊTE

St-Claude : Fête des Soufflaculs. Fin mars, les hommes de la ville, vêtus de blanc et portant masque et soufflet, parcourent les rues en soufflant devant les dames, ou sous leurs jupes ! Cette étrange tradition viendrait du temps des moines qui, le mercredi des Cendres, traversaient la ville avec des soufflets pour en chasser le démon. Le sens de la parodie propre au Moyen Âge en fit une fête populaire qui, en se changeant en carnaval, traversa les siècles. « Plons-plons » et « réguiseurs » font aussi le spectacle !

St-Claude : festival Inter'Nature. Cette manifestation se revendique avant tout comme lieu de sensibilisation à la beauté du territoire du Haut-Jura et à la nécessité de préserver la nature de notre planète. Durant 3 jours autour de la mi-avril, on y rencontre des photographes naturalistes passionnés qui exposent leurs œuvres sur des thématiques choisies et avec la complicité d'un invité d'honneur, souvent grand photographe reporter international.
FINA - Maison des associations - 1 av. de Belfort - www.fina-hautjura.fr.

Haut-Jura : Festival de musique baroque. En juin, concerts de musique baroque avec des interprètes du monde entier et conférences dans différents monuments ou sites patrimoniaux du Haut-Jura. Ce festival est un incontournable pour tous les passionnés de musique ancienne, le répertoire allant du Moyen Âge au 18e s.
www.festival-musique-baroque-jura.com - billetterie en ligne.

Mijoux : fête des Bûcherons. Fête traditionnelle avec défilé et concours de coupe de bois, fin juillet.

LE BRIONNAIS

Si l'élevage des bovins de race charolaise occupe le paysage verdoyant, le pays brionnais est aussi jalonné de splendides églises romanes, que l'on découvre chemin faisant. Ses bancs de calcaire jaunâtre, résistant et facile à travailler, expliquent les tons ocre de la plupart des édifices du Brionnais qui prennent une belle couleur bronze au soleil couchant.

DEPUIS LYON : en évitant l'autoroute, 100 km par la D385 jusqu'à Semur-en-Brionnais.

VENIR EN TRAIN

- **De Lyon, TER direct jusqu'à la gare de La Clayette-Baudemont, en passant par Chaufailles (env. 1h20). Ensuite une voiture sera nécessaire.**

BONS PLANS

- **Pour organiser votre séjour : www.tourismecharolaisbrionnais.fr**
- **Randonneurs, procurez-vous les guides « Les Balades Vertes » dans les offices de tourisme du Charolais-Brionnais.**

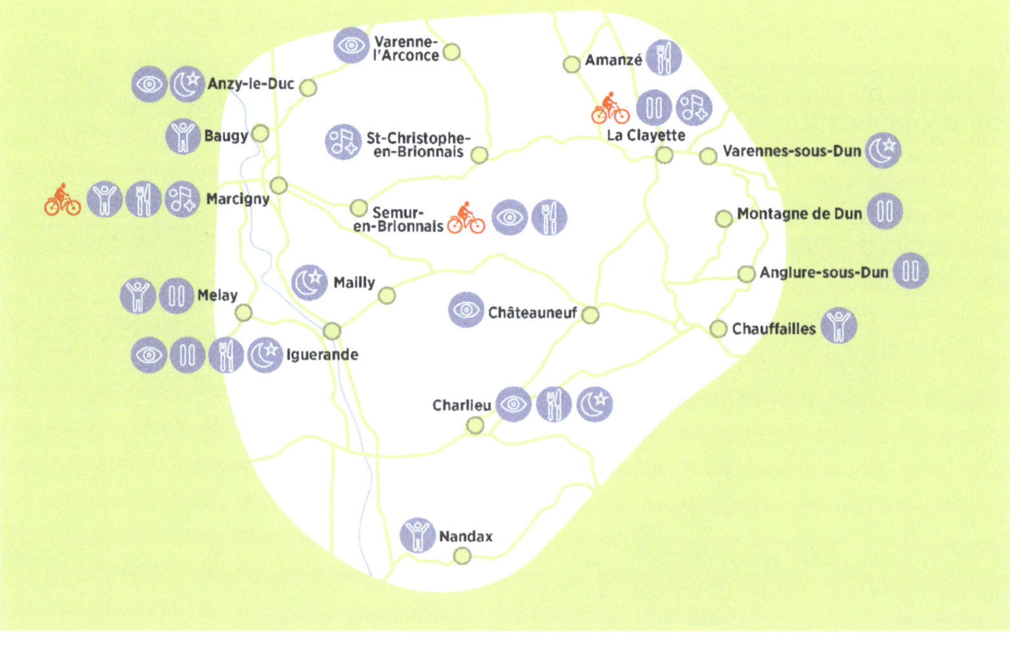

LOUER UN VÉLO

LA CLAYETTE

Cycles vert
6 r. de Gothard - ✆ 06 81 61 90 44 - www.cyclesvert.com - à partir de 13 €/j. Location de VTC/VTT, tandems, VAE, remorques, porte-bébé, casques...

MARCIGNY

Brionnais Découvertes
Esplanade Quentin-Ormezzano (ancienne gare) - ✆ 03 85 67 85 48 - www.brionnais-decouvertes.com. Vélos (à partir de 8 € la 1/2 j.), avec assistance électrique (à partir de 25 € la 1/2 j.), mais aussi rollers avec casque et protection.

SEMUR-EN-BRIONNAIS

Gîte Belle Vue
965 rte de la Cray - ✆ 03 85 25 05 29 - www.gite-belle-vue-71semur.fr - 15 € la 1/2 j. - location de vélos à assistance électrique avec autonomie de 70 km pour découvrir le Brionnais. Stock limité (2 vélos).

B. Jaubert/imageBROKER/age fotostock

VOIR

Charlieu : drapé dans la soie. Logé dans l'ancien hôtel-Dieu du 18e s., ce musée témoigne des traditions du tissage locales. La ville est d'ailleurs le siège de la dernière corporation de tisserands en France. Le beau choix de soieries (luxueuses robes anciennes, créations personnalisées pour les grandes familles, échantillons de tissus de rêve...), accompagnant les imposants métiers à tisser, illustre l'évolution des techniques depuis le 19e s. Du métier « à bras » au métier sans navette, l'ensemble du matériel présenté fonctionne en démonstrations. À l'étage, exposition de tissus et de créations de grands couturiers.
Musée de la Soierie - 9 bd du Gén.-Leclerc - ✆ 04 77 60 28 84 - musees-de-charlieu.webnode.fr - avr.-oct. : tlj sf lun. 10h-12h30, 14h-18h - 4,50 € (12-18 ans 2 €).

Charlieu : les yeux au ciel. Fondée vers 870 et rattachée à Cluny vers 930, l'abbaye bénédictine de Charlieu fut transformée en prieuré un siècle plus tard. Au 12e s., elle bénéficia de la collaboration des architectes et artistes de Cluny ainsi que de l'aide de Philippe Auguste, son protecteur, qui la fit fortifier. Faites le détour pour observer la façade nord de l'avant-nef qui s'ouvre par un grand portail du 12e s., véritable chef-d'œuvre de l'art roman. Bien que toutes les têtes aient été brisées ou martelées lors de la Révolution, il continue d'éblouir par la qualité de sa décoration sculptée.
✆ 04 77 60 09 97 - juil.-août : 10h-12h, 13h-19h ; avr.-juin et sept.-oct. : tlj sf lun. 10h-12h30, 14h-18h30 ; reste de l'année : se rens. - fermé janv. - 4 € (-12 ans gratuit).

Semur-en-Brionnais : tout un (style) roman. Édifiée au 17e s., la collégiale St-Hilaire fut la dernière église romane construite en Brionnais. L'élégant clocher octogonal qui la domine est remarquable par son double étage d'arcatures romanes géminées qui s'ouvrent, à l'étage supérieur, sous un réseau de voussures. La nef, très harmonieuse, vient former une tribune ronde en saillie, vraisemblablement inspirée de celle de la chapelle St-Michel établie au-dessus du grand portail dans l'église abbatiale de Cluny. Le linteau du portail figure un épisode de la vie de saint Hilaire (315-367) : s'opposant à l'arianisme, il est condamné par un concile d'évêques et exilé en Asie Mineure. En chemin, il rencontre un ange qui lui rend l'espoir et sa place parmi les évêques, alors que le diable s'empare brutalement de l'âme du président du concile...

Anzy-le-Duc : campée sur les hauteurs. Le village s'est développé autour d'un prieuré fondé au 9e s., dont la construction de l'église aurait été entreprise au début du 11e s. Admirez la beauté de l'édifice, surmonté d'un magnifique clocher roman, tour polygonale à trois étages de baies, et rehaussée par les tons dorés de la pierre. La nef, couverte de voûtes d'arêtes et éclairée par des fenêtres hautes, a des lignes très pures. Les fresques du chevet évoquent la vie des saints Jean-Baptiste et Hugues d'Anzy. Celles du chœur, récemment restaurées, représentent l'ascension du Christ.

Varenne-l'Arconce ou Châteauneuf : des tympans édifiants. Dans l'étroit espace compris entre l'Arconce et le Sornin, une douzaine d'églises romanes méritent d'être visitées. Le calcaire se prête au travail du sculpteur, d'où la beauté des façades et des portails décorés. Partout, les mêmes thèmes se déclinent autour des expressions et des attitudes des personnages. Au tympan apparaît le Christ en majesté, ou bien le Christ de l'Ascension, nimbé. Les linteaux ont une décoration particulièrement fouillée : nombreux personnages assistant au triomphe du Christ. La disproportion met bien en évidence la hiérarchie entre le Christ, les évangélistes, la Vierge et les apôtres.
Chemins du roman en Charolais-Brionnais - dépliant en téléchargement sur www.tourismecharolaisbrionnais.fr.

Iguerande : un musée à la maison. À deux pas de l'église, ce petit musée occupe les trois niveaux d'une demeure ancienne. Bien mis en scène, ses « personnages » évoquent la vie brionnaise entre 1850 et 1950 : le triporteur de l'épicier, la fanfare, la pêche, la vie quotidienne, le travail de la vigne et les costumes.
Musée Reflet brionnais - pl. de l'Église - ✆ 03 85 84 15 69 - museerefletbrionnais.pagesperso-orange.fr - visite guidée (1h20) de déb. mai à fin oct. : tlj sf lun.-mar. 14h30-18h - 4 € (-12 ans 2 €).

Semur-en-Brionnais.

BOUGER

Autour de Marcigny : rouler vert. Rendez-vous sur l'esplanade Quentin-Ormezzano, à Marcigny, pour vous lancer. De là, la nouvelle voie verte, ombragée, trace son chemin le long de l'ancienne voie ferrée. À la hauteur de Vindecy, vous pourrez apercevoir la Loire et ses méandres avant d'atteindre le château d'Arcy au milieu des prés brionnais. Après un crochet par le bourg de Baugy, vous pourrez rejoindre Marcigny en longeant les bords de Loire. Un joli circuit de 23 km.
6 boucles autour de la voie verte - carte en téléchargement sur www.brionnais-tourisme.fr et disponible à l'office du tourisme de Marcigny-Semur.
Location de vélo - *voir p. 379.*

Chauffailles : hauteur de vue. Au départ de l'office de tourisme, un circuit de 13 km vous invite à découvrir ses verts alentours. Au départ de l'Espace culturel du Brionnais, rejoignez l'étang du château de Chauffailles. Direction la vallée du Botoret avec un joli point de vue sur le viaduc de Villon. Tout au long de votre parcours, un vaste panorama sur St-Igny-de-Roche, le pays de Charlieu et même les monts du Roannais s'offre à vous. Prenez aussi quelques pauses pour observer les montagnes de Dun et pique-niquer dans l'herbe. Si vous avez le temps, faites un saut au château de Chauffailles et attardez-vous dans son parc.
Balade des cimes - itinéraire en téléchargement sur www.tourisme-sudbrionnais.fr.

Melay : guidé par un âne, pas si bête ! Envie de découvrir le Brionnais, au pas tranquille d'un compagnon pas si têtu ? Céline et Sandy vous accueillent dans leur petite ferme bio où elles élèvent des ânes de bât depuis plus de vingt ans. Leur centre propose différentes activités pour tous publics : baptêmes, cours, stages... Vous pourrez aussi partir en randonnée à dos d'âne dans le bocage brionnais. Et, pourquoi pas, prolonger votre séjour dans une de leurs chambres avec table d'hôtes gourmande...
Bougres d'ânes - Lieu-dit Putinat - ✆ 03 85 84 16 70 - 40 € la 1/2 j.

LE BRIONNAIS VU PAR...

Florian et Laurent, alias Les Coflocs

« Lors de nos escapades en van, nous avons eu le plaisir de sillonner la Bourgogne du Sud avec notre combi Volkswagen et de découvrir la Saône-et-Loire, et plus particulièrement le Brionnais. Ce terroir est surtout connu pour son patrimoine et ses églises romanes, mais ce qui nous plaît par-dessus tout ici, c'est l'accueil des gens qui nous reçoivent comme des amis dans les différentes chambres d'hôtes et logements insolites de la région, tous aménagés avec passion.
En tant que fins gourmets et gourmands, nos papilles sont mises en émoi par les bons produits du terroir. Du bistrot au resto gastronomique, il y en a pour tous les goûts et tous les budgets ! Au menu, les emblématiques bœufs de Charolles et escargots brionnais : on s'est régalé ! Pour bien éliminer les calories, il y a plusieurs activités que nous affectionnons comme le vélo sur la voie verte qui longe bocages, canaux et vignobles.
Fans de sports nautiques en mode "slow travel", nous nous sommes aussi éclatés à faire du kayak et du paddle sur la Loire à Baugy avec Arganoë. »
Arganoë - à Baugy - www.facebook.com/baugy71.mehu.canoe.arganoe.

Nandax : au trot ou au galop. À part les cours d'équitation, ce centre équestre affilié à la FFE (Fédération française d'équitation) propose un poney club pour les enfants, des stages pour adultes et même des promenades. Différents niveaux sont proposés, de l'initiation en manège jusqu'à des promenades d'une journée pour des cavaliers plus aguerris.
Les Écuries de Nandax - Aux Perraux - 10 km au sud de Nandax par les D49 et D57 - ✆ 04 77 65 33 00 - www.ecuries-de-nandax.fr - 8h-20h.

FAIRE UNE PAUSE

Montagne de Dun : vue panoramique. On atteint son sommet (alt. 721 m) par la route de La Clayette en direction de Chauffailles. Le nom de Dun provient du celte *dun*, qui a donné *dunum* à l'époque gallo-romaine, « lieu fortifié et élevé », comme Augustodunum (Autun). De l'esplanade, près de la chapelle, vestige d'une place forte détruite par Philippe Auguste lors des luttes féodales (1180), on découvre une vue circulaire : vers le nord-est, la montagne de St-Cyr et la Grande-Roche ; plus à l'est, la dépression de la Grosne et le col du Champ-Juin ; vers le nord, le Charolais et la vallée de l'Arconce ; vers le nord-ouest, la région de La Clayette ; plus à l'ouest, le Brionnais, la vallée de la Loire ; et vers le sud-ouest, les monts de la Madeleine. Un plaisir infini.

Anglure-sous-Dun : un jardin remarquable. Au départ du centre du bourg, un chemin rocailleux, embaumant déjà le parfum des fleurs, monte jusqu'à un jardin merveilleux. Sitôt la grille franchie, un tapis de roses, de vivaces et d'arbustes, cultivés avec soin, éveillera vos sens. Ce jardin d'un hectare, créé en 2000 par des passionnés, se transforme chaque année au gré de nouvelles plantations. De ce petit paradis vert, vous jouirez également d'une magnifique vue sur les monts environnants...
Jardin du Zéphyr - Le Bourg - ✆ 03 85 26 06 47 - de fin mai à fin juin : 14h30-18h30 ; juil.-sept. : w.-end 14h30-18h30 - 5 € (-16 ans gratuit).

Iguerande : prendre soin de soi naturellement. Bienvenue dans une ferme du 19e s. ourlée d'un jardin généreux. Cette chaleureuse maison d'hôtes comprend une grange transformée en espace bien-être. C'est le pari relevé et réussi par Denise et Maurice : ils ont installé chez eux un spa ainsi que des saunas traditionnel et infrarouge. Ils proposent également des séances de relaxation avec réflexologie, micro-ostéopathie et naturopathie et autres massages à la carte.
Le Champ de l'Être - Outre Loire, Les Montées - ✆ 03 85 84 09 69 - www.chambresdhotes-naturopathie.fr - bilan de santé naturopathique à partir de 55 € - tte l'année.

Melay : à la pêche aux loisirs. Aménagé dans une ancienne carrière, cet espace de loisirs permet de se poser et de se reposer. Le site est équipé de tables de pique-nique. Il dispose aussi d'un terrain de pétanque et d'un étang pour la pêche.
Espace de loisirs de Melay - Lapillonne - ✆ 03 85 84 04 84 - www.mairie-melay.fr - tte l'année.

La Clayette : mener l'enquête. Oyez ! Oyez ! Oui, vous (et surtout les enfants...) : un vaillant chevalier sollicite votre aide pour mener l'enquête. Le roi Henry IV a dormi au château et son fidèle cheval blanc a disparu. But du jeu : retrouver le coupable à l'aide d'indices cachés le long du parcours de 3 km. Les jeunes

La Chapelle-sous-Dun, le lac de La Mine.

Ch. Guy/hemis.fr

participants, déguisés, parcourent et s'approprient ainsi autrement des lieux historiques. Une belle sortie en famille !
Office de tourisme - 3 rte de Charolles - ✆ 03 85 28 16 35 - carnet-jeu du parcours : 2 € par famille.

DÉGUSTER

Semur-en-Brionnais : dans la tradition. Vous viendrez ici pour déguster ou découvrir des valeurs sûres de la région. Au menu : d'incontournables cuisses de grenouilles, des escargots et bien sûr de la vache charolaise, issue d'une race originaire de Saône-et-Loire. Entre autres produits du terroir... Pour le cadre, vous profiterez aussi de deux terrasses, avec vue sur jardin ou l'église.
L'Entrecôte Brionnaise - pl. Bouthier-de-Rochefort - ✆ 03 85 25 10 21 - www.entrecotebrionnaise.com - fermé vac. de Noël - 13,50/30 € - le soir sur réserv.

Charlieu : l'andouille dans l'assiette. Cette adresse combine intelligemment cuisine gastronomique et produits de terroir. Terrine de cochon mariné façon campagnarde ou andouille de Charlieu à la fourme de Montbrison, le tout servi avec sa farandole de légumes de saison. En salle ou en terrasse, savourez cette cuisine inventive et raffinée. Les fournisseurs, mis à l'honneur, sont aussi sélectionnés parmi les meilleurs producteurs ou artisans locaux.
Côté et Saveurs - 4 pl. de la Bouverie - ✆ 09 87 30 11 97 - www.cote-saveurs.com - fermé le soir (sf vend.-sam.) et lun. midi - formule déj. 16 €, menus 28/33 €.

Iguerande : rustico-chic. En pleine campagne, dominant la Loire, cette ferme ancienne avec charpente et pierres apparentes a été réhabilitée en restaurant par la maison Troisgros. Les tables s'alignent dans une ancienne étable, avec une cuisine ouverte et une belle salle, grande et lumineuse, donnant sur le paysage brionnais. Et dans l'assiette, une savoureuse cuisine aux accents du terroir : caquelon d'escargots à la tomate, poêlée de grenouilles ou paleron de bœuf à la poêle. Tous les plats sont faits maison et composés uniquement de produits de saison, choisis auprès de primeurs et producteurs locaux. Pour prolonger l'expérience, restez dormir *(voir p. 385)*.
La Colline du Colombier - 3,5 km au sud-ouest par la D9 et rte secondaire - ✆ 03 85 84 07 24 - www.troisgros.com - de mi-mars à fin nov. - fermé mar. sf juil.-août et merc. - menu 46 €.

Iguerande : la moutarde vous monte au nez. Sur les étagères de la boutique se côtoient huiles de noisette, pistache, pignons de pin, sésame grillé, pépins de raisin et une sélection de vinaigres fins et de moutardes réalisées à la meule de pierre. N'oubliez pas de jeter un coup d'œil au moulin, instrument de travail de la famille depuis 1878. Les méthodes artisanales employées n'ont pas bougé d'un iota en quatre générations.
Huilerie artisanale Leblanc - Le Bas - 3,5 km au sud-ouest d'Iguérande par la D9 et rte secondaire - ✆ 03 85 84 07 83 - 9h30-19h.

Paysage du Brionnais.

Marcigny : label charolais. La viande charolaise gouverne ici la cuisine bourguignonne. Pour les amateurs, le restaurant en a fait sa spécialité : il a même obtenu le label Table de Pays avec son « Menu Charolais » et sa célèbre entrecôte de 350 g et son assortiment de fromages affinés ou fromage blanc. Mais il y a aussi de la verdure au menu...
Restaurant Le Vieux Puits - 11 pl. du Cours - ✆ 03 85 70 66 34 - www.restaurant-levieuxpuits.fr - fermé lun. soir, mar. soir et dim. - formule déj. sem. 13,50 €, menu charolais 21 €.

Amanzé : pour le jardin et alentour. La jolie tour carrée témoigne de son passé lointain. Cette authentique ferme-auberge s'est installée dans les anciennes dépendances d'un château aujourd'hui disparu. Le décor reste campagnard avec ses poutres et ses tomettes. Dans l'assiette, cette ferme herbagère du Brionnais propose une production de bœuf de Charolles AOC, accompagné de légumes du potager.
Ferme-Auberge des Collines - ✆ 03 85 25 11 05 - carte 14/25 € - réserv. obligatoire - fermé de fin oct. à fin mars.

DORMIR AU CALME

Mailly : dans une yourte. Au cœur de la verte campagne du Brionnais, Terre Amoureuse est née de la passion de Florent et Anne-Sophie pour la terre, l'agriculture raisonnée et la valorisation d'un territoire via son patrimoine et ses acteurs. Une nuit sous la yourte et la découverte du jardin en terrasse seront autant de façons de partager l'enthousiasme et la vision de ce couple engagé, qui propose aussi des écoséjours itinérants.
Terre Amoureuse - La Bourbe - ✆ 03 85 24 89 11 ou 06 38 01 08 24 - www.terreamoureuse.net - 2 ch. de 2-4 pers. à partir de 65 €, 1 yourte de 1-6 pers. 100/120 €.

Charlieu : prendre le relais. Près du centre historique de la ville, l'ancien Hôtel du Lion d'Or est également un ancien relais de poste du 18e s. Les chambres y sont à la fois sobres et joliment décorées. Toutes sont personnalisées et offrent un véritable petit havre de paix. Deux d'entre elles peuvent communiquer afin de constituer une suite familiale. Vous y profiterez aussi d'un spa et d'un bain à remous.

Chambres d'hôtes Le Lion d'Or - 2 bd Louis-Valorge - ✆ 09 72 32 13 84 ou 06 85 98 31 05 - 5 ch. 68 €, 1 suite 113 € ☕, gîte 260/360 €/sem.

Iguerande : une cabane d'architecte. Après ou avant un somptueux repas à la maison Troisgros *(voir p. 383)*, vous pourrez loger sur place. Vous aurez le choix de dormir en gîte (tour ou longère) ou dans l'une des trois cadoles conçues par l'architecte Patrick Bouchain, une construction contemporaine somptueusement épurée, posée sur pilotis face au paysage brionnais. Une réussite sur toutes les lignes.

La Colline du Colombier - 3,5 km au sud-ouest d'Iguérande par la D9 et rte secondaire - ✆ 03 85 84 07 24 - www.troisgros.com - de mi-mars. à fin nov. - fermé mar. sf juil.-août et merc. - 300/350 € (2 nuits mini).

Anzy-le-Duc : rustique et paisible. Laurence vous accueille ici sur le circuit des églises romanes du Brionnais. Il y a plus de 30 ans, elle a acheté cette ferme, paisible minoterie du 19e s. surplombant un bief, pour la restaurer. Salle à manger rustique et cuisine agencée autour de l'ancienne machinerie. Véranda, terrasse, piscine privée et location de vélos à proximité.

Chambres d'hôtes les Pradelles - chemin des Colin (à droite face à l'église) - ✆ 03 85 25 26 02 ou 06 76 29 14 49 - 💳̸ - 4 ch. 75 € ☕.

Varennes-sous-Dun : chez des éleveurs. Dans cette ancienne ferme rénovée, vous trouverez deux chambres un peu rétro avec une suite sous les toits. Choisissez la troisième, plus sympathique avec ses murs de pierre et ses tomettes, ou la suite pour 4 personnes si vous venez en famille. Ambiance décontractée chez ces éleveurs de charolais qui proposent aussi du pain et des confitures maison. Possibilité de pêche sur place.

Chambres d'hôtes La Saigne - La Saigne - ✆ 03 85 28 12 79 - michele.desmurs.pagesperso-orange.fr - 💳̸ - 4 ch. 65/75 € ☕.

FAIRE LA FÊTE

St-Christophe-en-Brionnais : c'est la foire ! Rendez-vous au marché aux bestiaux pour approcher LA star de la région. St-Christophe-en-Brionnais est célèbre depuis 1488 pour sa foire au bétail de race charolaise, la plus importante de France avec 60 000 charolaises vendues par an. Chaque mercredi voit en moyenne défiler environ 1 200 bêtes. Pour garantir les paiements, assurer la transparence des cours et définir un prix selon la loi de l'offre et de la demande, le marché au cadran (c'est-à-dire de vente aux enchères électronique) a été introduit en 2009 pour les jeunes bovins, tandis que les bovins de boucherie continuent à être négociés sur le marché traditionnel.

Marché aux bestiaux - Grande Allée de Tenay - visites guidées pour « Vivre et comprendre notre marché » (1h) 9h-16h - 2 € (12-15 ans 1 €).

La Clayette : le jeudi, c'est permis. Chaque année, en juillet, place aux « Jeudis en Fête » avec l'organisation de concerts et spectacles gratuits en plein air.

www.mairie-laclayette.fr/jeudis-en-fete

Dans les églises du Charolais-Brionnais : une acoustique parfaite. En 2005, la pianiste franco-brésilienne Juliana Steinbach décidait de créer un festival de musique de chambre. qui se renouvelle depuis chaque été, avec des concerts organisés dans les églises romanes de Bourgogne du sud. Vous vous y rendrez pour la « salle » autant que pour la musique ! Les mélomanes s'y pressent chaque première semaine d'août.

Festival Musique en Charolais-Brionnais - musique-en-brionnais.com - billetterie en ligne.

Marcigny : double festival. Et de deux ! Depuis plus de 40 ans, les Rencontres cinéma de Marcigny sont l'occasion de voir ou de revoir des films rares ou de grands classiques, chaque année à la Toussaint. Dans un autre registre artistique, la ville organise sa Biennale d'art contemporain tous les deux ans (prochaine édition en 2021). En juillet-août, plusieurs lieux dans la ville sont alors investis pour présenter les œuvres.

Rencontres cinéma de Marcigny - www.marcynema.org.

Biennale d'art contemporain - www.brionnais-tourisme.fr.

L'AUXOIS ET LA VALLÉE DE L'OUCHE

Son nom signifie « pays d'Alésia » et la région reste célèbre pour la bataille de la guerre des Gaules menée par Vercingétorix contre Jules César. Mais vous, vous partirez en campagne, à pied ou à vélo, à la conquête de ses paysages vallonnés, de ses verts pâturages et de ses plateaux calcaires. Et, souvent, vous capitulerez devant les richesses de son terroir.

DEPUIS DIJON : 74 km jusqu'à Montbard par les D19 et D971.

VENIR EN TRAIN

- **TER direct de Dijon jusqu'à Montbard (env. 40mn). De là, correspondance de bus pour Semur-en-Auxois (www.viamobigo.fr).**

BONS PLANS

- **Pour des idées de circuits et promenades, appli gratuite à télécharger sur le site www.bouger-nature-en-bourgogne.com/balades-en-bourgogne.**

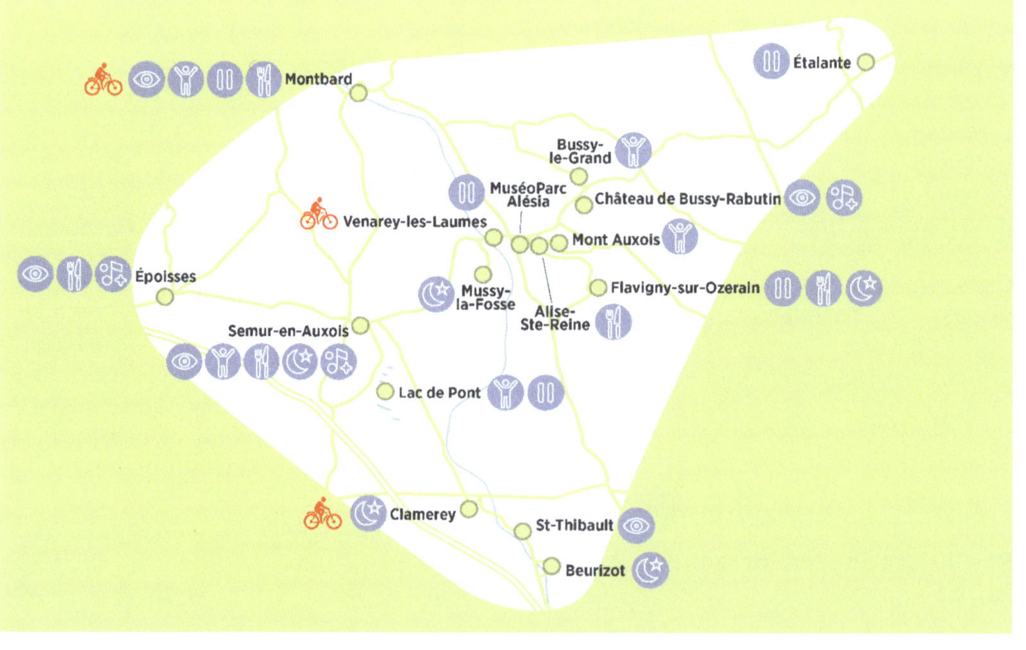

LOUER UN VÉLO

CLAMEREY

La Maison du canal
10 r. du Port - ✆ 06 60 78 77 53 - www.lamaisonducanal.net - à partir de 16 €/j. (enf. 12 €). Location toute l'année (sur réserv.) de VTT et VTC, vélos enfant avec casques, siège bébé...

MONTBARD

Office du tourisme du Montbardois
Pl. de la Gare - ✆ 03 80 92 53 81 - www.velibourgogne.fr - à partir de 20 €/j. (enf. 10 €). Service de location de vélo en réseau en Bourgogne, de Sens à Dijon, avec service « Bike'N Drop » (prenez-le ici et rendez-le ailleurs). Location toute l'année de VTT, VTC, tandems, avec casques et sièges enfant.

VENAREY-LES-LAUMES

Venarey Cycles
2 rte de Semur (à côté du MuséoParc Alésia) - ✆ 03 80 96 01 33 ou 06 13 02 92 53 - à partir de 22 €/j. (enf. 14 €). Location toute l'année de VTT, VTC, vélos à assistance électrique, vélos ou remorques pour enfants.

Zimnevan/iStock

VOIR

Semur-en-Auxois : ville capitale. À l'abri de ses remparts, un entrelacs de ruelles pavées et quelques maisons à pans de bois sont dominées par les tours du donjon et la flèche effilée de la collégiale Notre-Dame. Fondée au 11e s. et reconstruite au cours du 13e s., plusieurs fois remaniée et agrandie par l'adjonction de chapelles sur les bas-côtés nord, cette église fut notamment restaurée par Viollet-le-Duc. Flanquée de tours carrées, sa façade (14e s.) est précédée d'un vaste porche. Le tympan, martelé en 1793, garde de jolis anges musiciens. En entrant, on est impressionné par l'étroitesse de la nef centrale (13e et 14e s.), qui accuse la hauteur des voûtes soutenues par de fines colonnes. Dans la deuxième chapelle du bas-côté gauche, une Mise au tombeau polychrome de la fin du 15e s., dotée de personnages monumentaux, est attribuée à l'atelier d'Antoine Le Moiturier, sculpteur des ducs de Bourgogne. Elle était entourée de quatre anges : deux sont visibles au Louvre et deux au musée de Semur.
Musée municipal - 3 r. J.-J.-Collenot - ✆ 03 80 97 24 25 - www.ville-semur-en-auxois.fr - avr.-oct. : tlj sf mar. 14h-18h ; reste de l'année : lun. et merc.-vend. 14h-18h - 3 € (-25 ans gratuit).

Montbard : sur les traces de Buffon. Les rues en pente de la ville, étagée sur une colline entre le cours de la Brenne et le canal de Bourgogne, ont conservé le souvenir d'un enfant du pays : le célèbre naturaliste Buffon (1707-1788). Auteur d'une gigantesque *Histoire naturelle* et élu à l'Académie française, il n'aimait pas Paris et préféra s'établir ici. Seigneur de Montbard, il y a acheté un château, fait aménager des jardins en terrasses (dans l'actuel parc Buffon) et planté des arbres d'essences variées sans négliger fleurs et légumes. C'est ici, où il mena la vie de son choix, que Buffon rédigea la grande partie de son œuvre.
Musée Buffon - rue du Parc-Buffon - ✆ 03 80 92 50 57 - www.musee-parc-buffon.fr - avr.-sept. : merc.-dim. 14h-19h, oct.-mars : merc.-vend. 14h-17h, w.-end 10h-12h, 14h-17h - gratuit.

Château de Bussy-Rabutin : un exil doré. La riche et originale décoration intérieure n'est pas signée. Mais faut-il le regretter ? Roger de Rabutin (1618-1693) ne s'y est pas trompé : le seul vrai artiste de ce château du 15e s., c'est lui. Le comte de Bussy s'étant compromis en composant des couplets tournant en ridicule les amours du jeune Louis XIV et de Marie Mancini, il fut exilé en Bourgogne sur ordre du roi. Et finalement c'est à lui, son amertume, son brillant esprit du Grand Siècle et son incroyable insolence que l'on rend visite. L'exilé s'est ainsi surpassé dans la décoration du cabinet de la Tour dorée où il avait installé son bureau.

Château de Bussy-Rabutin - ✆ 03 80 96 00 03 - www.chateau-bussy-rabutin.fr - mai-sept. : 9h15-13h, 14h-18h ; reste de l'année : 9h15-12h, 14h-17h - 8 € (-26 ans gratuit) - 3 € jardin seul.

St-Thibault : en plein chœur. De l'église, construite pour abriter les reliques de saint Thibault grâce aux libéralités de Robert II, duc de Bourgogne, et de sa femme Agnès de France, fille de Saint Louis, il ne reste que le chœur, une chapelle absidiale et le portail sculpté appartenant à l'ancien transept. Le chœur à cinq pans est la plus élégante des constructions bourguignonnes de l'époque. Le portail est un admirable livre d'images grâce aux sculptures du tympan, consacrées à la Vierge, exécutées dans la seconde moitié du 13e s. Dans la nef, à droite, contre le mur du chœur, remarquez la statue de la Vierge regardant l'Enfant Jésus jouer avec un oiseau (14e s.)

Époisses : relire Madame de Sévigné au château. « Cette maison est d'une grandeur et d'une beauté surprenantes », écrivit la célèbre épistolière en 1673 en parlant du château d'Époisses, où elle venait régulièrement. Le château est entouré d'une double enceinte de douves sèches. On y accède par une poterne, qui conduit dans l'avant-cour, véritable petit village où s'assemblent des maisons (aujourd'hui une école primaire occupe l'un des bâtiments) et des granges autour d'une église, ancienne collégiale du 12e s., et d'un remarquable pigeonnier Renaissance comportant quelque 3 000 boulins (trous destinés à la ponte des œufs de pigeon). Des tableaux et souvenirs évoquent de nombreux personnages historiques, en particulier les hôtes du château : les grands-ducs de Bourgogne, Henri IV, Chateaubriand, le prince de Condé et bien sûr la marquise de Sévigné (1626-1696).

Pouilly-en-Auxois, cyclistes sur les berges du canal de Bourgogne.

Château d'Époisses - 1 r. de Semur - ☏ 03 80 96 40 56 - www.chateaudepoisses.com - visite guidée (45mn) juil.-août : tlj sf mar. 10h-12h, 15h-18h - parc : tte l'année 9h-18h - 9 € (10-16 ans 4 €) - parc seul 2 €.

BOUGER

Mont Auxois : sur les traces de Vercingétorix. Les sentiers du pays de l'Auxois-Morvan proposent plusieurs circuits, dont l'un sur les traces du plus célèbre des Gaulois (8,5 km, 2h30, niveau facile). Vous emprunterez ce sentier à Alise-Ste-Reine, au départ du parking près de la statue de Vercingétorix. Il suffit ensuite de suivre ce circuit en pleine nature qui épouse une partie de la voie romaine Alésia/Sombernon ainsi que le chemin de Bibracte à Alésia. Mais pour prolonger l'expérience, un passage au MuséoParc Alésia *(voir p. 390)* reste une étape incontournable !
Itinéraire à télécharger sur le site www.bouger-nature-en-bourgogne.com/sur-les-traces-de-vercingetorix.

Bussy-le-Grand : randonner d'église en château. Rendez-vous devant l'église à Bussy-le-Grand pour marcher à la découverte du patrimoine. Première étape devant la superbe église romane du village et son architecture originale. Près de la ligne d'arrivée, au hameau « Rue du château », vous découvrirez le jardin à la française et les points de vue sur le château de Bussy-Rabutin et ses douves *(voir p. 388)*. Une pause à la ferme du Rabutin est aussi envisageable en chemin. En fin de compte, cette randonnée est modulable entre 3,2 km et 8,6 km.
Itinéraire à télécharger sur le site www.bouger-nature-en-bourgogne.com/autour-du-rabutin.

Montbard : sur la véloroute du canal de Bourgogne. Cet aménagement cyclable de 227 km longe le canal de Bourgogne entre Migennes, dans l'Yonne, et Dijon, en Côte-d'Or, et passe donc par Montbard. Un vélo devient dès lors un moyen agréable de parcourir les sites culturels et naturels de la région comme la Grande forge de Buffon ou Alésia la Gallo-Romaine. Cette voie verte mène en effet vers le mont Auxois, dominée par la statue de Vercingétorix, où les troupes gauloises rendirent les armes face aux Romains.
www.ma-voie-verte.fr/piste-cyclable/le-canal-de-bourgogne

Semur-en-Auxois : suivez le guide. À deux-roues, partez à la découverte des Terres d'Auxois, en suivant le canal ou en effectuant une boucle sur mesure. Sur les pavés de la cité médiévale de Semur-en-Auxois, une première page d'histoire s'ouvre à vous. Vous découvrirez la ville et ses alentours à vélo, avec un détour pour une vue panoramique sur le lac de Pont, avant de franchir la ligne d'arrivée sur les remparts qui dominent Semur-en-Auxois.
Vélotamine - 4 r. Clerc - Avosnes - ☏ 06 74 59 70 64 - velovitamine.fr - 35/45 €/pers. (-12 ans 25 €), guide et vélo compris.

Semur-en-Auxois : prendre de la hauteur. Pour les amateurs d'escalade un peu aguerris, le rocher du Charrat comprend 20 voies de plain-pied en bordure de la rivière l'Armançon. Elles mesurent une quinzaine de mètres et présentent un éventail de niveaux techniques entre 3 (facile) et 6b (difficile). Deux autres sites sont aussi réputés alentour : les roches de Ste-Catherine et les falaises de Saffres.
Office de tourisme - 2 pl. Gaveau - ☏ 03 80 97 05 96 - www.terres-auxois.fr - vente d'un topo-guide (5,50 €).

Lac de Pont : paddle ou en kayak ? Venez redécouvrir le lac sur l'eau en flottant grâce aux activités nautiques du club des Terres d'Auxois. Location de pédalo, bateau électrique, paddle ou kayak. Rien n'interdit, ensuite, de s'adonner aux joies de la plage *(voir p. 390)*...
Club nautique des Terres d'Auxois - ☏ 03 80 97 09 72 - location kayak ou stand up paddle monoplace 5 €/30mn.

FAIRE UNE PAUSE

Montbard : pour quelques longueurs. Son centre aquatique se compose d'un bassin sportif de 25 m, idéal pour nager. Pour s'amuser, un bassin ludique intérieur communique avec l'extérieur et comporte un toboggan de 45 m.

Et pour se détendre, il reste les bains bouillonnants, jets et autres banquettes à bulles. Un espace bien-être complète l'offre avec sauna, hammam et bain à remous.
Centre nautique Amphitrite - rue Michel-Servet - ✆ 03 80 89 15 20 - www.ca-amphitrite.fr - entrée à partir de 4,50 € (3-18 ans 3 €) - horaires : se rens.

MuséoParc Alésia : se retrancher avec Vercingétorix. Construit sur le célèbre champ de bataille, autour du mont Auxois, ce superbe bâtiment sur trois niveaux, conçu par l'architecte Bernard Tschumi, est circulaire pour symboliser l'encerclement des Gaulois par les Romains. Mais l'Histoire se prolonge ailleurs. À 3 km, vous verrez aussi les vestiges d'une ville gallo-romaine qui s'était développée au sommet de l'oppidum, là où Vercingétorix et ses 80 000 fantassins gaulois s'étaient retranchés. Pour arriver au sommet, montez par Alise-Ste-Reine. À l'ouest du plateau, le panorama s'étend sur la plaine des Laumes et les sites occupés par l'armée romaine lors du siège.
MuséoParc Alésia - 1 rte des Trois-Ormeaux - Alise-Ste-Reine - ✆ 03 80 96 96 23 - www.alesia.com - juil.-août : 10h-19h ; avr.-juin et sept.-oct. : 10h-18 ; reste de l'année : 10h-17h - fermé déc.-janv. - 10 € (-16 ans 6,50 €).

Étalante : se ressourcer à la Coquille. Un sentier d'1 km, bien balisé, permet d'en faire le tour et de s'arrêter pour pique-niquer. Levez les yeux de vos assiettes. Ici, le site est un cirque glaciaire fossile. La stabilisation des éboulis par les arbres et la pelouse calcaire (en hauteur, avec diverses orchidées) permet le développement d'une flore spécifique (linaire des Alpes). Après avoir admiré le panorama sur le Châtillonnais, redescendez par un sentier escarpé jusqu'à la résurgence de la Coquille, aux eaux très claires.
Cirque de la Coquille - dépliant à télécharger sur www.cen-bourgogne.fr.

Lac de Pont : bronzer tout simplement. Ce lac artificiel a été créé en 1882 pour alimenter le canal de Bourgogne. Il est aujourd'hui bordé d'une plage bien réelle, surveillée en juillet et août. Un sentier de 12 km permet aux promeneurs de faire le tour de toute sa richesse.
terres-auxois.fr/le-lac-de-pont

Flavigny-sur-Ozerain : trinquer au terroir. Installée dans l'ancienne dépendance monastique de l'abbaye de Flavigny, cette cave propose, sous l'appellation « vin de pays des coteaux de l'Auxois », les vins issus des 14 ha de vignes replantées en 1994 sur les coteaux argilo-calcaires du village. Les cépages sont répartis entre aligoté, chardonnay et auxerrois pour les blancs, pinot noir et césar pour les rouges, et pinot beurot pour les rosés.
Domaine de Flavigny-Alésia - Pont Laizan - ✆ 03 80 96 25 63 - 10h-18h.

Statue de Vercingétorix, mont Auxois.

DÉGUSTER

Semur-en-Auxois : bon vivant. Situé en plein cœur du centre historique, ce bistrot bourguignon propose une bonne cuisine du terroir autour de la viande charolaise. Époisses et autres fromages du cru sont à la fête et se déclinent en une farandole de tartiflettes. Assiettes copieuses et belle carte des vins.
Le Saint Vernier - 13 r. Févret - ✆ 03 80 97 32 96 - tlj - menus 21/32 €.

Flavigny-sur-Ozerain : collectif. Laissez-vous tenter par ces menus servis par les agriculteurs de la région qui cuisinent et vous font déguster des produits frais de leurs élevages et de leur fabrication. Une belle découverte dans cette ancienne grange située au cœur du village. Agréable boutique de produits à emporter *(voir « Rencontre avec... »).*
La Grange - pl. de l'Église - ✆ 03 80 96 20 62 - www.ferme-auberge-la-grange-flavigny21.fr - mars-avr. et nov. : dim. midi et j. fériés à midi ; vac. de printemps-vac. de la Toussaint : tlj sf lun. (tlj en juil.-août) - menus 24/39 € - réserv. conseillée.

Flavigny-sur-Ozerain : perles anisées. Accrochée à son rocher isolé par trois cours d'eau, la petite cité médiévale se niche dans un site plein de charme et qui fleure bon l'anis... Aménagé dans les bâtiments claustraux reconstruits au 18e s., l'atelier de dragéification produit encore chaque année 250 t de petits bonbons blancs et ronds de la taille d'un pois, les plus anciens de France, dit-on. Couplée avec l'ancienne abbaye bénédictine St-Pierre, fondée au 8e s., la visite se révèle délicieuse. Et vous ne passerez plus indifférent devant les petites boîtes ovales figurant un couple de bergers.
Anis de Flavigny - 4 r. de l'Abbaye - ✆ 03 80 96 20 88 - www.anis-flavigny.com - visite guidée tlj sf w.-end 9h-11h30 - gratuit.

Alise-Ste-Reine : générosité et chaleur. Cette bâtisse en pierre, dont l'intérieur est agréablement réchauffé l'hiver par un feu de bois, propose une cuisine du terroir bourguignon. Régis Bolâtre aime aussi partager son savoir-faire à travers ses cours de cuisine.

RENCONTRE AVEC...

Marie-Françoise Couthier, membre de l'équipe de La Grange

« Fille et épouse d'agriculteur, ma vie a pris un tournant inattendu il y a 40 ans. La chambre d'agriculture avait alors suggéré à un groupe de femmes de se lancer ensemble pour diversifier les revenus de la ferme et faire connaître leur travail en milieu rural. Au début, il s'agissait seulement de vendre des produits du terroir dans une grange de Flavigny-sur-Ozerain. À l'épicerie s'est ensuite ajoutée une activité en restauration uniquement basée sur nos produits. Nous sommes aujourd'hui quinze agriculteurs, dont deux hommes, à poursuivre cette belle aventure. Certains cuisinent, d'autres apportent simplement leurs produits. C'est une initiative peu courante, collective, qui permet de promouvoir nos produits authentiques. Sur nos 15 exploitations agricoles, nous produisons des volailles, des lapins, de l'agneau, du bœuf, du porc, du canard, des escargots, des légumes, des céréales, des œufs, des fromages, de la confiture, du miel, du vin et même des liqueurs. Tout est produit alentour et la cuisine est faite maison, à l'image de nos tartes aux fruits de saison. Nous sommes fiers de notre terroir. »
La Grange - voir Flavigny-sur-Ozerain (ci-contre).

Auberge du Cheval Blanc - 9 r. du Miroir - 03 80 96 01 55 - www.regis-bolatre.fr - fermé dim. soir, lun.-mar. - menus 33/44 €; cours de cuisine 70 €/pers.

Époisses : tout un fromage. Dans leur fromagerie fondée en 1956, les Berthaut valorisent la recette traditionnelle de l'époisses – affiné au marc de Bourgogne – qui bénéficie aujourd'hui de l'AOC. Nombreuses autres spécialités telles le perrière, vendu à la coupe, l'affidélice, lavé au chablis, et le soumaintrain. La boutique propose aussi de bons crus de pays.
Fromagerie Berthaut - pl. du Champ-de-Foire - 03 80 96 44 44 - fermé dim.-lun. (ouv. dim. mat. et lun. en juil.-août).

Montbard : tout bon. Au menu : balluchon d'escargots au chou, œuf poché à la crème d'époisses, lotte au chorizo, filet de bar au miel et vin rouge... Vous apprécierez ses petits plats originaux et goûteux, élaborés au fil des saisons, sous les voûtes des anciennes écuries de ce relais de poste du 16e s. On y savoure aussi l'accueil et l'ambiance authentiques.
L'Écu - 7 r. Auguste-Carré - 03 80 92 11 66 - www.hotelecu-montbard.fr - fermé vend.-dim. du 20 nov. au 6 mars - menus 22/35 €.

DORMIR AU CALME

Semur-en-Auxois : rafraîchissant. Cet hôtel, avec un agréable salon-bar au cadre design, propose des chambres fonctionnelles et très confortables. La Table de l'Hostellerie, restaurant d'esprit actuel, ouvre sur la piscine et sa terrasse, avec les remparts de Semur à l'arrière-plan. Cuisine originale entre tradition et terroir.
Hostellerie d'Aussois - rte de Saulieu - 03 80 97 28 28 - www.hostellerie.fr - 42 ch. 95/125 € - 7/12 € - 16/29 € - rest. fermé sam. midi et vend.

Clamerey : le canal en direct. Cette maison du début du 19e s. plantée au bord du canal de Bourgogne, face à un petit port de plaisance, abritait autrefois un bureau de poste. Les chambres toutes simples mais bien tenues s'ouvrent sur la calme campagne de l'Auxois. Pas de table d'hôtes mais des produits régionaux (terrines, saucissons, fromages), des boissons et du pain sont en vente sur place, avec la possibilité de réserver une kitchenette pour préparer son repas. Plus insolite : vous pouvez embarquer sur la *Vavondi*, un bateau hollandais de 11,50 m de longueur par 3,65 m, stationné sur la halte fluviale. Vous pourrez aussi pêcher dans le canal de Bourgogne. Et avec la véloroute toute proche, possibilité de location de vélos.
Chambres d'hôtes et halte fluviale La Maison du Canal - 10 r. du Port, halte nautique du Pont Royal - 06 60 78 77 53 - www.lamaisonducanal.net - 5 ch. 66/147 € - bâteau-gîte (5 pers.) à partir de 250 € 2 nuits.

Flavigny-sur-Ozerain : cousu main. Cette belle demeure, outre une vue magnifique sur les collines, sera une halte reposante. Sa propriétaire, Marie, saura vous faire partager ses passions avec simplicité et rigueur, en particulier celle qu'elle nourrit pour embellir la Maison des arts textiles et du design. La table d'hôtes, excellente, est l'assurance de partager un moment privilégié.
Chambres d'hôtes La Maison du Tisserand - 14 r. de l'Ancienne-Cure - 03 80 92 40 89 - algranate.fr - 2 ch. 106/144 € - table d'hôtes 17 €/pers.

Mussy-la-Fosse : bataille de sensations. Les deux chambres de ce logis du 16e s. allient charme et confort. La décoration subtile et les couleurs mettent en valeur les murs en pierre apparente, tandis que les salles d'eau jouent la

Époisses.

L. Lourdel/Photononstop

carte de la modernité avec leur mobilier assez sobre. Jolie vue sur la colline d'Alésia.
Chambres d'hôtes Clos Mussy - 8 r. du Château - 06 80 12 26 62 - fermé déc.-mars - 2 ch. 105 €.

Beurizot : au vert. Cette maison de campagne à deux pas du canal propose de belles chambres confortables, entourées d'un parc de 4 ha. Après avoir fait le tour de cette agréable demeure du 18e s., posez-vous à l'ombre des tilleuls bicentenaires ou égarez-vous dans le petit verger de pommiers, cerisiers et mirabelliers. Côté jardin, notez le potager (bio). Ses légumes, forcément de saison, alimentent la table d'hôtes de la maison.
Le Pré Germain - 1 r. de Beurey - 06 09 42 38 10 - www.lepregermain.fr - 4 ch. et 1 suite 90/140 € - table d'hôtes 32 €/pers.

FAIRE LA FÊTE

Semur-en-Auxois : oyez, oyez et festoyez ! Chaque année à la fin mai, la cité historique vit à l'heure médiévale. Les habitants enfilent leur costume d'époque pour parader dans les rues et la ville remonte le temps. Côté animations, place à un marché médiéval, des ateliers et des expositions autour de la vie quotidienne au Moyen Âge. Sans oublier du théâtre, de la musique et de la danse...
Fêtes médiévales de Semur-en-Auxois - www.ville-semur-en-auxois.fr.

Époisses : Fête du vin, du pain et du fromage. Véritable festival du goût et de l'artisanat, cette grande fête est organisée le 1er dimanche de mai. Les visiteurs sont invités à déambuler dans les rues du village – le ventre vide, si possible – pour goûter aux différents produits du terroir. Animations toute la journée.
www.epoisses.fr

Château de Bussy-Rabutin : musiques nouvelles. Depuis 2019, un festival de musique éclectique, de dimension internationale, prend ses quartiers dans les sites phares de l'Auxois durant 3 jours fin juillet.
Festival Images sonores - www.imagesonore.net.

Et partout ailleurs : toujours en musique ! Depuis plus de 25 ans, début août, le festival « Musicales en Auxois » met à l'honneur les plus belles œuvres du répertoire baroque. Son public apprécie ainsi d'entendre ou de redécouvrir des morceaux oubliés de Purcell, Haendel ou Bach lors de concerts organisés dans les châteaux et les églises romanes des villages de l'Auxois.
Musicales en Auxois - musicalesenauxois.wixsite.com/musicalesenauxois.

LE HAUT MORVAN

Le mystérieux massif du Morvan, avec ses vastes forêts, ses escarpements rocheux, ses lacs et ses cours d'eau, se prête aux activités nautiques et aux randonnées, mais aussi à la découverte du patrimoine et de traditions singulières. À moins que vous ne préfériez simplement contempler la nature préservée qui s'étend devant vous à perte de vue ?

DEPUIS LYON : Autun, point d'entrée sud du Parc naturel régional, est à 171 km par l'A6 et la N79.

VENIR EN TRAIN

- De Lyon, TGV jusqu'au Creusot, puis correspondance TER jusqu'à Autun (1h50). Une voiture est ensuite nécessaire pour circuler dans le Parc.

BONS PLANS

- Pour organiser votre séjour : www.morvansommetsetgrandslacs.com et tourisme.parcdumorvan.org.
- Pour découvrir le Parc : www.parcdumorvan.org.

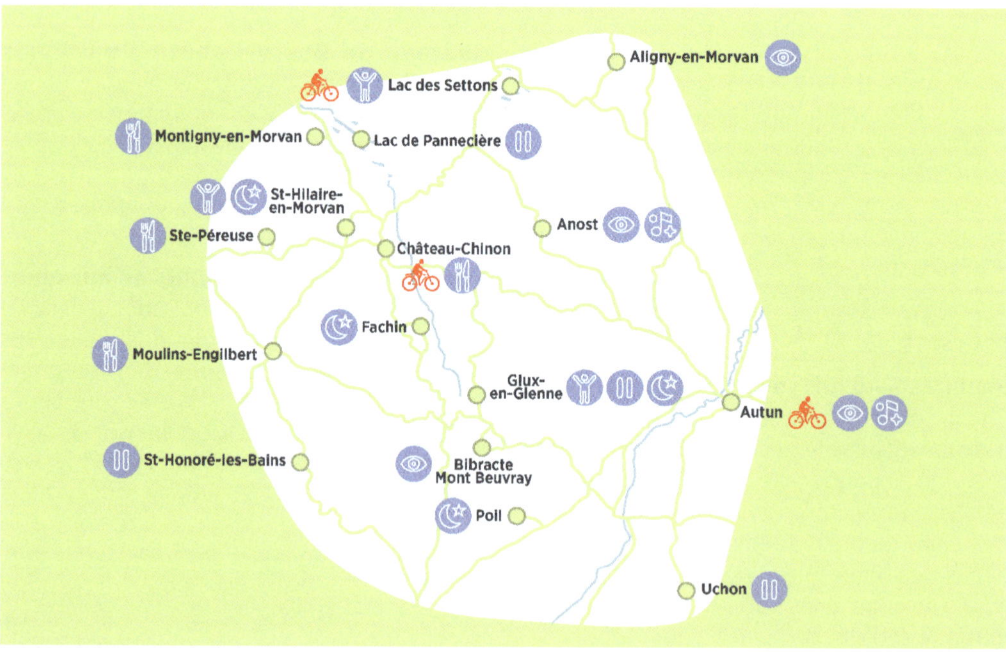

LOUER UN VÉLO

AUTUN

Espace Sport Nature
2 rte de Chalon - ✆ 03 85 52 47 09 ou 06 31 27 45 85 - sportnatureautun.fr - 13h30-19h. Location de VTC/VTT (20 €/j) et VAE (30 €/j). Cette base sportive vous conseillera sur les itinéraires cyclables et les randonnées pédestres et équestres. Elle organise aussi des sorties accompagnées à la journée.

CHÂTEAU-CHINON

Maison des Grands Lacs du Morvan
6 bd de la République - ✆ 03 86 85 06 58 - lun.-sam. (sf mar. matin) 9h30-12h30 et 14h-18h - VTC à assistance électrique (40 €/j). Conseils et informations pratiques, prêt de casque.

LAC DES SETTONS

Activital
✆ 03 86 84 51 98 - activital.net. VTT classiques et VTT à assistance électrique, au bord du lac des Settons.

bluejayphoto/iStock

VOIR

Autun : en avant, marche ! Isolés du reste du monde, les enfants de soldats et autres élèves d'établissements militaires recevaient une éducation bien particulière, relatée dans ce musée installé dans l'enceinte du superbe lycée militaire (remarquez la belle toiture en tuiles vernissées) : drapeaux et fanions, tenues et uniformes, insignes et photographies racontent leur quotidien et la destinée particulière de certains d'entre eux, notamment dans la Résistance. Un musée hors du temps !
Musée national des Enfants de troupe - 3 r. des Enfants-de-Troupe - ✆ 03 85 86 55 37 - museedesenfantsdetroupe.fr - ♿ - lun.-vend. 14h-17h30 - gratuit.

Bibracte Mont Beuvray : nos ancêtres les Gaulois. Il ne reste plus grand-chose sur ce sommet de 821 m où, au 1er s. av. J.-C., le peuple gaulois choisit de fonder sa capitale : Bibracte. C'est pourtant l'un des oppida les mieux préservés en Europe. Les vestiges de la ville antique s'étendent sur 200 ha de forêts : pas moins de 12 km de fortifications, 15 portes monumentales, des quartiers artisanaux ou résidentiels et des espaces publics sont encore visibles pour ceux qui prennent le temps de déchiffrer les ruines. Le musée aidera les amateurs à mieux comprendre cette civilisation.
Musée de Bibracte - St-Léger-sous-Beuvray - ✆ 03 85 86 52 35 - www.bibracte.fr - ♿ - juil.-août : 10h-19h ; reste de l'année : 10h-18h - fermé de mi-nov. à mi-mars - 7,50 € (-12 ans gratuit).

Anost : au rythme des bouviers. D'une grande force physique, et sachant élever et manier les bœufs, les paysans morvandiaux ont été nombreux à améliorer leur pauvre ordinaire en pratiquant la « galvache » : ils partaient le 1er Mai, avec charrette et attelage, pour louer leur force de travail et leur expérience du convoyage, et ne revenaient au pays que début novembre. Cette activité typique du Morvan a perduré jusqu'à la Grande Guerre et a profondément marqué le territoire. Cette antenne de l'écomusée du Morvan présente outils, techniques et documents sur la galvache.

Musée des Galvachers - pl. Centrale - ✆ 03 85 82 73 26 - www.anost.fr - juil.-août : tlj sf mar. 14h-18h ; juin et sept. : merc. et w.-end 14h-18h ; reste de l'année : merc. et sam. 14h-18h - 3 € (-12 ans 2 €).

Alligny-en-Morvan : dans la peau des « Petits Paris ». Paris, au cœur du Morvan ? En fait, il s'agit des enfants confiés par l'Assistance publique aux femmes morvandelles, qui exerçaient le métier de nourrice pour mettre un peu de beurre dans les épinards. Jusque dans les années 1970, certains villages comme Alligny ont vu leur population doubler avec l'arrivée de ces petits Parisiens. Témoignages et objets de la vie quotidienne permettent d'aborder avec délicatesse l'histoire souvent douloureuse de ces enfants et de leurs familles d'accueil. Le musée est aussi un lieu de vie pour le village, avec un café-boutique (produits régionaux), une bibliothèque et des animations. Un bel endroit, où on peut même passer la nuit (3 chambres d'hôtes).

Musée des Nourrices et des Enfants de l'Assistance publique - ✆ 03 86 78 44 05 - www.museedesnourrices.fr - ♿ - juil.-août : 10h-18h ; reste de l'année : tlj sf lun. 10h-18h - fermé sam. matin et mar. - 6 € (-19 ans 3,50 €).

BOUGER

Randonnée à pied, à vélo de route, à VTT. Quels que soient votre moyen de locomotion, votre condition physique et l'humeur du moment, vous trouverez un tronçon de randonnée à la hauteur de vos envies. C'est simple, le Morvan est jalonné de milliers de kilomètres de sentiers, pour les marcheurs du dimanche, les randonneurs chevronnés, les cyclistes en famille ou les acharnés du guidon. La seule chose qui n'est pas garantie, c'est la météo !

Renseignements pratiques et traces GPS sur www.morvanvtt.fr.

Lac des Settons : oh ! hisse ! Bateau, planche à voile, paddle, canoë, dériveur, il y a de la place pour tout le monde (le lieu est très fréquenté à la belle saison) et toutes les embarcations sur ce grand lac artificiel ! Ceux qui préfèrent rester les pieds sur terre profiteront des sentiers alentour. Le tour du lac fait plus de 14 km, n'oubliez pas bonnes chaussures, gourde et chapeau !

Activital - base des Settons - ✆ 03 86 84 51 98 - www.activital.net - kayak (9 €/h), stand-up paddle (15 €/h), fun boat (25 €/h) - hébergements et restauration, voir le site.

Lac des Settons.

Elli Thor Magnusson/iStock

Glux-en-Glenne : course nature. Le trail, vous connaissez ? Il s'agit d'une course à pied, de longue distance en pleine nature. Le Morvan est un terrain de jeux idéal pour la pratique de cette discipline très tendance. Au départ de Glux, des parcours vert, bleu ou rouge (de niveau très facile à difficile) sont tracés à travers forêts et collines. De 7 km et 252 m de dénivelé pour les débutants, à 23 km et 1158 m de dénivelé pour les experts. Attention, cette activité nécessite une bonne condition physique et un équipement adapté !
Renseignements pratiques et traces GPX sur www.morvanvtt.fr.

St-Hilaire-en-Morvan : pour lâcher la bride. On dit que le contact avec les chevaux permet de décompresser et de se recentrer. Dans cette ferme équestre, les pur-sang arabes au caractère bien trempé sont dressés pour s'adapter à tous les cavaliers. Nathalie et Simon, guides chevronnés qui connaissent parfaitement la région et leurs bêtes, organisent des balades d'une heure à la journée, et même des randonnées sur plusieurs jours. Vous pouvez aussi venir avec votre propre monture.
Domaine de Courcelles - cheval-morvan.webnode.fr - à partir de 10 ans - 40 € promenade 1h30, 110 € randonnée journée.

FAIRE UNE PAUSE

Uchon : drôles d'animaux. Du haut de la « perle du Morvan » (massif d'Uchon, 684 m), le panorama est exceptionnel et s'étend même parfois jusqu'au Puy de Dôme. Pour en profiter, n'oubliez pas vos jumelles. Et des bonnes chaussures pour grimper à l'assaut des chaos granitiques, défiant les lois de l'équilibre, qui sont un autre attrait de ce site naturel. Saurez-vous reconnaître le Mammouth, la Griffe du Diable, ou encore le Nez de Chien ? Tout autour, des sentiers permettent de découvrir le site.

Lac de Pannecière : tache bleue sur fond vert. Le plus grand des lacs morvandiaux s'étale au centre d'un joli site de collines boisées. De la crête du barrage, la vue s'étend sur les ramifications de la retenue, tandis qu'à l'horizon se profilent les sommets du Morvan. Les amateurs apprendront tout sur le fonctionnement d'un barrage hydraulique grâce à la grande maquette (réalisée au 1/36e) que l'on peut actionner (succès garanti avec les enfants), pendant que les contemplatifs profiteront tranquillement du paysage.

Glux-en-Glenne : retour aux sources. Difficile d'imaginer que cette minuscule résurgence dans la tourbière est l'Yonne, la rivière impétueuse qui arrose le Morvan ! Pourtant, une silhouette indique bien la source. Tout au long du sentier de 4,5 km qui conduit de Glux-en-Glenne, hameau perché au pied du mont Préneley (855 m), à la source, des figures de cuivre évoquent le pays morvandiau : la forêt, les sources, le flottage du bois… Le chemin franchit la tourbière que l'on traverse sur un ponton de bois, puis pénètre dans une splendide hêtraie, avant d'atteindre son but.

St-Honoré-les-Bains : cure de jouvence. Trois sources d'eaux sulfurées, découvertes dès l'Antiquité, ont fait la réputation de St-Honoré. Autour ont été construits, notamment au 19e s. quand la station était à la mode, les établissements thermaux et les infrastructures qui les accompagnent : villas, hôtels, casino, théâtre, etc. Curistes et visiteurs de passage profitent aujourd'hui d'un parc aux arbres centenaires, tapi dans un vallon.

Spa thermal - ✆ 03 86 30 69 54 - www.chainethermale.fr/saint-honore-les-bains - lun. et merc. 8h30-12h, mar. et jeu.-sam. 8h30-12h, 14h-17h30 - fermé dim.

DÉGUSTER

Moulins-Engilbert : Auberge du Bon Coin. Il faudra jouer des coudes pour avoir une place dans ce petit restaurant sans prétention où l'on s'attable autour d'un repas copieux, composé de spécialités régionales.
15 r. Coulon - ✆ 03 86 84 25 99 - www.aubergeduboncoin.sitew.fr - fermé dim. - 15 €.

Montigny-en-Morvan : Auberge du Goupil. Une auberge tenue par une équipe sympathique où déguster une cuisine simple et à base de produits locaux : burgers (viande charolaise, ketchup maison), frites maison, terrine de campagne ou bœuf à la bière. Des concerts animent régulièrement le jardin ou la jolie salle carrelée.
✆ 03 86 84 71 87 - aubergedugoupil.com - mar., merc., jeu. 10h-14h30, 17h-20h30, vend. 10h-14h30, 17h-0h, sam. 10h-1h, dim. 10h-15h30 - fermé lun. - menus 14/18 €.

Château-Chinon : qu'il est bon mon jambon ! Charcutiers de père en fils depuis 1903, la maison Dussert fait aujourd'hui partie du patrimoine morvandiau. Ils produisent des jambons secs comme au début du 20e s., à base de porcs élevés en plein air dans les moyennes montagnes du Morvan.
Charcutier Fernand Dussert - 1 r. Diderot - ✆ 06 83 30 28 69.

Ste-Péreuse : les véritables biscuits à la cuillère. L'arrière-petit-fils de l'inventeur des biscuits à la cuillère a ouvert une fabrique et une boutique dans sa région natale. Ces biscuits moelleux, à base d'œufs frais, agrémenteront parfaitement pique-nique, goûters, et bien sûr charlottes et tiramisu.
Biscuiterie Grobost - Coeurty - ✆ 03 86 84 44 33 - lun.-vend. (aussi sam. en juil.-août) 9h-12h, 14h-18h.

Château-Chinon : ça butine ! On peut rester des heures à observer le monde fascinant des

Les Rucher du Morvan, près de Château-Chinon.

abeilles à travers la ruche transparente exposée dans cette miellerie. M. et Mme Coppin, propriétaires de 800 ruches, sauront vous faire partager leur passion. À la fin de la découverte, goûtez les miels et le pain d'épice...
Les Ruchers du Morvan - Port-de-l'Homme - à 4 km de Château-Chinon via la D37 dir. Montsauche-les-Settons - ✆ 03 86 78 02 43 - www.achat-nivernais-morvan.com/leruchérdumorvan - lun.-sam. 10h-12h, 14h-18h ; dim. 10h-12h, 15h-18h.

DORMIR AU CALME

Glux-en-Glenne : chambres slow. Deux belles chambres d'hôtes agréables et tranquilles, à proximité de nombreux sentiers pédestres ou de VTT. Après la balade, détendez-vous à la piscine. Cuisine commune, abri vélo, aire de jeux et possibilité de planter sa tente.
Aux sources de l'Yonne - lieu-dit Anverse - ✆ 03 86 76 15 70 - 2 ch. 48 €/pers.

Poil : embarquement immédiat. Dans le parc du château, deux cabanes ont été aménagées sur pilotis, au milieu de deux étangs.

On ne peut y accéder qu'en barque ! Ces petites habitations en bois ont un confort rudimentaire mais suffisant (douche extérieure, pas d'électricité ni d'eau chaude, poêle à bois pour les nuits fraîches). Observez les étoiles allongé dans un transat, dans un environnement préservé de toute pollution sonore et lumineuse, et réveillez-vous avec un délicieux petit-déjeuner. Location de kits nature, pêche ou astronomie. Il y a également de magnifiques chambres d'hôtes au château.
Château d'Ettevaux - 03 86 30 95 51 ou 06 66 59 66 47 - www.ettevaux.fr - 125 €/nuit - table d'hôtes sur réserv. 25 €/pers. - enf. non autorisés dans les cabanes.

Fachin : se ressourcer au calme. Au cœur d'un domaine boisé traversé par l'Yonne, 3 belles et grandes chambres sont installées dans un ancien moulin. Tout est pensé sur place pour le confort des hôtes : jeux, cuisine d'été, abri vélo, accueil des chevaux. Les propriétaires peuvent également organiser le transfert des bagages pour les cyclistes itinérants.
Moulin des Morvans - à 10 km au sud de Château-Chinon - 03 86 85 00 46 - www.chambres-hotes-morvan.fr - - 3 ch. 80 € - gîte 4 pers. 420 €/sem. - table d'hôtes sur réserv. 29 €/pers.

St-Hilaire-en-Morvan : cabanes perchées. Ces 3 maisonnettes en bois, installées dans des chênes ou des hêtres majestueux, sont non seulement jolies mais aussi très confortables, bien que sans eau ni électricité. La plus grande peut accueillir jusqu'à 8 personnes dans deux cahutes reliées par une terrasse perchée à 11 m de hauteur. Le matin, vous trouverez votre petit-déjeuner dans un panier, au pied de votre arbre. Il n'y a plus qu'à le hisser pour bien commencer la journée !
Domaine de Chaligny - 03 86 78 47 51 ou 06 85 28 11 20 - domainedechaligny.com - - 3 cabanes à partir de 130 €/2 pers.

FAIRE LA FÊTE

Anost : Fête de la vielle. Connaissez-vous cet instrument à cordes frottées, non par un archet mais par une roue ? Anost fête la vielle chaque année en août, lors d'un festival de musiques et danses traditionnelles très sympathique. Concerts, bals, spectacles, démonstrations...
www.anost.fr/fete-de-la-vielle

Autun : Journées romaines. Le 1er week-end d'août, Autun redevient Augustodunum : ateliers, animations, parades, démonstrations et rencontres sur la promenade des Marbres, face au lycée militaire. Et le soir, ne manquez pas le grand spectacle son et lumière et le feu d'artifice.
www.autun-tourisme.com

Campement au bord du lac des Settons.
B. Rieger/hemis.fr

LE CANAL DU NIVERNAIS

Se promener à pied ou à vélo sur les chemins de halage, ou se laisser glisser en pénichette au rythme des flots, voilà la meilleure façon de découvrir le canal du Nivernais, long de 174 km et ponctué de 116 écluses. En chemin, vous rencontrerez les éclusiers, et tout un patrimoine forgé par la rude histoire du flottage de bois. À présent paisible, le canal a gardé son caractère singulier.

DEPUIS PARIS : 170 km par l'A6 pour rejoindre Auxerre, au nord du canal.

VENIR EN TRAIN

- **De Paris-Bercy, TER direct jusqu'à Auxerre (env. 1h50), à Cravant (2h15), Mailly-la-Ville (2h45), pour la partie nord du canal. Changement à Nevers pour Decize (2h40), pour la partie sud.**

BONS PLANS

- **Pour organiser votre séjour : www.canal-du-nivernais.com.**
- **Une véloroute longe le canal du Nivernais. Pour préparer votre itinéraire vélo,** **voir p. 12.**

LOUER UN VÉLO

Le canal, c'est 206 km de véloroute aménagée sur le chemin de halage, d'Auxerre à Decize. Tous les loueurs proposent des vélos enfants.

AUXERRE

La Maison du vélo
03 86 46 24 99 - www.maison-velo.fr. Au bord de la véloroute et à 300 m de la gare. VTC (20 €/j, 80 €/5 j), vélos électriques, sacoches...

CHÂTILLON-EN-BAZOIS

Hello Vélo
07 69 84 86 83 - www.hello-velo.com. VTC (20 €/j, 85 €/sem.), tandems, remorques, accessoires.

CRAVANT

Halte nautique de Bazarnes
03 86 81 54 26 - www.escale-chablis.fr - VTC 19 €/j, 35 €/2 j. Carrioles, sièges bébé.

DECIZE

Location de Vélo du Sud-Nivernais Decize
06 73 98 47 81 - www.locationvelosdecize.fr. VTC (13 €/j, 55 €/6 j), VAE, tandem VTT, Label Accueil Vélo.

LOUER UNE PÉNICHETTE

Ces bateaux sans permis permettent de découvrir le canal au rythme lent des passages d'écluse et de faire plein de rencontres !

BAYE-BAZOLLES

Aqua Fluvial
03 86 38 90 70 - www.aquafluvial.fr - 210 €/j, à partir de 405 €/2 j pour 2 pers. Spécialiste de la navigation de plaisance sur le canal du Nivernais, location à la journée ou à la semaine.

CORBIGNY

Locaboat
03 86 20 07 29 - www.locaboat.com - à partir de 200 €/2 j. Mini-séjours ou croisières d'une semaine, pour découvrir la partie centrale du canal.

MAILLY-LE-CHÂTEAU ET CHÂTILLON-EN-BAZOIS

Les Canalous
03 85 53 76 74 - www.canalous-bourgogne.com - à partir de 140 € la 1/2 j., 200 €/2 j pour 2 pers. Formules et types d'embarcation variés.

Péniche sur le canal du Nivernais.
Ch. Guy/hemis.fr

VOIR

Clamecy : à la flotte ! Vous voici dans la capitale du flottage de bois. Pendant trois siècles, les troncs des forêts du Morvan ont en effet flotté sur les eaux du canal, guidés par de vigoureux Clamecycois, en direction de Paris, pour alimenter la ville en bois de chauffage. La petite cité aux rues étroites et sinueuses et aux toits de tuile rouge-brun s'est assoupie et ne vibre plus aux cris des flotteurs qui firent sa renommée, mais cultive l'âme du canal. Vous pourrez en apprendre plus sur le flottage du bois en visitant le joli musée d'art et d'histoire Romain-Rolland. Lors de votre promenade, ne manquez pas la collégiale St-Martin, du 13e s., quelques maisons anciennes (dont la magnifique maison du Tisserand).
www.clamecyhautnivernais-tourisme.fr

Échelle de Sardy : ça grimpe ! Passer une écluse prend un certain temps, alors 16… C'est ce qui vous attend dans la vallée de Sardy : à cet endroit, le canal franchit un dénivelé de près de 50 m, au moyen d'une « échelle » de 16 écluses. Le chemin de 3,6 km est interdit aux véhicules motorisés, et seuls les promeneurs, les cyclistes et les plaisanciers animent les lieux. Vous aurez tout le temps de discuter avec les artistes et artisans (potier, tailleur de pierre…) qui occupent les belles maisons d'éclusiers. L'une des plus attachantes est sans doute l'écluse no 6. Derrière sa façade habillée de lierre, on découvre un véritable cabinet de curiosités qui fait aussi salon de thé. Vous pourrez y faire connaissance de son occupant, Gérard Mazière, Nivernais d'adoption, personnage haut en couleur !

Voûtes de la Collancelle : du bel ouvrage. Pour relier l'étang de Baye à Port-Brûlé, les ingénieurs du canal du Nivernais n'avaient d'autres solutions que de passer sous la « Montagne » de la Collancelle. Les ouvriers creusèrent ainsi trois galeries voûtées de 758 m, 268 m et 212 m, au péril de leur vie. Aujourd'hui, l'unique moyen de découvrir ces ouvrages d'art invisibles du chemin de halage est la voie d'eau : en bateau électrique ou même en paddle, la promenade dans le sillon de 4 km, sous une végétation luxuriante (l'endroit est d'ailleurs surnommé « la petite Amazonie »), est délicieuse.
Location de bateaux électriques ou de paddle à l'étang de Baye : voir ci-contre.

Arcy-sur-Cure : 30 000 ans sous terre. À quelques tours de roues du canal, quelle émotion de rencontrer les habitants préhistoriques de la vallée ! Peintures de mammouths, de bouquetins et empreintes de mains, qui datent de 30 000 ans, ornent la grande grotte

Rochers du Saussois.

Vignoble à Irancy.
Jon Arnold Images/hemis.fr

d'Arcy. Les salles qui se succèdent sur 2,5 km sont décorées de draperies et de concrétions d'aspect fantastique, se transformant au gré de l'imagination en bêtes ou en fleurs vénéneuses. Dernière surprise, le « lavoir des Fées », petit lac souterrain figé sous une fine couche calcaire. De retour à l'extérieur, remettez-vous de vos émotions le long de l'agréable chemin ombragé qui remonte la Cure jusqu'à St-Moré, au pied d'escarpements calcaires eux aussi creusés d'une quinzaine de cavités.

Grande Grotte - ✆ 03 86 81 90 63 - www.grottes-arcy.net - ♿ - visite guidée (1h) juil.-août : 10h-12h30, 13h30-17h30 ; reste de l'année : voir le site - 9,50 € (-11 ans 6 €), 23 € Pass famille 2 adultes + 1 enf.

BOUGER

Le Saussois : des rochers mythiques. Ces falaises calcaires constituent une véritable muraille de 60 m de hauteur, utilisée comme école d'escalade depuis les années 1970. Très fréquenté jusque dans les années 1990, le site a même donné son nom à une technique de grimpe, le « libre Saussois ». Aujourd'hui, les lieux sont plus calmes, mais attirent toujours des varappeurs et des marcheurs qui peuvent crapahuter jusqu'au sommet par un petit sentier escarpé. Attention de ne pas déranger les faucons pèlerins nichant, d'avril à juin, dans les cavités de la roche ! Pour les observer, munissez-vous de jumelles.

Étang de Baye : faire du paddle avec les oiseaux. Saurez-vous distinguer les chants des martins-pêcheurs de ceux des hérons cendrés ? Les habitants de cet étang artificiel et de la réserve ornithologique qui l'entoure seront vos compagnons pendant que vous profiterez des multiples activités proposées par Activital, une belle base sport et nature animée par une équipe professionnelle et sympathique : paddle, catamaran, kayak, trottinette à grandes roues, pêche, baignade, il y en a pour tous les goûts et tous les âges. La structure propose des formules d'hébergement très bon marché.

Activital - étang de Baye et Vaux - ✆ 03 86 38 97 39 - www.activital.net - 22 ch. (de 2 à 5 pers.) à partir de 18 €/pers. - camping 50 empl. ; cours de catamaran (32 €/h), location stand-up paddle (11 €/h), kayak 2 pl. (16h/h), vélo californien (17 €/h), trottinette grande roue (8 €/h), etc.

De Gy-l'Évêque à Coulanges-la-Vineuse : marcher entre vignes et cerisiers. Cette promenade est particulièrement charmante en avril, quand les cerisiers qui recouvrent les coteaux bordant l'Yonne et descendent jusqu'au creux de la vallée sont en fleur. Le vignoble alterne avec les vergers et les petits villages de pierre de Bourgogne se découvrent au détour de collines boisées. À Gy-l'Évêque, visitez l'église (13e-16e s.), où est exposé un Christ aux orties, ainsi que le lavoir. Et bien sûr, n'oubliez pas votre panier pour rapporter des cerises, que les producteurs vendent dans des cabanons au bord de la route, quelques heures à peine après les avoir cueillies.

De Decize à La Machine : à coups de pédale. Cette voie verte, qui suit en partie une ancienne voie ferrée traversant le bassin houiller de Decize-La Machine, permet d'explorer, en toute quiétude, trois siècles de la vie minière grâce à un chemin en majorité forestier. On peut même s'offrir une petite baignade au pied des terrils, à l'étang Grénetier, où vous trouverez également une aire de pique-nique et une guinguette. Cette promenade est très facile et vous ne croiserez aucune voiture. Prenez le temps de visiter Decize, joli bourg installé sur une île dessinée par deux bras de la Loire. Le petit marché du vendredi regroupe des producteurs locaux, notamment un excellent fromager (de chèvre). *www.decize-confluence.fr*

Vignoble d'Irancy : se balader à travers les vignes. Blotti au fond d'un cirque bien exposé au soleil et protégé des vents, le charmant village d'Irancy est connu pour son précieux vignoble, le meilleur de l'Auxerrois. En haut du village, profitez du très beau point de vue panoramique sur le vignoble en amphithéâtre. À quelques kilomètres, ne manquez pas l'église gothique de St-Bris-le-Vineux, et son arbre de Jessé datant de 1500. Ce village est aussi réputé pour ses caves voûtées. Vous pourrez faire une dégustation chez un viticulteur ou descendre au fond des caves de Bailly, carrière souterraine pourvoyeuse des fameuses pierres de Bourgogne que l'on voit sur de nombreux monuments parisiens. Aujourd'hui, les bouteilles de crémant ont remplacé les pierres!
Caves de Bailly-Lapierre - quai de l'Yonne - St-Bris-le-Vineux - ✆ 03 86 53 77 77 - www.bailly-lapierre.fr - ♿ - visite guidée juil.-août : 14h30-17h30 ; de mi-mars à déb. juil. et sept.-oct. : 15h30 et 16h30, w.-end 14h30-17h30 ; reste de l'année : 15h30 et 16h30 - 6 €.

FAIRE UNE PAUSE

Mailly-le-Château : contempler le Morvan. Cet ancien bourg fortifié est bâti sur un escarpement spectaculaire qui domine un méandre de l'Yonne. De la terrasse ombragée qui jouxte le château (privé), le regard se perd jusqu'aux collines du Morvan. L'Yonne et le canal vous attendent 200 m plus loin mais 60 m plus bas, en passant par le raidillon qui porte bien son nom! Avant de descendre, faites le tour de la charmante église St-Adrien, du 13e s. Une fois en bas, remarquez l'amusante fontaine au loup qui pleure et ses sculptures qui évoquent les activités traditionnelles du bourg : flottage, vignes, château. Ne partez pas sans admirer le pont du 15e s. et sa petite chapelle.

DÉGUSTER

Clamecy : goûter la véritable andouillette clamecycoise. C'est à La Charolaise qu'il faut aller pour découvrir l'andouillette de Clamecy, faite de chaudin, de panse et de gorge de porc, qui cuit trois bonnes heures. Autre spécialité, le jambon persillé de Bourgogne.
La Charolaise - 6-8 av. de la République - ✆ 03 86 27 02 19 - 9h-12h30, 15h- 19h, dim. 9h-12h30 - fermé lun.

Vincelottes : Auberge Les Tilleuls. Faites donc un petit détour pour apprécier le cadre bucolique et la cuisine traditionnelle soignée de cette auberge de village. L'été, la terrasse dressée en bordure de l'Yonne est très prisée, mieux vaut réserver.
12 quai de l'Yonne - ✆ 03 86 42 22 13 - www.auberge-les-tilleuls.com - formule déj. 20 €, menus 50/68 € - 6 ch. 96/170 €.

Marché de Clamecy : ils sont beaux mes produits! Le marché du samedi, qui se déploie autour des halles construites sous Napoléon III, est l'occasion de remplir son panier avec d'excellents produits locaux.
Sam. mat. (pl. du 19-Août) - foire le 3e sam. mat. du mois (av. de la République).

Coulanges-la-Vineuse : l'expertise du bourgogne. Aller à la rencontre de Jean-Pierre Maltoff, c'est la promesse d'une dégustation qui prend son temps. Vigneron néophyte et passionné, il aime parler de son vin et raconter comment il a planté ses premiers ceps, il y a une trentaine d'années. On déguste dans la cour de la longère ou au frais à la cave. Ceux qui veulent prolonger l'expérience pourront loger dans l'une des quatre chambres d'hôtes.
Domaine Maltoff - 20 r. d'Aguesseau - ✆ 03 86 42 32 48 - www.maltoff.com.

Irancy : restaurant Le Soufflot. Ce bistrot contemporain et convivial propose une carte au goût du jour, courte et savoureuse, avec une prédilection du chef pour les légumes. Carte

Vélo au bord du canal à Châtel-Censoir.
Ch. Guy/hemis.fr

des vins 100 % bourguignonne (évidemment !). La salle est très agréable, avec sa verrière et ses plantes, et le service charmant.
33 r. Soufflot - ✆ 03 86 42 39 00 - www.restaurant-irancy.fr - fermé lun. et le soir sf vend. et sam. - menus 24/34 €.

DORMIR AU CALME

Clamecy : sous la tente au bord de l'eau. Petit camping municipal calme et ombragé, entre l'Yonne et le canal et à quelques minutes à pied de la cité médiévale.
Camping du Pont-Picot - rue de Chevroches - Clamecy - ✆ 03 86 27 05 97 - www.clamecy.fr - avr.-sept. - 66 empl. 16 € - locatif 90/130 €/w.-end, 300/400 €/sem.

Creux : accueil attentif pour les cyclistes. Aménagées dans des anciens bâtiments agricoles du 19e s., ces chambres d'hôtes simples et confortables sont idéalement situées pour les cyclistes qui suivent le canal du Nivernais. L'environnement est un bel écrin vert propice à toutes les paresses entre deux activités. Vos hôtes, un couple d'Anglais très sympathique, se mettront en quatre pour faciliter votre séjour (transport de bagages, conseils, etc.).
Chambres d'hôtes des Missiaux - 5,5 km au sud de Clamecy par la D34 - ✆ 03 86 22 25 18 - www.lesmissiaux.fr - abri sécurisé pour les vélos - 4 ch. 75 € - table d'hôtes sur réserv. 25 €/pers.

Châtel-Censoir : dans une maison de maître. Cette belle demeure du 17e s. se trouve au centre du village, au pied de la collégiale. Les chambres, aux noms de célébrités locales, sont très confortables et spacieuses, avec vue sur le magnifique jardin. À la table d'hôtes, Michelle cuisine de délicieux plats du terroir.
Chambres d'hôtes Demeure St-François - 4 r. du Moulin - ✆ 03 86 81 05 37 - www.demeuresaintfrancois.com - 5 ch. 95/110 € - table d'hôtes sur réserv. 30 €/pers.

FAIRE LA FÊTE

Tournoi de joutes clamecycoises. Le 14 juillet, sur l'Yonne, cette grande fête rappelle que les joutes nautiques étaient le divertissement favori des flotteurs de bois. Défilé et manifestations de toutes sortes, ambiance garantie !

INDEX

D

E

F

G

H

Q

R

S

T

U

V

Collection sous la direction de Philippe Orain

Responsables d'édition et rédactrices en chef du guide : Camille Bouvet, Hélène Payelle

Secrétaire d'édition Stéphanie Vinet

Rédaction Camille Bouvet, Céline Chaudeau, Joanna Dunis, Lucie Fontaine, Catherine Guégan, Gilles Guérard, Hervé Kerros, Marion Liautaud, Hélène Payelle, Manuel Sanchez

Ont contribué à ce guide Altiplano, Costina-Ionela Lungu (**Cartographie**), Véronique Aissani, Carole Diascorn (**Couverture**), Marion Capéra, Marie Simonet, Sophie Roques (**Iconographie**), Bogdan Gheorghiu, Cristian Catona, Hervé Dubois, Pascal Grougon (**Prépresse**), Dominique Auclair (**Pilotage**), Béatrice Peyret Vignals (**Relecture**), Arthur Thouret (**Marketing**)

Conception graphique Laurent Muller (couverture et maquette intérieure)

Régie publicitaire et partenariats business-solutions@tp.michelin.com
Le contenu des pages de publicité insérées dans ce guide n'engage que la responsabilité des annonceurs.

Contacts Vous souhaitez nous contacter ?
Envoyez-nous un email à l'adresse : tourisme@tp.michelin.com

Parution 2021

Photos de couverture :
A. Brusini/hemis.fr ;
JaySi/iStock ;
F. Guiziou/hemis.fr ;
E. Berthier/hemis.fr ;
oska25/iStock ;
mustafagull/iStock

Michelin Travel Partner
Société par actions simplifiée au capital de 15 044 940 EUR
27 Cours de l'Ile Seguin - 92100 Boulogne Billancourt (France)
R.C.S. Nanterre 433 677 721

Dépôt légal : 01-2021 – ISSN 0293-9436
Compograveur : Nord Compo, Villeneuve-d'Ascq
Imprimeur : Grafotisak, Grude (Bosnie-Herzégovine)
Imprimé en Bosnie-Herzégovine : 12-2020

Sur du papier issu de forêts bien gérées

COLLECTION
PATRIMOINES

Quatre beaux livres pour découvrir ou redécouvrir la splendeur du patrimoine français

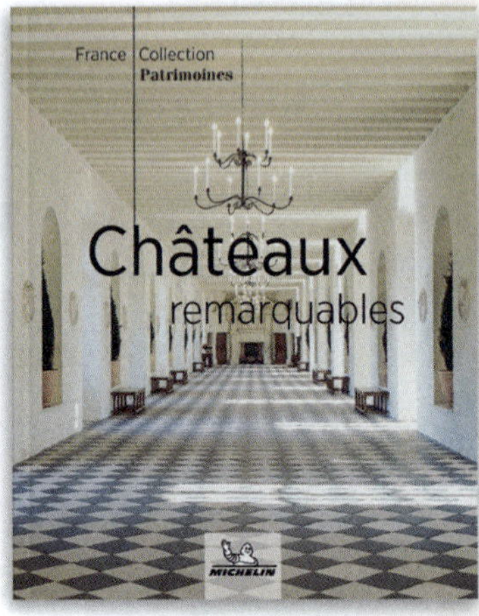

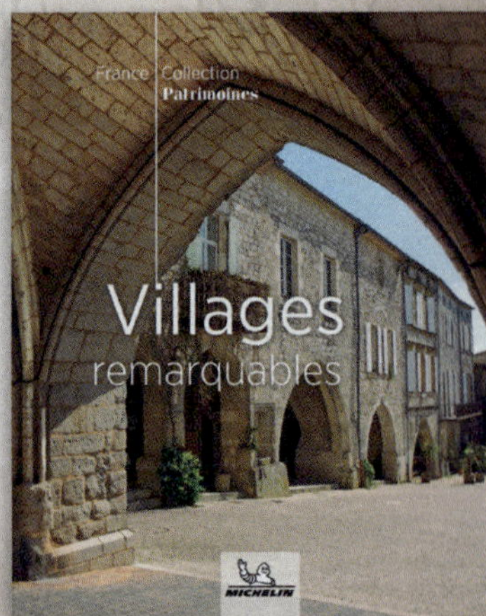

Une collection thématique, inspirante et richement illustrée

Dans chaque ouvrage, une sélection des plus beaux sites étoilés par le Guide Vert

Une introduction et des descriptions détaillées pour explorer les trésors de nos régions

MICHELIN